Volker Klotz **Erzählen**

Volker Klotz

Erzählen

Von Homer zu Boccaccio, von Cervantes zu Faulkner

Verlag C.H. Beck

Satz: Stahringer:Satz.GmbH, Grünberg
Bembo und Meta Plus Book
Druck und Bindung: GGP Media GmbH, Pößneck
Gedruckt auf säurefreiem, alterungsbeständigem Papier
(hergestellt aus chlorfrei gebleichtem Zellstoff)
Printed in Germany
ISBN-10 3 406 54273 5
ISBN-13 978 3 406 54273 2

www.beck.de

Dankbar gewidmet

den deutschsprachigen Übersetzern
poetischer Weltliteratur
– spätestens seit Schlegel, Regis, Gries.

Ohne ihr fortwährendes produktives Tun
wäre es zu diesem Buch
nicht gekommen.

Inhalt

V Erzählen im großen Ganzen: Epos 261

VI Erzählen im großen Ganzen: Roman 351

Die Rechtschreibung in diesem Buch folgt den Gepflogenheiten des Autors.

Worum es geht

Erzählen scheint unverzichtbar. Offenkundig gehört es zu den elementaren Bedürfnissen menschlicher Geselligkeit, und zwar schon seit Jahrtausenden, wie frühe Dokumente bezeugen. Egal, in welcher Kultur, in welcher sozialen Klasse und welcher Epoche: überall kommen Leute zusammen, die einander erzählen und zuhören. Oft geschieht es unmittelbar von Angesicht zu Angesicht, von Mund zu Ohr. Oft aber auch mittelbar, über den Weg von Büchern und anderen Geräten. Immerzu hat sich dieses uralte Tun erneuert, unter jeweils anderen geschichtlichen Bedingungen. Erzählen scheint unerschöpflich.

Allbekannt ist dieser Sachverhalt, aber darum nicht minder merkwürdig. Aufstöbern, beobachten und bedenken lässt er sich wohl am besten dort, wo er sich der alltäglichen Praxis schon entwunden hat. Dort, wo er eingegangen ist in poetisch verfasste, handlich gedruckte Erzählwerke. Aufschlüsse bieten vor allem jene Werke der Weltliteratur, die im Lauf der Zeit zum Vorbild für erfindungsreiches Erzählen geworden sind. Ihnen gilt dieses Buch. Geschrieben hat es jemand, der von klein auf unersättlich Erzählungen mit den Ohren und dann mit den Augen in sich hineingeschlungen hat, je erfindungsreicher, desto lieber; der auch selber gern erzählt und zuhört, wenn andere erzählen. Umso mehr verwundert es mich, wie wenig Leute, die diese Leidenschaft teilen, sich je darüber wundern. Wie wenig sie wissen wollen, was es überhaupt auf sich hat mit dem Erzählen.

So jedenfalls kommt es mir häufig vor, als Freund unter Lesefreunden, auch als Literaturwissenschaftler unter Literaturwissenschaftlern. Mir scheint, die Tätigkeit ‹Erzählen› ist bislang längst nicht so inständig bestaunt, beobachtet und begrübelt worden, wie ihre eigenartige Inständigkeit es eigentlich erfordern müsste. Weder von schieren Leselüstlingen noch von sachkundigen Gelehrten. Erstere behalten die Fragen, die sie vielleicht haben, zumeist für sich. Und letztere fragen nicht allzu oft über jene zünftigen Fragen hinaus, die jeweils ohnehin umlaufen im luftdichten Fachkreis.

Damit mag ich mich nicht begnügen. Hier so wenig wie bei anderen Frag-Würdigkeiten der Kunst und des gesellschaftlichen Tuns. Aussichtsreicher scheint mir schon immer die Rolle eines unbefangenen, neugierigen Kindes, das auf eine unbekannte, aber befremdlich anziehende Sache stößt. Hemmungslos stellt es einfache Fragen. Auch und gerade dann, wenn allen andern ringsum die Sache durchaus wohlbekannt und selbstverständlich vorkommt. So einfach sind sie freilich

nicht, als dass sie ohne weiteres zu beantworten wären. Das gilt auch für die Fragen in diesem Buch. Hier nun also wird einerseits gefragt: wie denn, beispielsweise, die *Odyssee* beschaffen ist; und was denn wohl dran ist an einem solchen Erzählwerk, dass es bis zum heutigen Tag so viele Hörer und Leser, aber auch selber dichtende Nach-Erzähler begeistert hat. Andrerseits und erst recht – im Fall der *Odyssee* und aller weiteren Beispiele – wird grundsätzlich gefragt: *wer* erzählt *wem* denn da *was*; aber auch *wie* und *wozu*?

Jedes Werk, das solchermaßen verhört wird, soll gleichwohl schadlos davonkommen. Denn gerade darauf bin ich aus, sein unverwechselbares Gepräge möglichst unvoreingenommen, unverkürzt und unverstellt zu beschreiben. Gewiss geraten dabei auch geschichtliche und zumal literaturgeschichtliche Gesichtspunkte in den Blick. Andernfalls wäre kaum zu erklären, wieso Vergil in der *Aeneis* den schaurigen Abstieg in die Unterwelt anders erzählt als sein früher Vorläufer Homer und sein später Nachfolger Dante. Ebenso wenig wäre einzusehen, wieso Döblin im Roman *Hamlet oder Die lange Nacht nimmt ein Ende* seine erfundene Erzählrunde anders begründet als Chaucer die seine im Novellenzyklus *Canterbury Tales*, der sich fast ebenso deutlich unterscheidet vom ursprünglichen Vorbild, vom *Decamerone* des Boccaccio. Trotzdem geht es in diesem Buch nicht, der Länge nach, um eine Geschichte der Erzählkunst; auch nicht um eine Geschichte dieser oder jener besonderen Erzählgattung, ob Epos, ob Roman, ob Novelle. Es geht vielmehr, der Breite nach, um das vielfältige Spektrum von Erzählen überhaupt. Um seinen Ausdrucksspielraum, um die erstaunlich weite Spanne seiner Möglichkeiten.

Erzählen fasziniert. Fort und fort. Wer herausfinden will, wie es fasziniert und wodurch, muss beides erkunden: was jeweils einmalig und was allemalig abläuft. Das heißt, sowohl die einzigartigen Eigenschaften dieses ganz bestimmten Erzählwerks, das ich gerade vor mir habe, etwa Dickens' *Martin Chuzzlewit*, wie auch die durchgängigen Eigenschaften, die es mit allen andern Erzählwerken gemeinsam hat. Ablesen lassen sie sich an den markanten Gegenständen und Verfahrensweisen, aber auch an den markanten Anlässen, Gelegenheiten und Zielen des Erzählens. Reichste Einsichten versprechen die epischen Großkonstruktionen. Gemeint sind jene umfangreichen, allseits ausgreifenden, mehrsträngigen Werke, die uns auf lange Dauer hineinversetzen in einen mannigfaltigen, dicht bevölkerten Raum erzählerischer Imagination. Also: Epen wie die von Homer und seinen Nachfolgern bis hin zu Ariosts *Rasendem Roland*. Also: Romane, durchsetzt von kürzeren Geschichten, wie Cervantes' *Don Quijote* und Potockis *Handschrift von Saragossa*. Also: Novellenzyklen wie Boccaccios *Decamerone* und Kellers *Sinngedicht*.

Wer erzählt wem denn da was, aber auch wie und wozu? Noch weitere Fragen drängen sich auf. Etwa: Wie wird, in diesem oder jenem Werk selber, der Sinn und Zweck von Erzählen begründet? Und: Wie fängt da jemand zu erzählen an, und wie hört dieser Jemand am Ende damit auf? Und: Wie weit reicht die Spanne jener Leute, deren Tun und Erleben als erzählenswert gilt? Immerhin von Goethes einsam in sich verbohrtem *Werther* bis hin zu Apollonios Rhodios' tatendurstig ausschwärmender Schar der segelnden *Argonauten* und zu Anna Seghers' aufständigem *Fischer*-Kollektiv. Und: Wie weit reicht die Spanne jener Vorkommnisse, die als erzählenswert gelten? Immerhin von wehrlos erlittenen Seuchen wie der körperlosen Cholera, die in Sues Roman *Der Ewige Jude* massenweise die Körper der Pariser Bevölkerung befällt, bis hin zu den rastlosen, tollkühnen Unternehmungen des Odysseus, des Sindbad, des Kara Ben Nemsi.

Schließlich noch etwas zur Auswahl meiner Beispiele. Manche Leser werden gewiss manche wichtigen Werke der Weltliteratur vermissen, von *Madame Bovary* bis *Buddenbrooks*. Ich auch. Aber anders war es nicht zu machen. Da nun einmal, was ich zeigen möchte, nirgends so deutlich wird wie in weit ausgreifenden, vielschichtigen, kunstvoll verschachtelten Werken, war eine raumsparende Anzahl von Beispielen leider unvermeidlich. Nur so lässt sich in jedem Fall ein gründlicher, differenzierter Eindruck vermitteln: wer da was und wie denn wem erzählt und wozu. Zumal dort, wo es sich um Werke handelt, die in unseren engen Bildungsbreiten wenig bekannt sind. Unter den Epen etwa *Argonautika* und *Lusiaden*. Unter den Romanen etwa Strindbergs *Rotes Zimmer* und Jókais *Goldmensch*, Faulkners *Als ich im Sterben lag* und Sánchez Ferlosios *Am Jarama*.

Hier mag bei bedenklichen Lesern ein weiteres Murren aufkommen: die Auswahl, wenn schon so sparsam, warum dann auch noch mit derart aparten Beispielen? Darum: Werke wie die genannten sind keineswegs von Haus aus apart. Man hat sie nur von außerhalb und von oben herab dazu erklärt, aus zentraleuropäischer Warte, sofern man sie überhaupt zur Kenntnis genommen hat. Wenn ich sie ohne Wenn und Aber einbeziehe, als ebenbürtige hochrangige Erzählliteratur, dann aus dem gleichen Impuls, der auch einen langjährigen Seminar-Zyklus an der Universität Stuttgart bestimmte. Übertitelt war er «Weltliteratur aus dem Abseits» und untertitelt «Wider zentraleuropäische Hochnäsigkeit». Regelmäßig gelesen und debattiert haben wir darin von Mal zu Mal, freilich in deutscher Übersetzung, Autoren aus: Portugal (Eça de Queiroz und Saramago), Dänemark (Holberg und Bang), Ungarn (Móricz und Kosztolányi) sowie diversen lateinamerikanischen Ländern.

So wird denn auch in diesem Buch mit einigen Gran unfrommer Literatur-Missionarik zu rechnen sein. *The reader is warned*, so lautet der Titel eines lesenswerten Kriminalromans von Carter Dickson aus dem Jahr 1939.

I Erzählen überhaupt: wie spielt es sich ab?

Erzählen, laut Grammatik, ist ein Tätigkeitswort. Es benennt eine bestimmte Tätigkeit, ein wirksames Tun. Auch und gerade dann, wenn das Tun schon abgetan scheint: im längst vollendeten Roman, der als handfestes Buch vor uns liegt. Doch es ist ja gar nicht abgetan. Denn sobald wir uns einlassen auf diesen Roman, hineinlassen in das, was darin vorgeht, nimmt uns die fortdauernde Tätigkeit des Erzählens mit. Wer auch immer wo auch immer erzählt, ob heute oder vor vielen Jahrhunderten, verrichtet etwas: Wort für Wort, Satz um Satz, Episode nach Episode. Und indem er oder sie erzählend etwas verrichtet, will er oder sie zugleich etwas ausrichten. Mal mehr, mal weniger harmlos, doch nie völlig zwecklos. Harmlos dort, wo Erzählen lediglich unterhaltsame Neugier wecken und befriedigen soll. Weniger harmlos dort, wo es folgenreich einwirken soll auf die Haltung derer, die angesprochen werden. So wie im Fall der Schehrezâd, die Nacht für Nacht dem Sultan Märchen erzählt, um ihn von seinem mörderischen Frauenhass abzubringen. Sich selbst zuliebe und allen Frauen seines Landes. Letzten Endes erfolgreich.

Gewiss, was zwischen Schehrezâd und dem Sultan vorgeht, ist zunächst nichts weiter als ein erdichteter Vorgang. Innerhalb des poetischen Gebildes von *Tausendundeiner Nacht* zeigt er Erzählen in Aktion. Und er zeigt erst recht, wie Erzählen einen bestimmten, noch dazu lebenswichtigen Zweck verfolgt und schließlich auch erreicht. Sinnfällig also richtet es hier etwas aus. Aber eben nur drinnen im Werk. Inwiefern eine derart vorerzählte erfolgreiche Wirksamkeit auch noch darüber hinauswirken soll, hinaus auf die tatsächliche Leserschaft des Werks, das wird später zu erörtern sein. Und zwar in jenem Kapitel, das ausschließlich auf Novellen- und Märchenzyklen eingeht unter dem Stichwort ‹Erzählen als Ent-töten›.

Das epische Trio oder: Wenn jemand eine Reise tut Worin besteht sie nun, diese Tätigkeit? Was muss der Fall sein, damit wir sie ‹Erzählen› nennen? Voraussetzung ist das epische Trio. Erstens jemand, der erzählt; zweitens jemand, dem erzählt wird; drittens etwas, das zu erzählen ist. Das epische Trio gibt zu erkennen: was jetzt eben hier zu Wort kommt, hat jenseits von Hier und Jetzt stattgefunden. Unabdingbar gehört solche Ferne zum erzählten Geschehen. Allemal zeitlich fern vom momentanen Zeitpunkt des Erzählens muss es abgelaufen sein; und zumeist auch, allerdings nicht ebenso regelmäßig, räumlich fern

vom momentanen Ort des Erzählens. Dabei macht es nichts aus, ob all das, was jetzt hier erzählt wird, als tatsächlich geschehen suggeriert wird – wie in Reportage und historischem Roman – oder zugestandenermaßen als schiere Erfindung. Ob nun verbürgt, ob fabuliert, unerlässlich ist solches Anderswo und Anderswann. Nur was zuvor nicht zugegen war und nunmehr, in einem merklichen Akt, schrittweise herbeierzählt wird, nur das wird überhaupt zum epischen Ereignis. Andernfalls wäre es weder erzählbar noch wäre es erzählenswert.

Was da los ist, umspielt ein heiteres Gedicht von Matthias Claudius, *Urians Reise um die Welt* (1786). Viel hat es nicht zu erzählen, doch es handelt ausdrücklich vom Erzählen. Im Widerspiel zwischen solistischen Strophen und chorischem Refrain führt es drastisch das epische Trio vor. Beide Seiten, Erzähler und Zuhörerschaft, kommen eifrig ins Gespräch übers spärlich erzählte Geschehen, über die unergiebige Weltreise des Herrn Urian:

(SOLO) Wenn jemand eine Reise tut,
So kann er was verzählen [= erzählen];
Drum nahm ich meinen Stock und Hut,
Und tät das Reisen wählen.
TUTTI Da hat Er gar nicht übel dran getan;
Verzähl' Er doch weiter, Herr Urian!
(SOLO) Zuerst ging's an den Nordpol hin;
Da war es kalt, bei Ehre!
Da dacht' ich denn in meinem Sinn,
[... und so weiter von Ort zu Ort] (140)

Einer erzählt und die andern hören zu. Mehr noch. Sie gehen auf ihn ein, sie stimmen ihm lebhaft zu. Mit ihrem Refrain treiben sie den Erzähler an, nur ja nicht innezuhalten: «Verzähl' Er doch weiter, Herr Urian!» Witzig pointiert Claudius das Ineinander von erzählender und erzählter Tätigkeit. Unausgesprochenes Stichwort ist das doppelsinnige

Fortfahren. Leibhaftig fortgefahren von zuhaus, mit Stock und Hut, war Herr Urian in die weite Welt und dort dann von Ort zu Ort. Und eben dieser Urian, heimgekehrt, soll hier jetzt redend fortfahren mit seinem Bericht von eben jener Fortfahrt.

Auch der weitere Verlauf des Gedichts bestätigt: Claudius lässt nicht nur den Herrn Urian von seiner Reise erzählen. Er veranschaulicht im körperlichen Hergang des Reisens zugleich den geistigen Hergang des Erzählens. Was daraus hervorgeht, habe ich schon angedeutet. Man kann es jetzt verallgemeinern. Ob im Alltag am Stammtisch, ob im gedichteten Roman: wer von eigenen oder fremden Erlebnissen erzählt, gibt vor, woanders gewesen zu sein. Auch wenn er es nicht eigens ausspricht, so wie der weitgereiste und heimgekehrte Herr Urian, unterstellt ers schon dadurch, dass er überhaupt erzählt. Nur so kommt epische Fiktion zustande. Seis mündlich, seis schriftlich.

Dass bei schriftlichem, literarischem Erzählen die Rollen von «Solo» und «Tutti» sich anders gebaren als in Claudius' Urian-Modell, dass sie nicht lauthals aufeinander einreden, sei hier nur nebenbei bemerkt. Desgleichen, dass beim literarischen Erzählen, anders als beim alltäglichen, einer der drei Partner des epischen Trios sich seinerseits nochmals aufteilt. Wieso? Wer im Alltag mündlich erzählt, ist, in leibhaftiger Personalunion, zugleich Erzähler und Autor dessen, was er den Zuhörern jetzt eben hier mitteilt. Nicht so im literarischen Erzählwerk. Da fächert sich jene einfache, einheitliche Rolle auf. Einerseits: in den abwesenden Autor, der irgendwann und irgendwo sein Erzählwerk verfertigt hat. Andrerseits: in seine erdichteten, immerfort im Werk anwesenden und tätigen Erzähl-Agenten, die uns, den Lesern, das erzählte Geschehen vermitteln. Wann und wo immer jemand das Werk liest, sprechen diese hineinfabulierten Agenten neuerlich auf ihn ein. Auch dann, wenn der Autor schon seit Jahrtausenden begraben liegt, tausende Kilometer entfernt von den Lesern jetzt und hier.

Solche andersartigen Umstände zwischen alltäglichem und literarischem Erzählen werden uns später noch beschäftigen. Vorerst interessiert die schiere Tätigkeit, hier wie dort. Immerhin zeichnet sie sich jetzt schon etwas deutlicher ab. Vorläufig definiert: wer erzählt, holt schon geschehene, auswärtige Begebenheiten von Dort nach Hier für Leute, die nicht dort gewesen sind. Ebenso kann er – alternativ oder auch zugleich – schon geschehene, doch hiesige Begebenheiten vom Damals ins Jetzt holen für Leute, die dazumal nicht zugegen gewesen sind. Kurz: wer erzählt, vergegenwärtigt abwesende Begebenheiten.

Eben dies tut jeder Mensch, der irgendwem irgendwas erzählt, ob daheim, ob am Arbeitsplatz oder in der Eisenbahn. Nicht anders geht es in jenen poetischen Werken zu, die wir Epen, Romane, Novellen nennen. Auch dort wird erzählend vergegenwärtigt. Der Autor tut es, und er lässt es tun durch seine erfundenen Erzähl-Agenten, die den Lesern all die auswärtigen Begebenheiten vor die inneren Sinne führen.

Vergegenwärtigung im Theater Wie aber spielt sie sich ab, die erzählende Vergegenwärtigung? Und wie unterscheidet sie sich von andersartigen poetischen Vergegenwärtigungen: von jenen in dramatischen Bühnenstücken und in lyrischen (also nicht balladesk erzählten) Gedichten? Vergleichende Stichproben lassen die unterschiedlichen Methoden erkennen. Ich wähle zunächst eine Szene aus Büchners *Woyzeck*, dann ein Gedicht von Eichendorff.

FREIES FELD. DIE STADT IN DER FERNE
Woyzeck und Andres schneiden Stöcke im Gebüsch.

WOYZECK Ja Andres; den Streif da über das Gras hin, da rollt Abends der Kopf, es hob ihn einmal einer auf, er meint' es wär' ein Igel. Drei Tag und drei Nächt und er lag auf den Hobelspänen *leise* Andres, das waren die Freimaurer, ich hab's, die Freimaurer, still!

ANDRES *singt.* Saßen dort zwei Hasen,
Fraßen ab das grüne, grüne Gras ...

WOYZECK Still! Es geht was!

ANDRES Fraßen ab das grüne, grüne Gras
Bis auf den Rasen.

WOYZECK Es geht hinter mir, unter mir *stampft auf den Boden* hohl, hörst du? Alles hohl da unten. Die Freimaurer!

ANDRES Ich fürcht mich.

WOYZECK S' ist so kurios still. Man möcht den Athem halten. Andres!

ANDRES Was?

WOYZECK Red was! *Starrt in die Gegend.* Andres! Wie hell! Ein Feuer fährt um den Himmel und ein Getös herunter wie Posaunen. Wie's heraufzieht! Fort. Sieh nicht hinter dich. *Reißt ihn in's Gebüsch.*

ANDRES *nach einer Pause.* Woyzeck! hörst du's noch?

WOYZECK Still, Alles still, als wär die Welt todt.

ANDRES Hörst du? Sie trommeln drin. Wir müssen fort. (168)

Dramatische Szenen wie diese, so ist vorweg zu betonen, sind Theaterszenen. Nicht zum Lesen im Buch sind sie letztlich bestimmt, sondern zum Spiel auf der Bühne. Aber auch dann, wenn wir sie lediglich lesen – schwarz auf weiß als gedruckten Text –, erscheinen sie unmittelbar auf unserer inneren Bühne, ohne erzählenden Zwischenträger. Mit eigenen Augen also sieht das Publikum: wie auf freiem Feld die beiden Soldaten Stecken schneiden; wie Woyzeck mit der Hand mal dahin mal dorthin deutet; wie er auf den Boden stampft; wie er seinen Kumpan Andres ins Gebüsch reißt. Und mit eigenen Ohren hört das Publikum: wie Woyzeck beängstigend auf Andres einredet; wie Andres zunächst sich Mut ansingt, dann wortkarg erwidert; und wie schließlich, aus der fernen Kaserne, der abendliche Befehl zur Rückkehr getrommelt wird.

All dies zeigt die Bühne als schiere raum-zeitliche Gegenwart. Sogar zurückliegende und künftige Ereignisse beschwört sie herauf. So, als geschähen sie jetzt eben hier: «den Streif *da* über das Gras hin, *da* rollt *Abends* der Kopf ...» *Abends*, das heißt gerade nicht: momentan und einmalig, sondern allabendlich. Doch es geschieht *da*, an einer ganz bestimmten Stelle des grasbewachsenen Felds, wohin Woyzeck mit einer Geste die Blicke lenkt, Andres' Blicke wie auch die unsrigen. Und noch mehr vermag das Bühnenspiel. Nicht nur tatsächliches, auch wahnhaft eingebildetes Geschehen führt es vor. Dabei ergänzt es unsren Blick aufs äußere Gebaren der handelnden Personen durch Einblicke in ihre inneren Regungen. Es bedarf keiner epischen Erläuterung aus höherer Warte, um sofort zu begreifen, dass Woyzeck mehr und anderes wahrnimmt als sein Gefährte und wir selber. Untergründig rumorende Freimaurer glaubt er drunten zu erlauschen; und droben vernimmt er Posaunengetöse und Feuerstürme, als breche der Jüngste Tag herein.

Allein aus dem Widerspiel markanter Personen mit markantem Raum entsteht so – stichhaltig vor unseren Augen und Ohren – ein eigenständiges Stück Welt. Unmittelbar, unverzüglich, umweglos. Was diesem Stück Welt noch fehlt zu fasslicher Vollständigkeit, das werden nach und nach die weiteren Szenen mit ebenso eigenständigen Welt-Stücken erbringen. Hier gibt es kein episches Trio wie jenes von Erzähler, Erzähltem und Zuhörern. Auch kein szenisches Trio von Darstellern, Dargestelltem und Zuschauern. Ein Duo genügt vollauf: dort das Bühnengeschehen, hier das Publikum. Ein eigenmächtig werktätiger Vermittler zwischen Dort und Hier erübrigt sich. Der Unterschied ist prägnant genug. Erzählende Vergegenwärtigung läuft ab als unaufhörliche, als ständig spürbare Prozedur. Darauf kann die Bühne verzichten. Auf Anhieb behauptet sie szenische Gegenwärtigkeit. Sie muss sie nicht eigens bewerkstelligen. Vom Öffnen bis zum Schließen des Vorhangs herrschen räumliche Präsenz und zeitliches Präsens. Lebendige Schauspieler verkörpern die erfundenen dramatischen Personen, in denen sie möglichst restlos aufgehen. Ihr Tonfall und Mienenspiel, ihre Gesten und Bewegungen, ihr ganzes kostümiertes Erscheinungsbild versichern: ich bin Woyzeck, ich bin Andres. Bestätigt wird diese allgemeine Regel durch die Ausnahme von Bertolt Brechts Theater, das er wohlweislich als «episch» bezeichnet hat.

Selbst dann, wenn jemand auf der Bühne etwas erzählt – etwa Nathan vor Sultan Saladin seine Ringparabel –, selbst dann behauptet sich leibhaftige Gegenwärtigkeit. Nathan alias sein Darsteller ist es, der mit Haut und Haar einsteht für die Erzählung. Er selber bürgt für sie, die von ihm und durch ihn lebt. Gleiches gilt, seit den antiken Tragödien, auch für jeden Boten, der, aus der Ferne herbeigekommen, berichtet, was dort geschehen ist; sowie für jeden, der über die Mauer hinwegschauend vermeldet, was sich momentan da draußen, jenseits unseres Blickfelds ereignet.

Vergegenwärtigung im Gedicht Auch lyrische Gedichte vergegenwärtigen etwas. Allerdings etwas anderes und auf andere Weise. Die Unterschiede zu erzählender und zu szenischer Dichtung lassen sich gut erkennen an Eichendorffs Romanze *Der stille Freier*:

Mond, der Hirt, lenkt seine Herde
Einsam über'n Wald herauf,
Unten auf der stillen Erde
Wacht verschwiegne Liebe auf.

Fern vom Schlosse Glocken schlagen,
Über'n Wald her von der Höh'
Bringt der Wind den Schall getragen,
Und erschrocken lauscht das Reh.

Nächtlich um dieselbe Stunde
Hallet Hufschlag, schnaubt ein Roß,
Macht ein Ritter seine Runde
Schweigend um der Liebsten Schloß.

Wenn die Morgensterne blinken,
Totenbleich der Hirte wird,
Und sie müssen all' versinken:
Reiter, Herde und der Hirt. (341 f.)

Wer das Gedicht liest, vorträgt oder anhört, vergegenwärtigt das, wovon es spricht. Dazu bedarf es keines epischen Trios; keines Dritten, der schon gewesene Ereignisse aus zeiträumlicher Ferne uns herbeierzählt. Genausowenig bedarf es einer Bühne, die dem Publikum hier und jetzt die Ereignisse sinnfällig vor Augen führt. Das Gedicht behauptet vielmehr, sie seien schon zugegen, ja sie fänden just in diesem Lebensaugenblick statt. So inständig sichtbar, hörbar, fühlbar, dass sie uns wie eigenständig vorkommen. Wohlgemerkt, vom strikt lyrischen Gedicht ist hier die Rede. Also nicht vom Sonderfall der Ballade, die in Versen zwar, doch episch ein vergangenes und entlegenes Geschehen herbeierzählt.

Im *Stillen Freier* – wie im *Woyzeck* – herrscht schieres Präsens von Anfang bis Ende. Vom Mond, der «lenkt», bis hin zu den Morgensternen, die «blinken» und dadurch alle vorherigen Erscheinungen «versinken» lassen. Insofern ähneln die Verhältnisse jenen im Theater. Doch das lyrische Präsens versetzt uns, die es als Augen- und Ohrenzeugen des Geschehens vereinnahmt, in einen andersartigen Zeitraum als dort. Gleich mit dem ersten Wort des ersten Verses lassen wir uns ein auf den vorgegebenen überdimensionalen Raum. Auf einen unfasslichen Schauplatz, der Ereignisse am Firmament ohne weiteres verschränkt mit Ereignissen auf dem Erdboden.

Anstandslos und unbefremdet nehmen wir solche räumlichen Verhältnisse hin. Wir fordern gerade nicht, sie müssten, wie jene auf der Bühne, unserer sinnlichen Wahrnehmung irgend Farbe bekennen und stichhalten. Genauso prompt lassen wir uns ein auf die zeitlichen Zumutungen des lyrischen Präsens. Wie selbstverständlich folgen wir dem Ablauf einer ganzen Nacht, die, verdichtet auf vier knappe Strophen, nicht einmal eine ganze Leseminute beansprucht. Und noch anderweitig weicht das lyrische vom szenischen Präsens ab. Jedes Bühnenspiel führt ein einmaliges Geschehen vor, alles in allem. So den Fall Woyzeck, im Unterschied zum Fall Lear oder zum Fall Frühlingserwachen. Dabei prägt jede einzelne Szene uns ein: was jetzt eben geschieht, wird schon in der kommenden, ebenso intensiv gegenwärtigen Szene vorüber sein. Jede Szene erscheint als eine anschauliche Station im dramatischen Hergang, der so bestimmt wie unwiederholbar ist. Allenfalls variabel, mal aus dieser mal aus jener Sicht erlebt und bedacht, wie etwa in Sartres *Les jeux sont faits* oder Frischs *Biographie. Ein Spiel.*

Auch insofern beschert uns *Der stille Freier* geradezu konträre Zeitverhältnisse. Genau in der Mitte des Gedichts, zu Beginn der dritten

Strophe, heißt es: «Nächtlich um dieselbe Stunde.» Kein einmaliges Geschehen also spielt sich da ab. Betont wird vielmehr ein Geschehen, das sich regelmäßig wiederholt. Ansonsten fehlt zwar, außer dem maßgeblichen «Nächtlich», jeder zeitliche Hinweis. Doch die markanten Verhältnisse des Raums deuten an, dass, was geschieht, durchaus nach und nach abläuft. Erst droben am Himmel zwischen Mond und Sternen. Dann drunten auf der Erde, wo geheime Liebe erwacht, wo auf schnaubendem Pferd der Ritter, wenn der nächtliche Glockenschlag erklungen ist, das Schloss der Geliebten stumm umrundet. So lang, bis schließlich die Morgensterne all die Erscheinungen droben und drunten wieder zum Verschwinden bringen.

Eine rätselhaft ungewisse Folge von Ereignissen. Folgerichtig, wie gemeinhin in Romanen oder auf der Bühne, wo ein Ereignis aus dem andern hervorgeht, sollen und können sie nicht ablaufen. Ihre Richtung, auch ihre mögliche Konsequenz bestimmt der rhythmische Fluss der Verse. Er allein trägt dieses wie jegliches lyrische Gedicht vorwärts. Zeile für Zeile, Strophe nach Strophe. Ein ahnbarer, aber keineswegs eindeutiger Zusammenhang macht sich dabei geltend. Offen lässt er freilich, wie denn jene diversen Ereignisse einander beeinflussen oder gar hervorbringen. Eichendorffs Gedicht legt zwar nah, doch es steht nicht ausdrücklich dafür ein: dass der Mond, *indem* er seine Sternen-Herde am Firmament emporlenkt, drunten auf der Erde die bislang verschwiegene Liebe aufweckt; und dass er eben *dadurch* jenen Glockenschlag auslöst, der den Ritter ermuntert, ums Schloss der Geliebten zu reiten; und dass hernach dann die Morgensterne, gegenläufig zur abendlichen Sternen-Herde am Anfang, dem einen wie dem andern Treiben ein Ende bereiten, dem der Gestirne wie dem der ebenso lautlosen ritterlichen Liebesbekundung.

Vor allem der Satzbau ist es, der uns im *Stillen Freier* einen fraglosen Zusammenhang vorenthält. Eichendorff spart alle grammatischen Konjunktionen aus, die eindeutig klären könnten: ob hier etwas erfolgt, während oder sobald oder seit oder bevor etwas anderes erfolgt; ob es gar erfolgt, damit oder obwohl etwas anderes erfolgt. Just so verfährt lyrische Vergegenwärtigung. Jenes syntaktische Defizit stellt sie eigens her, um andersartige, außerlogische Beziehungen anzudeuten. Unergründlich, so muss es scheinen, hängt hier jedes Ereignis mit allen andern zusammen. Diesen Anschein erzeugt Eichendorff zumal durch eine besondere metaphorische Konstruktion. Er verbildlicht und umrahmt das lyrische Geschehen, ganz und gar, in einer Großmetapher: Mond als Hirt, Sterne als Herde, Himmel und Erde als deren Weidegründe. Ein Sprachbild wie dieses vollbringt etwas anderes als irgendwelche noch so nachdrücklichen Metaphern in Bühnen- oder Erzählwerken. Wenn Woyzeck, gegen Ende seines Dramas, den rötlichen Mond ein «blutig Eisen» nennt, bezieht er ihn auf den Gewaltakt, der jetzt sofort handgreiflich erfolgt: mit dem Messer ersticht er Marie. Und ähnlich geht es zu, wenn Homers rhapsodischer Erzähler den Überlebenskampf des schiffbrüchigen Odysseus verbildlicht durch Vergleiche aus dem Tierreich. Da wie dort zielt das Sprachbild aufs szenische oder aufs erzählte Geschehen, dem es besonderes Relief gibt.

Vom Mord an Marie, vom Schiffbruch des Odysseus erfahren wir sowieso. Egal, ob mit oder ohne Metaphorik: die Bühne zeigt es, der Erzähltext berichtet es. Anders die lyrischen Ereignisse im *Stillen Freier.* Schlechterdings nichtig wären sie ohne die Großmetapher vom Mond-Hirten, die alles weitere dominiert. Droben am Himmel wie drunten auf der Erde. Sie bringt die Liebeswerbung der lautlosen Titelfigur zum Vorschein. Sie prägt sie, sie teilt ihr eigenmächtig den Spielraum zu. Denn diese Großmetapher entwirft für alle lyrischen Ereignisse dieses Gedichts den zeiträumlichen Rahmen, vom ersten bis zum letzten Vers.

Erzählendes Vergegenwärtigen: Strindbergs *Das rote Zimmer* Zurück zur Erzählkunst an und für sich. Wie geht ihr tätiges Erzählen zuwege, schrittweise, um dem Publikum das zu vergegenwärtigen, was anderswo und anderswann sich zugetragen haben soll? Wie vereinnahmt Erzählen seine ferne vielfältige Welt, um das Publikum dafür einzunehmen? Wie schleust es, andrerseits, die Hörer oder Leser hinein in diese epische Welt, die vorerst ja noch gar nicht zugegen ist; die überhaupt ja erst zu entfalten ist?

Ein aufschlussreiches Beispiel bietet der Anfang von August Strindbergs *Das rote Zimmer* (*Rőda rummet*, 1879). «Stockholm aus der Vogelschau», so hat der Autor seinen Erzählstart betitelt, der alles eröffnet, was da kommen soll. Es geht also vorab darum, den Lesern einen weiten Überblick zu verschaffen über den Schauplatz, wo das Romangeschehen ablaufen wird. Ein Schauplatz freilich, der wie jener im *Stillen Freier* allein unsere inneren Augen anspricht. Im Unterschied jedoch zum lyrischen Gedicht erscheint er gerade nicht als geheimnisvoll ungewisser und zumal unzugänglicher Raum. Strindberg liefert vielmehr eine sowohl einlässliche wie umfassende Bestandsaufnahme dessen, was alles dort vorzufinden ist.

STOCKHOLM AUS DER VOGELSCHAU

Es war ein Abend Anfang Mai. Der kleine Park auf Mosebacke war noch nicht allgemein zugänglich. Auch die Beete waren noch nicht umgegraben. Die Schneeglöckchen hatten sich durch die vom Vorjahr liegengebliebenen Laubhaufen vorgearbeitet und waren nun nach kurzer Lebenszeit schon wieder im Abblühen, um den empfindlicheren Krokussen Platz zu machen, die unter einem abgestorbenen Birnbaum Schutz gesucht hatten. Der Flieder wartete mit dem Ansetzen der Blüten noch auf Südwind; aber die Linden lieferten den Buchfinken, die begonnen hatten zwischen Stamm und Zweigen Nester zu bauen, aus ihren noch geschlossenen Knospen zarte Decken. Seit der winterliche Schnee hinweggeschmolzen war, hatte noch kein menschlicher Fuß die Kieswege betreten, und so führten die Blumen und Tiere im Park noch ein ganz unbekümmertes Leben. Die Sperlinge sammelten allen möglichen Plunder, den sie dann unter den Dachrinnen der Marineschule versteckten. Sie schleppten Splitter von Raketenhülsen vom letzten Herbstfeuerwerk herbei, sie lasen die Strohhalme von den jungen Bäumen, die man im Vorjahr aus der Baumschule von Rosendal hergebracht hatte ... sie sahen alles. In den Lauben entdeckten sie dünne Stoffetzen, und aus den Spalten des Fußes einer Ruhebank zogen sie Haarbüschel von Hunden, die sich seit dem Josepha-Tag dort nicht mehr gebalgt hatten. Das war ein Leben und Treiben.

Aber über Liljeholm stand die Sonne und warf ganze Strahlenbündel nach Osten; die drangen durch die Rauchwolken über dem Bergsund, eilten über den Riddarfjord, kletterten hinauf bis zum Kreuz der Riddarholms-Kirche, fielen aufs steile Dach der Deutschen Kirche, spielten in den Wimpeln der Boote an der Schiffsbrücke, erleuchteten die Fenster im großen Zollhaus, ließen die Wälder auf Lidingö erstrahlen und erstarben in weiter, weiter Ferne im offenen Meer. Und von dorther kam der Wind und nahm den gleichen Weg, nur in umgekehrter Richtung: Er wehte über Vaxholm, an der Festung vorbei, vorbei am Zollhaus, drang in Hästholm ein und guckte sich dort die Sommersitze an; dann kam er nach Danvik, entsetzte sich über das Krankenhaus und stürzte davon zum Südstrand, nahm dort den Geruch von Kohlen, Teer und Tran auf, wandte sich dann zum Stadthof, stieg empor nach Mosebacke, in den kleinen Park und prallte gegen eine Wand.

In dieser Wand gab es eine Türe, und diese Türe wurde von einer Magd geöffnet, die gerade den Kleister entfernt hatte, mit dem die Doppelfenster verkittet waren. Ein schauderhafter Geruch von Bratenfett, abgestandenem Bier, Fichtenreisern und Sägespänen drang heraus und wurde vom Wind weit fortgetragen. Der erfaßte jetzt, während die Köchin die frische Luft durch die Nase einzog, den Flitter, die Berberitzenbeeren und die Heckenrosenblätter, die zwischen den Fenstern gelegen hatten, und führte mit ihnen auf den Parkwegen einen Rundtanz auf, an dem bald auch die Sperlinge und Buchfinken teilnahmen, die sich nun fast aller ihrer Wohnungssorgen enthoben sahen.

Unterdessen setzte die Köchin ihre Arbeit an den Doppelfenstern fort. Nach wenigen Minuten wurde die Tür, die aus der Kneipe auf die Veranda führte, geöffnet, und in den Garten heraus trat ein einfach aber geschmackvoll gekleideter junger Mann. Sein Gesicht hatte nichts Ungewöhnliches, aber seine Blicke zeigten Unruhe und Sorge, die jedoch verschwanden, als er das enge Wirtshauszimmer verlassen hatte und sich der weite Horizont vor ihm auftat. Er wandte sich dem Winde zu, knöpfte den Überrock auf und holte einigemal tief Atem. Das schien seinen Brustkorb und sein Gemüt zu erleichtern. Dann begann er auf und ab zu wandern, dem Geländer entlang, das den Park von dem Abhang trennte, der steil zum Meere hin abfiel. (7f./7f.)

Rundblick von oben «Stockholm aus der Vogelschau». Die zitierten Absätze erfüllen buchstäblich, was dieser erste Titel-Wink den Lesern verspricht. Beides verspricht er: eine bestimmte Großstadt sei zu gewärtigen, die jeder zumindest vom Hörensagen kennt; und dieser Schauplatz lasse sich zunächst von oben betrachten, als vielfältiges Panorama. Aus einem Blickwinkel, der im Jahr 1879, als dieser Roman herauskam, für menschliche Augen allenfalls beim Ballonflug möglich gewesen wäre. So dürfen sich die Leser hineinversetzt fühlen in die visuell überlegene Sphäre von Vögeln. Strindbergs Vogelperspektive bietet freilich noch mehr. Dem Weitblick von oben, den der Flug ermöglicht (Absatz 2), geht der Nahblick von unten voraus (Absatz 1). Von dort, wo die Vögel, viel dichter am Erdboden als die Menschen, jetzt im Frühling das Material für ihre Behausung zusammensuchen. So dringen denn die Leser, indem sie sich an jene erzählten Vögel halten, in sonst unzugängliche Zonen. Und sie entdecken Dinge, die gemeinhin unbeachtet bleiben. Dank dem poetisch potenzierten Blick, den ihnen Strindberg anerzählt.

Er lenkt ihn in ganz bestimmte Bahnen (Absatz 2). Als Rundblick zunächst. Fernhin bis zum Horizont schweift er, ausgehend vom «kleinen Park auf Mosebacke». Startpunkt also ist ein bewaldeter Hügel in allernächster Nähe, wo sich die Vögel auf dem Boden zu schaffen machen. Hierher auch wird der Rundblick zurückkehren, nachdem er das Stadtpanorama umkreist hat samt allem, was darin irgend hervorragt. Nicht nur bestimmte Gegenden und Gebäude von Stockholm wie Liljeholm und Lidingö, wie das Zollhaus und die Riddarholms-Kirche. Auch Lebenszeichen des städtischen Alltags wie Rauchwolken und Teergeruch. Schon dadurch, dass der Blick dieses Vielerlei buchstäblich umkreist, zerfällt es nicht in lose aufgezählte Einzelheiten. Es erschließt sich den Lesern nach und nach als ein Ganzes. Als ein vitales Ganzes. Anders als gemalte Stadtveduten, die ein für allemal den gleichen Zustand festhalten, regt es sich und lässt sich erregen, rührt es sich und lässt sich anrühren von außen: erst von der Sonne, dann vom Wind.

Strindberg belässt es nämlich nicht beim Blick aus dem Abstand, von oben und von weitem. Er zieht vielmehr Sonne und Wind hinzu, damit sie sich energisch hermachen über Stockholms Gebäude und Plätze. Naturgewalten, die hemmungslos allem auf den Leib rücken, was da gebaut und bewohnt ist. Taktil betasten und bedrängen, umstreifen und durchdringen sie Kirchen und Kliniken, Wohnhäuser und Amtsgebäude, festgezurrte Boote am Hafen. Selber lebhaft, beleben sie jeden Gegenstand, auf den sie stoßen. Die heftigen, oft auch vermenschlichten Tätigkeitswörter zeigen es an. Die Sonnenstrahlen «eilten» ... «kletterten» ... «spielten» ... «ließen die Wälder von Lidingö erstrahlen» ... sie «erstarben» schließlich in der Ferne. Und der Wind «guckte sich dort die Sommersitze an» ... «entsetzte sich über das Krankenhaus» ... «stürzte davon, prallte gegen eine Wand».

Narrative Helfershelfer: Sonne und Wind Derart beseelt der Erzähler Sonne und Wind, dichtet er ihnen Absichten, Ziele und sogar Emotionen an. Wozu? Um sie einzusetzen als Helfershelfer bei seinem Erzählgeschäft. Kommen doch ihre natürlichen Tätigkeiten – den Schauplatz Stockholm zu beleuchten und zu durcheilen – seiner eigenen poetischen Tätigkeit wirksam entgegen. Der Erzähler muss sie nur nutzen. Wie zielbewusst und gründlich er das tut, beweist die Wegstrecke, die sie zurücklegen, zunächst die Sonne und gleich drauf der Wind. Geometrisch ausgeklügelt, erfüllt sie justament ihren epischen Zweck. Wer genau hinliest, wird merken, wie diese Wegstrecke den schon beschriebenen Rundblick ergänzt. Gradlinig durchmessen Sonne und Wind eben jenen Kreis, den er umzirkelt. Schnurstracks wie die Luftlinie verläuft ihre Bahn, auch wenn es vertikal aufwärts und abwärts geht, so wie Stockholms unebene Topographie es erfordert. Schnurstracks vom besagten nahen «Park auf Mosebacke» bis hin zum fernen Horizont und wieder zurück. Erst ostwärts, dann die gleiche Bahn westwärts retour.

Weitab am Horizont, wo die Vogelperspektive gerade noch hinreicht, löst der eine den andern narrativen Helfershelfer ab. Der beweglichere Wind übernimmt die Rolle der Sonnenstrahlen, die von Natur aus ihre

Richtung beibehalten müssen. Dieser Schwenk um 180 Grad erfolgt kompositorisch genau in der Mitte vom zweiten Absatz. So akzentuiert Strindberg auch noch den Akt, dass und wie er was erzählend vergegenwärtigt:

> Und von dorther kam der Wind und nahm den gleichen Weg, nur in umgekehrter Richtung: Er wehte über Vaxholm [...] vorbei am Zollhaus [...] entsetzte sich über das Krankenhaus [...] wandte sich dann zum Stadthof, stieg empor [...] in den kleinen Park und prallte gegen eine Wand.

Die Wand einer Kneipe ist es, auf die der Wind prallt wie auf einen Prellbock. Seinem Weg durch die Stadt setzt sie zwar ein vorläufiges Ende. Doch damit hat er als narrativer Helfershelfer längst noch nicht ausgedient. Der Aufprall markiert vielmehr eine veränderte Funktion. Bis dahin hat der Wind wesentlich dazu beigetragen, den Schauplatz des Geschehens zu vergegenwärtigen. Jetzt dagegen gilt es, das Geschehen überhaupt in Gang zu setzen. Und zugleich gilt es, jene Romanpersonen, die darin vorkommen werden, aus Stockholms gesichts- und namenloser Gesamtbevölkerung hervorzusondern. Prompt wird der Aufprall des Winds zum Appell. Wortlos appelliert er an bislang abwesende menschliche Lebewesen, herauszutreten aus den bislang verschlossenen und verborgenen Interieurs ihrer Behausungen. Hinaus ins öffentlich sichtbare Exterieur der Stadt, wo die Leute aufeinander eingehen. Gesellschaftlich, aber eben auch episch.

Unverzüglich wirkt der Appell. «In dieser Wand», so heißt es weiter, «gab es eine Türe». Und zum Vorschein kommt die Magd und Köchin der Kneipe. Was sie tut, ist bezeichnend für den Zeitpunkt des Geschehens. Schon der erste Satz des Romans hatte ihn betont. Anfang Mai ist es, und das heißt fürs schneereiche Schweden: Frühlingsbeginn, die ersehnte Aufbruchzäsur des Jahres. Die Magd entfernt den Winterkitt von den Fenstern und weiteres Isoliermaterial, das monatelang die Kneipe, wie alle andern Häuser, abgedichtet hatte. Nicht zuletzt gegen den eisigen Wind. Der aber, inzwischen zum Frühlingswind geworden, trägt all den verjährten, verbrauchten Plunder samt dem aufgestauten Gestank hinweg aus der Kneipe. Das Ziel seines schnurgeraden Wegs durch die Stadt hat der Wind erreicht. Jetzt führt er einen «Rundtanz auf». Rund wie der anfängliche Panoramablick auf die Stadt aus der Vogelperspektive. Selbst sie, die Vögel, sind zur Stelle und beteiligen sich daran. Eifrig nutzen sie für ihren Nesterbau das zerschlissene Zeug, das da herumwirbelt.

Ein ritueller Tanz, so scheint es, wie bei einem exorzistischen Akt, der Überlebtes austreibt, um Kommendes anzubahnen. Bahn frei fürs Romangeschehen, das in jenem Augenblick recht eigentlich beginnt, wo der vorerst noch anonyme junge Mann auftaucht. Aus einer andern Tür der Kneipe tritt er heraus. Zunächst noch bedrückt vom stickigen Innenraum, gewinnt er frischen Aufschwung, sobald er den weiten Horizont erblickt, der den Lesern schon vertraut ist. «Er wandte sich dem Winde zu, knöpfte den Überrock auf und holte einigemal tief Atem.» Daraufhin macht er sich seinerseits auf den Weg, tiefer in die Stadt und in den Roman.

Was hernach dann die handelnden Personen erleben werden im Lauf des Romans: hierüber verrät die zitierte Anfangspartie des *Roten Zimmers* noch nichts. Prinzipiell möglich wäre es durchaus. Viele Erzählwerke der Weltliteratur zeigen es deutlich genug. Vor allem die berühmten Epen seit Homer. Im eröffnenden Proömium sagen sie regelmäßig an, was wir zu gewärtigen haben: mal die wichtigsten Abenteuer des Odysseus; mal den folgenreichen Zorn des Achilleus vor Troja; mal die Waffen- und Liebeskämpfe des Rasenden Roland sowie seiner Gefährten und Gegner. Aber auch vielerlei Prosaromane bis hin zur Gegenwart geben schon am Anfang die kommenden Ereignisse bekannt. Bald ausdrücklich und ausführlich, bald nur andeutungsweise. Zum Beispiel im vorangestellten Inhaltsverzeichnis, das Titel für Titel die Stichworte der nachfolgenden Kapitel aufreiht; oder auch im sogenannten Argumentum, das an jedem Kapitelbeginn zusammenrafft, was folgt. Nicht so der Roman vom *Roten Zimmer.*

Erzähler, im Hintergrund agierend Dass Strindberg sich weigert, von vornherein auch nur anzudeuten, was hernach folgen wird, entspricht seiner andersartigen Erzählmethode. Vom Anfang bis zum Ende des Romans hält er sie durch. Geradezu als Fremdkörper erschiene da ein auffälliger Jemand, der das erzählte Geschehen ostentativ darbietet, der es ankündigt, erläutert und zu bedenken gibt. Vermieden wird jedes Anzeichen dafür, dass hier überhaupt wer erzählend zuständig und an der Arbeit ist. Strindberg schlägt also, obwohl er unverkennbar erzählt, die Gegenrichtung ein zu den bisher erwähnten Autoren von Epen und Romanen. Er denkt nicht daran, alle Ereignisse einer markanten Erzählerfigur anzuvertrauen, einem Vermittler mit eigenem Profil und eigener Suada.

Im *Roten Zimmer* bleibt somit das Was des Romangeschehens vorläufig noch unbenannt und unbekannt. Es verbirgt sich im Wo und Wann, um hernach erst allmählich zum Vorschein zu kommen. Im Wo der Stadt Stockholm, im Wann des Frühlingsanfangs. Zugleich verbirgt der Autor beides: sich selbst als Verfertiger des epischen Werks, aber auch jegliche allwaltende Erzählerfigur. Beides lässt er aufgehen in den narrativen Helfershelfern. Von ihnen lässt er sich scheinbar voll und ganz vertreten. Von den Vögeln, die uns Leser mitnehmen bei ihrem weiten Rundblick über Stockholm. Von Sonne und Wind, die uns ebenfalls mitnehmen, wenn sie, näher am Boden, strahlend und wehend dahineilen quer durch die Stadt, vom nahen Mosebacke bis zum fernen Horizont und wieder zurück. Dabei entsteht eine räumliche Spannung zwischen Senkrecht und Waagrecht. Sie steigert sich noch durch die Spannung zwischen jenem Raum, den der Romantitel verspricht – *Röda rummet*, *Das rote Zimmer* –, und dem, was der Romananfang dann erfüllt. Versprochen wird ein gewisses rätselhaft abgekapseltes, vielleicht diskretes Interieur. Der Romananfang dagegen hält dieses Versprechen gerade nicht. Im Gegenteil. Ein fast grenzenloses Exterieur entfaltet er, das Panorama einer ganzen Stadt. Später erst merken die Leser, dass es sich weder ums eine noch ums andre handelt. Es handelt sich, paradoxerweise, um beides zugleich. «Das rote Zimmer» nämlich ist der Name einer Künstlerkneipe, in der Stockholms ganze literarische Halbwelt ein und aus geht. Darunter eben auch die Hauptfiguren des Romans, zumal jener junge Mann. Vorerst jedoch macht die räumliche Spannung die Leser selber gespannt darauf, was denn da wo stattfinden wird.

Nicht anders verfährt Strindberg mit dem Wann. Auch hier entsteht Spannung, zeitliche. Wie von selbst ergibt sie sich aus den beschriebenen Umständen. Eine Spannung zwischen ‹immer noch› und ‹bald schon nicht mehr›, zwischen ‹bislang so› und ‹jetzt gleich anders›. Im ersten Absatz häufen sich Zeitadverbien, die durchblicken lassen, es stehe etwas, das eigentlich zu erwarten wäre, immer noch aus. Noch ist der kleine Park nicht geöffnet. Noch sind die Beete nicht umgegraben. Noch hat kein Fuß die Kieswege betreten. Und so fort. Erweckt wird der Eindruck, diese Indizien der Dinge sprächen sich selber aus, ohne den Vormund eines Erzählers. Und ihr Zustand des Noch-nicht verbreitet sich so lang im Raum, bis die Vögel, dann die Sonne, dann der Wind endlich das herbeiführen, was die ganze Zeit schon fällig war: der unausgesprochene Frühling bricht aus. Schlagartig, beim

Windstoß an die Wand und Tür des Wirtshauses. Prompt bekräftigen auch die Menschen diesen Ausbruch durch ihren eigenen. Die Magd stößt die Türe auf, reißt die Winterrüstung von den Fenstern, lüftet die stickigen Stuben, und der junge Mann tritt hervor, atmet tief ein und geht hinab in die Stadt.

Wo aber bleibt das epische Trio? Wo zeigt sich das Widerspiel zwischen dem Jemand, der erzählt; dem Jemand, dem erzählt wird; und dem Etwas, das erzählt wird? Fast sieht es so aus, als fände es gar nicht statt. Allein der Illusion zuliebe: selbsttätig erzähle sich das Was des

Romans samt seinem Wo und Wann; ein zuständiger Vermittler könne da nur stören. Dem Autor Strindberg – der im *Roten Zimmer* die Anschauungen Emile Zolas und anderer Naturalisten teilte – war in der Tat an solcher Illusion gelegen. So wie die betont lebensechten Romanpersonen unter dem Zwang ihrer räumlich-sozialen, ihrer zeitgeschichtlichen, auch ihrer biologischen Bedingungen zu leben haben, so sollen auch eben diese Bedingungen wirksam sein im erzählten Geschehen. Wogegen der Erzähler, als eigentlicher Veranstalter, seine Tätigkeit tunlichst vertuscht. So, als träfe das Romangeschehen wie von alleine bei den Lesern ein. Ungelenkt und unbedacht.

Eine Illusion, zweifellos. Und zudem ein insgeheimes Spiel zwischen dem getarnten Jemand, der hier erzählt, und dem Jemand, dem diese Illusion vorgegaukelt wird. Wer immer den Roman liest, kann sich nun erst recht ermuntert fühlen, nach dem versteckten Erzähler zu suchen. Und finden kann er ihn zumal dort, wo er inkognito unterschlüpft in seinen narrativen Helfershelfern. In den Vögeln, die Stockholm von oben sichten; in Sonne und Wind, die es bestrahlen und durchwehen. Sie sind es, in denen der Erzähler sich nicht nur verbirgt, sondern auch vervielfältigt. Ein Zuwachs an Macht, der seinen scheinbaren Machtverlust – nicht offensichtlich souverän zu schalten und zu walten – ohne weiteres ausgleicht. Mit seinen Helfershelfern geht er ein ins erzählte Was, dem sie selber zugehören, und dem er sie eigens für seine Zwecke entnommen hat: ins lebhafte Stockholm, das immer schon von Vögeln umkreist, von Sonne bestrahlt, vom Wind durchweht wird. Zugleich erhebt sich der Erzähler mit ihnen über dieses Was, um es den Lesern sichtbar zu vergegenwärtigen. Aber gerade nicht selbstherrlich als einer, der aufs souveräne Monopol seiner grenzenlosen Übersicht pocht. Nein, unscheinbar kommt er uns entgegen, wenn er jene Blickwinkel zu einer lückenlosen Gesamtschau vervollständigt. Quasi natürlich. Denn die Kräfte der Natur – der Vögel, der Sonne, des Winds – hat er sich ja dienstbar gemacht.

Strindberg ist nicht der einzige Autor, der beim Erzählen solche pseudonatürlichen Helfershelfer heranzieht. Zwei Generationen zuvor befördert Victor Hugo in *Notre-Dame de Paris* – hier freilich nicht sofort am Anfang des Romans – die Leser empor zu einer übermenschlichen Aussicht: zum Weitblick von oben auf «Paris aus der Vogelschau». Und eine Generation vor Strindberg lässt Charles Dickens auf den ersten Seiten von *Bleak House* seine Leser den diffusen Wegen der Londoner Nebelschwaden folgen: querstadtein durch Straßen und Plätze, aufwärts und abwärts, um die Gebäude herum und bis in die Hinterhöfe hinein. Der gleiche Dickens bietet noch ein weiteres Beispiel, das dem Erzählstart Strindbergs noch näher kommt.

Dickens' *Die Silvesterglocken* Auch hier nämlich ist der Wind hilfreich im Spiel. Trotzdem geht es ganz anders zu, wenn es losgeht mit Dickens' Kunstmärchen von den *Silvesterglocken (The Chimes*, 1844). Es kann die Befunde aus dem *Roten Zimmer* ergänzen und differenzieren. Denn es zeigt an: jene pseudonatürlichen Helfershelfer sind durchaus nicht gebunden an ein naturalistisches Konzept, das den eigentlichen Erzähler zu verbergen trachtet. Obwohl er alsbald den Wind ins Spiel bringt, macht sich Dickens' Erzähler selber deshalb keineswegs dünn. Mitnichten. Er plustert sich auf. Wortreich bekennt er sich als derjenige, der hier das Sagen hat, von Anfang bis Ende. Weitschweifig holt er aus, und hemmungslos setzt er an zu launischem Geplauder mit den flugs angesprochenen Lesern. Noch auffälliger lässt sich das epische Trio wohl kaum ins Werk setzen. Und das von vornherein.

> Es gibt nicht viele Menschen – und da es wünschenswert ist, daß sich Geschichtenerzähler und Geschichtenleser möglichst bald auf ein wechselseitiges Verständnis einstellen, so bitte ich darauf zu achten, daß ich diese Bemerkung nicht auf junge oder kleine Leute beschränke, sondern auf alle ausdehne, sie seien klein oder groß, jung oder alt, erst im Aufwachsen oder bereits wieder im Hinschwinden begriffen –, es gibt, sage ich, nicht viele Menschen, die gern in einer Kirche schlafen möchten. [...] Ich getraue mich, meine Ansicht in jeder dazu auserkorenen stürmischen Winternacht zu erhärten mit irgendeinem Gegenspieler, den man aus der Menge auswählt: er soll [...] mich im voraus ermächtigen, ihn bis zum Morgen einzusperren. [...]

Denn der Nachtwind besitzt eine unheimliche Geschicklichkeit, ein derartiges Gebäude stöhnend zu umwandeln, mit unsichtbarer Hand an Fenstern und Türen zu rütteln und irgendeine Spalte aufzuspüren, durch die er eindringen kann. Ist er endlich drinnen, so winselt und heult er wie einer, der nicht gefunden hat, was er sucht, um wieder hinauszukommen; nicht damit zufrieden, durch die Gänge zu streichen, [...] schwingt er sich auf zum Dach und versucht das Gebälk zu zerreißen; dann wirft er sich verzweifelnd auf die Steine unten und dringt murrend in die Grüfte; [...] Hu! Der Himmel bewahre uns, die wir gemächlich ums Feuer sitzen! Er hat eine schreckliche Stimme, dieser Mitternachtswind, der in einer Kirche singt!

Aber gar erst hoch oben im Turm! Dort brüllen und pfeifen die grausigen Windstöße! [...] Hoch oben im Turm, wo der Glockenstuhl ist, wo Eisengeländer vom Rost zerfressen werden und Blei- und Kupferplatten, vom Wechsel des Wetters eingeschrumpft, unter dem ungewohnten Tritt krachen und seufzen, wo Vögel ihre kümmerlichen Nester in die Ecken des alten Eichengebälks stopfen [...]. Hoch oben im Turm einer alten Kirche, weit über dem Licht und Lärm der Stadt und weit unter den fliegenden Wolken, die sie beschatten, ist der wilde und traurige nächtige Ort, und hoch oben im Turm einer alten Kirche hängen die Glocken, von denen ich spreche.

Es waren alte Glocken, glaubt es mir. Vor Jahrhunderten waren sie von Bischöfen getauft worden – vor so vielen Jahrhunderten, daß ihr Taufregister in unvordenklichen Zeiten verlorenging und niemand mehr ihre Namen kannte, [...] so daß sie jetzt namen- und gabenlos im Kirchturm hingen.

Doch nicht sprachlos – weit gefehlt! Sie hatten klare, laute, lustige, volltönende Stimmen, die der Wind weit und breit dahintrug. Aber sie waren doch viel zu handfest, um sich von seiner Willkür abhängig zu machen, denn wenn er schlecht gelaunt war, kämpften sie rüstig gegen ihn an, [...] daß sie hin und wieder einen pustenden Nordwest überwanden, «daß er Krämpfe kriegte», wie Toby Veck zu sagen pflegte; denn obgleich man ihn Trotty Veck nannte, hieß er doch Toby. [...] Er war zu seiner Zeit ebenso gesetzlich getauft worden wie die Glocken zu der ihrigen, wenn auch nicht mit ganz soviel Feierlichkeit oder öffentlichem Jubel. [...]

Was daher Toby Veck sagte, sage ich auch, und ich trete auf Tobys Seite, obschon er den lieben langen Tag – und das war mühsam genug – just vor der Kirchtüre stand. Er war nämlich ein Dienstmann und wartete dort auf Aufträge. Freilich war das ein windiger, gänsehäutiger, blaunasiger, rotäugiger, steinzehiger, zähneklappernder Warteplatz zur Winterszeit, wie Toby Veck wohl wußte. Der Wind kam zerrend um die Ecke, namentlich der Ostwind, als sei er ausdrücklich von den Grenzen der Erde aufgebrochen, um Toby zu mißhandeln. [...]

Windiges Wetter war aber doch eine Art Festtag für Toby, obgleich es ihn so rauh behandelte; denn er schien bei Wind nicht so lang auf ein Sechspencestück zu warten, wie zu andern Zeiten. Der Kampf mit dem ungestümen Element lenkte seine Aufmerksamkeit ab und frischte ihn auf, wenn er hungrig oder kleinmütig war. (81 ff./113 ff.)

Erzähler, im Vordergrund agierend Sofort meldet sich der Erzähler zu Wort. Stellung bezieht und nimmt er in eigener Sache. Nicht nur die Leser spricht er unverhohlen an, sondern auch das, was er jetzt eben gerade tut. Ausdrücklich erläutert er dieses Tun bereits im ersten Satz, den er von vornherein an sie, die Adressaten richtet. Nämlich: «möglichst bald» ein «wechselseitiges Verständnis» herzustellen zwischen ihm selber, dem «Geschichtenerzähler», und unsereinem, dem «Geschichtenleser». Witzig spannt er uns auf die Folter einer überlangen Parenthese, worauf denn wohl seine so apodiktische, doch unvollständige Satzaussage hinauslaufe: «Es gibt nicht viele Menschen ...». Der Witz steigert sich noch, wenn die verzögerte Aussage sich endlich vervollständigt. So gravitätisch, wie sie sich spreizte, war eine gewichtige Sentenz über allgemeinmenschliche Wesenszüge zu erwarten. Nichts dergleichen. Dem syntaktischen Berg, der da kreißte, entspringt nur eine dürftige Maus: dass kaum wer gerne in einer Kirche schläft. Wohlgemerkt, nachts und allein, wie der Erzähler anschließend noch nachträgt.

Damit hat er zweierlei erreicht. Einerseits hat er, indem er darüber plaudert, das anfangs bloß wünschenswerte Einvernehmen zwischen «story-teller» und «story-reader» scheinbar tatsächlich herbeigeführt. Dass dem so sei, bekräftigt das Ende des zweiten Absatzes. Dort, wo der Erzähler beide Partner vereint, sprachlich im trauten Wir und räumlich im trauten Zimmer vorm Kamin. Ein episches Duo, das den dritten Partner, das erzählte Etwas, nur allzu gern anderswo weiß und ihm lediglich redend und lauschend Einlass gewährt: jene vom Wind durchheulte nächtliche Kirche:

> Hu! Der Himmel bewahre uns, die wir gemächlich ums Feuer sitzen! Er hat eine schreckliche Stimme, dieser Mitternachtswind, der in einer Kirche singt!

Andrerseits hat der Erzähler schon hier – erst im Nachhinein werden es die Leser gewahr werden – den Höhe- und Wendepunkt seines Märchens angespielt. Denn den abgehärmten Helden der Erzählung, den alten Dienstmann Toby Veck, ihn werden eben jene hernach beschriebenen Silvesterglocken, die da im Kirchturm hängen, dröhnend herbeizwingen an diesen schauerlichen Schauplatz. Einsam in dunkler Nacht. Ein Angsttraum, zu Hause im dürftigen Bett, wird es sein, der Toby Veck hineinjagt ins kirchliche Gemäuer und empor ins Gehäuse der Glocken. Dort oben werden sie, erschreckend lebendig geworden, diesen armen Kerl verurteilen. Um ihm Mut zu machen, klagen sie ihn an wegen seines untertänigen, zerknirschten Gebarens. Sie verübeln ihm, dass er die Verachtung jener reichen Leute, die ihn und alle seinesgleichen ausbeuten, gar noch demütig hinnimmt und in Selbstverachtung verwandelt. Als ein anderer wird Toby schließlich aus dem Angsttraum hervorgehen. Selbstbewusst und bereit, sich gegen seine Unterdrücker zu wehren.

Narrativer Helfershelfer: Wind Der Weg, den er im Traum durchhasten wird, hinein in die alte Kirche und den Glockenturm hinauf, diesen Weg bahnt den Lesern zuvor schon der Wind. Ihn macht der Erzähler mehrere umfangreiche Absätze lang zu seinem Agenten. Ihn allein. Im Unterschied also zum *Roten Zimmer*, wo der Wind sich mit Vogelflug und Sonnenstrahlen in die epische Helfershelferei teilt. Umso mächtiger rührt er sich in den *Silvesterglocken*. Auch hier freilich, genau wie dort, wirkt er als narrativer Zwitter. Als natürliche Witterung in London gehört er, einerseits, zum erzählten Geschehen: indem er Toby frieren lässt, ihn aber auch hilfreich vorwärts bläst bei seinen Botengängen; und indem er den Glocken noch gewaltigeren Schwung gibt, zusätzlich zu ihrem mechanischen Läutwerk. Andrerseits gehört der Wind zum Tätigkeitsbereich des Erzählers: indem er räumlich und auch zeitlich den Lesern von Anfang an vergegenwärtigt, was da kommen soll. Ihnen erschließt der Wind den Schauplatz von Toby Vecks Lebenswelt, der zugleich Schauplatz sein wird für den entscheidenden Richtungswechsel seiner Vita.

So schnell und so heftig, so allbeweglich und wandlungsfähig – «irgendeine Spalte aufzuspüren, durch die er eindringen kann» – durchrast der Wind den Kirchenraum, den er zuvor draußen umrundet hat; danach den Turm empor, um alles zu beschauen und zu betasten bis in die engsten Ritzen und zu den höchsten Zinnen: so, wie es bei einem menschlichen Lebewesen niemals möglich wäre. Zugleich begabt Dickens' Erzähler diesen einzigen Helfershelfer mit beinah menschlichen Regungen. Er ist «nicht zufrieden», er tobt «verzweifelnd» und «murrend» umher. Noch auffälliger als sein rastloses Ungestüm sind die vielfältigen Laute, die der Wind dabei ausstößt. Vom Stöhnen übers Winseln und Flüstern bis zum Brüllen und Pfeifen. Auch diese Eigenschaft des Winds empfiehlt ihn als narrativen Helfershelfer. Elementar ähnelt er seinem Herrn: aufgrund seiner Stimme. Unüberhörbar, unerschöpflich und ausdrucksreich ertönt sie, auch wenn sie, anders als jene des Erzählers selbst, keinerlei Worte artikuliert.

So wird denn der Wind, stets die Leser im engsten Gefolge, erst recht zum Vermittler auch zwischen den beiden Hauptfiguren von Dickens' Märchen. Zwischen der solistischen Figur des bislang immerzu geduckten Toby Veck und der kollektiven Figur der hoch droben hau-senden Glocken. Von Anfang an hat der Erzähler diese beiden Hauptfiguren miteinander verbunden durch eine bezeichnende gemeinsame Eigenschaft. Die Glocken, betont er, sind ebenso namentlich getauft wie Toby Veck. Auch das macht sie wie ihn zu namhaften Helden einer erzählbaren Geschichte. Beiden gleichermaßen rückt der Wind so hörbar wie fühlbar auf den Leib. Gleichermaßen, doch nicht gleichzeitig. Deutlich zeigt es die Abfolge unserer zitierten Anfangsabsätze an. Zunächst trifft der Wind auf die Glocken (Absatz 3). Danach erst kommt der Erzähler höchstselbst, den Wind begleitend, auf Toby Veck zu sprechen (Absatz 4). Dieses Nacheinander ist ein wortloser, doch wohlbedachter früher Wink für die Leser.

Erkennen können sie ihn vorläufig nur vage, später dann aber triftig. Dann, wenn ihnen im weiteren Verlauf des Geschehens, vollends beim Höhepunkt, aufgeht: es waren schon von Anfang an die Glocken, aufgepeitscht vom Wind, die den epischen Vortritt hatten. Aber auch den epischen Vorrang. Denn ausgerechnet von ihnen, den dinglichen Geräten, die jetzt plötzlich aufleben und menschliche Eigenschaften offenbaren, geht die Initiative aus. Ihre Anstöße sind es, die den lebendigen Widerpart Toby überhaupt erst zu menschlichem und persönlichem Selbstbewusstsein aufrütteln. Derweil verkehrt der Erzähler selber, wie sein erbötiger Wind, mit beiden Hauptfiguren gleichermaßen vertraulich: mit den kollektiv dinglichen Silvesterglocken und mit dem solistisch menschlichen Dienstmann Toby, den gegen Ende diese Glocken in einem Angsttraum heimsuchen. Ebenso vertraulich verkehrt er mit dem andern Partner des epischen Trios, mit den Lesern. Nachdrücklich bis hin zum glücklichen Ende des Märchens wird er dafür sorgen, dass sie ihn sowenig aus dem Sinn verlieren wie er sie.

Anlauf nehmen, hinein ins Werk Wer erzählt, vergegenwärtigt seinen Zuhörern oder Lesern ein Geschehen, das anderswo und anderswann stattgefunden haben soll. Vergegenwärtigt wird es nicht leibhaftig wie auf der Bühne von Schauspielern, die das Anderswo und Anderswann des Geschehens in sich verschwinden lassen. So, als geschähe das, was sie spielen, ohnehin jetzt eben hier: ob Woyzeck und Andres beim Steckenschneiden oder auch die Erscheinung des Gespensts von Hamlets Vater. Der Erzähler dagegen redet das ferne Geschehen förmlich herbei. Merklich Stück für Stück, vom ersten bis zum letzten Ereignis. Und ebenso merklich Wort für Wort, vom ersten bis zum letzten, die allesamt seine Worte sind. Allerdings auch lyrisches Geschehen lebt unleibhaftig allein von Rede. Siehe Eichendorffs Gedicht vom *Stillen Freier.* Jedoch, was dort geschieht zwischen Mond und Reiter und Schloss, es wird nicht herbeigeredet. Angeredet wird es. So, als sei es längst zugegen, längst schon regsam vor unseren inneren Sinnen: «Mond, der Hirt, lenkt seine Herde . . .»

An beiden Beispielen – am *Roten Zimmer* wie an den *Silvesterglocken* – war zu beobachten, wie da fernes Geschehen vergegenwärtigt, herbeigeredet wird. Genauer, da es sich beidemal um den Erzählstart handelt: wie dieser Hergang in Gang kommt. Die Aufmerksamkeit just auf den Anfang zu lenken liegt nah. Denn hier ist die Stelle, wo wie ein Schiffsbug das zeit-räumliche Volumen der erzählten Eigenwelt hineinragt in die zeit-räumliche Alltagswelt der Leser. Es ist die heikelste Stelle des Erzählwerks. Auffälliger als an allen andern Stellen sind genau hier jene epischen Maßnahmen am Werk, die das ferne Geschehen von dort nach hier und die Leser von hier nach dort transportieren.

Was für *Das rote Zimmer* gilt und für *Die Silvesterglocken*, gilt grundsätzlich für jedes Erzählwerk der Weltliteratur. Für die ältesten Epen wie für die jüngsten Romane. Mal mehr, mal minder deutlich. Ob so zurückhaltend wie bei Strindberg, ob so aufdringlich wie bei Dickens: immer spielt der Erzähler eine Doppelrolle. Genauer, er agiert in zwei gegenläufigen Richtungen. Vergegenwärtigend holt er den Hörern und Lesern herbei, was fernweg geschieht. Schrittweise. Und ebenso schrittweise nimmt er die Hörer und Leser mit sich hinweg in jenes Anderswo und Anderswann. Somit spielt der Erzähler nicht nur die Rolle dessen, der den Ansässigen das ferne Geschehen importiert. Er spielt auch die Rolle eines Reiseführers.

Er betätigt sich als einer, der sich draußen auskennt. Zunächst einmal führt er uns auf den Weg in die Ferne. Dann, eben dort angelangt, führt er uns die weiteren Wege, die jene ferne Welt durchqueren. Und wenn der Erzähler dabei auch noch seine narrativen Helfershelfer einsetzt, so tut er das zwar allererst deswegen, um uns möglichst schrankenlos auch noch die unzugänglichen Zonen zugänglich zu machen.

Zugleich jedoch lässt er durchblicken, wie abenteuerlich und vertrackt es ist, in jene Ferne zu gelangen und sich dort herumzutreiben. So etwas kann nicht auf einmal gelingen, mit einem einzigen Weitsprung ins Anderswo und Anderswann. Viele Romane aus der zweiten Hälfte des neunzehnten Jahrhunderts beweisen es. Vor allem jene, die sich dem poetischen Grundsatz einer möglichst lebensgetreuen, sachgerechten Wahrscheinlichkeit verschrieben haben. Ihr Startschwung, wenn sie die Leser ohne jeden Anlauf jäh hineinschleudern in medias res, dieser Schwung stockt fast immer, sobald nachgetragene Vorgeschichten ihn untermauern müssen. Wer entsprechende Romane liest – ob die eher vierschrötigen von Zola und Daudet oder die eher subtilen von Flaubert und Maupassant, von Turgenjew und Bang –, stößt unweigerlich darauf: wie die Hauptfigur, die gleich zu Beginn inmitten eines brodelnden Damals und Dort auftritt, wenig später eben diesem fernen Drum und Dran zeitweilig entwunden wird. Wozu? Um sinnend oder träumend oder plaudernd die persönliche Vergangenheit und deren Umstände Revue passieren zu lassen.

Prinzipiell ist in jedem epischen Werk die Kluft zu überwinden zwischen erlebter und erzählter Welt. Staffelartig geht das vor sich, bald mehr bald minder deutlich. Stufe für Stufe für jeden beteiligten Akteur des Erzählens. Als erster Akteur betätigt sich der Dichter selber, der den Roman vom *Roten Zimmer*, der das Märchen von den *Silvesterglocken* verfasst. Als zweiter Akteur betätigt sich der erfundene, meist namenlose Erzähler, der im Auftrag des Dichters alles erzählbare Geschehen sichtet, der es ausspricht und bedenkt. Und als dritter Akteur betätigen sich die narrativen Helfershelfer – Vogelflug, Sonnenstrahlen, Windstöße –, die im Auftrag des Erzählers den Schauplatz des Geschehens umreißen und vermessen. Den Lesern vorauseilend, erschließen sie ihnen jenes Anderswo bis in den letzten Winkel. Ähnliche Staffelungen wie hier sind überall am Werk, schon seit der Antike. Freilich von Fall zu Fall etwas anders, auch mit anders besetzten Akteuren des Erzählens. Inwiefern, das lässt sich hier vorerst nur andeuten. Am Fall von zwei Epen, einem antiken und einem spätmittelalterlichen.

Erzählakteure in Vergils *Aeneis* und Dantes *Divina Commedia* Zu Beginn der *Aeneis* (30–19 v. Chr.) lässt der Dichter Vergil (erster Akteur) seinen Erzähler (zweiter Akteur) noch einen dritten Akteur anrufen. Es ist die göttliche Muse. Hilfreich soll sie mitwirken, wenn die nun folgenden Abenteuer des Titelhelden erzählt werden. «Musa», so lautet die inständige Bitte, «mihi causas memora ...» «Muse, hol mir ins Gedächtnis die Gründe ...» Gemeint sind die Beweggründe bestimmter Götter und Menschen, die einst – in der Vorgeschichte des Titelhelden und seiner Wagnisse – zur kriegerischen Vernichtung Trojas führten. Und gemeint ist ebenso das, was hernach ihn, den einzig überlebenden Trojaner und Venussohn Aeneas, bewegt hat, lebensgefährliche Meere und Länder zu durchfahren, von Kleinasien über Nordafrika bis nach Italien, wo er schließlich zum Stammvater des Römischen Reiches wurde.

So tief zurückzugreifen in geschichtliche, sogar mythische Zeiten, und so weit auszugreifen in geographische Räume: das können die beiden ersten Erzählakteure alleine nicht schaffen. Hierzu bedarf es übermenschlicher Fähigkeiten. Daher der Hilferuf an den dritten Erzählakteur, an die göttliche Muse. Spätestens seit Homer, der sie heraufbeschwört zu Beginn der *Ilias* und der *Odyssee*, ist sie dafür zuständig, alle belangvollen Geschehnisse zu wissen und in sich aufzubewahren. Deshalb kann sie dann auch weitergeben, was sie weiß, sobald ein poetisch wirksamer Anruf sie erreicht: «Sage mir, Muse, die Taten des vielbewanderten Mannes, / der so weit umhergeirrt ...» Weitergeben kann sie es zu neuerlicher Wiedergabe, so wie hier, an die beiden andern Erzählakteure, den Dichter und seinen Erzähler. Wobei Homer den Letzteren als öffentlich vortragenden Rhapsoden veranschlagt. Und was die dann vortragen werden, hat zugleich die höheren Weihen jener übermenschlichen Instanz. Wahrhaftigkeit verbürgt sie. Kein leichtfertig erflunkertes Geschehen steht zu befürchten. Darauf sollen sich die Hörer und Leser verlassen können, mögen sie nun an die göttliche Muse glauben oder nicht. In jedem Fall prägt sich ihnen ein: was jetzt hier vergegenwärtigt wird – die vielen fernen Abenteuer des Aeneas –, es durchläuft mehrere Instanzen. Wohlgestaffelt: vom Dichter über den Erzähler zur Muse und zurück. Sie markieren die beschwerliche Wegstrecke von hier nach dort, von dort nach hier.

Diese Wegstrecke – und wie sie zu passieren sei – veranschaulicht noch viel sinnfälliger Dantes epische *Divina Commedia* (1307–21). Mehr als tausend Jahre nach der *Aeneis*. Wortwörtlich begreift und schildert der Autor den Weg als Weg. Und leibhaftig lässt er ihn beschreiten. Den Lesern versichert seine Fiktion: er selber, der Dichter Dante, sei es, der wandernd all das geschaut und erfahren habe, wovon seine folgenden hundert Gesänge erzählen. Erst vom Inferno, der Hölle samt Vorhölle. Dann vom Purgatorio, dem Läuterungsberg. Schließlich vom Paradiso, dem Himmel. Schon der Anfangsvers des Epos spricht von einem Weg, vorerst freilich nur metaphorisch und in andrem Sinn. Die Lebensbahn ist gemeint, die der Dichter bislang zurückgelegt hat: «Nel mezzo del cammin di nostra vita» – «In der Mitte unseres Lebensweges».

Genau in dieser Mitte, so vernehmen wir, hat sich Dante verlaufen: in einem abgelegenen gefährlichen Wald, aus dem er allein nicht herausfindet. Und schon wechselt die Metapher des «cammin» über vom Biographischen zum Epischen. Zugleich erscheint unverhoffter Beistand, ein vorerst schweigsamer Mann. Kein geringerer ist es als Dantes hochverehrtes Vorbild, der längst verstorbene antike Epiker Vergil. Bestens kennt er sich aus in dieser unwirtlichen Gegend, ganz nah beim Totenreich. Hat er doch selbst, erzählend mit Hilfe der allwissenden Muse, seinen Helden Aeneas auch in die Unterwelt geschickt, damit er dort erkunde, was kein Lebender zuvor erkundet hat. Dieser Vergil wird nun dem epischen Nachfahren Dante beispringen. Tatkräftig wird er ihn nicht nur hinausführen aus dem verwirrenden Wald. Er wird ihn auch hineinführen und umherführen im Inferno und Purgatorio.

Ausdrücklich vertraut sich der Jüngere dem alten Epiker an. Sogar doppelt, als erzählter wie auch als erzählender Dante. Folgen will er Vergil, ohne Bedenken: «Tu duca, tu signore e tu maestro» – «Du bist der Führer, bist der Herr und Meister». (I, 2, 140) Gleich darauf – zu Beginn des dritten Gesangs – durchschreiten die beiden Dichter, Vergil voran, den Eingang zur Hölle. Jenes Tor, das in dunkler Inschrift von sich selber sagt:

> Durch mich geht man hinein zur Stadt der Trauer,
> Durch mich geht man hinein zum ewigen Schmerze,
> [...]
> Laßt, die ihr eingetreten, jede Hoffnung! (I, 3, 1 ff.)

Später dann, nachdem Vergil den wissbegierigen Dante überall hingeleitet und ihm alles gezeigt hat, hinab und hinauf durch Inferno und Purgatorio, später muss er sich verabschieden. Als Ungetauftem ist ihm der Weiterweg verwehrt, der Einlass ins Paradiso. Sofort übernimmt jemand andres die Führung, so kundig wie er. Dantes Jugendliebe ist es, die heiligmäßige Beatrice.

Ohne diese beiden Reiseführer wäre der wandernde Dichter verloren. Weder Richtung noch Ziel fände er. Nur sie können dem Ahnungslosen die Wege weisen durch die unbekannten Jenseitszonen, die allen Lebenden sonst unzugänglich sind. Nur sie können ihm die befremdlichen Vorkommnisse, Personen und Situationen erklären, die ihm auf jenen Wegen begegnen. Denn beide, Vergil wie Beatrice, wissen hier alles Wissenswerte. Nicht anders als im antiken Epos die Muse. Fortschreitend und erzählend machen sie ihn, der ihnen folgt und zuhört, seinerseits zum Erzähler. Dabei können die Leser Station für Station mitgehen. Teilnehmen können sie an einem erregenden Hergang, der ihrem momentanen Tun genau entspricht. Verfolgen können

sie: wie dem erdichteten Doppelgänger des Dichters der *Divina Commedia* – mitten drin im eigenen Epos – leibhaftig das widerfährt, was ihnen selber widerfährt, indem sie dieses Epos lesen. Deutlich genug. Gleich ihm, nur eben nicht leibhaftig, werden sie umhergeführt im erzählten fremdartigen Jenseitsgelände. Und während ihm die kundigen Reiseführer erläutern, was alles dort passiert, wird er, nun selber kundig, den Lesern zum Reiseführer. Was und zugleich wie erzählt wird, stellt sich somit dar als einsehbare Prozedur. Noch viel sinnfälliger als in der *Aeneis*.

Das Höllentor, das mit eigenen Worten vom Risiko des Eintritts kündet; der nachdrückliche Akt, dieses Tor zu durchschreiten, vom wüsten Niemandsland hinein ins Schreckensreich der Toten; die erklärte «Mitte» von Dantes Lebensstrecke, die so nicht weiter verlaufen kann wie bisher, sondern zu andrer Richtung drängt; der Staffellauf der beiden Reiseführer, erst Vergil und dann Beatrice, die den Dichter des Epos durch eben dieses Epos geleiten: das sind lauter Signale für einen Aufbruch. Sie betonen inständig, dass sich da jemand auf den Weg macht, hinein und vorwärts in zunächst unwegsame Gebiete. Zugleich sind es, ebenso unverkennbar, Signale dafür, wieso Erzählen überhaupt in Gang kommt und wieso es fort und fort sich fortsetzt. Signale aber auch dafür, welch vielfältige Anstrengungen nötig sind, um zu vergegenwärtigen, was anderswo und anderswann geschieht.

Nur literarische Erzählwerke betreiben solchen artistischen Aufwand. Nur formvollendete poetische Gattungen – wie Epos, Roman, Novelle – setzen ihr eigentliches Tun, das Erzählen, so nachdrücklich ins Werk. Geradezu performativ: hiermit, voilà, erzähle ich euch. Minder aufwendig geht es zu beim alltäglichen Erzählen. Es benötigt keine sonderlichen Anläufe, um zu starten und um fortzufahren. Schon gar nicht mehrerlei gestaffelte Instanzen so wie bei Vergil und Dante, bei Strindberg und Dickens. Wer daheim, wer im Wirtshaus oder am Arbeitsplatz etwas erzählt, redet den Zuhörern unmittelbar ins Gesicht. Und die können sofort eingehen aufs Erzählen wie aufs Erzählte. Sie können dem Erzähler ins Wort fallen mit Zwischenrufen. Anfeuern können sie ihn oder auch bremsen. Nicht nur durch Worte, auch durch Gebärden und Mienenspiel. Die Zuhörer also sind rege beteiligt, solang die Erzählung in Gang ist. Unverzüglich teilen sie mit, ob die Vergegenwärtigung klappt. Unmissverständlich zeigen sie dem Erzähler, ob ankommt und einleuchtet, was er da vorbringt, ob es sie packt oder langweilt.

Ein derart lebendiges Widerspiel entfällt bei literarischen Erzählwerken. Auch dort, wo sie es im Text vorgaukeln – wie Dickens' Märchen von den *Silvesterglocken* –, wissen sie, dass es sich tatsächlich nicht bewerkstelligen lässt. Sie müssen ja weit mehr noch als die erörterte grundsätzliche Kluft überwinden: zwischen dem Hier des Erzählers und dem fernen Dort, das er herbeierzählt. Sie müssen obendrein noch, in umgekehrter Richtung, die akute Kluft überwinden: zwischen dem fix und fertigen Erzählwerk und den fernen Leuten, die es werweißwo und werweißwann in sich hineinlesen. Stumm, ohne rückwirkende Antwort aufs Gelesene.

Literarischer Ersatz für mündliches Alltagserzählen Wo nun das lebendige Widerspiel des vor- und außerliterarischen Erzählens ausfällt, verlagert sich auch die lebendige Spannung zwischen den drei Partnern des epischen Trios. Nach wie vor und unabdingbar ist auch der zweite Partner noch aktiv im Spiel: jener, dem der Erzähler das Erzählte erzählt. Im Spiel durchaus, aber eben nicht körperlich anwesend. Nicht als ansprechbares Gesicht, dessen Mienenspiel, nicht als Gestalt, deren Gebärdenspiel pünktlich reagiert auf das, was ihnen da zu Ohren kommt. Mit diesem Spannungsverlust rechnet literarisches Erzählen von vornherein. Seit jeher, nolens volens. Es stellt sich auf ihn ein und gleicht ihn anderweitig aus. Wie sehr und wodurch, das zeigt der besagte artistische Aufwand. Wir haben beobachtet, was alles Strindberg und Dickens, Vergil und Dante unternehmen, um mit mehrerlei Instanzen ihr Erzählen in Schwung zu bringen und weiterhin in Schwung zu halten. Genau besehen, zielen diese Maßnahmen auf den einen wie auf den andern Partner des epischen Trios. Sie gelten also nicht nur dem erzählten Geschehen, das Stück für Stück herbeizuholen ist. Erst recht gelten sie den verstreuten, gesichtslosen Lesern, die dafür einzunehmen sind. Da diese Leser nicht körperlich anwesend und vis-à-vis ansprechbar sind, kommt alles darauf an, sie imaginär hineinzuversetzen ins Getriebe des Erzählens. Hier drinnen nun kann der Erzähler wettmachen, was ihm an äußerer Spannung fehlt. Spielend gewinnt er drinnen die Macht über jene, die er draußen nicht bannen kann durch überwältigenden Redefluss von Angesicht zu Angesicht.

Hineinversetzt werden die Leser nicht nur, aber doch allererst dort, wo das Erzählwerk frontal und initial auf sie stößt: zu Beginn. Auch deshalb sind just die Erzählanfänge der erörterten Beispiele so aufschlussreich. Hier, im Eingangskorridor zu diesem Roman oder jenem

Epos, können die Leser ihre eigene Rolle modellartig vorgebildet finden. Prägnant, erregend, zum Anprobieren. Eine Rolle mit Variationen: die eines wagelustigen Neulings, der zunächst vorsichtig die Füße setzt auf unsicheres Gelände; die eines Menschen, dem unverhofft übermenschliche Aussichten und Einsichten sich auftun; die eines Zugereisten in fremder Umgebung, der dringend pocht auf kundige Führung und verlässliche Auskunft. Und nicht zuletzt die Rolle eines Forschers, begierig auf Entdeckungen in einer Welt, die ihn anlockt, indem sie zunächst sich scheinbar vor ihm verschließt.

Innerpoetisch vorgebildete Leserrollen: sie bieten sich bald mehr bald weniger deutlich an. Am deutlichsten in der *Divina Commedia*. Dort, wo jeder einsame Leser sich hineinversetzen darf in die epische Figur des aufbruchbereiten, aber orientierungslosen Dante, der auf Gedeih und Verderb sich führen lässt von der epischen Figur des wissensreichen Vergil: durchs bedenkliche Höllentor hindurch in nie gesehene Zonen. Und am undeutlichsten im *Roten Zimmer*. Dort, wo jeder einsame Leser sich hineinversetzen darf in den namenlosen, verborgenen Erzähler, dem alle drei Helfershelfer – Vögel, Sonne, Wind – schier unermessliche Einblicke und Überblicke verschaffen: in und über die erzählte Welt, die der Leser selber jetzt sogleich lesend durchqueren kann.

Dass ihm seine Rolle bei Dante drastischer und plastischer vorgeführt wird als bei Strindberg, liegt nicht nur am jeweiligen Erzählwerk. Es liegt auch an der Erzählgattung: dort älteres Epos, hier neuerer Roman. Schon Vergils *Aeneis*, wir haben es gesehen, bestreitet den Anfang mit Erzählakteuren, die wie leibhaftige Lebewesen erscheinen. Nach dem Muster von Homers Epen agiert da einerseits der beistandsbedürftige Rhapsode, andrerseits die Muse. Wissbegierig ruft er die Allwissende an, die ihm unverzüglich beispringt. Also auch hier, wie in der *Divina Commedia*, ein korrespondierendes Paar: vorbildhaft für den zunächst unkundigen Leser und seinen kundigen Erzähler.

Die Epen also sind es und nicht die Romane, die von vornherein mit derart figurierenden Hörer- oder Leserrollen aufwarten. Begreifen lässt sich der Unterschied geschichtlich. Entstanden ist die ältere Gattung Epos in einer Epoche, wo mündliches Erzählen noch ringsum die Regel war, literarisches Erzählen dagegen die Ausnahme. Mündlich erzählt wurde demnach nicht nur, wie in unserem heutigen Alltagsleben, bei schlichten Gelegenheiten von ebenso schlichten Vorkommnissen. Nein, auch dann, wenn bedeutsam Außergewöhnliches anstand. Das Epos selber bezeugt es ausdrücklich, im achten Gesang der *Odyssee*. Dort erreicht das Fest im Palast des Königs Alkinoos seinen Höhepunkt, sobald der Rhapsode Demodokos auftritt, um feierlich den ruhmreichen Sieg der Griechen über Troja vorzutragen. Von daher lag es nahe, dem noch ungeübten Publikum der Epen außerliterarische Erzählpraktiken innerliterarisch zumindest vorzuspiegeln.

Eben dies hat sich fortgesetzt und formelhaft durchgesetzt als ein Kennzeichen der Gattung Epos. Gut drei Jahrtausende hindurch, als längst schon die Voraussetzungen dafür entschwunden waren. So treffen wir denn auch noch bei Dante und sogar noch einige Jahrhunderte danach auf solche leibhaftigen Präfigurationen. Zumal auf jenen poetischen Reiseführer, drinnen im Werk und in die erzählte Welt hinein, dem jeder Leser sich getrost anvertrauen darf. Autoren der späteren Gattung Roman dagegen sehen hierfür keinen Grund mehr. Nolens volens rechnen sie allemal mit den verstreuten einsamen Lesern, die da oder dort ans gedruckte Buch geraten. Auch die freilich wollen ins Anderswo hineingelotst und drinnen herumgeführt werden. Doch dazu bedarfs jetzt keiner eigenen Figuren mehr, die vorbildhaft Leser und Erzähler verkörpern. Das Anderswo der erzählten Welt soll vielmehr für sich selber sprechen. Auch dann, wenn wie bei Dickens ein launisch überlegener Erzähler nachdrücklich mitredet. Aus eigenen Kräften soll dieses Anderswo die Leser ansprechen. Verständlich genug, um jeden übernatürlichen Dolmetscher, wie die Muse oder auch Dantes posthumen Vergil, zu erübrigen. Da spricht ein unmetaphysisches, schlechterdings physisches Anderswo: es äußert sich selber im Vogelflug, in den Sonnenstrahlen, im wehenden Wind. Denn die sind ja nicht nur unverzichtbare Helfershelfer des Erzählers. Sie sind zugleich – ebenso unverzichtbare – Bestandteile der erzählten Welt.

Hin zum Roman: die Flussnymphen in Camões' *Lusiaden* Auch insofern setzt sich der handfest prosaische Roman vom erhabenen Epos ab. Es gibt allerdings merkwürdige Übergänge vom einen zum andern in der spätesten Phase des Epos. So, als würde es ahnungsvoll der kommenden, betont götterlosen Gattung schon den Weg bahnen. Nur wenige Jahrzehnte vorm initialen und maßgeblichen Roman der Neuzeit, vor Cervantes' *Don Quijote* (1605/1615), erscheint das letzte genuine Epos aus der Tradition Homers: *Die Lusiaden* (*Os Lusíades*, 1572). Luis de Camões hat es gedichtet, zur höheren Ehre der eigenen vormals mächtigen Seefahrernation Portugal. Wetteifernd mit den klassisch antiken Epen startet auch er die Folge seiner zehn Erzähl-Gesänge mit dem emphatischen Anruf an eine außermenschliche Instanz.

Aber: es ist nicht mehr die göttliche Muse, die ihm nun all die erzählbaren Abenteuer eingeben soll. Es sind ersonnene Wesen der Natur. Camões beruft die Nymphen des Stromes Tajo, der bei Lissabon ins Meer mündet. Mitwirken sollen sie an dem Epos, das jetzt beginnt. Einerseits als Antriebskräfte der patriotischen Lusitanen, die immer wieder von jener Hafenmündung ins Meer hinausgefahren sind, weltweit, um siegreich hierher wieder zurückzukehren. Andrerseits sollen die Nymphen mitwirken als elementare Wasserwesen, die den epischen Versfluss dieser maritimen Erzählung vorwärtstreiben:

> Was auch die alte Muse preist, verstumme:
> Ein andrer, höhrer Preis erhebt sich jetzt.
>
> Denn ihr, des Tajos Nymphen, habt in mir
> Ein neues, glühendes Gemüt geschaffen.
> [...]
> Gebt mir jetzt einen hohen Ton voll Macht,
> Einen erhabenen Stil, der Rede Flut;
> Damit Phöbus befiehlt, daß eure Welle
> Nicht mehr beneide Hippokrenes Quelle! (I, 3 ff.)

Der Erzähler erwähnt zwar den Gott Phöbus, alias Apollon, den wohlvertrauten Führer der Musen. Und später, im Lauf der erzählten Abenteuer von Vasco da Gama und seiner Flotte, wird er noch weitere antike Götter sogar leibhaftig ins Spiel bringen. Doch nur deshalb, um ihre überkommene Macht zu entmachten. Genauer: um ihre uralte göttliche Macht wie auch die uralten Großtaten von Achill, Odysseus und Aeneas zu überflügeln durch die unerhörten Leistungen seiner neuzeitlichen Heldenschar. Jener todesmutigen Portugiesen alias Lusitanen, die unter christlichem Banner ferne Erdteile kolonisieren. Apollon also, der einschlägig Sachverständige in Kunst und Poesie, wird nicht umhin können, seine bisherigen Wertschätzungen zu revidieren. Dann, wenn er die kräftigen Strom- und Meereswellen der iberischen Tajo-Nymphen vergleicht mit dem milden Gewässer aus der Quelle Hippokrene, wo die antiken Musen sich ergehen.

Der Dichter Camões, durch den Mund seines Erzählers, der sie anruft, nimmt nun diese Nymphen in Anspruch als andersartige narrative Helfershelfer. Andersartig in mehrfacher Hinsicht. Anders als die antike Muse, die Camões singularisch benennt, sind sie nicht für jegliche erhabenen Begebenheiten zuständig, sondern nur für maritime. Anders als jene interessieren sie sich nicht, räumlich grenzenlos, für alle Welt und Überwelt, sondern eigens nur fürs Terrain und die Seewege der Lusitanen. Und vollends anders als die antike Muse gehören sie als Fluss- und Meereswesen vollauf der elementaren Natur an. Frei von metaphysischer Bindung.

Insofern muten sie an wie eine Vorhut von Sonne und Wind in den kommenden Prosaromanen und Prosaerzählungen. Denn auch sie, Camões' Tajo-Nymphen, kommen wie gerufen aus dem sinnlichen Erfahrungsbereich, den der Erzähler mit den Lesern teilt. Aus eben dieser Nähe kommen sie herbei, wenn es gilt, das ferne Anderswo und Anderswann zu vergegenwärtigen.

II Erzählen als Beleuchten

EPISCHER AUGENSCHEIN

Dass Malerei vom Licht lebt, steht außer Frage. Sie muss sehen und gesehen werden. Licht setzt sie voraus, um ihrer Gegenstände habhaft zu werden, selbst wenn sie ungegenständlich sind. Aber auch, um sie farbig zu sehen und sichtbar zu machen; denn Licht macht Farben überhaupt erst zu Farben. Und Licht setzt sie auch ein innerhalb der Gemälde. Einerseits als malbares Etwas: als leuchtenden Mond, brennende Kerze, flimmernden Lüster. Andrerseits als Mittel der Komposition: so den Lichtstrahl, der den herbeigemalten Raum staffelt und gewichtet, indem er bestimmte Lebewesen und Dinge hervorhebt, verbindet oder auch im Schatten lässt. Und schließlich rechnet die Malerei bei ihren Betrachtern damit, dass sie das Gemälde im richtigen Licht auf sich einwirken lassen.

Licht in Gedichten und Bühnenstücken Wie aber steht es mit der Dichtung? Ihre Bindung ans Licht ist längst nicht so eng und vielfältig. Denn die Bilder, die sie uns via Sprache bietet, lassen sich nicht unmittelbar erblicken. Aus den gehörten oder gelesenen Wortfolgen, Versen, Kapiteln und Szenen der poetischen Werke müssen wir sie jedesmal selber erst zusammensetzen und in die eigene Anschauung überführen. Dazu brauchts ja wohl keiner Beleuchtung – so möchte man meinen. Dennoch, wer der Dichtung genauer nachgeht, über weite Strecken ihrer Geschichte, kann feststellen: auch sie ist dem Licht, vorab dem Sonnenlicht, von jeher zugetan und verpflichtet. Dichtung aller Gattungen – ob lyrische, dramatische oder epische – beansprucht Licht. Jede auf ihre eigene Weise, oft sogar ganz ausdrücklich.

Ein frühes Zeugnis der italienischen Lyrik ist Franciscus von Assisis hymnischer *Cantico di frate sole* von 1324/25. Ihn, den «Bruder Sonne», ein Maskulinum wie in allen romanischen Sprachen, besingt diese

Hymne. Als Bruder ruft sie ihn an, weil er ebenso ein Geschöpf Gottes ist wie jener, der das Gestirn hier bedichtet. Gleichwohl ist diese Sonne ihm, dem Dichter, bei weitem überlegen. Von allen Werken des Schöpfergottes steht sie zeitlich am Anfang. Und räumlich, auch hierarchisch steht sie am höchsten. Denn «frate sole», so preist die Hymne, «erwirkt den Tag» und ist selber «schön und erstrahlt in großem Glanz». Als wichtigstes Zeichen des Allmächtigen macht er sich geltend, indem er dessen mannigfache Schöpfung überhaupt ins Licht rückt. Diesem Sonnengesang, als dem eigentlichen Höhepunkt von Franciscus' gesamtem *Cantico delle Creature*, sind im Lauf der Jahrhunderte noch viele einschlägige Gedichte gefolgt. Fromme und unfromme, gereimte und reimlose haben preisend dem Sonnenlicht gehuldigt.

Auch die Dramatik sucht und braucht Licht. Vor allem dann, wenn sie anlangt, wo sie hinstrebt: zum Bühnenspiel. Das gilt schon fürs antike Amphitheater, wo am hellen Tag unter freiem Himmel Tragödien wie Komödien aufgeführt wurden; und wo die Zeitspanne der dramatischen Handlung eine Sonnenumlaufbahn nicht überschreiten durfte. Aber auch noch Jahrhunderte danach, in überdachten Theatergebäuden, spielt das Licht unverzichtbar mit. Jetzt freilich als gelenktes Kunstlicht, das dem Publikum die Ereignisse auf der Bühne herausschält aus dem Dunkel. Für solche Theatergehäuse, die sich dem natürlichen Sonnenhimmel verschließen, eröffnet Goethe den Himmelsprolog zum *Faust*: mit einer Anrufung an die hier nun erdichtete Sonne. Die aber, neuheidnisch entfesselt, bewirkt noch mehr als jene des Franciscus von Assisi. Nicht nur die Augen überwältigt sie mit ihrer Leuchtkraft. Synästhetisch «tönt» sie auch noch, wenn sie die «unbegreiflich hohen Werke» des göttlichen Herrn strahlend zum Vorschein bringt. «Herrlich wie am ersten Tag.»

Die beiden nur angetippten Beispiele von Lyrik und Dramatik können uns hier genügen. Denn allenfalls gelegentlich, nicht regelmäßig berufen diese poetischen Gattungen das Sonnenlicht als etwas, worauf sie achtungsvoll schauen, wenn nicht gar hören. Ganz anders verhält es sich mit der Erzählkunst, vom frühen Epos bis zum späten Roman. Mehr oder minder ausdrücklich empfiehlt sie sich der Obhut jenes großen leuchtenden Gestirns. Dabei huldigt sie ihm geradezu als überragendem Vorbild für die eigene Tätigkeit. Für den poetischen Kraftakt, alle erdenklichen Vorkommnisse der Welt den Hörern oder Lesern vor die inneren Augen zu führen. Erhellend und durchleuchtend.

Weltschöpfung, biblisch: «Es werde Licht!» Dass dem so ist, zeigen frühe epische Großwerke, die bis zum heutigen Tag fortgewirkt haben. Nachdrücklich versichern sie gleich am Anfang, dass es vor allem des Lichts bedarf, um überhaupt zu beginnen. Nicht nur bei der Erschaffung der erlebten Welt, auch bei der Erschaffung der erdichteten Welt, die jetzt gleich herbeizuerzählen ist. Letzteres wird uns aufgedrungen als etwas, das ersterem entspricht. Der Epiker, so sollen wir schließen, wetteifert mit dem göttlichen Weltschöpfer.

So beginnt die *Bibel* ihre Erzählung mit jener von der Erschaffung der Welt, die vor allen Dingen Licht erheischt:

> 1. Am Anfang schuf Gott Himmel und Erde. 2. Und die Erde war wüst und leer, und es war finster auf der Tiefe; und der Geist Gottes schwebte auf dem Wasser. 3. Und Gott sprach: Es werde Licht! und es ward Licht. 4. Und Gott sah, daß das Licht gut war. Da schied Gott das Licht von der Finsternis. 5. und nannte das Licht Tag und die Finsternis Nacht. Da ward aus Abend und Morgen der erste Tag. [...] 14. Und Gott sprach: Es werden Lichter an der Feste des Himmels, die da scheiden Tag und Nacht und geben Zeichen, Zeiten, Tage und Jahre 15. und seien Lichter an der Feste des Himmels, daß sie scheinen auf Erden. Und es geschah also. 16. Und Gott machte zwei große Lichter: ein großes Licht, das den Tag regiere, und ein kleines Licht, das die Nacht regiere, da zu auch Sterne. (Erstes Buch Mose, 1,1 ff.)

Es ist zwar nicht das Licht, was der alttestamentliche Gott zu allererst erschafft. Denn Himmel und Erde gehen voraus. Doch es ist das erste, was er ausdrücklich hervorruft: «Es werde Licht! und es ward Licht». Zudem sind Himmel und Erde, so zeigt sich, zunächst unvollkommen ohne das Licht. Sie verlangen danach. Andernfalls bliebe zumindest die Erde wüst und leer, und die Tiefe unterhalb des Himmels bliebe finster. Um dem abzuhelfen, ruft Gott das Licht hervor. Nicht länger wird die Erde wüst und leer sein, sobald er sie durch weitere Schöpfungsakte beleben wird: mit Pflanzen, Tieren und Menschen. Und die wiederum benötigen das Sonnenlicht, um zu gedeihen und mit Augen sich auf der Welt zurechtzufinden. Gott seinerseits kann es jetzt schon gebrauchen, wenn er den bisherigen Stand seiner Schöpfung überschaut und begutachtet. Er «sah, daß das Licht gut war». Aber er sah auch, im und durchs Licht, dass alles sonst noch Geschaffene «gut war». Das Licht macht sichtbar, was alles jetzt da ist. Zugleich ermöglicht es, was zuvor nicht möglich war: den Raum wie die Zeit zu gliedern und zu ordnen. Der Raum lässt sich sortieren in helle und finstere Zonen. Und die Zeit lässt sich sortieren in Tag und Nacht, in hellere und dunklere Jahreszeiten. Überhaupt erst belebbar aber macht Gott die Welt durchs Licht. Und mithin auch überhaupt erst erzählbar.

Hell-Dunkel-Takt: Schehrezâds Nächte, Homers Morgenröte Zu jenem göttlichen Urheber der Welt, von dem die Bibel berichtet, gesellen sich viele weltliche Urheber epischer Großwerke. Egal, ob und wie sie an ihn glauben. Auch sie berufen am Anfang das Licht, um die Welt, die sie herbeierzählen, zu erhellen und zu durchleuchten. Auch diese Dichter setzen es nachdrücklich ein, wenn sie die unübersichtliche Fülle der erzählbaren Welt räumlich ordnen und zugleich zeitlich einteilen im Hell-Dunkel-Takt von Tag und Nacht, von Sommer und Winter. Thematisch wie auch kompositorisch geschieht das in vielen Romanen und erst recht in vielen weitgreifenden Erzählungs-Zyklen. Schon die sprechenden Titel heben es hervor. Nicht nur jene des ganzen Werks, auch jene seiner markanten Abschnitte.

Ich erinnere an den maßgeblichen orientalischen Märchenzyklus, an *Tausendundeine Nacht*, dem alsbald ein weiterer folgte namens *Tausendundein Tag*. Ferner an den maßgeblichen europäischen Novellenzyklus, an Boccaccios *Decamerone*, dem alsbald das *Heptameron* der Margarete von Navarra, dann das *Pentamerone* des Giambattista Basile folgten: worin jeweils an *Zehn Tagen*, an *Sieben Tagen*, an *Fünf Tagen* zehn Personen einander zehn spannende Geschichten erzählen. Ferner an Pirandellos Serie von *Novellen für ein Jahr*; aber auch an die «Hundsposttage», in die Jean Paul seinen Roman *Hesperus* und an die «Vigilien», sprich ‹Nachtwachen im Dreistundentakt›, in die E. T. A. Hoffmann sein Märchen vom *Goldnen Topf* aufteilt. Jedesmal bündelt und rhythmisiert da der tägliche oder jährliche Wechsel von Licht und Dunkel die Vielfalt der erzählten Räumlichkeiten, Lebensläufe und Vorkommnisse.

Auffällig also figuriert bereits in der biblischen Genesis die alles bestrahlende Sonne als episches Gestirn, das fortwirkt in der weiteren Erzählliteratur. Noch mustergültiger figuriert sie in jenen poetischen Werken, die schon einige Jahrhunderte vor dem so genannten Buch der Bücher entstanden sind, in den Epen Homers. Sie zumal versichern sich des Sonnenlichts fürs eigene Tun. In eigens dafür zuständigen Gottheiten lassen sie es leibhaftig zuwege gehen. Verglichen mit der Bibel wirken diese Gottheiten merklich umtriebiger als jene unpersönliche Lichtquelle, die der alleinige Schöpfergott erschuf, um seine Weltschöpfung zu beleuchten, zu beleben und zu ordnen. Ansprechbar und anrufbar sind sie als regsame, als eigenständig tatkräftige Energie-Gestalten. Wer die *Odyssee* liest, stößt unweigerlich auf eine bedeutsame Formel, die fast immer einen neuen Erzählabschnitt einleitet. Sie gilt der Eos, der Göttin der Morgenröte und Schwester des Sonnengottes Helios: «Als nun die morgengeborene, rosenfingrige Eos ans Tageslicht kam, da ...». Überdeutlich bekundet die Formel, was es mit dieser Eos auf sich hat, durchtränkt von hervorbrechendem Licht. Mit dem so pointiert wiederkehrenden Anbruch des Tages pointiert sie zugleich den Anbruch eines neuen Ereignisses, das im Lauf des Gesamtgeschehens jetzt unverzüglich mitzuteilen ist. Derart verbindet sich die erglühende Herkunft der Morgenröte mit dem Atemschöpfen des epischen Erzählers, der jetzt aufbricht zu den folgenden Begebenheiten.

Apollon, Helios und sein Himmelswagen Umwegiger, doch ebenso markant prägt auch den allerersten Erzählstart der homerischen Epen und ihrer Nachfolger eine Sonnengottheit. Phoibos Apollon ist es. Ihm wird als kosmisches Gestirn die Sonne zugeordnet und hienieden unter den Menschen die Weisheit und Kunst. Dies bestimmt ihn auch zum Führer der Musen. Und die Musen sind es, mit denen fast jeder Ependichter sein Werk eröffnet. Regelmäßig seit der *Ilias* werden sie in den Anfangsversen herbeigerufen als übermenschliche Gewährsmacht dafür, dass wahr, vollständig und belangvoll sei, was alles hier und jetzt nun zu erzählen ist. Von Homers Werken bis hin zu Ariosts *Rasendem Roland*, von Nonnos *Dionysiaka* bis hin zu Tassos *Befreitem Jerusalem*, von Vergils *Aeneis* bis hin sogar noch zu Byrons romantisch ironischen Epen um *Childe Harold*: jedesmal dienen die angerufenen Musen als tragfähige Karyatiden des epischen Portals, das den Hörern oder Lesern Einlass bietet in die reichhaltige erzählte Welt.

Dass Apollon dabei mitzudenken ist, betont der Auftakt zu Apollonios Rhodios' *Argonautika*:

> Anbeginnend mit dir, o Phoibos, will ich besingen
> Ruhmreiche Männer der Vorzeit, die durch die Mündung des Pontos
> [...] Nach dem goldenen Vlies die Ruder der Argo gerichtet. (I, 1 ff.)

Aber nicht nur als Musenführer, auch als Sonnengott weist Apollon der Epik den Weg. Warum dem so ist, verdeutlicht eine Anrufung Homers im dritten Gesang der *Ilias*. Sie gilt jenem Gott, der mit Apollon sich brüderlich teilt in die Zuständigkeit für Licht und Erleuchtung: Helios, Lenker des Sonnenwagens, der droben am Firmament die Erde umkreist. Kurz und bündig formuliert Homer, welche einzigartige, buchstäblich überirdische Befähigung diesem Parallelgott Apollons erwächst aus der weiten Fahrt, Tag für Tag, hoch droben um die ganze Welt: «Helios auch, der du alles erschaust und auch alles mitanhörst». (III, 277) In vieler Hinsicht dürfte einleuchten, was Homer dem Sonnengott nachsagt. Einleuchten dürfte gleichfalls, wieso er, der Epiker, sich nicht allein auf Apollon und die Musen beruft, sondern auch auf Helios. Wer unentwegt die Erde umkreist und von oben überblickt, begabt mit göttlich scharfsichtigen und hellhörigen Sinnen, der schaut und vernimmt schlechterdings alles. Wer obendrein noch Tag und Nacht voneinander abgrenzt, der entwirft den zeiträumlichen Spielraum, den jedes epische Geschehen so weit wie irgend möglich durchmisst. Wer gar wie Helios auf seinem Wagen die Sonne lenkt, die maßgebliche Lichtquelle dessen, was alles in Raum und Zeit sich regt, der schafft die Voraussetzung dafür, dass all die erzählbaren Personen, Dinge und Ereignisse Augenscheinlichkeit gewinnen fürs innere Blickfeld der Hörer oder Leser. Und wer auch noch wie Apollon über die Musen gebietet, die Töchter der Gedächtnisgöttin Mnemosyne, der erschließt und belebt zudem noch die Reichtümer längst vergangener Begebenheiten, um sie aufs Neue sichtbar zu vergegenwärtigen. Alles in allem erscheinen demnach Apollon und Helios – nicht in personaler, doch in funktionaler Einheit – als schlechthin angemessene Verkörperung des epischen Prinzips.

Sonnengott auf Abwegen: Ovids Geschichte von Leucothoë Der römische Dichter Ovid kann die Befunde jener frühen griechischen Erzählkunst nur bestätigen. Dort, wo seine wendepünktlich wunderreichen *Metamorphosen* eine Brücke schlagen zwischen den antiken Epen und den neuzeitlichen Novellenzyklen nach Art von Boccaccio. Im vierten Buch dieser Verwandlungsgeschichten lässt Ovid reihum eine Gruppe von Frauen, während sie ihr Spinnrad betätigen, aufregende mythologische Sensationen erzählen. Darunter auch die tödliche Liebesgeschichte zwischen der indischen Fürstentochter Leucothoë und Phoebus, welcher hier als schierer Sonnengott auftritt, als Sol alias Helios.

Die Pointe dieser Geschichte liegt darin, dass der Gott ausnahmsweise seine kosmische, also auch seine episch überlegene und allumfassende Rolle vergisst, um sich diesmal ganz auf eine einzige Sterbliche zu konzentrieren. Frontal spricht die Erzählerin ihn an, bedenklich an seine eigentlichen Pflichten erinnernd:

«Der du in deiner Glut erbrennen läßt alle die Länder,
Brennst nun in anderer Glut! Der du sehen solltest auf alles,
Schaust auf Leucothoë nur.» (IV, 194ff.)

Phoebus selbst, der aus List sich Leucothoë vorerst in Gestalt ihrer Mutter genähert hat, nimmt, sobald er mit ihr allein ist, die eigene strahlende Gestalt wieder an. Indem er aber stolz zu erkennen gibt, wer er wahrhaftig ist, und indem er der Geliebten sein überragendes Amt sowie seine Machtvollkommenheit ausmalt, hat er unversehens beides für diesmal verwirkt. Der Gott, der allgegenwärtig droben am Firmament zu walten hätte, weithin sichtbar, er verschwindet als heimlicher Liebhaber in der privaten Kammer. Selbstherrlich offenbart er sich ausgerechnet hier im dunklen Abseits:

«Ille ego sum», dixit, «qui longum metior annum,
Omnia qui video, per quem videt omnia tellus,
Mundi oculus.»
«Jener bin ich», sprach er, «der das lange Jahr durchmißt,
Bin, der alles sieht, durch den auch die Erde alles sieht,
Bin das Auge der Welt.» (IV, 226ff.)

Am Schluss dieser unglückseligen Metamorphose wird die Geliebte des Phoebus, nach tödlichen Leiden, in einen Weihrauchstrauch verwandelt. In jenes unscheinbare Gewächs, das traurigerweise erst dann beeindrucken und sich durchsetzen kann, wenn es zu spät ist. Dann, wenn es duftend verglüht. Was hier geschieht, wirkt nicht nur mythologisch, es wirkt auch poetologisch beredt. Es spricht daraus abermals die Verwandtschaft von Erhellen und Erzählen. Und es spricht vom Unheil, das entsteht, sobald jener Lichtgott, dem schlechterdings alles zu sehen und sichtbar zu machen obliegt, sich in eine partikulare Einzelperson verschaut. Dergestalt ereilt die epische Ironie, ironischerweise, just denjenigen, der für Epik zuständig wäre. Der Schluss liegt nah: so wie hier muss wohl jede Erzählung missraten, wenn der Erzähler, statt für alle Geschöpfe da zu sein, die er ins Werk setzt, nur ein einziges beleuchtet.

Episches Prinzip: Licht voraus! Die epische Sonne geht keineswegs unter mit der Antike. Dagegen sprechen schon jene erwähnten Märchen- und Novellenzyklen, die im vielsagenden Wechsel von hellem Tag und dunkler Nacht ihre Erzählfolgen staffeln. Aber auch sonst und noch weiterhin macht die Sonne sich prominent bemerkbar in vielen anspruchsvollen Erzählwerken. Ob nun wie einst mythisch verkörpert – als Helios, Phoibos, Sol – oder später dann als natürliches Gestirn; ob in Versen heraufbeschworen oder in Prosa: jedesmal erscheint sie wie ein selbstverständliches Prinzip von Erzählen. Prinzip im mehrfachen Sinn. Viele erzählende Dichter erachten die Sonne merklich als *principium*, als Beginn und Grundlage ihrer jeweiligen Werk-Tätigkeit. Sie fangen an mit dieser Tätigkeit, indem sie die Sonne an den Anfang setzen, in die ersten Verse oder Sätze, aus denen alles weitere hervorgeht. Hierbei lassen sie, geradezu ehrfürchtig, der Sonne als *princeps* den Vortritt, als vornehmste, fürstlichste Gestalt. Aber auch als Vorbild für die Art und Weise, wie sie, die Dichter, sogleich selber mit all dem umgehen, was sie uns erzählen werden.

SONNEN-AUFTAKT IM ROMAN

Beachtlich ist nicht nur, wie dauerhaft sich dieser epische Start behauptet und immerfort erneuert. Jahrtausendelang. Beachtlich ist erst recht das reiche Ausdrucksspektrum, das ihm so viele verschiedenartige Dichter abgewonnen haben für ihre verschiedenartigen Werke. Die beiden folgenden Beispiele deuten es an. Zunächst allerdings könnte man fast meinen, sie seien literaturgeschichtlich vertauscht; es sei das ältere womöglich das sehr viel jüngere. Begreift doch der spätantike griechische Autor Heliodor die Sonne strikt entgöttlicht als schiere Naturerscheinung; wogegen, anderthalb Jahrtausende danach, der französische Autor Paul Scarron zurückgreift auf das mythische Gespann vom Wagen des Sonnengottes. Allerdings unernst.

Heliodors *Aithiopika* und Scarrons *Roman Comique*

Heliodors Roman (3. Jahrhundert n. Chr.) handelt von den Abenteuern eines standhaften Liebespaares, das unentwegt durch Seeräuber, Naturkatastrophen und andere Zwischenfälle einander verliert und wiederfindet, abermals verliert und wiederfindet, bis es sich schließlich vereinen kann. Unversehrt und glücklich. Hauptfiguren sind die schöne, einst verstoßene, am Ende dann doch anerkannte äthiopische Königstochter Charikleia und der ebenso schöne thessalische Jüngling Theagenes, siegreich in olympischen Sportkämpfen. Kunstvoll verschachtelt der Autor das turbulente Geschehen und durchsetzt es mit etlichen andern Lebensläufen, die spannungsfördernd vom hauptsächlichen Erzählwerk ablenken, mal dahin, mal dorthin. Ähnlich verschachtelt präsentiert sich schon der erste Satz des Romans. Um seine planvoll vertrackte Konstruktion zu ermessen, kommt man um eine stur wörtliche, also wenig elegante Übersetzung nicht herum:

> Als der Tag gerade zu lachen und die Sonne die Bergspitzen zu erleuchten begann, da legten sich Männer in Waffen nach Räuberart auf einen Berg, der sich entlang der Mündungsarme des Nils, und zwar der sogenannten Herakles-Mündung, erstreckt, auf die Lauer; ein wenig innehaltend suchten sie die unter ihnen liegende See mit den Augen ab, und, nachdem sie zunächst ihre Blicke auf das Meer geheftet hatten, ließen sie, da es nichts an Beute für Räuber versprach – denn es war nicht [von Schiffen] befahren –, ihren Blick weiter nach unten zum naheliegenden Strand gleiten. Auf ihm bot sich ihnen folgendes dar: [...] (3; 7)

Als seien es nicht zweierlei gleichzeitige Vorgänge, als sei es vielmehr derselbe Vorgang: so hebt hier auf einen Schlag der Tag und das Erzählen an. Im Zeichen der Sonne. Zwar wird sie, die den lachenden Tag hervorbringt, erst an zweiter Stelle im startenden temporalen Nebensatz genannt. Doch dafür erwirkt sie sofort noch mehr. Nicht nur uns, den Lesern, erschließt sie mit ihren Strahlen den räumlichen Schauplatz, waagrecht und senkrecht, besonders die Berge oberhalb des Nils, der drunten ins weite Meer fließt. Nein, sie weist die Blickbahn auch den Räubern, die hier auf Beute lauern.

Lichtblicke über Küstenlandschaft, scheinbar erzählerlos Ebenso bildhaft körperlich, wie anfangs der Tag «zu lachen beginnt», als sei er guter Stimmung, die er hörbar zum Ausdruck bringt, ebenso leibhaftig agieren auch die Blicke der Räuber. Mit den Augen «suchen» sie die erleuchtete Meeresoberfläche «ab». Weil in der Ferne erfolglos, lassen sie nun ihren Blick hinab «gleiten» zum nahen Strand. Hier wird ihr begehrliches Spähen endlich belohnt. Denn hier erwartet sie ein rätselhaftes Schauspiel. Etwas, was ihren Augen zwar unmittelbar zugänglich, aber nicht ohne Weiteres einsehbar ist. Worin es besteht, das werden – so wie die spähenden Räuber: durch sie hindurch und über sie hinweg – die Leser mit eigenen inneren Augen alsbald erblicken. Auch dies wird die strahlende Sonne an den Tag bringen, an den nämlichen Tag, den sie soeben hervorgebracht hat. Die zunächst ratlosen Blicke stoßen da auf ein vollgeladenes, aber unbelebtes Schiff, fest verankert. Und an Land stoßen sie auf die Reste eines Gelages, das offenbar durch einen mörderischen Überfall abgebrochen wurde: lauter verstümmelte Leichen ringsum und mittendrin ein wunderschönes

Mädchen, das jammervoll einen schwer verletzten Jüngling ins Leben zurückruft. Wie es dazu kam, werden die Leser erst sehr viel später erfahren.

Angeknackste Mythologie Heliodors Erzähler also verbirgt sich und sein Tun vorerst spurlos hinter dem Walten der Sonne. Dagegen springt Scarrons Erzähler selbstherrlich und unverhohlen ironisch um mit der altehrwürdigen Himmelskarosse des göttlichen Helios. Kein Wunder. Immerhin gibt sich, was der Autor bietet, von vornherein aus als ein:

Roman comique (1651 ff.). Genauer, als ein Erzählwerk, das auf komische Weise erzählt, wie es im Alltagsbetrieb von Komödianten zugeht. Vielerlei Abenteuer erlebt diese kleine Truppe eines französischen Wandertheaters, das von Städtchen zu Städtchen reist, manchmal sogar auf einem kleinen Landschloss spielen darf. Doch, weder die Lebensgefahr noch der geographische Bewegungsradius dieser Komödianten lässt sich vergleichen mit dem, was Heliodors Liebespaar mitzumachen hat. Hier der Auftakt:

> Der Sonnengott hatte bereits über die Hälfte seiner Fahrt zurückgelegt, und sein Wagen rollte nun, nachdem er den abschüssigen Weltrand erreicht hatte, schneller hinab, als ihm lieb war. Hätten seine Rosse die Neigung der Bahn ausnützen wollen, sie würden keine halbe Viertelstunde gebraucht haben, um den Rest des Tages zu vollenden; aber statt mit ganzer Kraft anzuziehen, vergnügten sie sich nur damit, sich ein wenig aufzubäumen und gegen die rasende Fahrt zu stemmen; und sie wieherten, da ihnen die Salzluft, die sie witterten, die Nähe des Meeres verriet, in dem, wie es heißt, ihr Herr und Gebieter sich allnächtlich zur Ruhe begibt. Menschlicher und verständlicher gesprochen: Es war zwischen fünf und sechs, als ein Karren auf den Marktplatz von Le Mans rollte. Dieser Karren war mit vier recht mageren Ochsen bespannt [...]. Der Karren war mit Kisten und Koffern und großen Packen bemalter Leinwand beladen, die gleichsam eine Pyramide bildeten, auf der zuoberst ein Fräulein in halb städtischer, halb ländlicher Kleidung thronte. Ein junger Mann, dessen Wuchs ebenso stattlich war wie seine Kleidung armselig, ging neben dem Karren her. (3 f.; 1)

Sichtlich steht der Sonnengott, Le Soleil, an der Spitze des ersten Satzes. Höchstselbst führt er die Romanhandlung an und die Leser in sie hinein. Aber seine einstmals erhabene Machtvollkommenheit ist inzwischen stark angeschlagen. Gegen die physikalische Schwerkraft kommt sein mythischer Wille nicht an: auf abschüssiger Bahn rollt der Sonnenwagen schneller, als es dem göttlichen Lenker genehm ist. Auch die Himmelsrosse folgen weniger ihrer Pflicht als ihren niederen

Trieben. Zumal jetzt, wo sie das salzige Meerwasser wittern – und damit den ersehnten Feierabend nach hartem Tagwerk.

Sonnenwagen und Thespiskarren Vollends erschüttert in seinem poetischen Amt wird Gott Soleil durchs ungebärdige Basta des Erzählers. Schnöde bricht er plötzlich seine eigenen überzüchteten Anfangssätze ab. All das mythologische Gerede, so feixt er, ist glattweg vergeudet. Verlustlos lässt es sich ersetzen durch den kargen Befund: «es war zwischen fünf und sechs [p.m.], als ...» Damit hat Scarrons Ironie den ehrwürdigen Helios-Auftakt erledigt. Freilich nur rhetorisch, nicht jedoch kompositorisch: in dem, was er episch zu bewerkstelligen hat. Obwohl spöttisch abserviert, taugt dieser Beginn noch immer bestens dazu, Erzählen als Beleuchten in Gang zu setzen. Diesmal ist es kein morgendlich aufstrahlendes Licht wie bei Heliodor, sondern ein abendlich verdämmerndes.

Und noch mehr holt Scarron heraus aus der Schwungkraft seiner angriffslustigen Ironie. Er nutzt sie, um ohne langen Anlauf gleich beides anzutreiben: den Prozess des erzählten Geschehens wie den Prozess des Erzählens. Mit einem listigen Kunstgriff. Er verkoppelt die Fahrt des metaphorischen Sonnenwagens droben am Himmel mit jener des handfesten Komödiantenkarrens drunten auf dem Marktplatz von Le Mans. So, als wäre eins mit dem andern durch einen unsichtbaren Mechanismus verbunden. Schlecht und recht – also komisch, wie es eben einem sogenannten *Roman comique* gebührt – entspricht das magere Ochsengespann, das die Kulissen samt einer Schauspielerin daherschleppt, eben jenem Pferdegespann, das hoch über ihm die himmlische Lichtquelle transportiert. Fahrzeuge da wie dort, die beide gleichermaßen dabei sind, das Ziel ihrer Tagesreise zu erreichen. Und zugleich sind sie beide – wiederum komisch verquer – drauf und dran, das Romangeschehen überhaupt in Fahrt zu bringen. Zu einem räumlichen Treffen der beiden Wagen kann es nicht kommen. Jedenfalls nicht unmittelbar. Dazu ist der senkrechte Abstand ihrer Wegstrecken zu groß. So treffen den Komödiantenkarren drunten zwar die Strahlen der Sonne, nicht jedoch die Sonne selbst oder ihr göttlicher Wagenlenker.

Die vielfache Konjunktion Deutlich anders als mit dem Raum verhält es sich dagegen mit der Zeit. Hier kommt es durchaus zum unmittelbaren Treffen zwischen den beiden Fahrzeugen. Den effektivsten Treffpunkt hält der Erzähler ausdrücklich fest: «Es war zwischen fünf und sechs, *als* ein Karren ...»/«Il était entre cinq et six *quand* une charette ...» Das temporale Bindewort also offenbart sich als eigentlicher Treffpunkt. Just dies ist die Stelle, wo sich die Zeitstrecken der einen und der andern Wagenfahrt berühren. Hier stoßen wir auf ein entscheidendes, aber unauffälliges Movens des epischen Sonnen-Auftakts. Und nicht nur in diesem Roman von Scarron, sondern in fast allen Erzählwerken, die ihren Anfang damit bestreiten. Gleichgültig, ob mit oder ohne Gottheit, ob mit oder ohne Himmelsfahrzeug. Dieses Movens ist schon in der *Aithiopika* am Werk und erst recht in den Romanen, die hernach noch zu erörtern sind. Was ist los mit diesem Movens? Es wirkt und es äußert sich in der syntaktischen Konjunktion.

Bleiben wir vorerst noch bei Scarron. Innerhalb seines epischen Sonnen-Auftakts vollbringt ausgerechnet jenes unscheinbare, einsilbige Bindewörtchen «quand = als» einen erstaunlichen Kraftakt. Der Erzähler ermächtigt und befähigt es dazu. Er sorgt dafür, dass diese Konjunktion nicht wie üblich sich nur darauf beschränkt, zwei Satzteile zu verbinden, deren jeder ein besonderes zeitliches Ereignis benennt. Der Erzähler erzeugt vielmehr den Eindruck, das «quand = als» verbinde eigenmächtig die beiden Ereignisse unmittelbar. Damit erweitert er die grammatische zur poetischen Konjunktion. Und wozu? Um diese erweiterte, verdoppelte Konjunktion gar noch einer dritten anzunähern, einer astronomischen Konjunktion. Immerhin suggerieren Wortlaut und Satzverlauf: es träfen sich hier, wie zwangsläufig, zweierlei bewegliche Vorkommnisse auf ihrer vorgeschriebenen Umlaufbahn. Dort der kosmische Sonnenuntergang, hier die irdische Ankunft des Komödiantenkarrens.

Wielands *Agathon* und Eichendorffs *Ahnung und Gegenwart*

Der eine wie der andere Roman zeigt, wie sich jene mehrfache Konjunktion auch und gerade dort bewährt, wo keinerlei Helios oder Soleil angesprochen wird. Insofern führen sie beide fort, was sich schon in der *Aithiopika* angebahnt hat. Christoph Martin Wielands *Geschichte des Agathon* (1766ff.) spielt überdeutlich im alten Griechenland, meint aber zugleich zeitgenössische heimische Verhältnisse. Joseph von Eichendorffs *Ahnung und Gegenwart* (1815) hingegen spielt undeutlich im zeitgenössischen Deutschland der Freiheitskriege, lässt aber, was da Gegenwart heißt, von Ahnungen unterwandern, die einer verklärten Vergangenheit nachsinnen.

Die *Geschichte des Agathon*, so der vollständige Titel, ist die eines jungen Mannes aus vornehmem Athener Haus, der trotz unguter Rückschläge versucht, für sich den bestmöglichen Lebensentwurf herauszufinden: erotisch, politisch, moralisch. Obwohl er weit herumkommt, verläuft das Romangeschehen weniger ereignisreich als gedankendrall und redefreudig. Schon arge Schicksalsschläge hat Agathon hinter sich, wenn er den Lesern erstmals begegnet, im allerersten Satz des Romans. Verbannt hat man ihn aus der Vaterstadt, das Familienvermögen ist verloren und seine Jugendgeliebte namens Psyche verschwunden. Einsam findet er sich und finden wir ihn in einem unübersichtlichen Gelände, ratlos und richtungslos:

> Die Sonne neigte sich zum Untergang, als Agathon, der sich in einem unwegsamen Walde verirrt hatte, abgemattet von der vergeblichen Bemühung einen Ausgang zu finden, an dem Fuß eines Berges anlangte, welchen er noch zu ersteigen wünschte, in Hoffnung von dem Gipfel desselben irgend einen bewohnten Ort zu entdecken, wo er die Nacht zubringen könnte. (25)

Wielands Romanbeginn erinnert an jenen von Heliodor. Schon dort kommt sie zum Zug, die mehrfache Konjunktion zwischen kosmischem und hiesigem Ereignis: «Als [...] die Sonne die Bergspitzen zu erleuchten begann, *da* legten sich Männer ...» Heliodors Konjunktion «da» wirkt nicht ganz so brisant wie Wielands «als» und Scarrons «quand». Denn sie geht beinah unter im eng verzweigten Satzgebüsch. Trotzdem erweckt auch sie schon den Eindruck, hier fände mehr statt als nur ein zufälliges zeitliches Zusammentreffen zwischen den beiden erzählten Ereignissen, zwischen den regsamen Sonnenstrahlen und den spähenden Männern. Nämlich: eine zwangsläufige Wechselbeziehung. Wieland nun verstärkt eben diesen Eindruck, indem er seine Konjunktion, das temporale «als», einspannt in eine übersichtlichere Satzperiode.

Die syntaktische Binnenspannung, solchermaßen gesteigert, steigert erst recht den Eindruck jener insgeheimen, aber unausweichlichen Interdependenz: zwischen dem, was droben mit der Sonne, und dem, was drunten mit Agathon los ist. Merklich trägt sie dazu bei, dass sich beide gleichartig verhalten, Gestirn und menschliches Lebewesen. Eins wie das andere mindert sich hier gleichermaßen, die Strahlkraft der Sonne und Agathons Kräfte. Ebenso parallel geht es zu bei Scarron zwischen den beiden abendlich ankommenden Fahrzeugen, dem am Firmament und dem auf dem Marktplatz. Und ebenso parallel – nur eben in morgendlichem Auftakt – geht es bei Heliodor zu zwischen dem aufhellenden Tag und den Räubern, die beutehungrig auf dem Sprung sind.

Tätiges Hinschauen, lichtgesteuert Was bisher an den drei Romananfängen zu beobachten war, kann ein weiterer Befund noch ergänzen. Keiner der drei belässt es dabei, vorab die Sonne in Aktion zu zeigen: als universale Lichtquelle und somit als Voraussetzung dafür, dass, was jetzt sogleich zu erzählen ist, sich allererst an die äußeren und inneren Augen wendet. Jeder der drei Romananfänge fügt vielmehr so-

fort hinzu, wie sich diese Voraussetzung jeweils auswirkt. Jeder zeigt also nicht allein die Sonne, er zeigt auch jene Tätigkeit in Aktion, die sie erwirkt: ein bewusstes, gezieltes Sehen. Deutlich führen die drei Autoren vor, wie die erzählten Romanfiguren ihre erzählte Welt hinschauend erfassen. Unmittelbar und präsentisch geschieht das in der *Aithiopika*: wenn die Räuber mit ihren Augen zunächst die Ferne, dann die Nähe absuchen, bis sich ihnen das absonderliche Tableau bietet eines schönen Mädchens zwischen Männerleichen. Mittelbar und futurisch geschieht es im *Roman comique*: wenn die herbeifahrenden Komödianten einen theatralischen Augenschmaus zumindest in Aussicht stellen. Und ebenso mittelbar und futurisch geschieht es auch im *Agathon*: wenn der Titelheld, um die unübersichtliche Waldlandschaft zu überblicken, einen Berggipfel zu ersteigen gedenkt.

Tag und Held, abendlich ermattet Was spielt sich nun ab in Wielands raumgreifendem Anfangsatz? Offensichtlich kommt die Sonne darin quantitativ zu kurz, gemessen an den vielen Aussagen über den Titelhelden. Dennoch ist sie und hat sie, ebenso offensichtlich, das erste Wort im ersten Satz und somit im ganzen Roman. Eine Stellung, die ihr Autorität verleiht. Bekräftigt wird diese Vormacht durch ihr Amt im syntaktischen Ganzen. Die Sonne regiert darin den regierenden Hauptsatz, von dem alles weitere abhängt. Im Auftrag des Erzählers entwirft sie vorweg den Zeit-Raum, worin sich zunächst nur ganz allein der Titelheld bewegt. Wie schon bei Heliodor und Scarron bestimmt auch hier der Sonnenstand den Zeitpunkt, an dem das Romangeschehen beginnt: Ende des Tagesablaufs, übereinstimmend mit dem Zustand des erschöpften Helden. Zugleich verschränkt sich die zeitliche Weisung der Sonne mit der räumlichen. Ist doch Agathon darauf aus, noch vor ihrem Untergang den Berg zu ersteigen, um von droben einen «Ort» für die «Nacht» ausfindig zu machen.

Lichtaufwärts, stromabwärts Auch in Eichendorffs *Ahnung und Gegenwart* ist und hat die Sonne das erste Wort. Der Anfangssatz freilich, verglichen mit Wielands verästelter Konstruktion, mutet zunächst einfach und überschaubar an. Doch genauer besehen, offenbart er, dass ers in sich hat. Aber was? Vor allem: die mehrfache Konjunktion, die nicht nur grammatisch, sondern auch poetisch am Werk ist. Vielsagend wirkt sie auch weiterhin fort im erzählten Geschehen. Sogar bis hin zum allerletzten Satz des Romans. Dort freilich tritt sie nicht mehr in Erscheinung, auch nicht mehr in Aktion. Dort erscheint sie an und für sich, ohne irgend einen irdischen Partner, mit dem sie irgend eine Handlung in Gang zu setzen hätte. Dieser letzte Satz des Romans, deutlich in anderem Tempus als der erste, gibt sich dennoch als geheimnisvolles Weder-Noch. Er formuliert keinen endgültigen Schluss, sondern die Reprise eines neuerlichen Aufbruchs, diesmal eines Aufbruchs nirgendwohin. «Die Sonne ging eben prächtig auf.» So lautet der letzte Satz. Der erste dagegen, der eigentliche Anfangssatz des Romans lautet:

> Die Sonne war eben prächtig aufgegangen, da fuhr ein Schiff zwischen den grünen Bergen und Wäldern auf der Donau herunter. Auf dem Schiffe befand sich ein lustiges Häufchen Studenten. Sie begleiteten einige Tagereisen weit den jungen Grafen Friedrich, welcher soeben die Universität verlassen hatte, um sich auf Reisen zu begeben. Einige von ihnen hatten sich auf dem Verdecke auf ihre ausgebreiteten Mäntel hingestreckt und würfelten. Andere hatten alle Augenblicke neue Burgen zu salutieren, neue Echos zu versuchen [...] Wieder andere übten ihren Witz an allen, die das Unglück hatten am Ufer vorüberzugehen, [und zwar so lang] bis beide Parteien einander längst nicht mehr verstanden. Mitten unter ihnen stand Graf Friedrich in stiller, beschaulicher Freude. Er war größer als die andern, und zeichnete sich durch ein einfaches, freies, fast altritterliches Aussehen aus. (9)

Vorerst macht uns der scheinbar unverfängliche Anfangssatz zu schaffen, zumal sein scheinbar schwereloser Sonnen-Auftakt. So viel leichter er sich lesen lässt als jener von Wieland, so viel schwieriger lässt er sich verstehen. Anders als dort misslingt es hier, lückenlos zu verfolgen, was da wie mit was zusammenhängt. Aufgerissen und zugleich überspielt wird die entscheidende Lücke durch die mehrfache Konjunktion: «Die Sonne war eben prächtig aufgegangen, *da* fuhr ein Schiff ...» Wielands ähnliches Grundgerüst war klar. Hauptsatz, verbunden mit Nebensatz: «Die Sonne neigte sich, als ... Agathon ... anlangte.»

Nicht so bei Eichendorff. Rätselhaft lässt er beides offen, syntaktisch und poetisch: was hier Haupt- und was Nebensatz, was hier Haupt- und was Nebensache sei. Mutwillig hervorgerufen wird solche Ungewissheit durch die jähe Inversion, durch das unversehene «da fuhr», das die aufgehende Sonne mit dem fahrenden Schiff zusammenzwingt. Stutzen lässt uns zumal die befremdliche Zeitfolge, wofern denn überhaupt ein Nacheinander gemeint ist. Bei Wieland war da nichts fraglich. Die Sonne «neigte sich», als Agathon «anlangte»: zweimal gleiches Imperfekt, das zwei unabgeschlossene Vorgänge der Vergangenheit reibungslos vergleichzeitigt. Grammatisch gesehen, entspricht dies dem lateinischen ‹cum vere temporale›. Anders bei Eichendorff. Hier trifft ein fortdauernder, imperfekter Vorgang auf einen scheinbar vollendeten, plus-quam-perfekten Vorgang. Das «fuhr» trifft auf «aufgegangen war». Dem syntaktischen Anschein nach: eins nach dem andern.

Tempuszauber und quasi-magischer Satzbau Erzählerisch dagegen hat die Sonne zwar ihren Aufgang schon hinter sich, doch sie beleuchtet das Schiff immer noch weiter, das auch selber immer noch weiter fährt «auf der Donau herunter.» Insofern entspricht das heikle «da» dem lateinischen ‹cum inversum›, einer besonders heftigen Konjunktion. Überfallartig lässt sie zweierlei Vorgänge zeitlich aufeinanderprallen. Was kommt dabei heraus, im großen Ganzen von Eichendorffs folgenreichem Anfangssatz? Eine poetisch glaubwürdige Behauptung. Wohlgemut und geheimnisgewiss gibt sie vor, hier walte eher noch als eine zeitliche eine magisch wirksame Koinzidenz zwischen den beiden Vorgängen. So dass wir vermeinen dürfen, es löse der Sonnenaufgang, jetzt eben erfolgt, prompt das unverhoffte Erscheinen des dahinfahrenden Schiffes aus. Nicht anders, als es der vorläufig noch verborgene Erzähler vollbringt.

Derart hervorgerufen durch die Sonne, erschließt das fahrende Schiff sogleich den Raum fürs fernere Romangeschehen. Was sich jetzt schon ringsrum zeigt, wird auch fortan bezeichnend sein für die wichtigsten erzählten Ereignisse. Mehr draußen unter freiem Himmel spielen sie sich ab als drinnen in gepflegten Interieurs. Es ist indes keine urwüchsige Naturlandschaft, sondern eine, die da und dort bebaut und bewohnt ist. So wie hier schon die Berge mit Burgen bestückt sind und Leute an beiden Ufern der Donau entlangwandern. Zügig durchfährt das Schiff diesen Landschaftsraum stromabwärts «zwischen grünen Bergen und

Wäldern». Die Bewegung, die es auf und mit der Donau vollführt, prägt sich noch nachdrücklicher ein durch das rastlose Treiben der Studenten an Bord. Echos rufen sie hervor bei den Hügeln rechts und links. Und ebenso lauthals verspotten sie die Fußgänger am Ufer, die ihnen lärmend erwidern. So lang, «bis beide Parteien einander nicht mehr verstanden.» Hieraus lässt sich ersehen und erhören, wie Strom und Schiff sich vorwärts bewegen, wie sie deutlich Strecken zurücklegen. Überhaupt ist dem Autor daran gelegen, den erzählten Roman – nachdem die Sonne ihn ans Licht gebracht hat – nicht nur visuell zu entfalten, sondern auch akustisch. Als klangvollen Schauplatz, wo querweg Bewegung herrscht, auf dem Schiff und drumherum.

Umso markanter hebt sich aus dieser quirligen Umgebung der eigensinnige Romanheld heraus, der junge Graf Friedrich. Zwar ist auch er im Begriff, «sich auf Reisen zu begeben». Doch letzten Endes wird er, nach allerlei Umwegen, in einer Klosterzelle landen. Jetzt schon steht er hier regungslos «in stiller, beschaulicher Freude», die unruhigen Schiffsgefährten sichtlich überragend. Einzigartig auf diesem Schauplatz, der sich in die Weite und Tiefe des Landschaftsraums ausdehnt, ragt Friedrichs Gestalt empor in die Höhe. Fast so wie beim zeitgenössischen Maler Caspar David Friedrich jener hoch gepriesene solitäre *Mönch am Meer*. Freilich mit dem gehörigen Unterschied: hier bleibt die Situation nicht ein für allemal festgemalt; es geht vielmehr episch weiter mit dem jungen Grafen und seinen so andersartigen Gefährten. Ob zu Schiff, zu Pferd oder sonstwie.

Schub- und Bremskräfte des natürlichen Lichts Sonnen-Auftakt im Roman. Vier Beispiele, aus einer großen Anzahl von Belegen, habe ich bisher erörtert. Trotz merklicher Unterschiede von Fall zu Fall herrscht jedesmal der Eindruck von Bewegung vor. Droben die Sonne scheint nicht stetig vor sich hin, sie geht auf und unter. Energisch startet sie, beschleunigt oder verlangsamt sie ihr Tagwerk. Ebenso drunten die menschlichen Lebewesen. Sie verweilen nicht geruhsam, sie kommen und sie gehen, oder sie durcheilen, so die lauernden Räuber, mit ihren Blicken die Landschaft. Vorweg betont wird also nicht allein die Helligkeit der kosmischen Lichtquelle, die allemal unerlässliche Voraussetzung ist dafür, die Vielfalt der Welt erzählend zu beleuchten und zu durchschauen. Betont wird zugleich, dass, wer immer nun zu erzählen beginnt, auch selber allbeweglich einzugehen hat auf alles, was da ruckt und zuckt.

In der mehrfachen Konjunktion ballt sich allzumal jene kinetische Energie, die das Romangeschehen in Schwung bringt. Denn sie zwingt nicht nur die Eigendynamik der beiden getrennten Abläufe zusammen, jene des droben leuchtenden Gestirns und diese der menschlichen Regsamkeit drunten. Sie lässt zugleich, so behauptet es die poetische Syntax, einen heftigen Impuls vom einen auf den andern Ablauf überspringen. Dass der Impuls immer nur in der einen Richtung überspringt, vom leuchtenden Gestirn hinab zum beleuchteten hiesigen Ereignis, auch das behauptet die poetische Syntax. Jedesmal nämlich weist sie der Sonne die Hauptrolle des regierenden Satzsubjektes zu. Selbst dort, wo noch ein zweites Satzsubjekt auftritt, überlässt sie deutlich ihr den Vortritt. Siehe *Ahnung und Gegenwart*: erst die Sonne, dann das Schiff. So wirkt denn der Sonnen-Auftakt als Bewegungsmotor, damit das Romangeschehen überhaupt seinen Lauf nimmt. Geradezu wie aus dem Nichts heraus. Wenn dem aber so ist, wie kann es da Romananfänge geben, wo die Auftakt-Sonne, zumindest auf den ersten Blick, geradezu das Gegenteil ausrichtet? Wo sie nicht ankurbelt, nicht aufleben und losbrechen lässt, sondern wo sie selber Stillstand verkörpert und ringsum Erstarrung auslöst? Genau dies scheint der Fall zu sein in zwei Romanen des mittleren neunzehnten Jahrhunderts, die beide hernach dann doch ein durchaus reges Geschehen entfalten. Paradoxerweise?

Dickens' *Klein Dorrit* und Meyers *Jürg Jenatsch*

Ungefähr tausend Seiten beansprucht Dickens, um seinen Gegenwartsstoff als mehrsträngigen Familien- und Gesellschaftsroman auszubreiten, obwohl der nur den Namen einer Einzelperson trägt: *Little Dorrit* (1855/57). Zeitlich erstreckt sich das Geschehen über zwei Generationen und räumlich vom Hauptschauplatz London bis nach Südfrankreich und Oberitalien. Es geht um die schmerzhaften seelischen und sozialen Auswüchse innerhalb einer rücksichtslos kapitalistischen Gesellschaft, die sich noch immer an feudale Rangordnungen klammert. Vor allem an der herunter- und wieder heraufgekommenen Familie Dorrit lässt sich ersehen, was passiert, wenn zweifelhafte Finanzkraft und ebenso zweifelhafter Prestigedrang auseinanderklaffen. Bezeichnende Lokalitäten, die leitmotivisch im Lauf des Geschehens wiederkehren, sind Gefängniszellen. Schon gleich im ersten Kapitel machen sie sich geltend. Dickens' Sonnen-Auftakt, rhetorisch weit ausholend, vereinnahmt mehrere Seiten. Nur stark gerafft lässt er sich hier wiedergeben.

1. Kapitel
Sonne und Schatten

Vor dreißig Jahren war es, eines Tages, daß Marseille brennend in der Sonne lag. Eine sengende Sonne an einem Augusttag war in Südfrankreich damals nicht seltener als je vor- oder nachher. Alle Welt in und um Marseille hatte zum glühenden Himmel emporgestarrt und war ebenso zurückgestarrt worden, bis das beharrliche Starren universal geworden war. Fremde gerieten aus der Fassung durch starrend weiße Häuser, starrend weiße Wände, starrend weiße Gassen, starrend ausgedörrte Landstraßen, starrende Hügel, von denen alles Grün weggesengt war. [...]

Boote ohne Sonnenzelte waren zu heiß zum Anfassen; Schiffe, die vor Anker lagen, bekamen Hitzeblasen; die Steine an den Kais hatten sich monatelang Tag und Nacht nicht abgekühlt. [...]

Alles, was lebte und webte, war niedergedrückt von der Sonnenglut, ausgenommen die Eidechse, die flink über rauhe Steinmauern hinhuschte, und die Grille, die ihr trockenes, scharfes Gezirp wie eine Klapper hören ließ. Selbst der Staub war braun gebrannt, und es lief ein Zittern durch die Atmosphäre, als ob die Luft vor Hitze ächzte.

Alle Roll- und Klappläden, Vorhänge und Markisen waren geschlossen und herabgezogen, um den hellen Schein abzuhalten. Gab man ihm auch nur eine Ritze frei, schon drang er ein wie ein weißglühender Pfeil. [...] Auf diese Art, mit herumlungerndem und herumliegendem Volk auf jedem schattigen Fleck [...], schmorte Marseille in der Sonne, daß man es förmlich riechen und greifen konnte.

In Marseille gab es damals ein abscheuliches Gefängnis. In einer der Zellen, einem Raum, so abstoßend, daß selbst die zudringliche Helligkeit davor zurückwich und ihm nur das schäbige bißchen Widerschein ließ, das er selbst aufzubringen vermochte, befanden sich zwei Männer. [...] Alles Licht, das die Zelle bekam, empfing sie durch ein Gitter von Eisenstangen, das wie ein ziemlich großes Fenster geformt war, und durch das der Kerker von der düsteren Treppe aus, auf die es hinausging, überwacht werden konnte. [...] Wie die Gefangenen ausgezehrt und hohläugig waren, so war das Eisen verrostet, der Stein feucht, das Holzwerk verfault, die Luft beklemmend, das Licht trüb. Wie ein Brunnen, ein Kellergewölbe, eine Gruft wußte der Kerker nichts von dem hellen Sonnenschein draußen und hätte seine verdorbene Luft unverändert bewahrt, auch wenn er auf einer der Gewürzinseln des Indischen Ozeans gelegen gewesen wäre.

Den Mann auf dem Gittersims schien es sogar zu frösteln. Mit einer hastigen Bewegung der einen Schulter wickelte er seinen großen Mantel fester um sich und brummte: «Zum Teufel mit diesem Räuber, dieser Sonne, die hier nie hereinscheint.» (1ff.; 7ff.)

Eklatant ist der Unterschied zum Auftakt bei Heliodor, Scarron und so fort. Dickens' Sonne bewegt weder sich noch irgendwen oder irgendwas drunten auf dem Boden von Marseille und Umgebung. Sie geht nicht auf und nicht unter. Sie lässt keine Strahlen wandern, keine Schatten spielen. Den steilsten, mittäglichen Stand hat sie erreicht. Dort oben steht sie, als sei es für immer, wie eine stehengebliebene überdimensionale Uhr. Mehr als hell und mehr als heiß hat sie alles, was gemeinhin durch ihre Strahlen auflebt, verdorren lassen. Wenn allein nur Eidechse und Grille Lebenszeichen von sich geben, drängt kontrastiv sich vollends der Eindruck von allumfassender Leichenstarre auf: unter denen, die doch diese Hafenstadt erbaut haben; und unter denen, die sie jetzt bewohnen, die hier Schifffahrt und Landwirtschaft,

Handwerk und Müßiggang betreiben. Ausgestorben scheinen sie oder doch sich totzustellen wie «das herumliegende Volk auf jedem schattigen Fleck».

Marseille, erstarrend in blendender Mittagsglut Starr und starrend – auf Deutsch klingt es fast wie auf Englisch und meint fast das gleiche – verhält sich alles, Mensch wie Ding:

> Everything had stared at the fervid sky, and been stared at in return, until a staring habit had come universal there. Strangers were stared out of contenance by staring at white houses, staring white walls [...] staring [...] staring [...] (1)

Das Ostinato von Dickens' Wortspiel, das er so weitläufig durchvariiert vom Himmel über die Häuser bis zur Landstraße, hämmert sich uns ein. Es besagt, dass keinerlei energische Wechselwirkung stattfindet zwischen droben und drunten, zwischen der sengend blendenden Sonne und den versengt geblendeten Leuten von Marseille. Weder motorisch noch durch lebhaften Blickwechsel. Im Gegenteil. Der böse Blick stierenden Starrens lässt das Angestarrte prompt erstarren, als wäre hier allgegenwärtig die versteinernde Meduse zugange. Und nicht nur von oben nach unten wirkt sich diese Erstarrung aus. Auch drunten waagrecht greift sie allenthalben um sich zwischen Mensch und Mensch und Ding.

Dieser «universale» Zustand, der den ersten epischen Schauplatz von *Little Dorrit* kennzeichnet, macht verständlich, wieso sie hier nichts verloren hat: jene mehrfache Konjunktion, die bislang bei jedem Sonnen-Auftakt entscheidend beteiligt war. Hier wäre sie sinnlos und zwecklos. Nicht nur, weil weder der Himmelskörper noch die Körper auf der Erde sich je und je bewegen, also auch keine Wechselbewegung aufnehmen können. Sondern erst recht darum, weil der allgemeine Erstarrungszustand schon besteht, noch ehe das erste Wort der Erzählung fällt. Sofern denn die Sonne diesen Zustand hier genauso schlagartig herbeigeführt haben sollte wie jene in *Ahnung und Gegenwart* das fahrende Schiff, dann ist es längst erfolgt. Augenblicks vergegenwärtigt wird ein solcher Vorfall den Lesern nicht. Sie stoßen nur aufs vollendete pauschale Ergebnis. Demnach ist – grammatisch gesprochen – bei Dickens die Aktionsart des Vorfalls ebenso strikt resultativ, wie sie bei Eichendorff strikt inchoativ ist. Das heißt, was dort sichtlich beginnt und damit auch das erzählte Romangeschehen überhaupt beginnen lässt, das ist hier sichtlich beendet. Folglich kann es, so will es scheinen, wohl kaum das Romangeschehen in Gang setzen.

Und es bewegt sich doch: episch, räumlich, sozial Doch der Schein trügt. Die ersten sechs Absätze von *Little Dorrit* erzeugen ihn nur, um ihn alsbald zu berichtigen. Auf dass dann doch das Romangeschehen anläuft: nicht jäh, sondern allmählich; und nicht trotz, sondern aufgrund des leblos starren Gesamtzustands. Genau dort läuft es an, wo die weiteren Absätze den Doppelsinn jenes Titels entfalten, der über dem Anfangskapitel steht, «Sun and Shadow». Sonne und Schatten, so zeigt sich erst jetzt, sind nicht nur natürlich gemeint, als sinnlich wahrgenommenes Phänomen, sondern auch bildlich, als gesellschaftlicher Sachverhalt. Dabei bringt dann doch, just durch ihren leblosen Stillstand, die Sonne episch das an den Tag, wovon der Roman hernach dann lang und breit erzählen wird: vom Licht und Dunkel, vom Glanz und Elend der zeitgenössischen gesellschaftlichen Verkehrsformen.

Die aber offenbaren schon hier ihre inneren Widersprüche in sinnfälliger Paradoxie. Sub specie solis: überkreuz. Denn während aller gesellschaftliche Verkehr zusammenbricht in der heiß grellen Mittagszeit, regen sich jene, die man strafend aus diesem Verkehr gezogen hat. Es sind die Insassen der Gefängniszelle. Nachdrücklich spielt Dickens diesen Gegensatz aus. Einerseits: wie jedweder in Marseille, der auf freiem Fuß lebt, auch wenn er ihn momentan nicht benutzt, daheim sich verbarrikadiert gegen den angriffswütigen Sonnenschein: «Gab man ihm auch nur eine Ritze frei, schon drang er ein wie ein weißglühender Pfeil.» (8) Andrerseits: wie die zwangsweise Eingekerkerten nach jedem Lichtstrahl von draußen regelrecht lechzen; denn «like a tomb, the prison had no knowledge of the brightness outside» (4). Sogar als Räuber beschimpfen sie die so heiß begehrte Sonne, die sich ihnen so erbarmungslos entzieht, «this Brigant of a Sun that never shines in here!» (4) Insofern, freilich nur latent, staut sich auch hier im scheinbar reglosen Sonnen-Auftakt von *Little Dorrit* Energie. Hinreichend genug, um das Romangeschehen in Schwung zu bringen. Sie speist sich aus beiderlei Spannungen: aus dem sozialen Widerstreit von «Sun and Shadow» sowie aus dem unheimlichen Panoramabild einer rundum unterdrückten Vitalität, die danach drängt, jetzt endlich auszubrechen in erzählte und erzählende Bewegung.

70 **Mittagsonne, aufs Hochgebirge einstechend** Verglichen mit Dickens' weitschweifendem Familien- und Gesellschaftsroman, wirkt Conrad Ferdinand Meyers *Jürg Jenatsch* (1876) auffallend schlank. Schlank im äußeren Umfang, aber auch im erzählten Geschehen, das umweglos die entscheidenden Lebensetappen des Titelhelden verfolgt: eines unerbittlichen Schweizer Patrioten und protestantischen Glaubenskämpfers zur Zeit des Dreißigjährigen Kriegs. Der Autor wählt hier, wie so oft, eine historisch verbürgte Persönlichkeit in historisch verbürgten Verhältnissen. Hier also jenen Jenatsch, den es äußerlich und innerlich zerreißt zwischen den Fronten der kriegsführenden Parteien und ihren politischen Berechnungen, bis schließlich ihn, den ideologischen Streiter, justament ein persönlicher Rachemord dahinrafft.

Auch diesen Roman eröffnet ein Sonnen-Auftakt, der fast alle Lebensregungen ausschließt. Und wie bei Dickens ist es die gleiche reglose mittägliche Sonne, die senkrecht oben steht. Doch das, worauf sie niederbrennt, ist kein städtisches Panorama, sondern eine menschenleere Gebirgslandschaft.

> Die erste Mittagssonne stand über der kahlen, von Felshäuptern umragten Höhe des Julierpasses im Lande Bünden. Die Steinwände brannten und schimmerten unter den stechenden senkrechten Strahlen. Zuweilen, wenn eine geballte Wetterwolke emporquoll und vorüberzog, schienen die Bergmauern näher heranzutreten und, die Landschaft verengend, schroff und unheimlich zusammenzurücken. Die wenigen zwischen den Felszacken herniederhangenden Schneeflecke und Gletscherzungen leuchteten bald grell auf, bald wichen sie zurück in grünliches Dunkel. Es drückte eine schwüle Stille, nur das niedrige Geflatter der Steinlerche regte sich zwischen den nackten Blöcken und von Zeit zu Zeit durchdrang der scharfe Pfiff eines Murmeltieres die Einöde.
>
> In der Mitte der sich dehnenden Paßhöhe standen rechts und links vom Saumpfade zwei abgebrochene Säulen, die der Zeit schon länger als ein Jahr-

> tausend trotzen mochten. In dem durch die Verwitterung beckenförmig ausgehöhlten Bruche des einen Säulenstumpfes hatte sich Regenwasser gesammelt. Ein Vogel hüpfte auf dem Rande hin und her und nippte von dem klaren Himmelswasser. (363)

Pointiert wie schon bei Scarron, Wieland und Eichendorff hat abermals die Sonne das erste Wort im ersten Satz und somit im ganzen Roman. Zugleich hat sie in diesem Initialsatz die ausschließliche Handlungsvollmacht. Nur sie kann, übers Prädikat verfügend, tätig werden. Doch konträr zur Sonne in jenen früheren Romanen nutzt sie diese Vollmacht nicht aus. Sie handelt weder noch rührt sie sich von der Stelle. Sie «stand». Basta. Indem sie aber einfach reglos steht, auf höchstem mittäglichen Stand ihrer Leucht- und Brennkraft, übt sie trotzdem eine konzentrierte Fernwirkung aus. Bei gleich weitem Abstand zu dem, was sie von oben beherrscht, wirkt sie gewalttätiger als Dickens' starre Mittagssonne, die drunten ganz Marseille erstarren lässt. Denn die brennt und blendet alles, was sich ihr zufällig aussetzt, wahllos und gleichgültig.

Hier dagegen, obwohl regungslos verharrend, macht die Sonne sich geradezu aggressiv her übers Hochgebirge, das sich ihr trutzig entgegenreckt. Mit «stechenden senkrechten Strahlen» trifft sie es. Nicht etwa mit «ihren», heißt es, sondern fremd und distanziert mit «den» Strahlen. So, als wären sie ihr nicht zueigen, sondern wären Waffen, mit denen sie von oben nach unten zusticht. Und die derart handlungslos behandelte Landschaft fängt diesen senkrechten Angriff auf. Gleichfalls mit senkrechten Bewegungen: die Wetterwolke quillt *empor*, die Schneeflecken hängen *nieder*, die schwüle Hitze *drückt*. Auch sie, die Gebirgslandschaft, so wie droben die Sonne, kennt kein Vorwärtsdrängen, keine Bewegungsimpulse in waagrechter Richtung. Selbst dort, wo die «Bergmauern näher heranzutreten und, die Landschaft verengend, schroff und unheimlich zusammenzurücken» scheinen: selbst dort wird letztlich die Vertikale bekräftigt. Denn es entsteht dabei die Situation von wachsend beklemmender Enge, wie wenn sich jemand eingezwängt fühlt zwischen bedrohlich näherrückenden Wänden.

Was Meyers Sonnen-Auftakt ans Licht bringt, scheint zunächst nichts als eine urtümliche elementare Landschaft zu sein. Lauter anorganische Grundelemente der Natur herrschen vor: Felsgestein in vielerlei schroffer und abweisender Gestalt; Wasser in Form von Schnee und Gletschereis, von Wolken und angesammelten Regenguss; heiße und schwüle Luft. Kein Baum und Gesträuch wächst hier. Und die zwei einsamen Tiere im ersten Absatz lassen sich nicht einmal sehen, sondern nur hören: durch Pfiff ein fernes Murmeltier, durch Geflatter ein Vogel, der – nomen est omen – Steinlerche heißt. Ihnen folgt am Ende des zweiten Absatzes ein weiterer einsamer Vogel, diesmal sichtbar. Genau an jener Stelle, wo der Sonnen-Auftakt endet, lässt sein Verhalten aufmerken. Es wirkt wie ein ironisches Amen zur Tilgung aller zielbewussten Vorwärtsimpulse, hier im aufwärtsstrebenden, sonnenbedrückten Hochgebirgsraum. Nicht etwa, dass dieser Vogel, himmelan und himmelab sich schwingend, die siegreiche Vertikale endgültig besiegelt. Nein, er bleibt am Boden, um die runde Mulde mit dem Regenwasser auch seinerseits zu umrunden. Waagrecht, aber eben unentschieden und richtungslos. Er hüpft «auf dem Rande hin und her». Ihn kümmert kein bestimmtes Wohin.

Schlaglichter auf Relikte von Kultur Allenfalls vereinzelte Tiere da und dort, doch von menschlichen Lebewesen keine Spur. Jedenfalls nicht von anwesenden, von gegenwärtig lebenden Menschen. Stattdessen finden sich Spuren von abwesenden, einstmals tätigen Menschen, die in früheren Epochen ihre Lebenszeichen in dieser Landschaft hinterlassen haben. Unauffällig, weil verwittert durch Natur und verschlissen durch Gewohnheit. Nur durchblicken lässt es der Erzähler. Wohlbedacht, so scheints, lenkt er die Aufmerksamkeit nicht eigens darauf hin, als wolle er uns nur beiläufig jene alten bis uralten Spuren entdecken, Schritt für Schritt. Schon im ersten Satz ist das Wort «Julierpaß» so ein Anzeichen, das sich leicht überlesen lässt. Doch beim Weiterlesen mag nachklingen, was das Wort zudem noch andeutet: es sei das schroffe Gebirge hier unter der steilen Sonne womöglich doch keine total unberührte Naturlandschaft. «Paß» meint immerhin, dass ihn jetzt wie einst Leute passieren, um das hemmende Hochgebirge zu übersteigen. Hernach fällt dann das Wort vom «Saumpfad», also einem Nutzweg, der im Lauf der Jahrhunderte ertrampelt und beschritten worden ist. Und in seiner Nähe liegen auch noch «abgebrochene Säulen»: markante Restbestände einer vormals belebten Architektur, die «länger als ein Jahrtausend» überdauert haben just in dieser scheinbar menschenfernen Einöde. All dies, so verrät uns die Landschaft selbst, hat Menschenhand und Menschenfuß dem massiv felsigen, widerständigen Boden abgetrotzt. Tief und dauerhaft haben sie sich eingekerbt ins Gestein, siehe Pass und Saumpfad. Und ebenso nachhaltig haben sie das Gestein bearbeitet und bebaut, siehe Säulen.

Was nun aber dieser trutzige Sonnen-Auftakt im großen Ganzen von *Jürg Jenatsch* auszurichten hat, das lässt sich längst nicht so leicht erkennen wie bei den Vorläufern. Meyer nämlich verzichtet auf offenbare, umweglose Evidenz. Hier gibt es kein episch einleuchtendes Widerspiel zwischen der Laufbahn droben der Sonne und drunten des menschlichen Treibens: so wie in den Romanen bis hin zu *Ahnung und Gegenwart.* Ebenso wenig gibt es andersartige Bewegkräfte, die merklich das erzählte Geschehen antreiben, forciert durch die Sonne: so wie in *Little Dorrit* die gestaute Vitalität des starren städtischen Raums und die sozialen Spannungen in seinen Gebäuden. Trotzdem enthält auch der Sonnen-Auftakt von *Jürg Jenatsch* eine Antriebsenergie, die sich auswirkt auf das, was da kommen soll. Nur eben nicht handfest pragmatisch, nicht in Ereignissen, die unverzüglich und unmittelbar daraus hervorgehen, sondern stattdessen: thematisch. Inwiefern?

Heraldische Landschaft Verschränkt mit der Felslandschaft, auf die sie strahlend einsticht, erscheint hier die Sonne als Initial und Ikonogramm. Sie verbildlicht das, wovon sogleich zu erzählen begonnen wird. Dieses Bild schickt der Autor gleich einem Wappenschild voraus. Heraldisch prägt es uns ein: nicht was, aber welche Art von Erzählwerk wir zu gewärtigen haben. Zunächst ganz pauschal. Ein historischer Roman wird es sein. Haben doch menschliche Tätigkeiten der Vergangenheit augenfällig jene Felslandschaft zum überdauernden geschichtlichen Zeugnis gemacht. Deutlich genug, um es zu entziffern, bringt die Sonne es zum Vorschein. Zugleich kündigt uns das epische Wappenschild an: das erzählte historische Geschehen ist kein beliebig alltägliches, sondern ein heroisches. Außergewöhnliche Tatkräfte erfordere es, um mehr als nur private Ziele zu erreichen, gegen schier unüberwindliche Hindernisse. Nicht anders als eben jene Tatkräfte, die einst den Pass übers Gebirge gebahnt, den Saumpfad in den Felsboden getrieben und ihm irgendwelche Säulenbauten abgerungen haben. Die Letzteren übrigens, so heißt es wenige Seiten später, sind römischer Herkunft. Was besagt: auch fremde Eroberer hatten hier, wo jetzt «Bündner Land» ist, Grenzen zu überschreiten und Widerstände der heimischen Natur und Bevölkerung zu überwinden.

Auf den Punkt gebracht, bekundet Meyers episches Wappenschild: in diesem schroffen Hochgebirge ist es von jeher hoch hergegangen, zwischen Mensch und Natur, zwischen Mensch und Mensch, auch zwischen ganzen Völkerschaften. Und eben damit wird auch im kommenden Geschehen zu rechnen sein. Dann, wenn im erzählten Jetzt dieses historischen Romans, im Dreißigjährigen Krieg, die patriotischen und die zwischenstaatlichen Kämpfe als Glaubenskämpfe ausgefochten werden. Freilich geht es mit diesem blutigen Geschehen nicht sofort los. Ebenso wenig wie der Titelheld des Romans sofort in Aktion tritt. Heroisches Handeln wird vorerst nur untergründig mitschwingen bei den idyllischen Begebenheiten der nächsten Kapitel.

Schon der Absatz unmittelbar nach unserem Anfangszitat bringt in-

des menschliches Leben in die steinerne Landschaft. Zwar scheint es sich nur pastoral zu regen zwischen Hirt und Weidevieh. Doch es wirkt wie ein aufrüttelnder Ruck, der das besagte starre Wappenschild erschüttert:

> Jetzt erscholl aus der Ferne, vom Echo wiederholt und verhöhnt, das Gebell eines Hundes. Hoch oben an dem stellenweise grasbewachsenen Hange hatte ein Bergamaskerhirt im Mittagsschlafe gelegen. Nun *sprang* er auf, zog seinen Mantel *fest* um die Schultern und *warf sich* in *kühnen* Schwüngen von einem vorragenden Felsturme *hinunter* zur Einholung seiner Schafherde [...] (363, Hervorhebung V.K.)

Wie ein Überfall startet der Satz, das «Jetzt» an der Spitze. Schlagartig ist es vorbei mit der menschenleeren Reglosigkeit. Erstmals meldet sich ein Haustier, ein Hund, der via Echo seine Wachsamkeit über die weite Landschaft verbreitet. Aufmerken lässt erst recht die absonderliche Motorik des Hirten. Mehr wie ein Krieger als wie ein friedlicher Viehhüter gebärdet er sich. Gleich einem Befehl von oben fährt ihm das Hundegebell in die Knochen: aus dem Schlaf springt er auf, zieht den Mantel fest um sich und wirft sich gar in «kühnen Schwüngen von einem vorragenden Felsturme hinunter». So, als gelte sein waghalsiges Handeln keiner Schafherde, sondern der Übermacht von Feinden. Wer da etwa eine vorsätzliche Anspielung auf den angriffswütigen Don Quijote wittert, unterschätzt den vaterländischen Ernst des Geschichtsnovellisten und -romanciers Conrad Ferdinand Meyer.

In jedem der bisher erörterten Romane, von der Spätantike bis zur Mitte des neunzehnten Jahrhunderts, erhellt und durchleuchtet die Auftakt-Sonne einen uneingegrenzten öffentlichen Schauplatz unter freiem Himmel. Ein Terrain, das für Jedermann und Jedefrau zugänglich ist. Selbst dort, wo der einsame Agathon den unübersichtlichen Wald durchirrt. Weitwinklig erfasst unser erster Blick, gelenkt durch die Strahlen von droben, jedesmal ein Panorama: Heliodors zerklüftete

Küstenlandschaft mit Aussicht aufs Meer; Eichendorffs fernhin verlaufendes Donautal; Meyers hochragendes Alpengebirge. Oder der Blick erfasst einen ähnlich ausgedehnten Stadtraum: Scarrons Marktplatz von Le Mans; Dickens' hitzestarrendes Marseille samt Hafen.

Fontanes *Effi Briest* und Kellers *Das Sinngedicht*

Anders liegen die Verhältnisse beim Sonnen-Auftakt in Theodor Fontanes Roman aus dem Jahr 1895. Hier fällt das Licht, dem unsre Blicke folgen, auf ein privates, deutlich begrenztes, nahegelegenes Anwesen. Es ist die wohlgeordnete Anlage aus Gebäuden und Garten, die den Wohnsitz der Adelsfamilie Briest als separaten Lebensbereich zugleich um- und abschließt gegen die Außenwelt. Nicht nur vorne gegen den Alltagsverkehr der Bevölkerung auf der Dorfstraße. Auch seitlich gegen den angrenzenden Kirchhof, durch dessen Mauer eine säuberlich «weißgestrichene» Tür führt. So, als böte sie der vorerst noch unbeschwerten Titelheldin schon jetzt einen Notausgang aus dem gepflegten Herrenhaus und Herrengarten.

> In Front des schon seit Kurfürst Georg Wilhelm von der Familie von Briest bewohnten Herrenhauses zu Hohen-Cremmen fiel heller Sonnenschein auf die mittagsstille Dorfstraße, während nach der Park- und Gartenseite hin ein rechtwinklig angebauter Seitenflügel einen breiten Schatten erst auf einen weiß und grün quadrierten Fliesengang und dann über diesen hinaus auf ein großes, in seiner Mitte mit einer Sonnenuhr und an seinem Rande mit Canna indica und Rhabarberstauden besetztes Rondell warf. Einige zwanzig Schritte weiter, in Richtung und Lage genau dem Seitenflügel entsprechend, lief eine ganz in kleinblättrigem Efeu stehende, nur an einer Stelle von einer kleinen, weißgestrichenen Eisentür unterbrochene Kirchhofsmauer, hinter der der Hohen-Cremmener Schindelturm mit seinem blitzenden, weil neuerdings erst wieder vergoldeten Wetterhahn aufragte. Fronthaus, Seitenflügel und Kirchhofsmauer bildeten ein einen kleinen Ziergarten umschließendes Hufeisen [...]
>
> Auch die Front des Herrenhauses – eine mit Aloekübeln und ein paar Gartenstühlen besetzte Rampe – gewährte bei bewölktem Himmel einen angenehmen und zugleich allerlei Zerstreuung bietenden Aufenthalt; an Tagen aber, wo die Sonne niederbrannte, wurde die Gartenseite ganz entschieden bevorzugt, besonders von Frau und Tochter des Hauses, die denn auch heute wieder auf dem im vollen Schatten liegenden Fliesengange saßen. [...] (7)

Wie bei Dickens und Meyer scheint auch hier eine steile mittägliche Sonne. Doch sie brennt längst nicht so brutal hernieder. Sie strahlt sogar – geradezu versöhnlerisch, weil klassenlos egalitär – gleichermaßen auf die Dorfstraße draußen und drinnen auf den feudalen Wohnsitz. Und wie bei Heliodor und Scarron, Wieland und Eichendorff kommt auch hier die mehrfache Konjunktion nochmals zum Zug, allerdings eigenartig abgewandelt. Wie schon dort bildet sie das entscheidende Scharnier des ersten, besonders weit ausgreifenden Satzes. Es «*fiel* heller Sonnenschein ..., *während*» der «Seitenflügel einen breiten Schatten ...*warf.*» Statt «als» oder «da» diesmal ein «während», also abermals ein zeitliches Bindewort, das zweierlei Vorgänge verkoppelt. Soweit, so ähnlich. Die zweierlei Vorgänge jedoch sind bei Fontane deutlich andere geworden. Kein kosmischer Vorgang trifft hier auf einen hiesigen, so wie bei Eichendorff die aufgehende Sonne aufs fahrende Schiff. Beide Vorgänge spielen sich vielmehr drunten ab, auf dem Grund und Boden der Briests: der Sonnenschein, der da fällt, und der Schatten, der da geworfen wird.

Herrenhaus als Schattenwerfer

Die Sonne höchstselbst wird dabei weder gesichtet noch angesprochen; lediglich der Lichtschein, der von ihr ausgeht. Beachtet man zudem, dass dieser Schein nur intransitiv fällt, also nichts selbsttätig ausrichtet, dann hat sie – gemessen am Sonnen-Auftakt früherer Romane – viel eingebüßt von ihrer einst unmittelbaren epischen Macht. Nur mittelbar und ex negativo wirkt sie hier aktiv auf etwas ein. Nur insofern, als ein Seitenflügel des Hauses, ihre Lichtstrahlen auffangend, seinerseits transitiv «einen breiten Schatten warf». So erfüllt sich der Doppelsinn der mehrfachen Konjunktion «während». Denn sie bezeichnet ja nicht nur, temporal, ein Zugleich. Sie bezeichnet zudem, adversativ, ein Wohingegen. Hier: das streitbare Widerspiel von Licht und Schatten, beide der Sonne zu verdanken. Wir kennen dieses Widerspiel schon aus *Little Dorrit* und begegnen ihm hier erneut, doch mit anderer Konsequenz. Und nicht nur im ersten Satz, sondern auch im letzten, wenn der Erzähler verallgemeinernd berichtet:

> an Tagen aber, wo die Sonne niederbrannte, wurde die Gartenseite ganz entschieden bevorzugt, besonders von Frau und Tochter des Hauses, die denn auch heute wieder auf dem im vollen Schatten liegenden Fliesengange saßen [...]

Bezeichnend für Fontanes unaufdringliche Erzählweise ist hier beides: dass er erstens auch hier die aktive Sonne nicht akut in diesem Augenblick niederbrennen lässt, sondern nur üblicherweise (an Tagen, wo);

und dass er zweitens vor allem das lokale Drum und Dran des Herrenhauses Briest beschreibt, noch ehe er zu den handelnden Personen kommt, die dementsprechend wörtlich als «Frau und Tochter des Hauses» vorgestellt werden. So, als seien sie nur Teile desselben. Im «vollen Schatten» haben sie sich niedergelassen, um sich betulicher Nadelarbeit zu widmen.

Arbeitslos dagegen, weil gleichfalls jetzt in vollem Schatten, ist die lang zuvor schon erwähnte Sonnenuhr auf der Rotunde geworden. Sie hätte den Sonnenschein nötig, um die fortschreitende Zeit mit ihren Schattenstrichen anzuzeigen. Dass auch sie, ähnlich wie jene Kirchhoftüre in der Gartenmauer, vorwegweist auf das traurige Schicksal der Titelheldin, dämmert den Lesern wohl erst gegen Ende des Romans. Dort heißt es, in einer fast musikalischen Reprise:

> Auf dem Rondell hatte sich eine kleine Veränderung vollzogen, die Sonnenuhr war fort, und an der Stelle, wo sie gestanden hatte, lag seit gestern eine weiße Marmorplatte, darauf stand nichts als «Effi Briest» und darunter ein Kreuz. (279)

In die gleiche Richtung wie sein Zeitgenosse Fontane treibt Gottfried Keller den Sonnen-Auftakt. Noch weiter treibt er ihn. Wir haben festgestellt, wie Fontane den weiten Lichtkegel des Gestirns räumlich und gesellschaftlich einengt: aufs private Anwesen der Adelsfamilie Briest. Und wie er dabei zugleich jene epische Vollmacht und Energie verlagert, die frühere Romandichter durchweg der Auftakt-Sonne eingeräumt haben. Der Schatten, den das ragende Herrenhaus ihr abzwingt, stiehlt ihrer Leuchtkraft die Schau. Indessen wird, was sie sinnlich verliert, durch das ausgeglichen, was sie sinnbildlich gewinnt. Zumal fürs thematische Widerspiel zwischen Licht und Schatten, das zuvor schon Dickens sehr viel drastischer entfacht hatte.

Buchstäblich domestiziertes Licht Keller nun verengt, privatisiert und verhäuslicht den Sonnen-Auftakt noch mehr. Vom schier grenzenlosen Exterieur unter freiem Himmel führt er ihn ins begrenzte Interieur. Er schachtelt ihn geradezu ein: ins Innere einer Laborstube, welche im Innern des Privathäuschens eines zurückgezogenen Privatgelehrten steckt. Hier drinnen nun – so sieht es vorerst aus – ist es nicht die Sonne, die etwas verübt, sondern an ihr selbst wird etwas verübt. Gewalttätig, aus wissenschaftlichem Forscherdrang, macht man sich an sie heran. Mit diesem absonderlichen Hergang eröffnet der Autor keinen

Roman, sondern einen romanartigen, reichhaltigen Novellenzyklus, betitelt *Das Sinngedicht* (1881).

Im Rahmengeschehen geht es ums hürdenreiche Aufeinanderzu zweier Eigenbrötler unterschiedlichen Geschlechts. Hier: der hagestolze Naturwissenschaftler Reinhart, der seit langem, weltabgewandt, in seinem häuslichen Laboratorium herumexperimentiert; und dort: die liebesgeschädigte Lucie, die sich ebenfalls, nur etwas naturnäher, aus der Welt zurückgezogen hat in ihr blumenumblühtes Landhaus. Streitbar verficht der eine wie die andre die eigene Meinung darüber, was

Männer den Frauen antun und umgekehrt. Ihre Waffen sind die Novellen, die sie einander erzählen. In einem narrativen Zweikampf, Hieb um Stich, über viele Runden und Wochen, bis hin zu einem herzlichen Unentschieden.

Den ersten Blick wirft der Erzähler auf den Privatgelehrten Reinhart. Beruflich fixiert er ihn sogleich durch eine ironische Doppeldatierung, festgemacht am geschichtlichen Stand der Naturwissenschaften und am zeitlichen Stand der morgendlichen Sonne:

Erstes Kapitel
Ein Naturforscher entdeckt ein Verfahren
und reitet über Land, dasselbe zu prüfen

Vor etwa fünfundzwanzig Jahren, als die Naturwissenschaften eben wieder auf einem höchsten Gipfel standen, obgleich das Gesetz der natürlichen Zuchtwahl noch nicht bekannt war, öffnete Herr Reinhart eines Tages seine Fensterläden und ließ den Morgenglanz, der hinter den Bergen hervorkam, in sein Arbeitsgemach, und mit dem Frühgolde wehte eine frische Sommermorgenluft daher und bewegte kräftig die schweren Vorhänge und die schattigen Haare des Mannes.

Der junge Tagesschein erleuchtete die Studierstube eines Doktor Fausten, aber durchaus ins Moderne, Bequeme und Zierliche übersetzt. [...]

In der Mitte des Zimmers stand ein sinnreicher Apparat, allwo ein Sonnenstrahl eingefangen und durch einen Kristallkörper geleitet wurde, um sein Verhalten in demselben zu zeigen und womöglich das innerste Geheimnis solcher durchsichtigen Bauwerke zu beleuchten. Schon viele Tage stand Reinhart vor der Maschine, guckte durch eine Röhre, den Rechenstift in der Hand, und schrieb Zahlen auf Zahlen.

Als die Sonne einige Spannen hoch gestiegen, verschloß er wieder die Fenster vor der schönen Welt mit Allem, was draußen lebte und webte, und ließ nur einen einzigen Lichtstrahl in den verdunkelten Raum, durch ein kleines Löchlein, das er in den Laden gebohrt hatte. Als dieser Strahl sorgfältig auf die Tortur gespannt war, wollte Reinhart ungesäumt sein Tagewerk beginnen, nahm Papier und Bleistift zur Hand und guckte hinein, um da fortzufahren, wo er gestern stehen geblieben war.

> Da fühlte er einen leise stechenden Schmerz im Auge; er rieb es mit der Fingerspitze und schaute mit dem andern durch das Rohr, und auch dieses schmerzte. (97f.)

Schon der launische Vorspann – vom Naturforscher hoch zu Ross – zeigt klipp und klar, wer hier das Sagen hat: einzig der Erzähler selbst. Der nämlich denkt nicht daran, die eigene Amtsgewalt irgend mit der Auftakt-Sonne zu teilen. Nichts von seiner epischen Souveränität gibt er an sie ab und erst recht nichts von seiner ironischen Überlegenheit. Der geräumige Anfangssatz, den er entwirft, scheint sogar die herkömmlichen Machtverhältnisse früherer Anfangssätze strikt ins Gegenteil zu verkehren. Denn nicht die Sonne droben gibt den Anstoß dazu, was die Menschen drunten treiben. Vielmehr andersrum: abwarten muss sie hier, geradezu antichambrieren, bis Herr Reinhart geruht, die Fensterläden aufzumachen und ihr Licht hereinzulassen in sein verrammeltes Forschungsgehäuse. Derart schmälert der Erzähler vorerst auch die Sonne. Allerdings nur, um auch sie ironisch aufzuwiegeln gegen ihren anmaßenden Widersacher, den verbohrten Naturforscher.

Rache des gefolterten Sonnenstrahls Vorläufig darf dieser Herr Reinhart zwar die syntaktische Spitzenstellung erobern, jene des regierenden Subjekts, die sonst allein ihr, der Sonne, zukommt. Und er macht denn auch weidlich Gebrauch davon, indem er mit dem Satzobjekt Sonne willkürlich umspringt. So nachhaltig, dass er zwei Absätze später ihren rigoros herausgefilterten «einzigen Lichtstrahl ... auf die Tortur» spannt. Doch schon im weiteren Verlauf jenes Anfangssatzes hat sie, die Sonne, insgeheim das eigentliche Regiment übernommen. Mit sanfter Gewalt führt sie es, kaum merklich und zunächst unvermerkt von Reinhart, ihrem selbstherrlichen Opfer. Gemeinsam mit einem anderen Eindringling der so sorgsam abgewehrten Natur:

> ... und mit dem Frühgolde wehte eine frische Sommermorgenluft daher und bewegte kräftig die schweren Vorhänge und die schattigen Haare des Mannes.

Eine muntere Invasion von Luft und Licht in die dumpfe, abgeschirmte Klause von Reinharts mikroskopischen Zergliederungen. Ob er will oder nicht, sie überfallen das Bollwerk seines Interieurs. Nicht nur in die «schweren Vorhänge» greifen sie ein, mit denen er sich verschanzt hat gegen das natürliche Draußen, auch in seine körperliche Gestalt, in die «schattigen Haare», die er sonst nie dem Sonnenlicht aussetzt. Sogar eine doppelte Invasion findet da statt. Zugleich nämlich mit der verbannten Natur bricht die ebenfalls verbannte Poesie über Reinhart herein. Denn Licht wie Luft begegnen ihm jetzt mehr als bloß elementar, in ihrem physischen Rohzustand. Vielmehr: als verklärtes ästhetisches Ereignis. Als beglückende Augenweide und Ohrenlust umzingeln sie seine Sinne. Klanglich, rhythmisch, wortbildnerisch: «míṯ dem Frǘhgó̱lde», «frí̱sche Só̱mmermó̱rgenlú̱ft».

Abermals ist hier epische Ironie im Spiel. Sobald nämlich der nüchtern experimentiersüchtige Reinhart erschrocken gewahr wird, dass die Welt- und Naturflucht ihm auf Dauer gar nicht gut bekommt, sucht er schleunigst gelehrten Rat zur Abhilfe bei seiner kunterbunten Bibliothek. Und er findet Rat, ausgerechnet, in barocker Versdichtung. In einem von Logaus reizvoll hintersinnigen Epigrammen:

> Wie willst du weiße Lilien zu roten Rosen machen?
> Küß eine weiße Galathee: sie wird errötend lachen. (100)

Epische Ironie mit lyrischer Waffe Dass Reinhart, beinah allen Ernstes, diesen poetischen Sinnspruch wie eine wissenschaftliche Regel samt Anleitung auffasst (Abteilung Botanik); und dass er, der eingefleischte Empiriker, sie sogar noch praktisch umsetzt in einer Versuchsreihe mit lebenden Objekten (Abteilung Menschenweibliche Zoologie), das gehört zum epischen Motor, der ihn selber zu Pferd und zugleich das ganze Erzählwerk namens *Sinngedicht* in Gang setzt. Beides bewegt ihn zu einer abenteuerlichen Ausfahrt: die Rache der bislang verachteten Poesie sowie die Rache der bisher eliminierten und verstümmelten Natur. Eliminiert hat Reinhart die Natur der sonnenbeleuchteten, luftdurchwehten Außenwelt. Und verstümmelt hat er die Natur seines eigenen häuslichen und leiblichen Innenlebens. Sie rächen sich just am einschlägigen Sinnesorgan, an den Augen, deren Sehschärfe inzwischen schmerzhaft nachlässt:

> ... denn er hatte allbereits angefangen, durch das anhaltende Treiben [das Filtern und Foltern des Lichtstrahls im Kristallrohr], sich die Augen zu verderben, namentlich aber durch den unaufhörlichen Wechsel zwischen dem erleuchteten Kristall und der Dunkelheit, wenn er in dieser seine Zahlen schrieb. (98)

Abermals sticht der Erzähler ironisch zu. Die Rache des gequälten Lichts, das schmerzlos Reinharts Folterungen verschmerzt, besteht darin, dass er sie an sich selbst vornimmt: «sich die Augen zu verderben.» Eben dies geht ihm an die Existenz. An die berufliche des empirischen Forschers wie an die des unversehrten, also auch geselligen Lebewesens. Aus dieser schmerzhaften Warnung zieht Reinhart die einzig sinnvolle Konsequenz: hinaus aus der Klause in die Welt und die Augen auf. Möglichst unverkniffen.

Dass er dann gegen Ende seiner auswärtigen Unternehmungen, seiner experimentellen wie seiner novellistischen, besser sehen gelernt haben wird als je zuvor, dazu bringt ihn die anmutige und kluge Frau, mit der er zuguterletzt heiter übereinstimmt. Lucie heißt sie, und Lux nennt er sie. Also: Licht. Nachwievor und bis zum Schluss des mehrstimmigen Erzählzyklus vom *Sinngedicht* ist somit auch hier der überkommene Sonnen-Auftakt fortschreitend tätig. Merklich diskreter und scheinbar bescheidener als in den Romanen zuvor, doch nicht minder erfolgreich. Fehlte er oder wäre er nur poetischer Zierrat, bliebe alles unerzählt, was sich im Rahmengeschehen wie auch in den streitbar vorgetragenen Novellen begibt.

WEITERE SPIELARTEN VON EPISCHEM LICHT IM ROMAN

So viel zum Sonnen-Auftakt in Epos, Roman, Novellenzyklus. Allerdings, nicht jeder dichtende und ins Werk hineingedichtete Erzähler, der das strahlende Licht als vorbildlich veranschlagt fürs eigene Tun, rückt es deshalb prominent an die Spitze seines epischen Werks. Nicht jeder überlässt ihm die Initialzündung sowohl fürs erzählte Geschehen wie auch für den Akt des Erzählens. Nicht überall dort also, wo es maßgeblich an der poetischen Gesamtkonstruktion beteiligt ist, muss es sich schon im Anfangssatz behaupten. Es gibt vielmehr mancherlei Erzählwerke, die im Lauf des Geschehens dem leuchtenden Licht auch andere wichtige Impulse einräumen als jenen zum fortreichenden Start. Etwa solche, wie Homer sie formelhaft betont in der berühmten Wendung von der «rosenfingrigen Morgenröte», die sich in der Frühe erhebt. Ich habe schon darauf hingewiesen, dass sie zugleich mit dem Tagesanbruch oft auch einen neuen Erzählabschnitt anzeigt im Dann und Dann der abervielen Episoden. Ähnlich steht es mit der Einteilung späterer Werke durch das Hell/Dunkel von Tagen und Nächten; zumal dort, wo bestimmte Erzählrunden sich zusammentun (siehe Kapitel IV). In jedem solchen Fall trägt die Vorherrschaft des Lichts dazu bei, Schneisen zu schlagen in die epische Masse und Vielfalt; sie zu erfassen, zu ordnen und überblickbar zu machen.

Das Spektrum von Möglichkeiten, das sich dabei auftut, ist beträchtlich. Das können drei extrem unterschiedliche Romane aus der Mitte des zwanzigsten Jahrhunderts zeigen; ein englischer, ein spanischer und ein österreichischer: Virginia Woolfs *The Waves*, Rafael Sánchez Ferlosios *El Jarama* und Heimito von Doderers *Die erleuchteten Fenster.*

Woolfs *Die Wellen*

Der Roman *The Waves* (1931) macht den Eindruck, als sei er vom Sonnenlicht nachgerade stigmatisiert: eingekerbt, durchschossen, geprägt. Schon das Druckbild des Buchs verrät es und lässt etwas ahnen vom Thema und Aufbau des Romans. Denn wer ihn auch nur flüchtig durchblättert, stößt regelmäßig auf kursiv gedruckte Einschübe, die sich scharf vom vorherrschenden aufrechten Schriftsatz absetzen. Dass sie das große Ganze dieses Romans akzentuieren und rhythmisieren, merkt man spätestens auf den zweiten Blick. Und liest man sich auf sie ein, entdeckt man alsbald: diese Einschübe bilden Stück für Stück so etwas wie einen Prosa-Refrain. Jedesmal formulieren sie – grundsätzlich – das gleiche poetische Bild, das sich freilich jeweils etwas abwandelt. Jedesmal ein bewegtes und bewegendes Bild der elementaren Natur. Es malt aus, wie das Sonnenlicht ein visuelles Zwiegespräch führt mit jenen Meereswellen, die der Romantitel angekündigt hat.

Stumm, aber vielsagend und farbenreich spielt sich das Zwiegespräch ab, meist ein bis zwei Seiten lang. Und ist es erst voll in Gang, dann kommen oft noch weitere Stimmen hinzu. Denn fast jeder Refrain bringt zum Sonnenlicht und zu den Meereswellen noch einen dritten Partner ins Spiel, ebenso leitmotivisch. Es sind die Vögel, die aufleben, sobald es hell wird, die ihre Stimmen erheben und sich selber durch die Lüfte schwingen, um erst bei einbrechender Dämmerung wieder zu verschwinden. Nach und nach, von Refrain zu Refrain, entsteht so die kosmische Kurve einer Tagesrunde der Sonne. Mit den ersten Anzeichen ihres Aufgehens beginnt sie, und sie endet mit den letzten Anzeichen ihres Untergehens.

Tagesrunde der Sonne, etappenweise Ablesen lässt sich an dieser Kurve, was es mit den angekündigten Waves auf sich hat, in mehrerlei Betracht. Ansatzweise sogar schon dann, wenn man sich jeden der Refrains lediglich mit seinen Anfangssätzen vor Augen führt. Selbstverständlich in der vorgegebenen Reihenfolge des Romans, die so und nicht anders auch sein episches Geschehen bestimmt:

Die Sonne war noch nicht aufgegangen. Das Meer war vom Himmel nicht zu unterscheiden, es war nur ein wenig gefältelt wie ein geknittertes Tuch. (3; 7)

Die Sonne stieg höher. Blaue Wellen, grüne Wellen schnellten einen jähen Fächer über das Ufer, umflossen das Stranddistelreis und hinterließen da und dort seichte Tümpel von Licht auf dem Sand. (20; 28)

Die Sonne ging auf. Breite Strahlen von Gelb und Grün fielen auf das Ufer, vergoldeten die Rippen des ausgenagten Boots und ließen die Stranddistel und ihre gepanzerten Blätter stahlblau schimmern. (54; 71)

Die Sonne, aufgegangen, war nicht mehr auf eine grüne Matratze gebettet und ihren unsteten Blick zwischen wässrige Juwelen sendend, entblößte sie ihr Antlitz und schaute geradeaus über die Wellen. (81; 106)

Die Sonne war zu ihrer vollen Höhe aufgestiegen. Sie wurde nicht mehr nur halb gesehen und aus Blinken und Winken erraten, als umwände ein Mädchen, auf ihre grüne Meermatratze gelagert, sich die Stirn mit Reihen tropfenförmiger Juwelen [...]. (111; 145)

Die Sonne stand nicht mehr mitten am Himmel. Ihr Licht kam schräg, fiel schief ein. Hier entzündete es sich am Rand einer Wolke [...] Dann fing sich eine andere Wolke in dem Licht und noch eine und noch eine, so daß die Wellen unter ihnen von feurig befiederten Pfeilen getroffen wurden [...]. (125; 162)

Die Sonne war nun tiefer gesunken. Die Wolkeninseln hatten an Dichte zugenommen und schoben sich vor die Sonne. [...] Die Wellen besuchten nicht mehr die entfernteren Tümpel [...]. (139; 179)

Die Sonne war im Untergehen. Der harte Stein des Tags war zersprungen, und Licht ergoß sich zwischen seine Splitter. Rot und Gold durchschossen die Wellen in eilenden, von Dunkelheit befiederten Pfeilen. (159; 205)

Nun war die Sonne untergegangen. Himmel und Meer waren von einander nicht zu unterscheiden. Die sich brechenden Wellen breiteten ihre weißen Fächer weit über das Ufer, sandten weiße Schatten in die Vertiefungen klangvoller Höhlen und rollten dann seufzend über den Kieselstrand zurück. (181; 233)

Alles in allem sind es neun solche Refrains, die in gleichweiten Intervallen den Ablauf des erzählten Geschehens unterbrechen. Sie selber dagegen erzählen nichts. Zwar beschreiben sie, einer den andern fortsetzend, einen schlüssigen Gesamtvorgang, eben jenen Tagesumlauf der Sonne samt seiner Auswirkung. Und zugleich beschreibt jeder Refrain für sich einen ebenso schlüssigen Einzelvorgang. Hier nun einen räumlichen statt einem zeitlichen: wie das Sonnenlicht, über die Meereswellen hinaus, auch landeinwärts um sich greift bis ins bewohnte Innere eines nahen Gebäudes hinein, eines Internats von Heranwachsenden. Diese Vorgänge also sind keine erzählbaren Vorfälle. Keine zwischenmenschlichen Begebenheiten mit menschlichen Beweggründen und Zielen, die episch zu entfalten wären. Auf jene Menschenwelt, in der gehandelt und gelitten wird, gehen die Refrains allenfalls lyrisch ein. Was aber haben derlei poetische Fremdkörper überhaupt in einem Roman verloren? Und was haben sie just in diesem Roman auszurichten?

Sie sind in der Tat unentbehrlich für das, was und erst recht wie in *The Waves* erzählt wird. Was hier erzählt wird: lauter nachhaltige Erlebensaugenblicke von sechs heranwachsenden Mädchen und Buben der Londoner ‹upper middle class›, die sich schon als Kinder im Internat angefreundet haben; und die sich im Lauf der folgenden Jahrzehnte immer wieder treffen, bis sie einander – zwei sind inzwischen tot – fast ganz aus den Augen, doch niemals aus der unversehrt lebhaften Erinnerung verlieren. Und wie hier erzählt wird: in lauter inneren Monologen der Susan und des Neville, des Bernard und der Rhoda, der Jinny und des Louis, die jeweils aus eigener Sicht wahrnehmen, was ihnen allein und was allen gemeinsam widerfährt. Somit erzählt hier jede und jeder sich selbst. In doppeltem Sinn: einzig vom eigenen Erleben, aber auch einzig adressiert ans eigene innere Gehör.

Erst gegen Ende des Romans, nach dem letzten großen Refrain, kommt es zu einer bemerkenswerten Ausnahme. Angeödet von dem, was er schließlich erreicht hat, vom flauen Dasein eines mittelmäßigen Geschäfts- und Ehemanns, holt sich da Bernard, in einem gutbürgerlichen Restaurant, einen Fremden an den Tisch, um haltlos auf ihn einzuerzählen. Endlich in ein anderes als in das eigene Gesicht hinein. Diesem Namenlosen, der wortlos zuhört, gibt Bernard einen letztlich begeisterten Rückblick auf die unverweslich gegenwärtigen Lebensaugenblicke von damals. Erzählend wächst er hinaus über sein gedämpftes Jetzt. Die Wellen, die einst die Kinder faszinierten, ihn selbst wie die andern, waren zugleich die Meereswellen des unbändigen Erlebens, die Bernard jetzt neuerlich im eigenen Körper verspürt. Motorisch:

> Und auch in mir hebt sich die Welle. Sie schwillt, sie krümmt den Rücken. Ich bin mir abermals eines neuen Verlangens bewußt, eines Etwas, das sich unter mir hebt wie das stolze Roß, dessen Reiter es erst anspornt und dann zurückreißt. [...] Der Tod ist der Feind. Es ist der Tod, gegen den ich anreite, mit meinem eingelegten Speer und meinem zurückwehenden Haar wie dem eines jungen Mannes [...]. Dir will ich mich entgegenwerfen, unbesiegt und unnachgiebig, o Tod! (228; 294)

Als einziger, wie gesagt, und ausnahmsweise spricht Bernard hier auf jemand andern hin. Erst auf den beliebigen Fremden im Lokal, dann auf den feindlichen Tod. Und von all denen erzählt er, die einander schon als Kinder nahe waren. Ob er es auch stellvertretend tut, in ihrem Namen und mit ihrem Einverständnis, bleibt ungewiss. Denn nirgends in *The Waves* rührt sich ein übergeordneter Erzähler, der allwissend Bernards Äußerungen bestätigen oder berichtigen würde.

Ob nun gar Bernard, dieser eine Singuläre aus jener Freundesgruppe, diese eine singuläre Welle triftig einschätzt, die er plötzlich als unbändige Angriffskraft drinnen in sich selber verspürt, kraftvoll genug, um ihn, gleich einem auferlebten jungen Ritter, mit Speer und wehendem Haar gegen den Tod anreiten zu lassen: auch das steht dahin. Auch darüber weiß kein allwissender Erzähler Bescheid. Dennoch findet Bernards trotzige Herausforderung des Todes eine bedenkliche Resonanz. Sie kommt nicht vom Herausgeforderten, sondern vom pluralen Titelhelden des Romans, von den Wellen. Ihnen gehört der abschließende Satz dieses Buchs und damit zugleich die Antwort an den Herausforderer. Mehrdeutig lässt diese Antwort offen, ob der kollektive Plural der Wellen womöglich Bernards gesonderte Einzelwelle übertönt und überspült: *The waves broke on the shore / Die Wellen brachen sich am Ufer.*

Prosa-Refrain versus Innerer Monolog Kursiv steht dieser lapidare Schlusssatz geschrieben. Demnach gehört er noch zu den kursiven Einschüben, den nicht-erzählenden Refrains. So, als wäre er deren Postscriptum. Nicht erst hier im Nachhinein wird klar, diese Refrains sind durchaus keine romanwidrigen Fremdkörper. Sie bewähren sich vielmehr von vornherein als konstruktive, prägende Bestandteile des eigenartigen Erzählwerks *The Waves*. Entscheidend tragen sie bei zu seinem stilistischen Profil und erst recht zu seinem epischen Zusammenhalt. Denn der ist hier besonders gefährdet. Spielt sich doch jegliches erzählte Geschehen, außer der erläuterten Schlussepisode, allein in den sechs inneren Monologen der Romanpersonen ab. So war das Risiko groß: es könne dabei ein Wirrwarr entstehen von zerstückelter, wechselseitig abgeschotteter Sich-selbst-Erzählerei, zerbröselnd in ebenso gegenstandslosem wie adressatenlosem Gerede.

Dem wirken die kursiven Refrains entgegen. Jeder einzelne und mehr noch die fortlaufende Folge aller neun Refrains, die zyklisch sich zusammenschließen zum kreisenden Tagesumlauf der Sonne. Indem sie zuverlässig wiederkehren und dabei genauso zuverlässig den immergleichen Vorgang abwandeln – wie die Lichtstrahlen mit den Wellen verkehren –, kontern sie strikt den unsteten, richtungslosen Wirbel der vielen inneren Monologe. So entwickelt sich beharrlich von Refrain zu Refrain ein steter Cantus firmus wie in der Musik. Dauerhaft setzt er sich durch: wenn die verschiedenen Einzelstimmen von Jinny, Rhoda, Louis und den andern sich sprunghaft noch so weit verlieren, um dann doch wieder zum Kontinuum zurückzufinden. Schon insofern ist das Verhältnis zwischen erzählenden und nicht-erzählenden Partien in *The Waves* zwingend komplementär. Spannungsvoll ergänzen sie einander zugunsten eines genuin epischen Gesamtgebildes. Auch sonst springen sie einander bei, gleichen einander aus, gehen aufeinander ein. Allerdings unsanft, dissonanzenreich. Schroff nämlich ruft die extreme Eigenart der inneren Monologe die extreme Andersart der Refrains herbei – und umgekehrt. Beide verschaffen sie, einander zugleich abstoßend und anziehend, dem Roman als ganzem seine extreme Ausdrucksspanne.

Während die inneren Monologe nichts als das Innenleben bestimmter Personen entfalten, entfalten die Refrains nichts als das Außenleben der gegenständlichen Welt, sei sie wildwüchsig oder kultiviert. Und während die inneren Monologe jede Person einkapseln, die da von und für sich erzählt, ohne dialogischen Austausch, erlösen die Refrains eben diese Einzelgänger aus ihrer Isolation. Sie führen sie zusammen und lassen sie emphatisch aufleben unterm gemeinsamen Obdach der allumfassenden, alldurchdringenden Sonne. Sogar noch mehr vollbringen die Refrains an der Sonne und durch sie. Deren Machtbereich erweitern sie noch, episch und symbolisch, indem sie den Tagesumlauf des Gestirns mit zusätzlicher Bedeutung anreichern. Sinnbildlich dehnen sie ihn aus auf mehrere Jahrzehnte im Leben der sechs Personen. Miteinander sehen sie sich dieser doppelten Strahlkraft der Sonne ausgesetzt. Auch insofern wirkt sie noch intensiver als die Motorik der Wellen draußen im Meer und drinnen im eigenen Pulsschlag. Denn auch die Wellenbewegungen kommen ganz zu sich selbst erst dann, wenn das Sonnenlicht über sie kommt. Fort und fort beteuern es die Refrains: seine Strahlen sind es, am Land wie im Meer, die spürbar alles erwärmen, die sichtbar alles erhellen, und die in jedem Ding seine überwältigende Farbigkeit entfesseln.

Lauffeuer von Lichtreflexen im Interieur Mehr noch. Die Sonne belebt sogar die tote, kalte Materie der Internatsgebäude, wo die Sechs ihre Kindheit und Jugend verbringen. Mitgerissen können sie wahrnehmen, wie eindringende Lichtstrahlen ein Lauffeuer unter den Einrichtungsgegenständen entfachen, drinnen im Speiseraum. Zwischen Fenstervorhang, Essbesteck, Blume, Spiegel entbrennt eine vielseitige Konversation. Eben das, was zwischenmenschlich in den inneren Monologen nirgends zustande kommt. Freilich keine sprachliche Konversation, sondern eine visuelle. Lichtreflexe, als wären es Worte und Sätze, bestreiten sie. Ihre vielsagenden Spiegelungen und Gegenspiegelungen von Ding zu Ding ermächtigen all das stumme Inventar zu Frage und Antwort, Rede und Widerrede:

> Jetzt auch kam die aufsteigende Sonne zum Fenster herein, berührte den rotbesaumten Vorhang und begann, Kreise und Linien hervorzubringen. Jetzt setzte sich in dem zunehmenden Licht ihre Helle im Eßbesteck fort; die Klinge verdichtete ihr Blinken. Stühle und Geschirrschränke ragten dahinter auf, so daß sie, wenn auch jedes Stück ganz für sich, doch unentwirrbar miteinander verwoben zu sein schienen. Der Spiegel machte seinen Teich an der Wand weiß. Die wirkliche Blume auf dem Fensterbrett hatte eine Phantomblume zur Gefährtin. Doch das Phantom war ein Teil der Blume, denn wenn sich eine Knospe öffnete, erschloß sich eine auch an der blassen Blume im Spiegel. (54; 73)

Die eingedrungene Sonne also macht, dass in diesem Speiseraum die einzelnen Dinge nicht länger Einzeldinge bleiben. Lichtumflutet schließen sie sich zusammen. Zwar «jedes Stück ganz für sich, doch unentwirrbar miteinander verwoben». Zugleich entsteht der Eindruck, dass im Leuchtfeuer des Sonnenlichts sich diese Dinge auch noch wunderbar vermehren. Optische Täuschungen, gewiss, doch keine Betrügereien, die am Ende den enttäuschten Betrachter schmälern würden. Nein, sie bereichern ihn. Denn sie erweitern den gediegenen Wohnraum zum abenteuerlichen Spielraum einer durch und durch sinnlichen Imagination. Er wird zum potenzierten Schauplatz, wo jedes Ding sich wundersam vervielfacht. Hier gaukelt der Spiegel sein eigenes Spiegelbild als Teich an die Wand; zaubert die Blume sich ihren eigenen Schattenriss als Partner heran und sogar noch einen dritten, minder deutlichen Partner im Spiegel. Inmitten dieses lichtbeschwingten Trubels der Dinge kann kein Mensch vereinsamen. Auch nicht jene Sechs, die sonst immer eingesponnen sind im Kokon ihrer inneren Monologe. Nirgends in *The Waves* erlischt die epische Vormacht des Sonnenlichts. Auch dort dominiert es noch, wo es nächtens abdankt und sich zurückzieht. Sogar über die unaufhörlich weiterwogenden Titel-Wellen dominiert es noch. Nicht augenscheinlich, kraft eigener

Helligkeit, die jetzt vorläufig dahin ist, vielmehr mittelbar, kraft poetischer Sprachbildnerei der Autorin. Metaphorisch spricht sie dem Tagesgestirn, selbst wo es verschwunden ist, immer noch die Vormacht zu. Metaphorisch unterwirft sie die immerfort hörbaren und regsamen Wellen jener unsichtbaren und reglosen Sonne. Bemerkenswert, wie Virginia Woolf just die Merkmale der Meereswogen just aufs verborgene Himmelsgestirn überträgt: jetzt, wo sich dessen allgegenwärtiges Licht längst verwandelt hat in ein allgegenwärtiges Dunkel. So expansiv es bislang die Welt erhellte, so expansiv verfinstert es sie nun,

nachdem es sich von ihr weggewendet hat. Diese fortschreitende «Dunkelheit» einer nur scheinbar abgegangenen Sonne «*wanderte* in *Wellen* durch die Luft». Und danach, so heißt es im gleichen Prosarefrain, «*schwemmte*» eben diese Dunkelheit «Straßen entlang» und «*rollte ihre Wellen* durch begraste Schneisen». (234, Hervorhebung V. K.)

Aufruhr absoluter Farben Überall sonst freilich, wo Woolfs erdichtete Sonne unbehindert um sich strahlt, vollbringt sie ihre herkömmlichen Leistungen unmittelbar und pünktlich. Nicht nur die physikalisch optischen: die natürlichen Farben jedes Gegenstands zum Vorschein zu bringen; auch die kulturellen: die ablaufende Zeit ermessen zu lassen am Wechsel von Tag und Nacht, von Jahr zu Jahr. Dies geschieht allerdings in einem auffälligen, poetisch eigensinnigen Übermaß. Übermäßig wirkt die Sonne insofern, als sie nicht nur, natürlicherweise, den Gegenständen ihre je eigene Lokalfarbe entlockt, dem Gras sein Grün, dem Holzstuhl sein Braun. Sie entfesselt zudem auch noch absolute Farben. Farben, die sich losgelöst haben von den Gegenständen, denen sie zugehören. Dynamisch, als seien sie expressionistischen Gemälden entsprungen, stoßen sie plötzlich, sich selbst genug, den Romanpersonen und den Lesern zu. Etwa als «flache Strahlen von Weiß, Grün und Gelb» (3; 7). Oder als «Höhlung reinsten Grüns» (20; 28). Solche absoluten Farben regen sich selbsttätig, richten heftig etwas an, toben sich aus im Raum: «Schwarz und Grün kamen in den Garten geschossen, aus dem zersprungenen Gefäß, das vorher rotes Licht enthalten hatte.» (181; 233) Oder sie erleiden ihrerseits, dass ihnen etwas ebenso heftig widerfährt: «Die Nachmittagssonne [...] goss Blau in die Schatten.» (139; 179)

Temporales Übersoll der Sonne: Tages- gleich Lebensumlauf So übermäßig wie ihre koloristische Leistung wirkt auch die temporale Leistung, die Woolfs Sonne zu vollbringen hat. Ich erinnere daran, wie sie den kreisförmigen Umlauf eines einzigen Tages zurücklegt. Bogen für Bogen in der schlüssigen Abfolge der neun Refrains. Übermäßig mutet dieser Vorgang an, sobald man bemerkt, was der stückweise Sonnenumlauf obendrein noch temporal zu verrichten hat. Seine Zeitspanne samt dem stückweise vervollständigten Halbkreis beschränkt sich ja nicht auf den einen Tag und erst recht nicht auf einen ganz bestimmten. Sie umfasst zugleich mehrere Lebensjahrzehnte der erzählten Personen. Während also der letzte Refrain mit dem letzten Bogen der Sonnenbewegung sein Ein-Tages-Ziel erreicht hat, sind Rhoda, Neville und die andern etwa vierzig Jahre alt geworden. Schon als Kinder haben sie einst den ersten frühmorgendlichen Bogen des Tagesumlaufs wahrgenommen, vor kurzer langer Zeit. Hierin besteht das temporale Übersoll dieser erdichteten Sonne: dass ihr farbtrunkenes Bild vom Tagesumlauf auch noch ein farbloses Sinnbild hervorbringt, jenes der synchronen Lebenskurve einer gleichaltrigen Gruppe von Menschen. Es fragt sich allerdings, ob ein solcher Bedeutungsüberschuss den Machtbereich des epischen Gestirns eher erweitert oder verengt.

Sánchez Ferlosios *Am Jarama*

Nur zwei Romane hat der spanische Erzähler und Essayist Rafael Sánchez Ferlosio veröffentlicht: einen seltsam surrealistisch märchenhaften Schelmenroman mit dem Titelhelden *Alfanhui* (1951) und *El Jarama* (1956). Obwohl vorzüglich übersetzt, sind sie der deutschen Leserschaft – ähnlich wie Woolfs eigenwilliges Opus von den *Wellen* – kaum bekannt. Trotzdem spricht viel dafür, dass sie nicht nur in Spanien zur Weltliteratur das zwanzigsten Jahrhunderts zählen. Auffällige Berührungspunkte zwischen *El Jarama* und *The Waves* mögen zunächst verblüffen. Auch hier wird das erzählte Geschehen eingegrenzt und gegliedert durch einen einzigen Tagesumlauf der Sonne. Auch hier rückt keine Einzelperson, sondern eine ganze Schar junger Leute in den Vordergrund der Ereignisse. Auch hier – vom frühen Morgen bis zum späten Abend – korrespondiert die wandernde Lichtquelle droben mit dem rastlosen Wasser drunten. Allerdings nicht wie bei Virginia Woolf mit dem Wellenschlag eines namenlosen Meeres, doch mit der Strömung eines namhaften Flusses. Jarama heißt er, der unweit an Madrid vorbeifließt. Als wäre er der Taufpate, gibt dieser Fluss dem Roman seinen Namen. Mit Recht und epischer Konsequenz. Denn den Jarama, allbekannt in Spanien, macht der Autor zur eigentlichen Hauptfigur des Romans. Doch schon drängt sich ein markanter Unterschied zu *The Waves* auf. Bei einlässlicher Lektüre erweisen sie sich zusehends als so erheblich, dass die vermerkten Ähnlichkeiten allenfalls als Kontrastfolie erscheinen. Dabei spielt keine Rolle, ob der Autor sie tatsächlich so im Sinn hatte oder nicht.

Wer seine andersartige Romankonstruktion dennoch weiterhin vergleicht, wird rasch feststellen: da fehlt etwas. Und offenbar aus gutem Grund. Sánchez Ferlosio macht keine Anstalten, die episch maßgebliche Sonne und den vollends maßgeblichen Fluss mit ähnlich übermächtiger Bedeutung aufzuladen, wie es in Woolfs Roman geschieht. Mögen sie, Sonne und Fluss, in *El Jarama* noch so wirksam, auch noch so gewaltsam den betroffenen Menschen mitspielen, zu deren Freude, aber auch Entsetzen – wenn gegen Ende ein Mädchen im Sog der Schleuse ertrinkt –: nirgends wird diesen Naturerscheinungen etwas Höheres oder Tieferes abgewonnen, das hinausginge über die sinnliche Evidenz. Weder sinnbildlicher Mehrwert noch parabelhafte Verweiskraft. Die Sonne, die hier ihren Tagesumlauf vollführt, meint und umzirkelt also keinerlei weitere Zeitspannen oder Lebensphasen. Ihr Rundweg am Firmament gilt nur dem Heute eines gewöhnlichen Sommersonntags, nach einer harten Arbeitswoche für all die Leute, die jetzt hinausgefahren sind aus dem drückenden Madrid aufs Land, um sich hier zu entspannen, am und im Jarama. Nicht anders steht es mit den Wellen des Flusses. Auch sie bleiben bei sich und innerhalb der naturgegebenen Ufer. Sie breiten sich nicht metaphorisch aus. Nicht im Pulsschlag der anrainenden Bewohner und Ausflügler, nicht im Rhythmus des Lebens schlechthin.

Fluss als Titelheld Wie lässt sich ein Fluss erzählen? Lässt sich überhaupt erzählen: wie er ist und sich verhält; was durch ihn und mit ihm geschieht; was in ihm vorgeht; was ihn von anderen Flüssen unterscheidet? Also nicht: wie denn dieser oder jener ihn befährt, ob Mark Twains *Huckleberry Finn*, der den Mississippi, ob Mór Jókais *Goldmensch*, der die Donau als unberechenbaren Widerpart erlebt. Und erst recht nicht: wie ein Fluss sich alltagswidrig verwandelt zum Schauplatz wunderbarer Begebenheiten, nach Art von Clemens Brentanos *Rheinmärchen*. Solche Fälle werden uns an anderer Stelle noch beschäftigen, wenn es um Erzählen als Navigieren geht. Hier dagegen fragt es sich, wie Sánchez Ferlosio mit dem Fluss Jarama zurecht kommt. Mit ihm, den er schon vorneweg als Hauptfigur beim Namen nennt, und dem auch weiterhin sein Hauptinteresse gilt, bis zum Ende des Romans.

Zweifellos, die Natur eines solchen Titelhelden verlangt vom Autor, ihn anders zu behandeln als die Titelhelden von Romanen, die einer besonderen Person auf Leib und Seele geschrieben sind. Denn was da fließt und fließt, hat keinen turbulenten Lebenslauf nach Art des *Gil Blas*, der sich nacherzählen ließe. Ebensowenig bietet es einen jämmerlichen Skandalfall nach Art des *Werther* oder der *Madame Bovary*, auf den sich hinerzählen ließe. Wie dann also herangehen ans große Ganze des Jarama, um daraus das große Ganze eines Romans zu machen? Immerhin bringt der Fluss-Held, statt des zeitlichen roten Fadens, der sonst zumeist sich von der Geburt bis zum Tod der Hauptfigur spannt, einen räumlichen roten Faden mit sich. Es ist die Strecke, die er zurücklegt zwischen Quelle und Mündung. Es ist der abwechslungsreiche Weg, den er sich durch vielerlei Landschaften bahnt.

Dankbar nimmt Sánchez Ferlosio diese natürliche Mitgift in Anspruch. Wie er sie verwertet, ist freilich ungewöhnlich. Wohlbedacht wählt er zweierlei scheinbar unvereinbare Erzählweisen, visuell und rhetorisch. Gemeinsam ermöglichen sie, den Jarama unverkürzt und ungezähmt zu vergegenwärtigen. Visuell wechselt der Autor zwischen Fernblick und Nahblick: um einerseits den Gesamtverlauf des Flusses panoramatisch zu überschauen; um andrerseits ein kleines Stück davon übergenau unter die Lupe zu nehmen. Und rhetorisch wechselt er zwischen Litanei und Reportage: um einerseits die klangvollen Namen seiner landschaftlichen Wegmarken quasi psalmodierend aufzusagen und daherzuzählen, als wären sie Sprösslinge aus der Wurzel Jesse; und um andrerseits jede Phase jedes noch so geringfügigen Vorkommnisses am Fluss beinah zeitgleich zu verfolgen. Eine sprechende Romankomposition kommt dabei zustande. Ohne dass ein Erzähler oder eine der erzählten Personen eigens davon redet, formuliert sie triftig das Thema von *El Jarama*. Wortlos, allein durch den rhythmischen Ablauf des Erzählhergangs. Ebenso sinnfällig geschieht das, doch nicht so bedeutungsprall, wie in *The Waves*, wenn dort Prosarefrains und innere Monologe einander ergänzen.

Fernblick + Litanei, Nahblick + Reportage Den Roman eröffnet und beendet der Autor mit Fernblick und Litanei auf den Titelhelden. Und innerhalb dieses epischen Rahmens, beim eigentlich erzählten Geschehen, kommen Nahblick und Reportage zum Zug. Besichtigt und berichtet wird da ein Sommertag aus dem Leben des Flusses und der Leute, die ihm nahe kommen. Minutiös, fast sogar minutenweise läuft das ab, vom Aufgang bis zum Untergang der Sonne. Pünktlich, als folge der unsichtbare Reporter Grad für Grad ihrem Strahlenwinkel. So strikt der epische Rahmen sich dem großen Ganzen des Jarama widmet, so strikt widmet sich das erzählte Geschehen dem kleinen Teil. Als pars pro toto. Der winzige Abschnitt des einen Tags aus dem pausenlosen Ablauf der Zeit und der ebenso winzige Abschnitt weniger Kilometer Flussstrecke aus dessen beträchtlichem Gesamtverlauf: sie kommen temporal und räumlich auf für das, was immerzu und überall mit dem Jarama los ist. Als unsymbolisches, wie zufällig herausgegriffenes Beispiel.

Ehe der Roman selber beginnt, verabreicht der Autor den Lesern ein Motto von Leonardo da Vinci. Es lenkt ihren Sinn aufs entscheidende Tertium comparationis, das der Roman vom Jarama herbeierzählen wird, geleitet von der wandernden Sonne. Dieses Tertium comparationis ist das schlechterdings Gemeinsame zwischen Fluss und Zeit, die beide gleichermaßen dahinströmen. Unaufhörlich, aber auch unbetroffen von dem, was in ihrem Einflussbereich geschieht. Das Motto lautet:

> Das Wasser, das wir berühren in den Flüssen, es ist das letzte von denen [Wassern], die dahingegangen sind, und das erste von denen, die da kommen; so auch der gegenwärtige Tag. LEONARDO DA VINCI

Derart eingestimmt, stoßen die Leser auf den epischen Rahmen in Form der besagten Litanei, die den Gesamtverlauf des Jarama heraufruft. Ausgehend von den Quellen, rafft sie die durchmessenen Landschaften auf einer knappen Seite. Und noch knapper wird dieser Rahmen dann am Ende des Romans ausfallen. Dort, wo er die letzte Strecke bis zur Mündung heraufbeschwört. Hier vorerst der Anfang, etwas gekürzt:

> Beschreiben werde ich kurz und der Reihe nach die hiesigen Flüsse, beginnend mit dem Jarama: seine ersten Quellen finden sich im Gneis des Südhangs von Somosierra, zwischen zwei Hügeln, dem Cerro de la Cebollera und dem Cerro de la Excomunión. Er eilt, die Provinz Madrid berührend, durch La Hiruela und durch die Wassermühlen von Montejo de la Sierra und Prádena del Rincón. Er dringt danach ein in die Provinz Guadalajara, silurisches Schiefergestein durchquerend, bis zum ehemaligen Kloster von Bona-

> val. Er durchdringt gewaltige Engpässe in der Gebirgskette aus Kalkstein, der Verlängerung der Kreideformation vom Ponton de la Oliva, die sich über Tamajón nach Congostrina bis nach Siguenza hinzieht. [...] Zwischen Talamanca und Paracuellos fließt er an verschiedenen Fähren vorbei, bis hin zur Brücke von Viveros, auf der ihn die Landstraße nach Aragón und Katalonien überquert, sechzehn Kilometer von Madrid ...

Just an dieser Stelle der herbeipsalmodierten spanischen Geographie bricht die fernblickende Litanei des Rahmens ab, mitten im Satz. Wozu? Um das erzählte Geschehen einfallen zu lassen:

> «Du erlaubst mir, daß der Vorhang hochgezogen wird?» Immer saß er in der gleichen Art: mit seinem Rücken gegen das Dunkel der Wand im Hintergrund, sein Gesicht zur Tür, zum Licht hin gewandt. (7; 7)

Plötzlich und unvermittelt bricht dieses Geschehen an. In fliegendem Start, mittenraus aus einem Gespräch, das offenbar schon eine Weile läuft in der Gastwirtschaft am Fluss. Dieser Aufeinanderprall von Litanei und Reportage ist topographisch bedingt. Denn mit «von Madrid» («desde Madrid»), als wärs eine bestimmte Perle im Rosenkranz, ist das Stichwort gefallen für den Einsatz des Dialogs. Dieses Signal muss den Lesern nicht eigens erklärt werden. Es besagt: räumlich ist just hier der Ort erreicht, wo die eigentliche Romanhandlung stattfinden wird, die zwischen dem Fluss und bestimmten Leuten; und zeitlich sind just jetzt Tag und Stunde erreicht, wo sie beginnt.

Als Signal wirkt auch die rätselhafte Frage, die zuallererst gestellt wird: «Du erlaubst mir, dass der Vorhang hochgezogen wird?» / «Me dejas que descorra la cortina?» Wer da wen fragt, bleibt zunächst offen. Erst in einem späteren Absatz gewinnen Frager und Gefragter persönlichen Umriss. Ein Gast im Wirtshaus bittet den Wirt, den Vorhang an der Eingangstür öffnen zu dürfen, damit er hinaus auf die Straße schauen kann. Bis dahin freilich mögen und sollen wohl auch die Leser vermeinen, die namen- und gestaltlose Person, die hier aus dem Irgendwo anfragt, sei der unsichtbare Erzähler; und ihn, den Leser, bitte er um Erlaubnis: Ob es denn wohl recht sei, wenn jetzt der Vorhang hochgeht über jener Bühne, auf der sofort das Ein-Tag-Theater beginnt. Eben jenes mit El Jarama in der Hauptrolle.

Dass der Autor solch vorschnelle Deutung jener mehrdeutigen Anfangsfrage nahelegt, bestätigt sich, wenn wir weiter und weiter lesen. Denn von nun an ähnelt das erzählte Geschehen dem eines Bühnenspiels. Meistens reden die Romanpersonen aufeinander ein ohne zwischengeschalteten Erzähler, der ansagen würde, wer da gerade zu wem spricht. Und die Romanpersonen sind es auch, die ihr Ambiente herbeierzählen, indem sie es wahrnehmen und darauf eingehen. So entsteht die Illusion, wie Bühnenfiguren seien sie unter sich, unbeobachtet und unerzählt. Denn ihr Reporter agiert nur insgeheim hinter den Kulissen. Nirgends mischt er sich ein: weder in ihr Denken und Treiben, noch in das, was ihnen von außen widerfährt.

Stau des Jarama durch epische Parenthese Eine epische Quadratur des Kreises? Ein Roman ohne Erzähler? Allenfalls vordergründig. Führt doch der Autor seine eher diskret tätigen Agenten am Anfang sehr wohl merklich ins Amt ein. Zumindest den initialen Erzähler vorneweg, als den einen für alle, die ihm nachfolgen werden. Es ist der Rhapsode der Rahmenlitanei. Mit und im ersten Wort des Romans, das ihn und sein Tun vermeldet, kommt er ausdrücklich zu Wort: «Describiré» – «Beschreiben werde ich». Unverkennbar macht er sich als persönliches Subjekt ans Werk. Danach allerdings zieht sich jedwedes erzählende Subjekt mehr und mehr zurück, hinter all das, was es mitzuteilen hat über den Fluss und die Leute am Fluss. Nurmehr unpersönlich rührt es sich, ohne eigenen Umriss, ob nun als Sprecher der Litanei oder als Reporter der Ereignisse. Und dabei bleibt es bis hin zum Ende des Romans. Dort kündet die körperlose Stimme der Litanei nur noch von der letzten Wegstrecke des Jarama. Seine Mündungen nennt sie, erst in den Hauptstrom Tajo und hernach, vereint mit dessen Wasser, in den atlantischen Ozean. Der Titelfluss, so suggeriert der Autor, findet seinen Weg wie schon immer von allein, ohne epischen Vormund. Folgendermaßen lautet das Finale des Rahmens und somit des ganzen Romans:

> ... Er tritt von Neuem in tertiäres Gelände ein und empfängt zur Linken den Henares, in Mejorada del Campo. In Viaciamadrid nimmt er den Manzanares auf, an seinem rechten Ufer, unter der Brücke von Arganda; und in Titulcia den Tajuña, am linken Ufer. Er versorgt den großen Kanal, genannt Real del Jarama, und in den Niederungen von Aranjuez ergießt er seine Wasser in den Tajo, der sie nach Westen führt, nach Portugal und zum Atlantischen Ozean. (364f.; 357)

Genauso wortlos beredt wie die Romankomposition von *El Jarama* wirkt auch die Interpunktion der erzählenden Sprache, die den Fluss vergegenwärtigt. Von Anführungszeichen begrenzt erscheint der Rahmen: hier am Ende des Romans wie schon am Anfang. Damit setzt er sich deutlich ab vom umfangreicheren Reportageteil, den er umrahmt. Als wörtliche Rede setzt er sich ab. Wer sie spricht, ist das rhapsodische Ich, das die Litanei des Flussverlaufs vorträgt, von den Quellen bis zu den Mündungen.

Und noch mehr besagt die Interpunktion der erzählenden Sprache. Mit Auslassungspunkten setzt der abschließende Rahmen ein; nicht minder abrupt, als er am Anfang des Romans abbrach mit ebensolchen Punkten. Stumm, doch unmissverständlich zeigen sie an, dass die Reportage jenes Eintagsgeschehens ihn, den Rahmen, nur unterbrochen hat: als gigantischer Zwischenschub. Die Wirkung ist ähnlich wie bei jedem Satz, dem eine Parenthese eingekeilt wird. So lang sie dauert, stoppt sie seinen Fortgang. Was dort syntaktisch im kleinen Raum des Satzes geschieht, geschieht hier im großen Raum des Romans. So lang wie die reportierte Zeitlupe des einen Tages währt, so lang wird der erzählte Gesamtverlauf des Jarama episch gestaut. Danach jedoch, nachdem der Fluss diese Parenthese hinter sich gebracht hat, strömt er gelassen fort – unberührt von all dem, was an jenem Stau-Tag passiert ist, einschließlich dem Tod des ertrunkenen Mädchens. Immerhin hat man dem Fluss ihre Leiche wieder entnommen.

Fackellauf der Erzählinstanzen Vertrackt, doch sinnreich und schlüssig geht Sánchez Ferlosio vor, um dem dahinströmenden Romanhelden gerecht zu werden. Erzählend, indem er beleuchtet. Beleuchtend, indem er erzählt. Einen Fackellauf aller beteiligten epischen Instanzen setzt er in Gang. Aus eigener Sicht und Kraft erhellt eine nach der andern, was es auf sich hat mit dem Jarama. Jede reicht die Fackel weiter an die nächste epische Instanz. Je nach Zuständigkeit. So wie der Autor von vornherein den Fernblick auf den ganzen Jarama dem Ich-Rhapsoden der Rahmenlitanei anvertraut, und so wie dieser die Fackel alsbald weitergibt an den Reporter, damit der den einen Tag am Fluss vergegenwärtigt: so erhellt auch die Sonne, strahlenwinkelweise, den erzählten Schauplatz fort und fort, bis der Mond, ihr nächtlicher Nachfolger und Reflektor, die nämliche Aufgabe übernimmt. Wer aber die epische Laufbahn dieser beiden Himmelskörper genauer nachzeichnen wollte, müsste etwa jede zehnte Seite des 365-seitigen Romans heranziehen. So dicht erscheinen die nachdrücklichen Wegmarken, die sie dem Geschehen einprägen. Ich begnüge mich hier mit den aufschlussreichsten der Sonne.

Nicht nur als flimmerndes Farbenspiel auf der Wasserfläche des Jarama macht sich ihre Strahlkraft geltend; und nicht nur auf der Uferlandschaft und ihren Gewächsen; und nicht nur drinnen im Gasthaus samt Mobiliar und Geschirr; auch nicht nur auf den Leibern und Gesichtern sowie im nahen Blickfeld jener Menschen, die sich dem Sonnentag am Fluss begierig hingeben. Erst recht wirken die Lichtstrahlen ein auf die Prozedur des Erzählens. Genauer, sie stellen sich dem insgeheimen Reporter zur Verfügung. Hilfreich springen sie ihm bei: wo er bestimmte Vorkommnisse drastisch ins Licht rückt und andere im Schatten untergehen lässt; wo er wichtige Schwerpunkte oder auch Einschnitte setzt im Ablauf dessen, was geschieht. Aber auch dort, wo dieser Reporter, der sonst so unauffällig agiert, sich von ihnen, den Lichtstrahlen, auffällig unübliche Metaphern zuspielen lässt. Listig, als sage nicht er, höchstpersönlich, den extrem belichteten Objekten metaphorisch etwas nach; als sagten vielmehr diese selber ihm ihr eigenes Sprachbild vor:

> Im Schatten der Bäume wurden die Augen von dem unerträglichen Glanz geblendet, den die Sonne auf das andere Ufer *warf. Wie eine steinerne Platte lastete* das Licht auf dem schutzlosen Feld und *verwischte* die kleine Schafherde in der weißlich schimmernden Ebene. (121; 142f., Hervorhebungen V. K.)

Die Sonne weist dem Reporter die Blickbahnen durchs Gelände, ob im Freien, ob im Innenraum. Und sie souffliert ihm – gemeinsam mit den Objekten, die sie momentan besonnt – die metaphorischen Befunde, die er dabei macht. Manchmal flüstert, meist hämmert sie ihm ein, was er so zwingend ausspricht. Ungezwungen wirkt das, doch unausweichlich angesichts der expressiven Bilder vom Fluss, vom Wirtshaus, von den Bergen ringsum, die sie, die Sonne, ihm aufdrängt.

Nicht minder gewaltsam als der Jarama macht sie sich über alles her, was sich ihr aussetzt. Auch ihm ist sie überlegen. Nicht allein räumlich, indem sie mal steil, mal flach auf ihn herniederstrahlt. Vollends überlegen ist sie ihm in ihrer schier unbegrenzten Wirksamkeit. So, wie sie ins Äußere und Innere von Menschen und Dingen eingreift, so greift sie auch ein in den Jarama und seine Ufer. Ihr Licht macht und offenbart, wie er, der Romanheld, sich unseren Augen und Assoziationen darstellt. Teils unmittelbar, teils metaphorisch:

> Rötlich, orangegelb floß das Wasser dahin, und die einzelnen Fäden der Strömung verflochten sich und lösten sich wieder voneinander, gleichsam die Muskeln des Flusses. Am Ufer wuchsen Binsen, Anhäufungen senkrechter Stengel, die im Wasser staken und an denen sich allerlei Unrat ver-

fing. Hier und da ragte eine Sandbank ein wenig aus dem Wasser und lag da wie ein roter, länglicher Bauch in der Sonne. (28; 33)

Nicht dem Fluss bleibt es überlassen, wie er aussieht. Es liegt in der Macht der Sonne, ihn rötlich, orangegelb und dann rot einzufärben. Dadurch nähert sie ihn der Hautfarbe der vielen halbnackten Menschen an, die sich hier an seinen Ufern, wehrlos wie er, ihre Sonnenbrände zuziehen. Und noch rigider verleiblicht die Sonne den Jarama, wenn sie ihm sogar – bildlich – unter die Haut geht, um – bildlich – seine Anatomie freizulegen. Gleich Röntgenstrahlen durchleuchtet ihn ihr Licht, so dass die Strähnen seiner Strömung als «Muskeln des Flusses» erscheinen.

Freudige Lichtvision: erfüllte Égalité Der gottlosen Allmacht jeglichen Erzählens kommt Sánchez Ferlosios Sonne am nächsten dort, wo sie aufs Ganze geht. Will sagen, wo sie naturgemäß das betreibt, was epischer Totalitätsdrang allemal anstrebt: die Fülle und Vielfalt der lebendigen Welt poetisch zu erfassen. Möglichst ganz und gar. In *El Jarama* geschieht das immer dann, wenn die Lichtstrahlen unerwartete Ensembles herstellen aus Gewächsen, Menschen, Dingen; wenn sie für Augenblicke vielerlei zerstreute und getrennte Objekte visuell, aber nicht handfest miteinander verbinden. So intensiv, dass sie allesamt gleichzeitig und gleichermaßen darauf reagieren: gemeinsam aufleuchtend, doch ohne etwas zu merken von dieser Gemeinsamkeit. Die beiden folgenden Textstellen halten solche Augenblicke fest, dem Tageslauf der Sonne folgend. Die erste, am Mittag, beschränkt sich auf die Gruppe der jungen Leute, die aus Madrid hinausgefahren sind an den Jarama. Die zweite, am Nachmittag, zieht einen größeren Kreis um vereinzelte anonyme Leute da und dort in der weiten Flusslandschaft.

Die Sonne tauchte in die Wipfel der Bäume und schien durch das vielfältige Grün des Laubwerks. Mit metallisch funkelndem Glanz leuchtete sie zwischen den Blättern auf und fiel schräg in das Wäldchen ein, in Pfeilen glühenden Staubs, die den Boden berührten und im Schatten glitzerten wie flimmernde Plättchen. Sie strahlte runde Flecke gleich Goldmünzen auf Alicias und Melys Rücken und auf das Hemd von Miguel, und in der Mitte der Runde glänzte sie hell auf Flaschen, auf den versilberten Bestecken und dem Aluminium der Eßgefäße, auf der roten Dose und dem Krug mit der Sangria. (101; 120)

Schon begannen die Pappeln ihre langen Schatten nach Osten zu richten, aber noch drehte die Sonne in schwindelnder Höhe sich um sich selbst, er-

> wärmte die schmutzige Wolle der Brachfelder und die geduckten Rücken der Hügel. *Jemand* ließ sie für einen Augenblick auf einem neuen Zinkeimer aufblitzen und in einem Wasserstrahl, der sich über den Staub verteilte. *Jemand* ließ sie sich färben in dem Rot eines erhobenen und hastig geleerten Glases. *Jemandem* lag sie noch wie eine Zauberhand auf dem Haar, auf dem Rücken, auf den Ohrringen. Leise summte sie über der Erde wie ein unwirklicher Bienenschwarm, mit einem dichten, matten und unaufhörlichen Strahlen anhaltender Lichtschwingungen auf Reines und Schmutziges, Neues und Altes. (151 f.; 162., Hervorhebungen V. K.)

Deutlicher als die erste Textstelle offenbart die zweite, wie beglückend die Sonne den Leuten hier entgegenkommen kann. Sozialutopisch. Unverhofft und letztlich auch unbegriffen schafft sie, was die Menschen selber seit der Französischen Revolution erstrebt, nicht aber erreicht haben: eine Egalité für alle. Sie schafft es zwar nur für Augenblicke wie jetzt eben und nur für die hier Anwesenden. Doch immerhin gibt sie blitzartig einen hellen, heißen Vorgeschmack davon, was denn sein könnte. Noch dazu unter den Beliebigen, Namenlosen. «Jemand ... Jemand ... Jemand ...» – so heißt es in aufmunterndem Staccato – «Alguien ... Alguien ... Alguien ...» Nichts andres zeichnet diese Jemande aus, nichts andres bindet sie aneinander, als dass sie Lichtstrahlen empfangen und weitergeben. Ansonsten ist es gleichgültig, welchem Geschlecht und Alter, welcher Klasse und Religion sie zugehören. Hinweg schmelzt die Sonne jede Hierarchie, aber auch jede Einsamkeit zerkrümelter Einzelgänger. Solche befreienden Glückszustände werden freilich eingeschränkt durch die Gewaltakte der Sonne. Zu verdanken ist selbst das besagte Geschenk momentaner Egalité nur ihrer autoritären Willkür, die sie grundsätzlich mit jedem Erzähler teilt, also auch hier mit ihrem nur scheinbar bescheidenen Reporter. Was sie und was er jeweils ausrichtet, soll die erzählte Welt weder glücklich noch unglücklich machen.

Schreckliche Lichtvision: Menschengemetzel Indes, weniger von daher als von akuten geschichtlichen Verhältnissen her erklärt sich etwas anderes. Es fällt auf, dass die bedrängenden, niederdrückenden, atembeklemmenden Auswirkungen der Sonne nachhaltiger geschildert werden als jene der Gleichheit im Freien. Wieso? Geschrieben und veröffentlicht hat den Roman ein spanischer Autor in den 1950er Jahren, im Missklang, in kaum getarntem Widerspruch zu General Francos faschistischer Diktatur. Von oben, selbst von der Sonne, war da eher Lebensgefährliches, ja schlechterdings Lebensfeindliches zu gewärtigen:

> Dort, in der blendenden Glut des Sonnenlichts, die in den Augen brannte, sah man eine Unzahl von Köpfen und Leibern in dem rötlichen Wasser, Glieder, die für Augenblicke auftauchten und gegen die Strömung kämpften. Den ganzen Fluß entlang war alles in Aufruhr, ein wildes Menschengetümmel, dazu das Stimmengewirr, und, weiter oberhalb, die durch das Echo verstärkten, metallischen Schreie der Leute unter den Brückenbogen. Eine gleißende, unendlich hohe Sonne warf ihre Strahlen zur Erde wie ein zitternder kleiner Spiegel. Doch unten war das Licht rot, schwer und verschwommen. Drückend legte es sich auf das Land wie ein gigantischer Fuß und preßte Reliefs und Figuren auf den Erdboden. (44f.; 54)

Herausgelöst aus dem Roman, würde man diese Schilderung gewiss nicht betiteln mit ‹Badefreuden›, ‹Entspannung im Freien›, ‹Ein Sommerwochenende›. Aber auch wer *El Jarama* bis dahin gelesen hat und noch weiter liest, wer also diesen Abschnitt ins erzählte Gesamtgeschehen eingliedern kann, wird unweigerlich anderswohin assoziieren. Erinnerungen an gemalte Schreckensszenen kommen hoch, an Schlachten und Erdbeben mit massenhaften Menschenopfern, an Vulkanausbrüche und Schiffsuntergänge: vom Bethlehemitischen Kindermord manieristischer Maler bis zu Delacroix' *Gemetzel von Chios*, von Goyas gezeichneten Leichenhügeln bis zu Picassos *Guernica*.

Zwar kämpfen die Menschenmassen, die sich hier im Jarama wälzen und verwirbeln, nicht gegeneinander, sondern «gegen die Strömung» des Flusses, und doch erscheinen sie wie verstümmelt und zerstückelt. Keine ganzen Gestalten tauchen auf, mit eigenem Umriss; nur losgetrennte Köpfe, Leiber, Glieder. Und so, wie im wilden «Menschengetümmel» die Einzelnen untergehen, so vergurgeln auch ihre Rufe im «Stimmengewirr». Obendrein noch verzerrt durch Echo und denaturiert zu «metallischen Schreie(n)». Als walte sie oben am Firmament wie ein Riesenstroboskop, zerhackt die Sonne das Menschenkollektiv da unten, das schwimmend und badend sich tummelt, zum Durcheinander tobender und brüllender Gliedmaßen. Ein grell ausgeleuchteter Massentotentanz zu Lebzeiten. Umso unheimlicher wirkt im dritten Satz der jähe Umschwung zu ebenso letaler Laut- und Regungslosigkeit. Auch ihn führt die «unendlich hohe Sonne» herbei. Abermals drängen sich unheildräuende Bilderinnerungen auf. Jetzt sind es surrealistische nach Art von Max Ernst und René Magritte. Dann, wenn im plötzlich entleerten Landschaftsraum das Sonnenlicht sich verfestigt und verfleischt zum «gigantischen Fuß», der vom Himmel herab schwer aufs Gelände drückt. Schlagartig verschwunden sind alle Lebewesen. Weit und breit zeigen sich nurmehr die Abdrücke dieses Fußes, der tote Reliefs und Figuren in den Boden presst.

Was hier zu lesen ist, setzt sich entschieden ab von den bisher erörterten Romanen. Es besteht allenfalls eine ferne Verwandtschaft zum Sonnen-Auftakt in *Little Dorrit* und *Jürg Jenatsch*. Zwar versetzt auch dort der Überfall des senkrecht herabbrennenden Mittagslichts alles in Agonie, was drunten zuvor sich geregt hat. Doch es ist nur eine kurzfristige Erstarrung, ob in Dickens' erzähltem Marseille oder auf Meyers erzähltem Hochgebirge. Einmal überwunden, wird die Erstarrung nicht wiederkehren. Als Auftakt zum eigentlichen Erzählen ist sie nur ein vorläufiger Anfangszustand, aus dem allmählich diese oder jene Regungen hervorgehen. Alsbald werden sie sich vereinen zum vorwärtsschreitenden, weit ausgreifenden Romangeschehen.

Nicht so in *El Jarama*. Hier erfolgt der niederschmetternde Überfall des Lichts nicht schon am Anfang. Denn es ersetzt ja den üblichen Sonnen-Auftakt, durchaus gegenläufig, jene mitreißende Litanei, die dem munter entspringenden und fortströmenden Fluss gilt. Erst später bricht der solare Überfall herein. Dann, wenn das Romangeschehen längst schon in Gang ist. Und so unversehens, wie er hereinbricht, so unversehens wechseln dann auch, unterm Strahlendruck der Sonne, die begeisternden Visionen von lichterloh entfesselter Egalité mit den schauerlichen Visionen von ebenso lichterloh verhängter Metzelei und Agonie. Ambivalent also wie nie zuvor beherrscht die Sonne diesen Roman. Ambivalent und unberechenbar wie jeder Souverän, also auch wie jeder Erzähler. Radikaler als irgendeiner seiner Vorläufer reizt Sánchez Ferlosio den gewaltigen Spielraum aus, den er ihr – vor seinen andern epischen Instanzen – einräumt.

Dunkel-Bestie Sogar noch in absentia lässt er die allgewaltige Sonne um sich greifen. So in der Nacht, nachdem sie sich davongemacht und somit das ganze weite Jaramatal der Finsternis ausgeliefert hat. El sol ist auch hier noch insofern im Spiel, als das tiefe Dunkel sich genauso grenzenlos und unaufhaltsam ausbreitet wie am Tag das Sonnenlicht. Allenthalben, kreuz und quer, waagrecht und senkrecht, durch und durch bemächtigt es sich des stillen, doch noch immer belebten Raums, lautlos «schleichend». Negativ also ist die Sonne nach wie vor zugegen. Negativ in mehr als einem Sinn. Nicht nur, weil ihr Verschwinden das Dunkel hervorbringt, auch weil dieses Dunkel seinerseits nichts als Grauen hervorbringt. Angriffswütig kommt denen, die sie erleben, diese Finsternis vor. Tückisch sprungbereit, wie eine ringsum schnürende Raubtierkatze:

> Vom Boden aus sah sie [Lucita, die am Flussufer mit Tito lagert] das andere Ufer, die Steppenfelder im Hintergrund und die in Dunkelheit getauchten Schluchten, wo der Schatten wuchs und sich ausbreitete, um das Land zu bedecken, an den Hügeln emporzuklettern, von Strauch zu Strauch, bis er sich gänzlich verdichtet hatte. Graue, ungreifbare, schleichende Finsternis, die alles wie auf der Lauer nach Getier überfiel. Man argwöhnte einen Abdruck von Tatzen, Krallen und versteckten Zähnen, eine witternde Nacht, gefräßig und blutrünstig, schwebend über der Angst der wehrlosen Jungen, verlassen in den mütterlichen Nestern; schwarze Ebene, wo das Zyklopenauge des Zuges wie das Auge eines Raubtiers funkelte. (227; 227)

Immerhin lindern könnte solche atavistischen Dunkelängste doch wohl das Frontlicht der Eisenbahn, die jetzt durch die Finsternis eilt. Ist es doch – so möchte man meinen – ein Ausdruck von neuerer, nüchternerer Zivilisation. Mitnichten. Finstere Zeiten – so lässt der Roman ahnen – sind es eben nicht nur für die absehbare Dauer dieser einen Nacht, sondern für die unabsehbare Dauer der faschistischen Diktatur, die ebenso unabsehbar Menschenleben zerstört hat. Und das in einer tödlichen Verbindung von atavistischem Blutrausch und moderner Technik. Solche Erfahrung sieht in der strahlenden Sololampe, dort an der Spitze des Zugs, ein funkelndes Raubtierauge. Von einem Lichtblick kann da keine Rede sein.

Erzählen als Beleuchten, das heißt: die Vielfalt der erzählbaren Welt sichtbar zu machen für zuhörende Ohren und erlesende Augen, die das, was sie da aufnehmen, weiterleiten zur inneren Anschauung. Dabei macht es nichts aus, ob es diese Welt habhaft so gibt, oder ob sie erdacht ist oder auch erträumt. Zugleich heißt es: weitreichende und deutliche Blickbahnen zu entwerfen durch noch so massive Objekte der lebenden und leblosen Materie, längst ehe irgendwer an so etwas wie Röntgenstrahlen dachte. Und nicht zuletzt heißt es für jeden Erzähler, ob er nun redet oder schreibt: sprachpoetisch zu wetteifern mit dem, was die Sonne, aber auch jegliches Kunstlicht mit all den Gegenständen anstellen, auf die sie treffen. Durchaus verschiedene Tätigkeiten sind das, die kaum je in ein und demselben Werk allesamt gemeinsame Sache machen. Wie sie gleichwohl zusammenspielen und ineinandergreifen, das lässt sich besonders drastisch beobachten an einem nur wenig beachteten Stück Erzählprosa, das wie Sánchez Ferlosios Roman in den 1950er Jahren erschien.

Doderers *Die erleuchteten Fenster oder Die Menschwerdung des Amtsrates Julius Zihal*

Nicht nur der verzwirbelte Titel wirkt absonderlich, auch das bizarre Geschehen, das dieser Roman erzählt, und sein unverhältnismäßig knapper Umfang. Zumal dann, wenn man ihn mit anderen epischen Werken des Autors vergleicht; vor allem mit jenen, die übermäßige Quer- und Längsschnitte bieten durch die Wiener großbürgerliche Gesellschaft im ersten Drittel des zwanzigsten Jahrhunderts. Etwa mit den zweitausendseitigen *Dämonen* und der fast tausendseitigen *Strudlhofstiege*, worin der besagte Titelheld Zihal als eine Nebenfigur vorkommt. Doch nicht trotz, sondern wegen seiner Absonderlichkeiten empfiehlt sich gerade dieser Roman von den erleuchteten Fenstern als aufschlussreiches Beispiel für unsere Überlegungen. Durchaus prägnant nämlich gibt er allgemeine Tätigkeitsmerkmale des Erzählens ostentativ zu bedenken. Genauer, der Autor bringt just im bizarren Geschehen seiner Zihal-Geschichte, vornehmlich im überzwerchen Gebaren des Romanhelden, ganz normale Umstände zum Vorschein, die jedem zünftigen Erzähler grundsätzlich zu schaffen machen. Bei all dem, was hier und wie hier erzählt wird, kommt letztlich heraus: eine hintersinnige Generalinspektion epischer Geschäftigkeit überhaupt. Abermals geleitet vom Licht, das schon im Titel des Romans aufblitzt.

Was treibt er nun, der Herr Amtsrat, und was treibt ihn um? Soeben ist er regulär aus Altersgründen und in allen Ehren aus der staatlichen Behörde entlassen worden, der er immerzu korrekt, pünktlich und ausschließlich gedient hatte. Darum fühlt er sich jetzt nicht nur aus der Beamtenlaufbahn, sondern auch aus der geregelten Lebensbahn entgleist. Bislang war ihm verlässlich vorgeschrieben, was wie wann zu verrichten sei, tagein stundaus. All das muss er sich nun selber ausdenken und anordnen. Mehr als nur sein Amtszimmer hat er zu räumen, auch seine gewohnte, nunmehr zu teure Wohnung. Eine bescheidenere bezieht er in einem ihm unvertrauten Wiener Bezirk. Und hier passiert es, gleich am ersten Abend. Unerwartet geraten ihm die «erleuchteten Fenster» ins Blickfeld. Aus dem Dunkel der eigenen, noch nicht fertig installierten Wohnung gewahrt er, wie draußen in der Nachbarschaft bald hier bald dort das Rechteck eines Fensters sich erhellt, hinter dem jeweils die Einwohnerin sichtbar wird, die sich nachtruhehalber entkleidet. Prompt sieht der Entpflichtete und Untätige eine neue Pflicht und Tätigkeit auf sich zukommen, der er sich fortan übereifrig hingibt: genaustens zu sichten, das Gesichtete zu notieren und zu klassifizieren. Bürokratisch in Fleisch und Blut, legt Zihal einen lückenlosen Akt an von sämtlichen ahnungslosen Akten und Halbakten, die ihm sein Observationsfeld ringsum bietet. Aus dieser abendlichen und lebensabendlichen Beschäftigung entspringt eine vita nuova des Titelhelden. Oder, laut Doppeltitel des Romans: die «erleuchteten Fenster», sie erwirken die «Menschwerdung des Amtsrates Julius Zihal». Mit allen Wehen einer tragikomisch schweren Geburt.

Herumrätseln dürfen die Leser, wie ernst denn wohl die behauptete «Menschwerdung» des Titelhelden zu nehmen ist: hervorgehend aus hartnäckigem Voyeurismus, genährt von den Fensterinhalten einer nudifizierten weiblichen Nachbarschaft. Ebenfalls herumrätseln dürfen die Leser, wie heiter denn wohl dieses manische Treiben des lang schon verwitweten und nunmehr frisch pensionierten Amtsrates zu nehmen sei, der nächtens seine eigene Wohnung nur noch im Finstern durchtastet, um beim Belauern nicht seinerseits belauert zu werden; der, beschwingt durch die Amtsprosa seiner alten k. u. k. Dienstvorschrift, eine pingelig durchrubrizierte Expertise anlegt über die visuellen Befunde; der vorerst mit handlichem Feldstecher, danach, bei wachsender Forschungsgier, mit aufwendigerem Großgerät (Fernrohr samt Stativ) die Befunde so lange anreichert, bis es schließlich zu einem Kollaps dieser späten Betriebsamkeit kommt. Und zwar in dem Augenblick, als just jene Frau dem Amtsrat ins Visier gerät, die er bereits aus der Nähe kennt und mag. Sein Zusammenbruch, vollends lachhaft und ernsthaft zugleich, führt nach kurzer Krankheit immerhin zu endgültiger Genesung. Aus der blinzelnden Anonymität – der des heimlich spähenden Subjekts wie jener der bespähten Objekte – rettet er sich hinein in die drallen Arme der durchaus namhaften, nicht nur wohlbeleibten, sondern auch wohlgestalten Dame und Beamtin, der Rosl Oplatek.

Doderer erzählt die ebenso absonderliche wie spannungsvolle Geschichte, die sich zwischen den beiden Titelhelden des Romans entspinnt, zwischen den pluralischen «erleuchteten Fenstern» und der singulären «Menschwerdung des Amtsrates Julius Zihal». Und wer diese Geschichte aufmerksam verfolgt, ohne sich vom Übermaß aberwitziger Vorkommnisse ablenken oder gar ins Bockshorn jagen zu lassen, kann fortschreitend mitkriegen, wie sich abspielt, was ich schon angesprochen habe: die hintersinnige Generalinspektion epischer Geschäftigkeit. Sie gilt grundsätzlichen Aufgaben, Haltungen und Verrichtungen, die seit Homer allen erzählenden Dichtern obliegen. Um ihr poetisches Handwerk geht es, um ihre unverwechselbaren Materialien und Techniken, um die Gebrauchsweisen ihrer Erzeugnisse – im Unterschied zu denen von anderen Kunstherstellern, von Lyrikern und Dramatikern, auch von Musikern und Malern. Solche elementar epischen Verhältnisse bringt ausgerechnet dieser skurrile, scheinbar abwegige Zihal-Roman sinnfällig zum Vorschein. Bald überdeutlich, bald verschlüsselt, doch ohne weiteres zu entschlüsseln, äußern sie sich: im erzählten Sachverhalt der erleuchteten Fenster; in den erzählten Tätigkeiten des optisch bewaffneten Fernrohrguckers Zihal, die sich auf jenen Sachverhalt einlassen; aber auch im Verhalten des Erzählers selber, der dieses Widerspiel vor den Lesern entfaltet.

Pseudo-Bühnenlicht in ungewollten Schaufenstern Aber, haben denn nicht jene abendlich aufstrahlenden Fenster, und hat nicht, wie Zihal darauf reagiert, mehr gemein mit szenischen als mit epischen Grundverhältnissen? Immerhin starrt der Amtsrat, gleich dem Publikum im abgedunkelten Theaterraum, aus der Extraloge seiner lichtlosen Wohnung zur jeweils einzig erhellten Öffnung der Bühne. Dorthin, wo die Sehenswürdigkeiten stattfinden, die seine Augen so süchtig verfolgen, ausgerüstet mit dem Feldstecher, der am Ende des Romans auch noch ausdrücklich zum Operngucker avanciert. Dieser erste Eindruck von Theaterhaftigkeit dürfte sogar beabsichtigt sein. Doch er verflüchtigt sich, sobald man genauer beachtet, was auf jener Quasi-Bühne abläuft, und was Zihal als Quasi-Bühnenpublikum damit anstellt. Die Frauen, die sich hinter den erleuchteten Fenstern nackt durch ihre Privaträume bewegen, sind für Zihal nicht nur stumm, sie sind auch eigentlich gar nicht da für ihn. Anders als Schauspieler agieren sie an und für sich, also keinem Publikum zuliebe, dem etwas vorzuführen wäre. Besiegelt wird ihre selbstbezogene Verkapselung durch die abschließende Fensterscheibe. Dem Amtsrat schärft sie sich ein als willkommener Filter, den er auch auf der Straße, ebenso leitmotivisch, vor Schaufenstern erlebt. Da wie dort begegnen ihm gläsern abgedichtete, scheinbar luftleere Räume, die ihren Inhalt, ob Lebewesen oder Ding, zur ‹*Nature morte*› erklären.

Noch deutlicher wird der Unterschied zur Bühne, wenn man bedenkt, was zwischen den erleuchteten Fenstern und ihrem passionierten Betrachter vorgeht. Theater lebt vom Einvernehmen zwischen Schauspielerei und Publikum. Davon, dass beide gemeinsam die poetischen Fantasiegestalten beleben, die auf die Bühne kommen. Ihre Zusammenarbeit, über die Rampe hinweg, besteht darin, das vorliegende Drama aus der flächigen Existenz von bedrucktem Papier zu überführen in den belebten szenischen Raum. Nur dort vollzieht sich Theater, wo es den zweidimensionalen, den stummen und bewegungslosen Text in dreidimensionales Geschehen verwandelt, das spricht und um sich greift. Genau andersherum behandelt Zihal sein erschautes und beschautes Gegenüber. Genau umgekehrt verfährt er mit den fernen Fenstergestalten, die seine Okulare ihm nur künstlich heranholen. Unermüdlich zwar genießt er die Bewegung der entblößten Frauen, aber eben in der sicheren Gewissheit, dass sie ihm nicht nahe kommen können, weder stimmlich noch griffig. Die Fenster, wie gerahmte und verglaste Gemälde, garantieren ihm gerade jene Flächigkeit, gegen die jedes Theater mobil macht. Der Amtsrat dagegen genießt die Zweidimensionalität als Entschärfung. Dahin zielt auch die Angelegenheit «Waldfee». Diesen Titel eines sanft erotischen Kitschgemäldes, an Zihals Schlafzimmerwand, überträgt er beharrlich auf ein ganz bestimmtes fernes Schauobjekt, das ihn besonders anzieht durch seine reizvolle blaugrüne Unkenntlichkeit. Indem er es so benennt, plättet er vollends den körperlich lebendigen Fensterinhalt zum flächigen Kunstdruck. Die Pointe ist zu ahnen. Just dieses entlegene, so grünlich entschärfte Fenster wird am Ende explodieren. Und zwar bis hinein in Zihals wohlgeschütztes Domizil – mit prompter Niederlage und Kapitulation dieses Herrn hinterm Fernrohr. Denn ebendort hinter jenem Fenster wohnt, ungeahnt, die voluminöse Rosl Oplatek, die nun beides auf einmal sprengt: sowohl den Rahmen des Fensters wie auch den Rahmen des Waldfee-Gemäldes. Abgesehen von dieser Schlusspointe also geht es entschieden widertheatralisch zu.

Zihal, der pervertierte Erzähler Wo aber machen sich nun, wie angekündigt, die besagten elementar epischen Verhältnisse geltend? In Zihals weiterer Geschäftigkeit, die sich nicht minder obsessiv mit seiner obsessiven Schaulust verbindet: in jenen Aufzeichnungen, die all das Geschaute ordnen und festhalten. Hätte der Autor Doderer den Amtsrat lediglich zum pervertierten Lüstling gemacht, dann wäre wohl solches Tun als eine erlesene Form von sozusagen graphophilem Fetischismus zu verbuchen. Meine Kalauerei verweist indes auf die eigentliche Rolle, die Doderer seinem Helden zuweist. Er ist noch weit mehr als ein pervertierter Lüstling. Er ist ein pervertierter Erzähler. Je weiter Zihals Tätigkeiten fortschreiten, je vielfältiger die Erträge seiner Schaulust ausfallen, desto zwingender wird dieser Befund. Der unersättliche Amtsrat schaut und schaut, aber nicht zum eigenen unmittelbaren Verzehr. Denn damit würde er ja, was er mit den Augen verschlingt, restlos tilgen. Nein, er schaut und schaut um seiner Niederschriften willen. Dauer verschaffen sollen sie den flüchtigen, oft nur sekundenkurz aufleuchtenden Erscheinungen, indem er sie zu Papier bringt.

106 Genuine Epik, anders als Theater und Gedicht, zielt darauf ab, an die Fülle des Gewesenen zu erinnern. Das bunte Vielerlei zurückliegender und abgelegener Ereignisse will sie bewahren und heraufrufen. Nicht nur insofern erscheint Zihal als jemand, der sich dieser Erzählzunft zugesellt, freilich weniger bewusst als unwillkürlich. Auch noch weitere epische Eigenschaften und Bestrebungen zeichnen ihn aus. So ähnelt er den Hauptfiguren der Schelmenromane, von *Lazarillo de Tormes* über *Gil Blas* bis zu *Felix Krull*, wenn er erst spät im Ruhestand, nachdem die Turbulenzen des Lebens abgeflaut sind, sich ans Werk macht, um erzählend Umschau zu halten; in seinem Fall allerdings nicht aufs eigene Treiben von einst, sondern aufs derzeitige der Außenwelt. Und Zihal ähnelt zugleich dem ganz anderen Typus des allwissenden, allvermögenden und allgegenwärtigen, des so genannten auktorialen Romanerzählers, wenn er unerkannt und überlegen, am Fernrohr drehend, seine menschlichen Objekte nach Belieben perspektiviert. Wie jener weiß auch er von ihnen, verfügt über sie und rückt ihnen nah, ohne dass sie es ahnen. So springt er mit ihnen kaum anders um, als Doderers Erzähler hier im Roman mit ihm, dem ahnungslosen Titelhelden J. Z.

Alles in allem folgt Zihals Trachten dem gleichen Verlangen, das immer schon die vielberufene epische Totalität erstrebt. Da wie dort gilt es, die Vielfalt der erlebten Welt möglichst vollständig zu erfassen:

> Hier traten nun in dem Amtsrate zum ersten Male gewisse blitzschnell arbeitende und combinierende Mechanismen des Denkens und Vorstellens auf, die ihn von da an bei seiner seltsamen Beschäftigung stets begleiteten [...] und zwar immer tiefer in das Streben nach absoluter Vollständigkeit und bestmöglicher Ausnützung jeder Möglichkeit hinein: nichts durfte ihm entgehen. Es war ein Streben nach Totalität. (66f.)

Keiner der gesichteten Fensterinhalte darf sich dem Fernrohr und dem Federhalter des Amtsrats entziehen. Von jedem erheischt er alle Daten, die ihm wesentlich erscheinen fürs Opus seiner pingeligen Niederschrift. Dabei schreibt er nicht etwa haltlos vor sich hin, wie es ein schnöder Voyeur wohl täte. Im Gegenteil. Als wäre er ein anspruchsvoller Dichter der vorbürgerlichen Epoche, lässt Zihal sich leiten von einer normativen Poetik. Hierzu gereicht ihm das einzige Buch, das er je las, die k. u. k. Dienstpragmatik, deren strenge Formprinzipien sein Werk regelrecht beflügeln. Verspürt er doch jedes Mal, wenn er ihr neue Weisungen entnimmt, den imaginären Schwingenschlag des kaiserlichen und königlichen Doppeladlers. Schon dieser Dienstpragmatik eignet von Haus aus der Drang einer beinah epischen Totalität. Auch sie findet nur dort ihr Genügen, wo sie gänzlich das – verwaltete – Leben umgreift. Nichts schließt sie als unerheblich aus, im Unterschied zur wählerischen Lyrik und Dramatik. Jeder noch so unscheinbaren Lebensregung, soweit amtlich, schenkt sie ihre rückhaltlose Beachtung.

Missratene optische Ernte Dergestalt waltet Zihal als Erzähler, sogar mit höherem Segen. Aber eben als pervertierter. Denn so, wie er zuwege geht, kommt er zwar merklich dem Amt des Epikers entgegen, letztlich jedoch muss er es verfehlen. Schreibend nämlich besiegelt er endgültig, was er schon beim ersten Anlauf der epischen Arbeit, beim Sichten und Schauen, widerpoetisch verübt hat: er plättet seine Objekte. Nun presst er sie vollends in die Fläche des Schreibblocks. Gewiss, nicht schon das Nieder-Schreiben voluminöser Körper ins Zweidimensionale, nicht schon das knebelnde Verworten und Papierisieren von sicht-, hör- und tastbarem Leben verstößt gegen das epische Amt. Kein Romancier könnte dem je entgehen. Nein, Zihals Verstoß liegt in der Art und im Zweck seiner Niederschrift. Namentlich in den Prinzipien der Regelpoetik, die sein Schreiben prägt. Jene behördliche Dienstpragmatik, auf die er eingeschworen ist, teilt in der Tat mit poetischem Erzählen den Drang, alles, was bedeutsam kreucht und fleucht, vollständig zu erfassen und zu Papier zu bringen. Wer fühlt sich nicht, so ungefähr, beim Lesen amtlicher Inventarlisten gemahnt an die Schiffs- und Waffen- und Sippenkataloge Homers und seiner Nachfolger? Dennoch zielt die Dienstpragmatik des Amtsrats genau in die Gegenrichtung. Wenn Epik die wahrgenommene Welt restlos versprachlicht, tut sie das nur deshalb, damit ihre Hörer oder Leser diese Welt aus Worten sich vergegenwärtigen als eine, die sich sehen und hören, tasten und riechen lässt.

Geradezu konträr verhält sich Zihal. Er, dem schon beim Schauen und vollends beim Niederschreiben jene Dienstpragmatik erst das Fernrohr lenkt und dann die Feder, er hat andres im Sinn. Sein Schriftwerk soll überhaupt kein Publikum erreichen. Zihal handelt nicht transitiv, beim Schreiben so wenig wie beim Schauen, sondern rückbezüglich. Wenn schon, dann wäre er selbst, behördengemäß, der einzig zuständige Leser seiner Formulierungen. Schon gar nicht mag Zihal, als eigner Adressat, die Niederschrift je episch lebendig werden lassen, indem er sie lesend vergegenwärtigen würde. Es geht ihm stattdessen darum, jene immer noch – sogar hinterm mehrfachen Glas der Fenster und der Fernrohrlinsen – viel zu regsamen Schauobjekte rundweg und regelrecht abzulegen. Dauerhaft sollen sie zum Schweigen gebracht werden. Nur wenn der Amtsrat sie mundtot weiß und erstarrt, scheinen sie ihm, der unbedingt sich den quasi-epischen Abstand und den Überblick bewahren will, rückhaltlos gefügig. So beschneidet er sie und legt sie still, wie Prokrustes, in den vorgefertigten Rubriken. Mit dem vergrößerten und verfeinerten Fernrohr – er hat es in einem teuren Spezialgeschäft im vornehmen ersten Bezirk erstanden – vervollkommnet sich auch Zihals Aufzeichnungssystem. Bis er schließlich auf Sprache ganz verzichten kann, mithin auf jeden noch so winzigen Anreiz, sinnliche Ereignisse und körperliche Gestalten zu vergegenwärtigen:

> Aber mit der primitiven [...] Art und Weise der Standorts-Bezeichnungen war's nun ein für alle Male vorbei: Draufsicht, unten, rechts, oder gegenüber; und auch mit kindisch-märchenhaften Namen: die Waldfee – sie hieß jetzt etwa: II 136° 22°, 10 Uhr. Nein, noch besser kein Wort (etwa «Uhr»), nur Ziffern, und auch die Grad-Zeichen konnten entfallen: II 136 22 10. Und was die Beleuchtungs-Qualification anlangte, sowie endlich die Beachtlichkeit des Objectes im Hinblick auf die Rangs-Reihung: so konnte für die letztere eine Stufenleiter in arabischen Ziffern angenommen werden [...]. (170)

Solchermaßen durchgeformelt, wird das Schriftstück zum selbstzwecklichen Gebilde, das niemandem außer Zihal irgendwas besagt. Es wird zur Sache an sich, die nicht mehr erkennen lässt, welche Sache denn überhaupt hier so restlos zerziffert worden ist. Die lebendigen Gestalten jener Frauen, dort in den erleuchteten Fenstern, sind gründlicher getilgt als Max und Moritz, nachdem die Mühle sie, rickeracke, zermahlen hat. Deren vormalige Umrisse sind immerhin noch ablesbar aus der Figuration ihrer Körner am Boden. Jene Frauen dagegen sind spurlos verschwunden in den abstrakten Zahlen und Zeichen.

Damit hat Zihal das Amt des Erzählers nicht nur sich sträflich angemaßt. Er hat es auch missbraucht und letztlich ruiniert. Prompt und angemessen schlägt die Strafe zu in der schon erwähnten Katastrophe. Archaisch, wie die uralte Epik selbst, trifft sie den Übeltäter an jenem Glied, womit er gesündigt hat: an seiner überheblichen Blick-Prothese. So übermannt ihn die unverhoffte Sehkraft – nicht seine freilich, sondern jene des neu erstandenen Fernrohrs. Erst recht übermannen ihn die beäugten Objekte, die er bislang so sicher im Griff zu haben meinte. Ganz plötzlich verstört ihn das Gerät. Denn es «riss mit gigantischer Kraft heran, was immer sich bot» (178). Auch andersrum macht das Fernrohr seinen Herrn und Benutzer zum wehrlosen Untertan. Es apportiert ihm nicht die gewünschten Objekte ins ruhige Gewahrsam seiner Stube, es reißt ihn seinerseits hinaus. Er «stürzte schlotternden Gebeins geradewegs wie ein Nachtinsekt auf die erleuchteten Fenster zu» (179). Der eigene dumpfe Trieb, vereint mit den Vergrößerungs-Kräften des Geräts, zerstört die angemaßte Souveränität des Erzählers Zihal, der da aus erhabener Überschau mit seinen Gegenständen schaltet und waltet. So geschieht denn, wovor ihn das usurpierte Epiker-Amt doch gerade hat schützen sollen. Überwältigt wird er «von dem Drang [...], hinter seinem quellenden Augapfel in das Ocular des Rohres gänzlich einzukriechen» (180). Gleich darauf die Katastrophe, sie stürzt den Usurpator von und auch mitsamt seinem hohen Betrachterthron. Sie zertrümmert seine Waffe. Und ihn selber lässt sie schrumpfen zum winzig willenlosen Ding, fremden Energien ausgesetzt. Noch schmählicher könnte der Rücktritt eines entmachteten Erzählers kaum ausfallen:

> Es zog ihn aus dem Rohre, in das er kriechen wollte, wie der Pfropfenzieher den Kork aus der Flasche hebt. (180)

Julius Zihal, der pervertierte, der frevelnde, der gescheiterte Erzähler. Seine Katastrophe kommt nicht von ungefähr. Nicht aus heiterem, wenn auch nächtlich dunklem Himmel. Schon lang und heftig hatte sie sich angekündigt: durch eine Beinah-Katastrophe, die Doderer, der planvolle Romanbaumeister, fast genau in die Mitte des Geschehens plaziert. Was dort dem Amtsrat widerfährt, stützt nun gar aus kosmischer und aus mythologischer Warte meine Behauptung, der Autor veranstalte in den *Erleuchteten Fenstern* eine hintersinnige Generalinspektion der epischen Geschäftigkeit überhaupt.

Held, erlegt durch die Strahlen des Monds Ausgelöst wird die Beinah-Katastrophe durch eine Vollmondnacht. Regelrecht in die Knie zwingt sie den verborgenen Belaurer; aus Angst, selber belauert zu werden durch die Außenwelt. Zihal, der sich sonst allmächtig über seine Sichtobjekte erhebt, muss nun plötzlich auf allen Vieren kriechen wie ein scheues Tier. Noch dazu im eigenen Reich seiner eigenen Wohnung. Bäuchlings am Boden huscht er atemlos hinweg unter den gefährlichen Lichtstrahlen. Der Jäger – bislang so erfolgreich auf der Pirsch nach seiner Beute – wird unversehens zum Gejagten:

> Er schoss bald wie eine Ratte im Zimmer umher, gehetzt von seinen Objecten, deren er [...] gerade vom Augenblicke seiner letzten Beugung an in scheinbar zufälliger Weise durchaus die Fülle hatte, ein von den Hasen gejagter Jäger. (92)

Eine seltsam archaische Jagd mit seltsam archaischen Waffen. Denn da gibts kein modernes Gewehr, weder zuvor beim jagenden noch jetzt beim gejagten Zihal. Nach Art früherer Jahrhunderte gibts nur Waffen zum Spießen, also Wurfspeere oder Pfeile. Dabei wird zugleich der Spieß umgedreht, wider den Amtsrat. Jetzt trifft es ihn fast so, wie er bislang mit seinem Feld-Stecher, möglichst wörtlich, in all den beutezuckenden Blickfeldern herumgestochen hatte. Bei Zihals letzter nächtlicher Jagdsaison etwa «stach» dieser Feldstecher

> so tief wie möglich in den rechter Hand gelegenen zweifenstrigen Raum. Und was er dort aufspießte und herbeizog – aber in diesem Augenblick wurde das starke Licht ausgeschaltet und blieb nur in dem einen Fenster links. (68)

Wer aber wirft sich ihm jetzt so jäh entgegen? Wer ist es, der den Amtsrat in die Beinah-Katastrophe treibt? Und mit welchen Waffen? Kosmisch gesprochen: der Mond mit seinen Strahlen. Mythologisch gesprochen: jene antike Mond- und Jagdgöttin «Artemis», die «mit ihren Lichtpfeilen geradezu Jagd auf ihn» macht (91). Wie nun mit den Geschossen aus ihrem Strahlenköcher diese «Himmlische» ihn umherhetzt, ihn, den sonst so gemessenen Ministranten des k. u. k. Behördenhimmels, das schildert der Autor mit bemerkenswertem Nachdruck. Damit lenkt er uns vollends hin zum Prinzip der epischen Geschäftigkeit.

Schon früher in diesem Kapitel war davon die Rede: spätestens seit Homer hat das epische Prinzip auch einen göttlichen Prinzeps. Ob geglaubt oder nicht, überall ist er im Spiel, wo erzählt wird. Ein Gott, der gleichfalls mit Bogen und Pfeil bewaffnet ist: Phoibos Apollon, der Bruder der Artemis. Während ihr der Mond als Gestirn und als Domäne die Jagd zukommt, kommen ihm die Sonne zu sowie die Weisheit, Dichtung und Kunst. Deshalb ist Apollon auch Führer der Musen. Und die Musen sind es, mit denen die zünftigen Ependichter regelmäßig ihr Werk eröffnen. Gleichfalls ist daran zu erinnern, dass der nämliche Phoibos Apollon mythologisch nicht selten synonym gedacht wurde mit Helios. Mit jenem Gott, der hoch droben auf seinem Sonnenwagen täglich die ganze Welt umkreist; der sie nicht nur beleuchtet, sondern auch überschaut und aushorcht.

So legt denn Doderer, im Fall von Zihals Beinah-Katastrophe, den Gedanken nah, die nächtliche Mondgöttin Artemis greife strafend ein, schwesterlich solidarisch im Namen der geschmähten epischen Sonnengötter. Jagd mache sie mit ihren Lichtpfeilen auf Zihal, den pervertierten Erzähler: indem sie ihn mitten aus seiner Tätigkeit gewaltsam hochreißt und niederschmettert, um ihm das schmählich erschlichene Handwerk zu legen. Ihm, der lichtscheu zuwege geht und somit in Apoll und Helios die ganze Erzählzunft schändet, ihm leuchtet sie fürchterlich heim. Dieser physische Überfall durchs gewalttätige Mondlicht, als wärs ein metaphysischer des göttlichen Strafgerichts, bereitet dem Teleskopen einen tiefen Schock, der sogleich noch gesteigert wird.

Denn der nächtlichen Invasion von Licht folgt unverzüglich eine nächtliche Invasion von Lärm. Wie das nocturne Dunkel von Artemis' Strahlenpfeilen durchbohrt wird, so wird auch die nocturne Stille durchbohrt. Schrill, anhaltend und dabei peinvoll banal: vom spitzen Ton der Türklingel. Der einsiedelnde Amtsrat hat diesen Ton nie zuvor vernommen, seit er seine neue Wohnung bezog, sein bislang so geruhsames Ausguck-Kastell. Wer da jetzt auch noch akustisch auf ihn losschießt, das weiß er vorerst noch nicht. Umso unheimlicher ist ihm zumute. Der rücksichtslose Folterfinger auf dem Klingelknopf, so erfahren auch die Leser erst später, gehört Zihals noch unbekanntem Nachbarn Wänzrich. Der nämlich hat seinerseits den Amtsrat schon länger belauert, und jetzt will er ihn erpressen, um stiller Teilhaber zu werden beim voyeuristischen Unternehmen. Jedenfalls kommt eins zum andern, der stechende Überfall der Klingel zu jenem des Mondlichts. Sie verbinden sich zur genau angemessenen Strafe für den epischen Frevler Zihal. Derart offenbaren sie – den Lesern, nicht dem rückfälligen Übeltäter – das volle Ausmaß seines Vergehens. Nicht genug damit, dass er seine sorgsam bespähten lebendigen Erzählobjekte flächenhaft plättet und durch fortschreitende Zerzifferung gänzlich entfleischt. Er hat sie ja auch, um sie restlos stillzulegen, von vornherein mundtot gemacht. Was er sucht und sichtet, sind die entfernten Frauen, wohlversiegelt hinter Glasfenstern, die sich in stummer Pantomime ergehen. Zu sagen haben sie nichts. Denn der Erzähler Zihal, schauend und registrierend, will von ihnen nichts hören. Keinen Laut. Schon seine Augen, überbewaffnet mit den optischen Prothesen, treffen aus der Fülle des Lebens nur eine verengende und verstümmelnde Auswahl. Und seine Ohren kommen gar nicht erst ins Spiel. Dieser Dunkelmann mit den Scheuklappen erweist sich somit zugleich als einer, der auch noch sein Gehör ausschaltet. Demnach versündigt er sich gleich doppelt am epischen Prinzip jener Gottheit, wie Homer sie gepriesen hat: «Helios auch, der du alles erschaust und auch alles mitanhörst.» Nur zu folgerichtig sucht die beschriebene Beinah-Katastrophe ihn heim: mit peinigend grellem Licht und peinigend schrillem Lärm.

Solchermaßen veranstaltet der Autor Doderer das, worauf insgeheim alles von vornherein hinausläuft – und offensichtlich letzten Endes noch immer. Allenfalls in zweiter Linie ist es eine nur irgendwie geartete ‹Menschwerdung› seines absonderlichen Romanhelden. In erster Linie ist es ein vielfältiges, ironisch ernsthaftes Satyrspiel zum Erzählen überhaupt. Oder auch, wie schon mehrfach anvisiert, eine:

Generalinspektion epischer Geschäftigkeit Um dahin zu gelangen, geht Doderer seine eigenen Abwege. Den gängigen Weg schlägt er aus: einen Roman zu verfertigen übers Verfertigen eines Romans. Etwa so wie Wilhelm Raabe die *Chronik der Sperlingsgasse* oder wie André Gide *Die Falschmünzer* oder wie Louis Paul Boon *Eine Straße in Ter-Muren* oder wie Uwe Johnson *Das dritte Buch über Achim*. Stattdessen schickt er paradoxerweise einen Helden ins Erzähltreffen, der gar nicht erzählen will. Genauer, er lässt diesen Helden einschlägige Voraussetzungen und Gelegenheiten, Stoffe und Werkzeuge, Verfahren und Verrichtungen des Erzählers emphatisch aufnehmen, um sie ebenso emphatisch zurückzunehmen. Wer wie Zihal seine zusammengerafften Erzählobjekte erstens abtötet; wer sie zweitens solipsistisch nur für sich behält, indem er sie, in geheimem Code, allenfalls der eigenen Pseudo-Lektüre vorbehält: wer so verfährt, der schärft den Gewohnheitslesern schmerzlich lachhaft ein, wie denn Erzählen, wenn immer sonst es gelingt, überhaupt vonstatten geht. Ex negativo, aus dem Mangel heraus, geschieht das, indem der Titelheld des Romans, trotz günstiger äußerer Umstände, das epische Sagen sich und uns versagt.

Ganz anders Zihals Autor Doderer. Er belässt es nicht beim Ex negativo. Wenn er vom Fall des gefallenen Amtsrats erzählt, dann führt er – positiv – den epischen Beweis, dass und wie Erzählen trefflich gelingen kann. Aus höherer Warte entfaltet er, zwanglos und souverän, die gleiche epische Geschäftigkeit, an der sein zwangsbesessener, unsouveräner Held so jämmerlich scheitert. Hier nun also führt einer vor, wie man hemmungslos und versiert ans Werk geht, poetisch erleuchtet von Helios, Apollon und den Musen. Vor allem fällt dabei auf, wie Doderers alles überschauendem Erzähler ganz besonders daran gelegen ist, das ärgste Vergehen des Amtsrates wettzumachen. Jenes: seine lebenden Objekte zur Laut- und Sprachlosigkeit zu verdammen.

Wohlweislich beherzigt er, dass Epik von jeher mündlich daherkam; dass sie mit der eigenen Stimme des Rhapsoden sprach, aber auch, durch ihn hindurch, mit den Stimmen ihrer erzählten Personen. Man denke an die Stimme des Odysseus, der mehrere Gesänge lang den Phäaken seine Abenteuer selber vorträgt; und der, umgekehrt, den Gefährten die Ohren verstopft, um sie vor den betörenden Stimmen der Sirenen abzuschirmen. Doderer nun lässt seine Romanpersonen nicht nur reden, und jede mit unverwechselbarem Tonfall. Er berechnet auch genau, wann und wo und wie sie etwas zu sagen haben. Hierbei kommt abermals, aus anderer Richtung, der Amtsrat als pervertierter Erzähler in den Blick. Denn der entmündigt nicht allein jene nackten Frauen hinterm hellen Glas, sondern auch sich selbst. Ebenso buchstäblich: er spricht weder mit ihnen noch von ihnen. Er liest nur stumm sein einziges Buch, die k. u. k. Dienstpragmatik, in deren spröder Suada er seine Aufzeichnungen verfasst.

Unausgesprochen, doch verräterisch genug hebt Doderers Romankomposition diesen heiklen Umstand hervor. Und zwar dadurch, dass sie dem Amtsrat zunächst keinerlei Sprechen einräumt – just bis zu der Beinah-Katastrophe, als das schrille Klingeln den Verstummten aufschreckt. Sobald er die Tür öffnet, kommt es überhaupt erstmals in diesem Roman zu wörtlicher Rede. So lange hat der Autor den handelnden Personen die Stimme und Sprache gestaut, um sie jetzt erst hervorbrechen zu lassen. Aber wie! Seine hinterhältige Erzählstrategie erteilt ausgerechnet einem Fremden, dem widerlichen Nachbarn Wänzrich, das erste Wort. Und der nutzt es auch weidlich zu einer umständlichen, umwindungsreichen Rede. Heraushören kann man sogar eine – vom Sprecher selber unbezweckte und unbemerkte – Persiflage auf den Vortragsstil alter Epen. Denn Wänzrich psalmodiert sich schier unaufhaltsam vorwärts von einer ornamentalen Wiederholungsformel zur nächsten. Folgendermaßen eröffnet er sein Anliegen, synonymensüchtig und reprisengeil:

> «Wänzrich also, Student der Export-Academie, also des Welthandels. Wänzrich. Ich erlaube mir, dem Herrn Amtsrat eine große und sehr unbescheidene Bitte vorzutragen, zu unterbreiten, dem Herrn Amtsrat, bin jedoch nicht ganz ohne Hoffnung, ohne Aussicht, bei Herrn Amtsrat auf Verständnis, gütiges Verständnis zu stoßen, auf Verstehen meiner Lage also, gerade bei dem Herrn Amtsrat [...]». (100f.)

Wie auch immer, der folternde Klingelton war nötig, desgleichen die anschließende, nicht minder folternde Salbaderei aus Wänzrichs Mund, um dem Amtsrat selber die allerersten Sätze zu entlocken, die er in diesem Roman wörtlich äußert. Vorläufig allerdings nur notgedrungene Repliken. Keine Rede aus eigenem Antrieb, dafür von oben herab und amtsformvollendet. Die lang überlegte Antwort auf Wänzrichs erpresserisches Ersuchen, Teilhaber zu werden am nächtlichen Voyeurgeschäft, lautet:

> «Der von Ihnen nachgesuchte Fall kann heute nicht mehr zur Beobachtung gelangen. Jedoch haben Sie meine Bewilligung. Sollten Sie diese geltend machen wollen, so haben Sie morgen eine Viertelstunde vor der diesfalls in Frage kommenden Zeit, das ist also zehn Uhr, pünktlich hier zu erscheinen und sich mit zweimaligem kurzen Läuten anzumelden.» (110)

Wiederbelebtes Hören und Sehen, Reden und Tasten Fünf Kapitel später erst lässt Doderer den Julius Zihal sich richtig aussprechen, nun mit eigenen Tönen und Meinungen, in geselliger Runde von Freunden. Dazu hat er die dunkle Klause seiner Wohnung verlassen müssen, wo er immer nur ganz Auge ist. Draußen im Heurigenlokal dann löst der Wein seine Zunge. Man spricht miteinander und aufeinander zu. Der epische Verkehr, den Zihal selber sich und seinen Erzählobjekten abschneidet, kommt hier voll in Gang. Und nachdem am gemeinsamen Tisch die Zunge sich warm gelaufen hat, wird auf dem dunklen Heimweg sogar noch geküsst.

Zuvor freilich hat etwas anderes stattgefunden, das den Amtsrat herauslockt aus dem Augen-Monopol des Voyeurs. Zusätzlich zum

Schauen und zum bislang verdrängten Gehör, erwacht auch noch der Tastsinn. Die beiläufige Berührung mit seiner Tischnachbarin, es ist keine andre als Rosl Oplatek, berührt ihn insgesamt mit Vehemenz. Und dies, wohlgemerkt, nachdem die nämliche Person schon seine Sehgewohnheiten erschüttert hat. Denn Zihal, der zuhause par distance und Fernrohr nur nackte Frauen beäugt, ist aus der Nähe unversehens von der weiblichen Kleidung angetan. Prima vista befeuert ihn, ausgerechnet, das Textil.

Dass Doderers Erzähler an dieser Stelle beides metaphorisch eigens zu bedenken gibt – äußeres und inneres Auge wie auch die sonst so unentbehrliche gläserne Trennscheibe –, verleiht dem Vorgang besonderes Gewicht:

> Während er mit den Augen auf dem Tischtuche einen Halt suchte – gleichsam den ersten Ansatzpunkt oder Kristall, um welchen seine übrige und gesamte Person sodann mit Decor sich anordnen konnte – war das innere Aug' unseres Julius [...] gänzlich erfüllt, ja vollgeschlagen und überfüllt, oder sagen wir: beschlagen (in der Art wie ein Glas) von einem letzten, stehenden, nachklingenden, jedoch keineswegs abklingenden Sinneseindruck; dieser ging von der Kleidung des Fräulein Oplatek aus. (85)

Vor dieser Rosl Oplatek, wie schon gesagt, wird Zihal gegen Ende des Romans als nunmehr abgemusterter Erzähl-Frevler die Waffen strecken. Förmlich und regelrecht. Der Feldstecher geht in ihre Hände über als Operngucker. Sie aber, Fräulein Oplatek, wird am gleichen Abend, ausgerüstet mit diesem Gerät, *Die Zauberflöte* besuchen. Jenes Werk, das auch seinerseits dem Ende entgegengeht, vielstimmig, mit dem von Sarastro angestimmten Schlusschor: «Die Strahlen der Sonne vertreiben die Nacht, / vernichten der Heuchler erschlichene Macht.»

Tätige Metaphern: Sonnenstäbe, Lichtkeile, Strahlenbahnen Allein schon der besondere Fall – als Casus wie als Absturz – des verunglückten Erzählers Zihal, den die erleuchteten Fensterinhalte überfordern, bekräftigt den allgemeinen Sachverhalt ‹Erzählen als Beleuchten›. Und vollends bekräftigt ihn die Weise, wie Doderers eigentlicher, unsichtbar allgegenwärtiger Erzähler diesen Fall den Lesern vergegenwärtigt. Geradezu enthusiastisch huldigt er dem epischen Gestirn von Helios und Phoibos Apollon. Es fehlt zwar ein ausgeprägter Sonnen-Auftakt nach Art der früheren Romane. Doch stattdessen stoßen die Leser von Anfang bis Ende des Geschehens immer wieder auf natürlich und künstlich durchleuchtete Situationen sowie auf entsprechende Metaphern und Redewendungen. Zumal diese Sprachbilder verbildlichen in sich das Erzählpotential des Lichts und das Beleuchtungspotential des Erzählens.

Wer auch nur einige davon zusammenstellt, entdeckt unschwer ihren gemeinsamen Ausdrucksnenner: Sonnenbalken, Sonnenstäbe, Lichtkeile, Strahlenbahnen. Gemeinsam ist den Balken wie den Stäben, den Keilen wie den Bahnen einerseits die längliche Form samt striktem Richtungsimpuls, andrerseits der feste Aggregatzustand, der gerade nicht den durchsichtigen Lichtstrahlen entspricht. Somit wird dem ort- und schwerelosen Sonnenschein eine energisch zielgerichtete Intentionalität nachgesagt. Das heißt, jede der genannten Metaphern und erst recht alle miteinander unterstellen dem Licht eine gleiche oder doch ähnliche Tendenz, wie sie jeglichem Erzählen eignet. Denn wer auch immer erzählt, ist wie solche Art von Licht imstande, sogar die entlegensten Räume als Schauplatz für unsere inneren Augen zu erschließen: indem er, sie durchdringend, in und mit ihnen etwas ausrichtet. Die Sonnenbalken und Sonnenstäbe, die Lichtkeile und Strahlenbahnen, die Doderers Erzähler poetisch mobilisiert, lenken die Blicke. Unseren lesenden Augen weisen sie die Wege durch eine erzählte Welt, die andernfalls unabsehbar und unzugänglich bliebe. Es sind Wege durch nahe Interieurs wie durch ferne Außenräume. Kreuz und quer, hinab und hinauf, von hier nach dort und von dort nach hier.

Wie sich das abspielt, lässt sich an der folgenden (stark gekürzten) Episode gut beobachten. Sie findet sich im ersten Viertel des Romangeschehens, kurz nachdem der Amtsrat die neue Wohnung bezogen hat. Hier entwirft das metaphorisch zielgerichtete Licht – für den Helden und den Leser – gleich mehrere assoziative Verbindungen zwischen Drinnen und Draußen. Sie überbrücken den meilenweiten Abstand von Zihals Zimmer bis zu einer bestimmten Weinberggegend am Wiener Stadtrand und wieder zurück. Aber auch zeitlich schlagen sie weite Brücken: vom belichteten Jetzt zum ebenso leuchtkräftigen gewesenen und künftigen Einst, das war und vielleicht wiederkommen wird, das sich erinnern und ersehnen lässt:

> Ein dünner Sonnen-Stab lag jetzt gerade und gezielt durch's Fenster und deutete auf das Kistchen mit dem Schuhzeug, nämlich das zum Reinigen der Schuhe bestimmte Zeug, die Bürsten, die Lappen, die runden Schachteln mit Crême [...] unter dem Blick der Sonne jedoch gewann diese Wichsschachtel eine gänzlich andere Bedeutung als sie unter Zihals nach dem

> Formprinzipe des Einpackens unsicher umher tastenden Augen gezeigt hatte [...]. Jetzt jedoch bedeutete sie eine bestimmte Landschaft in der allernächsten Umgebung von Wien. Es war ein Tal, ein Weg führte hinab, tiefer noch gegen die Stadt zu, es leckte dort als blaue, schon schattige Zunge zwischen den Weinbergen her, die in einer zögernden schweren Sonne des späten Nachmittages und beginnenden Abends standen, mit Umrissen, die von Golde träufen wollten [...]. Dies alles aber zusammen trieb der gezielte Sonnenstrahl wie einen spitzen Keil goldgelb in des Amtsrats Innre. (22f.)

Was sich da tut, ist vertrackt, aber auch plausibel. Und zwar gleichermaßen fürs Beleuchten wie fürs Erzählen wie fürs Wechselspiel des einen mit dem andern. Was am Anfang der Episode «Sonnen-Stab» heißt, hat sich an ihrem Ende zum «Sonnenstrahl» verwandelt. Augenscheinlich erwirkt durch den «Blick der Sonne». Am Anfang und am Ende verhalten sich beide, der helle Stab und der helle Strahl, ebenso regsam wie der Erzähler, der beide mit eigenen Blicken verfolgt, damit Zihals und unsere Blicke auch ihrerseits ihn durch den Raum verfolgen. Da wie dort, so wird betont, wirkt «gezielt», was Stab und Strahl jeweils vollführen. Beide sind absichtsvoll auf bestimmte Ziele hin gerichtet. Auffällig allerdings ändern sich die Intensität und die Reichweite. Wo anfangs der Stab noch sacht und distanziert «lag» und lediglich auf etwas «deutete», regt sich hernach dann der Strahl überaus heftig, ja eingriffswütig. Einen «spitzen Keil» treibt er in «des Amtsrats Innres».

Wie aber kommts dazu, was bringt den Stab und Strahl dazu, derart aggressiv zu werden? Es erfolgt «unterm Blick der Sonne». Nimmt man alle drei Metaphern so ernst, wie der Erzähler sie ausspricht, dann verjüngt er und erneuert er hier die uralte Vorstellung vom epischen Gestirn. Obwohl er die Sonne nicht als Gott Helios oder Apollon mythisch verlebendigt, dichtet er ihr dennoch ein Sehvermögen an. Animistisch, als wäre sie Mensch oder Tier. Als wäre sie ein Lebewesen, das willentlich ein bestimmtes Objekt ins Auge fasst. Mehr noch. Laut Doderers Erzähler ist diese zielsicher blickende Sonne sogar imstande, jenen beäugten Gegenstand – hier die banale Schuhschachtel – umzuwerten, ihm eine «gänzlich andere Bedeutung» zu verleihen. Offenbar vermag sie beides und beides offenbar nach Gutdünken. Einerseits kann sie, natürlicherweise, die ganze Welt beleuchten und dabei diese oder jene Erscheinung eigens ins Licht rücken. Andrerseits kann sie, geistigerweise, diese oder jene Erscheinung mit ganz bestimmter Bedeutung aufladen.

Noch immer also ist das Sonnenlicht auch für diesen späten Romanautor, was es von jeher so vielen Epikern war: Vorbild und zugleich verlängerter Arm beim poetischen Handwerk. Halt macht es nicht einmal vorm unversehrten leiblichen Umriss des widerborstigen Dickhäuters Julius Zihal, den es bescheint. Als wäre die Sonne selber der allwissende Erzähler, dringt sie gewaltsam hinein in sein Inneres. Zwar wie ein spitzer Keil, doch nicht ernsthaft verletzend, sondern den tief Getroffenen bereichernd. Sie beschenkt ihn mit Kostbarkeiten zeiträumlicher Erfahrung, zu denen er von alleine, unbelichtet und undurchleuchtet, niemals gelangen würde.

III Erzählen als Navigieren

*Seemanns*garn, Erzähl*fluss*, *stream* of consciousness alias Bewusstseinsstrom. Ob umgangs- oder fachsprachlich, diese metaphorischen Redewendungen sind schon lang im Gebrauch. Bedenkenlos benutzt man sie, als seien sie selbstverständlich. Wortwörtlich versteht – also missversteht – sie wohl niemand. Und kaum wer fragt, sie in ihre Bestandteile zerlegend, nach ihrem metaphorischen Bildsinn. Der indes geht uns hier an. Denn alle drei Redewendungen verbinden Erzählen mit Seegang oder strömenden Gewässern.

*Seemanns*garn? Weil er ferne Meere befahren hat, kann der Seemann, heimgekehrt, die unwahrscheinlichsten, oft sogar erlogenen Erlebnisse wie ein Garn spinnen vor seinen zweifelnden und dennoch wissbegierigen Zuhörern, die ihn ad hoc weder widerlegen können noch wollen. – Erzähl*fluss*? Wenn vielerlei Begebenheiten, die mündlich oder schriftlich erzählt werden, ohne Stocken fort und fort daherkommen und dahingehen, dann gleicht, was da abläuft, der unentwegten Bewegung von Flüssen. *Stream* of consciousness? Sobald im Roman der fiktive Erzähler sich zurückzieht, um eine erzählte Person, scheinbar ungesteuert, kunterbunt wahrnehmen, denken und fühlen zu lassen, dann entsteht der Eindruck: sie offenbare – unmittelbar und ganz von alleine –, was alles ihr momentan durch den Kopf strudelt, strömungsgleich.

Was aus solchen Redewendungen spricht, das haben seit der Antike schon viele epische Großwerke ereignisreich entfaltet. Allerdings mit einem spezifischen Blickwinkel, so wie jedes erzählte Geschehen – als menschliches Treiben – ihn erfordert. Weniger um die Verbindung zwischen Erzählen und Seegang oder strömenden Gewässern überhaupt geht es dabei. Vielmehr darum: wie menschliche Tat- und Erfindungskraft sich misst mit den Naturkräften der Meere und der Flüsse; wie sie dagegen ankämpft, um sie zu bezwingen und zu nutzen. Dabei formuliert sich in jenen Werken so etwas wie eine Wahlverwandtschaft von Erzählen und Navigieren.

Sujet ‹Seefahrt› in Epos und Roman Zunächst erscheint diese Wahlverwandtschaft in dem, was da vorzugsweise erzählt wird. Die meisten großen europäischen Epen, seit Homers *Odyssee*, erzählen immer wieder von kühnen Überquerungen der Meere; von Entdeckungs- und Eroberungsfahrten zur See; von Schiffbrüchen und Rettungen aus den Wogen mit knapper Not. Das gilt für die *Argonautika* des spätantiken Dichters Apollonius Rhodios, dessen Heldenschar mit dem Schiff Argo aufbricht in unbekannte Zonen, um nach gefährlichen Irrfahrten und Hindernissen das Goldene Vlies zu erobern. Es gilt für die *Aeneis* des Vergil, der, nach dem Vorbild der *Odyssee*, seinen Titelhelden Aeneas waghalsig vielerlei Meere durchkreuzen lässt: von Troja über Karthago bis nach Italien, wo er die Dynastie des römischen Reiches gründen wird. Es gilt für einen der berühmtesten Märchenhelden aus *Tausendundeiner Nacht*, für Sindbad, den Seefahrer, der unverzagt nach jedem seiner beinah tödlichen Schiffbrüche neuerlich auf maritime Abenteuer auszieht. Und es gilt immer noch, viele Jahrhunderte nach Homer und Vergil, für Camões' portugiesisches Nationalepos von den *Lusiaden*, die unter Vasco da Gama den nie befahrenen Seeweg nach Indien erkunden für künftige Kolonisierung.

Das Sujet der wagemutigen Seefahrt prägt keineswegs nur die alten Versepen. Es behauptet sich auch in früheren und späteren Prosaromanen. Im hellenistischen Roman des Heliodor vom unerschütterlichen Liebespaar *Theagenes und Charikleia* (3. Jh. n. Chr.), das immer wieder gewaltsam auseinandergerissen und durch Meere getrennt wird. In Seeräuberromanen von James Fenimore Coopers *Der Rote Freibeuter* (1827) über Robert Louis Stevensons *Schatzinsel* (1883) bis zu Emilio Salgaris *Der Schwarze Korsar* (1898). Auch in Romanen, deren Helden, als unerlässliche persönliche Bewährungsprobe, wieder und wieder den Kampf mit dem Meer suchen; bald in bürgerlicher Haltung wie bei Frederick Marryat (*Das Geisterschiff*, 1839), bald in aristokratischer Haltung wie bei Joseph Conrad (*Die Schattenlinie*, 1917), bald in plebejischer Haltung wie bei Jack London (*Seewolf*, 1904). Auch in Science-fiction-Romanen wie jenen von Jules Verne, der seine Helden, unterm Kommando des rätselhaften Kapitän Nemo, sogar submarine Abenteuer erleben lässt: *Zwanzigtausend Meilen unter dem Meer* (1870). Nicht minder überwältigend wirkt die Seefahrt und wirken jene Menschen, die ihr verfallen sind, in Herman Melvilles *Moby Dick* (1851) und in vielerlei anderen Romanen, die von verwegenen Hochseefischern erzählen. Man denke an Victor Hugos *Arbeiter des Meeres* (1865), an Pierre

Lotis *Islandfischer* (1886) und an Giovanni Vergas sizilianische Fischersippe *Malavoglia* (1881), die von Generation zu Generation leibhaftig und ökonomisch absinkt.

Und so setzt sich das fort bis ins zwanzigste Jahrhundert. Zumeist in Werken, die dem Schauplatz wandernder Horizonte entgegenkommen mit übermäßigem Umfang von annähernd oder mehr als tausend Seiten: Alfred Döblins überbordender Zukunftsroman *Berge Meere und Giganten* (1924), der unter andrem von den ungeheuerlichen, zumal maritimen Folgen einer Enteisung Grönlands berichtet; Hans Henny Jahnns vierbändiger Zyklus *Fluss ohne Ufer* (1950), eröffnet mit dem *Holzschiff* (1949), der Erzählung vom rätselhaften Untergang dieses ebenso rätselhaften Fahrzeugs; Julio Cortázars verfremdeter Urlauber-Roman, der die *Gewinner* (1960) einer mysteriösen Lotterie auf ihrer zunehmend unheimlichen Schiffsreise verfolgt; Carles Fuentes' halbfantastischer Geschichtsschmöker *Terra Nostra* (1975), der einen Kreisbogen schlägt um die Meere, die Europa mit Afrika und Amerika verbinden; Álvaro Mutis Romanzyklus von den umtriebigen und melancholischen *Abenteuern und Irrfahrten des Gaviero Maqroll* (1988ff.) auf den Außen- und Binnengewässern der Karibik.

Navigierendes Erzählen Aus diesen wie aus vielen weiteren Beispielen der Weltliteratur spricht offenbar so etwas wie eine Wahlverwandtschaft zwischen Erzählen und Seefahrt schon im Sujet und Schauplatz berühmter epischer Großwerke. Aber eben nicht nur im Sujet; nicht nur in dem, was jeweils erzählt wird. Auch im Hergang, in der Tätigkeit des Erzählens selbst. Bildlich gesprochen, verfährt der Erzähler eines großen epischen Werks ähnlich wie der Navigator eines jener frühen Segel- und Ruderschiffe, die den Unwägbarkeiten von Wind und Meeresströmen ausgesetzt waren. Und zwar gleichermaßen, ob der Erzähler nun in epischen Versen spricht oder in Romanprosa. Kaum anders als der scheinbar leibhaftig vortragende Rhapsode der *Odyssee* seine Hörer, kaum anders steuert der vorschreibende Erzähler des *Moby Dick* seine Leser durch unabsehbare Wellenberge und Wellentäler. In beiden Fällen waltet jemand, der wie beim Navigieren so auch beim Erzählen etwas riskiert. Genauer, der willkürlich sich einlässt aufs Abenteuer einer unsicheren Tätigkeit. Oft sogar spiegelt er vor, besonders in heiklen Lagen, er sei dieser Tätigkeit nicht so ganz gewachsen. Derart weckt er manchmal den Anschein, selbst ihn, der doch dies alles nur im Nachhinein aus großem Abstand erzählt, reiße jenes unermessliche, unbändige Element mit sich fort. Ob nun als grenzenlos wogendes Meer, ob als unaufhörlich strömender Fluss.

Gewiss kennt und nutzt der Erzähler die natürlichen Gezeiten von Ebbe und Flut; auch die Verfahren, den eigenen Standort zu ermessen am Stand der Himmelskörper; auch Geräte wie Kompass und Senkblei. Doch sie wirken eher blass und abstrakt, verglichen mit dem sinnlich überwältigenden Eindruck des unfassbar mobilen Horizonts. Eines Blickfelds, das sich immerzu unstet fortbewegt mit der Fortbewegung des Schiffs, wohin auch immer der Erzähler es lenken mag.

So entrollt sich vor jedem, der darauf mitfährt, aber auch vor den Hörern und Lesern, ein unausweichliches Sinnbild. Es schärft uns ein, wie hier alle Anhaltspunkte entschwinden. Anhaltspunkte, an denen sich festmachen ließe: wo wir denn gerade sind, wo denn im maßlos weiten Raum eines unentwegten Erzählens.

Jetzt eben noch kreuzt der Erzähler energisch gegen den Wind, und gleich darauf lässt er sich passiv dahintreiben von dieser oder jener Strömung. Oft so unversehens, dass wir zeitweilig den eigentlichen Kurs aus dem Sinn verlieren. Auch dies ist schon immer der Fall, wo – maritim oder auch nicht – ein Erzähler so großräumig erzählt wie im Epos und Roman. Allemal ist er geneigt, vom ohnehin ungebahnten Hauptweg abzuschweifen, bald hierhin, bald dorthin. Konträr zu den straffen, bündigen Kurzformen wie Novelle und Märchen widerstrebt diesen Großformen prinzipiell die strikte Gerade, die als geometrisch engste Verbindung vom Startpunkt zum Zielpunkt führt.

Immer deutlicher wird, worin Erzählen sich mit Navigieren trifft. Wie gesagt, nicht nur im Was, erst recht im Wie. Zum sprichwörtlichen Seemannsgarn gehört, dass es unermüdlich fortgesponnen wird. Aber auch, dass es häufig abreißt, doch sofort wieder aufgenommen und angeknüpft wird, um an den losen Enden neuerlich fortgesponnen zu werden. Auch am wechselnden Erzähltempo lässt sich die Verwandtschaft zum Navigieren bemerken sowie an der wechselnden Dichte der erzählten Ereignisse. So, wie der Wind seine Richtung und Stärke ändert, wie er bald jäh und bald allmählich die Segel bläht oder erschlaffen lässt, so verhält sich auch der Erzähler. Mal springt er eilig von diesem zu jenem Ereignis. Mal verweilt er, geruhsam und erpicht auf jedes Detail, bei der einen Episode, um alsogleich eine andere nur beiläufig anzutippen. Im gleichen Erzählsog mit den Helden der Epen und Romane dürfen wir lesend fremdartige Küsten entdecken, bewohnt von fremdartigen Lebewesen. Von fabulösen: wie Zyklopen,

Harpyen und sprechenden Pferden; oder auch nur von absonderlichen: wie menschenfressenden Völkerschaften und einsam ausgesetzten Meuterern. Im gleichen Sog mit Odysseus oder Aeneas, mit Gulliver oder dem halbwüchsigen Jim Hawkins der *Schatzinsel* dürfen wir lesend mit ihnen finden, was sie suchen; dürfen wir erjagen, wohinter sie her sind; dürfen in ungeahnte und ungewollte Lebenslagen geraten; dürfen allerlei Beute heimführen. Doch eh es dazu kommt, steuert der Erzähler uns oft genug ins Ungewisse, wo man denn nun landen werde, ja ob überhaupt. Und ebenso ungewiss bleibt, ob und wann plötzliche Zwischenfälle die ursprüngliche Fahrtrichtung unterbrechen oder herumreißen. Zwischenfälle von außen: seis, dass Naturgewalten, seis, dass grimmige Götter eingreifen – Poseidons Rache an Odysseus, Dionysos' Eifersucht auf die Lusitanen –, die womöglich das gemeinsame Schiff zerstören und die Mannschaft in alle Winde zerstreuen. Oder auch Zwischenfälle von innen: seis, dass an Bord Meutereien ausbrechen, seis, dass die unersättliche Neugier der Seefahrer angesichts absonderlicher Begegnungen dazu verlockt, das eigentliche Ziel vorerst zu vergessen.

Unerschütterlich setzt sich die Wahlverwandtschaft von Erzählen und Navigieren fort bis in die literarische Produktion des frühen und späten zwanzigsten Jahrhunderts. Unerschüttert dadurch, dass nun die Leute – nicht die Güter – nur noch ausnahmsweise, als Urlaubsluxus, sich auf Schiffsplanken fortbewegen. Ansonsten ziehen sie die schnellen, minder reibungsvollen Luftwege vor. Gleichwohl hält man sich schreibend nach wie vor an jene Wahlverwandtschaft. Ungeachtet dessen, dass die neuere technische Ausrüstung der Schiffe die Möglichkeiten verringert, aber nicht ausschließt, vom vorgesehenen Kurs abzukommen. Bedeutende Autoren durchaus unterschiedlicher Weltanschauung und Stilrichtung beherzigen sie gleichermaßen. Etwa der österreichische Romancier Heimito von Doderer, aber auch Derek Walcott, der schwarze Erzähler und Lyriker aus den Antillen. Letzterer, hierzulande leider nur wenig gelesen, erhielt 1992 den Nobelpreis für sein Hauptwerk mit dem lapidaren Titel *Omeros* (1990). Es ist eine eigenwillige Verschränkung von *Ilias* und *Odyssee* mit der Versklavungsgeschichte von Walcotts meerumbrandeter Heimat.

Binnenkanal und Ozean: Doderer und Walcott Der eine wie der andre Autor hat Erzählen als Navigieren im Sinn. Nicht nur dort, wo sie das eigene Handwerk praktisch ausüben, auch dort, wo sie darüber nachdenken. Dabei stößt Doderer – in straffer Kurzprosa nicht minder versiert als im weitschweifigen Romanzyklus – auf bemerkenswerte Unterschiede. Nachzulesen im *Repertorium* (1969) seiner aphoristischen Überlegungen:

> Jede wirkliche Novelle schleust uns durch den engen Kanal einer Ausnahme, darin der reißende Fluß sich in's Mahlwerk der Erzählung stürzt.

Soweit und auf diese Weise, laut Doderer, macht sich die Novelle zu schaffen am allgemeinen Strom des Erzählens. Doch je näher der

Mündung, desto dringender ist der Roman gefordert:

> Danach aber münden wir und treiben langsamer, hinausgeschwemmt in's offene Meer mit unbestimmt sich wegwendender Küste im Sonnenglast. Der novellistische Lotse geht von Bord, der Kapitän für große Fahrt übernimmt unser Schiff: es ist der Romancier. (202)

Einleuchtend umreißt das nautische Bild die Eigenheiten hier der Novelle, dort des Romans: wie hier der enge Umfang, bedingt durch den erzählten Ausnahmefall, ein rasches Tempo fördert; wie dort der oft unabsehbar weite Erzählstoff einen entsprechenden Umfang erheischt und gemächlicheres Tempo. Beidemal werden wir, die Leser, mitgerissen von der Strömung des erzählten Geschehens. Sog und Richtung machen sich dabei ungleich stark bemerkbar. In der Novelle, weil enggeführt durch den Ausnahmefall, wirken sie heftiger, deutlicher und zielstrebiger als im Roman.

Noch elementarer begreift Derek Walcott die Wahlverwandtschaft von Erzählen und Navigieren. Mittendrin in seinem modernen Epos *Omeros* vollzieht er sie demonstrativ. Einerseits stofflich, andrerseits poetologisch. Stofflich verwandelt er markante Figuren aus *Ilias* und *Odyssee* – Hektor und Achill, Helena und Odysseus – in heimische Fischer und Schiffer der Antillen. So überführt er zugleich das abendländische Mittelmeer in die karibische See samt den Flusslandschaften ihrer Inseln. Dorthin: wo im Lauf der Jahrhunderte Sklavenschiffe aus Afrika landeten; wo Piraten sich verschanzten; und wo von jeher die Eingeborenen tollkühn und virtuos ihre Einbaumboote durch die Wellen manövrieren.

Poetologisch geht Walcott noch weiter. Wiederum maritim, zieht er noch striktere Konsequenzen aus jener Konsequenz, die seine epischen Vorfahren aus den initialen Werken des Homer gezogen haben. Vergils *Aeneis*, Ariosts *Rasender Roland*, Camões' *Lusiaden*, sie alle rivalisieren ausdrücklich mit dem großen Urbild. Übertreffen wollen sie es durch noch gewaltigere erzählte Heldentaten. Andersartig wetteifert *Omeros* mit dem ursprünglichen Homer: durch rivalisierende Erzählinstanzen.

Denn sein Autor bietet nicht nur verschiedene menschliche Erzählerstimmen auf: so wie Homers *Odyssee* den eigentlichen Rhapsoden, den die angerufene Muse unterstützt und beflügelt, und obendrein noch den Odysseus, der streckenweise die eigenen Abenteuer aus seiner Sicht erzählt. Walcott mobilisiert zudem noch mit und gegen die menschlichen Erzählerstimmen die außermenschlichen der konkurrierenden Natur. Bezeichnenderweise ist es die Stimme des Ozeans höchstselbst, tiefstselbst. Elementar sichtet und besingt der Ozean, was alles auf ihm, in ihm und durch ihn geschah, geschieht und geschehen wird. Vormals, immer noch und fortan. Doch indem er, als wogendes Meer, all dies besingt, liquidiert er es auch schon. So heißt es im 59. Kapitel, wie durchweg in terzinenartigen Strophen:

[...] Der Ozean
erinnert sich weder an Gilgameschs Abenteuer, noch weiß er,
wer mit dem Schwert wessen Kopf abtrennt in der *Ilias*.
Er war ein Epos, in dem jede Zeile ausradiert und wieder
neu geschrieben wurde, auf zerspellenden Seiten der Brandung
mit jener blinden Gewalt, die jede Welle ersetzte,
mit einem tiefen Grab, und dies Heben und Senken nun,
dies Rauschen begann in Guinea und kam zur Erschöpfung
hier, wie immer man es las, nicht als unsre Niederlage oder
unsern Sieg; es tauchte jeden Überlebenden ein zur Segnung.
Nie änderte es nach dem Zeitalter sein Versmaß,
eine ausladende Seite war er, [der Ozean], ohne Metaphern.
Und unsere letzte Zuflucht wie auch die deine, Omeros. (S. 311 f.)

Der Ozean also wird hier zum ergänzenden Gegenprinzip epischen Erzählens. Wo frühere Rhapsoden den Hörern und Lesern ins Gedächtnis rufen, was die Muse ihnen eingibt – als Tochter der Mnemosyne, der Erinnerung –, wirkt hier nun das Meer in die Gegenrichtung. Im Versrhythmus seines fortwährenden Wellenschlags spült es alles Geschehene hinweg in ein Vergessen. Nicht zuletzt darum, um den epischen Schauplatz frei zu machen für abermaliges menschliches Geschehen. In Strophen wie diesen avanciert Walcotts Ozean, der handelnd erzählt und erzählend handelt, zum bevollmächtigten Agenten des Dichters. Unausgesprochen bestätigt auch Walcott Doderers nautische Einteilung: einerseits voluminöse, weitgreifende Formen wie Roman und Epos, die dem offenen Meer entsprechen; andrerseits schlanke Formen wie Novelle, die jenen Binnengewässern entsprechen, welche zielgerichtet dahinströmen von Quelle zu Mündung.

Erzählfluss in Brentanos *Rheinmärchen* Wohlgemerkt, hier sind keine beliebigen Marotten am Werk. Keine narrativen Narreteien postmodernistischer Spiegelfechter. Im Gegenteil. Doderer wie Walcott, jeder für sich, ziehen schlüssige Folgerungen aus jener Vorstellung von maritimem Erzählen, die seit Menschengedenken poetisch entfaltet worden ist. Und ein ganz anderer Dichter, der in ganz anderer Epoche eine ganz andere Erzählgattung gepflegt hat, ist diesen modernen Autoren, wahrscheinlich unerkannt, zum Vorläufer geworden. Gemeint ist Clemens Brentano im Zyklus seiner *Rheinmärchen* (1805–1816). Darin nimmt er das Sprachbild vom ‹Erzählfluss› genau beim Wort. Er schöpft es aus, um ein wunderreiches Geschehen flott zu machen, fortzuführen und schließlich einmünden zu lassen in ein beglückendes, märchenhaft endloses Ende. ‹Und wenn sie nicht gestorben sind …›

Die Auftaktgeschichte, die vom *Müller Radlauf*, spielt nicht nur am Rhein. Sie handelt auch vom und im Rhein. Brentano lässt ihn sogar, verkörpert als Vater Rhein, in die Handlung entscheidend eingreifen. Vor Kriegsgemetzel und Hungertod rettet dieser väterliche Strom die Mainzer Kinder, indem er sie bei sich aufnimmt. Drunten am Grund in seinem gläsernen Palast verköstigt er sie und stillt ihr Heimweh: durch Erzählen. So lang, bis ihm selbst sowie seinen einmündenden Nebenflüssen, dem roten und dem weißen Main, alle Märchen ausgegangen sind, die sie mit sich führen, herbeiströmend aus ihren jeweiligen Quellgebieten. Daraufhin fordert Vater Rhein von den hinterbliebenen Eltern droben: jedes Kind mit einem Märchen auszulösen. Ob Vater oder Mutter, sie sollen das eigene, nur scheinbar ertrunkene Kind emporerzählen aus der Tiefe des Wassers, vom Ufer aus. Und so geschieht es. Similia similibus, gleicher Zauber als Gegenzauber. Durch den Fluss des eigenen Erzählens bewegen die leiblichen Väter und Mütter den erzählfreudigen Rheinstrom, ein Kind nach dem andern wieder hinaufzulassen ins mittlerweile befriedete Alltagsleben.

IM GEFOLGE HOMERS: APOLLONIOS RHODIOS' *ARGONAUTIKA*

Für Apollonios war Homer das große Vorbild. Schon der hatte, ein halbes Jahrtausend früher, auf die althergebrachte Geschichte von den Argonauten zurückgeblickt. In der *Odyssee*, die ganz besonders auf die maritimen Irrfahrten ihres Titelhelden eingeht, heißt es im zwölften Gesang:

> Einem einzigen Schiff gelang es, vorbeizukreuzen,
> [an einem bestimmten tödlichen Engpaß]
> Argo, der allgepriesenen, als sie von Aietes zurückfuhr;
> Schnell aber hätten die Wellen auch sie an die Felsen geschleudert,
> Hätte nicht Hera dem Jason zuliebe sie gnädig geleitet. (XII, 69 ff.)

Schon Homer also geht davon aus, dass sein Publikum die Abenteuer und Namen kennt, auf die er hier anspielt. Zugleich geht er davon aus, dass Odysseus nicht der erste, doch immerhin der zweite war, der jener tödlichen Meeresfalle entkommen konnte. Nur den Argonauten war es zuvor schon geglückt: einer stattlichen Schar illustrer Helden, die mit ihrem Schiff namens Argo die ärgsten Gefahren bestanden auf der letztlich erfolgreichen Suche nach dem Goldenen Vlies. Odysseus hingegen ist den Gefahren der See meistens einsam ausgesetzt. Egal, ob allein auf dem Einmann-Floß dahinfahrend oder auf dem Schiff im Kreis der Gefährten, die nur zu oft seine sinnvollen Anweisungen buchstäblich in den Wind schlagen – zum Schaden aller. Auch Homers solistischer Held genießt zwar göttlichen Beistand. Vor allem durch seine besondere Schutzpatronin Athene, die sich, wo sie nur kann, für ihn einsetzt: droben im Olymp als leidenschaftliche Fürsprecherin vor den anderen Göttern, aber auch drunten unter den Menschen auf festem Erdboden. Aber eben kaum je im Meer, wo unbeschränkt jener Gott regiert, der den Odysseus mit wütender Rachsucht verfolgt: nachdem ihm der listenreiche Abenteurer den Sohn, den Zyklopen Polyphem, blutig geblendet und verhöhnt hat. Seitdem will ihm der Meeresgott Poseidon ans Leben. Mehr als einmal macht er Odysseus zum Schiffbrüchigen, der nur mit knapper Not davonkommt.

Apollonios, wie gesagt, strebt überhaupt dem Vorbild von Homers Epen nach. Bei aller Ehrfurcht sucht er es sogar zu übertrumpfen. Vor allem im Hergang der Meerfahrt, die in der *Odyssee* einen großen Teil des erzählten Geschehens bestimmt, in den *Argonautika* dagegen das ganze. Von Anfang bis Ende: vom Bau des Schiffs, das ausfährt, um in fernen Meeren und Ländern gefährliche Abenteuer zu bestehen, bis zur Rückkunft samt Beute an den Ort, wo es gestartet war. Aber auch Apollonios' Erzählweise überbietet das, was er in *Odyssee* und *Ilias* vorfindet. Wo Homer gleich zu Beginn die Muse anruft als göttliche Helfershelferin beim epischen Geschäft, wendet Apollonios sich an die nächst höhere Instanz: an Phöbos Apollon, den Führer und Gebieter der Musen:

Anbeginnend mit dir, o Phoibos, will ich besingen
Ruhmreiche Männer der Vorzeit, die durch die Mündung des Pontos,
Und kyanische Felsen, dem Herrscher Pelias folgsam,
Nach dem goldenen Vlies die Ruder der Argo gerichtet. (I, 1–4)

Diese programmatische Ouvertüre, die noch ein Dutzend weitere Verse beansprucht, deutet an, wovon erzählt werden wird. Wie bei Homer in knappen Stichworten, die dem zeitgenössischen Publikum ohne weiteres etwas sagen. Um eine lang zurückliegende Meerfahrt handelt es sich, unternommen von einem Plural berühmter Männer, mit dem Ziel «Goldenes Vlies». Beim Namen genannt wird die gefährlichste Teilstrecke, Pontosmündung und kyamische Felsen, aber auch der Verursacher des Unternehmens. Es ist der usurpatorische «Herrscher Pelias», der den Thron seinem Neffen Jason nur dann freigeben will, wenn der ihm jene Kostbarkeit aus der Ferne herbeischafft. Dass Pelias lediglich einen Vorwand sucht, um diesen Rivalen loszuwerden, auch darauf weist die epische Ouvertüre am Ende noch hin:

Eine gefährliche Seefahrt zu wagen, damit ihm [Jason] im Meere
Oder durch fremder Männer Gewalt die Heimkehr verdürbe. (I, 16f.)

Wenn zu Beginn der Rhapsode statt der Muse ausdrücklich den Gott Apollon heraufbeschwört, stellt er eine bemerkenswerte Personalunion her, die es so bei Homer nicht gibt. Verbindlich vereinigt sie in dem Angerufenen beides: Apollon als hilfreichen Schutzpatron des epischen Werks, das hier jetzt beginnt, und zugleich als hilfreichen Schutzpatron jener Seefahrerschar, von der dieses Werk erzählt. Denn keinem anderen Gott wird im Lauf des ereignisreichen Geschehens so eifrig, üppig und wirksam geopfert werden wie ihm. Zwar greift auch Hera, die Gattin des Zeus, machtvoll von oben ins Geschehen ein, wie immer strikt parteiisch. Diesmal einzig für ihren Günstling Jason, dem sie in vielen Notlagen beisteht. Apollon dagegen fördert das wagemutige Gesamtunternehmen der ganzen Gruppe, die da gemeinsam in See sticht.

Herabgebetet: Apollon als höherer Schiffsführer Aber auch persönlich hat Jason allen Grund, just diesen Gott für sich zu gewinnen – gleichsam als übergeordneten übermenschlichen Kapitän. Speziell als «Schiffebehüter» spricht er ihn an, der zuvor schon im Orakel verheißen habe, ihm, dem Jason, «die Pfade des Meeres zu weisen» (I, 359 f.). Alsbald, nach dem Stapellauf am eigens für Apollon errichteten Opferaltar, geht Jason noch weiter. Hier nimmt er den Gott erst recht ins Gebet. Denn ihm liegt daran, schleunigst die Verantwortung für Schiff, Mannschaft und richtigen Kurs abzuwälzen auf Apollon. Diese Verantwortung schmeichelt ihm zwar, aber noch mehr plagt sie ihn, seit ausgerechnet der tatkräftigste aller Helden, Herakles, ausgerechnet ihn, den untatkräftigen Jason, als eigentlichen Führer der Argo und ihrer Mission vorgeschlagen hat. Mit einhelligem Beifall der Mannschaft. So fordert er nun betend den Angebeteten auf:

«Selber nun leite das Schiff mit unversehrten Gefährten
Dorthin und wieder zurück nach Hellas [...]
Nun, wohlan, empfange von uns, o Schütze, das Opfer
[...] Und laß mich, Herr, bei günstiger Schickung
Lösen die Taue, beraten von dir. Es wehe der Wind uns
Gnädig, bei heiterem Wetter uns über das Meer zu befördern.» (I, 415 ff.)

Ob im Umgang mit Gefährten oder Feinden; ob mit Widrigkeiten der Natur auf hoher See oder mit außernatürlichen Schreckensgestalten an Land (so dem Drachen, der das Vlies bewacht, sowie den erdentsprossenen Unmenschen); ob schließlich mit Medea, der liebesgepeinigten Königstochter des Vlies-Besitzers oder mit seinen eigenen Gefühlen zu ihr: fast immer schwankt Jason. Kaum je weiß er zweifelsfrei, wohin mit sich selbst und mit der Welt. Nicht genügen kann ihm daher das Schutzpatronat der selber sprunghaften Hera. Jener Göttin, die, unbekümmert um die verheerenden Spätfolgen, ihm hernach die zauberkundige Helferin in die Arme treibt. Und zwar so, dass diese Medea ohne eigenes Wollen für immer auf Jason fixiert wird durch das göttlich herbei-intrigierte Liebesgeschoss des kleinen Eros.

Was nun also der unzulängliche Kommandant der Argo bei Apollon sucht und auch findet, ist weitblickende Treffsicherheit. Als «Schütze» spricht er ihn an. Just auf diese von den vielen hervorragenden Rollen des Gottes hat es der betende Jason abgesehen. In der Tat ist Apollon unter den Göttern der prominenteste Bogenschütze. Unfehlbar trifft er jedes anvisierte Ziel. Just ihm die höhere Leitung des Schiffs anzuvertrauen, zumal mit der trüben Aussicht auf die unbekannten Wege, die es einschlagen muss, spricht für das taktische Gespür des Opportunisten Jason. Was ihm selber fehlt, als Person und vollends als Schiffskommandant, macht dieser Gott mehr als nur wett. Umweglos und treffsicher wie seinen Pfeil, so hofft Jason, wird er auch das Schiff ans richtige Ziel steuern.

Jason, schwankender Held auf unstetem Meer Und für das taktische Gespür des Epikers Apollonios spricht, wie er die entsprechende Mitgift seines überkommenen Argonautenstoffs für das eigene nautische Erzählwerk nutzt. Wo immer es geht, spielt er das lebensgefährliche Missverhältnis aus: zwischen dem, was das gewaltige Meer jeweils

zwingend erfordert, und dem, was Jason als nomineller Schiffskommandant aus eigenen Kräften niemals vermag, sondern eben nur mit göttlicher Hilfe, vorab mit der von Apollon. Immer wieder misst der Dichter den Jason am Meer, das er nicht beherrscht, und das Meer an Jason, dem es über ist. Dass dabei die erzählte Seefahrt, aber auch das navigierende Erzählen, ungleich drastischer ins Bild kommt, als wenn, wie im Fall des Odysseus, die beiden Partner einander ebenbürtig sind, wird sich immer wieder zeigen. Unausgesprochen, wohlgemerkt, misst Apollonios den Jason am Meer, doch in Situationen, die für sich selber sprechen. Auch in anderen Lebenslagen, auf festem Boden im Kampf und in der Liebe, erweist sich dieser zwiespältige Held jedesmal als einer, der sich treiben lässt, statt klug und energisch gegen den Wind zu kreuzen. Als einer, der sein Schiff auf Sand laufen lässt und ratlos darauf wartet, dass irgendwer es wieder flott machen wird.

Zuständig für Seefahrt ist eigentlich keiner der beiden Schutzgötter, weder Apollon noch Hera. Deshalb sind sie genötigt, im Bedarfsfall geeignete Ersatzkräfte heranzuziehen. Immer dann, wenn die Hin- und die Rückfahrt der Argonauten zu scheitern droht. Ob vor Kleinasiens oder vor Nordafrikas Küsten oder sonstwo. So kommen denn für nötige Rettungswunder mancherlei Gottheiten auf, die den Meeren, den Flüssen und der Luft zugehörig sind: von Thetis und den Nereiden über Triton bis zu Aiolos, dem Herrscher der Winde. Und dennoch, obwohl so viele Götter sich einmischen, lässt sich Apollonios' Argonautenfahrt keineswegs als ein nur von oben gesteuertes Unternehmen begreifen.

Dass nämlich die Argo überhaupt ausfährt, ist ganz und gar zwischenmenschlich begründet. Wir wissen, König Pelias will – so sagt er – den veruntreuten Thron nur freigeben, wenn Jason das wertvolle Vlies herbeischafft. Und nichts als die Aussicht auf heroischen Ruhm unter den Menschen, also keine göttliche Weisung, bewegt die andern Helden dazu, mit Jason zusammen sich auf das enorme Wagnis einzulassen. Dabei bringt jeder von Haus aus eine ganz besondere Fähigkeit mit. Eben diese vielen jeweils besonderen Fähigkeiten, produktiv ineinandergreifend, halten auch weiterhin die geplante Seefahrt in Gang. Unübertrefflich auf seinem Gebiet ist jeder der Helden: ob als Schiffbaumeister oder als Ruderer; ob als Steuermann oder als Segelsetzer; ob als Errechner von Winden und Meeresströmungen; ob als Sterngucker, der die Positionen des Schiffes ermittelt; ob als Deuter des Vogelflugs, der Künftiges voraussagt; ob als Späher am Auslug, so wie der berühmte Lynkeus, der scharfsichtiger als jeder andere den Horizont absucht.

Orpheus, den Rudertakt musizierend Lauter Fachleute also, bis hin zum musizierenden Sänger Orpheus. Auch er leistet an Bord unverzichtbare Arbeit. Nicht allein wunderbar maritime, auch handfest maritime. Die lebensbedrohlich verlockenden Gesänge der Sirenen, gegen die einst Odysseus seine Seeleute durch Wachs in den Ohren immunisierte, sie übertönt und entkräftet Orpheus mit eigenem, noch reizvollerem Gegengesang. Und andrerseits bestimmt und bekräftigt er mit der Lyra den Arbeitstakt der rudernden Gefährten:

> Also nach der Leier des Orpheus schlugen die Leute
> Mit den Rudern das brausende Meer, es wogte gewaltig.
> Beiderseits hob sich schäumend empor die bläuliche Salzflut;
> Fürchterlich rauschte sie auf beim Schlage der kräftigen Männer. (I, 540ff.)

Und Argo selbst, das einzigartige Schiff, das diesem Epos und seiner nautischen Mannschaft den überdauernden Namen gibt? Es ist beides zugleich, Götter- und Menschenwerk. Kunstvoll, nach Athenes Entwurf und unter ihrer Anleitung, hat es ein genialer Handwerker gezimmert. Argos heißt er, und somit hat er in diesem Schiff auch sich selbst verewigt. Gut sechzig tapfere Helden nimmt es in sich auf. Sogar Herakles ist zunächst dabei, bis ihn, den notorisch landläufigen Heros, seine auferlegten eigenen Abenteuer auf andere als Seewege führen. Trotz hoher Masten und ausladender Segel lässt sich die Argo gefügig steuern, und mit vereinten Kräften des Winds und der unermüdlich rudernden Männer entwickelt sie außergewöhnliche Geschwindigkeit. So trotzt sie bis zuletzt auch den wildesten Stürmen.

Wie aber kommen die diversen Helden überhaupt zusammen, um als geschlossene Mannschaft die Meere und Flüsse zu durchfahren?

Und wie geht Apollonios vor, um seinerseits diesen Vorgang zu vergegenwärtigen? Erneut offenbart sich auch hier die Wahlverwandtschaft zwischen Erzählen und Navigieren. Nicht nur: dass Epik aus dem Sujet ‹Seefahrt› weit mehr herausholt als Dramatik und Lyrik. Sondern auch: wie die beiden Tätigkeiten, Erzählen und Navigieren, einander entsprechen.

Schiffs- und Heldenkatalog in *Ilias* und *Argonautika* Genau an jener Stelle zeigt es sich, wo der Rhapsode die programmatische Ouvertüre beendet, um zum eigentlichen Erzählen überzugehen. Er tut es, indem er sämtliche Helden, einen nach dem andern, aufzählt, benennt und erläutert. Jeden von denen, die sich da versammeln, um das unerhörte Abenteuer zu bestehen. Herbeigeeilt sind sie aus vielen Richtungen, wie Flüsse, die sich hier nun zu einem einzigen Strom vereinigen. Wenn er uns jeden Einzelnen vorstellt, verfolgt der Rhapsode die Wege zurück, woher sie gekommen sind, gleichsam von der Mündung zur Quelle. Und nicht nur räumlich geographisch vermerkt er ihre Herkunft. Auch zeitlich genealogisch vermerkt er, welcher bedeutenden Sippe sie entstammen. Etwa so: «Meleagros, der starke, des Oineus Sohn; aus Kalydon kam er» (I, 190f.). Oder so: «Aus dem Land der Phokeer kam Iphitos, Ornytos' Enkel, / Naubolos' Sohn» (I, 207f.). Zweihundert Verse lang geschieht das, Mann für Mann. So inständig und gleichförmig wie in einer Litanei.

Auch dabei hält sich Apollonios ans epische Vorbild des Homer. Diesmal freilich nicht an die *Odyssee*, sondern an die *Ilias*. Dennoch ist es wiederum ein unverkennbar maritimer Impuls, obwohl es hier, anders als bei den Irrfahrten des Odysseus, um das stationäre, massenhaft umkämpfte Troja geht. Aber: es mussten ja die angreifenden Griechen erst einmal überhaupt dorthin gelangen, zu dieser fernen Stadt. Auf Schiffen. Grad so wie zuvor, den Krieg auslösend, der Trojanerprinz Paris die griechische Fürstengattin Helena aus Sparta übers Meer entführt hatte. Solche Bewandtnisse verbildlicht Homer im so genannten Schiffskatalog, der beinah vierhundert Verse beansprucht (II, 484–877). So bedeutsam ist dem Dichter dieser Katalog, dass er ihn mit einem eigenen Musenanruf eröffnet. Pars pro toto als pars in toto: wie wenn im großen Ganzen der *Ilias* ein kleines Epos für sich noch daherkäme. Schon hier ist es, wie hernach dann bei Apollonios, eine litaneiartige Aufzählung. All jene benannten Schiffe der Griechen reiht sie auf, die aus verschiedenen Richtungen herbeigefahren und vor Troja gelandet sind.

Hie Heldenkatalog, hie Schiffskatalog. Was den einen vom andern unterscheidet, ist ebenso aufschlussreich wie das, was sie gemeinsam haben. Wenn Apollonios seine Helden katalogisiert, steht ihnen die Heerfahrt noch bevor. Das Schiff, mit dem sie ins ferne Kolchis fahren wollen, ist erst noch zu bauen, vom Stapel zu lassen und zu besetzen. Und danach erst, an Bord und auf hoher See, werden die bislang solistischen Helden sich zur Gemeinschaft der Argo-Nauten entwickeln. Zum navigierenden Ensemble, wo jeder Einzelne seine eigene Aufgabe meistert, im Einklang mit den andern. Inchoativ also ist ihr Spannungsverhältnis zur Meerfahrt. Erwartungsfroh, dass es alsbald losgeht. Aufbruchbereit.

Umgekehrt erscheint dieses Spannungsverhältnis in der *Ilias*. Es ist resultativ. Wenn Homer, noch viel ausführlicher, die Schiffe katalogisiert, haben sie die Meerfahrt schon hinter sich. Landend haben sie den Ort ihres Ziels erreicht. Nicht auf ein einziges, einzigartiges Schiff kommt es hier an, bemannt mit einzelnen Helden, die sich zusammenschließen, sondern auf eine Unmenge von Schiffen. Zwar wird in jedem Fall ihr Befehlshaber mit Name und Herkunft genau verzeichnet. Doch noch mehr geht es dem Dichter um den überwältigenden Eindruck jener raumverdrängenden Flotte, die sich da kampfbereit an den Küsten vor Troja breit macht. Mit jedem der aufgezählten Namen hämmert er uns ein, wie viele Griechenfürsten solidarisch dem Vergeltungsaufruf von Agamemnon und Menelaos nachgekommen sind. Und in jedem der zahlreichen Schiffe ballt sich vollends eine vielköpfige Mannschaft von Kriegern, auf dem Sprung, um endlich den Schiffsbauch zu verlassen, der sie auf See so lange zusammengepresst hat. Hinaus ins Freie und an Land, wo vor Trojas Festungsmauern diese geballten Massen sich ausdehnen können. Und volle zehn Jahre später wird sich das nämliche Kräftespiel wiederholen: zwischen Kompression und Explosion, zwischen fesselndem Innenraum und entfesselndem Außenraum. Beenden wird es diesen Krieg der Gelandeten, welcher jetzt sogleich beginnt. Beenden dadurch, dass eine nun kleinere, auserlesene Mannschaft abermals sich einzwängt – nun nicht in den Bauch von vielen hölzernen Schiffen, sondern von einem einzigen hölzernen Pferd –, um heimlich einzudringen ins bislang unbezwingbar befestigte Troja. Auch da steigert die Enge des Transportbehälters die Schlagkraft der Männer, die ihm am Zielort entquellen.

Aufzählen und Erzählen Nicht minder aufschlussreich als die Unterschiede zwischen Apollonios' Helden- und Homers Schiffskatalog sind die Gemeinsamkeiten. Aufschlussreich für unsre grundsätzliche Neugier auf Erzählen überhaupt, aber auch für unsre besondere Neugier auf Erzählen als Navigieren. Denn bei solchen Katalogen – egal, worauf sie sich beziehen – handelt es sich allemal um ein genuin episches Verfahren. Wer katalogisiert, zählt auf. Wer katalogisiert, zerteilt eine unvorstellbar große Menge, um sie in eine vorstellbare Reihe kleiner, benennbarer Einzelteile zu überführen. Erzählen und Aufzählen aber

sind nicht nur sinnverwandt durch gleichen Wortstamm. Auch als Tätigkeiten sind sie einander verbunden. Schon wer im Alltag drauflos erzählt, zählt immer auch auf. Und erst recht, wer poetisch erzählt. Denn epische Werke – anders als dramatische und lyrische – rechnen von jeher mit der Fülle, Breite und Weite der Welt. Nicht nur der erlebten, auch der ersonnenen und erträumten Welt. Auf deren schier grenzenlose Vielfalt haben sie es abgesehen. Aber nicht in Bausch und Bogen. Sinnfällig vielmehr, vor unsren inneren Augen und Ohren, entfalten epische Werke eben diese Vielfalt. Sie falten sie auseinander, indem sie erzählen.

Wenn nun also Homers Rhapsode den Schiffskatalog, wenn Apollonios' Rhapsode den Heldenkatalog vor uns aufzählt, Schiff nach Schiff und Held nach Held, dann fertigen sie uns nicht ab mit der Gesamtsumme jener Schiffe und Helden. Sonst bliebe ja nur eine abstrakte Größe, bodenlos und körperlos, von der sich niemand eine Vorstellung machen kann. Stattdessen reihen sie fort und fort die einzelnen Posten einer kaum je erreichbaren Gesamtsumme. Und zwar so, dass jeder dieser Posten weniger unser Zählvermögen als unsre Sinnesorgane anspricht. Jedesmal ein markanter Name, von Personen und Orten, der sich klanglich und rhythmisch einprägt. Spürbar wie die griffigen Perlen vom Rosenkranz gleitet einer nach dem andern durch die Finger unsrer Fantasie.

Katalogisieren, wie gesagt, ist ein genuin episches Verfahren. Es beschränkt sich also weder – geschichtlich – auf antike Epen, noch beschränkt es sich – sachlich – auf nautisches Geschehen. Überall ist es am Werk, wo großräumig erzählt wird. So, wenn mittelalterliche Artusromane, eh es zum Turnier kommt, die Waffen der Ritter Stück für Stück registrieren. So, wenn Märchen aus *Tausendundeine Nacht* vielerlei Teppiche und Gewürze aufzählen, die im Bazar sich häufen. So, wenn Rabelais' Gigant Gargantua, gelehrsam schon im Riesenkinderalter, eine schier endlose Liste der bequemsten Arschwische anlegt. So, wenn Zola die Auslagen der Pariser Markthallen, Fleisch und Fisch und Gemüse, ebenso sorgsam abhakt wie Keller den gehorteten Krimskrams im Schatzkästlein der Seldwyler Jungfrau Züs Bünzlin. So, wenn Döblin im *Wang-Lun*-Roman die Schlachtreihen altchinesischer Reiter und wenn Grass in den *Hundejahren* alle Züchtungssorten von deutschen Schäferhunden genaustens auffächert.

Zweifellos, die Sujets der genannten Werke haben mit Seefahrt nichts zu tun. Trotzdem klingt dort, wo sie katalogisch erzählen, etwas nach von den nautischen Abenteuern der frühen Epen: vom wogenumbrandeten Odysseus; von den landenden Schiffen der Griechen vor Troja; von den Argonauten vorm Aufbruch zum Goldenen Vlies; von Aeneas, im Mittelmeer umherkreuzend. Was da nachklingt, im Ostinato der Aufzählung, ist der beharrliche Wellenschlag des ‹Und so weiter›. Wenn wir ihn ebenso beharrlich durchlesen, suggeriert jeder epische Katalog, ob meerbezogen oder nicht, eine potentielle Unaufhörlichkeit. Er erzeugt den Eindruck, es laufe die Aufzählung immer so fort, weit hinaus über den letzten Punkt, der letztlich keinerlei Ende setzt. Syntaktisch begegnen den Lesern die übervielen Waffen, die übervielen Gewürze, die übervielen Hundesorten, die der Katalog daherzählt, jedesmal als asyndetische Reihe. Sie kennt weder «und» noch «oder». Keinerlei Wortklammer, die jeweils all die aufgezählten, doch zahllosen Dinge verbinden und verfugen würde.

So kommt uns die Reihe nicht nur an ihrem Ende unaufhörlich vor. Zuvor schon, in ihrem Verlauf zwischen Waffe und Waffe, Schäferhund und Schäferhund mutet sie zufällig an und richtungslos. Eine schlüssige Abfolge gibt sie nicht zu erkennen. Auch insofern wird hier Vielfalt entfaltet, geradezu entfesselt. Denn solang der Katalog dauert, befreien sich die aufgezählten Objekte von jeder epischen Folgerichtigkeit, vom zwangsläufig vorwärtsschreitenden ‹Und dann ... und dann› des erzählten Geschehens. Für den Fortgang dieses Geschehens sind sie zwar unverzichtbar. Sie gehören ja dazu. Sie tragen ja dazu bei, dass es weitergeht. Unter sich jedoch, innerhalb der katalogischen Reihe, entziehen sie sich jeder gängigen Fortbewegung, zielbewusst von hier nach dort. Nicht landläufig bewegen sie sich da, sondern seeläufig. Wie Meereswellen, die unabsehbar mal hierhin, mal dorthin drängen.

Sujet ‹Seefahrt› überspült die schlüssige Konstruktion Selbst die etwas befremdende Konstruktion der *Argonautika* kommt letztlich beidem entgegen, dem erzählten Navigieren wie dem navigierenden Erzählen. Ob mit, ob ohne Absicht des Dichters. Dieser Eindruck wächst bei fortschreitender Lektüre, besonders dann, wenn man vergleichend zurückblickt auf Apollonios' homerische Vorbilder. 24 Gesänge umfasst die *Ilias*, ebenso viele die *Odyssee*. Die *Argonautika* dagegen belässt es bei vier Gesängen mit jeweils doppelt so vielen Versen wie bei Homer. Ihr Gesamtumfang entspricht etwa einem Drittel der

Ilias, einer Hälfte der *Odyssee*. Trotzdem scheint es beim Lesen so, als würden hier ebenso viele, auch ebenso vielerlei Abenteuer erzählt wie dort. Allerdings: ungleichartig. Mal breit und mal knapp, oft auch ungleich dicht in der Ereignisfolge. Überhaupt liegt dem Autor offenbar wenig daran, seinen Erzählstoff ausgewogen zu gliedern und das Gesamtgeschehen übersichtlich zu komponieren. Vom Aufbruch der Argonauten bis zu ihrer Ankunft in Kolchis erzählen die beiden ersten Gesänge. Der Aufenthalt dort – Eroberung des Goldenen Vlieses, dank Medeas Hilfe – beansprucht den dritten Gesang und greift noch hinüber in den vierten. So bleibt nurmehr der Rest dieses letzten Gesangs, um die nicht minder ereignisreiche Rückfahrt nach Griechenland zu erzählen.

Noch merkwürdiger wirkt Apollonios' Verzicht, den roten Faden seiner Erzählung konsequent zu Ende zu führen bis hin zu einem deutlichen Schluss. Womöglich gar so triumphal wie in der *Odyssee*. Dort, wo der Titelheld, endlich heimgekehrt nach zwanzig Jahren in der weiten Welt, mit einem Rundumschlag reinen Tisch macht: indem er die schmarotzenden Freier erledigt, sich mit Penelope wieder vereint und, jetzt endlich unangefochten, seine Herrschaft auf Ithaka erneuert. Nichts dergleichen in den *Argonautika*. Dabei hat Apollonios sein Epos durchaus als abgeschlossen erachtet und beendet. Und trotzdem unterlässt er es, den Start und das Ziel jener einzigartigen Exkursion schlüssig aufeinander zu beziehen. So wie Frage und Antwort, wie Rätsel und Lösung. Zu erwarten wäre eigentlich, dass der Zweck, weshalb die Argonauten überhaupt ausgefahren waren, sich am Schluss des Epos merklich erfüllt. Doch das ist nicht der Fall. Lang und breit haben wir zwar vernommen, wie das Goldene Vlies erobert und davongeführt wurde. Nichts jedoch von der Übergabe jener Beute an König Pelias, den Initiator des großen Unternehmens. Immerhin war er es, der das Vlies haben wollte. Somit bleibt auch offen, ob Pelias letztlich, wie anfangs versprochen, den Thron für den rechtmäßigen Herrscher Jason räumt.

Was der schlüssigen epischen Konstruktion fehlt, kommt indes der erzählten Seefahrt zugute. Indem er gleichgültig auf sich beruhen lässt, ob denn das Ende des Geschehens der Bedingung seines Anfangs entspricht, richtet dieser Epiker das Augenmerk auf den sinnlichen Hergang und auf die handfesten Umstände dessen, was zwischen Anfang und Ende geschieht. Ereignis für Ereignis. In Apollonios' Fall also darauf: wie die Argonauten, als besondere Nautiker ihres besonderen Schiffes Argo, dahinfahren zum Zielort und wieder zurück; und welche Abenteuer sie dabei bestehen. Alles andere als gradlinig und stetig sind sie unterwegs. Schon auf der Hinfahrt sind sie genötigt, da und dort anzulegen an der Meeresküste oder auf Inseln. Noch unbeständiger verläuft die Rückfahrt von Kolchis. Denn der rachewütige König Aietes, beraubt um Vlies und Tochter, will die griechischen Räuber nicht davonkommen lassen. Ganze Flotten schickt er los, um ihnen allenthalben die Fluchtwege abzuschneiden. Darum können sie nur auf übermäßigen Umwegen die Heimat erreichen. Somit weicht die Rückfahrt der Argonauten merklich ab von der Hinfahrt. Nicht nur geographisch, auch navigatorisch. Auf der Hinfahrt hatte Jasons Mannschaft es überwiegend mit unberechenbaren Naturgewalten zu tun, mit widrigen Winden und Strömungen. Auf der Rückfahrt dagegen kommen die ebenso unberechenbaren Manöver der Verfolgerschiffe noch hinzu, die immerfort die Argo zwingen, ihren eigentlichen Kurs zu ändern.

Maßgeblich fürs epische Erzählen, so zeigt sich erneut, ist nicht der schnurgerade Weg von Start nach Ziel. Maßgeblich, weil ertragreicher, sind die Umwege. Mithin scheint es nicht zwingend erzählenswert, ob das so heftig umkämpfte Vlies schließlich seinen vorgesehenen Zweck erfüllt. Ob es sich auszahlt als verabredetes Zahlungsmittel: Vlies gegen Thron. Zwingend erzählenswert scheint vielmehr, welche mannigfachen Abenteuer es kostet, um das Vlies aufzuspüren und zu erringen, um es davonzutragen und zu verteidigen. Dabei führen die Umwege, selbst in diesem so ausgeprägt maritimen Epos, nicht allein übers Wasser. Sie führen auch übers Land. Eins bedingt das andere. Genauer: um überhaupt vorwärts zu kommen auf ihrem Seeweg hin zur begehrten Beute, muss Jasons Mannschaft wieder und wieder auch das Festland ansteuern. Jeder Abstecher auf den festen Boden beschert ihr ganz bestimmte Abenteuer. Unvermeidliche, aber auch unerlässliche. Denn jedesmal erweisen sie sich als Voraussetzungen und Vorbereitungen für den entscheidenden Kampf ums Vlies in Kolchos. Auch der wird ja, obwohl man nur zu Schiff dorthin gelangt, an Land ausgetragen. Und zwar gegen fabulös übernatürliche, aber durchwegs bodenständige Lebewesen. Feuerspeiende Stiere sind es, «erdentsprossene Männer» und ein gigantischer Drache. Vorbereitende Abenteuer an Land? Drei Beispiele reichen hin, um die Vielfalt anzudeuten.

Abenteuer zu Land und auf dem Wasser Erstens: auf der Insel Lemnos. Hier begegnen die Argonauten im Vorhinein jener verhängnisvollen Verbindung von Erotik und Mord, wie sie später dann Medea an Jason fesseln wird. Auf Lemnos herrschen schöne selbstbewusste Frauen, die einst ihre tyrannischen Männer umgebracht haben, jetzt aber, um angemessene Fortpflanzung besorgt, partout Jasons erlauchte Heldenschar für sich gewinnen wollen. Schon sind die Gäste drauf und dran, den Verlockungen zu erliegen, da fährt der einzig widerständige Herakles zornig dazwischen und ruft die Gefährten auf zum eigentlichen Ziel. Zweitens: auf der Ares-Insel. Hier verjagen die Argonauten die angriffswütigen stymphalischen Vögel, die ihre metallischen Federn, gleich tödlichen Pfeilen, auf jeden Ankömmling abschießen. Unweit davon nehmen sie die schiffbrüchigen Söhne des Phrixos auf und mit nach Kolchis. Es ist dies ein erster, freilich indirekter Kontakt mit dem Goldenen Vlies. Phrixos selber nämlich war dessen Vorbesitzer, bis König Aietes ihm dafür eine seiner Töchter zur Frau gab.

Drittes Beispiel: an Bithyniens Küste. Hier zeigt sich, dass solche vorbereitenden Abenteuer auch unmittelbar überspringen können vom Land aufs Meer. Diesmal stehen die Argonauten dem einst berühmten, inzwischen fast verhungerten Seher Phineus bei. Sie erleben, wie die grässlichen Harpyen, vom Himmel herabstoßend, ihm die Nahrung wegfressen und die Reste mit ihrem Kot ungenießbar machen. Täglich passiert das, im Auftrag des strafenden Zeus. Laut alter Prophezeiung: so lang, bis dereinst die Argonauten hier vorbeikommen. Und siehe, zwei Helden aus Jasons Schar – Söhne des Nordwinds Boreas und ebenso windschnell wie er – verfolgen diese Untiere und vertreiben sie für immer. Zum Dank weist der greise Seher seinen Rettern den weiteren Weg nach Kolchis. In «enger Gasse des Meeres», den so genannten Symplegaden, führe er hindurch zwischen den beiden kyamischen Felsen, die noch keine Schiffsmannschaft je überlebend hat passieren können. Da diese tödlichen Zwillingsfelsen, so weiß der Seher, «nicht fest im Grund verwurzelt» sind,

Schwimmen zuweilen sie gegeneinander, um sich zu vereinen.
Über ihnen brandet dann hoch das Wasser des Meeres
Tosend, und schallend dröhnen dann rings die Felsengestade. (II, 321 ff.)

Fürwahr, ein waagrechtes Doppelschafott. Dort sollen die Argonauten eine Taube vorausfliegen lassen. Als Test und Orakel. Dann erst soll dem Vogel das Schiff nachfolgen im richtigen Zeittakt der Wogenströmung.

Dieser Rat des Phineus bewährt sich prompt im sogleich folgenden Meeresabenteuer. Dank der Taube und dank zusätzlicher Hilfe der Göttin Pallas Athene, die schon beim Bau der Argo half, kommen sie gerade noch hindurch. Mit heiler Haut, aber einem Schaden am Schiffsheck. Mehr als sechzig Verse lang schildert Apollonios diesen gewaltigen Kampf mit der Meeresströmung. Zeitweilig kommt er den Argonauten buchstäblich aussichtslos vor, weil unabsehbar hohe Wellenberge ihnen das Blickfeld rauben. Die nautischen Künste, die sich auf hoher See bewährt haben, nützen ihnen nur wenig in diesem so ganz andersartigen Aufruhr der Elemente. Der Engpass der Landschaft und vollends das übernatürliche Auf und Zu der beweglichen Felsenpforte, beide steigern den Druck, die Wucht und Geschwindigkeit der eben noch gestauten und gleich drauf enthemmten Wassermassen. Aber nicht nur, was das Meer seinen letztlich davonkommenden Bezwingern antut und aufnötigt, auch wie es selber sich maßlos äußert, gischtend und dröhnend und spritzend: all das schwillt an zu einem Höhepunkt erzählter und erzählender Navigation. Überwältigend selbst dann noch, wenn man den Text auf die Hälfte verknappt:

Schon traf unaufhörlich das Dröhnen der prallenden Felsen
An ihr Ohr, es brüllten die meerumpeitschten Gestade.
Da erhob sich Euphemos, in seinen Händen die Taube,
Und stieg vorn ins Schiff. [...]
Unter den zackigen Klippen erdröhnte in Grotten und Klüften
Donnernd das brausende Meer in der Tiefe, und hart auf die Riffe
Schoß der weiße Gischt empor von den brandenden Wogen.
Und nun drehte die Strömung das Schiff herum, und die Felsen
Kappten die äußersten Federn am Schwanz der Taube. Sie selber
Kam noch heil hindurch, da jauchzten die Ruderer. Tiphys
Brüllte, sie sollten rudern mit allen Kräften, denn wieder
Klafften die Felsen. [...]
Da unerwartet rauschte empor eine mächtige Woge,
Übergewölbt und gleich einem steilen Gebirge. Die Helden
Duckten, als sie sie sahen, die Häupter zur Seite. Es schien ja

Über das ganze Schiff die Woge verdeckend zu stürzen.
Tiphys kam ihr zuvor: das Schiff, vom Rudern entlastet,
Ließ er gleiten, und unter dem Kiel verebbte die Woge.
[...]
Wiederum stürmte gewölbt heran eine Woge. Das Fahrzeug
Rannte wie eine Walze entgegen der mächtigen Welle,
Glitt in die gähnende Tiefe, doch hielt es die wirbelnde Strömung
Wieder zurück inmitten der Symplegaden. Sie nahten
Brausend von beiden Seiten und hemmten die Barke am Platze.
Aber Athene faßte den massigen Fels mit der Linken
Und stieß mit der Rechten das Schiff, damit es hindurchglitt,
Und im Enteilen glich es einem gefiederten Pfeile.
Dennoch rissen die Felsen, gewaltig zusammen sich drängend,
Fort vom Heck des Schiffes das äußerste Ende. (II, 553 ff.)

Nautik und Aviatik: Vögel, Segler der Lüfte Nicht von ungefähr sind es Vögel, die maßgeblich in diesen Abenteuern mitwirken. Einerseits wunderbar absonderliche, so die stymphalischen Vögel mit den eisernen Geschossfedern und die ekelhaften Harpyen. Beide begegnen sie den Argonauten feindselig, doch sie werden von ihnen erfolgreich verjagt. Andrerseits ist es ein ganz gewöhnlicher Vogel, jene Testtaube, die ihnen gleich der von Noah hilfreich erbötig ist. Auch weiterhin haben es die Argonauten mit markanten Vögeln zu tun. Je näher dem Ziel Kolchis, desto mehr mit solchen, die ihnen unentbehrlichen Beistand leisten. Von oben herab, aus den Lüften, weisen sie ihnen den rechten Weg, indem sie ihn fliegend geradezu vorschreiben. Mal mehr mal minder rätselhaft. Immer aber so, dass einschlägig Lesekundige verstehen, was da gemeint ist.

Ein Meereseisvogel verkündet ihnen, die wegen stürmischer Gegenwinde wochenlang an der Küste von Kyzikos festliegen, wie sie wieder vorwärts kommen können. Der Vogel heißt sie, die zuständige Göttin Kybele für sich zu gewinnen. Durch sie nämlich werden «Meer und Winde und alle / Tiefen der Erde umschlungen» (I, 1098 f.). Und kaum hat man der Kybele geopfert, da schlagen die Winde zugunsten der Argo um. Eilig segelt sie dem Ziel entgegen, verstärkt durch eigene Ruderkraft. Aber auch dort noch – längst liegt das Schiff in Kolchis vor Anker – wird ihnen gefiederte Hilfe zuteil. Abermals wissen sie nicht, wie weiterkommen. Diesmal an Land: ratlos, wie sich die schier unüberwindlichen Hindernisse vor dem drachenbewachten Goldenen Vlies überwinden lassen. Soll man wohl das Bündnis wagen mit der zauberkräftigen Medea? Sogleich erfolgt die beflügelte Antwort:

Hoch aus den Lüften floh vor einem lüsternen Habicht
Eine schüchterne Taube hinab auf die Kniee des Jason.
Aber der Habicht fiel auf das Heck des Schiffes [...]. (III, 541 ff.)

Und triftig versteht Mopsos, der bewährte Zeichendeuter der Mannschaft, diesen ornithologischen Bescheid als ein Ja der Götter. Ja, man soll Medea für die Sache der Griechen gewinnen. Und man wird es.

Es spricht zwar in allen diesen Fällen aus der Natur der Vögel die Übernatur. Seis der Ananke, des allmächtigen Schicksals, seis der beinah so mächtigen Götter, die den Sterblichen etwas Lebenswichtiges zu sagen haben. Empfehlen sich doch die Vögel, rastlos in den Lüften unterwegs, als glaubhafte Botschafter zwischen dem Droben des olympischen Himmels und dem Drunten der Menschen. Gleichwohl äußert sich da nicht nur Meta-Physisches. Noch sinnfälliger spricht die besondere physische Erscheinung der Vögel. Und erst recht sprechen ihre leibhaftigen Bewegungen und Fähigkeiten, die den bodengebundenen Lebewesen so sichtlich überlegen sind. Selbst den technisch begabten Menschen, die mit ihren Schiffen immerhin die Meere befahren können. Die Vögel dort oben nämlich – so muss es den staunenden Blicken von unten vorkommen –: sie kennen auf ihren Luftwegen keine Hindernisse; sie haben unbeschränkten Überblick; sie sehen in grenzenlose Fernen, aus denen sie daherkommen und in die sie davonfliegen. Grund genug für die Menschen, immer schon den Vögeln ein höheres Vermögen zuzutrauen und anzudichten. In allen antiken Epen entnehmen begnadete Seher dem Vogelflug, was künftig geschehen soll und wird. Denn jene, die dort oben den grenzenlosen Raum durchfliegen, unversehens bald hierhin bald dorthin kurvend, sie mögen wohl auch die Zeitgrenzen zwischen Gegenwart und Zukunft überwinden. Vom Hier und Jetzt, so scheint es, eilen sie davon ins Unbekannte. Auch temporal also dürften sie bereits dort gewesen sein und sich auskennen, wo die Menschen erst noch hingelangen werden.

Indem auch Apollonios solche prophetischen Seher agieren lässt, schließt er sich wie selbstverständlich dem homerischen Herkommen an. So wie später dann auch der Dichter der *Aeneis* und dessen Nachfolger. Eigenwilliger ist, wie nachdrücklich Apollonios bestimmte Parallelen sichtbar macht zwischen den Vögeln als Segler der Lüfte und seiner Heldenschar, die drunten das Meer durchsegelt. Obwohl die Argonauten mit göttlicher Hilfe ihr Schiff gebaut haben und es meisterhaft beherrschen, erfahren sie sich selber bisweilen als eher schwerfällige Nachahmer dessen, was ihnen hoch oben vorschwebt als unerreichbar schwereloses beflügeltes Vorbild. Schon im Abenteuer der symplegadischen Meerenge betont Apollonios die Ähnlichkeit zwischen Nautik und Aviatik. Dort, wo die Testtaube – eine entfernte Verwandte der Taube aus Noahs Arche – der Argo voranfliegt durch den beklemmenden Spalt des beweglichen Felsenpaares. Gerade noch kommt sie hindurch, freilich verletzt am Schwanzgefieder. Ebenso knapp kann danach das Schiff die Enge gerade noch passieren. Bezeichnenderweise genau mit der gleichen Verletzung am Heck. Hier wie dort also wird das entscheidende Hinterteil, wo die Steuerung sitzt, merklich beschädigt. So prägt sich der Vogel den Lesern ein als kleineres Sinnbild, auch als übersichtlichere Analysisfigur für das größere und komplexere Schiff. Er ist ihm voraus und überlegen.

Noch deutlicher zieht Apollonios die Parallele zwischen Fortbewegung in der Luft und auf der See im zweiten Gesang. Dort, wo die Argonauten sich jenem berühmten Felsenberg nähern, an den seit alten Zeiten Prometheus gekettet ist. Unmittelbar erleben sie die Ankunft des gigantischen Adlers, der im strafenden Auftrag der Götter dem wehrlosen Helden tagtäglich Stücke aus seiner Leber wegfrisst. Nicht nur innerlich erschüttert sie das schreckliche Ereignis, auch äußerlich. Das Takelwerk der Argo wird heftig durchgerüttelt vom Schwingenschlag jenes außergewöhnlichen Vogels.

> [Ihn] gewahrten sie abends, wie hoch er über dem Schiffe
> Flog mit lautem Sausen dicht unter den Wolken, und ob er
> Nur so vorüberstrich, so schwankten doch sämtliche Segel.
> Denn nicht hatt' er das Wesen von luftdurchfliegenden Vögeln,
> Nein, der Flügel Schwung glich Schlägen geglätteter Ruder. (II, 1251 ff.)

Nautik und Aviatik kommen sich hier noch näher als in den anderen Fällen. Kein einseitiges, ein wechselseitiges Verhältnis zeichnet sich ab. Nicht nur die Schifffahrt mit ihren windbewegten Segeln gleicht dem Vogelflug. Auch der Vogelflug, jedenfalls der des olympischen Adlers, gleicht der Schifffahrt, die mit menschlicher Ruderkraft die Schubkraft des Windes unterstützt: «der Flügel Schwung glich Schlägen geglätteter Ruder.» Der Dichter Apollonios aber weiß, wozu er dieses Wechselverhältnis so beharrlich ausspielt. Auch weiterhin und selbst dann noch, nachdem die Argonauten mit ihrer doppelten Beute davongefahren sind. Wütend schickt ihnen König Aietes seine Flotte nach. Eiligst stechen die Schiffe in See. «Da meinst du schwerlich» – so versichert der Rhapsode – «es wäre ein riesig Geschwader, / Sondern es rausche, unzählig, ein Vogelschwarm über den Fluten.» (IV, 239f.)

Indem Apollonios eins mit dem andern vergleicht, indem er Schiff durch Vogel metaphorisch beflügelt, aber auch umgekehrt, nutzt er beiderlei Fahrtwind, um sein episches Geschehen in Schwung zu halten. Seine Vögel spielen dabei allerdings eine andere Rolle als jene, die ich im Kapitel II erörtert habe, am Beispiel des Romans vom *Roten Zimmer*. Strindberg, wie erinnerlich, setzt die Vögel ein, um den erzählten Schauplatz auf Anhieb zu vergegenwärtigen: «Stockholm aus der Vogelschau». Dort wirken sie mit als narrative Helfershelfer des Erzählers. So wie auch der Wind, der den Blicken der Leser voranweht durch die Topographie dieser Stadt. In den *Argonautika* dagegen gehen die Vögel restlos auf im erzählten Geschehen: von der Testtaube über den Eismeervogel bis zum Adler des Prometheus. Sie selber reden nicht mit, von ihnen ist die Rede. Auch und gerade dann, wenn künftige Ereignisse aus ihrem Flugverhalten abzulesen sind.

Medea an Bord «O hätte, Fremdling, das Meer dich verschlungen, bevor du nach Kolchis gekommen» (IV, 32f.). So Medea, klagend, zu Jason, den das Meer aus der Fremde in ihre Heimat getragen hat. Dabei steht sie jetzt erst am Anfang ihrer Misere. Denn die ärgsten Untaten, jenem zuliebe, an den sie sich willenlos gefesselt sieht, sind noch gar nicht begangen: der Mord an ihrem Bruder Apsyrtos und seiner Schiffsmannschaft. Das Meer, das Medea hier so emphatisch anspricht, haben alle handelnden Personen der *Argonautika* immerfort im Sinn. Jenes Meer, das unversehens die Menschen zusammenführt und auseinanderreißt. Auf der ereignisreichen Fluchtfahrt, kreuz und quer, wird sie, die bislang sesshafte Medea, am eigenen Leib es ebenso turbulent erleben wie die Argonauten, die sie mit sich führen.

An Bord erlebt sie die wildesten Stürme vor der Insel Elektris. Ferner vernimmt sie schaudernd inmitten von Jasons Schar, wie Zeus mit zorniger Stimme aus dem Mast des Schiffes ertönt. Für den Mord an Apsyrtos fordert er Entsühnung, die einzig durch die Göttin Kirke auf deren entlegener Insel erfolgen kann, was später dann auch geschieht. Weiters erlebt Medea die strudelnden Strömungen des siebenarmig mündenden Flusses Rhodanos, aber auch die glücklich gebannten Gefahren der verlockenden Sirenengesänge. Und hernach dann entkommt sie an Bord der Argo mit knapper Not dem tödlichen Sog in der Meerenge zwischen Skylla und Charybdis. Schließlich geht es um sie selber in den Kämpfen und Verhandlungen mit den hartnäckigen Verfolgern aus Kolchis, die nicht nur das Goldene Vlies zurückfordern, sondern auch sie, die freiwillig entführte Königstochter. Zwischendrin, auf der Insel der freundlichen Phäaken, findet noch die hastige Vermählung mit Jason statt.

Und noch immer nicht erreichen die Griechen die heimatliche Küste. Zwar kommt sie fast schon in Sicht, doch

> [...] da raffte ein wütender Nordwind
> Mitten im libyschen Meer das Schiff, und ganze neun Nächte
> Und ebenso viele Tage verschlug er es, bis sie die Syrte
> Weiter und weiter getrieben, erreichten, wo Schiffen nur selten
> Heimkehr blüht, sobald sie in diese Buchten geschleudert. (IV, 1232ff.)

Hier sieht es nun so aus, als wolle die See den Seefahrern für immer das Handwerk legen. Nicht etwa, indem sie die sonst so Seetüchtigen, nach heldenhaftem Kampf mit den Wogen, verschlingt. Im Gegenteil: indem sie, schmählicherweise, die Mannschaft zu ohnmächtiger Tatenlosigkeit verdammt. Geschleudert hat sie das Schiff in die völlig versumpfte Syrte vor Libyens Küste, wo es hoffnungslos feststeckt. Keine noch so starke Flut wird es aus dem zäh haftenden Morast je wieder flott machen. Somit müsste wohl dieses Abenteuer den Argonauten zum allerletzten Abenteuer werden. Noch dazu, ironischerweise, zum Anti-Abenteuer schlechthin. Zu einer lähmenden Lage, in der weder Wagemut noch Stärke noch List irgend etwas ausrichten kann. Auch nicht Medeas Zauberkünste, die Jason zum Goldenen Vlies verholfen haben.

Festgefahren im Sumpf der Syrten Weder freies Gewässer noch fester Boden mit Weg und Steg, auf dem man vorwärts käme: in diesen sumpfigen Niederungen sinkt auch die Stimmung der Argonauten auf den Tiefstpunkt. Wann immer sie bisher in scheinbar ausweglose Klemmen gerieten, war jedesmal mindestens einer unter ihnen, der wusste, wie es weitergeht. Jedesmal ein Zuständiger oder Einfallsreicher, der die andern mit anfeuernder Rede zu neuer Tatkraft aufrief. Jetzt dagegen sind jene, die sonst mit vereinten Kräften schier wunderbare Leistungen vollbrachten, uneins geworden, missmutig und verzagt. Anonym jammern die vormals namhaften Heroen halblaut in die Runde: «da wandte sich einer zum andern bekümmerten Herzens.» (IV, 1250). Einzig der Steuermann Ankaios hält noch eine Rede. Aber nur, um verzweifelt sein Amt niederzulegen: ein ohnehin Arbeitsloser, nachdem es keine anderen Fluten mehr gibt als die strömenden Tränen seiner Schicksalsgenossen ringsum.

In diesem gemeinsamen Desaster erscheinen plötzlich dem Jason Halbgöttinnen der libyschen Gegend, die sich von jeher der Athene verbunden fühlen. Hoffnungspendend, doch rätselhaft weisen sie den einzigen, den einzigartigen Ausweg. Sobald – so verkünden sie – die Meeresgöttin Amphitrite

> Löst vom Joche den schönen beweglichen Wagen Poseidons,
> Sollt ihr endlich die Schuld an eure Mutter bezahlen,
> Die euch mühevoll so lang im Leibe getragen,
> Und dann könntet ihr glücklich ins hehre Achaia gelangen. (IV, 1326 ff.)

Anders als der neuerlich überforderte Jason kann Peleus den Gefährten die seltsame Botschaft entschlüsseln. Zumal die genannte Voraussetzung soeben ganz offenbar eintrifft. Vor ihren Augen taucht Poseidons riesiges Pferd aus dem Meer auf, schüttelt sich das Wasser vom Leib und eilt am Ufer auf und davon, «schnell wie der Wind» (IV, 1365). Nur seine Hufspuren hinterlässt es, die hernach den Argonauten den Weg an Land weisen sollen. Aber: wohin und womit? Treffend deutet Peleus, was jetzt zu tun sei. Genauer, wer denn die ominöse Mutter sei, und welche Schuld ihr zu zahlen sei. Mutter der angesprochenen Argonauten ist keine andere als Argo:

> «[...] unser Schiff. Das hat uns ja wahrlich im Bauche getragen.
> Unablässig, und es litt die Last der ärgsten Beschwerden.
> Laßt es uns drum unbeugsam auf unermüdlichen Schultern
> In die Höhe heben und durch die sandigen Strecken
> Tragen, wohin das Roß so raschen Fußes davonlief.» (IV, 1373 ff.)

Allen leuchtet ein, was da gefordert wird. Ohne zu zögern setzen sie es um in die Tat, beglückt, endlich wieder aktiv zupacken zu können. So tragen denn die Argonauten dieses Schiff, das sie bisher geduldig auf dem Meer getragen hat, ihrerseits durch die Wüste. Zwölf Tage und Nächte lang, den Spuren von Poseidons Pferd folgend, bis sie schließlich, fast verschmachtet, zu den Gärten der Hesperiden kommen. Vorm Verdursten rettet sie dort just das, was ihr alter Kampfgefährte Herakles vor kurzem vollbracht hat. Eine Quelle hat er dort aus dem Boden gestampft, als er die Äpfel der Hesperiden raubte. Somit kreuzen sich abermals die beiden ruhmreichsten Abenteuerwege: jener des

Herakles zu Lande mit dem maritimen der Argonauten. Zwar auf dem Trocknen, doch unter dem Vorzeichen von Wasser.

Metapher vom Schiffs-Bauch, entfaltet als episches Ereignis Die restliche Wegstrecke der Argo, wieder auf hoher See samt ihrer menschlichen und dinglichen Beute, auch ihre Ankunft in der nämlichen Bucht, von der sie ausgefahren war: das hält Apollonios, wie schon gesagt, für nicht weiter erzählenswert. Stattdessen verabreicht er den Lesern – als letztes prägnantes Ereignis – jene Metapher vom schwan-

geren Schiffsbauch. Sinnreich erweitert er das pure Sprachbild zur handfesten Begebenheit. Raumgreifend episch und zugleich utopisch. Auch hier geht Apollonios hinaus über das Vorbild Homers. Schon beim Vergleich mit der *Ilias* ist uns das Motiv vom Schiffsbauch samt den daraus hervorquellenden Kriegern aufgefallen. Ich erinnere an den aufzählenden Katalog: an die unzähligen, vor Troja gelandeten griechischen Schiffe, die Bauch an Bauch die Stadt bedrohen; und die sich schließlich dann gegen Ende des Krieges, vollends verheerend, am Land verdichten werden im tödlich schwangeren Bauch des hölzernen Pferds.

Apollonios nun entlockt der erzählten Metapher noch weitere bildhafte Assoziationen. Ähnlich wie ihrer Schutzherrin Pallas Athene ergeht es hier den Argonauten. Freilich nicht jedem einzelnen Helden für sich, vielmehr korporativ der ganzen Schiffsmannschaft. Athene wurde dereinst aus keinem weiblichen Schoß geboren: erwachsen und geharnischt entstieg sie dem Haupt des Zeus. Dementsprechend verdankt auch das nautische Kollektiv dem Bauch der Argo keine maternal natürliche, sondern eine berufliche und soziale Geburt. Beruflich geboren hat dieses ganz besondere Schiff diese ganz besonderen, bislang bodenständigen Helden – deren jeder, ähnlich wie Athene, bereits bewaffnet und kampferprobt war – als eine professionelle Mannschaft von Seefahrern. Und sozial geboren hat es sie als ein zusammenwirkendes Ensemble, dessen Mitglieder, solang die gemeinsame Fahrt währt, nicht länger als Einzelgänger ihre je eigenen Wege gehen.

Soweit die erste, die vergangene Phase der erzählten Metapher. Also das, was die Argonauten bislang dem Schiffsbauch ihres Mutterschiffs zu verdanken haben. Die zweite, die gegenwärtige Phase, erzählt, welchen Dank sie dafür entrichten. Er besteht in einer so verblüffenden wie sinnigen Vergeltung. Auf ihren Schultern trägt jetzt die Mannschaft das Schiff, das sie zuvor getragen hat. Natürlich und widernatürlich zugleich macht die Mannschaft ihm Beine, indem sie dem Schiff ihre eigenen Beine leiht. Just hier zeigt sich, wie Apollonius der episch raumgreifenden Metapher auch noch einen utopischen Ausdruck abgewinnt. Im noch nie und nirgends dagewesenen Vorgang, im aberwitzigen alltagsfremden Tun offenbart sich etwas wünschenswert Machbares. Etwas, das anderswo und anderswann auch im menschlichen Alltagsleben sich sehr wohl durchsetzen könnte.

Wünschenswert gleichermaßen in den technischen wie auch in den gesellschaftlichen Verkehrsformen. Amphibische Fahrzeuge, die sich sowohl im Wasser wie auf dem Land fortbewegen. Und – wer weiß? – womöglich auch durch die Luft, so wie die neidvoll bewunderten Vögel. Solche technischen Zukunftsaussichten können zumindest spätere Leser dem seltsamen Vorgang entnehmen. Auch spätere Romanautoren wie Jules Verne. Apollonios' Rhapsode spricht sie freilich nicht aus. Anders dagegen hält er es mit den gesellschaftlichen Verkehrsformen, die das utopisch alltagsfremde Tun auch in den zeitgenössischen Lesern unmittelbar anspricht. Hier betont er sogar ausdrücklich den schlechterdings unerhörten Vorgang. Nämlich: wie sich seefahrende Fürstensöhne – die Stammbäume des Heldenkatalogs hat man noch im Ohr – zu schweißtreibender Schwerstarbeit herablassen, die in der antiken Sklavengesellschaft allemal von namenlosen Leibeigenen zu verrichten ist. Nirgends sonst versichert sich der Rhapsode seiner Gewährsinstanzen so wie hier, um den unglaublichen, weil skandalösen Sachverhalt eigens beglaubigen zu lassen:

> So ist der Musen Mär, ich singe sie, wie ich vernommen
> Sie [...] und hörte die Sage untrüglich,
> Daß die weit über allen vortrefflichsten Söhne der Fürsten
> Trugen mit Kraft und Mut durch Libyens sandige Öde
> Hoch in den Lüften das Schiff und was zu dem Schiff gehörte,
> Auf ihre Schultern die Last gehoben volle zwölf Tage. (IV, 1381 ff.)

Noch etwas Künftiges deutet sich an in diesem nie dagewesenen, doch keineswegs wunderbar übernatürlichen Ereignis. Etwas, das einige Jahrhunderte nach den *Argonautika* viele utopische Staatsromane als unerlässliche Voraussetzung betonen. Erzählend schärfen sie den Lesern ein: um überhaupt hinzugelangen ins Nirgendwo einer noch nicht entdeckten Insel, wo alternativ glückliche Verhältnisse bereits gedeihen, gilt es allemal, zuvor die ärgsten Gefahren der Meere zu durchstehen, sogar bis zum Schiffbruch.

PATRIOTISCHES MEERES-EPOS: CAMÕES' *DIE LUSIADEN*

Wie der Dichter zu Beginn von *Os Lusíadas* (1572) die Nymphen des Stromes Tajo anruft, als wahrhaft naturgemäße Musen, das habe ich oben schon vermerkt. Genauso frontal wie an diese epische Gewährsinstanz wendet er sich gleich danach an den König. Als ersten und obersten Leser, dem das Werk gewidmet ist, spricht er ihn an. Ausdrücklich fällt dabei das Stichwort ‹Argonauten›. Camões selbst also weist eigens darauf hin: thematisch folgt, was er jetzt zu erzählen hat, jenen uralten Vorfahren. «[O König!] Seht Eure Argonauten schon im Wind / Auf Silberflut ...» – «E vereis ir cortando o salso argento / Os vossos Argonautas ...» (I, 18). Immerhin liegen anderthalb Jahrtausende zwischen *Argonautika* und *Lusiaden* (1572), den beiden wichtigsten maritimen Epen der europäischen Dichtung. Trotzdem haben sie viel gemeinsam.

Abermals Pluralheld Nicht nur das Sujet einer zielbewussten und wagemutigen, letztlich glückenden Seefahrt ins Ungewisse. Auch den Plural-Helden. Da wie dort deutet schon der Titel an: hier geht es um keinen Einzelnen, der auf Abenteuer ausfährt, so wie die Titelhelden der *Odyssee* und der *Aeneis*. Um eine vielköpfige Mannschaft geht es. Im Fall der *Lusiaden* sogar um mehrere Mannschaften auf mehreren Schiffen. Unter dem Kommando des berühmten Vasco da Gama und seines Bruders Paulo erkunden und erproben sie den bislang zweifelhaften Seeweg nach Ostindien. Dieser pluralische Held, den das gemeinsame Ziel vereint, bezwingt die Meere zur höheren Ehre Portugals und aller Portugiesen. Sprich, der Lusitanen, die sich vom sagenhaften Stammvater Luso herleiten.

Vascos Schiffe sind freilich nur Bahnbrecher für die gewaltigere und gewaltsamere Kolonisation, die alsbald folgen soll. Diese machtpolitischen Antriebe werden indes – wie spätestens seit den Kreuzzügen üblich – vom Dichter des Epos religiös übermalt. Er beteuert die heilige Pflicht, den wahren Glauben in aller Welt und namentlich in Indien zu verbreiten. So auch lautet die Antwort von einem aus Vascos Mannschaft, den ein portugiesisch sprechender Moslem im fernen Calicut befragt, was denn wohl die Lusitanen hierher geführt habe. Obwohl meerbezogen, wird seine Auskunft zur offiziellen frohen Botschaft:

> «Wir [...] fahren auf dem Meer,
> Auf welchem niemals sich ein Mensch befand,
> Den großen Strom des Indus aufzufinden,
> Um dann das Christentum hier zu verkünden.» (VII, 25)

Dass diese fromme Übermalung allenthalben splittert, ergibt sich schon aus dem Hauptkonflikt, der das epische Geschehen in Gang hält. Wie bei Homer, bei Apollonios, bei Vergil, mischen sich auch hier noch immer antike Götter ein – ausgerechnet ins proklamiert christliche Unternehmen der Lusitanen. Begünstigend: Venus, in ihrer Eigenschaft als Anadyomene, als Schaumgeborene, Meerentstiegene. Störend: Bacchus. Aber auch schwankend, wie es ihrem Naturell entspricht: die Götter des Meeres und des Winds. Die biblische Gottheit hingegen bleibt unsichtbar und untätig. Wohl weil sie episch nichts hergibt, hält sie sich streng zurück. Ungeachtet der wortreichen Huldigungen, die immer wieder himmelwärts erklingen von den Lippen der christlichen Seefahrer und ihres poetischen Vormunds.

Hauptfeind Bacchus, land- und seeläufig Reibungslos leer liefe auch hier das epische Geschehen ohne den Widerstand eines markanten und regen Hauptfeinds. Für den Einzelhelden Odysseus war es der einzelne Meergott Poseidon. Für die vielköpfige Schar der Argonauten war es, auf ihrer Rückfahrt, gleichfalls ein einzelner Widersacher: Aietes, der beraubte Eigentümer des Goldenen Vlieses und Vater von Medea. Auch den vielköpfigen Lusitanen verdichtet sich Feindschaft und Widerstand in einer Einzelfigur. Wieso aber gerade in Bacchus? Und wieso erzürnt just diesen Gott das Vorhaben der Lusitanen? So maßlos, dass er mit allen Mitteln dagegen ankämpft, von Anfang bis Ende des epischen Geschehens? Die antike Mythologie, dem Dichter und seinen Lesern wohlvertraut, kann es erklären. Unter den prominenten griechischen Göttern ist eben dieser Gott auf Erden am weitesten herumgekommen. Nicht wie der blitzeschleudernde Zeus mal hier mal dort einschlagend; nicht wie Helios im Sonnenwagen droben am Firmament; nicht wie der beflügelte Hermes unterwegs durch die Lüfte. Vielmehr drunten unter den Menschen hat Dionysos alias Bacchus die größten Strecken zurückgelegt, hat er die deutlichsten Fährten und Kielspuren hinterlassen, zu Wagen an Land und zu Schiff im Meer. Jedesmal mit wachsenden Scharen begeisterter Anhänger. Kein anderer Gott hat wie er den Erdenraum und dessen Bewohner derart heftig für sich eingenommen. Sogar bis nach Indien ist er dermaleinst gelangt. Ecco!

Von all dem geht Camões aus, um den Lusitanen einen mehr als nur ebenbürtigen Widersacher entgegenzustellen. Einen Über-Menschen, der allen Grund für grimmige Feindschaft hat. Bangen nämlich muss dieser Bacchus um seine althergebrachte einzigartige Machtstellung und Reputation, falls die portugiesischen Schiffe noch weiter und erfolgreicher in Asien vordringen als einstmals er selbst. Richtig erkennt er in ihnen aussichtsreiche Konkurrenten seiner ureigenen Geschäftigkeit: der räumlichen Expansion und der massenhaften Vereinnahmung menschlicher Herzen und Leiber. Bacchus' Abwehrstrategie ist hinterlistig und fintenreich. Und sie ist buchstäblich vielgestaltig. Obwohl überwiegend auf festem Erdboden agierend, verwandelt er wie der Meergott Proteus die eigene Gestalt. Unkenntlich, bald als schwarzhäutiger Heide, bald als braunhäutiger Moslem hetzt er die eingeborenen Völker gegen Vascos herbeisegelnde Flotte auf. Sogar die Wasser- und Windgötter, tief drunten am Meeresgrund hausend, kann er hochjagen wider jene, die so kühn und vermessen die fremde See befahren.

Auch metaphorisch schleust der Autor diesen Bacchus in die Nähe der Meeresgewässer. Gewitzter Sarkasmus schwingt mit, wenn jener Gott, der einst den Wein weltweit in Umlauf brachte, nunmehr zwei andere Flüssigkeiten mutwillig durcheinanderbringen will. So heißt es, dass er kriegerisch alles unternimmt:

> Denn für die Portugiesen sei die Flut,
> Die sie befahren, dunkelrot wie Blut. (I, 82)

Nicht zu überhören ist dabei auch noch die zweite Sottise, die religiöse. Denn wenn Bacchus gelänge, was er den Portugiesen antun will, würde die nur vorgebliche Nachfolge Christi dieser gewalttätigen Heilsbringer vollends pervertieren: die Wandlung von Wein in Blut beim Abendmahl.

Was Wunder, wenn spätestens bei heutigen Lesern ein derart grimmiger, umtriebiger und einfallsreicher Feind dem hehren Haupthelden die Schau stiehlt. Am Schluss zwar ist Bacchus' Sache verloren, doch als episch anschauliche Figur übertrifft er den Sieger. Wohlgemerkt: nicht den Pluralhelden der seefahrenden Lusitanen, sondern ihren solistischen Anführer. Vasco da Gama nämlich ist einer, der von Anfang an mehr Würden als Waffen trägt, mehr redet als handelt, mehr reagiert als agiert. Als Schiffskommandeur hebt er sich kaum ab von der großen Schar der Lusitanen, die mit ihm die Meere befahren. Insofern ähnelt er dem blassen Jason inmitten seiner Argonauten.

Ferne Orte, vollgesaugt mit Eigengeschichten Gemeinsam also ist dem griechisch spätantiken und dem portugiesisch neuzeitlichen Meeres-Epos: die Seefahrt ins Ungewisse und der Pluralheld unter wenig profilierter Führung. Noch bemerkenswerter scheint mir eine weitere Gemeinsamkeit. Sie hat erst recht zu tun mit erzähltem Navigieren und navigierendem Erzählen. Schon Apollonios schickt seine Argonauten zwar ins Ungewisse, ob sie denn ihr Ziel erreichen; nicht jedoch durch eine Terra incognita, auch durch kein Mare incognitum. Weder völlig fremdartige noch geschichtslose Zonen durchqueren sie. Der hellenistisch gelehrsame Dichter zeigt vielmehr gern, wie viel er sogar über die entlegensten Gegenden weiß. Immer wieder betont sein Rhapsode, dass die Argonauten an Orte kommen, die schon durch frühere, meist mythische Ereignisse nachhaltig geprägt sind. Ob nun ein Gott, ob ein bedeutender Heros am namhaften Ort seine namhaften Taten vollbracht hat: man verbucht sie inzwischen wie historische Tatsachen. Apollonios' Rhapsode nennt sie nicht nur. Ausführlich legt er sie dar.

Auffällig ist der doppelte Eindruck, der dabei entsteht. Einerseits öffnet sich der Schauplatz des Geschehens rückwärts: hin zu jenen Vergangenheiten, die noch immer gegenwärtig fortwirken. Andrerseits öffnet sich der Schauplatz abwärts: hin zu den alten Abenteuern, die unter seiner Oberfläche darauf lauern, ebenfalls erzählt zu werden. Also zusätzlich noch zu den neuen eigenen Abenteuern der Argonauten. Aufgeladen also sind die ganz bestimmten Gegenden, die Jasons Heldenschar passieren muss, mit ganz bestimmten Vorfällen, die einstmals in sie eingedrungen sind. Seitdem, so scheint es, drängen sie darauf, eben diese Vorfälle zu entladen, sobald sich ihnen jemand nähert. Sei es, indem jemand – so wie jetzt die Argonauten – leibhaftig vorbeikommt und vor Ort vernimmt, was einstens hier geschah. Sei es, indem jemand – so wie der Rhapsode, der von den Argonauten erzählt – gerade nicht leibhaftig vorbei-, sondern nur darauf zu sprechen kommt. So gesehen, wird die Seefahrt von Jasons Heldenschar zugleich zum epischen Fischzug für ihren Erzähler. Wohin auch immer er mit ihr gelangt, wirft er, der davon berichtet, seine Netze aus. Unentwegt tut er das, um auch noch die vorargonautischen Ortsgeschichten einzufangen und sie den Lesern darzubieten. Abermals zeigt sich: maritimes Erzählen steuert kaum je schnurstracks vom Start zum Ziel. Es lässt sich stattdessen mal dorthin, mal dahin locken. Überall wird aufgefischt, was irgend zu haben ist, ob auf der Hauptroute oder auf den Nebenrouten.

Vasco da Gama und seinen Mannschaften ergeht es nicht anders. Zwar müssen sie den fragwürdigen Seeweg nach Ostindien überhaupt ausfindig machen, so wie die Argonauten den zum Goldenen Vlies. Doch auch sie bewegen sich, wo immer sie hingeraten, durch keine völlig fremdartigen und geschichtslosen Räume. Die noch so fernen Meere und Länder sind vielmehr auch ihrerseits geprägt von Geschichte, mal mehr mal minder mythologisch. So sind denn auch sie, wie schon die Wegstrecken der Argonauten, aufgeladen mit Geschichten, die erzählt werden wollen. Egal, ob sie die eigentliche Unternehmung

der Lusitanen unmittelbar betreffen oder nicht. Episodisch, sprich ‹hinzukommend›, wirken sie in jedem Fall. Dennoch sind sie dem epischen Gesamtverlauf unentbehrlich, auch wo sie ihn hemmen oder ablenken.

Der Riese Adamastor als Felslandschaft Die eindrucksvollste Episode ist jene vom Riesen Adamastor. Der Dichter hebt sie besonders hervor. Kompositorisch und erzählerisch. Er plaziert sie in der Mitte des Epos, gegen Ende des fünften der insgesamt zehn Gesänge. Und er lässt sie nicht vom Rhapsoden erzählen, sondern vom obersten Schiffsherrn, von Vasco da Gama, der mit dieser Begebenheit seinen umfangreichen Erlebnisbericht abschließt. Nicht weniger als drei Gesänge hat er vor dem gastfreundlichen König von Melinda geredet: aus eigener Sicht die bisher bestandenen Abenteuer vermeldend. Mit solcher Erzählung in der Erzählung hält sich Camões merklich ans bewährte epische Muster von Homer und Vergil. An jene Partien, wo Odysseus am Hof des Phäakenkönigs, wo Aeneas am Hof der Dido für mehrere Gesänge das Wort hat, um authentisch in erster Person zu erzählen, was alles ihm zuvor widerfahren ist.

Die gleiche verlässliche Rolle des Augenzeugen nimmt auch der redende Vasco ein. Ebenso nachdrücklich tut er das, wie vorher und nachher sein Dichter Camões, der bald im eigenen Namen, bald als sein eigener Rhapsode spricht. Hier nun also Vasco:

> Ich sah das, was die Seeleute, die rauhen,
> [...]
> Als Wahres uns berichten und Genaues,
> So wie man nach dem Anschein es erklärt,
> Die andern aber, die [...]
> [...] die Geheimnisse der Welt erkennen,
> Dies unverstanden oder falsch benennen. (V, 17)

Umso merkwürdiger, wie eben dieser ungetrübte Augenzeuge Vasco alsbald die Erscheinung des monströsen Wunderwesens Adamastor schildern wird. Fern, vor Afrikas südlichster Spitze, gebietet der Unhold den Lusitanen jähen Einhalt. Sind sie doch drauf und dran, «das Meer, das andre noch nie durchschwammen», zu «durchfahren» «[...] cortando / Os mares nunca de outrem navegados» (V, 37). Verräterisch, aus Vascos Mund, ist die scharfe Metapher. Seine Schiffe «durchschneiden» (cortar) jene See, die bis zu diesem Augenblick noch nie befahren worden ist. Ein verletzender Gewaltakt nautischer Entjungferung. Dass er so und nicht anders zu verstehen ist, bekräftigt der Riese, sobald er zornig auf die Lusitanen einflucht. Sich selbst begreift Adamastor als Betreuer der hiesigen, noch unberührten Meere, die er unbedingt schützen will vor besagtem quasi sexuellen Gewaltakt. «O Volk, verwegener als alle»(V, 41), so klagt er die Portugiesen an,

«Du überschreitest die verbotenen Ziele
Und wagst es, meine Meere zu befahren,
Ich hüte sie schon lange voller Stolz,
Verschont von fremdem oder eignem Holz.» (V, 41)

Abermals eine einschlägige Metapher: arar = durchpflügen, beackern. Sie ergänzt jene vom Durchschneiden. Beide gelten den fremden Eindringlingen unter Vascos Führung. Sie offenbaren, wie schmerzlich die elementare Natur der Meere, hier vertreten durch Adamastor, empfindet, was ihr da angetan wird. Deshalb ist sie entschlossen, die kolonisatorischen Durchschneider und Beackerer abzuwehren. Es sind also nicht nur göttliche und menschliche Feinde, so wie Bacchus und die von ihm aufgewiegelten Eingeborenen, die den eroberungssüchtigen Lusitanen widerstreben. Auch die Naturgewalten werfen sich ihnen entgegen. Umso bewundernswerter, meint das maritime Epos, all diese Widerstände zu brechen. Aus seiner Sicht mit vollem Recht macht sich Adamastor zum Anwalt der ungezähmten Meere. Vascos Leute müssen es begreifen, sobald der Riese seine Lebensgeschichte erzählt. Zunächst jedoch sind sie nur entsetzt über seine grausig wüste Erscheinung. Gewaltig ragt er übers Meer empor in den Luftraum wie ein «[...] Koloß ganz gewiß / So merkwürdig wie der von Rhodos» (V, 40). Ansonsten:

Das Antlitz finster und der Bart voll Schmutz,
Die Augen hohl, von furchtbarer Gewalt
Die Haltung, erdig bleich der Farbe Putz;

Mit Erde ist verklebt das krause Haar,
Und schwarz der Mund, die Zähne gelb sogar. (V, 39)

Man sieht ihm an, was einst aus ihm geworden ist: teils ein menschenähnliches, doch übergroßes Lebewesen; teils ein wuchtiges Stück felsiger Küstenlandschaft. Heterogen vereint auch die Stimme, die sogleich losröhrt, dumpfe Naturlaute mit humaner Beredsamkeit:

Furchtbar die Stimme und sehr rau sogar,
Als wenn man sie aus tiefstem Meer entließ.

Die Haare sträubten sich auf unsrer Haut,
Als wir ihn nur vernommen und geschaut. (V, 40)

Fürchterlich droht er, sämtliche Schiffe der Lusitanen würden «die Gegend hier zum Feinde haben». Er, Adamastor, werde sie alle, falls sie weiterfahren, mit tödlichen Stürmen überfallen. Danach, auf Vasco da Gamas Frage, wer er denn eigentlich sei,

Und sprach in bitterem Ton zu mir verstimmt,
Wie jemand, den die Frage sehr ergrimmt:
«Als großes, fernes Kap bin ich bekannt,
Das ihr das Kap der wilden Stürme heißt.» (V, 49f.)

Allerdings, er war es nicht schon immer. Zum sprechenden Stück Landschaft, zornig und traurig, ist er erst geworden: durch einen grausamen Tort, vor langer Zeit. Ursprünglich, so erzählt Adamastor, war er ein angesehener Fürst des Ozeans, obwohl schon damals ebenso ungeschlacht wie übergroß. Deshalb fühlte sich die wunderschöne Meeresgöttin Thetis durch seine heiße Liebe beleidigt. Rachsüchtig gaukelte sie ihm ihre eigene nackte Gestalt vor die liebesblinden Augen. Doch eh er sich versah, umarmte er – selber in ein Felsmassiv verwandelt – keinen weiblichen Leib, sondern schroffes, kaltes Gestein.

Unentwegte Metamorphose Eine Metamorphose, wunderbar erwirkt durch machtvolle Willkür. Fast genauso wie in Ovids Verwandlungsgeschichten, allerdings mit einer bedeutsamen Abweichung. Anders als bei Ovid erzählt hier nicht der Rhapsode den Vorfall. Das verwandelte Opfer selbst erzählt rückblickend, was ihm damals geschah. Dabei jedoch so einlässlich in allen Einzelheiten, als würde der Verwandlungsakt von außen beobachtet und geschildert:

> «Mein Fleisch verwandelt sich in harte Flur;
> Die Knochen wurden hartes Felsgestein;
> Die Glieder, die du siehst, und die Figur,
> Erstreckten sich weit in die See hinein.
> So haben meine riesige Statur
> In dieses Kap verwandelt, hier allein,
> Die Götter; und als allerhöchste Qual
> Umschmiegt mich Thetis' Wasser überall.» (V, 59)

Was wir da lesen, ist aufschlussreich in vieler Hinsicht. Gattungspoetisch besagt es etwas übers Epos als Epos sowie übers navigierende Erzählen prinzipiell. Zugleich besagt es aber auch etwas über die einzigartige Konstruktion dieses besonderen Werkes *Os Lusíadas*. Gewiss, auch Ovid vergegenwärtigt Phase für Phase den Hergang jeder Metamorphose. Doch er stellt ihn novellistisch dar: als eigenständigen, in sich abgeschlossenen Vorfall. Unbetroffen erzählt ihn ein Außenstehender als etwas, das vielleicht Folgen haben mag, aber an und für sich erledigt ist. Ein für allemal: ob ergreifend, wie die Verwandlung der Daphne in einen Lorbeerbaum, ob lachhaft grotesk wie die Verwandlung der schmähsüchtigen lykischen Bauern in Frösche. Für Adamastor dagegen, der vom eigenen Schicksal berichtet, ist nichts erledigt. Weder faktisch noch gefühlsmäßig. Immer wieder, seit es geschah, lebt es auf und löst ihm die Zunge. Nachdem er anfangs so barsch auf Vascos Frage reagiert hat, kommt er nun immer mehr in Fahrt, je näher er sich heranredet an den springenden Punkt seiner Verwandlung. Aber nicht nur in ihm drinnen brodelt es weiter, auch um ihn herum. Bis zum momentanen Zeitpunkt lebt fort, was ihm damals zustieß. Die letzten Verse seiner langen Rede bezeugen es: «und als allerhöchste Qual / Umschmiegt mich Thetis' Wasser überall.» (V, 59)

Die Schlussformel vieler Märchen verkehrt sich hier zum traurig schlusslosen Schluss: Und da die Beiden nicht gestorben sind, umkreist die Quälerin den Gequälten noch heute. Gegenwärtig wie dazumal und wohl auch fortan. Was diese letzten Verse noch nachtragen, bestätigt den gattungspoetischen Gesamtbefund von Adamastors ausführlicher Erzählung. Im Unterschied zu jeglicher Novellistik seit Ovid, die unerhört Einmaliges einmalig erzählt, verfährt episches Erzählen iterativ. Abermalig erzählt es, wiederholbar, reprisensüchtig. So, wie Adamastor von Thetis umkreist wird mit ihren Wassern, fort und fort; so wie die wiederkehrende Metamorphose seinen gigantischen Körper hin- und rückverwandelt vom fleischigen Riesen zur felsigen Landschaft zum fleischigen Riesen: so erzählt auch er, der Betroffene, seine Lebensgeschichte, wann immer wer daherkommt und danach fragt, wer er und was er denn eigentlich sei. Adamastors Lebensgeschichte gleicht dem Meer, das ihn umbrandet, und das er mit Leib und Seele so grimmig verteidigt. Denn sie ist unausschöpflich. Und wie das Meer ist auch sie beides auf einmal: bewegt und bewegend. Sowohl für den, der sie erzählt, als auch für alle, die ihm zuhören. Aber nicht allein der maritime Schauplatz und Vorfall von Adamastors Geschichte, auch ihre iterative Erzählbarkeit beschwört den unaufhörlichen Schlag der Wellen und den ebenso unaufhörlichen Rhythmus von Ebbe und Flut.

Wie erfasst man die Weite des Meeres? Schon Apollonios' Argonauten legen weite Strecken zurück. Besonders gegen Ende ihrer Fahrt, wo sie durch die Verfolger aus Kolchis auf befremdliche Abwege getrieben werden. Seltsame Namen fallen da von skandinavischen und westeuropäischen Gegenden, die, geographisch bodenlos, dem Dichter wohl nur reizvoll exotisch in den Ohren geklungen haben mögen.

In seiner so viel späteren Epoche ist Camões besser dran. Ausgehen konnte er von genaueren See- und Landkarten. Und erst recht vom neuartig dreidimensionalen Globus, erfunden von Martin Behaim just in Lissabon und just zur Lebenszeit des Dichters. Ausgehen konnte Camões aber auch vom eigenen Erleben. Mehrmals war er als Soldat zur See gefahren. Und mit kaufmännischen Tätigkeiten hatte er viele Jahre in Ostindien verbracht. In Goa, dem Handelszentrum der Portugiesen. Umso mehr war er darauf aus, in den *Lusiaden* die schier unermessliche Weite der Meere poetisch aufzutun. Beachtlich sind seine Einfälle, die unabsehbaren Ausdehnungen überhaupt erzählbar zu machen. Genauer, den übergroßen ozeanischen Schauplatz den Lesern sinnfällig zu vergegenwärtigen. Jenen Schauplatz, den Vasco da Gama, einigen Äthiopiern berichtend, zunächst nur trocken benennen und in kargen Stichworten aufsagen kann:

> Wir haben mit dem Schiff bereits *durchfahren*
> Kallistos Gegend, der Antarktis Land,
> Die *ganze* Küste Afrikas *umfahren*,
> Gesehen *manchen* Himmel, *manchen* Strand. (I, 51; Hervorhebungen V.K.)

Was Camões den Vasco hier liefern lässt, ist nichts als eine abstrakte Skizze des lebendig befahrenen Raums. Verknappt aufs geometrische Schema. Äußerste Eckpunkte, Nord- und Südpol, deuten an, wie weit die Fläche sich der Länge nach erstreckt. Auf dieser Fläche vollführten, laut Vasco, die navigierenden Portugiesen lediglich zwei Bewegungen: ein kreisförmiges Umfahren und ein Durchstreifen, gradlinig wie eine Sekante. Ähnlich abstrakt werden Ausmaß und Art des Raums angetippt. ‹Ganz› hat man ihn befahren, und erschaut hat man ‹Manches›.

Wohlgemerkt, diese schematische Skizze erscheint innerhalb des Epos auffällig früh. Mit ihr beginnt Vasco seinen ausführlichen Bericht, und das geschieht bereits im ersten Gesang. Dadurch kann die Skizze zu einem Startimpuls fürs maritime Erzählen werden. Als purer Grundriss nämlich stachelt sie an, all das, was hier nur flächig erscheint, schleunigst dreidimensional zu entfalten. Ihr Minus ruft das Plus hervor. Es fordert dazu auf, den schematisch ausgedünnten und geplätteten Meeresraum voluminös zu sich selbst kommen zu lassen; mitsamt all den voluminösen Schiffen und Schiffern, die sich darin bewegen. Ausnahmslos in alle Richtungen: voran und zurück, hinauf und hinab. Camões zögert nicht, dieses dringende Verlangen seines Seefahrt-Sujets zu erfüllen. Einfallsreich schafft er sich jede Gelegenheit, den schier grenzenlosen maritimen Schauplatz episch zu erschließen, in Weiten und Tiefen und Höhen.

Allerdings unterschiedlich intensiv, je nach Richtung. Wie weit der Meeresraum sich waagrecht erstreckt, viel weiter noch als der Blick reicht, in die Breite ringsum und in die Ferne bis zur Horizontlinie: das lässt sich nicht frisch drauflos erzählen. Jedenfalls nicht ohne weiteres. Man merkt es besonders dann, wenn man beim Lesen der *Lusiaden* da und dort erneut auf jene Spannen-Formel stößt, die schon Vasco für seine abstrakte Skizze nutzte: Zwischen ... und ... / Von ... bis ... Egal, ob nun gerade der Dichter oder sein Rhapsode spricht oder sonst wer, keiner schlägt dieses bequeme Kürzel aus:

> Niemals wird solcher Mut sich sehen lassen
> *Zwischen* des Ganges *und* des Gades Flut,
> *Zwischen* der See des Boreas *und* der Straße,
>
> Entdeckt vom Lusitanier voller Wut. (II, 55)
> *Zwischen* dem Meer *und* Tanais zugleich
> Ruthenen, Russen und Livonen wohnen. (III, 11)
>
> Und daß sie dann *vom* Sonnenaufgang fahren
> *Zur* weiten Küste in des Süden Flut,
> *Vom* Süden dann *zum* Osten. (V, 77; Hervorhebungen V. K.)

Trotzdem mag sich Camões offensichtlich nicht mit derlei unepischen Kürzeln begnügen. Er sucht und findet Methoden, so eigenwillige wie ertragreiche, um die waagrecht weite, maritime Erstreckung herbeizuerzählen. Manchmal auf Umwegen, die zunächst hinwegführen von der See, um letztlich erst recht darauf zurückzukommen. Solche Umwege bieten zumal die Flüsse, deren horizontaler Verlauf auf dem Festland bis hin zu ihrer Mündung sich verfolgen lässt. Das gilt nicht nur für den iberischen Strom Tajo, dessen angerufene Wasser-Musen den Startschwung geben für die Lusiaden: hinaus in die Weite des Meeres und des Epos, das davon erzählen soll. Es gilt erst recht für die sehr viel beträchtlicheren Hauptströme des fernen Subkontinents, der da angesteuert wird: für Ganges und Indus.

Ganges und Indus im Traum des Königs Wie Camões, durchaus im Hinblick aufs Meer, diese beiden Ströme ins Spiel bringt, gehört zu den eigenartigsten Episoden des Werks. Erzählt wird sie von Vasco im vierten Gesang. Dort, wo er dem afrikanischen König von Melinda alle bisher erlebten Abenteuer mitteilt. Der horcht besonders auf, als er vernimmt: ein Traum des portugiesischen Königs Manuel habe den letzten Anstoß gegeben, überhaupt nach Indien auszufahren. Daraufhin habe der Herrscher ihn, Vasco da Gama, sofort mit der Leitung der Flotte betraut. Demnach erteilte also ein Traum die fraglos übernatürliche Weisung und Rechtfertigung, sich aufzumachen übers weite Meer und sich herzumachen über ein vielversprechendes fremdes Land. Und jetzt eben, so versichert Vasco, ist dieser Traum dabei, sich konsequent in glanzvollen Heldentaten zu erfüllen.

Doch nicht nur Camões' in- und ausländischer Propaganda, auch seiner epischen Konstruktion ist der Traum als Traum unverzichtbar. Er bietet ihm einen günstigen, noch dazu unanfechtbaren Spielraum für seine epischen Belange. Besonders dafür, die Weite der befahrenen Meere heraufzubeschwören. Immerhin lässt der alltagsentbundene, schwerelose, begründungsfreie Status von Träumenden vieles zu, was sonst die handfeste Erfahrungswelt verwehrt. Nicht anders im Traum des Königs Manuel, in den Vasco seinen Zuhörer – und Camões seine Leser – hineinversetzt. So, dass sie am überdimensionalen Blickfeld der träumenden Person teilhaben. Ganze Erdteile umfasst es, mit all ihren Eingeborenen, Bergen und Flüssen. Der König träumt:

> [...] er würde gehen
> So hoch, bis er die erste Sphäre streift,
> Von wo er konnte viele Welten sehen,
> Die Länder fremder Völker er umgreift;

Dort, wo man sieht den jungen Tag entstehen,
Nachdem sein Blick in weite Fernen schweift,
Sieht er an hohen Bergen, fern und alt,
Hervor zwei Quellen treten, klar und kalt. (IV, 69)

Senkrecht hinauf geht die erste Bewegung. Mit dem Träumenden schnellen wir himmelwärts zu jener Sphäre, die unmittelbar die Erdkugel umgibt. Gewonnen ist damit ein Standort, der alles überblicken lässt, was tief drunten sich regt. Danach verengt sich der Blick, der zunächst in die Weite zielte, auf eine ganz bestimmte Gegend. Abermals wird die Vertikale angesprochen. Höchste Berge sind es, wo droben zwei – vorerst ungenannte – Flüsse entspringen, um sich abwärts ins Land zu ergießen. Dass dort unten, im weiteren Verlauf, ihre Wasser nicht länger kristallrein bleiben, vielmehr verschmutzen und verwildern, zeigen die folgenden Traumstationen. Mehrmals gehen jetzt vertikale Richtungen in horizontale über und umgekehrt. Vor allem dann, wenn aus den beiden waagrecht strömenden Flüssen sich zwei Männer erheben. Aufrecht schreiten sie dem Träumenden entgegen:

Er sieht, daß aus dem Wasser nun entstiegen
Und eilten großen Schrittes ihm entgegen,
Zwei Männer, die sehr alt zu sein ihm schienen,
Von wildem, aber ehrenvollem Wesen;
Von ihren Haaresspitzen tropfte ihnen
Am ganzen Körper hin ein Wasserregen;
Die Farbe ihrer Haut war schwarz und hart,
Voll Stacheln, ungeschoren, lang der Bart.

Die beiden trugen ihre Stirn geschmückt
Mit Kräutern und mit Zweigen fremder Art.
Den einen hatte Müdigkeit bedrückt,
Als käme er von einer langen Fahrt;
Das Wasser ward mit neuer Kraft geschickt,
Aus anderer Richtung es sich offenbart; (IV, 71 f.)

Wer sie sind, die Männer und die Flüsse, das erfährt der Träumende, sobald der eine Mann ihm, «dem König, aus der Ferne entgegen[ruft]» (IV, 73). Die beiden Männer sind die beiden Flüsse. Ganges und Indus sind sie, die beiden Hauptströme Indiens, die jetzt eben aus feierlichem Anlass sich verdoppeln: waagrecht weiterfließend in ihrem jeweiligen Flussbett und zugleich aufrecht in menschlicher Gestalt an den Träumenden herantretend, um ihn anzusprechen. Ihn, den Herrscher eines fernen Landes, erkennen sie nicht nur. Sie erkennen ihn auch an. Im

Voraus. Dass sie in Not sind, hat schon ihr verwahrlostes Äußeres offenbart. Jetzt sprechen sie es auch aus. Vernachlässigt fühlen sie sich und unterfordert, seit das uralte Indien zivilisatorisch darniederliegt. Aufhelfen kann da nur das Schutzpatronat des vitalen, des kraftvoll aufbruchbereiten Portugal. Deswegen unterwirft sich, wunderbarerweise, die scheinbar brachliegende Landschaft eines ganzen Subkontinents, verkörpert in ihren Strömen, geradezu begierig der fremden starken Macht aus Übersee.

Traum als Werkzeug dichtender Propaganda. Dass sie ankommt, darf der Dichter Camões getrost vermuten. Jedenfalls bei den heimischen Zeitgenossen, die öffentlich schon eingestimmt sind aufs ferne Indien, kann er einige Kenntnisse der geographischen Gegebenheiten voraussetzen. Man weiß wohl so ungefähr: dass Ganges und Indus hoch oben auf Fünftausendern entspringen; dass sie, Ganges südostwärts und Indus südwestwärts, das Flachland viele tausend Kilometer lang durchströmen, streckenweise verzweigt in mehreren Armen; und dass sie schließlich, fern voneinander, mit zahlreichen weitgefächerten Mündungen ins Meer einfließen – der Ganges ins bengalische, der Indus ins arabische Meer.

Insgesamt ein unübersehbar großes Gebiet, das in den Köpfen der Leser zunächst wohl nur aus allerlei Einzeldaten besteht. Erst der gedichtete Traum, der jene Ströme allseits verfolgt und sie sogar noch leibhaftig zum Sprechen bringt, erst er fügt die einzelnen Datenbrocken zum dreidimensionalen Zusammenhang. Die zielgerichtet dahinfließenden Wasser durchpulsen und beleben ihn als nunmehr vorstellbaren Großraum namens Indien. Und dieses übergroße Indien scheint einzig dazu aufzuleben, um sich demütig dem träumenden Herrscher auszuliefern. Eine schmeichelhafte Paradoxie. Ist er doch König eines Landes, das nur einen Bruchteil der iberischen Halbinsel einnimmt. Ungleiche Größenverhältnisse bestehen da wie zwischen Goliath und David. Den zeitgenössischen Lesern in Portugal mochten sie so nur recht sein. Vollends, wenn diesmal nun der riesige Goliath sich kampflos dem winzigen David ergibt.

Doch nicht nur der patriotische Propagandist, auch der findige Epiker Camões benötigt beides: den freien Spielraum des Traums und die geographischen Ahnungen der Leser. Er nutzt sie, um das Meer, das seine Lusitanen befahren, in aller Weite und Breite herbeizuerzählen. Sichtlich als Schau-Platz des Geschehens soll es sich vor den inneren Augen der Leser beglaubigen. Dazu trägt die willkürlich unwillkürliche Bilderfolge des Traums bei. Mit dem träumenden König erleben auch wir einen raschen, mitreißenden Perspektivenwechsel, der den erzählten Gesamttraum aus vielen Richtungen sichtet. Mal wechseln die Blickwinkel, mal die beweglichen Objekte, die zu erblicken sind: zwischen Fern und Nah, zwischen Vertikal und Horizontal, zwischen Hinab und Hinauf und Entlang. Zuerst vom Firmament hinab auf die Erdkugel, dann, dem Erdboden näher, auf bestimmte Berge, dann mit den Strömen hinab ins Flachland.

Mitmachen müssen wir Leser dieses überdimensionale Zickzack, um selber zu ermessen, was denn das sei, wo der Traum in seinen letzten Strophen schließlich ankommt. Und wie es den Blicken sich darbietet. Es ist die Ebene, schrankenlos sich ausbreitend vor den Strömen, die sie durchziehen und erschließen. Diese Ebene wird von keinen massiven Gebirgen überwölbt oder verschluckt, keine tiefen Schluchten zerreißen sie. Auf festem Boden nimmt sie das Ziel vorweg, wohin die beiden Ströme immerfort fließen: zur ununterbrochenen Weite der See. Bedenkt man zudem, wie aberwitzig der Traum mit extremsten Entfernungen umspringt, nicht nur innerhalb des indischen Subkontinents, auch zwischen entlegenen Kontinenten; und wie er, über abertausende Meilen hinweg, die verkörperten Ströme ins Gespräch bringt mit dem König, der momentan im Palast von Lissabon schlummert, um dann, ausgeträumt, seine wirkliche Flotte auf wirklich hoher See just jene abertausende Meilen zurücklegen zu lassen: dann ist, wer dies lesend hinnimmt, auch gläubig eingestellt aufs Panorama der erzählten Meere.

Und die Tiefe? Die Weite des Meeres also macht dem Epiker merklich zu schaffen. Verrenken muss er sich, um sie den Lesern wenigstens indirekt ins Visier zu holen. Wieso aber fällt es ihm leichter, wenn es um Tiefen und Höhen geht? Um das, was oberhalb und unterhalb der Schiffe los ist: bis hinauf zum Firmament und bis hinab zum Meeresgrund? Zunächst möchte man meinen, hier lägen die Dinge nicht anders. Denn der Blick der Seefahrer – und derer, die davon erzählen – in die Höhe verliert sich letztlich ebenso im Grenzenlosen wie der Blick in die Weite, selbst wenn er droben auf Wolken oder Vögel stößt. Und geht der Blick abwärts, in die Tiefe unterm Meeresspiegel, verliert er sich alsbald in undurchdringlichem Dunkel. Beidemal bleibt offen, droben wie drunten, ob es und wie es weitergeht. Ein beunruhigendes Fragezeichen. Besonders die Frage nach dem ungewissen Drunten lässt nicht locker: was denn wohl unter unseren Füßen sei, wenn wir auf unfestem Boden stehen. Auch dieses bange Rätsel, so wird sich zeigen, macht die Meerestiefe erzählbar, weil erzählenswert.

Hier setzt Camões an. Gewiss nicht als erster der vielen Dichter, die von maritimen Geschehen auf maritime Weise erzählen. Aber er tut es besonders inständig und eigenwillig. Wie geht es drunten und droben weiter? Allein schon die Wellen, ob sanft oder heftig, stören die waagrechte Weite des Meeres auf durch vertikale Zuckungen. Anders als jede Ebene auf dem Festland äußert die niemals ruhige Oberfläche der See eine unheimliche Motorik. Unheimlich, weil der Motor dieser

Bewegungen sich nicht offen zeigt. Dass es allererst die Winde sind, war den seefahrenden Völkern schon früh bekannt. Mythologisch hat man deshalb die Windgötter, namentlich den Aiolos, die scheinbar so herkunftlos daherwehen, auf meerumspülten Inseln oder in meernahen tiefen Höhlen beheimatet. Die *Odyssee*, auch die *Aeneis* erzählt davon mancherlei.

Camões geht noch weiter. Nein: tiefer. Die Windgötter, die Vascos Flotte lebensgefährlich bestürmen, sind ganz unten zuhause, noch unterhalb der See, den Meeresgöttern benachbart. Sie haben die Wassermassen also nicht um sich herum oder nahebei, so wie Homers und Vergils Aiolos samt Gefolge. Sie haben sie über ihren Häuptern. Faszinierend wird im sechsten Gesang geschildert, wie der Hauptfeind Bacchus seine Agitation gegen die Lusitanen noch steigert. In strikter Umkehr: nachdem er droben bei den Göttern im Olymp abgeblitzt ist, steigt er jetzt hinab in die tiefsten Tiefen. Camões betont die Vertikale dieses Abstiegs, indem er den Meeresraum wie ein vielstöckiges Gebäude schildert, Strophe für Strophe. Jedes Stockwerk hat sein eigenes eigentümliches Interieur, das malerisch beschrieben wird. Dort wohnen die Elemente Feuer, Erde, Luft, senkrecht gestaffelt und allesamt umgeben vom dominanten Wasser. Durch diese Folge von Etagen steigt Bacchus hinab bis ins Sous-Marin noch unterhalb des Meeresbodens, um dort unten, wo sie hausen, die Götter des Windes und des Meeres zusammenzurufen. Aufhetzen will er sie gegen Vascos Flotte. So, wie er bereits droben, wenn schon nicht im Olymp die Götter, so doch am Festland die eingeborenen Völker aufgehetzt hat. Nun sollen erst recht die einschlägigen elementaren Naturgewalten der Tiefe sich aufmachen. Denn sie sind recht eigentlich zuständig, jene übermütigen Eindringlinge zu vernichten. Von Grund auf:

Dort in der tiefsten Tiefe jener tiefen
Und weiten Höhlen, wo das Meer sich birgt,
Woher die Wogen kommen, voller Wüten,
Sobald das Meer dem Wind die Antwort gibt. (VI, 8)

Bacchus' Rede findet bei Neptun und Triton, bei Aiolos und den andern Göttern dort unten große Zustimmung. Rührt sie doch geschickt an die nämlichen Ängste, die auch den Redner umtreiben. Drauf und dran seien die Lusitanen, usurpatorisch die angestammten Götter zu entmachten:

Ihr saht, daß sie vermessen es gewagt,
Sogar den hohen Himmel anzugreifen;
Ihr saht, daß jener Wahnsinn es vermag,
Segelnd und rudernd Meere zu durchstreifen;
Ihr saht, wir sehen ja noch jeden Tag
Den Hochmut, und die Angst will mich ergreifen,
Wie sie im Meer und Himmel Götter werden,
Und wir die Menschen sind bald hier auf Erden. (VI, 29)

Rhetorisch, wie zuvor schon räumlich, behauptet sich abermals die Vertikale. Soeben ist Bacchus vom hohen Olymp hinabgestiegen zum tiefen Meeresgrund. Und schon schürt seine Rede drunten die Furcht, alsbald könnte sich in der alten Ordnung der Welt das Oberste zuunterst kehren. Und zwar durch Menschen wie jene, die da vermessen auf hoher See sich selbst zu Göttern erhöhen und die wahren Götter zu Menschen erniedrigen. Von Anfang bis Ende kreist Bacchus' Rhetorik um die vertikale Achse vom «höchsten Himmel» bis hinunter ins Meer. Noch bewegen sich die Lusitanen zwar lediglich auf der waagrechten Oberfläche des Meeres, doch nur, um es zu «provozieren [tentarem] mit Segeln und mit Rudern». Also höchste Zeit, solcher Provokation mit aller Härte zu begegnen.

Zwischen Droben und Drunten: die Zange des Orkans Sofort beherzigen die angesprochenen Götter diesen Appell. Tätlich, jeder auf seinem Gebiet. Mit wildestem Sturmwind aus der Luft und mit haushohen Wogen nehmen sie die portugiesischen Schiffe, überdimensional, von oben und unten in die Zange. Genau so erleben es auch die Opfer aus ihrer Sicht. Der wütende Orkan wird ihnen zur senkrechten Vergewaltigung, zum mehr als alpinen Ab und Auf, das ihre Schiffe sogar noch über die Himmelswolken hinausschleudert:

Auf höchsten Wogen, die noch höher schwollen,
Zeigt das gewaltige Schiff nur eines Nachens
Geringen Umfang, welcher Furcht erregt,
Sieht auf den Wellen man's so lange schweben.
[...]
Bald über die Gewölk empor erheben
Sie [die Seeleute] des wutschnaubenden Neptunus Wogen;
Bald scheint's dem Blick, daß sie herab sich senken
Tief in des Meergrunds inneres Eingeweide.
Süd-, Ost-, und Nord- und Westwind möchten gern

Zertrümmern dies Gerät von Menschenhand [máquina do Mundo];
(VI, 74 u. 76)

Um einen sprunghaften Perspektivenwechsel zu entfachen, bedarf es hier keines Traums. So wie dort, wo Camões das Meer in seiner Weite erfassen will. Sprunghaft wechseln mehrere Perspektiven wie von selbst, da ja Vascos gesamte Flotte von dem gigantischen Sturm betroffen ist. Somit sind es viele Augenpaare, verteilt auf verschiedene Schiffe, die entsetzt beobachten, wie es den anderen ergeht. Das eigene Schicksal sehen sie blitzschnell voraus, wenn sie steil nach oben schauen: wo in schwindelnder Höhe das «gewaltige Schiff» der Gefährten sich verwinzigt zum «Nachen»; und wo es so scheint, als trügen die turmhohen Wogen diesen «Nachen» nicht mehr, sondern ließen ihn «schweben» wie frei in der Luft. Ohnehin wäre hier der Sonderstatus eines Träumenden überflüssig. Denn all die vertikalen Turbulenzen bleiben in einem Blickfeld, das sogar ohne weiteres ein Einzelner überschauen könnte. Jedenfalls aus hinreichendem Abstand. Genügen dürfte ihm ein Auf und Ab des Kopfs, um zu verfolgen, was zwischen dem «Gewölk» am Himmel und drunten in «des Meergrunds innere[n] Eingeweide[n]» abläuft. Aber, es geht Camões ja gerade darum, dieses vertikale Geschehen auf den vielen einander kreuzenden Blickbahnen möglichst mittendrin verfolgen zu lassen. Alle gehen sie aus vom sonst immer vereinten lusitanischen Pluralhelden. Hier jedoch hat höhere und tiefere Gewalt ihn zersplittert in diverse Schiffe, deren jedes für sich ums Überleben kämpft.

Die rotierende Wassersäule Die Vertikale des Meers, das Meer in der Vertikalen. Nicht nur der geschilderte Orkan, den sie mit knapper Not überstehen, schärft den Lusitanen ein, wie hoch und wie tief die Wasser sein können, auf denen sie sich fortbewegen. Auch ganz andersartige senkrechte Ereignisse stoßen ihnen zu auf ihrer Fahrt. Nicht immer so gefährliche, oft jedoch erstaunliche, auch unbegreifliche. Was da jeweils passiert, erlebt allemal das ganze Flotten-Kollektiv. Selbst dann, wenn nur einer daraus sich als Augenzeuge und Berichterstatter hervortut. So Vasco in seiner Erzählung, gerichtet an den König von Melinda. Den verblüfft ganz besonders das kaum glaubliche Naturereignis einer himmelan rotierenden Wassersäule. Für alle, so bezeugt Vasco, war es:

> [...] ein großes Wunder
> Und sichre Ursach argen Schrecks, zu sehn,
> Wie Meergewölk empor in langem Rohre
> Des Ozeans erhöhte Fluten sog.
> Auch sah ich sicherlich – und nimmer glaub ich,
> Daß das Gesicht mich täuschte – feinen Dunst
> Und dünnen Rauch sich in die Luft erheben
> Und, von dem Wind gejagt, umher sich drehn;
> [...]
> Und nach und nach begann es zuzunehmen,
> Und wurde dicker als ein starker Mast;
> Verengt sich bald und bald erweitert sich's,
> Wie's in sich schluckt die großen Züge Wassers;
> Und mit den Wogen auf und nieder wogend
> Verdichtet's auf dem Gipfel sich zur Wolke,
> Indem es größer wird und immer schwerer
> Von jener großen Last verschluckten Wassers. (V, 18–20)

Merklich ermuntert auch hier das erzählte Meer zu navigierendem Erzählen. Wortwahl und Satzbau, Tempus und Aktionsarten der zahlreichen Vorgangsverben, aber auch die Sprachbilder – wie die folgende Strophe zeigt –: alles zieht am gleichen Strang, um dem seltsamen Phänomen beizukommen. Auf Deutsch nennt man es Windhose. Unzutreffend. Denn es ist kein gleichbleibendes, greifbares Ding. Ein Hergang ist es, der vertikal wachsend ansteigt, bis er seine höchste Höhe erreicht hat. Diesen Hergang steuert Vasco an. Als gewiefter Seemann und Erzähler. Mit sicherem Augenmaß lässt er sich auf beides ein: auf jede Bewegung dessen, was Wind und Wasser hier miteinander vollführen; aber auch auf seinen Zuhörer, den die erzählten Bewegungen innerlich mitbewegen sollen.

Das Crescendo von Vascos Rede folgt dem räumlichen Crescendo des Hergangs. Ihr Tempo und ihre Wortwucht steigert sich mit dem, was Vasco damals erlebt hat und nun erzählend nacherlebt: wie der Wind das Wasser, das Wasser den Wind röhrenartig höher und höher schraubt, dabei anschwellend und hoch oben sich verdichtend zu einer fast schon platzenden Wolke. Just hier bricht das Crescendo – vorläufig – ab. Hier, an diesem Höchstpunkt der senkrechten Bewegung sowie der physikalischen Spannung, wo jetzt gleich die überpralle Wasserwolke sich entladen müsste, an diesem Höchstpunkt auch der inneren Spannung beim Zuhörer: just hier kommt es zu einem Stau. Und zwar durch einen geräumigen epischen Vergleich, den Camões seinen Erzähler einschieben lässt. Eine ganze Strophe lang und breit hemmt er sowohl den erzählten Ablauf als auch den Erzählablauf, was freilich die gestaute Spannung noch erhöht.

> So wie sich hält der rote Blutegel
> Am Maul des Tieres (welches, wenig klug,
> Ihn trinkend aufnahm an dem kühlen Quell),
> Den heißen Durst sich stillt mit fremdem Blut,
> Und saugend immer größer wird und schnell
> Sich füllt und weit sich ausdehnt mit dem Blut:
> So wächst die große Säule, wird geschwellt
> Und auch die schwarze Wolke, die sie hält. (V, 21 ff.)

Wie so viele epische Vergleiche, die Homers Vorbild folgen, verfährt auch dieser. Verglichen werden X und Y nicht aufgrund einer gemeinsamen festen Eigenschaft, sondern aufgrund eines beweglichen Verhaltens, das X und Y gemeinsam ist. Hier die Phasen, wie die ‹Windhose› sich verhält, saugend und anschwellend, mit den entsprechenden Phasen des Blutegels. Eins verdeutlicht das andre. Wer erzählt – so hieß es im vorigen Kapitel –, vergegenwärtigt etwas Abwesendes. Insofern erzählt Vasco, obwohl er sein schieres Berichten unterbricht, auch hier: im und mittels Vergleich. Seinem Zuhörer vergegenwärtigt er das zeitlich und räumlich ferne, scheinbar unnatürliche Meeres-Wunder durchs nahe, natürliche Betragen des Blutegels, wohlvertraut aus dem Alltagsleben.

In einer bestimmten Hinsicht allerdings unterscheiden sich die beiden Vergleichspartner eklatant: in der Richtung, wohin sie sich ausdehnen. Die ‹Windhose› – Vasco betont sie nochmals als emporragende «Säule» (coluna) – wächst stracks und senkrecht in die Höhe. Der Blutegel dagegen «wird dick» (se engrosa), er dehnt sich in die Breite und Länge (se allarga), also waagrecht. Bei aller Ähnlichkeit unterstreicht er kontrastiv die andere, die senkrechte Richtung der Windhose. Noch wirksamer, auch gewitzter noch als sonst verschränkt der Autor hier eins mit dem andern: wovon erzählt wird und wie. Denn es erscheint ja der Blutegel, der in die Breite schwillt, in eben der Strophe, die ihrerseits sich breit macht und quer legt, um den Ablauf der Erzählung zu stauen. Innehalten muss er, wie gesagt, kurz vorm Zielpunkt des Geschehens, wo die säulenartige ‹Windhose›, nun als Wolke, sich zu entladen hätte in prasselndem «Regenguß». Erst in der folgenden Strophe wird sie sich dann entladen dürfen.

Erneut lässt sich Camões' epische Kunstfertigkeit bewundern. Sub specie maris. Und nicht nur im großen, auch im kleinen Ganzen. Ein packendes Ineinander und Miteinander spielt sich ab zwischen dem erzählten maritimen Hergang und dem Hergang, wie ihn da jemand erzählt. Der eine scheint den andren in Schwung zu bringen und in Schwung zu halten. Bald beschleunigend, bald bremsend, um neuerlich zu beschleunigen. Zugleich prägt Camões uns nochmals die ungemeine Vertikale des Meeres ein, die jeder Seefahrer jederzeit zu gewärtigen hat.

Mehrere gestaffelte Erzähler Noch entschiedener als Apollonios gibt uns Camões zu wissen: die fernen Räume, die seine Heldenschar durchfährt, sind schon von sich aus geschichts- und geschichtenträchtig. So ruft denn die Haupterzählung von den Lusiaden, wie schon die von den Argonauten, erst recht allerlei Neben- und Untererzählungen hervor. Um sie ebenfalls mitzuteilen, verfährt Camões vertrackter als Apollonios. Er vervielfältigt nicht nur das epische Geschehen. Er vervielfältigt auch den Vorgang des Erzählens und die Zuständigkeit derer, die es betreiben. Genauer, er staffelt das Erzählen. Es sind zahlreiche, noch dazu ungleichartige Staffeln. Deswegen mögen sie manchen Lesern beschwerlich vorkommen. Doch sie wirken, lässt man sich darauf ein, sinnvoll und aussichtsreich für das Gesamtgebilde dieses Epos. Da ist vorab der Dichter Camões, der – bald im eigenen Namen und bald durch seinen Rhapsoden – die Hauptgeschichte von den indienwärts fahrenden Lusitanen erzählt. Mitten hinein ins Geschehen springt er: wenn sie bereits fern der Heimat vor Madagaskar kreuzen (Gesang I). Später erteilt er dann für drei Gesänge (III–V) das Wort dem Vasco da Gama, der als Admiral der Flotte dem afrikanischen König von Melinda den bisherigen Verlauf der Hauptgeschichte berichtet. Vasco seinerseits, sobald er aufs Abenteuer mit Adamastor kommt, überlässt diesem die wörtliche Rede für seine Lebensgeschichte. Danach übernimmt wiederum der Dichter – bald im eigenen Namen und bald durch seinen Rhapsoden – alle weiteren Gesänge. Sie gelten den weiteren maritimen Abenteuern der Lusitanen, bis hin zur glücklichen Heimkehr.

Doch auch in dieser zweiten Hälfte des Epos ist es keineswegs vorbei mit dem gestaffelten Erzählen. Für besondere Zwecke setzt Camões auch hier zusätzliche epische Vermittler ein. Solche, die noch kompetenter erscheinen sollen als der Dichter und sein Rhapsode; die also erst recht Gewähr leisten für das, was sie vorbringen. Zugleich sollen sie es denen, auf die sie hinsprechen – auf die Zuhörer im Epos, aber auch auf die Leser –, möglichst einleuchtend vor die inneren

Augen führen. Zum Beispiel so. Im siebten Gesang begegnet Vasco, nun in Indien angekommen, einem mohammedanischen Einwanderer, der ihm zwölf Strophen lang die Geschichte dieses Landes darlegt. Was er berichtet, hört sich schon deshalb gründlich und glaubwürdig an, weil er das Land unbefangen mit den geschärften Sinnen des Zugereisten wahrnimmt. Dabei objektiv, trotz subjektivem Blick: weicht er doch als Moslem weltanschaulich ab von seinem christlichen Zuhörer.

Noch beachtlicher scheint mir, was zwei weitere epische Vermittler zu verrichten haben, und wie sie es tun. Sie kommen dort zum Zug, wo es um die ruhmreichen Vergangenheiten der Lusitanen geht, um die Heldentaten der Vorfahren (im VIII. Gesang), und dort, wo es um ihre noch ruhmreicheren Zukünfte geht (im X. Gesang). Also jeweils dann, wenn der Dichter vorgibt, selber keinen hinreichenden zeitlichen Weitblick zu haben. Erfinderisch setzt er beidemal höchst ungewöhnliche epische Vermittler ein. Wohlweislich. Denn sie ergeben sich zwanglos aus dem navigierenden Erzählen. Und sie setzen es auf je eigene Weise fort.

Sprechende Bildergalerie auf hoher See Wie steht es mit den ruhmreichen Vergangenheiten? Von ihnen erzählt hier – vorerst – kein menschlicher Mund. Angesprochen werden vielmehr die Augen: durch eine Reihe von Gemälden, auf denen die heldischen Vorfahren und ihre Taten abgebildet sind. Diese Ahnengalerie der Lusitanen schmückt die inneren Wände von Vascos Admiralsschiff. Ein indischer Würdenträger, Ehrengast an Bord, möchte dringend wissen, was los ist mit den gemalten martialischen Männern und Ereignissen. Gamas Bruder Paulo erläutert es ihm. Redend macht er sich zum Dolmetscher dessen, was diese Gemälde wortlos zu sehen geben. Dabei wird der gemeinsame Gang durch die Galerie zum Erzählgang durch die portugiesische

Geschichte. Ausgehend vom legendären Stammvater Lusus, der sofort den Blick des Gastes fesselt.

> Beim ersten Bildnis hat sich aufgehalten,
> Der Catual und sieht darauf gespannt;
> Den Zweig, als Sinnbild in der Hand gehalten,
> Den langen, weißen Bart auf dem Gewand,
> Wer sei der, warum habe der erhalten
> Das Zeichen, das er trägt in seiner Hand? (VIII, 1)

Die Gesichter der Porträtierten betrachtend und erklärend, auch ihre gemalten Tätigkeiten und Attribute, bewegt sich so die Führung von Bildnis zu Bildnis. Gut vierzig Strophen hindurch. So lang, bis sie in der historischen Nähe der erzählten Gegenwart anlangt. Manchmal fragt der wissbegierige Gast, häufiger weist ihn der Gastgeber, sprachlich und gestisch, aufs je Besondere der dargestellten Person und Situation: Sieh ... Siehst Du? ... Nun achte auf den ... Schau, wie dort ...

Wir erleben hier eine Verdoppelung jenes epischen Trios, das allemal waltet, wo erzählt wird. Das heißt, es sind gleich zweimal die drei wesentlichen Größen zugange, Erzähler und Zuhörer und Erzähltes. Erstens: Camões erzählt uns, den Lesern, von den Lusitanen. Zweitens: innerhalb dieses Epos führt er uns nochmals das epische Trio vor, in anderer Besetzung und in andersartiger Spielart: hier die ereignishaltigen, aber wortlosen Bildnisse; da der Mann, der sie erzählend zum Sprechen bringt; dort der Mann, der unbedingt hören will, was die Bildnisse besagen. Der Epiker als Choreograph. Er überführt den Erzählprozess in eine räumliche Prozession von Bildnis zu Bildnis.

Nicht genug damit. Er erwirkt noch mehr, wenn er das Erzählen solchermaßen Raum greifen lässt. Mehr fürs maritime Thema und mehr für die poetische Gesamtkonstruktion, die es in Schwung hält. Wenn Paulo da Gama und sein Gast beides auf einmal durchlaufen, geistig das geschichtliche Herkommen der Portugiesen und körperlich den Raum der heroischen Ahnengalerie, dann bewegen sie sich in einem selber beweglichen Gehäuse. Also nicht auf festem Boden, zwischen den Mauern eines unverrückbaren Gebäudes, etwa eines Palastes oder eines Museums. Sie bewegen sich auf den Planken eines Schiffs, das zwar momentan verankert ist, sonst aber weite, stürmische Meerfahrten bewältigt.

Mithin ist dieses Schiff nicht nur dazu bestimmt, die Seewege zu bahnen für kommende koloniale Eroberungen. Zum gleichen Zweck führt es auch noch die gemalte vaterländische Vergangenheit mit sich herum in Form der mobilen Bildergalerie. Jederzeit und allerorts ad oculos erzählbar. Und zwar zum inneren wie zum äußeren Gebrauch. Drinnen können die einstigen Taten, die aus den Bildnissen sprechen, den gegenwärtigen Tatendrang der Mannschaft befeuern. Und draußen können sie die Gegner einschüchtern und die Bündnispartner für sich einnehmen, so wie den indischen Würdenträger. Solche zweiseitige Wirkung entspräche jener der drastischen Galionsfiguren, die immer schon Achtung geboten haben am Bug der großen Schiffe. Bei Vascos

Admiralsschiff hat sie sich noch vervielfacht, verfeinert und individualisiert in der nautischen Porträtgalerie. Die nämlich zeigt ganz bestimmte Personen, deren jede ihre eigene und die miteinander ihre gemeinsame Geschichte haben.

Zukunft aus Nymphenmund Minder absonderlich als dieser erzählende mobile Bildersaal mutet der andere epische Vermittler an, den Camões ferner noch heranzieht. Diesmal, wie gesagt, für die Zukünfte der Lusitanen. Minder absonderlich insofern, als der Autor hier auf wohlbekannte antike Vorbilder zurückgreifen kann. Und zwar auf jene Prophetien aus berufenem Sehermund, die Homers Odysseus und Vergils Aeneas zuteil werden bei ihren kühnen Ausflügen in die Unterwelt. Camões freilich formt diese Vorbilder eigenwillig um für seine maritime Thematik. Deutlich genug. Gefährlich und schauerlich geht es zu, wenn Odysseus und Aeneas das Totenreich aufsuchen, um die Zukunft zu erkunden. Nur dort unten nämlich, im Umkreis der Verstorbenen, können ganz besondere Auserwählte schon zu Lebzeiten erfahren, was künftig erst kommen wird. Der Blick voraus erheischt also einen zweifachen Anlauf. Rückwärts zu jenen, die das Leben hinter sich haben; und abwärts in die Unterwelt, wo sie hausen. Eine tief zerklüftete Höhle im Festland ist dieser Hades, nah bei der Mündung des finsteren Flusses Acheron, wohin, wer noch lebt, nur auf abgelegenen Wegen gelangen kann. Dort unten also erfahren Odysseus und Aeneas aus dem Mund von kundigen Sehern und wissensreichen Toten, was sie wissen wollen über ihren weiteren persönlichen Lebenslauf und noch mehr.

Wahrlich leichter haben es Vasco und die Mannschaften seiner Schiffe. Keinerlei grauenvolle Wege müssen sie zurücklegen, um sich die Zukunft aller Lusitanen voraussagen zu lassen. Im Gegenteil. Diese gloriosen Aussichten werden ihnen geradezu serviert. Herbei gesungen werden sie ihnen bei einem Festgelage. Zwar ebenfalls aus tiefsten Tiefen, doch nicht des Totenreichs, sondern des Meeresgrunds. Denn nur so, meint Camões' Epos, frommt es siegreichen Seefahrern. Wie aber kommt es dazu? Durch das göttliche Wunderwalten der Venus. Sie, die selber aus dem Meer Geborene, hat aus dem «Schoß des Ozeans» eine paradiesische Insel emportauchen lassen. Eigens für ihre Günstlinge, die Lusitanen: zum Lohn für ihre wagemutigen Taten und als Ausgleich für die Strapazen, die sie auf sich nehmen mussten.

Schon im Voraus hat Venus es dem Vasco da Gama angekündigt. Eine krönende Auszeichnung soll es sein, offenbar nach dem Grundsatz von ‹Similia similibus›. Nämlich so: das glückbringende Meer offenbart sich hier als elementare Gegenkraft wider das Unglück, das eben dieses Meer für Verunglückte hätte bringen können. Mit den Worten der Göttin gesprochen: «sie [die Lusitanen] im Kampfe mit den Meereswogen / Nicht nur erschöpft sind, nein, sogar fast tot», deshalb erwirkt Venus, dass

in den Gründen
Der See die Töchter Nereus', pfeilverletzt,
Der Lusitanier Leidenschaft entzünden,
Welche die neue Welt entdeckten jetzt,
Sie alle sollen sich zusammenfinden
Auf einer Insel. An den Grund versetzt
Des Ozeans, will ich sie vorbereiten,
Und Floras, Zephyrs Gaben dort verbreiten. (IX, 40)

Also nochmals ‹Similia similibus›. Die Lusitanen, die da neue Länder entdeckt haben, auf den Kontinenten zwischen den von ihnen durchfahrenen Meeren, sie sollen nun belohnt werden mit einer noch neueren paradiesischen Insel, die es zuvor noch gar nicht gab. Unsichtbar jedoch am Grund des Ozeans hat sie, vorbereitet durch Venus' wundertätige Maßnahmen, bereits auf jene gewartet, die davon beglückt werden sollen. Mit prangenden Gärten, schmeichelnden Lüften und strahlenden Palästen ist die Insel ausgestattet. Und bevölkert ist sie mit den so zahlreichen wie reizvollen und entgegenkommenden Töchtern des Meergottes Nereus. Gern wenden sie sich Vascos Seeleuten erotisch zu, schmausend und bechernd und musizierend.

Als Höhepunkt des allumfassenden Hochzeitsfests, bei dem gar die Meergöttin Thetis sich mit Vasco vermählt, erhebt eine schöne Nymphe ihre Stimme zur prophetischen Verheißung. Was sie verheißt, hat sie «auf der weiten See vernommen» («aprendeu no imenso lago»,

X, 8). Zunächst wird es vom Rhapsoden nur in indirekter Rede wiedergegeben, also in vorsichtigem Konjunktiv. Doch nach einigen der gut dreißig Strophen wird ihr Gesang direkt. In mehr als einem Sinn. So unverblümt herrisch und eroberungssüchtig, wie es bis dahin in diesem Epos tunlichst vermieden wurde. Schon die erste, noch indirekte Strophe gibt den späteren rücksichtslosen Ton an:

Die schöne Göttin sang, vom Tejo kämen
Weit übers Meer, das Gama jüngst erschlossen,
Geschwader, die das Küstenland einnähmen,

Von Indiens Ozean stöhnend umflossen;
Daß Heidenkönige, die nicht annähmen
Das fremde Joch, durch Schwert und Zorn verdrossen,
Den starken, tapferen Arm erlitten haben,
Bis sie sich ihm oder dem Tod ergaben. (X, 10)

Wenn denn also die Nymphe des Meeres selber solche martialischen Eroberungen und Unterjochungen voraussagt, als hochpreisende, keineswegs nur billigende Prophezeiung, und das auf der neugeborenen Insel der Venus: dann müssen weder künftige noch gegenwärtige Lusitanen jemals bangen um den Segen von unten und von oben. Es haben ihn ja die submarinen Götter, wie auch die Götter droben im Vorhinein erteilt. Demnach können sich Portugals Flotten wohlgemut auf die Seewege machen, um die widerspenstigen «Heidenfürsten» und ihre Völkerschaften die Sprache des christlichen Kanonendonners zu lehren. Er ist fürchterlicher als jener des Donnerers und Blitzeschleuderers Jupiter.

LITERARISCHE INSELN

Die Insel als Ort, der in vieler Hinsicht herausragt, ist kein Einzelfall innerhalb der maritimen Epik. Unerschöpflich faszinierend wirkt sie auf die Seefahrer, von denen erzählt wird, aber auch auf die Leser. Schon viele Jahrhunderte vor und noch viele Jahrhunderte nach den *Lusiaden*. Ob nun, wie bei Camões' emporgetauchtem Venus-Eiland, Wunder im Spiel sind oder auch nicht: allemal hat es mit der Insel eine Extra-Bewandtnis. Schon auf den ersten Blick, sobald er von weitem sie erspäht, begegnet sie den Seefahrern als ein besonderes, entlegenes Etwas. Meerumflossen und somit buchstäblich isoliert, bildet die Insula eine eigene Welt für sich. Fremdartig erscheint sie denen, die zu Schiff daherkommen. Zumindest andersartig, gemessen am gewöhnlichen Kontinent, von dem sie ausgefahren sind, um irgendwann dorthin zurückzukehren.

Die Insel, scharf umgrenzt und abgeschieden, hält, was sie von fern verspricht. Denen, die hier landen, wird sie zum Schauplatz unerhörter Vorkommnisse, die im Alltagsleben auf vertrautem Festland gemeinhin ausgeschlossen sind. Auf Kalypsos Insel vergisst Odysseus beinahe, woher er eigentlich kommt und wohin er eigentlich strebt. Auf der Insel der Kyklopen verliert er mehrere Gefährten durch den menschenfressenden Polyphem, und auf jener der Kirke werden ihm weitere Gefährten in Tiere verwandelt. Jede dieser Inseln erlebt Odysseus, mehr und mehr vereinsamt, als abenteuerliche Zwischenstation auf seiner wechselvollen Irrfahrt, die ihn über die Meere treibt, seit das kollektive Abenteuer des Trojanischen Kriegs vorbei ist. Als Interim kommt jede ihm vor, aber auch als Alternative. Nicht nur zum unsteten Leben auf Schiff und Floß, erst recht zum steten Leben in der Heimat, wo er regierender Fürst sowie Gatte und Vater und zugleich Ackerbauer und Viehzüchter gewesen war.

Auch hier wirkt Homer meerwegweisend für das weitere navigierende Erzählen. Sei's in Versepen oder in Prosaromanen. Auch fortan gehören markante Inseln, obwohl sie geologisch die See und Seefahrt unterbrechen, zum dauerhaften Motivbestand der einschlägigen Werke. Egal, wie viele es sind, die jeweils die nautischen Helden verlocken oder gar nötigen, ihr Fahrzeug zu verlassen und an Land zu gehen. Die Art und die Anzahl der angelaufenen Inseln, aber auch weswegen und wie lange die Helden sich dort aufhalten, wird belangvoll erst dann, wenn ganz bestimmte Themen eine ganz bestimmte Komposition der erzählten Begebenheiten erfordern. So haben sich im Lauf der Zeit zwei Typen von Insel-Romanen herausgebildet: utopischer Roman und Robinsonade. Ersterer, folgenreich hervorgerufen durch Thomas Morus' *Utopia* (1516), ist zwei Jahrhunderte älter als Letztere, die noch folgenreicher sich von Daniel Defoes *Robinson Crusoe* (1719) herleitet.

Im Meer: Robinsonade und utopischer Roman

Beide machen sie eine einzige Insel zum maßgeblichen Schauplatz des Geschehens. Und so wie räumlich das Meer den Schauplatz umrahmt, so umrahmt zeitlich die Seefahrt das Geschehen. Damit sich überhaupt eben das ereignen kann, was da immer wieder mal so und mal so erzählt wird, muss es eine unbekannte Insel sein, weitab von allen üblichen Meeresrouten, ein Ort, den keine Karte verzeichnet. Nur zufällig und ausnahmsweise gerät man dorthin. Die Ausnahme verkörpert sich in den allemal schiffbrüchigen Romanhelden, die es unversehens auf diese Insel verschlägt. Mitten hinein in befremdliche Lebensverhältnisse. Wer hier lebt, muss oder darf sich ganz anders verhalten als dort, woher die Romanhelden stammen, und wohin sie am Ende ihres Inselaufenthalts fast immer zurückkehren. Abermals die Meere durchquerend.

Insoweit gleichen sich utopischer Roman und Robinsonade. Nicht jedoch darin, was den Schiffbrüchigen am fremden Ort begegnet. In beiden Fällen zwar bietet ihnen die insulare Welt ein striktes Gegenbild zur großen weiten Welt, die sie bisher erfahren haben. Aber die Zielrichtung des jeweiligen Gegenbilds ist konträr. Zukunftwärts zielt es

beim utopischen Roman, vergangenheitwärts bei der Robinsonade. Beidemal vergrößert – nur scheinbar paradox – der einengende, abgelegene und abgeschottete Schauplatz der Insel die Reichweite der epischen Vergegenwärtigung. Nicht allein räumlich, auch zeitlich. Dem Erzähler erlaubt er, widerspruchslos auszugreifen sowohl in Zeiten, die einstmals noch kommen werden, wie in Zeiten, die einstmals schon gewesen sind. Deutlich, aber auch schlüssig. Was die gestrandeten Helden am Schauplatz von Thomas Morus' *Utopia*, von Tommaso Campanellas *Sonnenstaat* (1602), von Francis Bacons *Neuem Atlantis* (1626) staunend vorfinden, ist ein harmonischer Zustand menschlichen Zusammenlebens, wie ihn die zeitgenössische Sozietät zuhaus allenfalls erstreben und in ferner Zukunft verwirklichen könnte. Ein reibungslos funktionierendes gesellschaftliches Ganzes, ohne Selbstsucht und Eigennutz, einzig dem Wohlergehen aller Staatsbürger dienend.

Ebenso beachtlich wirkt die Reichweite epischer Vergegenwärtigung beim Gegentypus, bei der Robinsonade. Hier geht es, zeitlich, um keinen Vorwegsprung, sondern um einen Zurücksprung. Sobald die Gestrandeten die unbekannte Insel durchstöbern, stoßen sie auf menschenleere Verhältnisse. Nichts als wildwüchsige Natur, die überhaupt erst urbar zu machen ist. Unversehens finden sie sich zurückversetzt in einen quasi vorgeschichtlichen Stand der Dinge. In einen Zeitraum, den ihre eigene heimatliche Sozietät schon seit vielen Jahrhunderten hinter sich gebracht hat. Und diese langwierige Wegstrecke, sich selbst und die Umwelt fortschreitend zu kultivieren, die müssen nun sie, die Gestrandeten, ihrerseits nochmals zurücklegen. Binnen kürzester Zeit. So heißt es denn, um jetzt hier auf der Insel auch nur annähernd im geschichtlichen Jetzt anzulangen, ein restlos arbeitsames Leben führen. Insofern also bildet die Robinsonade nicht nur zeiträumlich einen Antitypus zum utopischen Roman. Erst recht kontert sie ihn im Anspruch an ihre Hauptpersonen. Dort nämlich können sich die Gestrandeten auf der Insel mit einem beschaulichen Dasein begnügen. Nur betrachtend wandeln sie umher im fremdartigen Staatsgebilde jener vorweggenommenen Zukunftsgesellschaft. Nur zeigen und erklären lassen sie sich deren rundum ungewöhnliche Einrichtungen. Selber Hand anlegen müssen und dürfen sie nirgends. Denn alles, was sie hier umgibt, ist schon vollendet. Jeder noch so wohlmeinende Zugriff irgendeines inkompetenten Ankömmlings würde nur stören.

Hinfahrt und Rückfahrt als Flanken des Romangeschehens; dazwischen aber, als eigentliche Hauptsache, lauter Begebenheiten auf dem festen Boden der Insel: was bleibt da noch übrig für erzähltes und erzählendes Navigieren? Mehr, aber auch anderes, als man zunächst vermuten möchte. Dafür spricht schon das genaue Tagebuch, das Robinson auf seiner Insel führt. Nichts hat es gemein mit den Gefühlsnotaten schöner Seelen im empfindsamen Roman. Umso mehr mit den nüchternen, nautisch lebenswichtigen Logbüchern der Seefahrt. Geführt werden sie vom verantwortlichen Kapitän, der Tag für Tag alle belangvollen Vorkommnisse einträgt, die den Kurs seines Schiffs betreffen, an Bord und außerhalb. So wie Robinson – der ohnehin in erster Person das Romangeschehen erzählt – sein Tagebuch handhabt und nutzt, lässt sich erkennen: er erlebt seine Fortbewegung auf der Insel nicht grundsätzlich anders als jene zuvor auf hoher See. Ihm kommt es so vor, als gehe es auch hier, obwohl auf bewachsenem Erdboden, ebenso ungewiss weiter wie draußen auf dem Meer von Wellenberg zu Wellental. Jedenfalls so lang, bis er das unübersichtliche Gelände erkundet und sich selbst an einer günstigen Stelle darauf eingerichtet hat: planend, bauend, pflanzend und Tiere zähmend. Doch das dauert geraume Zeit. Vorerst erscheint ihm das Terrain der fremden Insel ähnlich unberechenbar wie die Strömungen fremder Meere. Aber auch danach noch, sesshaft und befestigt in eigenhändig errichteter Behausung, ist Robinson nicht sicher vor unbehaglichen Überraschungen. Durchweg lebt er in banger Erwartung, was alles ihm in den allernächsten Stunden drohen mag. Nicht auf dem Meer, doch draußen vom Meer her. Und in der Tat: mal sind es schwarze Menschenfresser, mal weiße Meuterer. Hoffend und fürchtend sucht er regelmäßig auf seinem hohen Auslug, ähnlich dem Topmaat droben im Mastkorb, die Horizonte ab mit dem Fernrohr: nach fernen Schiffen, die ihm entweder Rettung bringen oder gewaltsamen Tod.

Seemann also war und bleibt Robinson auch hier, wo er den Boden beackert, wo er Bäume rodet und pflanzt. Steuert doch seine unentwegte Arbeit auf der Insel immerzu Ziele an, die, sobald erreicht, weitere und noch weitere Ziele in den Blick rücken. Jedenfalls ist seine navigierende Sicht nicht hinfällig geworden, nachdem er die Brandung landeinwärts überwunden hat. Ihm – wie auch den Helden der nachfolgenden Robinsonaden – kommt vielmehr das rettende Eiland zunächst einmal fast ebenso bedrohlich, weil wild und unabsehbar, vor wie das Meer, dem er mit knapper Not entronnen ist. Und zugleich mit der navigierenden Sicht setzt sich auch das navigierende Erzählen fort. Nicht gradlinig und kontinuierlich verfolgt es seinen Kurs, sondern

es wechselt ihn sprunghaft. Ad hoc, je nachdem, was gerade vorfällt und was daraufhin prompt zu tun ist. Auch insofern ähnelt Robinsons Tagebuch besagtem Logbuch: im Zickzack seiner vielerlei Notizen. Bald stichwortartig, bald ausführlich springt es unvermittelt über von äußeren Vorkommnissen zu inneren Erwägungen, von Wetterbeobachtungen zu eigenen Tätigkeiten. Aber auch dann, wenn Robinson das Tagebuch beiseite legt, um weit ausgreifend zu berichten, was er erlebt, kommt es zu keiner gleichmäßigen, einhelligen Narratio. Oft erzählt er zwar viele Seiten lang schnurstracks drauflos. Doch kaum haben sich die Leser auf den scheinbar dauerhaften Duktus eingestellt, werden sie aufgestört durch sprachliche und typographische Fremdkörper: durch meteorologische Tabellen, Zahlenkolonnen von erschossenen Angreifern, schematische Dialoge mit dem geretteten Halbwilden Freitag. Schroff stauen sie den zügigen Erzählverlauf. Solche sperrige Redeweise, die das poetische Fabulieren verbergen soll hinter dem Anschein faktentriftiger Wahrhaftigkeit, haben fast alle nachfolgenden Robinsonaden beibehalten. Offenbar gilt sie als ein fester Bestandteil des maritimen Sujets vom gestrandeten Seefahrer.

Und der Gegentypus, der utopische Roman? Auch da erscheint das insulare Leben, von dem erzählt wird, als Komplement zur Seefahrt, die vorausgegangen ist und hernach noch folgen wird. Und den gestrandeten Ankömmling befremden die überzivilisierten Wohn- und Arbeitsstätten der Insulaner nicht minder als Robinson die außerzivilisierte, menschenleere Wildnis befremdet. Allerdings: während dieser Einsame nur mit sich selbst spricht, in seinem Tage = Logbuch, springt dem Ankömmling in Utopia ein kompetenter Bewohner der Insel bei, der sich ringsum auskennt. Ebenfalls navigatorisch. Zum Lotsen auf festem Boden wird er dem unkundigen fremden Gast. Die Redeweise ist ähnlich sperrig wie in Robinsonaden. Denn was der Einheimische dem Auswärtigen zu sagen hat, erfolgt zumeist ebenfalls in Äußerungsformen, die sich dem bis dahin vorherrschenden Erzählduktus wiedersetzen: zeigend, berichtend, erläuternd, dokumentierend.

Im Strom: Twains *Huckleberry Finn* und Jókais *Der Goldmensch*

Auch dort gelten die erzählten Inseln als seltsame Extra-Orte, wo kein unabsehbares, quasi grenzenloses Meer sie vom gewöhnlichen Festland trennt, sondern ein absehbarer Strom, begrenzt durch absehbare Ufer. Zum Beispiel als Extra-Ort einer vorläufigen Zuflucht, so wie in Mark Twains Roman vom halbwüchsigen Mississippi-Stromer *Huckleberry Finn* (1884). Oder auch als Extra-Ort einer verborgenen friedlichen Idylle, abgekehrt vom geschäftlichen Lebenskampf, so wie in Mór Jókais Roman vom glückbegünstigten Donaukapitän und Handelsherrn Mihály Timár, den alle Leute in seinem Lebensumkreis den *Goldmensch* (1873) nennen.

Reizvoll zwiespältig wirkt, dass und wie die Ströme das Festland zerteilen, dem sie doch zugehören. Und erst recht reizvoll zwiespältig wirkt das, was sie umfließen und umschließen. Sonderbar genug: eine Insel inmitten des Stroms inmitten des Festlands. Kein Wunder, dass sie sich so oft als epischer Schauplatz empfiehlt. Geheimnisvoll vielversprechend. Weit mehr Autoren als nur die beiden genannten fühlten sich angeregt, solchen Binnen-Inseln mannigfache Abenteuer anzudichten. Oft sogar noch turbulentere, auch minder voraussehbare als in den utopischen Romanen und Robinsonaden. Denn die sind ja gemeinhin bedacht, die epische Vielfalt einzuengen auf ihre selbstverordnete lehrhafte Programmatik.

Dass auf den erzählten Binneninseln und um sie herum so viel los ist, mag zunächst verwundern. Sind sie doch schon von Natur aus kleiner als jene, wo die gestrandeten Robinsons sich in der vorgefundenen Wildnis neuerlich zivilisieren. Und erst recht sind sie kleiner als jene, wo kollektiv ganze Staatsgebilde errichtet werden, konträr zur mangelhaften Gesellschaft der heimischen Welt. Umso mehr eignen sich die unscheinbaren Binnen-Inseln als Schlupfwinkel für Absonderlinge, die hinwegstreben vom widrigen Alltagstreiben der Mehrheit. Seis notgedrungen wie Huckleberry Finn, der sich mit seinem Schützling, dem gejagten Negersklaven Jim, den lynchwütigen Verfolgern listig entzieht. Oder seis freiwillig wie der ‹Goldmensch› Timár, der angeekelt ausschert aus dem allgemeinen Erwerbstreiben.

Aber nicht nur kleiner sind die Binneninseln. Sie sind auch räumlich näher, fast benachbart den Bewohnern auf dem Festland, beiderseits des Stroms. Zumal darauf kommt es Mark Twain, Mór Jókai und anderen einschlägigen Autoren an. Just diese riskante Nähe prägt den besonderen Bewegungsspielraum ihrer insularen Romanhelden. Einerseits sind sie besser dran als die schiffbrüchigen Robinsons, die ihren aufgezwungenen Ort nur mit Hilfe von draußen verlassen können. Huck Finn und Timár können dagegen, wenn sie nur wollen, sich heimlich auf den Wasserweg machen, fort von der Insel. Ob stromaufwärts oder stromabwärts, ob zum einen oder andern Ufer des Festlands. Andrerseits sind sie übler dran. Denn sie müssen auch selber stets gewärtigen, dass die Leute vom Festland übergreifen auf ihr verborgenes, doch gefährlich nahes Refugium.

Strömung, Sog, Strudel: drumrum und im Innern So beeinflusst die räumliche Größe und Lage der binnenländischen Insel das Verhalten des Romanhelden. Dass es sich bei Huck Finn um einen halbwüchsigen, nur halbwegs gezähmten Naturburschen handelt, bei Timár dagegen um einen gestandenen, beruflich anerkannten Mann, macht wenig aus bei ihrem insularen Leben. Tiefer wirkt etwas anderes auf sie ein: das strömende Wasser ringsum. Im Unterschied zum Meer, das Robinsons Eiland und die utopischen Inseln umbrandet, fließt jeder Strom immerfort in eine einzige, eindeutige Richtung. Der Mississippi, wie Huck ihn erlebt, wälzt sich breit und träge dahin, bildet weite Ausbuchtungen und Nebenarme, überschwemmt oftmals die Ufer. Die Donau dagegen, wie Timár sie in seiner rumänisch/ungarischen Gegend erlebt, eilt reißend und strudelreich vorwärts, über Stromschnellen und lebensbedrohliche Felsengpässe.

Soweit die je besondere Eigenart des einen und des andern Gewässers, das Huck Finns und Timárs Lebenswelt bestimmt. Doch egal, in welchem Tempo, in welcher Breite und landschaftlichen Umgebung, in welcher Lautstärke und Farbe der jeweilige Strom sich bewegt: dominant bleibt immerfort sein energisch zielsicheres Vorwärts. Ob Mississippi oder Donau, sie drängen unbremsbar, unumkehrbar, von da nach dort, von der Quelle bis zur Mündung. Huck Finn und Timár spüren es am inständigen Strömen um sich herum, auch wenn sie selber den Gesamtverlauf des Stroms nie kennenlernen. Ebensowenig, wie die Romanleser je die vollständige Vita der beiden Titelhelden erfahren, lückenlos von der Geburt bis zum Tod.

Belangvoll, in beiden Fällen, ist einzig jene Teilstrecke, auf der die erzählte Insel sich vereinigt mit dem erzählten Lebenslauf ihrer abenteuerlichen Bewohner. Die freilich haben schon immer mit dem heimischen Strom zu tun, auch vor ihrer Inselzeit. Immer schon und nun erst recht sind sie eingelebt auf seinen unwiderstehlichen Vorwärtsdrang. Ihre Augen sehen, ihre Ohren hören ihn unentwegt, ob nah oder fern. Und seine kraftvolle Motorik spüren sie am ganzen Leib, sobald sie sich schwimmend oder rudernd noch enger darauf einlassen. So bleiben sie, selbst wenn sie nicht bewusst daran denken, mit ihrem Empfinden und Handeln im Dauersog hier des Mississippi, dort der Donau. Dem entspricht die Lebensweise von Huck Finn und Timár. Stillhalten ist ihre Sache nicht. Auch wenn der eine die Insel zeitweilig als Zuflucht, der andre sie schließlich für immer als Wohnstatt beansprucht. Zu viel haben sie schon vor ihrer Phase auf und in dem Strom erlebt, waghalsig die eigenen Kräfte mit den seinen messend, als dass sie hernach sich irgendwo endgültig zur Ruhe setzen könnten. Dazu ist weder der eine noch der andere im Stande.

Überleben lernen am und im Mississippi Schon gar nicht der geistig und körperlich rastlose Huck Finn, der mit zunehmender Erfahrung den besitzversessenen Sesshaften misstraut. Anders als seinem arbeitsscheuen und versoffen grausamen Vater hat diesem Jungen der Mississippi von klein auf beigebracht, wie sich das Leben elementar bewältigen lässt: schwimmend und fischend, die Strömungen nutzend, Flöße bauend und steuernd. Und auch weiterhin, nachdem er mit Jim von der gefährdeten Insel hat fliehen müssen, auf dem Floß stromabwärts, erfährt und begreift er noch viel mehr. Nicht nur von der Natur des Stroms und seiner Umgebung, von Tieren und Gewächsen, von Witterung und Temperatur, von Tages- und Jahreszeiten. Auch und erst recht von dem, was die Menschen damit anstellen, durchdrungen von einer Gesellschaft, die alles zu Geld macht. Schlechterdings rücksichtslos. Am eigenen Leib, der dabei beinah draufgeht, erleben Huck und Jim, wie die Jagd nach Time = Money jeden prompt überfährt, der irgend in den Weg gerät. Man geht da, noch beim Navigieren, über Leichen. So gelassen, wie Huck ihn schildert – als selbstverständlich, weil gewöhnlich –, wirkt der Vorfall erst recht empörend:

> Es war'n großer Dampfer, und er hatte's eilig – sah aus wie'ne schwarze Wolke mit Reihen von Glühwürmchen drum rum; aber plötzlich wölbte er sich gewaltig und drohend vor uns auf, 'ne lange Reihe von weit offenstehenden Feuertüren leuchtete wie rotglühende Zähne, und der riesige Bug und die Ladebrücke hingen direkt über uns. Jemand schrie uns was zu, dann

> läutete die Glocke, damit die Maschinen gestoppt wurden [...] und während Jim auf der einen und ich auf der anderen Seite über Bord gingen, fuhr der Dampfer krachend durch das Floß.
>
> Ich tauchte – und zwar versuchte ich, bis auf den Grund zu kommen, denn ein dreißig Fuß hohes Rad mußte über mich weg, und ich wollte gern, daß es ordentlich Platz hatte. [...] Natürlich herrschte eine gewaltige Strömung, und natürlich hatte der Dampfer die Maschinen zehn Sekunden, nachdem er sie gestoppt hatte, wieder in Gang gesetzt, denn man kümmerte sich nie viel um Flößer, und so stampfte er weiter den Fluß rauf. [...] (97f.; 354f.)

180 Zerstört ist das Floß und damit das überlebenswichtige Fahrzeug der Beiden, das zugleich ihre mobile Behausung war. Trotzdem, Jim kommt davon. Und Huck hat sich gar, oberflächlich, vom Dampfer überfahren lassen. Zielsicher drunterdurch tauchend, hat er selber, das Opfer, die Initiative an sich gerissen. Denn er kennt die Wirbel des Stroms und alles dessen, was den Strom befährt, auch von unten.

Solchermaßen mississippi-geschult, wird Huck auch auf festem Boden, in gleicher Weise, alle gefährlichen Widersacher entwaffnen. Vor allem jene selbstgerechten Tugendhaften, die im eigenen zivilisierten Land sich neuerlich zu blutrünstiger Sklavenjagd aufmachen. Auch sie kann Huck, genauso wie den Dampfer, wendig überwinden: indem er sie unterläuft. Spielend macht er sich klein, stellt er sich dumm und hilflos, um den eitlen Großmut jener nur scheinbar Überlegenen noch zu vergrößern. Erfolgreich. Auch nicht am Ende des Romans, der glimpflich sogar für den gejagten Nigger Jim ausgeht, wird Huck sich eingemeinden lassen unter die ordentlichen Ansässigen. Getreu bleibt er dem Impuls des Mississippi: in steter Bewegung, die alle starren Hindernisse überwindet.

Wie Huck erzählt, vielstimmig mit eigener Stimme Ähnlich verläuft sein lebhaftes Erzählen von all dem, was er erlebt hat und was er dabei herausgefunden hat. Äußerlich und innerlich. Keinesfalls einhellig und gleichmäßig hört es sich an. Er selber – als alleiniger Erzähler, aber auch in den erzählten Dialogen – spricht in eigener Sache ein anderes Idiom als der Neger Jim, auch als die Farmer, die Städter, die Vagabunden auf dem Strom und an Land. Und ähnlich vielsprachig geht es auch zwischen Hucks inneren Stimmen zu. Denn er lebt redend und denkend durchaus nicht im Einklang mit sich selbst. Immer wieder entstehen schrille Missklänge zwischen dem, was er – komisch ernsthaft – der tonangebenden öffentlichen Meinung nur nachmeint und nachschwadroniert, und dem, was er, unbefangen handelnd, eigenständig erfasst. Besonders dann, wenn Huck moralische Schlüsse zieht aus dem, was ihm gerade widerfahren ist. Heftig argumentiert es da in ihm drinnen hin und her, mal mehr, mal minder spitzfindig. Wortreich redet da eins aufs andere ein: einerseits die soufflierende Stimme gesellschaftlicher Vorurteile, die er selbst zunächst für die eigene hält; andrerseits seine persönliche Gegenstimme, die spontan aus ungetrübter Erfahrung entspringt. So rumort denn in Huckleberry Finn eine streitbare Vielfalt von äußerem und innerem Reden, die er, der Alleinerzähler, gleichwohl souverän in die vorgesehene Richtung steuert. Nicht anders als die vielerlei Ereignisse auf und an dem Strom. Auch dies mag der Mississippi ihm beigebracht haben.

Kapitän Timár, die Todesstrudel der Donau bezwingend Jókais ‹Goldmensch› Timár wird ebenfalls von widerstreitenden inneren Stimmen bedrängt. Und das nicht erst, seitdem er sein Doppelleben führt: offiziell, im vornehmen Patrizierhaus, mit der angetrauten Frau, der er sich aus Pflichtgefühl verbunden hat; und heimlich, auf der abgelegenen Insel, mit der Andern, die er zärtlich liebt. Zuvor schon ist ihm unheimlich geworden, dass schlechterdings alles gelingt, was er anpackt. Oft mit gewollt guten, öfter mit ungewollt üblen Folgen für andere Menschen. Erst nachdem Timár endgültig sein offizielles Leben beendet und sich ausschließlich auf der Insel eingerichtet hat, gewinnt er die frühere Unbefangenheit zurück. Die freilich war es – ironischerweise – gewesen, die seine künftige Gattin, damals noch ein junges Mädchen, beeindruckt hatte: auf der tosenden Donau, an Bord eines Seglers, der ihr und ihrem reichen Vater die Flucht vor dem türkischen Sultan ermöglichte. Unter Timárs Kommando.

Auch die Leser lernen ihn so kennen: als überlegenen und zugleich tollkühnen Seemann, engstens vertraut mit der gefährlichsten Strecke des Stroms. Wie Timár, alles wagend, die Insel Perigrada, an der schon viele Schiffe zerschellt sind, nautisch bewältigt, das macht der Autor Jókai zum spannenden Vorspiel des weiteren Geschehens. Der es besteht, ist reif für die zweite Insel, auf die der Roman und sein Schiffsheld jetzt zusteuern. Osztrova heißt sie, und sie wird später dann für Timár zum paradiesischen Glücksort werden. Perigrada dagegen, umgürtet von Felsklippen, gereicht ihm zum Prüfstein. An ihr erweist sich beides, seine nautische Meisterschaft und seine persönliche Fortune. Denn diese Insel ist

> die kritischste Stelle für Schiffer aller Nationen. Noch jetzt [ein halbes Jahrhundert nach dem erzählten Geschehen, V.K.] wagen sich erfahrene Seefahrer, Engländer, Türken, Italiener, die alle Fährnisse des Meeres gewohnt sind, nur mit Beben in die Nähe dieses Felsenbettes. (30; 29)

Lebensgefährlich sind nicht nur die Klippen. Vollends lebensgefährlich ist der Strudel nahebei:

> Es ist einer der merkwürdigsten Strudel, den jemals Flußriesen gebildet haben. Diese Stelle ist auf jeder Schifferkarte durch zwei im Winkel gegeneinander gerichtete Pfeile bezeichnet. Wehe dem Fahrzeug, das in die Richtung eines dieser Pfeile gerät! Um den riesigen Wassertrichter schäumt die Strömung wie in einem Siedekessel, und in der Mitte des kreisenden Wirbels gähnt klaftertief der Abgrund. Dieser Strudel hat in den Felsengrund ein hundertzwanzig Fuß tiefes Loch ausgewühlt, und was er in dieses unergründliche Grab mit sich reißt, holt kein Mensch mehr herauf; ist aber der Mensch selbst das Opfer, so wird er der Auferstehung recht zu schaffen machen. (27; 26)

Beide Inseln hat der Donaustrom im Lauf der Jahrhunderte hervorgebracht. Und zwar – wie der Autor uns nahelegt – als komplementäre Landschaften. So, als würde die eine die andere notwendig ergänzen. Unweigerlich treibt die Strömung das Schiff von der ersten, der zerstörerischen, zur zweiten, der heilsamen Insel. Ebenso komplementär wirken die Todesgefahren, mit denen die erste jedes daherkommende Schiff bedroht: einerseits, nach innen sich öffnend, der saugende Schlund ihres Strudels, andrerseits, nach außen vorstoßend, die steinernen Spieße ihrer Klippen.

Abermals Timár, scheiternd am vereisten Strom Aber auch die naturgewaltige Donau selbst begegnet dem Romanhelden komplementär – in unterschiedlicher Gestalt. Die Wirkung ist geradezu schockartig: im kältesten Winter seit Jahrzehnten. Timár, der bislang die Insel seiner heimlichen Geliebten immer nur mit dem Ruderboot erreichte, quer zur Strömung, sieht sich eines Abends jäh gebremst. Unversehens steht er vor der Eisfläche des völlig zugefrorenen Stroms. Auf einmal also sind die Donau und die angestrebte Insel nicht mehr, was sie zuvor waren. Verschwunden ist beides, sowohl die strikte Strömung wie auch mitten drin die strikte Isolation. Bisher heftig umströmt, erscheint dem Erschrockenen die Insel jetzt wie am Festland befestigt, vom einen bis zum anderen Ufer. Zugänglich geworden für jeden, der es wagt, den Eisboden zu beschreiten. Timár wagt den Gang. Doch ausgerechnet er, der früher so zielgenau wie kein zweiter sein Schiff geleitet hat, er geht jetzt in die Irre. Stundenlang hastet er auf der Eisfläche umher, stromauf und stromab, statt quer weg das eigentliche Ziel zu erreichen. Woran Timár sich sonst so zuverlässig orientiert hat – die unverkennbare Strömung –, jetzt entzieht es sich seinen Blicken.

Baldigst wird er, was ihm zustößt, als ein Menetekel der Natur begreifen und beherzigen. Es bewegt ihn, sein weiteres Leben ganz auf der Insel zu verbringen. Und hier nun erwächst ihm nach und nach eine Großfamilie, in mehreren Generationen. Dabei begnügt er sich nicht mit der untätigen Rolle eines abgeklärten Patriarchen. Gemeinsam mit den Seinen erarbeitet er eine beinah autarke landwirtschaftliche Genossenschaft. Eine bescheidene Abart der idealen Gegen-Welt in utopischen Romanen, widersetzt sich dieses neue Inselleben den Verhältnissen auf dem Festland. Hier gibt es weder Geldwirtschaft noch kriegerisches Militär, weder staatliche Obrigkeit noch Kirche. Auch keine eitle Eigensucht, die sich in rastlosem Konkurrenzgerangel ein namhaftes Profil erkämpft.

Im Gegenteil. «Niemand», so nennt sich nun der vormals berühmte, früh geadelte Mihály Timár. Ähnlich dem Odysseus auf der Zyklopeninsel, als Polyphem ihn anreden wollte. Dieser namenlose Name entspricht dem Mann, der inzwischen zum herrschaftslosen Herrn jenes Geländes geworden ist, das ringsherum die «Niemandsinsel» heißt. Liegt es doch genau zwischen den Staatsgrenzen, welche – undefiniert – inmitten der Donau verlaufen. Zu keinem der Grenzstaaten gehört es, allseits vertraglich abgesichert. Und es hat erst recht keinen bestimmten privaten Eigentümer. Einzig die Gemeinschaft gleichgesinnter Leute besetzt und besitzt dieses umflossene Niemandsland, das Beste und Genießbarste daraus gewinnend: nahrhafte Früchte des Bodens, auch Milch und Eier und Wolle der Tiere, die darauf weiden.

Epische Meuterei von oben Mark Twain macht, dass Huckleberry Finn seine Mississippi-Abenteuer selber erzählt. Mór Jókai dagegen macht, dass wir von Timárs Donau-Abenteuern durch einen allwissenden anonymen Erzähler erfahren. Doch der Autor belässt es nicht dabei. Überraschend beschert er den Lesern zu guter Letzt noch einen ganz anderen Blickwinkel. Das vorletzte Kapitel des Romans endet mit einer rhetorischen Frage jenes allwissenden Erzählers: «Und was geschah auf der Niemandsinsel?» Die fällige Antwort aber gibt nicht er, sondern ein anderer. Unerwartet nämlich ergreift im letzten Kapitel der Autor selbst das Wort, um nachzuholen, was noch fehlt. Ausdrücklich, in erster Person. Ebenso ausdrücklich fährt sein persönliches «Ich» nicht etwa dort fort, wo der allwissende Erzähler innegehalten hat: beim gleichen Ereignis am gleichen Zeitpunkt. Stattdessen überspringt es ein Intervall von zwei Generationen.

Genauer, der Autor namens Ich startet in der eigenen historischen Gegenwart, also im Jahr 1873. Er startet, um sich von hier und jetzt jenem Zeitraum zu nähern, wo das nicht weitererzählte Romangeschehen inzwischen angelangt ist. Vierzig Jahre später – so heißt es – «führte

mich» ein uralter Naturforscher, der den Ort schon kannte, als er «noch wild bewachsen und im ursprünglichen Zustand war», zu jener «Niemandsinsel» hin (548). Mit einem Boot setzen sie über. Dort nun lernt der Autor den gleichfalls uralten Inselherrn kennen, umgeben von seiner Großfamilie und Landwirtschaft. Und der rüstige Greis, der vormals als Timár so ganz anders gelebt hatte, gibt ihm bereitwillig Auskünfte darüber, wie es all die Jahre ihm selbst und der Insel ergangen ist.

Dieser epische Umschwung bewirkt zugleich einen Umbruch der Romanfiktion. Bis dahin hat der allwissende und Abstand haltende Erzähler das Geschehen erscheinen lassen wie in einem entrückten Zeitraum, unzugänglich für alle, die hier und heute und noch später leben. Jetzt dagegen kommt es sogar dazu, dass der Autor seinem Titelhelden leibhaftig begegnet. Man stutzt: romantische Ironie? Etwa so wie im *Goldnen Topf*, wo gegen Ende Herr E. T. A. Hoffmann persönlich, mittendrin im Buch, sich von seinem poetischen Geschöpf, dem Archivarius Lindhorst, zum Punsch einladen lässt? Die Vermutung ginge daneben. Zwar überspielt auch Jókai, erfinderisch, dass es sich um lauter erfundene Personen und Begebenheiten handelt. Doch anders als im *Goldnen Topf* soll dabei nicht etwa die dichterische Fantasie triumphieren übers schlicht Tatsächliche, sondern umgekehrt. Die epische Volte des letzten Kapitels gaukelt uns vor: unzweifelhaft hat es diesen Timár und seine Insel und alles, was ihn auf die Insel führte, wirklich gegeben. So wahr ich – gez. Mór Jókai – ihn dort getroffen habe.

Kurskorrektur: der «Autor» reißt das Steuerruder herum Poetisch einleuchtend wirkt diese Behauptung dadurch, dass auch Jókai navigierend erzählt. Und wie all die Epiker und Romanciers, die wir in diesem Abschnitt erörtern, tut er es auf eigene, unverwechselbare Weise. Nirgends freilich so offensichtlich wie eben hier, beim epischen Umschwung seines letzten Kapitels. Jäh und ostentativ springt hier der

Hergang des erzählten Geschehens, das wir lesend von Anfang an verfolgt haben, über auf den Hergang des Erzählens. Inwiefern? Maßgeblich für das, was im *Goldmensch* geschieht, ist die unaufhaltsam strömende Donau. Heraufbeschworen hat der allwissende Erzähler: wie kraftvoll sie jene besondere Insel umfließt; wie sie die Schiffe, Menschen und Dinge mit sich reißt, immerfort in gleicher Richtung. Und ebenso nachdrücklich hat er heraufbeschworen, wie diese so energisch zielgerichtete Strömung auch den Lebensverlauf derer beeinflusst, die an und auf und von der Donau leben.

Aber eben nur so lang, bis jetzt im letzten Kapitel der Autor das Steuerruder übernimmt. Er reißt es herum, um einen Gegenkurs einzuschlagen. Einen Gegenkurs zum bislang vorherrschenden Verhalten der Romanpersonen, aber auch ihres allwissenden Erzählers. Denn sie wie er haben sich immer nur treiben lassen vom übermächtigen Sog. Nicht nur vom Sog der Donau, auch vom Sog eines scheinbar ebenso unwiderstehlichen Schicksals. Der Autor dagegen, der jetzt unverhohlen kommandiert, lässt nicht länger mehr geschehen, was da geschehen mag. Tatkräftig setzt er sich selbst und setzt er das Geschehen in Bewegung. Wider die Richtung des Stroms und wider den zeitlichen Verlauf all der bislang erzählten Ereignisse steuert er an.

Sinnfällig spielt sich dieser Macht- und Richtungswechsel ab. Als prägnanter Akt, erzählend und erzählt, geht er den Lesern ein. Auf den ersten Blick evident: indem der Autor, die Strömung kreuzend, per Boot hinüberfährt vom Festland zur Insel und – in Tateinheit damit – vom geschichtlichen Jetzt rückwärts zum Damals. Sprich, zu jenem lang vergangenen Zeitpunkt, als die Romanhandlung abzubrechen schien. Und drüben auf der Insel stellt er mit eigenen Augen und Ohren fest, dass jene Handlung dort und damals gar nicht abgebrochen worden ist. Erzählen kann er vielmehr den Lesern auf dem Festland, wie Timárs Leben weitergegangen ist, und wie es womöglich noch weitergehen wird. Nun erst recht in richtiger Richtung: gemeinsam mit dem zielsicheren Strömen der Donau, doch entgegen den verderblichen Strömungen der Zeit.

NAUTISCHE ABENTEURER IN CONRADS ERZÄHLWERKEN

Wer Meere und Flüsse befährt – von Beruf, aus Passion –, durchlebt die brisanten Spannungen zwischen Insel und Festland, zwischen Schifffahrt auf hoher See und jener im Landesinnern. Äußerlich und innerlich sind sie zu verkraften, manchmal bis zur eigenen Vernichtung. Kein anderer Autor hat sich so inständig darauf eingelassen wie Joseph Conrad, vormals selber ein passionierter Seeoffizier. Dauerhaft hält ihn das Sujet in Bann, aber auch das poetische Kalkül, wie es jeweils triftig zu erzählen sei. Viele von Conrads Romanen bezeugen es, auch viele von seinen gleichfalls geräumigen Novellen. Oft schon im demonstrativen Untertitel, der den eigentlichen Titel des Werks geradezu vom Stapel lässt. Zum Beispiel: *Almayer's Folly*. A Story of an Eastern River (1895); *The Nigger of the Narcissus*. A Tale of the Sea (1897); *Nostromo*. A Tale of the Seaboard (1904); *Victory*. A Tale of an Isle (1915).

Sogar an Land: Schreck- und Hoffnungsbilder vom Meer Die solchermaßen angekündigten Stories und Tales handeln von nautischen Abenteurern, denen auch an Land noch die Erlebnisse und Fährnisse des Meeres nachgehen. Nicht unmittelbar, sondern metaphorisch, aber darum nicht minder überwältigend. Sinnliche Sinnbilder, erfahrungsprall, wie nur die See sie hervorbringt, machen ihnen nach wie vor zu schaffen. An Leib und Seele. Schreckensbilder von Orkan und Strandung, von Schiffbruch und Untergang. Hoffnungsbilder von begieriger Ausfahrt und ertragreicher Heimkehr. Wechselbilder von Ebbe und Flut, von schlingerndem Kurs bei begrenzter Sicht, von Eintracht und Zwietracht der Mannschaft, von kraftvollen und verröchelnden Schiffsmotoren. Solche Bilder also bedrängen Conrads Abenteurer auch weiterhin, nachdem sie ihre Kämpfe mit den Wogen längst auf andere Schauplätze verlagert haben. Dorthin, wo sie sich nunmehr auf scheinbar festem Boden bewegen. Weitab, so möchte es diesen Außenseitern zunächst vorkommen, von europäischer Zivilisation: auf asiatischen und anderen fernen Inseln oder auch tief drinnen im Landesinneren eines fremden Erdteils. Dementsprechend verkörpern sich jene maritimen Sinnbilder in abgewandelter Form.

Für den holländischen Projektemacher *Almayer* verkörpern sie sich in jener wuchernden Wildnis, die ihm nach und nach seine Wahnideen vom grenzenlosen Reichtum verschlingt. Was da wuchert, ist freilich nicht allein die natürliche Dschungellandschaft in Niederländisch-Ostindien. Erst recht umwuchert ihn hier der wildwüchsige Konkurrenzkampf gerissener Spekulanten. Ihm, dem lebensuntüchtigen Spinner, aber auch einander jagen sie die Beute ab. Landläufige Piraterie eines privaten Kolonialismus. Auch für *Lord Jim* (1900) verkörpern sich die maritimen Sinnbilder im hemmungslosen Treiben europäischer Geschäftemacher. Angesiedelt hat sich der abtrünnige Seeoffizier auf einer

Südseeinsel, nachdem er jämmerlich versagt hatte bei einer Schiffskatastrophe. Und jetzt sucht er an Land diese Schlappe wettzumachen. Doch seine friedliche, zunächst erfolgreiche Aufbauarbeit gemeinsam mit den Eingeborenen wird zunichte unterm Überfall jener nichts als gewinnsüchtigen Freibeuter.

Dass zumal das Leben auf Inseln dem Leben auf See ähnelt, erfahren diese und noch andere Hauptfiguren von Conrads Erzählwerken. Aber auch uns, den Lesern, schärft der Autor ein, wie unerbittlich das scheinbar grenzenlose Meer jegliche Person, die ihm verfallen ist – ob an Bord oder auf der Insel –, allemal auch engstens abschottet
von der weiteren Welt. Einsame Isolation ist das Los aller, die wochen- und monatelang nicht hinausgelangen über die Grenzen der Schiffsreling oder der Inselküste. Nicht nur das Thema dieses Romans oder jener Novelle betont es, auch die Erzählweise und die Gewichtung der erzählten Begebenheiten. Noch gesteigert und potenziert wird diese eingekreiste Lebensweise im *Nigger von der Narzissus*. Titelheld ist der einzige Schwarze in der Mannschaft jenes Seglers namens Narzissus. Allzu viel trennt ihn von den andern Matrosen: seine Hautfarbe, seine gewaltige Körpergröße, sein duldsames Gemüt, sein chronischer Husten. Zwiespältig also kommt er der Mannschaft vor. Und so spaltet er sie denn auch, unwillentlich, in zwei widerstreitende Parteien. Die eine verachtet und hasst, die andre verehrt und schätzt ihn.

Der Außendruck eines katastrophalen Orkans löst die Krise aus. Er lässt auch den aufgestauten Binnendruck der zerstrittenen Mannschaft explodieren. Die einen wollen den nunmehr todkranken, also nutzlosen Nigger draufgehen lassen, die andern retten ihn, der hilflos in seiner Kajüte eingeschlossen ist. Also abermals: ein sinnliches Sinnbild dessen, was das Meer unweigerlich denen antut, die es befahren. Die Freiheit, seine unermesslichen Weiten zu durcheilen, ist teuer bezahlt mit der Gefangenschaft im begrenzten Bewegungsraum an Bord. Beim Orkan nun gar steigert sich das Ineinander abschnürender Isolation. Draußen das aufgewühlte Meer, das wuchtig das einsame Schiff zusammenpresst; im Innern die Mannschaft, inklusive Nigger, eingepfercht im engen Schiffsbauch; und innerhalb der weißen Mannschaft dieser einzige Schwarze, der seinerseits nochmals eingepfercht ist in seiner noch engeren Kajüte. Sturmgeschüttelt und abgeschottet von der weiteren Welt: ein Drinnen im Drinnen im Drinnen. Und nicht genug damit, so wills die ironische Konsequenz dieser Novelle. Letzten Endes nämlich fällt der einsame Titelheld weder dem äußeren Wüten des Meeres zum Opfer noch der äußeren Wut seiner Feinde an Bord. Er stirbt an der Zivilisationskrankheit Tuberkulose, die von drinnen heraus seinen Körper zerstört.

Geschichten vom Hörensagen oder Marlow, der Seefahrer «Tales of Hearsay», so wollte Conrad einen Sammelband seiner wichtigsten Novellen betiteln. Nicht zu verwechseln freilich mit schieren Gerüchten, die anonym kommen und gehen von Mund zu Ohr zu Mund, ohne

dass ein bestimmter Jemand dafür einstünde. Nein, Conrad macht jedesmal – das suggeriert sein Erzählen – einen solchen Jemand namhaft und haftbar. Schreibend gibt ihm der Autor eine eigene Physiognomie und eigene Stimme mit Tonfall. Wer da jeweils spricht, so dürfen wir glauben, spricht als verlässlicher Augenzeuge der Ereignisse, von denen er erzählt. Aber auch als zünftiger Kenner der Gewässer und Schiffsplanken, wo die Ereignisse sich zugetragen haben. Conrads bevorzugter Erzähler, der allemal rückblickend vergegenwärtigt, was er selbst einst miterlebt hat, heißt Kapitän Marlow. Diesen weltweit herumgekommenen, doch keineswegs abgebrühten, vielmehr einfühlsamen Seemann setzt der Autor in mehreren Romanen und Novellen ein.

Ins Werk setzt er ihn, indem er ihn maßgeblich am erzählten Geschehen mitwirken lässt. Und ans Werk setzt er ihn, indem er ihm die Verfügungsgewalt des Erzählers einräumt. Mithin waltet dieser Marlow, in einer Person, als Narrator und Navigator. So im schon erwähnten Roman *Lord Jim*. So auch in der Novelle *Youth* (1898), die von seinem eigenen Initiationsabenteuer auf hoher See handelt: vom schrottreifen Schiff auf dem Weg nach Bangkok, das knapp vorm Ziel dann doch noch in Flammen aufgeht. So auch im Kurzroman *Heart of Darkness* (1899), der davon handelt, wie der inzwischen rundum erfahrene Kapitän Marlow, diesmal mit einem unzulänglichen Dampfer, flussaufwärts sich durchkämpft bis in die tiefste, finsterste Wildnis des schwarzen Erdteils und wieder zurück. Jedesmal erzählt er lebensgefährliche Vorkommnisse aus seiner persönlichen Sicht. Doch so, wie er sie erzählt, richtet er sich nicht unmittelbar an den Leser. Vielmehr vorab an eine Zuhörerschar innerhalb des Erzählwerks. An eine Runde von Freunden, die gespannt seinen Worten folgt. Also: ganz buchstäblich ‹a tale of hearsay›. Zu Beginn der Novelle *Jugend* wird, was da kommen soll, folgendermaßen eingefädelt:

> Diese Geschichte hätte sich nirgends sonst als in England abspielen können, wo die Männer und die See einander gegenseitig durchdringen. [...] Wir saßen rund um einen Mahagonitisch, der die Flasche, die Spitzgläser und unsere Gesichter widerspiegelte, die wir auf die Ellbogen gestützt hielten. Wir waren zu fünft: der Direktor einer Handelsgesellschaft, ein Buchhalter, ein Rechtsanwalt, Marlow und ich. [...] Die See hielt uns zusammen wie ein starkes Band, und hinzu kam noch ein seemännisches Gemeinschaftsgefühl, wie es keine noch so hohe Begeisterung für Wettsegeln, Kreuzen oder ähnlichen Sport erzeugen kann; denn diese umfaßt immer nur ein Beiwerk des Lebens, jenes aber das Leben selbst. (3; 3)

Zunächst spricht hier ein deutliches «Ich», ein Ich aus der Wir-Runde von Direktor, Buchhalter und so fort. Dennoch bleibt es anonym und gesichtslos bis zum Ende der Novelle. Aufgehend in der Rolle eines namenlosen Zuhörers, bahnt es nur den Weg für den eigentlichen Erzähler Marlow. Gleich darauf wird er selber das Wort ergreifen und damit fortan auch die Position des «Ich» für sich beanspruchen. Jeder der fünf Männer, die da am Tisch sitzen, die Flasche griffbereit, ist mit dem Meer verbunden. Und das Meer verbindet sie miteinander. Es ist ihnen geradezu, so heißt es wörtlich, «das Leben selbst». Soweit der Zuhörerkreis drinnen im Text. Diesem Kreis werden zugleich die Leser innerlich eingemeindet, ob sie wollen oder nicht. Egal, wie sie sich darauf einstellen – seis geschmeichelt, seis ablehnend, seis gleichgültig –: unausgesprochen wird auch ihnen nautischer Sinn und nautische Leidenschaft unterstellt. Wer lesend überhaupt erfahren will, was Marlow zu erzählen hat, kann es nur durch die Köpfe der Seemannsrunde hindurch, auf die er hinspricht. Kein Weg führt daran vorbei.

Wie wer was – an Bord – erlebt und erzählt Wie sich solche Überlistung aufs navigierende Erzählen auswirkt, zeigt noch nachdrücklicher das *Herz der Finsternis*. Auch hier wendet sich Marlow an den gleichen zünftigen Zuhörerkreis. Die nämlichen vier Freunde sind es wie in *Youth*, die gebannt seine Worte und Gesten verfolgen. Beinah pausenlos. Diesmal holt der Autor Conrad noch mehr heraus aus dem Widerspiel der beiden Abläufe, dem des Erzählens und dem der erzählten Geschichte. Schon der erste Absatz deutet es an:

> Die *Nelly*, eine seetüchtige Jolle, baumelte an ihrem Anker ohne die leiseste Regung in den Segeln und hielt Rast. Die Flut hatte begonnen, es war fast völlig windstill, und da wir stromabwärts wollten, so hatten wir weiter

> nichts zu tun, als liegen zu bleiben, und die Umkehr der Strömung abzuwarten.
> Die Themsenmündung dehnte sich vor uns aus wie der Anfang einer ungeheuren Wasserstraße. (65; 41)

Die Regungslosigkeit des Segelboots, erzwungen durch den momentanen Stand der Gezeiten, ruft bei den fünf Männern an Bord, die in See stechen wollen, eine strikte Gegenregung hervor. Wenn denn schon nicht körperlich mobil, machen sie doch wenigstens geistig mobil, in tätigem, geselligem Erzählen. Und zwar erst recht: von Ereignissen, die dem Stillstand hier und jetzt strikt zuwiderlaufen. Also von Abenteuern, so unabsehbar und turbulent, dass sie denen, die sie erleben, rastlose Geistesgegenwart und Tatkraft abverlangen. Damit ist ohne Wenn und Aber das Startsignal gegeben für Marlow, den erzählenden Navigator. Man muss ihn nicht erst bitten. Lang schon liegt ihm auf der Seele, um es endlich loszuwerden, was damals auf dem Strom in Afrika passiert ist.

Nachhaltig prägt sich die konträre Gemeinsamkeit ein zwischen Jetzt und Damals. Beidemal gehts um keine Seefahrt, sondern um eine Flussfahrt, allerdings in gegenläufiger Richtung und mit andersartigem Ziel. Stromabwärts, zum Meer hin, soll die Jolle segeln, auf der Marlow den Gefährten jene Geschichte erzählt. Deren fernes Geschehen dagegen erstreckt sich stromaufwärts, ins Innerste des afrikanischen Urwalds. Und während die Erzähl-Mannschaft des Seglers passiv aufs Kommen der Ebbe warten muss, bewegt sich Marlows erzählter Dampfer mühsam vorwärts wider die Strömung. Erst gegen Ende seiner Erzählung hat sich die Richtung jenes Geschehens umgekehrt. Das Ziel ist hinfällig geworden. Der lang gesuchte Mann, der überspannte Elfenbeinjäger Kurtz, ist zwar aufgespürt worden, doch man muss ihn stromabwärts zurückbringen. Erst als Wahnsinnigen, dann als Leiche.

Ein sinnfälliges Umsonst. Sogar noch den Ort des Erzählens, die segelbereite Jolle, zieht es in Mitleidenschaft. Denn völlig im Sog des Erzählten, so heißt es am Schluss des Romans, haben die fünf Männer am Ende der Geschichte «den Anfang der Ebbe versäumt». Zu rückhaltlos haben sie sich ins Anderswo und Anderswann hineinversetzen lassen. Deshalb ist es vorerst nichts mit der eigenen Ausfahrt über die Themsemündung ins Meer. Wir aber, die Leser des Romans, haben mehr als nur jene afrikanischen Abenteuer mitbekommen. Wir haben auch beobachtet, wie das epische Trio sich betätigt, hier verkörpert in Marlow und seiner Zuhörerschaft, die seine Erzählung mit den Ohren verschlingt. Zudem haben wir, womöglich genussvoll, hingenommen, wie er auch uns, durch seine angesprochene Zuhörerschaft hindurch, als Kenner der Seefahrt anspricht. Und am Ende haben wir gar noch bedenken dürfen und müssen, welch bedenkliche Wirkung das epische Trio äußerstenfalls erzeugen kann: fernwehsüchtiges Selbstvergessen.

Metaphern der Schifffahrt Conrads navigierendes Erzählen reicht freilich noch weiter, ob mit oder ohne Marlow. Es begnügt sich nicht damit, die beiden Hergänge sinnbildlich aufeinander zu beziehen: jenen des fernen abenteuerlichen Geschehens und jenen, der das Geschehen hier und jetzt episch vergegenwärtigt. Sein navigierendes Erzählen spricht auch noch aus der Metaphorik von Conrads Prosa. Bis hinein in stilistische Feinheiten. Inwiefern? Selbst dort noch beharrt der Erzähler auf nautischer Anschauung, wo er das sichtbare Draußen der befahrenen Gewässer verlassen hat, um das unsichtbare Drinnen des menschlichen Innenlebens zu durchdringen. So macht seine Bildersprache überhaupt erst zum epischen Schauplatz, was andernfalls im Dunkel bliebe. Symbolik ist die Folge, aber keine abgehoben erhabene. Vielmehr eine Symbolik, die dem geschärften Augensinn des Seemanns entspringt. Eingeschworen auf ein Blickfeld, das sich vom nahen Bugspriet bis zum fernen Horizont erstreckt.

Solche nautischen Sprachbilder springen immer dann ein, wenn zwischenpersönliche und innerpersönliche Rätsel sich einem begrifflichen Begreifen entziehen. Beispielsweise: wieso denn wohl der wüste Outcast Kurtz sich ausgerechnet den harmlos närrischen Russen zum Jünger seiner fanatischen Weltanschauung auserwählte. Die nautische Metapher legt eine Lösung nah, aber nicht fest:

> Die Begegnung zwischen den Beiden war unvermeidlich gewesen, wie zweier Schiffe, die in einer Windstille festliegen und schließlich Seite and Seite getrieben werden. (134;107)

Und zum nautischen Symbol erweitert sich die Metapher im folgenden Satz, der den natürlichen Lauf des Stroms mit dem bildlichen Lebens-Lauf vereint. Marlow äußert diesen Satz so feierlich, als dächte er an die Meerestiefen von Seemannsgräbern. Immerhin gilt er der Rückfahrt des Dampfers stromabwärts, mit dem sterbenden Kurtz an Bord:

> Der dunkle Strom rann schnell aus dem Herzen der Finsternis hinaus und trug uns doppelt so schnell, wie wir heraufgefahren waren, der Küste zu;

und auch Kurtz' Leben rann schnell dahin, verebbte, verebbte aus seinem Herzen in das Meer der unerbittlichen Zeit. (151; 123)

Bis zum Untergang und darüber hinaus Während Kurtz stirbt, kommt Marlow davon. Sonst könnte er nicht später und anderswo den Freunden erzählen, was weit weg und tief drinnen im afrikanischen *Herz der Finsternis* sich zugetragen hat. Fast immer, wenn Marlow – oder ein anderer Erzähler in Conrads Romanen und Novellen – den eigenen Meer- und Flussfahrten episch nachfährt, erzählt er vom Sterben so wie hier. Egal, wer oder was da jeweils stirbt: ob an Bord des sturmgepeitschten Schiffes namens *Narzissus* der Nigger an seiner Tuberkulose; ob das längst schrottreife Frachtschiff in *Jugend*; ob die Titelhelden in *Almayers Luftschloß* und *Lord Jim* an ihren und samt ihren überspannten Wahnideen. Dieses Sterben aber wird gerade nicht, via Erzählen, in aller Stille bestattet und der ewigen Ruhe anheimgegeben. Denn es ist in keinem der Fälle ein gottergebenes Dahinsiechen. Mitnichten. Jene letalen Hergänge sind vielmehr – just dadurch bannen sie die erzählenden Augenzeugen – ingrimmige und tatkräftige, zähe und aufbegehrende Überlebenskämpfe.

Eben darauf kommt es an in Conrads Romanen und Novellen, auf den Gegenimpuls zum Sterben, von dem sie erzählen. Bis zum letzten Augenblick die Haltung eines Trotzdem, das kein resignierendes Verzagen und Entsagen kennt. Denn welche Schiffsmannschaft, allein auf sich selber angewiesen unterm Ansturm ärgster Naturgewalten, könnte sich auch nur momentan etwas anderes leisten als ein solches Trotzdem? Unwiderstehlich setzt es sich auch noch fort als entscheidender Antrieb zum und beim Erzählen. Weniger das Sterben, vielmehr das Trotzdem gibt den Ausschlag, dass Marlow und seinesgleichen jetzt in Worte fassen, was sie damals miterlebt haben. So stark hat es sie seitdem innerlich bedrückt, wo auch immer sie inzwischen die Meere und Flüsse befuhren, dass sie es nun endlich äußern müssen.

Aber nicht so unbändig, wirr und disparat, wie jene einstigen Ereignisse ihnen dazumal aus allernächster Nähe erscheinen mussten. Vielmehr entschieden und schlüssig, weil innerlich verarbeitet, um poetisch wirksam die Hörer- und Leserschaft für sich einzunehmen. Der Trotzdem-Impuls im vergegenwärtigten Geschehen um Kurtz, Almayer, Lord Jim kommt nun denen zugute, die da erzählen und zuhören. Er wird zum Motor, dem erzählten Sterben und Verfall episch Paroli zu bieten. Wer sich davon bewegen lässt, so wie Marlow, kann den moribunden Ereignissen eine Form abtrotzen, die das Sterben überlebt.

IV Erzählen als Ent-töten

Bisher ging es vor allem um die Art und Weise von Erzählen. Ums Wie. Deutlich zum Vorschein kam es durch ein anderes Wie, durchs Wie des Vergleichs. Verglichen habe ich die poetische Tätigkeit ‹Erzählen› mit zwei andersartigen, außerpoetischen Tätigkeiten, erst mit Beleuchten, dann mit Navigieren. Dabei hat sich gezeigt: so wenig Beleuchten und Navigieren faktisch miteinander gemeinsam haben, so viel hat jede dieser Tätigkeiten mit Erzählen gemeinsam. Nicht von ungefähr kommt der Vergleich. Es sind vielmehr markante Epen und Romane, die ihn nahelegen. So wie sie beschaffen sind, begreifen sie selber einerseits das Beleuchten, andrerseits das Navigieren als vorbildlich für das, was sie ihrerseits vollführen. Vielerlei Werke der Weltliteratur, die ausdrücklich von strahlendem Licht erzählen – so *Bibel*, *Odyssee*, *The Waves* –, und vielerlei Werke, die ebenso ausdrücklich vom Befahren der Meere und Flüsse erzählen – so *Argonautika*, *Lusiaden*, *Huckleberry Finn* –: sie orientieren ihr eigenes Tun an eben jenen Tätigkeiten. Jedesmal prägen sich da bemerkenswerte Parallelen ein. Und dabei schärfen sie unsere Sinne für das Wie jeglichen Erzählens. Also auch in Werken, die weder auf strahlendes Licht noch auf Seefahrt eigens eingehen.

Anlässe, Ziele und Wirksamkeiten Damit ist die Frage nach dem Wie allerdings noch nicht erledigt. Hier nun, im vierten Kapitel, erweitert sie sich und verengt sich zugleich aufs Wozu. Jetzt also heißt es: Worumwillen wird erzählt? Aus welchem Anlass, zu welchem Zweck, mit welchem Ziel und Ergebnis? Abermals sind es gewichtige Werke der Weltliteratur, die uns von vornherein die Richtung weisen. Denn sie selber gehen darauf aus, besagtes Worumwillen episch durchzuspielen und zuzuspitzen. Ihre poetische Gesamtkonstruktion stellt und beantwortet ausdrücklich selber die Frage nach dem Wozu durch das, wovon und wie da erzählt wird. Jedesmal in eigener Sache, mit eigenem Thema und eigener Konsequenz: ob nun als vielfältiger Erzählzyklus wie *Tausendundeine Nacht* und *Decamerone*, ob als Roman wie Potockis *Handschrift von Saragossa* und Seghers' *Transit*. Durchweg sind es extreme Fälle, die solchermaßen den Zweck zum Schwerpunkt ihrer Erzählveranstaltung machen. Und vollends extrem wirken sie, weil es dabei jedesmal um Tod und Leben geht. Dennoch erlauben sie allgemeine Folgerungen auch über den besonderen Einzelfall hinaus.

ZWECKHAFTES ERZÄHLEN IM MORGENLAND. VORAB: *TAUSENDUNDEINE NACHT*

Weshalb der Sultan Schehrijâr unter den Jungfrauen seines Landes wütet, erfahren wir zu Beginn des Rahmengeschehens. Am ganzen Weibergeschlecht rächt er blutig die tiefe Schmach, die ihm, als Mann und König, einstmals seine Lieblingsfrau antat: mit einem schwarzen Sklaven ließ sie sich ein. Noch bekräftigt wird der königliche Grimm durch das, was ihm obendrein ein vielfach betrogener Dämon erzählt, dem es noch schlimmer erging.

> Und von nun an nahm König Schehrijâr jede Nacht eine Jungfrau zu sich; der nahm er die Mädchenschaft, und dann ließ er sie töten, um seiner Ehre gewiß zu sein, und so trieb er es drei Jahre lang. Da geriet das Volk in Aufruhr und flüchtete mit den Töchtern, bis keine mannbare Jungfrau mehr in der Stadt war. Doch der König befahl dem Wesir, er solle ihm wie gewöhnlich eine Jungfrau bringen. Und der Wesir ging hin zu suchen, aber er fand keine Jungfrau. So begab er sich traurig und bedrückt nach Hause; denn er fürchtete für sein Leben wegen des Königs.
>
> Nun hatte der Wesir zwei Töchter; die ältere hieß Schehrezâd, die jüngere Dinazâd. Die ältere hatte alle Bücher gelesen [...] und die Erzählungen von den vergangenen Völkern. (26)

Freiwillig und wohlbedacht drängt sich diese belesene Schöne in die Reihe der todgeweihten Gattinnen. Allgemein das Land und insbesondere ihren Vater will sie retten, der den stockenden Frauennachschub mit seinem Leben zu zahlen hätte. Der strengt sich vergebens an, die Tochter von dem selbstmörderischen Vorhaben abzubringen. Nicht einmal die einleuchtende Warn- und Drohgeschichte fruchtet, die er ihr erzählt. Schehrezâd bleibt bei ihrer selbstverordneten mutigen Mission. So bringt denn der Wesir die bräutlich Geschmückte in den Palast. Zuvor jedoch weist sie ihre jüngere Schwester an, sich ebenfalls im königlichen Schlafgemach einzufinden:

> Und wenn du dann zu mir gekommen bist und siehst, daß der König mit mir die Hochzeit vollzogen hat, so sprich: «O Schwester, erzähle mir eine Geschichte zur Unterhaltung, daß wir durch sie uns die wachen Stunden der Nacht verkürzen» – und dann werde ich dir eine Geschichte erzählen, durch die, so Gott der Erhabene will, die Rettung kommen wird. (31)

Alles geschieht, wie von Schehrezâd geplant. Dinazâd erbittet eine Geschichte, und die neue Braut, die wie gewöhnlich den kommenden Morgen nicht erleben soll, ersucht ihrerseits den Gatten um Erlaubnis dazu:

> Wie der König, der auch schlaflos war, diese ihre Worte vernahm, freute er sich der Aussicht, eine Geschichte zu hören, und gab ihr die Erlaubnis. So begann Schehrezâd in der ersten Nacht *Die Erzählung von dem Kaufmann und dem Dämon*. (32)

Und so geht es fort, Nacht für Nacht, eintausendundeine Nacht lang.

Was will, was erreicht Schehrezâd? Dass sie die Nächte munter überlebt, anders als die voraus- und in den Tod gegangenen Sultansgattinnen, das liegt nicht nur am schier unerschöpflichen Vorrat von Geschichten, den sie in ihrem gefährdeten Kopf hat. Es liegt erst recht an Schehrezâds einzigartigem Erzählvermögen. Genauer, an der Strategie ihrer epischen Darbietung. Jede der Geschichten dosiert sie so, dass jeweils ein erregender Rest offen bleibt, der im Hörer das unbändige Verlangen nach Fortsetzung anstachelt. Insofern kann Schehrezâd als folgenreiche Erfinderin jener narratio interrupta gelten, die noch viele Jahrhunderte später als prickelnder Abbruch die Fortsetzungsromane in den Tageszeitungen kennzeichnet. Schluss jetzt! Ohne Schluss! Morgen geht es weiter.

Schier leibhaftig hat eins mit dem andern zu tun: wie diese Schehrezâd erzählt, und wogegen sie erzählt. Aufs Äußerste gespannt sieht sie allnächtlich dem heraufkommenden Morgen entgegen und mit ihm dem blitzenden Schwert des Scharfrichters, das ihr den Kopf abschlagen soll. In ähnliche Hochspannung treibt sie aber auch ihrerseits den königlichen Zuhörer, von dem ihr Leben abhängt. Und kurz vorm Höhepunkt der ersten, also besonders testempfindlichen Geschichte schneidet sie jäh den Erzählfaden ab. Grad so, als hätte auch sie das scharfe Mordinstrument in der Hand, das ihr selbst sowie dem ausersehenen Opfer innerhalb ihrer Geschichte droht. Dort geht es um erzwungenes Töten des eigenen Sohnes, der in ein Kalb verwandelt wurde – erzählt aus der Sicht des verzweifelten Vaters:

> «Als ich nun diese harten Worte von ihr [seinem bösen Weib] hörte und doch ihr Ziel nicht kannte, da trat ich zu dem Kalb, das Messer in der Hand. –» Da bemerkte Schehrezâd, daß der Morgen begann, und hielt in der verstatteten Rede an. [...] Da sprach der König zu sich selbst: ‹Bei Allah, ich will sie nicht töten lassen, bis ich den Schluß ihrer Geschichte höre› (37)

Zyklisches und instrumentales Erzählen Viele Dichtungen, orientalische und europäische, haben im Lauf der Jahrhunderte das berühmte Vorbild von *Tausendundeine Nacht* abgewandelt. Sein unverkennbares

Gepräge verdankt es der Verbindung zweier epischer Verfahren, die einander sinnvoll ergänzen: des zyklischen und des instrumentalen Erzählens. Zyklisches Erzählen verschränkt mehrere selbstständige Einzelgeschichten in einem umfassenden Erzählzusammenhang. Dabei stellt es einen geschlossenen Kreis, griechisch kyklos, dieser einzelnen Geschichten her. Zugleich stellt es, ebenfalls werkintern, einen geschlossenen Kreis von Einzelpersonen her, die einander die Geschichten vortragen. Erzähltes Erzählen findet da statt, in einer rührigen Runde.

Erfundenermaßen, doch sinnfällig führt es den Lesern vor, was sie gemeinhin in gedruckten Romanen und Novellen entbehren müssen: das lebendige Widerspiel zwischen leibhaftigen Erzählern und Zuhörern. Zyklisches Erzählen ermöglicht, dass sich solches Miteinander im Buch selber zu ereignen scheint; geradezu modellhaft, mit allen erdenklichen Umständen. Denn vor, zwischen und nach den vorgetragenen Einzelgeschichten äußert und verkörpert die regsame Erzählrunde vor uns, den Lesern, das ganze Drum und Dran. Selbst dann, wenn sie aus nur drei Personen besteht, so wie Schehrezâd, Sultan und Dinazâd. Daraus, wie die Runde miteinander verkehrt, können die Leser umstandlos alles weitere entnehmen: den Anlass und Ort, die Zeit und Gelegenheit, das Ziel und den Zweck der Veranstaltung, aber auch das Verhältnis zwischen Erzählern und Zuhörern samt deren Reaktionsweise.

Instrumentales Erzählen besagt, dass die jeweilige Erzählrunde weder zufällig zusammenkommt noch aus beliebiger Laune; dass sie vielmehr in einer schwerwiegenden Zwangslage steckt, die mittels Erzählen bewältigt werden soll. Die vielen Einzelerzählungen werden demnach nicht aufs Geratewohl vorgebracht. Sie werden eigens dazu eingesetzt, um innerhalb der Gesamterzählung eine bestimmte dringende Aufgabe zu erfüllen. Schehrezâd, unterstützt durch ihre Schwester, erzählt dem

Sultan Märchen, auf dass er sie nicht wie seine vorigen Frauen umbringen lässt. Jedes einzelne Märchen, das sie vorbringt, ist Mittel zum kurzfristigen Erzählzweck: von dieser Nacht zur nächsten zu überleben. Und die Folge sämtlicher Märchen in der Spanne von tausendundeiner Nacht ist das Mittel zum langfristigen Erzählzweck, den vormals so tief gekränkten und seitdem frauenverschleißenden Sultan eines Besseren zu belehren und dadurch das gepeinigte Land zu erlösen. Für immer.

Zyklisches und instrumentales Erzählen machen gemeinsame Sache, auch wenn sie jeweils unterschiedliche, geradezu gegenläufige Richtungen einschlagen. Ersteres vollführt eine Zirkelbewegung, worin die Summe der beteiligten Erzähler und Zuhörer sowie die Summe der Einzelgeschichten reihum zusammengefasst sind. Ein Rundlauf von Menschen und geäußerten Worten, die schließlich dort ankommen, von wo sie ausgegangen sind, weil ein Kreis weder Anfang noch Ende hat. Dabei entsteht sowohl zeitlich wie räumlich der Eindruck von ausgeklammerter Real-Geschichte. Zeitlich: weil jene, die da reden und zuhören, ihre eigene Zeitgenossenschaft vertreiben durch die fremden Zeiten der erzählten Geschichten. Und weil sie obendrein ihre Tages- und Nachtetappen dermaßen durchritualisieren, dass sie mit unerwarteten Zeitereignissen weder rechnen noch gar damit fertig werden müssen. Aber auch räumlich wird Real-Geschichte ausgeklammert: insofern, als die Erzählrunde, indem sie sich zusammenschließt, alles andere ausschließt. Das heißt, indem sie – ob im innersten Schlafgemach des Sultanpalasts oder auch, wie im *Decamerone*, im Landhaus weitab vom pestbefallenen Florenz – erzählend sich vom Leib hält, was draußen in der geschichtlichen Welt passiert.

Hierin besteht freilich nur die Tendenz, nicht aber das Ergebnis zyklischen Erzählens. Dass der Ausschluss von Real-Geschichte sich letztlich nicht durchsetzen kann, dafür sorgt die stärkere Tendenz des instrumentalen Erzählens, das eine Gegenrichtung einschlägt. Nicht rund verläuft es, sondern gradlinig zielgerichtet und zweckgeleitet. Somit durchschneidet und öffnet es den selbstgenügsamen geschlossenen Kreis. Es strebt hinaus über das, was bei sich ist und bleibt. Strikt stößt es sich ab vom üblen Stand der Dinge und wirkt darauf hin, innerhalb und außerhalb der Erzählrunde bessere Zustände zu erwirken. Instrumentales Erzählen erheischt, dass Schehrezâd und der Sultan sich erzählend ins Schlafgemach zurückziehen, *damit* künftig das ganze Land angstfrei leben kann. Es erheischt, dass die Florentiner sich erzählend auf einen abgelegenen, von Parks umfriedeten Landsitz zurückziehen, *damit* eine körperlich, moralisch und gesellschaftlich gefestigte Lebensform geübt werden kann, ausdrücklich als eine widerständige Alternative zur pestverseuchten Heimat. Instrumentales Erzählen verwandelt somit den ziellosen Rundlauf des Zyklus zum gezielten Anlauf, der nötig ist, um mit einem gewaltigen Sprung einzustürmen auf den Alltag draußen. Von dort war ausgegangen worden und darauf wird nunmehr losgegangen, damit der Alltag anders wird. Derart erzeugen instrumentales und zyklisches Erzählen, gerade durch ihre wi-

derstreitenden Richtungsimpulse, die erforderliche Spannung, die das praktische Erzählen benötigt, um die Widerstände der gegebenen Wirklichkeit zu brechen. Praktisches schöpft Kraft und nimmt Maß, wenn es erst einmal Abstand sucht von der geschichtlichen Welt, um dann desto wirksamer in sie einzugreifen.

Erzähltes Erzählen nach Art von *Tausendundeine Nacht* unterscheidet sich merklich von einem nur scheinbar gleichartigen Sachverhalt, mit dem wir schon zu tun hatten. Ich meine das, was im Epos stattfindet, wenn das tätige Erzählen zeitweilig übergeht vom Rhapsoden der *Odyssee* auf seinen Haupthelden Odysseus, der nun selber die eigenen Erlebnisse schildert. Oder auch das, was im Roman stattfindet, wenn in *The Waves* unpersönliche, jeweils anders zuständige Erzählinstanzen einander ablösen. Dort nämlich geht es um zeitliches Nacheinander. Um die Abfolge derjenigen, die uns Lesern das Geschehen vergegenwärtigen, jeweils aus eigener Sicht. Hier dagegen geht es um räumliches Miteinander. Um die lebhafte, zielbewusste Korrespondenz zwischen Erzähler und Zuhörer drinnen im Werk, zwischen Schehrezâd und Sultan. Noch dazu unterm gemeinsamen, obwohl konfrontativen Zwang, der unausgesprochen lautet: Sprich, Vogel, oder stirb!

Quasi episches Theater im Theater Etwas näher kommt erzähltes Erzählen dem ähnlich brisanten Hergang des Theaters im Theater. Man denke an die berühmte Mouse-trap-Szene in Shakespeares *Hamlet*: wo der Titelheld eine Schauspielertruppe dazu bringt, dem brudermörderischen König Claudius kaum verschlüsselt seine Untat vorzuführen – mit drastischer Wirkung beim Angezielten wie beim ganzen Hofstaat ringsum. Dabei sehen wir, das Theaterpublikum, unsere eigene Situation gespiegelt in dem, was droben auf der Bühne abläuft: im regsamen Vis-à-vis, in der heftigen Wechselwirkung zwischen agierenden Mimen und reagierenden Zuschauern. Ähnlich ergeht es den Lesern von *Tausendundeine Nacht.* Auch ihnen spiegelt sich, hier nun im Buch, die eigene Situation. Lesend erleben sie überdeutlich, wie sich Erzählen vollzieht im Vis-à-vis von Erzähler und Zuhörer, von Schehrezâd und Sultan nebst Dinazâd. Nur eben nicht leibhaftig, nicht für die äußeren, sondern für die inneren Augen und Ohren.

Emphatisch betreibt *Tausendundeine Nacht* erzähltes Erzählen. Unentwegt, der riesigen Spanne des Titels entsprechend, bis hin zum Ziel, das von vornherein angepeilt war. Und nicht nur unentwegt, auch allenthalben. Denn jene namenlosen Verfasser des Werkes – das erst im Lauf mehrerer Jahrhunderte seine endgültige Fassung erlangte – begnügen sich ja nicht mit dem Rahmengeschehen um Schehrezâd und den Sultan. Auch innerhalb jener Geschichten, die Schehrezâd allnächtlich vorträgt, geht es zyklisch und instrumental zu. Nur manchmal sind es isolierte Einzelgeschichten. Oft bilden sie eigene Zyklen mit eigener Erzählrunde, worin bestimmte Sprecher auf bestimmte Zuhörer hinreden, jedesmal mit ganz bestimmtem Zweck. Zum Beispiel: Der verwegene und reiche Kaufmann und Seefahrer *Sindbad* erzählt einem armen Namensvetter, dem Lastträger Sindbad, seine eigenen Abenteuer, um ihm klar zu machen, wie materielles Glück und tödliche Gefahr zwei Seiten der gleichen riskanten Lebensführung sind. Sieben turbulente Reisen sind es gewesen, die der erzählende Sindbad unternommen hat, oftmals abgetrieben zu unbekannten Kontinenten und Inseln. Jedesmal, so betont er, ist er nur knapp mit dem Leben davongekommen, aber reich an Gewinn. Von jenen sieben Reisen erzählt er dem Lastträger, der nie seine Heimatstadt verlassen hat, an sieben Tagen. Und nach dem anschließenden Gelage verabschiedet er den staunenden Gast, den er jedesmal reich beschenkt mit weltläufiger Erfahrung und Goldmünzen.

Ein weiteres sprechendes Beispiel bieten die *Geschichten der drei Scheiche.* Die Drei bewahren einen Kaufmann, der versehentlich durch einen weggeworfenen Dattelkern den unsichtbaren Sohn eines Dämons getötet hat, vor dessen Rache. Durch Erzählen versuchen sie, einer nach dem andern, je um ein Drittel das verwirkte Leben des Kaufmanns zu retten: indem jeder Scheich durch seine eigene wunderbar schreckliche Lebensgeschichte den rachedurstigen Dämon davon überzeugen will, dass es noch weit schlimmere Schicksale gibt als das seine. Von Scheich zu Scheich steigert sich der Grad des erlittenen Leids. Daraufhin schenkt am Ende der zuhörende Dämon dem Kaufmann das Leben. In diesem Fall also führt nicht die eigene Kraft des

Erzählers zur eigenen Rettung, sondern die Anstrengung anderer, die dem Bedrängten beizuspringen. Hierbei gesellt sich dem instrumentalen auch noch ein agonales, also wetteiferndes Erzählen zu. Die drei Scheiche werfen sich ins Zeug, um einander zu übertreffen. Jeder will die andern schlagen durch seine noch schlagkräftigere Geschichte. Solche agonalen Erzählgefechte werden in *Tausendundeine Nacht* immer wieder ausgetragen.

Ebenfalls um den Kopf: *Die sieben weisen Meister* Noch entschiedener zum Zug kommen sie in einem zeitweilig noch berühmteren orientalischen Werk, das mehrfach abgewandelt und erweitert wurde, in *Sindbâd Name* – nicht zu verwechseln mit dem seefahrenden Sindbad. Im Mittelalter ist es auch nach Europa gedrungen und seitdem in verschiedene Nationalliteraturen eingemeindet worden, meist unter dem Namen *Die sieben weisen Meister.* Epischer Wettstreit prägt hier sogar das Rahmengeschehen. In Gang kommt es durch einen heiklen Phädra-Konflikt. Ein kluger und tugendhafter Kronprinz widersteht den erotischen Heimsuchungen durch die Lieblingsfrau seines Vaters. Wütend dreht sie den Spieß um. Sie verklagt beim König den schönen Jüngling, er habe ihr Gewalt antun wollen. Todesstrafe, so lautet das väterliche Urteil. Bevor es vollstreckt wird, greifen die sieben weisen Meister ein. Es sind die erfolgreichen Lehrer des Prinzen, ihm herzlich zugetan und von seiner Unschuld überzeugt. Einer nach dem andern und jeder noch ausdrücklicher als sein Vorgänger, erzählen sie vorm König und seinem Hofstaat lauter einschlägige Geschichten. Jede davon macht sinnfällig, wieviel Unheil aus abgefeimter Weibertücke, aber auch aus schnellfertigen Richtsprüchen hervorgehen kann. Derart ausdauernd und einander überbietend tragen die Lehrmeister ihre zwingenden Beispielgeschichten vor: dass schließlich der König sein Urteil aufhebt und der Prinz sein verwirktes Leben samt seinem guten Leumund zurückgewinnt.

Bei den agonalen Erzählungen der *Sieben weisen Meister* wie auch in Schehrezâds Gesamtveranstaltung geht es um den Kopf des jeweils Erzählenden beziehungsweise um den Kopf dessen, dem zuliebe erzählt wird. Treffend bezeichnete André Jolles derlei als «Hals-Rahmen», weil da jemandem der Hals aus der Schlinge herausgeredet wird. Für die märchenreiche, unermüdliche Heldin von *Tausendundeine Nacht* steht indes nicht nur, akut, der eigene Kopf auf dem Spiel; sondern auch, chronisch, das Schicksal aller Untertanen des Sultans. Durch beharrliches Erzählen schafft sie es, den königlichen Gemahl auf Dauer umzustimmen. Nach tausendundeiner Nacht wird das schiefe Bild, das er von den Frauen hat und vom Zusammenleben der Menschen überhaupt, berichtigt sein. Indem sie selber wohlweislich durch weisheitsträchtige Erzählungen auf den Verhärteten und Verstockten einspricht, flößt Schehrezâd dem Sultan Weisheit ein: sukzessive fortschreitend, von einer abgebrochenen Nacht zur folgenden. Ihr eigenes Leben hat sie zugunsten des insgesamt bedrohten Lebens eingesetzt und hat so eins im andern dem Tod entrissen.

Bei Schehrezâds Tun besteht also ganz entschieden eine Einheit zwischen Erzählen und Handeln. Denn sie erzählt von Handlungen und sie handelt, indem sie erzählt. Ebenso entschieden verbindet sich hier persönlicher mit öffentlichem Erzählzweck. Denn Schehrezâd verfährt eben nicht nur eigensüchtig und abgeschirmt von gesamtgesellschaftlichen Belangen. Sie verfährt vielmehr, da eigenes und gesamtgesellschaftliches Interesse für sie untrennbar sind, gemeinnützig, wenn sie erzählend den Sultan für sich einnimmt. Solche Einheit von persönlichem und öffentlichem Erzählzweck äußert sich namentlich darin, dass Schehrezâd, anders als Sindbad oder die drei Scheiche, gerade nicht ihre eigene Lebensgeschichte dem Sultan entgegenhält. Unter Formeln wie «Mir wurde erzählt», «Ferner wird berichtet» bringt sie Geschichten vor, die umläufig, die verbürgt und bewährt, mithin für jedweden verbindlich und heilsam sind. Sie sind bereits in der Welt. Nur nicht, bis jetzt, an Ort und Stelle, wo gerade erzählt wird, also hier im Schlafgemach und im Kopf des Herrschers, dessen verklemmten und verengten Sinn die Geschichten erweitern sollen. Schehrezâd betreibt somit im öffentlichen Interesse Reportage humaner Lebensweisen im intimen Raum, von wo sie, dem verbesserten Herrscher einverleibt, wiederum in die Öffentlichkeit dringen werden. Denn er wird allmählich eines Besseren belehrt. Und diese Besserung wirkt sich aus in seiner fortan milden Herrschaft rundum im ganzen Land. Derart erzählt Schehrezâd praktisch, zum Heil aller. Praktisch ist es aber auch anderweitig im vertraulichen Schlafgemach zugegangen, abwechselnd mit Erzählen. Nach Ablauf der knapp drei nächtlichen Jahre kann Schehrezâd dem Sultan mit drei Kindern aufwarten. Und zwar mit Knaben. Sodass in dieser maskulin beherrschten Welt auch künftig eine hoffentlich weise Herrschaft in Aussicht steht. Schehrezâd hat also nicht nur gegen den drohenden Tod erzählt, indem sie Märchen – und damit Lebensklugheit im Zuhörer – hervorbringt. Wider den tödlichen Schwund hat sie auch noch die Schar der Lebenden verstärkt. Die Destruktion hat sie durch Produktion überwunden. In Wort und Fleisch.

Das Papageienbuch

Gleich *Tausendundeine Nacht* hatte auch das *Papageienbuch* eine Herkunft von Jahrhunderten und etlichen orientalischen Sprachen hinter sich, als es seine endgültige Fassung erlangte. In diesem Fall keine arabische, sondern je eine persische und eine türkische. Die Hauptfigur des Rah-

mengeschehens, daher der Titel, ist ein redender Vogel, dem die überwiegend märchenhaften Geschichten in den Schnabel gelegt werden. Und nicht nur in den Schnabel. Denn wunderbarerweise ist dieser Papagei kein geistloser Nachplapperer. Er überragt vielmehr alle Menschen seines Umkreises an Scharfsinn, Wissen und Umsicht. So spricht er ihnen nicht nach, sondern er schlägt ihnen vor, was sie im eigenen Interesse tun sollen.

Gefiederter Narrator als Salvator: der redende Vogel Von vornherein betont das *Papageienbuch*: Erzählen, auch wenn es hier im geschriebenen Buch geschieht, bestehe eigentlich darin, dass jemand mit seiner unverwechselbaren Stimme auf andere einredet, um ihnen Außerordentliches, Spannendes und Beherzigenswertes zum Besten zu geben. Buchstäblich zum Besten der Zuhörer aber ist etwas, was ihnen wohltut und nützt. Darauf verweist schon die gereimte Litanei zu Ehren Allahs und seines Propheten Mohammed, die dem Erzählbeginn vorausgeht. Den Schöpfergott preist sie einzig dafür, dass er

> den Menschen ausgezeichnet hat vor allem Lebendigen
> durch die Gnadengabe der Rede, der verständigen. (7)

Und gleich darauf besingen den Propheten die folgenden Verse metaphorisch als

> redenden Vogel, von dem bewußt,
> Daß er nicht sprach aus eigner Lust, [...]
> sondern nur lauter Offenbarung machte kund [...]. (7)

Diese Offenbarung, so heißt es weiter, führe durch die Wirrnis der Welt jeden Menschen «zum Heile», der «sich hält / an seines [des Mohammed] Gesetzes Seile» (7). Dem wort- und weisheitsmächtigen Papagei im folgenden Geschehen wird der «redende Vogel» Mohammed auch insofern zum Vorbild, als beide einen höheren Zweck verfolgen. Auch der Papagei wird nicht «aus eigener Lust» nur erzählen, sondern denen, die auf ihn hören, «lautere Offenbarung» kund machen. Die orientalischen Sprachbilder, die hier ausgespielt werden, haben sogar Gültigkeit noch über dieses Werk und über den orientalischen Kulturkreis hinaus. Sie bekräftigen, was auch anderwärts und außerreligiös für Erzählkunst gelten kann. Nicht nur dem «redenden Vogel» Mohammed ähnelt der Papagei, der alsbald in Aktion treten wird. Er ähnelt auch den psalmodierenden Rhapsoden, die sich in den Epen seit Homer verlautbaren. Und schließlich ist obendrein noch, ebenso metaphorisch, von des Gesetzes «Seilen» die Rede. Sie leiten die Menschen, die sich daran halten, durch die wirre Vielfalt der Welt. Somit entsprechen sie dem, was die Hörer oder Leser als «Erzählfaden» durch alle epischen Werke leitet – und seien sie noch so unübersichtlich. Ob als grob gedrehtes und verknotetes «Seemannsgarn», ob als zarter, feingesponnener Zwirn.

Erzählfaden in diesem Werk ist der folgende. Der junge, tüchtige Kaufmann Sâid unternimmt eine weite Geschäftsreise und überlässt seine geliebte Frau Mâhi-Scheker der Obhut seines wunderbar scharfsinnigen, wissensreichen und redegewandten Papageis. Sorgen soll der Vogel dafür, dass die reizende Gemahlin ihr Abschiedsversprechen genau einhält: wenigstens für ein Jahr dem abwesenden Gatten die Treue zu wahren und danach erst sich frei zu entscheiden, wie sie es weiterhin damit halten will. Als nach Jahresfrist der erwerbstüchtige Sâid immer noch fern ist, will die Vereinsamte dem Liebeswerben eines jungen Mannes aus der Nachbarschaft folgen. Der Papagei, strenger als sein Herr, sucht sie davon abzuhalten: so lang, bis der Kaufmann heimgekehrt ist. Es gelingt dem Vogel in der Tat, und zwar 30 Tage lang. (In früheren Fassungen des Buchs sind es sogar 52 beziehungsweise 70 Tage.) Er schafft es, indem er Abend für Abend, wenn sie sich auf den Liebesweg machen will, Mâhi-Scheker mit einem spannenden und lehrreichen Märchen ans Haus fesselt. Scheinheilig ermuntert er sie, nur ja ihrem erotischen Drang zu folgen. Doch jedesmal enthalten seine Ermunterungen eine verlockende Anspielung auf einen Namen oder eine Begebenheit, die als Köder prompt geschluckt wird – samt der daran hängenden Geschichte. Deren Dauer wie auch deren durchweg ehefreundliche Moral erwirken dann, dass der gebannten Zuhörerin Zeit und Lust zur Liebe vergeht. Jedenfalls vorerst. Hernach vertröstet der Papagei die nach wie vor erotisch gereizte junge

Frau regelmäßig auf den nächsten Abend, der freilich nicht anders verlaufen wird.

Mehrerlei Handeln in einer Kaufmannswelt Der Papagei erzählt nicht nur. Er verkörpert regelrecht die epische Instanz, also jene Rolle, die man seit etlichen Jahrhunderten dem leibhaftigen, aber auch dem poetisch erfundenen Erzähler zuspricht. Am Anfang des Rahmengeschehens, noch ehe der Vogel sich als epische Instanz einsetzt, werden schon seine außergewöhnlichen Eigenschaften gewürdigt, die sich später dann praktisch bewähren. Er ist weise, wahrheitskundig, kennt die Zukunft und erfasst sogar das Übernatürliche. Demnach verfügt er über jene Gaben, die schlechterdings den allwissenden Erzähler ausmachen. (Dass die frühe orientalische Erzählkunst die epische Instanz ausgerechnet im Papagei verkörpert, entspringt wohl dem Bedürfnis, sich einen sinnvollen Reim zu machen auf das einzige Tier, das reden kann und oft eine größere Lebens- und Erfahrungsdauer hat als gewöhnliche Sterbliche.) Nicht bloß die Eigenschaften dieses gefiederten Erzählers sind bemerkenswert, auch seine besonderen Vollmachten und der besondere Umgang, den er mit den Menschen und die Menschen mit ihm pflegen. Daraus wird ersichtlich, wie das *Papageienbuch* das Leistungsvermögen der Epik und damit sich selber fabulierend einschätzt. Wenn zu Beginn des Rahmengeschehens, auf dem Basar, der Papagei sich dem Kaufmann Sâid als einmalige Gelegenheit anpreist – mit dem alsbald eingelösten Versprechen, seine Weisheit bringe dem künftigen Besitzer reichen Nutzen –, gibt er zweierlei zu erkennen. Einerseits, dass die Tätigkeit des Erzählers wie auch sein Erzählvorrat Weisheit vermitteln, die sich immateriell, aber auch materiell auszahlt. Als erste Probe gibt der Papagei einen verblüffenden Geschäftstipp, durch den Sâid auf der Stelle fünfmal so viel verdient, wie der Papagei kostet. Andrerseits wird deutlich, dass dieser wie jeder Erzähler und Weisheitskünder die Zuhörer ebenso benötigt wie sie ihn.

Dies ist, als Episode, ein sprechender Beitrag zu unsrer Frage nach dem notwendigen und zweckgerichteten Erzählen als kommunikativem Tun. Da braucht Einer den Andern: nicht bloß der Zuhörer den Erzähler, sondern auch der Erzähler den Zuhörer. Denn warum will der Papagei partout zu Sâid? Weil Sâid wie kaum ein andrer klug genug ist, die weisen Erzählungen und Ratschläge des Vogels in tätiges Leben umzusetzen. So ist einer auf den andern angewiesen, so ergänzen sie sich. Schieres Erzählen bliebe demnach nur halb und hilflos, solang es nicht instrumental eingesetzt wird und Partner findet, die es in die Praxis verlängern. Erzählen als Umsatz anwendbarer Weisheit: hoch wird es eingeschätzt in dieser orientalischen Handelswelt, und tief geht es jedem ein, der darin lebt. Andernfalls wäre unbegreiflich, wie die angestachelte Neugier auf ertragreiche Märchen bei der jungen Frau allemal das Rennen macht. Es wäre unbegreiflich, dass die neugierige Hörlust allemal obsiegt über die lang schon ausgehungerte, zudem wieder und wieder mit Geschichten abgespeiste Lust auf Liebe.

So sehr der Papagei in diesem Märchenwerk die Menschen geistig überragt, in seiner leiblichen Gestalt ist er dagegen ihren Neigungen, Grillen und Zugriffen preisgegeben. Daraus entsteht auch die besondere Notlage, die den Anlass und den Zweck seines instrumentalen Erzählens bestimmt. Wie Schehrezâd verfolgt der Papagei, eins im andern, einen kurzfristig persönlichen und einen langfristig allgemeinen Zweck. Kurzfristig geht es auch hier um den Kopf. In einem doppelten Sinn. Der Papagei steckt in einem Zwiespalt, aus dem er sich nur zwiespältig herauserzählen kann. Mâhi-Scheker würde ihm den Kopf abreißen wie zuvor schon seinem unbedacht plappernden Papageienweibchen, verführe er selber nicht äußerst diplomatisch. Er wäre also des Todes, redete er ihr nicht – scheinbar – nach dem Mund, der ihr nach dem jungen Liebhaber wässert. Andrerseits verlöre der Inhalt seines Kopfs, die unerhörte Weisheit, um deretwillen er sich doch dem Sâid beweiskräftig angepriesen hat, bei seinem abwesenden Herrn allen Kredit, verträte der Papagei nicht das Interesse dieses Herrn mit Witz und Erfolg. Schon aus Selbstschutz also redet er doppelzüngig, wenn er zunächst Mâhi-Schekers Liebesflammen noch anfeuert, um sie gleich darauf durch eine Geschichte zu löschen.

Langfristig und jenseits eigener Belange will der Papagei die unversehrte Ehe des Kaufmanns bewahren. Dabei verficht er eben die gesellschaftlichen Normen, die sich in den Einzelerzählungen wie im Rahmen des *Papageienbuchs* allenthalben behaupten. Die verbindlich geschlossene Ehe wird da mindestens so sehr als wirtschaftliche Interessengemeinschaft verstanden wie als Leib-und-Seele-Gemeinschaft. Darum gilt eheliche Treue als notwendiges Verhalten, das beide Partner schadlos hält und den Besitzstand wahrt, tunlichst sogar noch mehrt. Die vom Papagei verfochtene und durchgesetzte Moral besagt demnach: den Gatten zu hintergehen, wo der gerade ausgezogen ist, den gemeinsamen Wohlstand zu mehren, wäre nicht nur unlauter, es wäre auch schädlich. Es würde den öffentlichen Ruf und den geschäftlichen Kredit des Kaufmanns und Gatten Sâid gefährden. Vollends könnte es durch mögliche illegitime Nachkommen die Vermögens- und Erbschaftsverhältnisse der Sippe durcheinander bringen.

In der entschieden maskulinen Moslemgesellschaft des Orients ist weiblicher Ehebruch ein Einbruch in die Machtbereiche oder ein Ausbruch aus den Machtbereichen des Mannes. Er verletzt den Mann mehr als nur innerlich. Wohin dies führen kann, zeigt das, wogegen Schehrezâd in *Tausendundeine Nacht* anerzählt. Ihr Sultan, der unter seinen weiblichen Untertanen wütet, handelt aus eben jener persönlichen

und gesellschaftlichen Verwundung heraus. Wenn nun der Papagei Mâhi-Scheker wirksam daran hindert, eine solche Verwundung auszulösen, betreibt er sozusagen eine prophylaktische Vorgeschichte zu *Tausendundeine Nacht*. Er hintertreibt die Voraussetzungen des Übels, während Schehrezâd die wuchernden Folgen des Übels bekämpft. Anlass und Zweck des Erzählens von *Tausendundeiner Nacht* sind zweifellos in ihrer Art wie in ihren gesellschaftlichen Dimensionen ungleich gewaltiger als im *Papageienbuch*. Es gilt dort die Verhinderung von weiterem Tod für weitere Untertanen im ganzen Land. Dahingegen steht im Papageienbuch nur das private Schicksal einer Familie infrage, ohne politische Auswirkungen. Dennoch sind es beidemal schwerwiegende Krisen, die ein instrumentales Erzählen auf den Plan rufen, damit es praktisch ins Leben eingreife. Beidemal erweist und beweist es sich als ein konstruktives Handeln, das erfolgreich gegen Destruktion vorgeht.

ABENDLÄNDISCHE SPIELARTEN ZWECKHAFTEN ERZÄHLENS

Wann und wo epische Dichtung erstmals daran ging, den Hergang und den Zweck von Erzählen im Werk selber eigens vorzuführen, ist für unsere Überlegungen belanglos. Ebenso belanglos wäre der Nachweis, ob denn nun zyklisches und instrumentales Erzählen vom Orient aus auf Europa übergegriffen hat oder umgekehrt; oder auch, ob es sich da wie dort, unabhängig voneinander entwickelt hat. In Europa jedenfalls macht es sich schon früh bemerkbar im poetisch und bildkünstlerisch folgenreichsten Erzählwerk der römischen Antike: in Ovids *Metamorphosen*, die im ersten Jahrhundert unserer Zeitrechnung entstanden sind. Der Autor hat das Werk als Epos verstanden, wetteifernd mit der *Aeneis* seines Zeitgenossen Vergil. Im gleichen Versmaß des Hexameters greift Ovid vorgeschichtlich noch viel weiter zurück als jener in seiner Neo-Odyssee vom Venussohn Aeneas, der als Überlebender von Troja sich auf den Weg macht, um das künftige Römerreich zu gründen als göttergefälliger Vorfahre des Kaisers Augustus. Bis zum Anfang aller Anfänge greift Ovid zurück, bis zur Erschaffung der Welt aus dem Chaos, von wo er sich, Epoche um Epoche, der Gegenwart nähert: über das Zeitalter der Götter, dann der Heroen bis zur überlieferten politischen Geschichte.

Ovids *Metamorphosen*

Einerseits also trifft sich die Versdichtung der *Metamorphosen* mit dem überkommenen Epos im Grundprinzip einer umfassenden Genesis, die sich genealogisch verkörpert in diesen oder jenen hervorragenden Helden und Schicksalen. Andrerseits machen sich beträchtliche Unterschiede geltend. Die unermessliche Zeitspanne mythischer und geschichtlicher Epochen, die Ovid entrollt, lässt keine durchgängige epische Handlung zu. Erst recht entzieht sie sich einer epischen Hauptfigur, die wie Odysseus oder Aeneas die erzählte Welt durchmisst. Schon der Titel des Werks *Metamorphoseon Libri*, *Die Bücher der Verwandlungen* deutet in den pluralischen Büchern zugleich die Vielfalt der Geschichten an, die hier überm Hauptnenner der Verwandlung zusammenfinden. Darin kündigt sich schon ein markanter Zug künftiger Novellenpraxis an, die erst ein gutes Jahrtausend später dann programmatisch einsetzt. Denn so, wie Ovid in jedem seiner 15 Libri die verschiedenen Verwandlungsgeschichten thematisch verklammert – etwa lauter Fälle überheblicher Beleidigung von Göttern oder lauter Fälle aus der gleichen Provinz oder lauter Fälle aus dem Wunderwirkungskreis des Gottes Bacchus –: so wird auch Boccaccio seine zehn mal zehn Geschichten, pro Erzähltag, jeweils unter ein gemeinsames Motto stellen. Mehr noch. Im Unterschied zu anderen Epikern der Antike begnügt Ovid sich nicht mit einem Rhapsoden allein, der verbindlich das Geschehen entwirft, sichtet und vorträgt. Der Vielfalt von Geschichten entspricht auch eine Vielfalt von Berichterstattern, die das Wort ergreifen.

Also nicht nur was zu erzählen ist, erheischt die Aufmerksamkeit der Leserschaft, sondern auch dass und wozu und wie es vonstatten geht. Mit den erzählten Ereignissen beleuchtet Ovid zugleich die Umstände, Hergänge und Wirkungen von Erzählen. Hier zumal gibt sich die literatur- und gattungsgeschichtliche Zwischenstellung der *Metamorphosen* zu erkennen. Einerseits sind sie rückwärts dem alten Epos verbunden, andrerseits streben sie vorwärts auf eine künftige Novellistik hin. Den herkömmlichen, rückwärtigen Bezug bekunden, beispielsweise im vierten Buch, die Episoden aus der Lebenslaufbahn von

Perseus. Zunächst trägt der übergeordnete Rhapsode sie vor: die göttliche Herkunft des Helden, seinen Kampf mit dem Riesen Atlas, die Rettung Andromedas. Danach, beim Festmahl auf Wunsch des Gastgebers, übernimmt Perseus selbst die Erzählung, um aus eigener Sicht seine weiteren Abenteuer zu berichten. Sichtlich folgt Ovid hier dem Vorbild Homers, der am Fürstenhof der Phäaken den bislang in dritter Person erzählten Odysseus nun seinerseits all das erzählen lässt, was ihm bislang widerfahren ist.

208 **Agonales Erzählen, ähnlich und anders als im Orient** Beachtlicher sind indes jene neuartigen Verhältnisse der *Metamorphosen*, die fundamentale Gelegenheiten novellistischen Erzählens vorwegnehmen. Sie bilden zwar kein tragendes Gerüst für das ganze Werk von Anfang bis Ende, doch sie prägen bedeutsame Partien des Werks. So lässt Ovid immer wieder Gesprächsgruppen zusammenkommen, die nicht nur zyklisch reihum, sondern auch instrumental, zu ganz bestimmten Zwecken, etliche Geschichten einander erzählen. Mehr noch. Wie in manchen späteren Werken – von *Tausendundeine Nacht* und *Sindbâd Name* bis zu Kellers *Sinngedicht* – kommt es schon hier zu agonalen Veranstaltungen mit ungewissem Ausgang. Zu epischen Wettkämpfen, wer denn die merkwürdigste und wirksamste Geschichte am angemessensten vorzutragen vermag. Vor allem im fünften Buch: dort, wo die Musen persönlich auftreten und tätig werden. Anders als in den großen Epen seit Homer werden sie hier nicht nur als Gewährsinstanzen angerufen, um, kraft ihrer Allwissenheit, den eigentlichen Erzähler zu beflügeln. Sie greifen vielmehr selber leibhaftig ins erzählte Geschehen ein und ergreifen mit ihrer Stimme das Wort. Nolens volens: um sich der schmähsüchtigen Töchter des Pierus zu erwehren. Die nämlich machen ihnen das Vorrecht streitig zu jenem erzählenden Singen und Sagen, das allein den göttlichen Musen zusteht. Die übermütigen Empörerinnen unterliegen denn auch prompt, weil ihre misstönenden Geschichten die Größe der Göttertaten krächzend herabsetzen, statt sie mit Wohlklang zu rühmen. Als Publikum und Richter in diesem Wettkampf fällen die Nymphen den Schiedspruch. Zur Strafe werden die neun Lästermaulenden in Elstern verwandelt, die fortan nur leeres Gerede daherkeckern. So kann instrumentales Erzählen, das sonst den Erzählenden zum Glück gereicht, sich zum Unglück verkehren, sobald es sich selber – entstellend und fälschend – verkehrt.

Auf andere Weise agonal geht es zu, wenn im Kreis ihrer Mägde die Töchter des Minyas reihum Geschichten erzählen. Darunter so markante wie die von *Pyramus und Thisbe* oder auch von *Salmacis und Hermaphroditus*. Diese Frauen nun wetteifern nicht miteinander und gegeneinander. Ihre Geschichten wetteifern mit anderen, tatsächlich geschehenden Ereignissen, die sich zur gleichen Zeit am gleichen Ort Theben abspielen. Indem die Minyas-Töchter agonal erzählen, vollführen sie ein Konfessionsscharmützel. Denn sie widmen ihre Tätigkeit, wenn sie da eifrig erzählen und spinnen, den überkommenen vernunftbestimmten Göttern, namentlich der Minerva, um sich streitbar abzusetzen vom rauschhaften Kult des neuen göttlichen Emporkömmlings Bacchus. Während draußen die Mehrheit der Stadt auf Geheiß der Priester sich in jauchzenden Festen ergeht, zu Ehren dieses Gottes, verschanzen sich die Minyas-Töchter im Haus. Drinnen veranstalten sie, wider das Feiertagsgebot, einen ostentativen Werktag. Sie verbringen ihn mit Spinnen oder Weben und Erzählen. Zur Strafe für ihre Widersetzlichkeit wird am Ende der geschmähte Bacchus sie selbst in Fledermäuse und ihre Webstühle in Weinstöcke verwandeln.

Zu beachten ist nicht nur, dass hier Erzählen als – allerdings zweischneidige – Waffe instrumental genutzt wird bei einem religiösen Zwist. Erst recht ist zu beachten, wie dieses Erzählen sich mit Spinnen oder Weben engstens verbindet, geradezu in Tateinheit:

> [...] Des Minyas Töchter nur üben
> drinnen zur Unzeit die Kunst Minervas und stören die Feier,
> ziehen die Fasern der Wolle und drehn mit dem Finger den Faden,
> haften am Webstuhl und drängen zur Arbeit auch ihre Mägde.
> Eine von ihnen, den Faden mit leichtem Finger verspinnend,
> spricht: «Wenn die andern begehn die erdichteten Weihen und feiern,
> wollen auch wir, die Pallas, die bessere Göttin, hier festhält,
> würzen mit buntem Gespräch das nützliche Werk unsrer Hände,
> etwas im Wechsel erzählen den müßigen Ohren im Kreise,
> denn es erlaubt nicht, daß die Zeit uns lange erscheine.»
> [...] Diese noch nicht bekannte Geschichte
> fing sie nun an, dieweil ihre Wolle sich zog in den Faden:
> «Pyramus, er, der Schönste der Jünglinge, Thisbe, vor allen
> Mädchen die Herrlichste [...] wohnten Haus an Haus [...].» (IV, 33 ff.)

Verstummte, webende Erzählerinnen: Arachne und Philomela Zahllose Redewendungen, in vielen Sprachen, veranschaulichen immer schon das eine Tun durchs andere: erzählendes Reden durch Spinnen, Weben und Stricken. Sogar bis hin zu Mohammeds mündlich entwickeltem und schriftlich festgehaltenem «Seil des Gesetzes», von dem im *Papa-*

geienbuch die Rede ist. Der Erzähl*faden* wird *aufgenommen* und *fallen* gelassen. Seemanns*garn* wird *gesponnen* vor dem staunenden Hörerkreis so genannter Landratten. Erzählte Begebenheiten, sind sie erst mal *eingefädelt*, lassen sich auf mehrere *Stränge* verteilen, um sie hernach dann zu *verknoten*. Eng- oder weit*maschige* Erzähl*texte* berufen sich auf das Vorbild entsprechender *Textilien*. Jedesmal wird da eine metaphorische Nähe angesprochen, ablesbar aus verwandten Verrichtungen beim Produzieren sowie aus verwandten Eigenschaften beim Produkt. Aber auch eine handfeste Nähe macht sich geltend. Viele Jahrhunderte lang

war die eine Tätigkeit häufig der anderen zugesellt. In Spinnstuben oder an ähnlichen Stätten wurde fast immer gleichzeitig gesponnen und erzählt oder auch gesungen. In schönstem Zusammenspiel der regsamen Glieder: Hand in Hand, von Mund zu Mund, von der Hand in den Mund.

Ovid mag wohl der früheste Dichter sein, der die Verwandtschaft von Spinnen oder Weben und Erzählen den Lesern so drastisch einschärft. Wohlgemerkt, nicht nur metaphorisch, vielmehr handfest, wenngleich unter wunderbaren Umständen. Sinnfällig erzählt er ausdrücklich, wie eins sich dem andern verbindet zu gemeinsamem Zweck. Etliche spätere Dichter sind ihm darin gefolgt. Man denke etwa an Gottfried Kellers Novellenzyklus vom *Sinngedicht*, der uns schon beschäftigt hat und noch weiterhin beschäftigen wird. Dort gibt der Autor dem gleichen Sachverhalt eine eigene Wendung beim agonalen Erzählen zwischen den streitbaren, vorläufig noch unbewusst verliebten Hauptpersonen Reinhard und Lucie. Denn deren Duell, Novelle gegen Novelle, wird zeitweise sekundiert durch die werkelnden Mägde am Spinnrad. Auch für Ovid schon hat die Verwandtschaft von Weben und Erzählen offenbar grundsätzliche, keineswegs einmalige Bedeutung. Leitmotivisch ruft er sie auch in anderen Metamorphosen herauf und gewinnt ihr dabei noch weitere Aspekte ab. Ganz besonders in den Geschichten von *Arachne* und von *Philomela*.

Darin verläuft Weben und Spinnen nicht als paralleler und ergänzender Vorgang zum Erzählen. Der eine Vorgang ersetzt vielmehr den anderen, der restlos in ihm aufgeht. Arachne wie auch Philomela erzählen nicht während, sondern indem sie weben. Was sie damit ihren Adressaten sagen wollen, das formulieren sie für deren Augen im Medium des kunstvollen Teppichs und Tuchs. Die figurenreichen und vielfarbigen Bilder, die sie ihren Textilien einweben, sind den Betrachtern so verständlich, als wären sie gehörter oder gelesener Sprachtext.

Denn diese Bilder erscheinen als zusammenhängende Folge von Begebenheiten, als sichtbare Geschichte mit Anfang und Ende.

Agonal sind Anlass und Verlauf nur im Fall der Arachne. Von ihr, der sterblichen Künstlerin, sieht sich die zuständige Göttin Pallas herausgefordert. Zu deren Grimm nämlich behauptet die selbstbewusste Arachne, sie vollführe ihre weithin bewunderte Webkunst allein aus eigener Kraft, ohne göttlichen Segen. Schon der Anfang der Geschichte, noch bevor es zum gewaltigen Wettkampf kommt, spielt die Analogie zum Erzählen an. Denn alle Welt pilgert just deshalb zu Arachne, um dem Hergang beizuwohnen, wenn sie allmählich ihre Gewebe hervorbringt, so kunst- wie figurenfertig:

> Nicht nur die vollendeten Tücher, nein, auch sie *werden* zu sehen,
> war ein Vergnügen, mit solcher Gefälligkeit übt' sie ihr Können.
> (VI, 17f., Hervorhebung V. K.)

Genau diesen Gesichtspunkt betont Ovid dann auch beim eigentlichen Wettkampf, zu dem die Göttin Pallas die Arachne verleitet. Hier soll das Publikum, jenes des Dichters wie jenes am Schauplatz des erzählten Geschehens, mit hörenden Augen verfolgen, wie die dargestellten Bildepisoden sich mit dem entstehenden Teppich ausbreiten und fortsetzen. Selbst das, was die beiden Antagonistinnen solchermaßen herstellen und darstellen, nimmt Bezug auf ihren Agon. Pallas' Teppich erzählt von Beispielen übermütiger Sterblicher; Arachnes Teppich antwortet darauf mit Beispielen göttlicher Willkür. Dass sie, die Sterbliche, den künstlerischen Sieg erringt und eben darum fürchterlich büßen muss, bestätigt nochmals, wie triftig ihre gewebte Erzählung war. Wütend zerfetzt die Göttin das siegreiche Erzeugnis, sticht mit dem Weberschiffchen auf die verhasste Rivalin ein und verwandelt sie in die Spinne gleichen Namens. Ovid freilich – so seine unausgesprochene Poetik in eigener Sache – lässt keinen Zweifel darüber zu, inwiefern das stärkere Kunstwerk das schwächere übertrifft. Während Pallas' Teppich nur erhaben leblose Tableaus darstellt, gelingt es Arachne, so zu weben wie ein vorzüglicher Dichter erzählt. Vergegenwärtigend, verlebendigend:

> Lydiens Tochter wirkt dagegen die von des Stieres
> Trugbild getäuschte Europa: Du glaubtest wirklich den Stier und
> wirklich das Meer. Man sah sie selbst zum verlassenen Ufer
> blicken, den Freundinnen rufen, des gegen sie springenden kühlen
> Wassers Berührung scheun und ängstlich die Sohlen zurückziehn. (VI, 103ff.)

Anders sind die Voraussetzungen, wenn Philomela webend erzählt und erzählend webt. Zwar geht es auch hier instrumental zu, doch nicht agonal. Denn Philomela muss mit keinem Rivalen auf dem Gebiet ihres Könnens wetteifern. Dennoch geht es abermals um Leib und Leben. Und ihr erzählendes Gewebe, ausgelöst durch einen bestimmten Widersacher, dient abermals einem bestimmten Zweck. Rächen will sich Philomela an ihrem üblen Schwager, dem Fürsten Tereus, der sie vergewaltigt und ihr die Zunge herausgeschnitten hat, damit sie die Untat nicht verraten kann. Eine bittere Notlösung also, keine beglückende Kunst, bewegt und befähigt hier die Verstummte, im gewebten Tuch zu erzählen, was ihr widerfahren ist:

> [...] Groß ist des Schmerzes
> Geist im Erfinden, es kommt der Not manch glücklicher Einfall.
> Klug bespannt sie mit Fäden den fremden, barbarischen Webstuhl,
> webt in den weißen Stoff die purpurnen Zeichen: der Untat
> Künder. Sie gab einer Magd das Gefertigte, bat durch Gebärden,
> daß sie es bringe der Herrin. Die Magd, sie tut, wie gebeten,
> bringt zu Progne es hin und weiß nicht, was sie gebracht hat. (VI, 574 ff.)

Das Tuch tut seine vorgesehene Wirkung. Die himmelschreienden Ereignisse, lautlos zu Bildern verwoben, werden von Philomelas Schwester, der Adressatin dieser visuellen Erzählung, mühelos entziffert. Unverzüglich erfolgt die gemeinsame Rache an dem Tyrannen. Seinen eigenen Sohn schlachten und reichen sie ihm als Speise. Dann fliegen die beiden Schwestern, verwandelt in Vögel, auf und davon.

Miteinander und Ineinander von Weben und Erzählen. An diesem Leitmotiv muss dem Autor Ovid auch deshalb gelegen sein, weil sich darin sein eigenes Handwerk – das des Epikers – und sein eigenes Sujet – das der Verwandlungen – innig verdichten. Dabei ermöglicht er den Lesern auf einen Blick zweierlei Einsichten, die ihnen gemeinhin entgehen. Einerseits können sie das verwickelte Geschäft des Erzählens deutlicher ermessen, wenn es wie hier im ungewohnten Blickwinkel einer ähnlichen, aber doch andersartigen Beschäftigung erscheint. Andrerseits erscheint ihnen zugleich auch das ebenso durchgängige wie mannigfaltige Ereignis all der erzählten Verwandlungsgeschichten in ungewohntem Blickwinkel. Denn was Arachne und Philomela vollziehen, wenn sie webend erzählen, ist grundsätzlich der gleiche Akt, der schließlich an ihnen selber vollzogen wird. Genau so wie an den Hauptfiguren fast aller anderen Geschichten dieses Werks. Es ist eine Metamorphose. So wie Arachne hernach in eine

Spinne, wie Philomela hernach in eine Nachtigall verwandelt wird, so verwandeln zunächst diese Frauen ihrerseits Wortfolgen in Bilder, erdachte oder geschehene Ereignisse in ein sprechendes Gespinst aus bunten Fäden.

Epidemisches Gerücht und wandernder Ruhm Auch solche Initiative, die erfindet, schafft und eingreift – ungeachtet höherer Mächte und mitunter sogar ihnen zum Trotz – ist ein markantes Moment, das auf Novellen- und Märchenzyklen späterer Jahrhunderte vorausweist. Ovid erfindet zwar noch keine regelrechte und alles umfassende Gesprächsrunde wie jene zehn Patrizier des Boccaccio, die sich abseits vom pestbefallenen Florenz versammeln. Doch er schickt immer mal wieder Gewährsleute ins Treffen, die diesen oder jenen Vorfall vom Hörensagen kennen und weitergeben.

Etwa in der Geschichte von den lykischen Bauern. Bösartig verwehren sie der erschöpften Latona – Mutter der soeben geborenen Zwillingsgötter Diana und Apollo –, aus einem nahen Teich ihren Durst zu löschen. Daraufhin werden sie zur Strafe in Frösche verwandelt. Gleich zweifach vermittelt lässt Ovid den Vorfall durch einen Gewährsmann erzählen, der die Geschichte an Ort und Stelle, angesichts des Teiches und der Frösche darin, von einem anderen erfahren hat. Später dann teilt er sie anderswo der Volksmenge mit, die sich gerade in Phrygien zusammenschart:

> Und, wie es geht, sie kommen von nahem auf frühres Geschehen.
> Einer von ihnen erzählt: «Auch die alten Bebauer des äcker-
> reichen Lyciens haben nicht straflos die Göttin mißachtet.
> Wenig bekannt ist die Sache, da niederer Herkunft die Männer,
> wunderbar doch. Ich selbst hab' den durch das Zeichen bekannten
> Teich und die Stelle gesehn.» (VI, 316ff.)

Einst, so erzählt der Anonymus, wurde er in jene Gegend geschickt, um Rinder zu erstehen. Dort fiel ihm der Teich samt dem geheimnisvollen Opferaltar auf, woraufhin sein Wegführer ihm jene Verwandlungsgeschichte anvertraute, die er hier nun weitergibt. Und kaum ist sie ausgeklungen, aus drittem Mund vor vielen Ohren, da erteilt der Dichter Ovid schon einem weiteren Erzähler aus der gleichen Volksmenge das Wort für die nächste Geschichte. Handeln wird sie davon, wie einst Apollo den Satyr Marsyas grausam verstümmelte:

> Als, ich weiß nicht wer, vom Ende der lycischen Männer
> diese Geschichte erzählt, da gedenkt ein andrer des Satyrn,
> den der Latona Sohn im Spiel auf der Flöte der Pallas
> einst besiegt und bestraft [...]. (VI, 382ff.)

Derlei Überleitungen von Geschichte zu Geschichte, von Sprecher zu Sprecher sind in den *Metamorphosen* keine Ausnahme. Sie kehren wieder, wenn auch nicht regelmäßig. Solchermaßen entwirft Ovid Vorstufen zur Rahmenkonstruktion im Stil des *Decamerone*. Kaum anders als dort erfahren die Leser, wie da aus bestimmtem Anlass – erschüttert durch außerordentliches Geschehen – erzählt wird vor Leuten, die sofort auch ihrerseits mit ähnlichen Erzählungen antworten. Und zwar im gleichen Apropos, das entsprechende Fälle in entsprechender Sache herbeiruft. Ebenso novellesk wirkt, dass Ovid nicht nur den jeweiligen Geschichten als solchen eine zwingende Überzeugungskraft zuspricht. Er spricht sie auch dem Umstand zu, dass sie öffentlich verlautbart werden, dass sie die Runde machen; dass niemand, kommunikationswidrig, sie für sich behält oder ihren Wahrheitsanspruch anzweifelt.

Sehr viel später erst, sobald die bürgerliche Epoche sich durchsetzt, also lang nach Ovid und auch nach Boccaccio, wird öffentliches Gerede verpönt werden als müßiger Klatsch oder üble Nachrede, als bodenloses Gerücht oder gar Rufmordlust. Komödien seit Molière schöpfen viel von ihrer Wirkung aus der reputationsbeflissenen Angst vor dem Gerede und dem heimlichen Genuss daran. Hier dagegen, in den *Metamorphosen*, wirkt ‹rumor›, jenes Gerede, das eine Person oder ein Ereignis nach sich zieht, keineswegs abträglich. Fast kommt es der ‹fama› nahe, dem Ruhm. Wessen Schicksal in aller Munde und zur Sprache kommt, darf als denkwürdig und bemerkenswert gelten.

Fortwährendes Muster: Boccaccios *Decamerone*

Weit mehr als ein Jahrtausend nach dem Vers-Erzählwerk der *Metamorphosen* brachte Giovanni Boccaccio sein Prosa-Erzählwerk *Il Decamerone* (1348–1353) heraus. Folgenreich, aber unprogrammatisch wurde damit die literarische Gattung der neuzeitlichen Novelle in die Welt gesetzt. Weit mehr als ein halbes Jahrtausend lang – vielleicht noch weit über den heutigen Tag hinaus – ist dieses Werk fortwährendes und immerfort abgewandeltes Vorbild geblieben für erzählende Dichter in vielen europäischen und außereuropäischen Literaturen. Mustergültig wirkte nicht nur die eigenartige Form jeder der hundert Einzelnovellen innerhalb des großen Ganzen. Mustergültig wirkte erst recht dessen Gesamtkonstruktion. Vor allem: seine von vornherein erklärte poetische Zweckbestimmung, seine prägnante Gliederung sowie die schlüssige Verschränkung von zyklischem und instrumentalem Erzählen. Worumwillen erzählt Boccaccio sein *Decamerone*? Und worumwillen erzählen in diesem *Decamerone* zehn Leute einander an zehn Tagen je zehn Novellen? Die erste Frage beantwortet der Autor selber in der Vorrede, dem Proëmio. Ausdrücklich wendet es sich an diejenigen, denen es zugedacht ist. Im Voraus sollen sie wissen, was Boccaccio hier mit welcher Absicht und zu welchem Zweck justament ihnen erzählt: ihnen, den Frauen. Sie allein erklärt der Autor zur Leserschaft des Werks. Und was er jetzt hier beteuert, das wird er später nochmals bestärken, in der Einleitung zur «Giornata quarta», zum vierten Erzähltag. Dort, wo er die Einwände abwehrt, die bereits erhoben worden waren gegen die bisher veröffentlichten Abschnitte des *Decamerone*. Anstoß erregt hatte das Was und das Worumwillen seines Erzählwerks, gipfelnd im literarischen Bündnis, das es den Frauen anträgt.

Kassiber für die häuslich verwahrten Frauen Das Proëmio also spricht aus, weswegen das *Decamerone* sich an die lesenden Frauen, nicht aber an die lesenden Männer heranerzählt oder an beide zugleich. Nämlich: um den Ersteren wenigstens poetischen Trost zu spenden für das, was die zeitgenössische maskuline Herrschaft ihnen einerseits antut und andrerseits vorenthält. Mit Boccaccios Worten:

> Und wer könnte leugnen, daß des Trostes, wie immer es auch um ihn bestellt sein mag, weit mehr als die Männer die holden Frauen bedürfen? Sie verbergen aus Furcht und Scham in ihrem zarten Busen die Flammen der Liebe. [...] Darüber hinaus müssen die Frauen, abhängig von den Wünschen, Geboten und Befehlen ihrer Väter und Mütter, Brüder und Gatten, die meiste Zeit in dem kleinen Umkreis ihrer geschlossenen Stuben verbringen, wo sie, fast ohne Beschäftigung, gleichzeitig wollend und nicht wollend, sich ihren Gefühlen hingeben, die gewiß nicht immer die fröhlichsten sind. Wenn dann infolge ihres sehnsüchtigen Verlangens Schwermut ihre Herzen überfällt, müssen sie diese in Trübsal erdulden. (Bd. I, 2; 8 f.)

Die Männer dagegen, die ihre Töchter, Schwestern, Gattinnen solchermaßen einkasteln in den «kleinen Umkreis ihrer geschlossenen Stuben» – «nel piccolo circuito delle loro camere racchiuse» –: die bedürfen keines Trostes. Geben sie sich doch ungehemmt eben jenem freizügigen Leben hin, das sie den Frauen so strikt verweigern. Nach Belieben tummeln sie sich extra muros:

> Ihnen ist, wenn sie es wünschen, nicht verwehrt, umherzustreifen, Neuigkeiten zu hören und zu sehen, auf Vogelbeize, Jagd und Fischfang zu gehen, zu reiten, zu spielen oder Handel zu treiben. (Bd. I, 2; 9)

So springt denn der Dichter all den eingezwängten Frauen bei, um ihre beengte und immobile Lage zu erleichtern. Vorderhand wenigstens literarisch, indem er ihren ummauerten Horizont durch Erzählungen erweitert. Die Lektüre seiner Novellen soll ihnen die häuslichen Wände durchlässig machen. Nach drinnen wie nach draußen. Gelesen, können die Novellen ihnen die verwehrte Welt hereinholen. Und beherzigt, können sie den Frauen Notausgänge eröffnen, indem sie Selbstbewusstsein und Eigeninitiative in Liebesdingen hervorrufen. «Die reizenden Leserinnen», so heißt es gegen Ende der Vorrede,

> werden sich gleicherweise an den unterhaltsamen Dingen, die hier berichtet werden, ergötzen, wie auch guten Rat daraus schöpfen können, sofern sie fähig sind, zu erkennen, was zu vermeiden und was anzustreben ist. Dies wiederum ist meines Erachtens nicht möglich, ohne daß dabei die Langeweile vertrieben wird. (Bd. I, 3; 10)

Derart lässt Boccaccio nicht nur innerhalb des *Decamerone* instrumental und praktisch erzählen, wie wir alsbald sehen werden. Praktisch und instrumental vollführt er es auch selber, als Autor, mit Hilfe des *Decamerone*. Sogar nachdem er die wenigen Seiten der Vorrede hinter sich gebracht hat und sich ans eigentliche Erzählen macht, zunächst höchstselbst mit dem Rahmengeschehen beginnend, lässt er seine lesenden Frauen nicht aus dem Visier. Unmittelbar nähert er sich ihnen, mit artiger Redekunst. Einfühlsam, ja geradezu diätetisch. Immerhin gilt es, sie schonend vorzubereiten auf die entsetzlichen Ereignisse, mit denen sie, die zartsinnigen Leserinnen, sich vorab konfrontiert sehen werden – ausgerechnet, doch aus zwingenden epischen Gründen, gleich hier zu Beginn des Erzählwerks. Die Pest ist es, welche die gemeinsame Heimatstadt Florenz in vieltausendfachen Tod und massenhaftes Chaos stürzt. Kaum ein halbes Jahrhundert liegt diese Katastrophe zurück, wenn jetzt dieses Buch seine ausersehene Leserschaft erreicht:

> Wann immer, ihr liebenswürdigen Frauen, ich darüber nachdenke, wie empfindsam ihr von Natur aus seid, erkenne ich, daß das vorliegende Werk eurem Urteil nach einen allzu bedrückenden und lästigen Anfang haben wird, da es auf den ersten Blättern die schmerzliche Erinnerung an die vergangene Pestzeit heraufbeschwört. [...]
>
> Doch soll euch darum das Weiterlesen nicht mit der Besorgnis erfüllen, daß ihr bei der Lektüre nichts anderes vorfinden möchtet als Seufzer und Tränen. Dieser grauenhafte Anfang sei vielmehr für euch nichts anderes als für den Wanderer ein rauher, steiler Berg, hinter dem eine überaus schöne und vergnügungsreiche Ebene sich öffnet, die um so erfreulicher erscheint, je beschwerlicher die Mühe des Auf- und Abstiegs war. (Bd. I, 4; 13)

Antitragische Fall- und Steighöhe der Leserschaft In jeder Tragödie erfolgt die Katastrophe zwangsläufig am Schluss. Unweigerlich und unentrinnbar, total und endgültig. Hier dagegen, im Novellenzyklus, erfolgt sie am Anfang. Es ist der kollektive Notstand der Pestverseuchung, der alle in Mitleidenschaft zieht. Jedoch – das werden die Leserinnen schon nach wenigen Seiten entdecken –: man kann sich seiner erwehren. Vorausgesetzt, man rafft sich auf zu einer Haltung, die entschieden abweicht vom fatalistischen Verhalten der Mehrheit. Und eben darauf, so wird sich bald zeigen, kommt es im *Decamerone* an. Sogar die althergebrachte Vorstellung von tragischer Fallhöhe zieht Boccaccio heran, um sie listig umzuverlagern. Ähnlich wie die tragische Katastrophe. Auch die Fallhöhe, die jene hervorragenden Menschen desto tiefer abstürzen lässt, je höher sie droben zugange sind, gesellschaftlich und lebensglücklich, auch sie nimmt sich im *Decamerone* ganz anders aus. Bislang war sie den heroisch handelnden Personen vorbehalten, seien sie nun szenisch vorgeführt oder episch erzählt. Boccaccio dagegen macht daraus eine Steig- und Fallhöhe für die Leserschaft. Noch dazu: ohne Absturz. Von vornherein warnt er seine Leserinnen, ein quälender Aufstieg sei es, was ihnen allererst jetzt drohe. Ein «rauher, steiler Berg» ist zu erklimmen, unvermeidlich, doch mit beglückender Aussicht. Nur von dort oben können sie Überblick gewinnen über eine «überaus schöne und vergnügungsreiche Ebene», «un belissimo piano et dilettevole». Und auf diesem erquicklichen Schauplatz wird sich all das abspielen, wovon die kommenden Novellen handeln. Den schönen Sinn und Zweck dieser Erzählungen sowie der unterhaltsamen Veranstaltung, wo man sie einander vorträgt, den wird nur begreifen und genießen, wer zuvor die schauerliche Pest-Schilderung lesend durchgemacht hat. Mit wachen Sinnen.

Sobald die «graziosissime donne» sich darauf einlassen, mag ihnen freilich noch etwas anderes aufgehen. Vermutlich mit gemischten Gefühlen. Es ist die heikle Parallele zwischen ihrem weiblichen Los, das im Proëmio so beredt beschrieben wurde, und jenem Los aller Florentiner während der Epidemie. Denn so, wie Boccaccio sie vergegenwärtigt, bewirkt die Pest: dass die gesamte Stadtbevölkerung, ob Frau ob Mann, nicht nur unter Krankheit und Tod, nicht nur unter Hunger und mangelnder ärztlicher Betreuung, nicht nur unter verwilderter Moral, nicht nur unter zerstörter öffentlicher Ordnung und entfesselter Kriminalität zu leiden hat, sondern auch unter der steten Angst vor Ansteckung, die jeden persönlichen Kontakt und allen gesellschaftlichen Umgang drosselt. So drängt sich peinigend die Ahnung auf, gerade das, was nur der epidemische Ausnahmezustand der Stadt ihren sämtlichen Einwohnern zumutet, sei für die Frauen der gewöhnliche, der alltägliche Normalzustand: persönliche Isolation, begrenzte Bewegungsfreiheit, unterbundener Austausch mit der Umwelt. Aber nicht nur peinigend wirkt diese Ahnung. Sie kann auch dazu anstacheln, diesen lähmenden Zustand nicht länger hinzunehmen. Der Impuls zum Aufbruch und Ausbruch aus der passiven Dulderhaltung käme nicht von ungefähr. Auslösen können ihn jene zehn jungen Patrizier, von denen Boccaccio jetzt sogleich erzählen wird. Die nämlich leben die Initiative vor, endlich auf- und auszubrechen aus dem beklemmenden Bannkreis der pestbefallenen Vaterstadt. Und – ecco! – diese Initiative geht aus von einer Frau. Es ist eine energische junge Dame namens Pampinea, der sich sechs Freundinnen und drei gleichfalls befreundete junge Männer anschließen.

Angewidert von der apathischen Schicksalsergebenheit ringsum, zieht Pampinea ihre eigenen Konsequenzen daraus, dass die durchseuchte Stadt nicht nur das nackte Leben vernichtet, sondern auch jedes lebenswerte Miteinander ihrer Bewohner. So rafft Pampinea sich auf, gemeinsam mit den neun Gleichgesinnten dem Tod und der aufgenötigten Vereinzelung zu entgehen. Auf einem abgelegenen Landsitz – er gehört einer der Freundinnen – lassen sie sich nieder. Bestens versorgt, umgeben von blühenden Parks, umweht von gesunder Luft. Hier bilden die Zehn en miniature eine entschiedene, auch förmliche Gegengesellschaft zur chaotischen Heimatgemeinde. Streng geregelt ist der Tagesablauf, mit allmorgendlich gewähltem Oberhaupt der Gruppe. Gleichwohl geht es heiter und ungezwungen zu bei angenehmen Beschäftigungen. Lauter selbstbewusste, eigenwillige und geistesgegenwärtige Persönlichkeiten sind es, die hier miteinander tafeln und tanzen, singen und fabulieren. Vor allem aber, denn darin erkennen sie den einlässlichsten Ausdruck menschlicher Geselligkeit: sie erzählen einander; sie hören einander zu; sie gehen aufs Erzählte ein. Sie wissen, was sie tun, wenn sie sich geradezu programmatisch für diese Tätigkeit entscheiden und gegen die sonst so beliebten Brettspiele. Die gewählte «Königin» des ersten Tages spricht es aus, beifällig bekräftigt durch ihren kleinen Hofstaat:

> Wenn ihr aber auf mich hört, so wollen wir nicht spielen, da das Spiel stets einen Partner betrübt, ohne daß der Mitspieler oder die Zuschauer besonderes Vergnügen davon hätten. Wir wollen vielmehr die heißen Stunden des Tages damit verbringen, uns Geschichten zu erzählen. Es wird der ganzen Gesellschaft Spaß machen, anzuhören, was ein jeder zu erzählen weiß. (Bd. I, 22; 38)

Von da an erzählen sie zehn Tage lang ihre Novellen. Reihum, in wohlbedachter Abfolge und jeweils mit lebhafter Resonanz.

Erzähl-Ensemble Was das *Decamerone* von den entsprechenden orientalischen Werken unterscheidet, ist ebenso aufschlussreich wie das, was es mit ihnen gemeinsam hat. Wenn Schehrezâd dem Sultan ihre Märchen erzählt, tut sie das allein. Sie hat das Monopol des Erzählens für all die vielen Nächte. Genau so, wie der Sultan in dieser Zeitspanne das Monopol des Zuhörens hat. Einen Rollenwechsel kann es da nicht geben. Unmittelbar und frontal redet Schehrezâd auf den Sultan ein, ihm mitten ins Gesicht. Denn er allein verkörpert in Personalunion beides, die Ursache und das Ziel ihres Erzählens. Er persönlich hat den Tod über Schehrezâd verhängt, darum muss er ebenso persönlich durchs Erzählen davon abgebracht werden. Ähnlich, obwohl nicht ganz so gefährlich, liegen die Dinge im *Papageienbuch*. Auch dort erzählt allein der Vogel auf die Kaufmannsgattin ein, um sie, die drauf und dran ist, am folgenreichen Ehebruch zu hindern.

Eklatant sind die Unterschiede zu dem, wie Boccaccios ganzes Erzählensemble zuwege geht. Von einem gewichtigen temporalen Umstand rühren sie her. Schehrezâd und der Papagei haben das abzuwehrende Übel nicht nur räumlich und leibhaftig vor sich, sie haben es auch zeitlich noch vor sich. Jeden Augenblick kann es über sie hereinbrechen. Und eben dies soll durch das Erzählen vorerst aufgehalten und dann womöglich dauerhaft ausgeschlossen werden. In einer anderen Lage befinden sich die zehn jungen Florentiner des *Decamerone*. Sie sind ja der Pest schon entronnen. Sie haben also das abzuwehrende – hier nun unpersönliche – Übel der verseuchten Stadt schon hinter sich gelassen. Doch sie wollen das, was dort nicht mehr zu retten ist, die verröchelte Geselligkeit, anderswo aufs Neue und jetzt noch besser wiederbeleben. Hier draußen auf dem idyllischen Landsitz. Dies lässt sich, darin sind sich die Zehn sicher, ohne weiteres bewerkstelligen. Jedenfalls fürs Erste im kleinen Kreis: indem sie sich aneinander heranerzählen; und indem sie sich gemeinsam eine vielfältige vitale Welt herbeierzählen, eine von außerhalb ihrer derzeit daniederliegen-

den Heimatstadt.

Noch beachtlicher scheint mir das, was Boccaccios *Decamerone* mit den orientalischen Werken verbindet. Es ist die grundsätzlich gleiche Form, zyklisches mit instrumentalem Erzählen zu verschränken und somit die Frage nach dem Worumwillen im poetischen Werk selbst ausdrücklich zu beantworten. Dabei offenbart sich ein grundsätzlich gleiches Wirkungsziel, das glücklich erreicht wird. Nicht anders als in *Tausendundeine Nacht* und im *Papageienbuch* macht auch Boccaccios instrumentales Erzählen sich stark als Konstruktion gegen Destruktion. Und das heißt hier: für ungezwungenes Leben wider gewaltsames Sterben, für freizügiges Miteinander wider Isolation, für heitere Aussprache wider willkürliche Verfügung. Die kleine Schar, die im *Decamerone* ihre Novellen erzählt, lebt eine initiativefreudige, tatkräftige Anti-Haltung vor, entschieden konträr zur verbreiteten Haltung der Durchschnittsbürger im äußerlich und innerlich verseuchten Florenz. Deren passiver Hinnahme der Pest, als unausweichlicher Geißel Gottes, widerstreben die zehn Aufbegehrenden gleich zweimal. Erstens, indem sie sich aktiv auf den Weg machen; zweitens, indem sie ebenso aktiv ihre eigenen Gegenentwürfe dann auch erzählend verfechten.

Solche wohlgemute Haltung setzt sich fort in den Begebenheiten der allermeisten Novellen, die sie einander erzählen und erläutern. Ob es darin um erotische oder auch um andere Abenteuer geht, durchweg triumphiert gewitzte Lebenslust. Letztlich siegt fast immer die furchtlose, beharrliche, oft listige Überwindung von Hindernissen, die den eigenen Neigungen im Wege stehen. Nicht allein der schiere Ablauf des erzählten Geschehens in dieser oder jener Novelle besiegelt den Grundsatz unverzagter persönlicher Initiative. Er äußert sich auch in den eher fröhlichen als lehrhaften Winken der jeweils Erzählenden an den Zuhörerkreis: doch ja für die eigene Lebenspraxis zu beherzigen, was das erzählte Geschehen besagt. Genauer, wofür und wogegen dieses Geschehen spricht, hier und jetzt aus dem Mund derer, die es von sich geben. Mal erfolgen solche Winke anfangs, mal am Schluss, manchmal auch mittendrin.

Fiametta beginnt damit, wenn sie mit der neunten Novelle des fünften Tages anhebt. Es ist die berühmte Falkennovelle, von der hernach noch die Rede sein wird. Fiamettas Wink gilt besonders ihren Geschlechtsgenossinnen in der Erzählrunde. Namentlich für sie habe sie die folgende Novelle ausgesucht:

> Nicht nur, damit ihr daraus erfahren sollt, was die Macht eurer Anmut über ein edles Herz vermag, sondern damit ihr auch daraus lernt, selbst, wo es sich schickt, der Geber eurer Gunst zu sein, und nicht immer der Fortuna die Wegführung zu überlassen. (Bd. II, 54; Bd. I, 629)

Fiamettas dringende Empfehlung also lautet: über das eigene Liebesleben selbstständig zu entscheiden, statt sich den willkürlichen Lenkungen der Schicksalsgöttin auszuliefern. Auch und gerade dann, wenn Fortuna – wie sich zeigen wird – in der Rolle von selbstherrlichen Vätern und Brüdern daherkommt. Sinnfällig recht gibt diesem Votum sogleich der Ablauf der Ereignisse um Federigo degli Alberighi, seinen Jagdfalken und seine Geliebte. Und so wie hier bekräftigen und vervollständigen auch all die andern vorgetragenen novellistischen Einzelfälle das, was sich in der Erzählrunde des Gesamtrahmens abspielt. Das instrumentale Erzählen spiegelt sich im instrumentalen Handeln der erzählten Hauptpersonen.

Die Novellen selber: wie sie gebaut sind Das energische Verhältnis dieser Hauptpersonen zur Welt findet den richtigen Spielraum in der markanten Form von Boccaccios Novellen. Schon der Name dieser literarischen Gattung, die der Autor hier auf Dauer ins Leben ruft, schon dieser Name «novella» deutet an, was die erfundenen Zuhörer drinnen im *Decamerone* und was draußen die tatsächlichen Leser zu gewärtigen haben. Keine altbekannten Abenteuer werden hier verheißen wie jene der oftmals abgewandelten voluminösen Artusromane, vielmehr je und je ein neuerer Vorfall, neuartig erzählt. Und zwar kurz und bündig, so betont es die verkleinernde Endung «-ella». Goethe, im Rückblick darauf und im Hinblick auf eigene einschlägige Erzeugnisse, variiert die vorläufigen Kennzeichnungen nur geringfügig: jede Novelle biete «eine sich ereignete unerhörte Begebenheit». Unerhört in beiderlei Sinn: einen außergewöhnlichen, vielleicht anstößigen Vorfall, von dem die Leser noch nie gehört haben. Zumindest noch nicht so wie jetzt hier.

Im Zusammenhang mit den *Metamorphosen* habe ich schon darauf hingewiesen, dass Boccaccios Novellen, unausgesprochen, jenem frühen Vorbild nacheifern. Allerdings in Prosa. Deutlich teilen sie mit den mythologischen Verwandlungsgeschichten Ovids das Grundmuster des jeweils erzählten Geschehens. Jedesmal stößt der Hauptperson etwas völlig Unerwartetes zu, das ihren bisherigen Lebenslauf radikal herumreißt. In den *Metamorphosen* freilich handelt es sich fast immer um ein wunderbar übernatürliches Vorkommnis, bei dem die Götter im Spiel sind. Daphne wird zum Lorbeerbaum, Arachne zur Spinne und so fort. In den Novellen dagegen handelt es sich fast immer um ein zwar absonderliches, aber durchaus hiesiges Vorkommnis auf dem festen Boden der Erfahrungswelt von Jederfrau und Jedermann. Peripetien sind es, Umschwünge des Handlungsverlaufs, wie man sie seit der Antike vor allem in Bühnenstücken beobachtet hat. Gleichfalls ausgelöst durch ein unerwartetes Vorkommnis – Iphigenie erkennt im gefangenen Fremdling ihren lang verschollenen Bruder Orest –, nimmt dort das dramatische Geschehen plötzlich eine andere Richtung: unglückwärts in der Tragödie, glückwärts in der Komödie. Noch gewichtiger wirkt die Peripetie in den *Metamorphosen* und Novellen. Während sie im dramatischen Geschehen nur eine von mehreren Stationen ausmacht, konzentrieren sich diese ungleich knapperen, strafferen und enggeführten Begebenheiten strikt auf ihre jeweils einzigartige und ausschließliche Peripetie. Auf sie zielt alles zunächst ab. Und von ihr geht, daraufhin, alles weitere aus.

Wie: davon kann die schon angesprochene neunte Novelle des fünften Tages einen Eindruck geben. Bevor noch Fiametta das Wort ergreift, verabreicht der Autor dem Leser, so wie bei allen anderen Novellen, ein Argumentum. Es ist die schematisch geraffte, stichwortartige Inhaltsangabe dessen, was jetzt kommen wird, aus der Sicht und dem Mund einer neutralen Instanz, die leibhaftig in der Erzählrunde nirgends erscheint:

> Federigo degli Alberighi liebt und findet keine Gegenliebe. Zu Ehren seiner Dame verschwendet er alle seine Reichtümer und richtet sich zu Grunde. Es bleibt ihm nur sein Falke, den er – da er nichts anderes besitzt – der geliebten Frau bei einem unerwarteten Besuch zu Tisch vorsetzt. Als die Dame dies erfährt, ändern sich ihre Gefühle, sie nimmt Federigo zum Gatten und macht ihn wieder zum reichen Mann. (Bd. II, 543; Bd. I, 628)

Glorioses Paradebeispiel: die Geschichte vom Jagdfalken Den novellistischen Hergang dieser Erzählung hat Boccaccio überaus vertrackt konstruiert. Vertrackt, doch restlos schlüssig. Üblicherweise ist es fast immer ein einfacher, folgenschwerer Umschwung, der eins im andern prägt: den Verlauf des Geschehens und den Lebenslauf der Hauptperson. Hier dagegen kann die Erzählrunde und können die Leser des Buchs so etwas wie einen dialektischen Doppel-Salto bestaunen. Noch dazu einen Doppel-Salto in Zeitlupe. Denn die beiden Salti, in die der Autor den Umschwung zerteilt, gehen nicht nur zwangsläufig auseinander hervor. Es folgt auch der zweite dem ersten mit beträchtlichem Verzug. Was sich da abspielt, wirkt insofern dialektisch, als der Novellenheld Federigo, wann immer er handelt, das strikte Gegenteil von dem erreicht, worauf er eigentlich abzielt. Und zwar allemal: seis bevor, seis während der Doppel-Salto ihn erfasst, oder auch danach. Nur nicht beim allerletzten Mal, das ihm schließlich dann doch noch das kaum mehr erhoffte Endglück beschert.

Einziges Kontinuum im Leben des zunächst wohlhabenden und vielseitig begabten jungen Edelmannes Federigo ist seine unerwiderte, doch unerschütterbare Liebe zur schönen Monna Giovanna. Um sie für sich einzunehmen, veranstaltet er glanzvolle Turniere und Feste ihr zu Ehren. Dabei verschleudert er nicht nur sein ganzes Vermögen, sondern auch den Respekt seiner Angebeteten, den sie immerhin bislang für ihn hatte. Soweit die erste Drehung des Doppel-Saltos. Sie katapultiert den Ungeliebten aus der feinen Gesellschaft hinaus und auf sein abgelegenes, kümmerliches Landgütchen. Vereinsamt, bleibt ihm dort nurmehr der Umgang mit den Tieren in der Natur. Und bei der Vogelbeiz, von der er kärglich lebt, bleibt ihm nur die einzig erwiderte Leidenschaft zu seinem weithin berühmten Jagdfalken. Es ist das letzte Wertstück, das Federigo sein Eigen nennt.

Auf diesem Tiefpunkt des Novellenhelden kommt es alsbald zur zweiten Drehung des besagten Doppel-Saltos. Monna Giovanna, inzwischen verwitwet, hat sich seitdem mit ihrem halbwüchsigen Sohn von Florenz zurückgezogen in ihren Landpalast, unweit von Federigos armseligem Wohnsitz. Plötzlich erkrankt der Sohn, lebensgefährlich. Er barmt nur um eines, was ihn retten könne: jener wundervolle Falke. Ihn muss und will er haben. Bangend um das Leben des Jünglings, macht sich die Mutter auf den peinlichen Weg zu Federigo, um ihn darum zu bitten. Der fragt nicht lang, weshalb sie kommt. Es entzückt ihn einzig und allein, dass erstmals in der Geschichte seiner Leidenschaft Giovanna sich ihm nähert, sogar unter seinem eigenen Dach. Jetzt kommt der dialektische Doppel-Salto vollends in Schwung. Denn der übererregte Federigo weiß nicht aus noch ein, was er dem geliebten Gast auftischen könnte.

> Da fiel sein Auge auf seinen guten Falken, der in dem kleinen Zimmer auf der Stange saß, und weil ihm keine Zeit mehr blieb, weiterzusuchen, ergriff er den Vogel, fand ihn wohlgenährt und hielt ihn für würdig, der Dame als Leckerbissen vorgesetzt zu werden. Ohne lange nachzudenken, drehte er ihm den Hals um, ließ ihn schnell von einer Magd rupfen, zurechtmachen und am Spieße sogleich braten. (Bd. II, 57; Bd. I, 633)

Hier überdreht sie sich, die dialektische Sprungkraft des zweiten Saltos. Dem armen Falken wird sie, unerwartet, zum Salto mortale. Und den armen, opfermütigen Federigo – der zugleich weiß und nicht weiß, was er da tut – schleudert sie in einen aberwitzigen Irrweg. Der Geliebten zuliebe tötet er jenes Tier, das ihr nur lebendig nutzen kann, um dem geliebten Sohn das Leben zu retten. Im Rückblick auf den ersten Salto des novellistischen Hergangs muss auch der zweite wie ein selbstverursachter Schicksalsschlag erscheinen. Jedenfalls zunächst. Hat doch damals Federigos haltloses Liebeswerben lediglich zum Ruin seiner Habe geführt. Und jetzt vernichtet er auch noch das letzte ihm so teure Besitzstück. Der tragikomische Aberwitz seiner Tat reicht noch weiter. Federigo vernichtet, was ihm da noch geblieben ist, ebenso zwecklos wie zweckentfremdet. Den Jagdfalken, dessen Lebenszweck die kühne, unermüdliche Bewegung durch die Lüfte war, ihn tötet er und legt ihn für immer still: als Braten auf den Servierteller.

Dergestalt unterbindet Federigo ahnungslos die Erfüllung von Giovannas mütterlichem Herzenswunsch, noch ehe sie nach gehabter Mahlzeit ihn hat äußern können. Aber just dadurch gewinnt er auch, ebenso ahnungslos, ihr Herz, obwohl er den Sohn nicht hat retten können. Sobald sie das Ausmaß seiner Opferbereitschaft erfasst hat, weiß sie unbeirrbar, der und kein andrer wird mein Mann. Tapfer setzt sie den Entschluss gegen die Übermacht ihrer besitzgierigen und dünkelhaften Brüder durch. Jetzt zeigt sich am Ende erst recht: es waren die vermeintlich unbezwingbaren Schicksalsschläge, die Federigo und Giovanna trafen, von Anfang an nichts als stimulierende Gelegenheiten, eigenständig und eigenwillig zu handeln. So unerhört selbstlos wie Federigo und so unerhört selbstbewusst wie Giovanna. Ein hintersinniges Situationsbild bleibt zudem noch den Hörern und den Lesern haften. In seiner wortlos vielsagenden Bedeutung wirkt es nachhaltig, doch nicht aufdringlich fort. Tragikomisch und zugleich hoffnungsfroh wie so manche stummen Situationen im sonst so redehurtigen *Decamerone*. Es ist der seltsame Vorgang eines vorweggenommenen Liebesmahls – in Tateinheit just mit einer anonymen Bestattung. Wenn Federigo der Geliebten den unerkannten Braten vorsetzt, und wenn sie ihn genüsslich sich einverleibt, dann vollzieht sich eine erotische Ersatzhandlung, dort auf dem Ersatzschauplatz des lustvoll speisenden Mundes. So, wie zu seinen Lebzeiten der Falke, dem Jäger Federigo vorauseilend, das Wild erjagte, so erobert er noch im Tod, abermals ihm vorauseilend, den Leib und den Geist der Geliebten. Von innen.

Wahrscheinliche statt unwahrscheinlicher Vorfälle Erzählt werden im Rahmengeschehen des *Decamerone* zwar unerhörte, doch wahrscheinliche und erfahrungsgesättigte Vorkommnisse, alias Novellen. Im Rahmengeschehen von *Tausendundeine Nacht* und *Papageienbuch* dagegen werden unwahrscheinliche und wundergesättigte Vorkommnisse erzählt, alias Märchen. So liegt die Frage nah, wie sich dieser Unterschied aufs instrumentale Erzählen auswirkt. Genauer, auf das glaubwürdige Worumwillen des ganzen Unternehmens und auf die überzeugende Schlagkraft seiner Resultate. Der Unterschied macht sich sehr wohl bemerkbar, aber weniger innerliterarisch als außerliterarisch: in den Impulsen, die von den Werken auf ihre Leser überspringen. Schon immer und immer noch.

Wer am Anfang Boccaccios wahrscheinliche Schilderung des pestbefallenen Florenz lesend verfolgt hat, und wer daraufhin weiter verfolgt, wie jene zehn Außenseiter sich der Seuche erwehren, indem sie einander ebenso wahrscheinliche Geschichten erzählen: der wird sich ermuntert fühlen, den heilsamen Zweck von Erzählen auch im eigenen Alltagsleben zu bedenken. Etwas anders steht es mit den Märchenzyklen. Hier fallen die entsprechenden Impulse ungleich schwächer aus. Hier, wo die Leser auf Geschichten von zaubermächtigen Dämonen und von fliegenden Teppichen stoßen; und wo sie ohne weiteres hinnehmen, dass solche Geschichten einen vormals tief gekränkten, nachmals mörderischen Sultan von Grund auf verändern. Ohne weiteres nehmen sie es deshalb hin, weil Werke dieser Art poetologisch einen Ausweg bieten. Sie erlauben den Lesern, auch noch die enorme Wirkungsmacht des vorgeführten Erzählens dorthin abzuschieben, woher die Märchen kommen: in eine wunderschöne Wunderferne, weitab vom eigenen Lebensalltag. Innerliterarisch dagegen können die Märchen dem instrumentalen Erzählen nichts anhaben. Ihre übernatürlichen Ereignisse schwächen keineswegs die episch schlüssige Gesamtveranstaltung von *Tausendundeine Nacht* und *Papageienbuch*.

Ebenso wenig schmälern sie die gewaltige Leistung, die hier das vorgeführte Erzählen sichtlich vollbringt. Die Wunder nämlich, die in all den vielen Märchen geschehen, beglaubigen sogar noch die schier unglaubliche Wirkung des narrativen Kraftakts. Deutlich hat Schehrezâd am Sultan, hat der Papagei an Mâhi-Scheker – sozusagen – ein Wunder vollbracht. Und nicht genug damit. Die unberechenbaren

Märchenwunder feien das erzählte Geschehen auch noch gegen allfällige moralische Anwürfe der Leserschaft, indem sie es einer unanrufbaren Gerichtsinstanz zuordnen. Jener der autonomen Märchenpoetik, die strikt andersartigen Prinzipien folgt als die alltägliche Moral. Besonders drastisch wird es sich zeigen am Schluss von Basiles Märchenwerk *Il Pentamerone*. Dort, wo wir zwangsläufig Anstoß nehmen an der unmenschlichen und unverhältnismäßigen, aber eben märchenstimmigen Bestrafung der zentralen Übeltäterin. Ausgerechnet einer Mohrin.

Basiles *Pentamerone*

Dieses Werk ist drei Jahrhunderte nach dem *Decamerone* erschienen. In neapolitanischer Mundart und auf neapolitanischen Volksmärchenstoffen basierend, hat es der barocke Autor Giambattista Basile geschrieben zur Unterhaltung der höfischen Gesellschaft. Unter zwei Titeln ist es in die Weltliteratur eingegangen. Der geläufigere, *Il Pentamerone* (1634), bezieht sich zu Recht auf den von Boccaccio. Besonders die Erzählprozedur entspricht diesem Vorbild. Zumindest halbwegs: denn die zehn Personen, die hier wie dort täglich zehn Geschichten erzählen, tun es hier nur fünf Tage lang, pente hemera. Um ihr Ziel zu erreichen, brauchen sie also nur die Hälfte von Boccaccios hundert Novellen. Der andere, der ursprüngliche Titel des Autors besagt noch mehr: *Lo cunto de li cunti*. Ebenso unbescheiden wie unfromm spielt er aufs so genannte Buch der Bücher an. Doppelsinnig, und weil es sich unverkennbar um Märchen handelt, verspricht dieser Titel also: *Das Märchen der Märchen*. Aber auch: *Das Märchen von den Märchen*. Wenn wir das Buch aufschlagen und es lesen, merken wir mehr und mehr, wie wörtlich der Autor das Versprechen seines Titels nimmt. Sinnreich ausgeklügelt, aber auch unmittelbar einleuchtend. *Lo cunto* ist das Hauptmärchen vom Schicksal der Prinzessin Zoza und zugleich die

Rahmengeschichte, die alles umschließt, was sonst noch erzählt wird. Dieses singuläre Hauptmärchen handelt also zugleich von den fünfzig Märchen im Plural, *de li cunti*, die diesen Rahmen benötigen, um überhaupt erzählt zu werden. Und umgekehrt benötigt der eine, hauptsächliche *cunto* die vielen *cunti*, um zu seinem glücklichen Ende zu kommen. Nämlich so:

Aus Wut, weil sie sich von Prinzessin Zoza verlacht fühlte, hat eine bösartige Alte ihr den Liebeswunsch ins Herz gehext, den verzauberten jungen Fürsten Taddeo von Camporedondo zu erlösen. Der liegt, in weiter, unbekannter Ferne, so lange tot darnieder, bis eine Frau binnen drei Tagen mit ihren Tränen den Krug füllt, der bei seiner Gruft hängt. Viele Jahre ist Zoza unterwegs auf der Suche nach jenem Ort; trifft auf drei gütige Feen, die ihr jeweils eine magische Nuss für den Notfall schenken; und gelangt schließlich ans Grab des Fürsten. Ihre Tränen füllen den Krug, doch nicht ganz bis zum Rand, dann sinkt Zoza erschöpft in Schlaf. Eine tückische Mohrin, die darauf gelauert hat, rafft sich den Krug und weint ihn voll. Sofort erwacht Fürst Taddeo zum Leben, traut der scheinbaren Evidenz und führt die falsche Erlöserin als Gattin in seinen Palast. Zoza, zu sich gekommen und tief enttäuscht, gibt freilich nicht auf. Sie bezieht das Haus vis-à-vis vom Palast und beobachtet sorgsam, was dort vorgeht. Nach einiger Zeit setzt Zoza ihre drei Zaubernüsse ein gegen die usurpatorische Widersacherin, die inzwischen den Fürsten samt seinem Hofstaat mit ihren Launen tyrannisiert. Der Inhalt der dritten Nuss ruft bei der inzwischen schwangeren Mohrin ein unwiderstehliches Gelüst hervor, sich Märchen erzählen zu lassen. Daraufhin wählt der Fürst unter dem gemeinen Volk, denn die feinen Höflinge wären dazu außerstande,

> zehn Frauen aus, welche ihm als die kundigsten und zungenfertigsten erschienen, und das waren die humpelnde Zeza, die krumme Cecca, die kropfige Meneca [...]. (13; 21)

Bestens ausgewählt hat der Fürst, wider den Augenschein. Aber es geht ja eben ums Zuhören. Überwältigend wirkt, welchen Reichtum an reizvollen Märchen diese reizlosen Weiber mit sich herumtragen. Und ebenso umgekehrt proportional zu ihren verunstalteten Gestalten werden sie diese Schätze alsbald von sich geben: rhetorisch vollendet bei aller Drastik, wunderreich und spannungsvoll bis hin zur jeweils nachgetragenen gewitzten Nutzanwendung. Es wird also keineswegs kunterbunt drauflos erzählt, vielmehr wohlgeordnet, wie es die höfische Etikette erheischt. Sinnreich ist der festliche Ablauf jedes Erzähltags gegliedert, noch förmlicher als bei Boccaccio: wohldosiert in Erzählen, Bühnenspiel, Schmausen und andere Lustbarkeiten für alle.

Das Märchen von den Märchen Reibungslos geht all dies vonstatten, Tag für Tag. Aber, Achtung, genau wie beim misslichen Vollweinen des Tränenkruges: nicht ganz bis zum Schluss. Steht doch das Recht und das Glück des märchenhaften Geschehens einzig der betrogenen Prinzessin zu. Prompt erkrankt die vorgesehene Erzählerin der letzten Geschichte, so dass Zoza an deren Stelle einspringen kann. Was sie erzählt, ist ihr eigenes fragmentarisches, weil gewaltsam abgebrochenes Lebensmärchen. Sie tut es nun öffentlich kund: im Kreis der plebejischen Erzählerinnen wie des Hofstaates mit dem Fürstenpaar an der Spitze. Ganz Ohr wie bisher – sie ja hat auf die ganze Erzählveranstaltung gedrungen – muss nun die Mohrin ihre eigene Untat anhören. Entsetzt verrät sie sich selbst. Ähnlich wie der unrechtmäßige König Claudius bei Hamlets Theater im Theater. Anders freilich als jener muss hier die Usurpatorin sofort den erschlichenen Thron verlassen und den Tod erleiden. Samt Kind im Leib wird sie lebendig begraben: als falsche Braut und dynastischer Fremdkörper. Die echte Braut dagegen wird vom Fürsten zum köstlichen Hochzeitsmahl geleitet.

Indem Prinzessin Zoza von ihrem unglücklichen Schicksal erzählt, verwandelt sie es schließlich in ein glückliches. Erzählend hat sie zugleich dem klaffenden Fragment ihrer Lebensgeschichte eine Fortsetzung erwirkt, die es harmonisch und dauerhaft vervollständigt. Und obendrein noch hat der öffentliche Auftritt ihres Erzählens vor aller Welt einen einleuchtenden und endgültigen Schluss herbeigeführt für die gesamte Erzählveranstaltung des *Pentamerone*. Im Unterschied zum *Decamerone*, aber auch zu den orientalischen Märchenzyklen, entfaltet das Rahmengeschehen hier eine eigengewichtige, ereignisreiche Geschichte für sich. Obwohl ungleich geräumiger, ist es ein Märchen wie so viele: wo Heldin oder Held, meist mit übernatürlichen Helfern und Gaben, gefährliche Hindernisse zu überwinden und schwierige Aufgaben zu lösen haben, auf dass sie ihr Endglück erlangen. Im schlichten Volksmärchen hätte die Prinzessin, nach dem ersten unzureichenden Versuch mit dem Tränenkrug, noch weitere handgreifliche Leistungen zu erbringen, um an ihr Ziel zu kommen. Hier nun, im literarischen Kunstmärchenwerk, geht es komplizierter und umwegiger zu. Die noch fehlenden Aufgaben fordern der Heldin keine unmittelbaren Taten ab, ad hoc mit Hand und Fuß. Mittelbar muss sie hier handeln und auf lange Sicht. Denn um die Mohrin zu entmachten, gilt es, ihren fürstlichen Gemahl, der bereits seinem demnächst zur Welt kommenden Thronfolger entgegenfiebert, vom fundamentalen Betrug der Gemahlin zu überzeugen. Und nicht nur ihn, auch den Hofstaat und das Volk. Denn das Wohl und Weh des ganzen Landes hängt ab von der fraglos rechtmäßigen Dynastie. Ein gewaltiges Unterfangen also, dem nur eine ertüftelte und aufwendige Strategie beikommt. Auch eine langfristige, errechnet aus den neun Monaten des erschlichenen Kindes im Bauch der Mohrin.

Deshalb der notwendige Umweg über die öffentliche Erzählveranstaltung als aussichtsreichstem Umweg zum Ziel. Nicht weniger als fünf Tage à zehn Märchen nimmt sie in Anspruch. Wozu: um mit diesem mächtigen Aufgebot von unermüdlichen Mundwerken und wundervollen Geschichten die Zuhörerschaft schrittweise herauszuerzählen aus ihrer falschen Selbstsicherheit. Instrumental, in der üppigen Orchestration jener zehn Erzählerinnen. Ebenso erfolgreich läuft dies ab wie dort, wo Schehrezâd – allerdings solistisch im Kammerstil – die Selbstherrlichkeit des Sultans zerbröckelt. Peu à peu in all den gut tausend Erzählnächten. Traktiert durch die unerhörten Wundergeschichten aus dem drastischen Mundwerk der zehn Plebejerinnen, wird das Fürstenpaar im Umkreis seiner Untertanen allmählich reif gewalkt. Reif für die unerhörte Wahrheit, die Zozas eigenes Lebensmärchen schließlich an den Tag bringt.

Schwarz / Weiß – Hell / Dunkel Basile literarisiert das schlichte Volksmärchen, indem er Boccaccios instrumentales Erzählen merklich erweitert und dessen zyklisches Erzählen noch strenger durchkomponiert. Wir wissen: Erzählzweck im *Decamerone* ist es, sich der körperlichen und sozialen Zerrüttungen durch die Pest zu erwehren, mithin einer kollektiven Todesdrohung zu trotzen. Einen ähnlichen Erzählzweck verfolgt auch das *Pentamerone*: den kollektiv folgenreichen Betrug der Mohrin aufzudecken und rückgängig zu machen. Denn der bedroht tödlich nicht allein den persönlichen Lebenslauf Zozas, er bedroht auch das ganze Fürstentum des Prinzen Taddeo. Dieser Hergang erfolgt hier freilich aus der unbekümmert rücksichtslosen Sicht von Märchen. Siehe die erschreckenden Begleitumstände des endlich erreichten Ziels. Novellistisch gesehen, wäre die Vernichtung der schuldigen Mohrin, wäre vollends die Mitvernichtung ihres unschuldigen Kindes im Leib eine Handlung schlimmster Barbarei. Hier dagegen kann sie dem allgemeinen Endglück von Prinz + Prinzessin + ganzem Land keinen Abbruch tun. Denn die Märchenpoetik, von der Basile Gebrauch macht, besagt: Die Mohrin, drinnen so nachtschwarz wie draußen, hat sich zerstörerisch als feindlicher Fremdkörper hineingedrängt ins lichte märchenhafte Widerspiel von Verzauberung und Erlösung. Ja, sie ist sogar dabei, ihren bösen Unterschiebungsakt zu prolongieren, wenn sie einen weiteren, die Zukunft verfinsternden

Fremdkörper in sich trägt. Märchengemäß waltet das fundamentale, unerbittliche Schwarz/Weiß, das keine Zwischenfarben kennt. Dem erzählenden Dichter Basile kommt es hier durchaus gelegen. Denn er nutzt die Mitgift der Märchenpoetik nicht nur stofflich, für Zozas dominante Lebensgeschichte, die er in Schwung bringt durch das uralt einschlägige Motiv der schwarzen und der weißen Braut. Er nutzt sie auch thematisch für die epische Gesamtkonstruktion des *Pentamerone*, die deutlich vom Widerstreit zwischen Helligkeit und Finsternis geprägt ist.

Schärfer und bedeutungsträchtiger als Boccaccio setzt Basile die Einschnitte zwischen den Erzähltagen. Jeden einzelnen hebt er hervor als markanten Schnitt, vorwärts zum entscheidenden Ziel. Tag für Tag bricht an als Domäne des Lichts, die das feindliche Dunkel der nächtlichen Zwischenräume siegreich überwindet. Die regelmäßigen Eröffnungen jedes Erzähltages offenbaren es mit Nachdruck. Metaphorisch heraufbeschworen wird da jedesmal die Sonne wie ein körperliches, tatkräftiges Lebewesen, das als Befehlshaber schaltet und waltet. Beachtlich steigert sich diese Befehlsgewalt, vergleicht man den Auftakt zum vierten mit dem Auftakt zum fünften und letzten Erzähltag:

> Kurz bevor sich die Morgenröte zeigte, um von den Tagelöhnern das Trinkgeld einzufordern – denn die Sonne mußte ja jeden Augenblick aufgehen –, fanden sich die weißen und schwarzen Fürstlichkeiten am verabredeten Ort ein. (228; 301)

> Schon berichteten die Vögel der Abgesandten der Sonne alle Ränke und Gaunerstücke, die in der Nacht angezettelt worden waren, als sich Prinz Tadeo und Prinzessin Lucia [so heißt ironischerweise die Mohrin] in aller Morgenfrühe zu dem gewohnten Ort begaben, wo sich auch schon pünktlich neun der zehn Frauen eingefunden hatten. (378; 413)

Insofern gehört auch das *Pentamerone* zu jenen Werken, die im Kapitel «Erzählen als Beleuchten» erörtert worden sind. Unverkennbar fungiert auch hier die Sonne als episches Gestirn, das mehr als nur genannt und beschrieben wird. Es greift ein und weist dem Erzählen die Richtung. Es hilft, allen lichtscheuen Taten Einhalt zu gebieten und ihnen, sobald sie an den Tag gebracht sind, unerbitterlich das Handwerk zu legen.

Zwischenbilanz: Erzählen als Ent-töten

Wer von außen einen unzünftigen Blick hineinwirft in den fachzünftigen Umgang mit Erzählkunst, in die allgemeinen Theorien und besonderen Untersuchungen, mag sich wohl etwas wundern. Einerseits wirkt diese Erforschung so betriebsam wie differenziert, so spitzfindig wie ergebnisreich. Andrerseits wirkt sie merkwürdig eng. Inwiefern? Aufgefasst werden die epischen Werke gemeinhin als statische Gebilde. So, als gliche das Schwarz auf Weiß des gedruckten Buchs der Bauzeichnung von Architekten fürs fertige Gebäude. Mithin erscheint das Erzählwerk als etwas, das allenfalls äußerlich mit dynamischen Prozessen zu tun hat: durch werkexterne Tätigkeiten des bereits erfolgten Schreibens und des nachfolgenden Lesens. Werkintern dagegen kommt die Dynamik zeitlicher Verläufe und temporaler Abfolgen fast nur dort in Betracht, wo der forschende Blick sich zurückwendet. Abwegig ist das keineswegs. Erzählt doch Epik fast ausnahmslos im Tempus der Vergangenheit von vergangenen Begebenheiten. Dementsprechend gibt es mancherlei literaturwissenschaftliche Überlegungen zu dem, was das so genannte «epische Präteritum» besagt und vermag. Oder auch: wie der Spielraum des Rhapsoden beziehungsweise des fiktiven Erzählers beschaffen ist, die längst kennen, was sie vorbringen, weil sie es – als bereits vorhanden und gewesen – schon hinter sich haben. Dabei fragt man aber ungleich mehr nach dem schon getätigten Endresultat, verfertigt im abgeschlossenen Werk, als nach dem tätigen Hergang von Erzählen. Ein Beispiel dafür bietet das immer noch vorzügliche Standardbuch von Eberhard Lämmert *Bauformen des Erzählens*. Obwohl der Titel eigens den Hergang «des Erzählens» betont, liegt hier dem sorgsam ermittelten System der zeitlichen Vor- und Rückverweise, der Raffungen und Dehnungen die Vorstellung zugrunde vom epischen Werk als einer «sphärischen», in sich verfestigten Konstruktion.

Was dagegen beim instrumentalen, zyklischen und praktischen Erzählen vorgeht, ermuntert dazu, auch noch andere Blickwinkel zu wählen als die üblichen. Sie sichten die werkinterne Dynamik, die sich in der vorgeführten Tätigkeit des Erzählens entlädt: wenn Schehrezâd, der Papagei, die zehn Florentiner Außenseiter loslegen. Und erst recht sichten sie deren zielsichere, zweckvolle Vorwärtsrichtung. Ungleich deutlicher als einfache, einstimmig durcherzählte Romane wie Fontanes *Effi Briest* offenbaren solche Werke, dass beides ein zukunftsoffener, ein buchstäblich zeit- und raumgreifender Prozess ist: das Erzählte wie das Erzählen. Wer erzählt, so zeigt sich, stellt nicht bloß etwas Fertiges hin. Er stellt zugleich schrittweise etwas her. Er greift zwar in der Regel auf etwas zurück, holt also hier und jetzt etwas herbei, das bereits irgendwo in der Welt oder in ihm selbst ist; sogar das novellistisch Allerneuste wird als schon geschehen verbucht. Doch indem der Erzähler es vergegenwärtigt, betreibt er einen Fortgang des Texts, der augenblicklich, als erzählter wie als erzählender Ablauf, die Vergangenheit hinter sich zurücklässt.

Zugleich zeigen unsere Beispiele an, dass solche Zukunftsausrichtung des Erzählens weder in den leeren Raum noch selbstzwecklich dahingeht. Sie wird vielmehr aus bestimmtem Anlass und zu bestimmtem Zweck vor bestimmten Leuten getätigt, damit hernach und jenseits dieser Tätigkeit ein anderer Zustand anzutreffen sei als zuvor. Dabei äußert sich die eingetroffene oder auch verfehlte, jedenfalls aber angestrebte Wirkung – innerhalb des epischen Werkes selbst – ebenso sinnfällig wie der Verkehr zwischen Erzähler und Empfänger. Modellhaft also und unmittelbar ersichtlich führen die erläuterten Werke vor: wodurch und wozu Erzählen in Gang kommt, und was es auf welche Weise auszurichten vermag. Nimmt man diesen Modellcharakter an, und nimmt man ihn auch noch ernst, dann lassen sich daraus Folgerungen ziehen, die über die Eigenart des jeweiligen Erzählwerks hinausreichen auf allgemeinere Bewandtnisse.

Schließen lässt sich vor allem auf den ungemeinen Wert und Kredit, der dem Erzählen überhaupt beigemessen wird. Offenbar allenthalben und jederzeit, im Orient wie im Okzident, von der Antike bis zur Gegenwart. Egal, unter welchen gesellschaftlichen, kulturellen und persönlichen Umständen. Allemal geht es um den Kopf einer gefährdeten Einzelperson oder um den Fortbestand lebenswichtiger Verhältnisse eines gefährdeten Kollektivs. Das gilt für *Tausendundeine Nacht* und *Die sieben weisen Meister* so gut wie fürs *Papageienbuch*; fürs novellistische *Decamerone* wie fürs märchenhafte *Pentamerone*. Und ebenso offensichtlich gilt es auch noch für spätere Novellenzyklen bis ins neunzehnte und zwanzigste Jahrhundert. So für Kellers *Sinngedicht*: wo Reinhard und Lucie, jeder bislang ein störrischer, in sich verkapselter Einzelgänger, durch wechselseitiges Erzählen zweifelhafter Liebes-Fälle sich durchbeißen zu einem erquicklichen Zusammenleben. Aber auch für Anna Seghers' Novellenzyklus *Der erste Schritt* gilt es: wo zweiundzwanzig Männer und Frauen aus verschiedenen Ländern und Berufen in einer proletarischen Kneipe reihum erzählen, wie sie je und je dazu kamen, ihren persönlichen Kampf um ein menschenwürdiges Leben als Klassenkampf zu führen; und wie sie just dadurch einen zufällig anwesenden Fremdling zum nämlichen «ersten Schritt» bewegen.

Die Beispiele geben zu denken. Ausgeübt und eingesetzt wird da Erzählen jedesmal als defensive Maßnahme wider gewaltsamen Tod, wider leiblichen, gesellschaftlichen oder geistigen. Es verficht geradezu das Gegenprinzip zu jenem des vorzeitigen Sterbens. Wer instrumental und praktisch erzählt, widersetzt sich dem sinnlosen letalen Schwund durch sinnvolles Hervorbringen. Wer in zyklischer Erzählrunde lebhafte Geselligkeit erzeugt und aufrechterhält, durchkreuzt die Ungeselligkeit von Friedhofsparzellen. Formelhaft lässt sich demnach der Impuls, der hier allemal am Werk ist, so benennen, wie dieses ganze Kapitel überschrieben ist: Erzählen als Ent-töten. Ablesen kann man diesen Impuls nicht allein am thematischen Anlass und Zweck der Veranstaltung, sondern, erst recht, an der Prozedur. Daran, wie die Erzählung, fortschreitend, ihren Weg deshalb zurücklegt, um zu dem zu gelangen, was sie vor sich hat. Daran, wie sie nach ihrem Ende nicht eingeht, vielmehr weiterwirkt in den Zuhörern, in die sie eingegangen ist.

Chaucers *Canterbury Geschichten* und Margaretes *Heptameron*

Erzählen als Ent-töten: etwas entschärft, aber nicht entkräftet wird dieser Impuls, wenn beim instrumentalen Erzählen keine unmittelbar lebensbedrohlichen Anlässe und rettenden Zwecke im Spiel sind. So in den beiden berühmtesten Folgewerken von Boccaccios *Decamerone*: in Geoffrey Chaucers *Canterbury Tales* (1478) und in Margarete von Navarras *L'Heptaméron* (1558). Beidemal erzählt da eine Gruppe von Leuten scheinbar nur zu ihrem Zeitvertreib.

Im ersten Fall sind sie unterwegs auf der Pilgerfahrt von Southwark zur Kathedrale von Canterbury und zurück. Diesen Weg, genauer die erlebte Zeitspanne des Weges, sollen Erzählungen verkürzen. Bemerkenswert sind dabei mehrere Umstände. Erstens: Hier verweilt die Erzählrunde an keinem festen Ort. Dem epischen Fortschreiten – innerhalb jeder Geschichte wie auch von Geschichte zu Geschichte – entspricht vielmehr eine Fortbewegung im landschaftlichen Raum. Zweitens: Eben dieses doppelte Hinstreben zum Ziel wird obendrein noch ermuntert durch agonalen Ansporn. So ähnlich, wie wir ihn schon aus anderen zyklischen Erzählwerken kennen, vor allem aus den *Sieben weisen Meistern*. Denn die Pilger haben von vornherein vereinbart, die beste Erzählung preiszukrönen. Nicht die Wallfahrt selbst, doch ihre epische Zeitverkürzung wird demnach zu einem Wettlauf. So, als wäre hier das Seelenheil regelrecht zu ereilen. Drittens: All die vielerlei und eifrig erörterten Geschichten werden nur dann abqualifiziert, wenn sie langweilig sind. Das heißt, wenn sie spannungslos und ereignisschal die Zeit vergeuden. Genau hier ist der Punkt, wo der Impuls von Erzählen als Ent-töten mittelbar dann doch zur Geltung kommt.

Zeitvertreib als Anreicherung der Lebenszeit Lauthals nämlich protestiert mal dieser, mal jener Zuhörer, sobald jemand eine ermüdende Geschichte auf einschläfernde Weise dahererzählt. Prompt unterbricht der Wirt, im «Prolog zu Melibeus», den lähmenden Verse-Singsang einer Erzählung, die ihn geradezu angähnt. Sein Einspruch:

> Bei Gottes Würdigkeit, nichts mehr davon!
> – Rief unser Wirt – Ich bin so müde schon
> Von Deiner dummen, faden Leierei,
> [...]
> Wieso? – frug ich – soll ich denn unbeirrt
> Nicht forterzählen, wie ein andrer Mann,
> Da dies der beste Reim ist, den ich kann?
> Bei Gott! – rief er – ganz gradheraus erklärt,
> Nicht einen Deut ist Dein Gereime wert,
> Nur Zeitverschwendung ist's! (13847ff.; S. 211)

Noch deutlicher wird im «Prolog des Rechtsgelehrten» der Einwand gegen derlei Lebenszeitverschwendung begründet. Auch diesmal ist es der Wirt, der, seinen «Gaul umwendend», den anderen berittenen Pilgergefährten zu bedenken gibt:

> So viel Ihr könnt, nehmt wohl der Zeit in acht!
> Sie wird, Ihr Herrn, verschwendet Tag und Nacht;
> Wir lassen sie, ob wir im Schlafe liegen,
> Ob sorglos wachen, ungenützt verfliegen,
> Und wie der Strom, der von den Bergen nieder
> Zur Ebene läuft, so kehrt sie niemals wieder. (4435ff.; S. 147)

Auch noch weitere Äußerungen machen unmissverständlich klar: Erzählen – so wie die Canterbury-Pilger es begreifen – vertilgt nicht die zubemessene Lebenszeit, es sättigt, es bereichert und vervielfältigt sie. Vertrieben wird lediglich die leerlaufende Spanne. Bekämpft wird die Bereitschaft, sich reglos apathisch einem Zeitfluss auszuliefern, den kein eigenes Tun erfüllt. Es wäre dies nichts als ein geschmackloser Vorgeschmack von Tod.

Fast noch prekärer wirkt der Zeitvertreib, den Margarete von Navarras vornehme Reisegruppe in den Pyrenäen anstrebt. Dort, wo sie ihr *Heptaméron*, ihr erzählerisches *Siebentagwerk* veranstaltet. Soeben sind diese vornehmen Leute, mit schlimmen Verlusten, etlichen Lebensgefahren entronnen: Überschwemmung, Raubüberfall, Angriffe wilder Tiere. Obwohl sie darüber hinaus sind, ist ihnen vorerst der Heimweg in ihre angestammten Schlösser verwehrt. Warten müssen sie, bis eine Brücke über den reißenden Fluss gebaut worden ist, damit ihre Kutschen weiterfahren können. Und dieser erzwungene Stillstand schreckt die Betroffenen ungemein:

> «Wenn wir keine unterhaltsame und vernünftige Beschäftigung haben, laufen wir Gefahr krank zu werden. [...] Was aber noch schlimmer ist: wir werden sauertöpfisch und griesgrämig. [...] Denn unter uns ist keiner, Weib oder Mann, der nicht im Gedanken an das, was er verloren hat, Anlaß zu bitteren Tränen hätte. [...] Desungeachtet bin auch ich der Meinung, daß wir uns mit einer vergnüglichen Beschäftigung die Zeit vertreiben sollten, sonst überleben wir den morgigen Tag nicht.» (7; 15)

Sieben Tage lang mit je zehn Geschichten begegnet die Gruppe den genannten Gefahren: der Krankheit an Leib und Geist, der griesgrämigen Ungeselligkeit, dem lähmenden Rückblick in Trauer, dem zehrenden Nichtstun. Gefährlicher noch als jenen Pilgern der *Canterbury Tales*, die sich immerhin auf ein Ziel zubewegen, Tag für Tag auf ihren Pferden, gefährlicher wird diesen Reisenden, die hier nicht weiterfahren können, Verharren zur Bedrohung. Ihnen, denen vorerst der Weg abgeschnitten ist, wird Erzählen zum einzigen Ausweg, den Stillstand zu überwinden. Auch wenn sie vorerst abzuwarten genötigt sind, wehren sie sich tätig dagegen, die zeitliche Vergängnis über sich ergehen zu lassen und nur noch hinzulauschen auf das persönliche und gemeinsame Zergehen. Selbst dort also, wo vorgeblich nur zum Zeitvertreib erzählt wird, so wie bei Chaucer und Margarete, wird Zeit nicht vertrieben. Anerzählt wird nur gegen die taube und ungenutzte, gegen die nichts als verrinnende Zeit. Insofern gehören die *Canterbury Tales* und das *Heptaméron* fraglos zu den anderen Werken streitbar zyklischer und instrumentaler Epik. Auch sie begehren auf gegen die Grabesruhe einsamen Stagnierens. Sie überwinden es im unerschöpflichen Redegefecht vielfältiger Erzählstimmen.

Kellers *Das Sinngedicht*

Wichtig war uns dieser Novellen-Roman auch schon in anderem Zusammenhang, beim Erzählen als Beleuchten. In jener Hinsicht wäre am *Sinngedicht* freilich noch allerlei zu entdecken. Denn der Autor
236 Keller, der immer schon Lichtstrahlen einsetzt, um den Ablauf seiner erzählten Begebenheiten zu akzentuieren, tut es in diesem Werk noch nachdrücklicher als etwa im Roman vom *Grünen Heinrich* oder im Novellenzyklus der *Leute von Seldwyla*. Nicht nur im romanhaft geräumigen und detailreichen Rahmengeschehen dieses episch vielstimmigen *Sinngedichts*, auch in jeder der sechs Novellen, die darin erzählt werden.

Drei davon trägt der Privatgelehrte und Hagestolz Reinhart vor, nachdem er seine seltsame erotische Experimentalreise unerwartet früh abgebrochen hat: auf dem Landgut der ebenso hagestolzen Lucie. Den bizarren Anstoß zu seinem Aufbruch aus dem häuslichen Labor gab ihm – siehe oben – die Lektüre von Logaus heiter poetischer Mutationsregel:

> Wie willst du weiße Lilien zu roten Rosen machen?
> Küß eine weiße Galathee: sie wird errötend lachen. (100)

Was Reinhart solchermaßen praktisch in Angriff nahm, dafür hat Lucie keinerlei Verständnis. Zwar lädt sie ihn, nach dem Zuspruch des geliebten Onkels, auf ihr Landgut ein; doch hernach in der geselligen Runde erwidert sie harsch Reinharts novellistisch dahererzählten Ansichten mit eigenen Novellen. Und eine weitere Geschichte steuert ihr Onkel bei, der leicht belustigt im Zwist dieser beiden Liebes-Gegner den Schiedsrichter spielt.

Da wie dort, im Rahmengeschehen wie in den erzählten Novellen, operiert der Autor zielbewusst mit dem Sonnenlicht. Er nutzt es als Bahnbrecher für sämtliche Erzähler, die hier am Werk sind: für den unleibhaftigen Haupterzähler wie für die drei Personen, die hier ihre Novellen vorbringen, jeweils in eigenem Tonfall. Jeder dieser regsamen Narratoren folgt merklich den Strahlenbahnen, die er selber redend entwirft, durch das vielfältige epische Gelände. Indes, *Das Sinngedicht* ist nicht nur aufschlussreich fürs Wie von Erzählen als Beleuchten. Noch aufschlussreicher ist es fürs Wozu von Erzählen als Enttöten. Zwar geht es hier nicht unmittelbar um Tod und Leben, so wie in *Tausendundeine Nacht*. Doch es geht, im heiteren Ernstfall, um lebenswertes Leben. Genauer darum, ob Leben als Zusammenleben in all seinen reichen Möglichkeiten überhaupt erkannt und praktiziert wird. Solche Erkenntnis und Praxis führen die beiden Kontrahenten Reinhart und Lucie letztlich herbei: indem sie erzählend aufeinander losgehen. Dabei sind die Novellen, die sie gegeneinander ausspielen, keineswegs nur kalte, leblos argumentierende Waffen im Schlagabtausch ideologischer Meinungen. Jede dieser Geschichten holt vielmehr die weite Welt, ob fern ob nah, herein ins bislang enge Privatissimum des einen wie des anderen streitbaren Einzelgängers. So wirken sie wie ein Sprengsatz aus gesprochenen, scheinbar harmlos wohlgeformten Sätzen.

Novellen-Duell Ausdrücklich wird also auch hier agonal erzählt. Allerdings in anderer Richtung und Konfrontation als bei den schon erwähnten *Geschichten der drei Scheiche* oder bei *Sindbâd Name*. Denn dort wetteifern mehrere Personen, die mit immer stichhaltigeren Erzählungen einander übertrumpfen: um einem Todeskandidaten das Leben zu retten. Indem sie ihre narrativen Kräfte miteinander messen, steigern sie von Mal zu Mal die Schlagkraft ihrer Erzählungen. Derart gelingt es, den mächtigen Zuhörer, der die Todesstrafe verhängt hat, schließlich restlos von der Unschuld des Verurteilten zu überzeugen. Nicht in eigener Sache also und ums eigene Leben kämpfen jene erzählenden Wettkämpfer, sondern in der Sache und ums Leben einer Person, die nichts als wehrloses Opfer ist. Anders verhält es sich zwischen Reinhart und Lucie. Kein gefährdeter Dritter ist hier im Spiel und keinerlei altruistischer Antrieb. Allein aus sich heraus treibt es die Beiden, gegeneinander anzuerzählen. Redselig wie nie zuvor in ihrem Leben und dabei kampfeslustig.

Unwillkürlich ahnt Reinhart, ahnt Lucie, es sei höchste Zeit und schönste Gelegenheit, endlich aus sich herauszugehen. Unermüdlich fortschreitend im motorischen Austausch von Hieb und Stich ihrer Novellen, spüren sie – und spüren zugleich die Leser –: wie dieser mutwillige Waffengang auch die eigene innere Verfestigung lockert. Gewahr werden sie, jeder für sich und ohne es sich einzugestehen, dass sie nicht nur den Gegner anfechten, sondern auch den starren Status quo ihrer eigenen Person. Vorerst freilich nur den Gegner vis-à-vis:

Aug in Aug, konfrontativ. Beide nämlich, Lucie wie Reinhart, gehen zunächst davon aus, es sei der eigene Standpunkt – wie denn Männer zu Frauen und Frauen zu Männern stehen – unverrückbar der richtige. Und vollends bestätigt werde dieser Standpunkt, wenn man nur jenen des Widerparts erschüttere. So fechten sie denn ihr Novellenduell aus, das den Antagonisten in die Knie zwingen soll durch die triftige Evidenz der eigenen Beispielgeschichten.

Der Autor freilich baut jeder endgültigen Niederlage vor. Er sorgt für ein schmerzloses Unentschieden. Für ein Weder/Noch, das dem ursprünglichen Standpunkt weder des einen noch des andern Duellanten Recht gibt. Denn im Unterschied zu jenen agonalen Geschichten aus dem Orient ist keine der hier erzählten Novellen als Beispiel fraglos eindeutig. Jede lässt durchaus unterschiedliche Schlussfolgerungen zu. Genau darin liegt der Reiz dieser Erzählungen, den sogar die beiden Kontrahenten widerwillig auskosten, sowohl bei den eigenen wie bei jenen des Widerparts: im vieldeutigen, im unverwertbaren epischen Mehrwert. Keine der Novellen beweist einwandfrei das, was sie jetzt eben im Eifer ihres Redegefechtes beweisen soll. Jede offenbart dagegen nicht mehr und nicht weniger als dies: wie absonderlich sich Männer und Frauen gebaren können, sobald sie durch das andere Geschlecht aus der Balance geraten. Seis nur zeitweilig, seis auf Dauer und katastrophal.

Lauter novellistisch unerhörte, aber nicht unwahrscheinliche Fälle sind es. Lucie erzählt den ersten und den letzten. Sie beginnt mit dem Fall der schönen, doch *Törichten Jungfrau* auf dem Dorf, die, weil allzu eitel selbstvergafft, versehentlich an einem stumpfsinnigen Verehrer hängen bleibt, in lähmender Langweile. Und Lucies abschließende Novelle gilt einem verführerischen Pagen der Königin Marie Antoinette, der die Herzen etlicher Pariser Edeldamen erobert, einzig und allein wegen der schmucken Siegestrophäen, der *Berlocken*, die er sich von Frau zu Frau zusammenraubt; und der später dann, als schneidiger Kolonial-Offizier fernab in nordamerikanischer Wildnis, all jene Prunkstücke samt seinem Herzen an eine liebreizende Indianerin verliert. Reinhart dagegen beginnt mit dem Fall der schönen, doch selbstunsicheren Dienstmagd *Regine*, die, bestens verheiratet, schließlich dahinsiecht und stirbt, nachdem ihr hochgebildeter Gatte sie nach seinem Wunschbild hat umformen wollen. Und gleich darauf erzählt er von der *Armen Baronin*, die nach peinigender Ehe mit einem üblen Lumpen verarmt und verhärmt und anonym dahinlebt, bis sie hernach wieder aufblüht unter der feinfühligen Neigung eines klugen Mannes. Reinharts letzte Novelle handelt vom portugiesischen Admiral *Don Correa*, der in erster Ehe beinahe dem Mordanschlag seiner undurchsichtigen Gattin erlegen wäre, wofür er sich ebenso brutal rächt, und der bei seinem zweiten, ebenso abenteuerlichen Versuch entschieden besser fährt mit einer ihm treu ergebenen Afrikanerin.

Eine folgenreiche Sonderrolle spielt jene Novelle, die Lucies Onkel erzählt. Sportlich eingeschätzt, wirkt sie wie eine Halbzeit-Pause zwischen den Runden der beiden Gegner. Und poetisch eingeschätzt, erwirkt sie im Gesamtverlauf des narrativen Schlagabtauschs so etwas wie einen großräumigen novellistischen Wendepunkt. Denn unterm Eindruck dieser Geschichte ändert sich die Haltung der beiden Duellanten ein für allemal. Radikal, doch unauffällig. Weiterfechten werden sie zwar, mit weiteren Geschichten. Der bislang vorherrschende Überzeugungseifer dagegen, der so artig wie unerbittlich den persönlichen Standpunkt durchsetzen will, weicht jetzt einer beinah fahrlässigen Erzählfreude. Lucie wie Reinhart, ob sie gerade selber reden oder dem Gegenüber zuhören, begeistern sich von nun an, unbefangen, immer mehr für das, was sie da einander episch ausspinnen. Wie kommt es zu diesem Wendepunkt?

Erfundene und erlebte Geschichten Die Geschichte des Onkels – in doppeltem Sinn seine eigene – lässt jene zuvor so rigide Haltung der beiden jungen Leute hinfällig werden. Nolens volens. Was er erzählt, ist eine halb tragische, halb burleske Dreiecksgeschichte zwischen der kecken Tochter aus gutem Haus und ihren beiden ernsthaften Bewerbern, die sie, nächtens als Gespenst auftretend, schalkhaft zu *Geistersehern* macht. Eine aufrüttelnde Sonderrolle spielt diese Novelle in mehrfacher Hinsicht. Denn sie liefert ein wichtiges Stück aus dem Lebenslauf des erzählenden Onkels, der bei jener verwegenen Liebeslotterie – testend den richtigen Lebenspartner zu finden – den Kürzeren zog: stigmatisiert als unwiderruflicher Junggeselle. Zugleich liefert sie ein ebenso wichtiges Stück aus der pränatalen Vorgeschichte von Reinhart. Jenes Pseudo-Gespenst nämlich, so fügt der Onkel am Ende hinzu, war Reinharts Mutter, und sein Vater ging als Sieger aus dem fragwürdigen Test hervor.

Was der ahnungslose Sohn unversehens heut und hier erfährt, bereitet ihm mehr als nur momentanes Unbehagen. Reinhart, der überlegene Mann und Gelehrte, der, laut den eigenen Novellen, sich und seinesgleichen die Rolle eines weisen Souveräns zuspricht, dem die Frauen eine wohlwollende Führung zu verdanken haben: ausgerechnet er verdankt sein Dasein dem farcenhaften Glücksspiel einer mutwilligen Frau, seiner geliebten Mutter. Mit solcher Auskunft über seine Herkunft ist die Selbstsicherheit dieses Erzählduellanten angeschlagen. Aber auch seinem Widerpart, der aufmerksam lauschenden Lucie, gibt zu denken, was der Onkel erzählt. Ist es doch der abenteuerliche Vorfall eines missglückten Ehewunsches. Und der rührt auch bei ihr, nicht nur beim Onkel, an eine insgeheime, noch immer nicht verheilte

Wunde. Was Lucie jetzt vernommen hat, samt Reinharts zwiespältiger Reaktion auf das Erzählte, wirkt in ihr fort. Es wird dazu beitragen, dass sie es später nicht belässt bei ihrer letzten reizvoll erfundenen und ausgeformten Novelle von den *Berlocken* des leichtfertigen französischen Herzensbrechers.

Nachschicken wird Lucie dieser überwiegend erheiternden Geschichte ihr eigenes bitteres Erlebnis als ein ebenso persönliches wie schwerwiegendes Post Dictum. Es ist die noch nie und niemandem mitgeteilte Geschichte von der halbwüchsigen Lucie, die leidenschaftlich sich einst einem jungen Mann so restlos ausgeliefert hat, dass sie sogar zu seinem Glauben konvertiert ist. Ohne zu merken, dass er – auf seinem Lebensweg zur Priesterweihe – ihr ganz anders zugetan war als sie ihm. Instrumental erzählt wird also auch hier noch. Und das aus einem ganz intimen, zudem unbewussten Impuls heraus. Wenn nämlich Lucie jenes leidige Erlebnis überhaupt in Worte fasst und laut werden lässt, just dem Duellgegner Reinhart gegenüber, erfüllt sie einen doppelten Zweck. Absichtslos geschieht es, aber umso wirksamer. Die langwierige Wunde von damals lässt sie verheilen. Und zugleich beschert sie dem Erzählduell das beglückende Ende, das bislang nur vage zu erkennen war. Nunmehr gleichgültig, wer denn den Sieg davongetragen hat, trennen sich die beiden Gegner. Aber nur, um sich als Partner herzlich zusammenzutun.

Auf alle Fälle und in jedem Einzelfall – von der *Törichten Jungfrau* bis zu den *Berlocken* – ist das Erzählduell im *Sinngedicht* alles andere als ein abstraktes Streitgespräch. Es ist kein Angriff und Gegenangriff mit formelhaften Grundsätzen, Regeln und Dogmen. Ins Feld geführt werden vielmehr sinnfällige, novellistisch unerhörte Begebenheiten, die durchweg von fragwürdigen Liebeszwisten handeln. Instrumentales Erzählen holt dabei weit aus, auf beiden Seiten. Die turbulente Vielfalt der Welt holt es herein ins windstille Abseits der Lucie und des

Reinhart, die sich, jeder auf seine Weise, in die Einsamkeit zurückgezogen hatten. So erfüllt das instrumentale Erzählen schon dadurch seinen Zweck: der spärliche Horizont von Lucies Landgut, erst recht jener von Reinharts Fachidiotenschädel erweitert sich zusehends. Mit jeder Novelle wird er durchlässiger fürs Draußen. In den ersten, die sie gegeneinander ausspielen, kommen schon einige Großstädte ins Blickfeld; und in den späteren sogar ferne Erdteile und ferne historische Epochen.

Von drinnen nach draußen Grundsätzlich erkennen wir hier den glei-
chen Vorgang wie in *Tausendundeine Nacht*, im *Decamerone* und so fort. Ein kleiner Erzählkreis, bedrückt vom eigenen äußeren und inneren Notstand, importiert mannigfache Welterfahrung. Mehr und mehr, mit jeder Geschichte, die er zur Sprache bringt. Damit rüstet er sich – hier Lucie und Reinhart und der Onkel – dafür, letztlich mehr als nur redend aus sich herauszugehen. Und das heißt zugleich, tätig einzugehen auf das gesellschaftliche Leben draußen, ob fern ob nah. Diesem Impuls entspricht die epische Konstruktion des *Sinngedichts*: sowohl im Verlauf des Rahmengeschehens wie in der Abfolge der Novellen, die darin erzählt werden. Die räumliche Richtung zeigt es an, ohne dass die handelnden Personen ausdrücklich darauf zu sprechen kämen. Sie verläuft von drinnen nach draußen, schon von Anfang an. Zunächst einmal muss Reinhart seine enge Gelehrtenklause verlassen, um ins Freie zu gelangen. Er selber bleibt indes vorerst noch unfrei. Schriftgläubig und weltfremd klammert er sich an die Gebrauchsanweisung des Logau-Spruchs. Was beweist, dass dieser Gelehrte, obwohl er sich als experimenteller Forscher versteht, wenig Zutrauen hat zu seinen eigenen Wahrnehmungen und Einsichten im Umgang mit Menschen. Offenbar liegt ihm nichts an überraschenden Entdeckungen. Er scheut davor zurück, auf das einzugehen, was seine Gattungsgenossen sind und was sie tun. Nur das, was bereits in Logaus Sinnspruch geschrieben steht, also keine eigene gewagte Hypothese, will Reinhart an weiblichen Untersuchungsobjekten veri- oder falsifizieren. Kommunikationsverklemmt.

Dass er nach den ersten Fehlschlägen, der Kuss-Testserie mit ihren zweifelhaften Reaktionen, überhaupt auf Lucies Terrain gerät, auch dies verdankt Reinhart keineswegs seiner eigenen experimentellen Initiative, sondern nur dem Zufall und fremder – weiblicher – Steuerung. Das vorletzte Untersuchungsobjekt, die quasi scheue Pfarrerstochter, hat ihm einen Brief mitgegeben an ihre Freundin, an eben diese Frau Lucie, der Reinhart von alleine nie begegnet wäre. Und sogar das Pferd, auf dem er einherreitet, macht mit ihm, was es will. Zum Auftakt von Reinharts Kontakt mit der Herrin des Gutes zertrampelt es prompt die schön gepflegten Blumenbeete in ihrem Park. Auch Lucie selbst leidet unter ähnlicher Kommunikationsverklemmung, freilich längst nicht so tölpelhaft wie er und ungleich souveräner im Umgang: seit jenem Jugenderlebnis mit dem geliebten Krypto-Kleriker. Wie es sich damit verhält, kommt indes erst später zum Vorschein. Bekämpfen und schließlich beheben wird solchen lebensbehindernden Mangel das instrumentale Erzählen. Erstens: indem es, wenn eins dem andern erzählt und beide heftig darüber debattieren, eine wirksame Kommunikation herbeiführt. Zweitens: indem jede einzelne Novelle, die da erzählt wird, zielbewusst und zweckbestimmt, allemal von gestörter Kommunikation handelt; mithin dazu ermuntert, derlei Störungen ernsthaft zu bedenken und Folgerungen daraus zu ziehen für die eigene Lebensweise.

Der Weg von drinnen nach draußen, den das Erzählwerk vom *Sinngedicht* insgesamt zurücklegt, wird am Ende auch leibhaftig und gemeinsam zu gehen sein, damit die beiden Erzählduellanten sich vollends einig werden. Nach der allerletzten Geschichte, die Lucies bislang verschwiegene authentische Lebensgeschichte ist, unternimmt sie mit Reinhart einen Ausflug hinaus in die Natur, jenseits der Grenzen ihres Gutshofs, und ins nächste Dorf. Dort beobachten sie heimlich einen Schuster in seiner Werkstatt: wie er bei der Arbeit fröhlich ein berühmtes Liebeslied von Goethe zersingt und zerklopft, lauthals begleitet von seinen Kanarienvögeln. Unter dem Eindruck dieser unbekümmerten Lebendigkeit und Geselligkeit, aber auch des deftigen Gebrauchswerts von Poesie, fallen sich die beiden Lauschenden wortlos in die Arme.

> Da ein paar Kanarienvögel mit ihrem schmetternden Gesange immer lauter drein lärmten, war eine Art von Tumult in der Stube, von welchem hingerissen, Lucie und Reinhart sich küßten. Lucie hatte die Augen voll Wasser und doch lachte sie, indem sie purpurrot wurde von einem lange entbehrten und verschmähten Gefühle, und Reinhart sah deutlich, wie die schöne Glut sich in dem weißen Gesichte verbreitete. [...] Ungesehen, wie sie gekommen, begaben sie sich hinweg, und erst als sie wieder die Waldwege betreten hatten, stand Lucie still und rief:
>
> «Bei Gott, jetzt haben wir doch Ihr schlimmes Rezept von dem alten Logau ausgeführt! Denn daß es mich gelächert hat, weiß ich, und rot werde ich

doch hoffentlich auch geworden sein. Ich fühle jetzt noch ein heißes Gesicht.»

«Freilich bist Du rot geworden, teure Lux», sagte Reinhart, «wie eine Morgenröte im Sommer! Aber auch ich habe wahrhaftig nicht an das Epigramm gedacht, und nun ist es doch gelungen! Wills Du mir Deine Hand geben?» (380)

Kellers anmutige Ironie ermöglicht, dass sich hier nun endlich die fragwürdige Zauberformel jenes strittigen Spruchs von Logau verwirklicht:

Wie willst du weiße Lilien zu roten Rosen machen?
Küß eine weiße Galathee: sie wird errötend lachen.

Allerdings, den Spruch haben die Beiden in einem wichtigen Punkt korrigiert. Lachend zwar errötet Lucie. Doch sie verhält sich nicht als lediglich hinnehmendes Objekt. Sie handelt selbstbewusst als eins von zwei gleichrangigen Subjekten. Nicht eins küsst hier das andre. Es heißt vielmehr, dass «Lucie und Reinhart sich küßten». Hochdeutsch gesprochen: nicht sich, sondern einander. Jedenfalls ist diesem Reinhart der maskuline Hochmut vergangen, den er in seinen erzählten Novellen hat durchsetzen wollen: es sei die wahre Frau diejenige, die der Mann bildend zu sich emporzieht. Die praktische Konsequenz aus dieser veränderten Einstellung, wohlgemerkt, wird draußen gezogen. Nicht im eingegrenzten Gehege des privaten Grundstücks, sondern dort, wo die freie Natur sich regt, aber auch die arbeitende Bevölkerung.

Solchermaßen setzt Kellers instrumentales Erzählen jene Tradition der Weltliteratur fort, die sich thematisch zum Ziel setzt, gegen lebensbedrohliche Bedrängnisse anzukämpfen. Hier nun freilich unter den Bedingungen eines heiklen Individualismus im späten neunzehnten Jahrhundert. Nicht das Leben steht auf dem Spiel, aber eine lebenswerte Lebenspraxis. Ohne das Duell jener schlagfertigen Novellen, so steht zu befürchten, würden Lucie und Reinhart früher oder später ungesellig verkrusten und austrocknen. Instrumentales und zugleich agonales Erzählen bringt sie in Wallung, überhaupt aufeinander einzugehen. Auge in Auge und Stimme ins Ohr. Laut Kellers unausgesprochenem Fazit kommt niemand zu sich selbst, auch nicht zum uneingeschränkten Leben, wenn er sich in Dauerklausur zurückzieht, sprachlos und unausgesprochen. Vorweggenommen wäre damit allenfalls die endlose Ruhelage im Sarg.

RETTENDE NARRATORIK IN ROMANEN

Nicht nur in vielstimmigen Novellen- und Märchenzyklen wird ausdrücklich instrumental erzählt, mit erheblichem Einsatz und Ziel. Es kommt auch in manchen Romanen vor, die, abweichend von der Hauptroute ihrer eigenen Gattung, sich eben dem nähern, was in *Tausendundeine Nacht* und im *Decamerone* abläuft. In solchen Fällen steht eine lebensgefährdete Hauptperson im Mittelpunkt, die, wenn denn überhaupt, einzig durch Erzählen zu retten ist. Seis passiv, seis aktiv. Seis, dass man von außen mit provozierenden Geschichten auf sie einredet; seis, dass sie sich selber getrieben fühlt, eine verständnisvolle Resonanz auf ihre persönliche Lebensgeschichte zu finden – ähnlich wie Lucie bei ihrer letzten, authentischen Erzählung.

Einerzählen auf die lädierte Hauptperson bei Wieland und Döblin Zum Entsetzen seiner Freunde taumelt Christoph Martin Wielands *Don Sylvio von Rosalva* (1764) als geistesgetrübter Lebensuntüchtiger durch die Welt. Feenmärchen haben ihn derart verblendet, dass er alles, was ihm begegnet, ins Wunder-Schema seines Lesefutters einordnet. Um ihn davon abzubringen, erzählt man ihm an entscheidender Stelle des Romangeschehens das irrwitzig abstruse Märchen vom *Prinzen Biribinker.* Mit dem Zweck, Don Sylvio durch eine Überdosis von Unwahrscheinlichkeit aus seinen abenteuerlichen Gespinsten auf den Boden der Wahrscheinlichkeit zu holen. Doch der narrative Heilungsversuch missglückt. Ironischerweise: nicht einmal zum Gegengift kann ein widersinniges Märchen taugen. Der Fehlschlag freilich spricht keineswegs gegen die Zweckmäßigkeit von heilsamem Erzählen überhaupt. Er spricht nur, so meint der Aufklärer Wieland, gegen jenes unzweckmäßig törichte Erzählgut ‹Märchen›.

Weitaus wirksamer, im Guten wie im Schlimmen, erweist sich ein gleichfalls therapeutisch veranschlagtes Erzählen in Döblins *Hamlet oder Die lange Nacht nimmt ein Ende* (1956). Auch hier zielt es ab auf einen jungen Mann, der mit sich und der Welt zerfallen ist. Es geht um den britischen Offizier Edward, der mit knapper Not, als körperlich und seelisch schwer verwundeter Heimkehrer, den Zweiten Weltkrieg überstanden hat. Ihn, der ähnlich ungewiss wie Shakespeares Hamlet üblen Familiengeheimnissen nachspürt, versuchen die Angehörigen, reihum erzählend, von seinen quälend fixen Ideen zu befreien. Vater, Mutter und nahe Freunde konfrontieren ihn mit spannenden und zugleich ungewollt selbstverräterischen Geschichten. So lang, bis am Ende der Patient halbwegs geheilt, die Heiler dagegen heillos angeschlagen aus dieser epischen Behandlung hervorgehen.

Sich-Herauserzählen der lädierten Hauptperson bei Alarcón, Rosa und Seghers Ebenso unausweichlich wirkt der Anstoß zum instrumentalen Erzählen in jenen Romanen, deren Helden sich selbst aus einer schier aussichtslosen Notlage herauserzählen. Dadurch, dass sie einem anteilnehmenden Zuhörer ihre Lebensgeschichte unterbreiten, die jetzt eben in eine schier aussichtslose Krise geraten ist. Das Titelereignis seines katholisierenden Abenteuerromans, den *Skandal* (1875), treibt Pedro de Alarcón reißerisch auf die Spitze. Unter dem beklemmenden Zeitdruck einer Frist von nur wenigen Stunden – dann wird der Verzweifelte auf einen Schlag Braut, Freunde, persönlichen Ruf und wohl auch das Leben verlieren – sucht Fabian Conde Zuflucht bei einem erfahrenen alten Geistlichen. Zusehends wird sein gehetzter Bericht, sprunghaft im Voraus und Zurück der erzählten Ereignisse, erst zur formlos unverbindlichen, dann zur förmlich verbindlichen Beichte. Letztlich beschert sie ihm, seitens des immer wieder nachfassenden Zuhörers, eine regelrechte Absolution mit Auflagen tätiger Buße. So errettet der bislang skrupellose und lasterhafte Held nicht nur hienieden sein Lebensglück. Indem die sukzessiven Stücke seiner Erzählung zugleich die fortschreitende Zerknirschung des Erzählenden unmissverständlich zu erkennen geben, erwirbt er sich obendrein noch den Segen des Himmels. Womöglich ad saecula saeculorum. Wer hinwegliest über die Frömmelei und den sozialen Dünkel des auch seinerseits frisch bekehrten, vormals rebellischen Autors Alarcón, kann immerhin eine spannende, lückenlos schlüssige Romankonstruktion genießen: wie da wer – in doppeltem Sinn sich erzählend – sich selbst von den eigenen Schlacken befreit, die ihn zu ersticken drohen.

Gänzlich unfromm dagegen sind die Lebensbeichten, die den Beweggrund und das Erzählchassis für zwei weitere Romane liefern. Einerseits für Anna Seghers' *Transit* (1944), mit dem Schauplatz Marseille, jener fragwürdigen Freizone während der deutschen Frankreich-Besatzung im Zweiten Weltkrieg. Andrerseits für João Guimarães Rosas voluminöse Prosasaga vom Treiben der Räuberbanden in der brasilianischen Wildnis des *Grande Sertão* (1956). Auch diesmal erzählen die Hauptpersonen, da wie dort, einem aufmerksamen Zuhörer geradezu zwanghaft ihre heftig bewegte Vita. Stück für Stück vermelden sie alles, auch Peinliches, was sie angerichtet haben, und wie sie zugerichtet worden sind. Ihnen geht es allerdings nicht unmittelbar ums leibhaftige Überleben. Denn das steht für sie tagtäglich ohnehin auf dem Spiel, mal akut und mal chronisch. Akut: für Seghers' jungen Arbeiter Seidler, der aus Nazideutschland geflohen ist, ohne Personalpapiere, und jetzt in der Hafenstadt Marseille eine illegale Ausfahrt nach Übersee erkundet. Und chronisch: für den weithin gefürchteten und insgeheim selber furchtsamen Anführer einer brasilianischen Räuberbande, den erfolgreichen Revolver- und Messerhelden Riobaldo. Nein, ums nackte Leben erzählen die beiden nicht. Sie erzählen um

ihre verletzte Selbstachtung, ohne die sie nicht sinnvoll würden weiterleben können.

Letztlich glückt es, in beiden Fällen. Und nicht erst am Ende, schon im Lauf des Erzählens. Nach und nach wird der eine wie der andere Romanheld gewahr, er schaffe, wozu es ihn drängt. Nicht allein innere Anzeichen sprechen dafür, auch äußere: im Gebaren dessen, der zuhört. Sie lassen verspüren, dass, der hier erzählt, das Ziel erreichen kann, auf das er so inständig hinsteuert. Und zwar schon seit dem Anfangssatz des Romans, seit er zu reden begonnen hat. Vorläufig allerdings nur tastend, das Terrain sondierend, mit verschwommener Zielrichtung. Die folgenden Stichproben aus den ersten Absätzen der beiden Romane deuten an, wie es losgeht mit dem Erzählen. Umstandlos werden die Leser mit hineingezogen, wie das berichterstattende Ich seinen Zuhörer auf Anhieb in Bann zieht; wie es sich und ihn einstimmt aufs Erzählen, das dann immer weiter ausgreifen wird. Zeitlich und räumlich. Zeitlich: rückwärts in die eigenen Vergangenheiten und vorwärts in das, was künftig hervorgehen mag aus dem Jetzt des augenblicklichen Erzählens. Und räumlich wird es ausgreifen auf alle Schauplätze, wo dieses erzählte Leben sich abgespielt hat, damals und bis auf weiteres.

Transit:

Die «Montreal» soll untergegangen sein zwischen Dakar und Martinique. Auf eine Mine gelaufen. Die Schiffahrtsgesellschaft gibt keine Auskunft. Vielleicht ist auch alles ein Gerücht. [...] Sie finden das alles ziemlich gleichgültig? Sie langweilen sich? – Ich mich auch. Erlauben Sie mir, Sie einzuladen. Zu einem richtigen Abendessen habe ich leider kein Geld. Zu einem Glas Rosé und einem Stück Pizza. Setzen Sie sich bitte zu mir. Was möchten Sie am liebsten vor sich sehen? [...] Den alten Hafen? Dann besser mir gegenüber. [...] Ich möchte gern wissen, ob die «Montreal» wirklich unterging. [...] Ich hatte nämlich durchaus die Möglichkeit mitzufahren. [...] Doch ich zog es plötzlich vor, zu bleiben. [...] Ich möchte gern einmal alles erzählen, von Anfang an bis zum Ende. Wenn ich mich nur nicht fürchten müßte, den andern zu langweilen. Haben Sie sie nicht gründlich satt, diese aufregenden Berichte? Sind Sie ihrer nicht vollständig überdrüssig, dieser spannenden Erzählungen von knapp überstandener Todesgefahr, von atemloser Flucht? Ich für meinen Teil habe sie alle gründlich satt. (5 f.)

Grande Sertão:

Hat nichts auf sich. Das Knallen, das Sie vorhin gehört haben, war keine Schießerei, da sei Gott vor. Hab nur ein bißchen Scheiben geschossen, drunten am Bach, auf einen Baum in Quintal. Zur Übung. Tu ich jeden Tag, zu meinem Vergnügen, fast seit ich krebsen kann. [...]

Sie lachen so komisch, Senhor ... Hören Sie zu: wenns richtig knallt, kläffen zuerst die Hunde, und zwar sofort – dann erst wird nachgesehen, obs Tote gegeben hat. Was wollen Sie, so ist der Sertão. Zwar sagen die einen, das hier sei er gar nicht. Der richtige Sertão fange erst weit draußen an, auf dem Campos-Gerais, auf dem Hochland, hinter dem Urucúia-Fluß. Was für ein Unsinn! Dann wäre also für die Leute von Corinto und Curvelo das hier kein Sertão! Wär ja noch schöner! Der Sertão ist leicht zu erkennen: er ist überall da, wo die Weiden keine Zäune haben, wo einer fünfzehn Léguas durchhetzen kann, ohne auf eine einzige Behausung zu stoßen, wo ein Totschläger seinen Stiefel herunterleben kann, weit weg vom Arm des Gesetzes. (7; 11)

Das Durcheinander der Ereignisse, von denen der eine wie auch der andere Romanheld sich bislang hat treiben lassen, schließt sich nun beim Erzählen stückweise zusammen. Aber eben nicht von allein. Auch nicht allein für den, der diese Ereignisse durchlebt hat, und der sie sich nun etwa, einsam und lautlos, im Rückblick durch den Kopf gehen ließe. Nein, nur dadurch schließen sie sich zusammen, dass ihm, dem erzählenden Helden, eine erwartungsvolle Person gegenübersitzt. Ein Jemand mit begierigem Angesicht und unersättlicher Haltung. Jemand, der deutlich zeigt: restlos alles wolle er erfahren und als Zusammenhang begreifen, was hier irgend zu erzählen ist; und er lasse nicht zu, dass die erzählende Stimme innehalte. Dieses dringende Verlangen von außen, ablesbar aus dem Redegestus des Ich-Erzählers, verbündet sich mit dessen innerem Drang. Gemeinsame Sache machend, machen sie so erst möglich, dass jenes einstmals nur stotternd erlebte Leben nicht noch weiterhin zerstückelt. Angefeuert durch den fordernden Zuhörer, muss und kann nun der so unermüdlich redende Ich-Erzähler, was er bisher partout nicht vermochte. Er muss und er kann jetzt im aufgespeicherten Wust der Begebenheiten ganz bestimmte Fluchtlinien erkennen. An und für sich und stimmlos hätte er sie niemals entdeckt.

Seghers' Flüchtling und Rosas Banditenführer, sie haben sich am Ende ihres Romans hinwegerzählt über ihr zwar abenteuerliches, doch eingeengtes, einspuriges Lebensgleis. Die Einsicht, die sie dabei gewonnen haben, ist indes beileibe keine geistige Quintessenz. Episch ist sie. Denn sie hat die bislang unerkannte Vielfalt der Welt und des eigenen Inneren durchdrungen. Seghers' anfangs noch standort- und standpunktloser Flüchtling weiß jetzt, wohin er gehört. Zugleich begreift er im Nachhinein, weswegen er instinktiv auf die Ausfahrt nach Übersee verzichtet hat. Den Transit-Ort Marseille wird er zwar verlassen, aber in der Gegenrichtung, landeinwärts. Sesshaft wird er werden unter den Bauern im besetzten Frankreich. Mit ihnen wird er aus dem Untergrund die faschistischen Besatzer bekämpfen. Und Rosas maskulin überheblicher Banditenführer? Er verkraftet seine schwärende Lebenswunde. Irrig nämlich wähnte er, der Macho und Raufbold, in eine schmählich homoerotische Lage geraten zu sein. Erzählend kommt er jedoch allmählich dahinter, dass jegliche Liebesleidenschaft die erzwungenen Geschlechtsrollen der Sozietät aufzusprengen vermag.

Worumwillen erzählt wird, diese Frage hat die epische Literatur aus freien Stücken oft und gern beantwortet. Emphatisch und sinnfällig hat sie es den inneren Augen der Leser dargelegt. Die Antwort artikuliert sich in den mannigfachen Formen von erzähltem Erzählen seit der Antike. Ausdrücklich und meistens schon von vornherein setzt es sich im poetischen Werk selber einen lebenswichtigen Zweck. Und aus dem Ablauf des Werks geht ebenso ausdrücklich hervor, wie erzähltes Erzählen schrittweise jenen gesetzten Zweck erfüllt. Unsere Beispiele haben es gezeigt. Ob in Märchen- und Novellenzyklen, ob in ebenso instrumental zielbewussten Romanen: jedesmal greift Erzählen wirksam ein ins Leben der erzählten Personen, seien sie Einzelne, seien sie Gruppen. Rettend greift es ein oder doch so, dass es eine fatale Richtung der jeweiligen Lebensläufe merklich herumreißt.

ZWITTERWERK: POTOCKIS *DIE HANDSCHRIFT VON SARAGOSSA*

Reizvoll kompliziert wurden jene uralten, doch unerschöpflichen Erzählkonstruktionen durch einen literarischen Außenseiter im frühen neunzehnten Jahrhundert: durch Jan Potocki. Dieser vielseitig gebildete polnische Privatgelehrte hat außer seinen weithin anerkannten wissenschaftlichen Abhandlungen – historische und ethnologische – auch ein einziges belletristisches Werk verfasst. Ebenfalls in französischer

Sprache: *Le manuscrit trouvé à Saragosse*. Auf Deutsch, mit vereinfachtem Titel, *Die Handschrift von Saragossa*. Der gut 700 Seiten starke Roman entstand von 1803 bis 1815, dem Todesjahr des Autors. Doch er wurde erst geraume Zeit später veröffentlicht (1847), zunächst nur fragmentarisch. Schon damals und erst recht, nachdem der Roman vollständig ans Publikum gelangt war, wurde sein weltliterarischer Rang anerkannt. Bewundert hat man ihn seitdem als ein ebenso erfindungsreiches wie kunstvolles episches Monstrum, dessen Erzählkonstruktion jene der literarischen Vorbilder aufgreift und übertrumpft, namentlich die von *Tausendundeine Nacht* und *Decamerone*.

Allerdings, nur im äußeren Aufbau ähnelt *Die Handschrift von Saragossa* jenen Vorbildern, genauer: in der zeitlichen Staffelung. Laut Titel bietet der orientalische Märchenzyklus gut tausend Nachtportionen, der italienische Novellenzyklus in zehn Tagesportionen je zehn Geschichten. Dem entsprechend gliedert Potocki sein Werk ebenso numerisch in sechsundsechzig Kapitel, die als Erzähltage gelten. Bis dahin reicht die unverkennbare Ähnlichkeit. Sie schwindet freilich im Rahmengeschehen des Ganzen. Hier gibt es keine gleichbleibende Erzählergruppe, die ständig am gleichen Ort agiert. So wie Schehrezâd, Dinazâd und der Sultan im Schlafgemach des Palasts, so wie der florentinische Freundeskreis auf dem abgelegenen Landgut. Das Rahmengeschehen der *Handschrift* beansprucht vielmehr einen weiten Auslauf für sein episches Eigengewicht. Denn es bietet mehr und anderes als nur den Anlass, die Gelegenheit und den Schauplatz, um zusammenzukommen, zu erzählen und dadurch das angestrebte Ziel derer zu erreichen, die das Ganze veranstalten. Eine ereignisreiche, raumgreifende Romanhandlung bleibt es und mittendrin ein tatkräftiger Hauptheld, der aus seiner Sicht und mit eigenen Worten erzählt, was er erlebt hat. Diese Romanhandlung wird freilich immer wieder unterbrochen oder abgelenkt durch vielerlei Geschichten, vormals erlebt und nunmehr erzählt von vielerlei Personen, die den abenteuerlichen Weg des Havpthelden kreuzen. Diese buchstäblich abwegigen Geschichten haben, so scheint es, mit seiner persönlichen Geschichte nichts zu tun. Erst gegen Ende des Romans stellt sich heraus, dass und wie all die fremden Lebensläufe mit seinem eigenen zusammenhängen.

Insofern kommt Potockis Erzählkonstruktion jenen Romanen nah, die ich zuvor beschrieben habe. Nicht nur, weil die *Handschrift* überhaupt ein Roman und kein Novellenzyklus ist; mehr noch, weil sie ein absonderlicher Roman ist, der sich jenen Sonderfällen zugesellt. Und zwar unwillkürlich, nicht absichtlich, so wie dem unverkennbaren Vorbild *Decamerone*. Schließlich konnte der Autor, außer Wielands *Don Sylvio*, jene Romane ohnehin nicht kennen, die viel später geschrieben worden sind. So greift denn Potocki einerseits zurück auf altbewährte epische Prozeduren nach Art von *Tausendundeine Nacht*. Und andrerseits nimmt er noch nicht dagewesene vorweg, die sich erst künftig herausbilden sollten. Heraus kommt dabei eine einzigartige Synthese der beiden oben beschriebenen Sonderfälle. Hier nämlich, in der *Handschrift*, sind beide Verfahren auf einmal am Werk, die sonst unvereinbar scheinen. Dabei entsteht so etwas wie eine vorweggenommene Kombination von Döblins *Hamlet*-Roman und Alarcóns *Der Skandal*: hilfreich wird von außen einerzählt auf einen Romanhelden, der im Nachhinein dann – in erster Person – sich selbst aus seiner inneren Bedrängnis herauserzählt. Und beides erfolgt, im Sinn von Ent-töten, merklich zu seinem Heil. Verzwickt, aber letzten Endes einleuchtend. Wie, das wird sich alsbald zeigen.

Die Romanhandlung spielt in Spanien zu Beginn des 18. Jahrhunderts, als König Philipp V. regierte. Der Romanheld stammt aus Wallonien, jenem Gebiet von Flandern, das damals noch unter spanischer Herrschaft stand. Alphonse van Worden heißt dieser junge wagemutige Offizier, ein Hauptmann der wallonischen Garde des Königs, der ihn huldvoll zu sich gerufen hat. Dorthin, zum Hof von Madrid, ist er unterwegs. Allein mit einem Diener, so beginnt der Roman, reitet Alphonse durch die beklemmende Sierra Morena. Dieses gefährliche Felsengebirge wird ihm jetzt gleich und auch weiterhin zu schaffen machen: als schwer zu bezwingendes Terrain, aber auch als bedeutungsvoller Name. Denn die Sierra Morena, das «Maurische Gebirge», war einstmals ein wichtiger Stützpunkt des arabischen Reiches gewesen, das später von den christlichen Rückeroberern vernichtet wurde. In dieser zerklüfteten und verrufenen Landschaft – nicht nur von Räuberbanden, auch von Gespenstern wird gemunkelt – stoßen dem jungen Offizier haarsträubend schauerliche und erotische Abenteuer zu.

Unerschrocken verkraftete Schrecknisse Und zwar gleich in der ersten Nacht, nachdem ihn sein verschreckter Diener verlassen hat, der keinesfalls im berüchtigten Tal von «Los Hermanos» bleiben mochte. Das Tal heißt so wegen der beiden raubmörderischen Brüder Zotos, die hier gehenkt wurden. Seitdem sollen sie nächtens, von Dämonen wiederbelebt, ihren Galgen verlassen, um sich über die Lebenden herzumachen:

> Ich hatte in Córdoba viel darüber gehört und näherte mich nun voller Neugier dem Galgen. Der Anblick war umso abstoßender, als die gräßlichen Leichen, vom Winde bewegt, seltsam schaukelten, während schreckliche Geier an ihnen zerrten, um Fleischfetzen abzureißen. Schaudernd wandte ich den Blick und ritt rasch weiter auf dem Weg, der tiefer ins Gebirge führte. (8 f.; 12)

Gleichwohl scheut Alphonse nicht zurück vor dem Tal der Brüder. Drunten macht er Quartier in einer ausgestorbenen Herberge. Um Mitternacht suchen ihn zwei wunderschöne Orientalinnen auf und lassen sich mit köstlichen Speisen und Getränken bei ihm nieder. Zutraulich erzählen sie ihm die schreckensvolle, Jahrhunderte zurückreichende Geschichte ihrer ruhmreichen Sippe namens Gomélez. Danach rücken die Beiden ihm zärtlich näher zum gemeinsamen Trunk aus einem kostbaren Pokal. Berauscht kann Alphonse nicht mehr unterscheiden, ob er nun träumend oder wachend mit den beiden zugleich eine beglückende Liebesnacht durchlebt. Am anderen Morgen freilich erwacht er voll Entsetzen:

> Ich lag unter dem Galgen von Los Hermanos. Die Leichen der beiden Brüder Zotos hingen nicht oben, sondern lagen links und rechts neben mir. Ich hatte offenbar die Nacht mit ihnen verbracht. Ich lag auf Fetzen von Stricken, Resten von Folterwerkzeugen und menschlichen Gerippen und auf abscheulichen Lumpen, die die Fäulnis von ihnen abgerissen hatte. [...]
>
> Dann spürte ich, wie Krallen in meine Seite schlugen. Ich sah, daß ein Geier sich auf mir niedergelassen hatte und an meinen Nachtgefährten fraß. Der Schmerz, den mir seine Krallen bereiteten, machte mich vollends wach. Ich bemerkte, daß meine Kleidungsstücke in der Nähe lagen, und zog mich rasch an. (23 f.; 27)

Was hier eigentlich los war, gespenstisch und erotisch, bleibt vorerst offen. Alphonse jedenfalls, nach dem ersten Entsetzen, geht aus diesem Abenteuer genauso gleichmütig hervor wie den weiteren entgegen. Mit der Einsamkeit ist es jedoch bald vorbei. Immer wieder trifft er auf seltsame Leute, die ihm nach und nach zu längerfristigen Reisegefährten werden. Auch sie erzählen ihm Geschichten, zumeist ihre eigenen, die sich ebenso befremdlich ausnehmen wie seine ersten Erlebnisse mit den Galgenbrüdern und den orientalischen Schönen.

So wird denn der Romanheld auf der überraschungsreichen Wegstrecke, die er zurückzulegen hat, mit Erzählungen konfrontiert, die ebenfalls von überraschungsreichen Vorkommnissen strotzen. Dabei erschließt ihm seine Fortbewegung im Raum der Sierra Morena, zugleich episch sich fortbewegend, lauter neue und andersartige Räume: mit jeder weiteren Geschichte, die er da von Mal zu Mal vernimmt. Jede spielt irgendwo anders, bald in Madrid, bald in Italien, bald in Nordafrika. Auch in dieser Hinsicht mag Potocki an ein literarisch einschlägiges Werk gedacht haben, an Chaucers *Canterbury Tales*. Wie schon erläutert, verkürzt sich in jenem Novellenzyklus ein munter redseliges Reisegrüppchen den langwierigen Pilgerweg nach Canterbury durch Erzählen reihum. Dort geht es allerdings längst nicht so gefährlich zu, weder auf der Reisestrecke noch innerhalb der vorgetragenen Geschichten. Und erst recht gibt es dort keine herausragende Hauptperson, die gleich Alphonse beides zu verkraften hätte, sowohl die direkt durchlebten wie die indirekt erzählten Abenteuer. Just dies aber ist der springende Punkt in der *Handschrift*. Jegliches Erzählen konzentriert sich hier auf den zentralen Romanhelden, ob er nur, immerfort unterwegs, staunend handelt, oder ob er nur staunend zuhört.

Worum es im großen Ganzen eigentlich geht, das erfährt Alphonse im Lauf der Romanhandlung spät und peu à peu. Vollständig ist es überhaupt erst am Ende zu erfahren, am letzten Erzähltag. Bis dahin tappen die Leser ebenso im Dunkeln wie der Romanheld. Genauer, wir taumeln mit ihm von einer Überraschung in die andere, von einer Verstörung in die nächste. Dabei drängen ihm und uns nicht nur seine persönlichen Erlebnisse dunkle Rätsel auf. Erst recht rätselhaft wirken die Erzählungen, die ihm obendrein noch täglich geboten werden im Kreis seiner zufälligen Reisegefährten. Sie verwirren den Romanhelden mehr, als dass sie ihm die geheimnisvollen Verhältnisse klären, in die er hineingeraten ist. Denn allemal werden diese Geschichten, eh sie an ihr Ziel gelangen, bald durch andere Geschichten, bald durch äußere Ereignisse unterbrochen oder überlappt. Je länger der Weg durch den Wirrwarr des Gebirges, umso mehr wächst auch der irritierende Wirrwarr von Erzählungen ersten, zweiten und dritten Grads, das heißt von Erzählungen in der Erzählung, von Erzählung über die Erzählung und so fort.

Epische Verschachtelung Derart gerät Alphonse – und die Leserschaft des Romans – in ein ausgeklügeltes Gefüge von epischer Unabsehbarkeit. Sie ist das Ergebnis einer Methode, die grundsätzlich Fluchtlinien ausschließt innerhalb dieser so vielstimmig und dabei sprunghaft erzählten Welt. Verschachtelung wird dabei zum sinnfälligen Bild. Denn jede der zerstückelt vorgetragenen Geschichten wirkt wie eine Schachtel mit eigenem Inhalt. Der jedoch muss vorerst unbegriffen und unfertig bleiben, weil jede Schachtel noch andere Erzählschachteln enthält. Die Zuhörer *im* Roman wie auch die Leser *des* Romans sind begierig darauf, die jeweilige Schachtel auszupacken, um ihren Inhalt voll und ganz zu erfassen. Doch jede wird allenfalls halb ausgepackt – und schon stößt man wiederum nur auf eine halb auszupackende.

Wohlbedacht wählt der Autor Potocki dieses peinigende Verfahren, und er handhabt es virtuos. Obendrein lässt er es drinnen im Roman durch die enttäuschten Zuhörer ausgiebig erörtern und bemäkeln. Zwei Textstellen sind da besonders aufschlussreich, aus dem 28. und dem 48. Erzähltag. Also aus Etappen der Romanhandlung, die so weit fortgeschritten sind, dass Alphonse und seine diversen Mitreisenden einander schon etwas kennen. Tag für Tag im wilden Felsengebirge trägt jetzt der gesprächige Hauptmann einer Schmugglerbande den Reisenden seine ereignisreiche Lebensgeschichte vor. Aber eben nicht schlüssig und stracks drauflos. Sie ist vielmehr durchsetzt von vielerlei weiteren Erzählungen; jeweils vorgetragen von anderen, sozusagen tertiären und quartären Erzählern innerhalb seiner, des Hauptmanns, Geschichte. Ebenso regelmäßig an jedem Reisetag wird dieser Chef durch seine Schmugglerbande weggerufen, so dass er seine Rede unterbrechen muss. Folglich staut sich der Erzählfluss für die Zuhörer dermaßen, dass sie missmutig darüber hadern, wie er denn wohl besser zu kanalisieren sei. Zumal einer von ihnen, der übersystematische Geometer Velasquez, fühlt sich genasführt durch die Unterbrechungen und Verschachtelungen. Er kann, so sagt er, in diesen Geschichten

> «nicht den geringsten Zusammenhang finden. Ich weiß wirklich nicht, wer spricht und wer zuhört. Hier erzählt der Marqués von Val Florida der Tochter seine Erlebnisse, und diese berichtet sie dem Hauptmann, der sie wiederum an uns weitergibt. Es ist ein wahres Labyrinth. Ich fand schon immer, daß Romane und Werke ähnlicher Art in mehreren Spalten, ähnlich wie Zeittafeln, geschrieben werden müssten.»
>
> «Sie haben recht», ließ sich Rebekka vernehmen. «Man würde zum Beispiel in der einen Spalte lesen, daß Frau von Val Florida ihren Mann betrügt, in der anderen würde man erkennen, wie sich dieses Ereignis auf ihren Mann auswirkt. Das brächte zweifellos eine größere Klarheit in die Erzählung.»
>
> «Das meine ich nicht», sagte Velasquez. «Aber da ist zum Beispiel der Herzog von Sidonia, dessen Charakter ich erforschen soll, während ich ihn doch schon tot gesehen habe.» (310f.; 368)

Zwanzig Erzähltage später hat sich das Durcheinander der Erzählinstanzen noch gesteigert samt dem Unmut der Zuhörer. Es kommt zu einer Auseinandersetzung zwischen dem momentanen Erzähler und einem anderen aus dem gleichen Kreis:

> «Die Geschichte, nach der Eure Exzellenz mich fragen, hatte ich – freilich mit erfundenen Namen – dem jungen Kaufmann zu erzählen begonnen, den wir eben mit der schönen Inés verheiratet haben ...»
>
> «Doch sie wurde nicht zu Ende geführt», sagte der Ritter. «López Suárez erzählte sie dem kleinen Avarito und dieser wiederum mir. Sie selber waren dabei stehengeblieben, daß Frasqueta Ihnen im Park ihre Geschichte erzählt hatte; darauf hatte sich Ihnen der Herzog von Arcos, als Frasquetas Freundin verkleidet, genähert und gesagt, die Abreise Cornádez' solle beschleunigt werden ...» (490f.; 570)

Ein unaufhaltsames Irritationsmanöver im Erzählen, beim Erzählen und durchs Erzählen. Selbst an solchen Stellen, wo Potocki es erheiternd zur Debatte stellt, ist es kein selbstzweckliches Spiel. Es erfüllt vielmehr thematisch einen ganz bestimmten Zweck innerhalb der Gesamtveranstaltung zyklischen und instrumentalen Erzählens, die den Roman in Schwung hält. Eigentlicher Adressat der Veranstaltung, auch wenn er zeitweilig nur als ein Beliebiger innerhalb der Reisegruppe erscheint, ist und bleibt Alphonse, die Hauptfigur des Geschehens. Wie einst auf Schehrezâds angesprochenen Zuhörer, den grausamen Sultan, so soll auch auf Alphonse radikal eingewirkt werden durch inständiges, iteratives Erzählen. Wozu? Damit er seine bisher gelebte Lebensrolle verändere. Doch im Unterschied zum Sultan in *Tausendundeine Nacht* soll Alphonse nicht aus einer destruktiven Rolle herauserzählt werden. Er soll in eine produktive Rolle hineinerzählt werden.

Unterirdischer Geheimbund Noch ein weiterer Unterschied macht sich geltend. Wir kennen von vornherein Schehrezâd und den Zweck ihres brisanten Erzählens. Gebannt wie ihr Adressat, können wir verfolgen, ob und wie sie ihren Zweck erreicht: den eigenen Kopf zu retten, aber auch die Köpfe der verbliebenen Frauen im Land. Potocki hingegen lässt seine vorerst unbekannten, gestaltlosen Veranstalter aus dem Hinterhalt agieren. Genauer: aus dem Untergrund. Noch genauer und konkreter: aus einem weit verzweigten Höhlensystem, das tief drunten im Felsenmassiv der Sierra Morena sich ausdehnt. Wer sind diese insgeheimen, am Schluss erst zutagetretenden Akteure? Und was wollen sie von ihm, dem Romanhelden? Es sind – so will es die histo-

rische Fiktion des Romans – die späten Nachkommen des einstmals mächtigen arabischen Herrschergeschlechts mit Namen Gomélez, das in Andalusiens Hauptstadt Granada herrschte. Vor Jahrhunderten, als die christlichen Heerscharen Spanien zurückeroberten und die Mauren vernichteten oder vertrieben, damals flohen die Gomélez nicht wie die andern zurück übers Meer nach Nordafrika. Sie verschwanden aus Granada unter die Erdoberfläche und erbauten sich ein subterranes Reich. Bestens versorgt mit Goldschätzen aus fündigen Bergwerksadern, haben sie seitdem alles vorbereitet: um eines Tages, im Namen des Islam, aufzuerstehen und das Abendland neuerlich zu unterwerfen.
Schon längst sind sie rege als mächtiger Geheimbund, der von der iberischen Halbinsel über Tunesien bis nach Ägypten seine unerkannten Fäden spinnt. Jetzt aber scheint ihnen die Zeit reif. Jetzt endlich haben sie den wahren, unbestreitbaren Nachkommen ihrer Dynastie ausfindig gemacht. Der Romanheld Alphonse van Worden ist es, ohne dass er irgend etwas davon ahnt.

Er weiß nicht, soll auch vorerst nicht wissen: wer denn die Sippe Gomélez ist; dass er selbst ihr angehört; und wozu sie ihn erkoren hat. Unversehens ereilen ihn, am eigenen Leib und Geist, unbegreifliche Abenteuer, aber auch jene ebenso unbegreiflichen Erzählungen seiner seltsamen Reisegefährten. All dies kommt indes nicht von ungefähr. Es folgt vielmehr pünktlich dem ausgetüftelten Plan jener Unterweltler: den Wagemut und die Tatkraft ihres Auserwählten zu prüfen, seine Geistesgegenwart und Verlässlichkeit einer Zerreißprobe zu unterziehen. Ein aufwendiger Eignungstest läuft da ab, wie ihn so manche zeitgenössischen Geheimbünde ihrem elitären Nachwuchs auferlegen, von den europäischen Freimaurern bis zur indischen Mördersekte der Thugs. Nicht anders als in Mozarts *Zauberflöte*, nur drastischer, gilt in der *Handschrift* die Prüfung vorab der Todesfurcht und erotischen Anfechtbarkeit. Glorios wie dort der Prinz Tamino besteht sie auch Alphonse. Todesfurcht kennt er keine, auch nicht vor den geierzerfetzten Leichen scheinbarer Wiedergänger. Und bei der erotischen Anfechtung hält er sich gleichfalls so wacker, wie vom Geheimbund erhofft. Das heißt, Alphonse erliegt der Versuchung und erwirkt die erwünschten Folgen seiner Lendenkraft. Ohne es zu wissen und zu wollen – er handelt ja unterm Einfluss eines berauschenden Getränks –, setzt er schwungvoll den Stammbaum der Sippe Gomélez fort. Sogar gleich um zwei Stammbaumsprossen auf einmal: mit den beiden orientalischen Cousinen.

Sinn der epischen Verwirrung: Wozu das Wozu? So viel hat sich jedenfalls gezeigt: *Die Handschrift von Saragossa*, wie verworren auch immer, ist kein überanstrengter Schabernack. Auch keine poetische Selbstbefriedigung. Gleichwohl mag dieses geräumige Opus selbst bei hemmungslosen Lesern immer mal wieder die Frage aufwerfen: ob sie nicht vielleicht, allerdings auf hohem Niveau, einer literarischen Hochstapelei aufsitzen. Allerdings, eine verdeutlichende Klärung dessen, was alles in allem abläuft, steht ja auch noch aus. Nun denn, sie lohnt sich. Zweifellos ist Potockis Roman ein kaum zu überbietender

Fall vielfältigen, aber auch vielzwecklichen Erzählens. Seine vertrackte Konstruktion ermöglicht beiden Betreibern, die hier am Werk sind, mehrere Zwecke zu verfolgen. Einerseits waltet hier der werkinterne Betreiber, der arabische Geheimbund. Er ergreift allerlei epische Maßnahmen, um sein wahnhaft utopisch-politisches Ziel zu erreichen. Konkret: um den einzig würdigen Prätendenten für das ausersehene hohe Amt zu prüfen und vorzubereiten. Andrerseits waltet hier der werkexterne Betreiber, der erfindungsreiche Autor des Romans. Auch er ergreift allerlei epische Maßnahmen, um sein zugleich aufklärerisches und unterhaltsames Ziel zu erreichen. Konkret: um eben jenes undurchsichtige Treiben des Geheimbunds angemessen – will sagen, vorerst ebenso undurchsichtig – seinen Lesern zu vergegenwärtigen. Und das erfolgt keineswegs unparteiisch, sondern mit kritischer Ironie.

Der oder besser die werkinternen Betreiber gehen, wie schon angedeutet, folgendermaßen vor. Um Alphonse für ihre Sache zu gewinnen und ihn seinem hohen Amt anzunähern, kreisen sie ihn ein mit Ereignissen, die seine Begabung und Bereitschaft dazu mobilisieren sollen. Nicht etwa, dass die Geheimbündler ihn bereden, seis durch trockene Unterweisung und Argumentation, seis durch schwungvolle Appelle. Ihnen, die insgeheim und gestaltlos um sich greifen – gleich einem unsichtbar allwissenden Erzähler –, käme eine lediglich rhetorische Ansprache unwirksam vor. Nein, sie überfallen Alphonse mit schlagkräftiger Evidenz, die umweglos für sich selber spricht. Unabweisliche Augen- und Ohrenzeugenschaft drängen sie ihm auf. Aus dem Hinterhalt führen diese Geheimbündler Regie schon bei den hässlich und schön schockierenden Anfangsszenen: beim schaurigen Erlebnis mit den beiden Gehenkten, beim erotischen Erlebnis mit den beiden reizvollen Orientalinnen. Eindrucksvoll besteht Alphonse diese Abenteuer, doch er kann sie mitnichten begreifen. Eben dieser wohlberechnete Stachel wirkt in ihm fort. Seine ungestillte Wissbegier macht ihn empfänglich für das, was alsbald folgt.

War die erste Maßnahme strikt theatralisch, unmittelbar den Augen- und Tastsinn des Helden anspringend, so sind die weiteren Maßnahmen ebenso strikt episch. Sie suchen und finden, nun mittelbar über lebhafte Erzähler, sein unersättliches Gehör. Fortan wird ringsum auf ihn einerzählt, Tag für Tag in der Reisegruppe durchs Gebirge. Den vielstimmigen Wirrwarr ihrer immer wieder abgebrochenen Geschichten habe ich schon beschrieben. Desgleichen: wie sämtliche Erzähler der Runde den auskunftssüchtigen Helden – so wie Schehrezâd den Sultan – einer unentwegten Fortsetzungs-Folter unterziehen. Die zunächst szenisch entfachte Wissbegier des Rätselnden wächst nun mit jeder an- und abgebrochenen Geschichte. Er lechzt danach zu hören, wie es weitergeht: da und dort und hier bei all dem, was kreuz und quer so sprunghaft erzählt wird. Vage, aber heftig verspürt er, es betreffe ganz persönlich auch ihn selbst. Von daher ist er nicht sonderlich verblüfft, wenn man ihm am Ende des Romans mitteilt, auch hier habe sich alles nach dem Plan des mächtigen Geheimbunds abgespielt.

Der nämlich hat, so erfährt Alphonse im Nachhinein, die Reisegruppe sorgsam zusammengestellt und auf ihn, den Herrscher in spe, angesetzt. Jede Person dieser mobilen Erzählrunde gehört, mehr oder minder weitläufig, zur Sippe Gomélez, aufgespürt in verschiedenen Erdteilen und herbeigeholt. Dabei weiß jede von ihnen ebenso wenig wie der Held, worum es denn letztlich geht. Mithin ist Alphonse schon auf seiner Reise umrundet von unbekannten Verwandten. Und wenn sie je und je ihre persönliche Geschichte erzählen, über mehrere Generationen zurückgreifend, handelt es sich immer auch um seine eigene Herkunft. Derart fügt sich, gesteuert vom Geheimbund, nach Jahrhunderten eine zerstückelte und weit verstreute Großfamilie zusammen: kraft instrumentalen Erzählens, das schrittweise vom Wirrwarr zur Klärung, vom Fragmentarischen zum Ganzen vordringt. Erreicht ist damit, immerhin, ein privater Glückszustand für den Romanhelden. Doch dieses Glück kommt am Ende nur dadurch zustande, dass jenes ursprüngliche, das utopisch-politische Projekt der Gomélez missglückt. Katastrophal.

Dass, wie und woran es scheitert, dafür sorgt der werkexterne Betreiber, der Autor als Konstrukteur. Jetzt freilich verfährt er längst nicht mehr so zurückhaltend wie bisher. Seinem Roman verpasst er einen Schluss, der restlos mit beidem aufräumt: mit dem ausgeklügelten epischen Wirrwarr wie mit der globalen Wahnvision des Gomélez-Clans. Schlagartig geschieht das, kurz und bündig. Vor allem aber so, dass die eigentlichen Erzählzwecke des erklärten Aufklärers Potocki sich deutlich erfüllen. Das gewaltige Bild einer undurchsichtigen und unbegreiflichen, paranoid zwangsgesteuerten Welt, das er 65 Erzähltage lang vor seinem Romanhelden entrollt hat: zusammenstürzen muss es am allerletzten, dem 66. Erzähltag. Zum jüngsten Tag macht ihn der Autor. Hierbei spielt er die Rolle eines ironischen Schöpfergottes, der die wohlbekannte Rolle des biblischen Schöpfers schnöde abserviert.

Autor als ironischer Schöpfergott Ich erinnere an den epischen Akt der Genesis, wie er oben im Kapitel über ‹Erzählen als Beleuchten› beschrieben wurde. Stichwort: Es werde Licht; und Gott sah, dass seine Schöpfung gut war. Der Autor Potocki nun spielt und spiegelt uns vor, wie er einen ganz anderen Eindruck gewinnt. Rückblickend muss er sehen, dass viel von dem, was er da episch geschaffen hat, gar nicht gut war. Sein schieres Wohlgefallen findet eigentlich nur der Romanheld, der unerschütterlich einen klaren Kopf bewahrt hat, unangefochten auch von dem hohen Amt, das man ihm hat antragen wollen. Angesichts dieser Bilanz macht der Autor reinen Tisch. Er zerstört jenen strategisch so meisterhaft entworfenen Kosmos eines unterweltlerischen Antikosmos. Auch hier verfährt er längst nicht so eigenmächtig und grobschlächtig wie der hernach enttäuschte biblische Schöpfer. Von dem weiß man ja, wie er nachträglich all das, was ihm an seinem eigenen Werk missriet und nunmehr missfällt, mit Sintflut hinwegschwemmt. Anders Potocki. Er widersteht der Versuchung, seine finale Katastrophe durch einen allwissenden, allmächtigen, allgegenwärtigen Erzähler unmittelbar ins Werk zu setzen und zu schildern.

Unaufdringlich und folgerichtig geht er vor. Er macht, dass das Wahnsystem jener obskuren Welteroberer an und durch sich selbst zugrunde geht. Vollzogen wird der Untergang durch den letzten Groß-Scheich der Gomélez, nachdem ihn gegen Ende der Einsichtsstrahl seines aufklärerischen Autors getroffen hat. Jäh und radikal gleich jenem zeusartigen Blitzschlag des biblischen Gottes, der einst den Saulus zum Paulus verwandelt hat. Besagter Groß-Scheich ist es auch, der mit eigenen Worten dem Romanhelden die Vorgeschichte des Clans und die schließliche Katastrophe berichtet und erklärt. Als letzter Bevollmächtigter der Dynastie Gomélez hatte er ihre utopischen Pläne getreulich fortgeführt, hatte den erkorenen Thronfolger aufgespürt und einfallsreich umgarnt. Jetzt jedoch sieht er ein, dass all die jahrhundertelangen Anstrengungen wohl immer schon aussichtslos und abwegig gewesen waren. Sogar die Natur widersetzt sich der finsteren Utopie jener Maulwurfdynasten. Soeben nämlich hat der Scheich feststellen müssen: die bislang unerschöpflichen Goldadern im tiefen Bergwerk der Sierra Morena sind versiegt. Daraufhin sprengt er, kurz entschlossen, das geheime Höhlenreich in die Luft.

Eine heikle Folgerung mag sich hier aufdrängen. Nämlich: an und mit diesem ruinösen Ende habe der ironische Schöpfergott Potocki womöglich auch die eigene epische Konstruktion zurückgenommen. Verworfen habe er also nicht allein – innerhalb des Romangeschehens – den politischen Wunschtraum der Gomélez als Ausbund von imperialistischem Machtrausch und religiösem Fanatismus. Verworfen habe er damit zugleich – fürs große Ganze seines Romans – auch deren und sein maßgebliches Werkzeug: das instrumentale Erzählen. Und zwar zwangsläufig, ob nun gewollt oder nicht. Dient es doch in der *Handschrift*, anders als in anderen Werken, einem verwerflichen Zweck. Heikel wäre solche Folgerung durchaus. Doch sie unterschätzt die Ironie des Autors. Ironisch verfügt er hier: dass der überwältigende Aufwand instrumentalen Erzählens, mit dem der Geheimbund dem Romanhelden zusetzt, um ihn für seine bedeutende Aufgabe zu prüfen, zu ertüchtigen und zu ermächtigen, dass dieser Aufwand eine nachhaltige Wirkung zwar ausübt; doch es ist eben nicht die beabsichtigte. Im Gegenteil. Der solchermaßen geprüfte, ertüchtigte und ermächtigte Alphonse lässt sich partout nicht gewinnen für die wahnwitzige große Sache. Just das vielfältige, vielstimmige instrumentale Erzählen, das ihn dafür einnehmen soll, stärkt seine Widerstände dagegen. Ihn stoßen die gigantomanischen politischen Ziele ab. Ansonsten aber genießt er gern, privatim, die schöne Geselligkeit seiner wieder aufgetauchten, herbeierzählten Großfamilie. Auch die umfangreiche Erbschaft, die ihm zufällt, nimmt er ungeniert entgegen. Denn sie ermöglicht ihm ein schöneres, unabhängigeres Leben.

Minus mal Minus Erzählen als Ent-töten? Diesen Grundimpuls hat der Geheimbund der Gomélez strikt verkehrt. War doch das Fernziel – für sich und die eigene Religion die Weltmacht zu erobern – von vornherein nur denkbar als kriegerisches, also massenmörderisches Unternehmen. Diesen verkehrten Impuls des Romanpersonals verkehrt nun der Autor, aus seiner höheren Warte, ebenso strikt in die ursprüngliche Richtung all jener Erzählwerke im Gefolge von *Tausendundeine Nacht* und *Decamerone*. Großes Minus mal kleines Minus. Epischen Nutzen zieht Potocki für sich und seinen Haupthelden justament aus dem Missbrauch des instrumentalen Erzählens durch den umtriebigen Geheimbund. Nutzen für die Gesamtkonstruktion des Romans. Letzten Endes lässt er ja beiderlei Abenteuer des Alphonse van Worden – jene, die er leibhaftig erlebt hat, wie jene, die man ihm erzählt – ganz und gar vom Helden selber erzählen. Dieser Alphonse nämlich, der ironischerweise den Familiennamen «van Worden» = «von den Worten» trägt, bringt im Nachhinein alles restlos zu Papier. Alles formuliert er, so will es der Autor, im Rückblick eines Ich, das inzwischen jegliches, was ihm geschah, innerlich verdaut und äußerlich gegliedert hat.

Auch hier haben wir es, wie schon vermerkt, mit einem der Sonderfälle zu tun, in denen jemand sich erzählend vergewissert: seiner selbst und der Welt, die auf ihn einstürzt. Ein Fall, der denen in *Transit* und in *Grande Sertão* ähnelt. Dabei lässt Potocki seinen Helden etwas weiter ausschreiten via Zukunft. Anders als Seghers' Flüchtling Seidler, auch als Guimarães Rosas Banditenführer Riobaldo spricht Alphonse keinem anwesenden Zuhörer hier und jetzt ins Gesicht. Schwarz auf Weiß schreibt er alles nieder im titelgebenden *Manuscrit trouvé à Saragosse*. Aus allem, was ihm unglaublicherweise widerfahren ist, verfertigt er ein handfestes, handhabbares Dokument für die Nachwelt. Wozu? Zur Warnung und zum schaurigen Ergötzen.

V Erzählen im großen Ganzen: Epos

Viele, vieles, vielerlei: das sind Kennworte für jegliche Epik. Vor allem für das eigentliche Epos. Von Vielem und Vielerlei erzählt diese poetische Gattung. Auch ihren berühmtesten Helden kennzeichnet sie durch besondere Vielfalt, äußerlich und innerlich. Schon die Eingangsverse des Werks, das seinen Namen trägt, nennen den Odysseus einen «polytropon», einen Vielbewanderten, der geistig beweglich sich überall auskennt, auch in Listen und Finten. Und andere Verse im Lauf der zwanzig Gesänge seines Epos bezeichnen ihn ebenso beharrlich als «polymethis», als einfallsreich und erfinderisch. Weiß er doch für jede noch so verzweifelte Lage, in die er und seine Gefährten geraten, einen unverhofften Ausweg. Aber nicht nur draußen in der Welt, ebenso im eigenen Inneren hat dieser Held vielerlei Beschwernisse zu ertragen.

ÜBERDAUERNDES VORBILD: DIE WERKE HOMERS

Auch dies betont schon der Anfang des Epos, das von Odysseus' mannigfachen Abenteuern erzählt:

> Ihn, den Mann, sage mir, Muse, den vielbewanderten,
> Der so weit umhergeirrt, nach des heiligen Trojas Zerstörung,
> Vieler Menschen Städte gesehen und Sitten erfahren,
> Und auf dem Meere so viel unnennbare Leiden erduldet. (I, 1 f.)

Später dann im sechsten Gesang, wenn Odysseus halbtot ans Land der Phäakeninsel gespült wird – sein selbstgebautes Floß fiel dem Wüten des Meergottes Poseidon zum Opfer –, hat er bereits viele gewaltige Abenteuer hinter sich. Längst schon und ohnehin ist es jenes epochale Geschehen gewesen, wovon Homers anderes Epos, die *Ilias*, erzählt: der zehn Jahre dauernde Krieg um Troja, der schließlich dank seiner, des Odysseus, durchtriebener Erfindung des tödlich besetzten hölzernen Pferds zum Sieg für die Griechen führt. Und neuerdings, hier nun erzählt in der *Odyssee*, hat er ebenso lebensgefährliche Abenteuer hinter sich gebracht auf seiner immerfort abgelenkten Heimfahrt. Diesmal waren es Abenteuer, die er persönlich zu bestehen hatte, vorerst noch gemeinsam mit seinen Schiffsgefährten; doch später dann ganz allein, weil sie nach und nach auf der Strecke geblieben sind. So beim mutwilligen Zwist mit dem menschenfressenden Zyklopen und Poseidonspross Polyphem. So bei den Kämpfen mit den angriffswütigen Lästrigonen. So bei der heimtückischen Gastfreundschaft der verlockenden Zauberin Kirke, die Odysseus' restliche Fahrtgenossen in Tiere verwandelte. So bei den nunmehr solistischen Liebesansprüchen in Kalypsos, der göttlichen Nymphe, abgelegener Grotte. So bei der grausigen Exkursion zu den Toten drunten in der Unterwelt, um Auskünfte einzuholen über die Zukunft sowie über wichtige Geschehnisse, die ihm während des Trojakriegs und danach entgangen waren.

Hier nun, auf der Insel der harmlosen Phäaken, erlebt Odysseus ein idyllisches Interim zwischen all den Turbulenzen. Für sich selbst dagegen findet er vorerst weder Ruhe noch Entspannung. Denn jetzt werden ihm die äußeren zu inneren Erschütterungen. Nachdem die Königstochter Nausikaa – sie war mit ihren Gespielinnen zum Wäschewaschen an den Meeresstrand gekommen – den erschöpften nackten Fremdling schicklich eingekleidet hat, führt sie ihn zum väterlichen Palast. Dort wird er gastfreundlichst aufgenommen. Sogar ein großes Festmahl mit sportlichen und künstlerischen Darbietungen veranstaltet König Alkinoos: ihm, dem Namenlosen, zu Ehren. Es gipfelt im Auftritt des allseits verehrten Rhapsoden Demodokos, eines blinden Sängers von heroischen Erzählungen.

Auftritt des Rhapsoden Demodokos oder: Epos im Epos Was sich dabei abspielt, wird zu einer doppelten Sensation. Einerseits für die zeitgenössischen Hörer und späteren Leser der *Odyssee*, andrerseits für den Titelhelden des Werks. Erstere erleben ein Epos im Epos. Sie erfahren: was überhaupt in dieser Gattung vorgetragen wird und auf welche Weise, nämlich psalmodierend, von einem Saiteninstrument begleitet; wie das erzählte Geschehen vom Publikum aufgefasst wird; schließlich, welche Wirkung es auslösen kann. Und Odysseus, hier selbst ein Teil des Publikums, wird gleichermaßen durch den Inhalt des Erzählten wie durch den Vorgang des Erzählens ganz besonders aufgewühlt. So sehr, dass er schließlich seine strikte Anonymität nicht länger wahren kann. Denn was ihm hier aus Demodokos' Versen entgegentönt, sind großenteils seine eigenen Abenteuer, jene im Kampf um Troja. Für Odysseus und für die Welt sind sie mittlerweile Geschichte geworden.

Gewiss, manche anderen Episoden der *Odyssee* dürften sich den Hörern und Lesern noch schärfer einprägen. Solche mit heftigerem Ereignisdruck, mit farbigerer Bildkraft: etwa die blutige Blendung des Polyphem sowie seine Übertölpelung durch die transportierenden Schafe bei der Flucht aus seiner Höhle; oder der tödlich verlockende Gesang der Sirenen, wovor Odysseus – gefesselt am Mastbaum – und seine Schiffsgefährten – taub gemacht durch wachsverstopfte Ohren – sich schützen; oder nach der Heimkehr die blutige Rache an den schmarotzenden Freiern, wenn der lang verschollene, als Bettler verkleidete Herrscher Odysseus sich zu erkennen gibt, indem er als einziger den hinterlassenen ungefügen Bogen mörderisch meistert. Fürs große Ganze des Werks jedoch beansprucht die Demodokos-Episode eine noch größere Bedeutung: als Epos im Epos wie auch durch Odysseus' Reaktion darauf.

Dass es Homer just auf diesen doppelten Hergang besonders ankommt, dafür sprechen zwei auffällige Umstände. Er lässt ihn wie unter Zeitlupe ablaufen, auf mehreren Stufen, die sich über mehrere Gesänge erstrecken. Und: er macht ihn zu einem maßgeblichen Gelenk seiner erzählerischen Gesamtkonstruktion. Die mehreren Stufen sind deutlich genug. Schon im siebten Gesang – dem unbekannten Gast gebührt beim Gelage der Ehrenplatz zwischen dem Herrscherpaar – entdeckt die Königin Arete an ihm ihre selbstgewirkten Gewänder. Nausikaa hat ihn ja neu eingekleidet. Wer und was und welchen Standes dieser Fremde ist, lässt sich also weder seiner Aufmachung noch seinem verschwiegenen Namen entnehmen. Darauf aber kommt es Arete an:

> Hierum muß ich dich, Fremdling, vor allen Dingen befragen:
> Wer und von wannen bist du? (VII, 237f.)

So erzählt ihr denn Odysseus, wahrheitsgemäß und ausweichend zugleich, das Abenteuer mit Kalypso. Schadlos für seine Anonymität kann er das. War es doch sein bislang letzter Aufenthalt. Also jüngst und auch genügend abgelegen, sodass es sich noch nicht herumgesprochen haben kann oder gar – wie der Trojakrieg – episch verarbeitet worden ist.

Folglich kann Odysseus fürs Erste ein «Utis» bleiben, jener Mann namens «Niemand», als der er sich einst dem Polyphem listig vorgestellt hat. Im achten Gesang, noch immer dauert das Festgelage an, kommt es dann zu Demodokos' innerepischem Epos: mit Abenteuern aus dem trojanischen Krieg. Odysseus ist davon derart begeistert, dass er dem wortgewaltigen Rhapsoden eine überschwängliche Lobrede spendet. Nicht allein dessen persönliche Leistung preist er. Er preist auch ausdrücklich die gottgegebene, von den göttlichen Musen ermöglichte epische Dichtkunst überhaupt:

> Dich hat die Muse gelehrt, Zeus' Tochter, oder Apollon!
> So zum Erstaunen genau erzählst du das Schicksal der Griechen,
> Alles, was sie getan und erduldet im mühsamen Kriegszug,
> Gleich, als hättest du selbst es gesehen oder gehöret. (VIII, 488ff.)

Was Odysseus besonders hervorhebt – die authentische Wahrhaftigkeit der geschilderten Vorkommnisse –, könnte ihn selber beinah verraten. Erst recht, wenn er dem blinden Epensänger noch weitere Stichworte liefert, die nur ein Augenzeuge wissen kann. Und vollends, wenn er um eine bestimmte Zugabe bittet. Erzählen soll Demodokos doch noch eigens von den einzigartigen Taten des Odysseus:

> Fahre nun fort und singe des hölzernen Rosses Erfindung,
> Welches Epeios baute mit Hilfe der Pallas Athene,
> Und zum Betrug in die Stadt einführte der edle Odysseus,
> Mit bewaffneten Männern gefüllt, die Troja bezwangen.
> Wenn du mir dieses auch mit solcher Ordnung erzählest,
> Siehe, dann will ich sofort es allen Menschen verkünden,
> Daß ein waltender Gott den hohen Gesang dir verliehn hat. (VIII, 492ff.)

Unverzüglich tut Demodokos wie geheißen. Und bestens erfüllt er die Erwartungen, die der fremde Gast in ihn setzt. «Ein waltender Gott» – Apollon, der Führer der Musen –, aber auch diese selbst, die ihr Allwissen dem Sänger eingeben, sie gewährleisten, dass sich jetzt abermals episches Erzählen vollzieht, vor den Augen und Ohren aller. Mustergültig, als wäre der Rhapsode, der hier und jetzt seine Verse vorträgt, dort und damals zugegen gewesen. Damals, als durch Odysseus' einfallsreiches Trugspiel das wehrhafte Troja überlistet, erobert und vernichtet wurde. Was spätere Erzählwerke der Weltliteratur ihren Lesern bewusst als Fiktionen nahe bringen, das wird in der frühen *Odyssee* – so will es erscheinen – als bare Münze ausgegeben und hingenommen. Von wirklich geschehenen Vorkommnissen berichtet Demodokos, so wähnt Odysseus und mit ihm alle andern Zuhörer. Und als unübertrefflich ist dessen epische Kunst einzuschätzen. Denn sie vergegenwärtigt, was dermaleinst andernorts geschah, nicht nur «zum Erstaunen genau», «als hättest du selbst es gesehen und gehöret». Sie tut es auch «mit solcher Ordnung».

Ob nun Homer selbst daran glaubt, oder ob er nur die Personen in seinem Epos es glauben macht: erstaunlich ist für heutige Leser die uneingeschränkte Überzeugung, im epischen Rhapsoden seien reibungslos lauter Zuständigkeiten vereint, die in späteren Zeiten strikt geschieden sind. Noch ungeschieden also machen sie hier gemeinsam seine Profession aus. Demnach waltet Demodokos, wenn er seine Erzählung verlautbart, in Tateinheit als Reporter, als Zeitgeschichtler und als Poet. Odysseus jedenfalls, im Einklang mit Alkinoos' Hofstaat, sieht Demodokos' Kunstfertigkeit darin, dass er jene fernen, tatsächlich geschehenen Vorkommnisse nicht im Rohzustand belässt. Der Rhapsode gliedert und formt sie vielmehr «mit solcher Ordnung»: wohlgefügt, in sinnvoller Reihenfolge und Gewichtung, in übersichtlichem Zusammenhang, in durchrhythmisiertem Versgefälle. Und, nicht zuletzt: in einleuchtender, angemessener Komposition.

Bemerkbar macht sie sich, sobald man den unverhofften Widerhall von Demodokos' epischer Zugabe bedenkt. Andersartig wirkt sie, stärker und folgenreicher, als sie der bittende Gast selber sich ersehnt hat. Im Gegensatz zu damals, als Odysseus leibhaftig daran beteiligt war, nimmt es ihn jetzt mit, da es ihm in epischen Versen erzählt wird: jenes grauenhafte End-Gemetzel in Troja.

> Dieses sang der berühmte Demodokos. Aber Odysseus
> Schmolz in Wehmut, Tränen benetzten ihm Wimpern und Wangen.
> Also weinet ein Weib und stürzt auf den lieben Gemahl hin,
> Der vor seiner Stadt und vor seinem Volke dahinsank,
> Fern zu halten den grausamen Tag von der Stadt und den Kindern.
> Jene sieht sie jetzt mit dem Tode ringend und zuckend
> [...]
> So zum Erbarmen entstürzte Odysseus' Augen die Träne;
> Allen übrigen Gästen verbarg er die stürzende Träne,
> Nur Alkinoos sah aufmerksam die Trauer des Fremdlings. (VIII, 521 ff.)

Hier stoßen wir auf einen der vielen buchstäblich ausschweifenden Vergleiche Homers. Wie sie prinzipiell beschaffen sind, was sie episch zu leisten haben und wieso sie so unwiderstehlich fortgewirkt haben in allen wichtigen Epen späterer Jahrhunderte, das wird an anderen Stellen zu erörtern sein. Hier interessiert uns nur ein einziges, aber erhebliches Moment. Es drängt sich auf, weil es seltsam abweicht von der üblichen Tendenz homerischer Vergleiche. Gemeinhin ziehen sie ihre Parallelen zwischen möglichst verschiedenartigen Lebensbereichen. Sie reizen die Spannweite aus zwischen dem erzählten Vorgang A und einem besonders entfernten Vorgang B, damit eine latente, womöglich noch nie wahrgenommene Gemeinsamkeit zum Vorschein kommt. Abweichend davon wird nun im vorliegenden Fall scheinbar Gleiches mit Gleichem verglichen: da wie dort die blutige Zerstörung einer Stadt, die bei den hinterbliebenen Augenzeugen eine Tränenflut aus-

löst.

Aber eben nur scheinbar Gleiches mit Gleichem. Denn fintenreich simuliert der unübliche Vergleich eine nur oberflächliche Konvergenz, um die eigentlichen Divergenzen hervorzuheben. Genauer besehen, lässt der verglichene ähnliche Vorfall gravierende Unterschiede aufblitzen. Erschreckend bedenkliche. Wahrgenommen wird die Niedermetzelung der Stadtbevölkerung mal aus der Sicht der Opfer (die Witwe), mal aus der Sicht der Täter (Odysseus). Mal wird das Geschehen beweint, während es geschieht, mal viele Jahre danach. Zudem weint jene Witwe über das Leid, das ihr und ihresgleichen widerfährt – wogegen Odysseus seine Tränen über beide Seiten vergießt: über sich und seinesgleichen nicht weniger als über jene Menschen, die er und seinesgleichen in Troja erschlagen und verstümmelt haben. Heraufbeschworen durch die Stimme des epischen Sängers, der da überparteiisch erzählt, geht dem Helden Odysseus jetzt erst auf, was sich damals und dort zugetragen hat: durch ihn, mit ihm und in ihm.

Vielfalt von Stimmen Solche quälenden Unterschiede, die jener seltsame Vergleich offenbart, bringen den vormals aktiv handelnden und derzeit passiv ruhenden Odysseus zum Weinen. Aber sie bewirken noch mehr und anderes. Sie werfen zugleich ein Licht auf die besondere Komposition der *Odyssee*. Geradezu demonstrativ lenkt hier Homer unseren Blick nicht nur auf den äußeren Betrieb des öffentlichen Epenvortrags durch Rhapsoden. Er lenkt ihn auch aufs innere Erzählgetriebe seines eigenen Werks. Demodokos' Epos im Epos ruft eine Kettenreaktion von Ereignissen hervor. Odysseus bricht in Tränen aus / König Alkinoos, dies vermerkend, gebietet dem Rhapsoden Einhalt / selber bewegt, fragt er, was denn den Gast bewege / irrig mutmaßt er die Beweggründe:

Sage mir auch, was weinst du, und warum trauerst du so herzlich,
Wenn du von der Griechen und von Trojas Schicksal hörest?
[...]
Sank vielleicht auch dir in Trojas blutigen Schlachten
Irgend ein edler Verwandter, ein Eidam oder ein Schwager? (VIII, 577ff.)

Die Kettenreaktion setzt sich noch fort, abermals mit erzählten Ereignissen wie auch mit Maßnahmen des Erzählens. Notgedrungen lüftet Odysseus sein Inkognito / nennt coram publico seinen Namen / bekennt sich zu seinen persönlichen Taten und Leiden. Nicht genug damit. Alsbald wird er auch noch, ebenso persönlich, seine weiteren Abenteuer erzählen, die jenen aus Demodokos' vorgetragenem Epos gefolgt sind.

Hier findet statt, was sonst vor aller Augen auf der Bühne stattfindet und fast immer einen entscheidenden Umschwung der dramatischen Handlung auslöst: eine so genannte Anagnorisis, eine folgenreiche Wiedererkennungsszene. Nur spielt sie sich eben unter epischen Bedingungen ab. Keine Elektra oder Iphigenie erkennt hier szenisch von Angesicht zu Angesicht den verschollenen Bruder Orest wieder. Stattdessen muss Odysseus sich selbst wiedererkennen in jenem herbeierzählten Bild, das der Rhapsode Demodokos von ihm ausmalt – poetisch allwissend, leibhaftig dagegen blind. Aber auch Alkinoos, der den Odysseus bislang nur aus epischen Erzählungen kannte, darf ihn just in dem Augenblick erkennen, wo dieser mit eigener Stimme einsteht für jenes erzählte Bild. Und prompt steht der Titelheld auch noch für etwas anderes ein. Genauer, er springt ein beim ohnehin mehrperspektivischen und mehrstimmigen Erzählen, das Homer in seiner *Odyssee* veranstaltet. Odysseus also erzählt sogleich – aus seiner Sicht und in erster Person – Abenteuer, die er auf dem unabsehbaren Zickzackkurs seiner Rückfahrt von Troja hat bestehen müssen.

Vier Gesänge lang (IX–XII) tut er das, ununterbrochen. Und mit all den Fährnissen, die er am eigenen Leib erlebt hat, und die man aus seinem Mund jetzt vernimmt, ergreift der erzählende Odysseus die Phäaken dermaßen, dass schließlich ihr König den heimwehkranken Gast reich beschenkt davonziehen lässt. Ein schnelles Schiff, bemannt mit den besten Seglern und Ruderern des Landes, bringt ihn, während er entspannt sich ausschläft, an die Küste Ithakas, wo ihn seine Schutzgöttin Athene schon erwartet, zum Beistand bereit für seine weiteren Unternehmungen. Demnach trägt der Titelheld nicht nur handelnd und leidend, sondern zeitweilig auch erzählend dazu bei, die episch mannigfache Welt vor den Hörern und Lesern des Werks auszubreiten. Denn die lässt sich sinnfällig nur aus verschiedenen Blickwinkeln erfassen. Deshalb sind hier, im Auftrag des Dichters, diverse Erzähler zugange. Deutlich unterscheiden sie sich in ihrer epischen Macht, Reichweite und Zuständigkeit.

Vorab kommt jener zu Wort, der auch weiterhin als Homers bevollmächtigter Rhapsode die Hauptarbeit zu leisten hat. Vom Anfang bis hin zu den Schlussversen des letzten Gesangs. Er eröffnet die *Odyssee* mit seinem Anruf an die Muse, die ihm fortan so viel von ihrer Allwissenheit zukommen lässt, wie er für sein vorneweg angekündigtes Sujet benötigt: «Ihn, den Mann sage mir, Muse, den vielbewanderten, / Der so weit umhergeirrt ist nach des heiligen Trojas Zerstörung ...». Kraft solchen Beistands von oben reicht das Blickfeld, auch das Verständnis dieses Rhapsoden noch weit hinaus über den episch maßlosen Schauplatz der Kontinente, der Meere und Inseln, wo die Sterblichen mit ihresgleichen verkehren. Sogar bis hinauf in den Olymp und hinab in die Unterwelt dringt sein Blick. Denn der Rhapsode kann auch das noch erkunden und davon erzählen: was die Götter droben über die Menschen beschließen; wie ihr göttlicher Bote Hermes den Luftweg zurücklegt, um drunten ihre Weisungen zu überbringen; wie Pallas Athene mal in dieser, mal in jener menschlichen Gestalt ihrem Schützling Odysseus, aber auch seinem Sohn Telemach beisteht; was drunten im Schattenreich die Toten ihrem verwegenen Besucher Odysseus zu sagen haben.

Dieser fern- wie nahblickende Rhapsode erzählt die ersten acht Gesänge. Zunächst gelten sie Telemachs vergeblicher Suche nach seinem verschollenen Vater Odysseus, auf Wasser- und Landwegen, begleitet von der unerkannten Pallas Athene. Danach gelten sie dem Aufenthalt des Gesuchten bei der Nymphe Kalypso; dann seinem Floßbau und dem Kampf mit Poseidons Meeresstürmen, die ihn schließlich ans Gestade der Phäaken treiben. Der nämliche Rhapsode wird dann auch – nach den vier Gesängen von Odysseus' Eigenbericht – alles Weitere erzählen. Dieses Weitere macht genau die zweite Hälfte des Epos aus, vom dreizehnten bis zum vierundzwanzigsten Gesang. Somit dominiert im großen Ganzen der *Odyssee* seine unbetroffene Sicht und Stimme. Dennoch hat er, wie gesagt, kein Monopol aufs Erzählen. Seine narrative Allmacht findet vielmehr ihre Grenzen jedes Mal dort, wo bestimmte Personen des epischen Geschehens etwas Eigenes zu erzählen haben. Aber weniger das, was überhaupt geschehen ist, als vielmehr: wie das, was geschehen ist, sich ihnen ganz persönlich eingeprägt hat.

In solchen Fällen sind sie die berufeneren, weil ereignisdurchdrungenen Erzähler, denen der Rhapsode sein Amt für eine Weile übergibt. Ausdrücklich tut er das, andeutend, dass es allemal an ihm ist, den jeweils Betreffenden das Wort zu erteilen. So im III. Gesang, wenn Telemach den Nestor, den alten Kampfgefährten seines Vaters aufsucht, um Näheres zu erfahren vom Ende des trojanischen Kriegs:

> Ihm antwortete drauf der Rossebändiger Nestor:
> «Lieber, weil du mich doch an jene Trübsal erinnerst,
> Die wir tapfern Achäer im troischen Lande geduldet,
> Damals, als jetzt mit Schiffen im dunkelwogenden Meere
> Irrten nach Beute umher, wohin Achilleus uns führte» [...] (III, 102ff.)

Und Nestor erzählt, nur manchmal kurz unterbrochen vom nachfragenden Jüngling, mehrere hundert Verse lang, was aus den berühmtesten Helden der Griechen nach dem Krieg geworden ist. Einzig von Odysseus weiß er nichts. Auch im folgenden Gesang – diesmal spricht Telemach anonym bei Menelaos in dessen prächtigem Palast vor – schlägt der Rhapsode die Brücke zwischen dem fragenden Besucher und dem antwortenden Gastgeber. Formelhaft wie so oft, aber just dadurch gibt er sich als Haupterzähler zu erkennen:

> Seine Rede vernahm Menelaos, der bräunlichgelockte,
> Wandte sich gegen die Fremden [Telemach und die ebenfalls unkenntliche Athene] und sprach die geflügelten Worte: [...]
> Bracht' ich ihn [den Reichtum] in den Schiffen im achten Jahre zur Heimat;
> Ward nach Kypros vorher, nach Phönizien sowie nach Ägypten
> Durch Stürme getrieben [...] (IV, 76ff.)

Menelaos' Auskünfte sind ergiebiger als die von Nestor. Nicht nur für Telemach, der hier nun erstmals etwas Bestimmtes vernimmt über die Meeresabenteuer seines Vaters. Auch für die Leser, die Homers mehrperspektivischem Erzählen nachspüren. Der nämlich lässt den redefreudigen Spartanerkönig – fast als wäre jener ein Zunftgenosse des Rhapsoden Demodokos – gleichfalls so etwas wie ein Epos im Epos veranstalten. Weit ausholend und alle Einzelheiten auskostend, in mehr als dreihundert Versen, legt Menelaos dar: wie wenig er auf natürlichen Wegen, wie viel dagegen er auf übernatürlichen Wegen hat herausfinden können über das Schicksal des Verschollenen. Übernatürlich insofern, als Menelaos, nachdem er unter bekannten und unbekannten Menschen fruchtlos herumgefragt hatte, schließlich bei einem absonderlichen Meeresgott fündig wurde. Ausgerechnet Proteus war es, der immerzu unstet seine Gestalt wie seinen Aufenthalt wechselt: ihn konnte er listig dazu bringen, innezuhalten und Rede zu stehen. Sogar überraschend ausführlich.

So dass denn letztlich hier und jetzt Telemach aus dem Mund von Menelaos erfährt, was alles der wissensreiche Proteus über Odysseus' Verbleib erzählt hat. Mit eigenen Worten, die der Spartanerkönig – herbeierzählt durch Homers Rhapsoden – in seiner eigenen Rede getreulich zitiert. Ein Staffellauf des Erzählens sowie der erzählten Ereignisse von Mund zu Ohr zu Mund zu Ohr. Nicht nur der mehrstimmige und mehrperspektivische Hergang erinnert ans Epos im Epos des Demodokos. Auch die Wirkung beim Adressaten erinnert daran. Denn wie dort bei den Phäaken der anonyme Odysseus, so wird hier der anonyme Telemach durch die Erzählung derart erschüttert, dass ihm die Tränen kommen:

> Also sprach er [Menelaos] und rührte Telemachos herzlich zu weinen.
> Seinen Wimpern entstürzte die Träne, als er vom Vater
> Hörte [...] (IV, 113 ff)

Hierauf erfolgt, was auch am Hof des Alkinoos erfolgt: der erschütterte Zuhörer kann nicht anders, er gibt zu, wer er ist. Abermals also eine Anagnorisis, ein Wiedererkennen, allerdings mit einem anderen thematischen Schwerpunkt. Diesmal erkennt und bekennt der Zuhörer nicht sich selbst in und zu jener Person, von der ihm erzählt wird. Zu erkennen gibt er sich als deren Sohn. Damit bestätigt er die unausgesprochene Ahnung des Menelaos angesichts der merkwürdigen Ähnlichkeit des jungen Fremdlings mit dem alten Kampfgefährten Odysseus. Hier also verbindet sich der Staffellauf des Erzählens mit dem Staffellauf der Genealogie.

Wieso gerade Genealogik zum Grundbestand der *Odyssee* und aller weiteren Epen gehört, wird noch zu erörtern sein. Dann, wenn es um die eigenartigen Zeit- und Raumverhältnisse im Epos geht. Vorerst bleiben wir noch bei Homers mehrperspektivischem Erzählen. Allenthalben lässt sich beobachten, wie es vielerlei Ereignisse aus vielerlei Blickwinkeln zu erfassen sucht. Schon so erzeugt es den Eindruck von annähernder Totalität. Vollends aber kraft Beistand der allwissenden Musen sieht und weiß Homers bevollmächtigter Rhapsode grundsätzlich alles über das Treiben des Titelhelden und über die Welt, in der er sich bewegt. Dem entsprechend ist sein Blickwinkel – gleich dem seines verkleinerten Ebenbilds, des Sängers Demodokos – vorwiegend panoramatisch. Darin unterscheidet er sich strikt vom eingeengten Blickwinkel der epischen Personen, die weniger, aber auch empfindlicher wahrnehmen. Deshalb zieht der Rhapsode immer wieder als Zuträger ad hoc heran: Odysseus, Nestor, Menelaos, die nur befristet erzählen. Zu abstandslos haften sie am und für das Geschehen, als dass sie eine umfassende Überschau gewinnen könnten oder auch nur wollten.

Postmortale Berichterstattung Das gilt erst recht für einen aparten, doch nicht einmaligen Sonderfall. Gemeint ist der postmortale Rückblick mancher Personen drunten in der Unterwelt auf die Umstände ihres gewaltsamen Ablebens. Auch bei diesem endgültigen Im-Nachhinein macht sich Homers wohlbedachte Komposition bemerkbar. Den Hörern und Lesern der *Odyssee* bietet sie solche Rückblicke just im letzten Gesang. Und zwar bevor noch, wahrhaft zu guter Letzt, droben auf Ithakas Boden Frieden geschlossen wird zwischen Odysseus' königlicher Sippe und den rachedürstenden Sippen der von ihm getöteten Freier. Zuvor also richtet der Rhapsode seinen Blick hinab in die Unterwelt. Dorthin, wo soeben der Totenführer Hermes die Seelen der Freier geleitet hat. Hier finden sie die längst schon ansässigen Schatten Achills und Agamemnons in eiferndem Redewechsel. Denn sie erzählen einander vom beiderseitigen, durchaus konträren Lebensende und Nachruhm. Rede und Gegenrede in leid- und verständnisvoller Konfrontation: hier der Held aller Helden Achill, den in jungen Jahren ein erhabener Tod auf dem Schlachtfeld ereilte; dort der König der Könige und oberste Heerführer Agamemnon, den, soeben noch triumphaler Sieger von Troja, wehrlos im häuslichen Umkreis heimtückische Mörderhände niedermachten. Paradox genug. Was da abläuft im zeitlosen Raum der Unterwelt, ist offenbar ein chronischer Austausch wehmütiger Kunde. Achill und Agamemnon, hier unten schon heimisch seit vielen Jahren, treffen einander gewiss nicht zum ersten Mal. Akut und ereignisfrisch ist dagegen das, was gleich darauf der Neuankömmling Amphimedon erzählt, ein prominentes Opfer von Odysseus' mörderischem Wüten unter den schmarotzenden Freiern. Auf Agamemnons Frage, was diesen augenscheinlich noch jungen Mann so früh ins Totenreich hinabbefördert hat, beschreibt der Gefragte ausführlich (XXIV, 121–189) die Schrecknisse jener überfallartigen Vernichtungsaktion: nunmehr also aus der Sicht derer, die sie passiv über sich ergehen lassen mussten.

Gemeinsam ist den drei postmortalen Rückblicken der epische Zweck. Ein unvollständiges Bild des Geschehens sollen sie vervollständigen. Komplementär verhalten sie sich nicht nur zueinander. Sie ergänzen vielmehr auch das, was bislang anderweitig, aber eben nur teilweise, also ergänzungsbedürftig erzählt worden ist. In mehrfacher Hinsicht komplementär wirken schon die Berichte der beiden be-

rühmten Troja-Helden, die zu ihren Lebzeiten einander wenig zugetan waren. Der «Zorn des Achill» über Agamemnons Anmaßungen – so das ausdrückliche Thema der *Ilias* – hatte immerhin die Eroberung Trojas zeitweilig in Frage gestellt. Sub specie mortis ist indes jene erbitterte Rivalität verblichen. Die Beiden erzählen jetzt sogar überkreuz, der Eine des Andern Schicksal beklagend. Nunmehr mitleidend schildert Achill dem Agamemnon, was er über dessen schmählich unheroische Todesumstände erfahren hat. Und umgekehrt schildert Agamemnon, zwischen Bewunderung und gedämpfter Eifersucht, wie einzigartig feierlich die griechischen Krieger, ja sogar die Götter den dahingerafften Achill umtrauert haben: mit festlichen Wettkämpfen ihm zu Ehren und mit einem riesigen Monument.

Überflüssig wäre da jeder epische Fingerzeig aus höherer Warte, jede ausgesprochene Schlussfolgerung durch den Rhapsoden. Der komplementäre Hergang spricht für sich selbst. Allein die enge Nachbarschaft solcher Rückblick-Erzählungen bringt ein unausgemaltes Sinnbild hervor: wie die beiden großen Heroen, bei Lebzeiten auf steilster Fallhöhe, im Tod einen dennoch gegensätzlichen Absturz erleiden. Den einen erhebt und verewigt die Umwelt durch ein alles überragendes Denkmal zu seinem Ruhm:

> Auf der Spitze des Landes am breiten Hellespontos,
> Daß es fern im Meere vorüberschiffende Männer
> Sähen, die jetzt leben und später in künftigen Jahren. (XXIV, 82 ff.)

Der andere dagegen fällt noch tiefer als nur in den Orkus. Er fällt in Schimpf und Schande. Denn die hinterhältigen Mörder aus dem eigenen Haus, sie entleiben ihn nicht nur durch ihren unheroisch feigen Anschlag, sie entehren ihn auch. Zugleich wirkt dieser doppelte Rückblick auch noch übers große Ganze des Odysseus-Epos hinaus: auf jenes der *Ilias*. Als Nachtrag vervollständigt er das dort erzählte Geschehen. Postum ist inzwischen der dort schon irgendwann abgebrochene «Zorn des Achilleus» gänzlich gegenstandslos geworden. Was dereinst die beiden Rivalen gegeneinander aufgebracht hat, lässt sich im Rückblick nicht länger blicken. Aber auch das, was hierauf der getötete Freier Amphimedon erzählt, wirkt doppelt komplementär. Einerseits ergänzt er die massenmörderischen Ereignisse, die der Rhapsode im elften Gesang geschildert hat: dort das tödliche Niedermetzeln der Freier aus der Sicht der Täter, hier nun aus der Sicht der Opfer. Andrerseits ergänzt Amphimedons Rückblick den vorausgegangenen Rückblick der beiden toten Troja-Helden. Und zwar ungewollt selbstsarkastisch. Großspurig blickt da einer retour aufs eigene gewaltsame Sterben, obwohl es ähnlich unheroisch verlief wie jenes des Agamemnon. Allerdings mit dem komplementären Unterschied: dass Amphimedon eine tragische Fallhöhe niemals hatte und auch nachträglich niemals wird erklimmen können.

Homers mehrperspektivisches und mehrstimmiges Erzählen ist zum unmittelbaren Vorbild geworden für die meisten späteren Epen. Von den *Argonautika* bis zur *Aeneis*, wo unterm Regiment des Rhapsoden der Titelheld Aeneas der königlichen Dido, wie Odysseus dem König Alkinoos, seine vorausgegangenen Abenteuer in zwei von insgesamt zwölf ‹libri› berichtet; und weiter dann vom *Rasenden Roland* bis zu den *Lusiaden*, wo gleichfalls unterm Regiment des Rhapsoden mal Vasco da Gama, mal der Riese Adamastor und noch weitere Figuren berichten, was ihnen widerfuhr. Aber auch mittelbar, wie schon vermerkt, hat sich Homers aufgespaltetes Erzählen als bahnbrechend erwiesen – in avantgardistischen Romanen des 20. Jahrhunderts.

Profil, Volumen und Physik der epischen Helden Ob nun von Lebenden wie Odysseus und Menelaos, ob von Toten wie Agamemnon und Amphimedon: wenn wir das Vielerlei ihrer Blickwinkel und Stimmen bedenken, gewinnen wir Einsichten ins Erzählgetriebe der *Odyssee*. Wir entdecken, wie es arbeitet und was es ausrichtet. Darüber hinaus stoßen wir auf weitere markante Merkmale dieses Werks und von Epen überhaupt. Vor allem auf die Beschaffenheit derer, die darin als Helden auftreten: wie sie sind, wie sie agieren und reagieren in jener weiten, vielfältigen Welt, die jedwedes Epos entwirft. Auch in dieser Hinsicht erregt die Demodokos-Episode besondere Aufmerksamkeit. Drastisch offenbart sie, was einen exemplarischen Epenhelden ausmacht. Hier den Odysseus, obwohl der entschieden anders ist als Achill oder Aeneas, als Orlando oder Vasco da Gama. Anders, aber nicht andersartig, vielmehr grundsätzlich vom gleichen Schlag.

Ich erinnere an die entscheidenden Ereignisse jener Kettenreaktion, die Demodokos' Epen-Vortrag beim Titelhelden auslöst. Aus fremdem Mund und in poetischer Form vernimmt der namenlose Gast von eigenen Taten / bricht in Tränen aus / bekennt, wer er eigentlich ist / erzählt seine nachtrojanischen Abenteuer, die bislang weder dem Sänger noch den zuhörenden Phäaken bekannt geworden sind. So vielerlei Abenteuer sind es, so absonderliche und intensiv erlebte, dass Odysseus dafür ganze vier Gesänge beansprucht. Springender Punkt ist: er beweist und besiegelt seine zuvor verhohlene Identität, indem er die ihm allein zugehörigen Abenteuer erzählend aus sich herauslässt. Ich bin – so begreift er sich selbst und die andern ihn –: die Summe meiner einzigartigen Taten und Widerfährnisse. Dieses handfeste Selbstverständnis, bekräftigt von der ganzen Umwelt, ist sämtlichen Epenhelden gemeinsam. Also auch jenen, die ihre Abenteuer minder ostentativ als Odysseus oder gar nicht einem werkinternen Publikum erzählen.

Durchweg gilt: die epischen Helden wirbeln die epische Welt auf. Seis als Einzelne wie Odysseus und Aeneas, seis als Ensemble wie die Argonauten und die Lusiaden. Dazu sind sie da und unterwegs. Leibhaftig erfüllen sie diese innerpoetische Aufgabe. Denn ohne den Aufprall der Helden bliebe jene Welt schiere Behauptung. Sie bliebe reg- und farb- und lautlos, mithin unerzählbar. Provokativ zum Sprechen bringen die Helden die fernen Meere und Landschaften, indem sie mit ihren Schiffen sie durchsegeln, auf ihren Pferden sie durchreiten. Je unabsehbarer und unwegsamer, desto heftiger. Aber nicht nur dort, wohin sie gelangen, wirbeln sie die epische Welt auf. Sie setzen sie auch weiterhin in Bewegung und in Umlauf. Dadurch: dass sie die mannigfachen fernen Vorkommnisse immerfort in sich aufnehmen und mit sich herumtragen. Erfahrungsprall. So wird jeder epische Held zum mobilen Behälter, der all die enormen Räume und Gestalten, Wagnisse und Situationen, auf die er je sich eingelassen hat, im eigenen Innern ansammelt. Was ihm begegnet und zugestoßen ist, was er erkämpft und vollbracht hat, geht in ihn ein, bis er es irgendwann aus sich herauslässt. Mal als erzählte, mal als tätlich sich entladende Erfahrung.

Held als mobiler Behälter Und zwar dann, wenn empfindlicher Außendruck zusammentrifft mit empfindlichem Innendruck. Eben dies geschieht in der Demodokos-Episode. Hier wird Odysseus, Behälter seiner eigenen Abenteuer, jäh erschüttert. Denn die nämlichen eigenen Abenteuer von einst, inzwischen enteignet, weil episch objektiviert, tönen ihm jetzt aus dem Mund des Sängers entgegen. Odysseus' Reaktion ist so impulsiv wie zwingend und sinnfällig. Als würde ein volles Gefäß zum Überlaufen gebracht, entströmt dem epischen Helden zuallererst eine stumme Tränenflut. Doch sie setzt sich alsbald fort im vernehmlichen Erzählfluss seiner jüngsten, noch unvernommenen Abenteuer. So bricht denn auch für etliche Gesänge aus Odysseus' Innerem die aufgestaute Erlebniswelt, kanalisiert durch die Verse, die seinem Mund entströmen.

Dieser «göttliche Dulder» schafft es allerdings nicht immer, seinem inneren Überdruck derart produktiv Luft zu machen. Dazu bedarf es der Geselligkeit mit Menschen, so wie den Phäaken, die teilnahmsvoll wissen wollen, was sich da so merklich in ihm staut, um aus ihm hervorzuströmen. Anders sind Odysseus' Lebensumstände auf der Insel der göttlichen Nymphe Kalypso. Kein Sterblicher lebt hier weit und breit, also niemand seinesgleichen, dem er so wirksam wie dort sein übervolles Herz ausschütten könnte. Einzig die liebesbegierige Nymphe herrscht hier. Und sie, die ihm alles zu sein und zu bieten glaubt, vermag nicht zu fassen, was ihm fehlt, wenn er weint. Ihr gegenüber also können seine Tränen keine sprechenden Vorboten sein für erzählende Worte. Nur stumm fließen sie dahin, allenfalls von Seufzern und Jammerlauten begleitet:

> Weinend saß er am Ufer des Meers. Dort saß er gewöhnlich,
> Und zerquälte sein Herz mit Weinen und Seufzen und Jammern,
> Und durchschaute mit Tränen die große Wüste des Meeres. (V, 82ff.)

Nicht ausnahmsweise sitzt Odysseus weinend am Ufer, sondern immer wieder, «gewöhnlich». Nie jedoch erfährt jemand, ob denn – außer elementarer Rührung – in seinem Inneren ganz bestimmte Empfindungen und Gedanken umgehen, ob einhellige oder widerstreitende. Auch den Hörern und Lesern bleibt es verborgen. Weder der leidende Held noch der Rhapsode teilt es mit. Offenbar ist ihnen ebenso wenig daran gelegen wie jener fraglos drauflos liebenden Kalypso. Unausgesprochen entsteht indes auch hier ein haftendes Bild: wie der epische Held sein Leben verbringt im Widerspiel von Innendruck und Außendruck.

«Gewöhnlich», vielleicht Tag für Tag, sitzt Odysseus einsam am Ufer und lässt den tränenverhangenen Blick übers weite, leere Meer schweifen. Wahrscheinlich Richtung Heimat. Nichts regt sich ringsum. Nur der gleichbleibende Rhythmus der Gezeiten lässt den Pegel der See steigen und fallen: ebenso regelmäßig wie Odysseus hier sitzt, und wie der innere Wasserstand seiner Tränen steigt und fällt. Nicht minder regelmäßig, also unspontan wie dieser Vorgang am Tag geht es zu, sobald die Nacht hereinbricht. Jetzt freilich nicht mehr draußen am Ufer, sondern drinnen in Kalypsos Grotte, wo mit

dem Sonnenlicht wie automatisch auch Odysseus' Tränen versiegt sind:

> [...] da sank die Sonne, und Dunkel erhob sich
> Beide gingen zur Kammer der schön gewölbeten Grotte,
> Und genossen der Liebe, und ruhten nebeneinander. (V, 225 ff.)

Zweimal Tränenflut mit merkwürdigen Folgen. Unterschiedliche Folgen sind es, doch der gemeinsame Nenner der beiden Sequenzen weist in die gleiche Richtung: das Epos veranschlagt die Regung seiner Helden weniger psychologisch als physiologisch, wenn nicht gar physikalisch. Ihr Inneres, derart gefüllt mit äußeren Ereignissen von einst und jetzt, lässt keinen Raum für ein eigenbewegliches Seelenleben. So wenig wie der Rhapsode ziehen die epischen Helden selbst in Betracht, was sich in ihnen tut. Es kümmert sie nicht, welche Gedankengänge da ablaufen, welche Empfindungen sich da mit anderen Empfindungen streiten oder verbinden. Niemand, der danach suchen wollte, würde in Odysseus oder Aeneas, in Tassos Rinaldo oder Camões' Vasco einen ausgeprägten individuellen Charakter entdecken. Oder gar jemanden wie die grübelwütige Bühnenperson Hamlet, wie die empfindungszerissene Romanperson Werther, die beide mit sich selbst noch verbissener hadern als mit der missliebigen Welt ringsum. Individueller Charakter also fehlt den Epenhelden auch noch in jenen späteren Epochen, da andere poetische Gattungen ihn für unentbehrlich erachten. Er fehlt, wird aber nirgends vermisst. Denn für das, was die Helden im Epos auszurichten haben, wäre er unnötig, wo nicht hinderlich. Kein Charakter, dafür aber ein umso markanteres Profil. Ein unverkennbarer Umriss, der jeden Epenhelden deutlich abgrenzt: sowohl einen vom andern, als auch jeden von der ereignisreichen Umwelt, die er durchquert. Von ihr geht gerade so viel ein in sein Eigenprofil, wie er durch unerhörte Taten vereinnahmt.

Die Helden sind durchweg mehr oder minder wohlbekannte Gestalten aus Mythologie und Historie. Jedes Epos kündet den seinen von vornherein an als einzigartigen Heros, ausgezeichnet durch einzigartige Herkunft, durch einzigartiges Schicksal und Handeln. Sein Name wird sofort aufgerufen oder doch so umschrieben, dass Kenner wissen, wer gemeint ist. Zu Beginn der *Odyssee* nennt Homer, wie schon zitiert, die Abenteuer des «vielbewanderten Mannes», also des Titelhelden, und zu Beginn der *Ilias* den «Zorn des Peleaden», also des Achill. Vergil nennt «die Waffen und den Mann», der sogleich als Aeneas angesprochen wird. Ariost nennt den Vasallen von Karl dem Großen, Roland alias Orlando. Und Camões nennt den kühnen Schiffsführer und Meerespionier Vasco da Gama.

Den Epenhelden, so habe ich festgestellt, bleibt kein Spielraum für eigenbewegliches Seelenleben. Denn als mobile Behälter ihrer tatkräftig bewältigten und einverleibten Abenteuer sind sie innerlich besetzt von jener Außenwelt, die sie allenthalben aufwirbeln. Dieses Ineinander von körperlichem Drinnen und Draußen schließt Leidenschaften keineswegs aus. Im Gegenteil, es fördert sie. Zugleich bekräftigt es die grundsätzliche Tendenz des Epos, alles, was es erzählt, seinen Hörern und Lesern restlos sinnfällig zu machen. Ihre inneren Augen sollen mehr als nur sehen, was jeweils geschieht. Es soll ihnen auch einleuchten. Zumal bei Vorkommnissen, die gemeinhin nicht so ohne weiteres einsehbar wären: dort, wo sich die äußere und innere Motorik derjenigen zeigt, die das epische Gesamtgeschehen in Schwung halten. Gleichgültig, ob es sich dabei um inner- und zwischenmenschliche Vorkommnisse handelt oder um solche, bei denen Götterwillkür und Naturgewalten im Spiel sind.

Oder auch um beides zugleich. So wie in jenem Abenteuer, das Odysseus bei König Aiolos erlebt, den die Götter als Beherrscher der Winde eingesetzt haben. Entfesseln und fesseln kann er zarte Brisen wie auch wilde Stürme. Gern unterstützt er den Epenhelden samt Gefolge mit einem sanften Westwind, der das Schiff heimwärts treiben soll. Zugleich gibt er ihnen für alle Fälle, geballt und gebändigt in einem Zaubersack, auch gewaltsame Gegenwinde mit auf den Weg. Bei flotter Fahrt, während Odysseus sorglos schläft, öffnen seine gierigen Gefährten – kostbare Schätze darin vermutend – den prallen Sack: und prompt bricht ein Orkan aus, der das Schiff überfällt und unwiderstehlich zurücktreibt zu Aiolos' Insel. Diesmal allerdings weist der zuvor so gütige Herrscher den abermals um Hilfe Bittenden schroff zurück. Erkennt er doch nach dem, was geschah, in Odysseus jemanden, dem ein schlimmes Schicksal bestimmt ist:

> Hebe dich eilig hinweg von der Insel, du Ärgster der Menschen!
> Denn es geziemt mir nicht, zu bewirten oder weiterzusenden
> Einen Mann, den die Rache der seligen Götter verfolget. (X, 72ff.)

Prima vista einsehen können die mythisch trainierten inneren Augen der Hörer und Leser: wie hier ein motorischer Kraftakt der Natur zustande kommt, und wie er das Schiff herumreißt. Verfolgen können sie, wieso ein nützlicher, menschenfreundlicher Wind plötzlich umschlägt in einen schädlichen, menschenfeindlichen Sturm. Der geöffnete Windsack, der die komprimierten Kräfte explodieren lässt, klärt simpel physikalisch, was andernfalls dunkel bliebe. Und noch nicht genug der poetischen Physik. Ebenso evident stellt sich dar, wie hier – wundersam mechanisch – menschliches Versagen und göttliches Vermögen zusammenkommen, um eine unheilvolle Wirkung auszulösen. Gleich Zahnrädern greift beides ineinander: die Ohnmacht der unzuverlässigen Odysseus-Gefährten und die Macht der Götter, die dem zuverlässigen Aiolos das Regiment über die Winde anvertraut haben.

Leidenschaftsmotorik: Odysseus, Achill, Orlando Zurück zu den götterlosen Regungen, die sich drinnen in den Menschen und zwischen ihnen abspielen: zurück zur Leidenschaftsmotorik der epischen Helden. Ich erinnere an Odysseus' plötzlichen Tränenfluss, der alsbald in einen schier unerschöpflichen Erzählfluss überwechselt. Nicht als psychischer Vorgang zeigt sich hier die innere Bewegung, sondern als physikalischer. Als ungewollter, selbstständiger Mechanismus, der unversehens in Gang kommt durch das, was Demodokos vorträgt. Ähnlich verhält es sich mit der innerlich-äußerlichen Motorik der Epenhelden auch anderswo, vor allem bei jenen der *Ilias* und des *Rasenden Rolands*. Auch dort sind es Äußerungen von Leidenschaft, die ein heftiger Anstoß von draußen hervorruft. Anders als bei Odysseus erschüttert er mehr als nur kurzfristig das innere Gleichgewicht des Betroffenen. Er wirft dessen Lebensbahn herum und mit ihr den Verlauf des epischen Geschehens.

Beide Male handelt es sich um das zentrale Ereignis des Epos: mal um den «menis Achilleos», den Zorn von Achill; mal um den «furore», die Raserei von Roland. Insgesamt dauert der emotiv motorische Hergang – Anlass, Ablauf und Ende des Leidenschaftsbefalls – sehr viel länger als bei Odysseus. Zudem setzt er dem Befallenen sehr viel wuchtiger zu. Dennoch waltet auch hier ein offenbar selbsttätiger Mechanismus zwischen Außenimpuls und innerer Motorik. Folgendermaßen ergeht es Achill schon im ersten Gesang der *Ilias*. Vom obersten Heerführer Agamemnon um eine begehrenswerte Kriegsbeute gebracht, die Achill sich erkämpft hat, verfällt er in Zorn. Und prompt vergilt er diesen Unrechtsakt mit einem andern, der damit nichts zu tun hat. Seine innere Erregung bremst jäh die äußere Motorik dieses sonst kämpferischsten Kriegers der Griechen ab. Er entzieht sich, ruckzuck, der Schlacht um Troja, die daraufhin für seine Landsleute stagniert. Achtzehn Gesänge lang verharrt Achill grollend in seinem Abseits, reglos und apathisch, bis er sich plötzlich wieder in den Kampf stürzt. Weswegen? Die Trojaner haben soeben seinen Freund Patroklos getötet.

Wieder also ist es ein Anstoß von außen, der schlagartig die Leidenschaftsmotorik auslöst. Abrupt und übergangslos verläuft sie jetzt in die Gegenrichtung. So, als habe etwas im Innern Achills einen Hebel herumgerissen. Zorn aus Kränkung war die Triebfeder zuvor: um sich in rigide Kampfenthaltung zurückfallen zu lassen. Zorn aus Schmerz über den getöteten Freund ist die Triebfeder jetzt: um sich in ebenso rigider Kampfeswut auszutoben. Der Epenheld als Behälter. Als einer, der jene enormen Erlebnisse und Taten in sich speichert, die ihn recht eigentlich zum einzigartigen Jemand machen. Und was er da in sich herumträgt, entlädt sich um so heftiger, je heftiger der Anstoß von draußen aufprallt. In Achill kommt es zur zweimaligen Entladung innerhalb einer ereignisreichen Zeitspanne. Dabei macht die zweite die radikale erste ebenso radikal rückgängig. Übermäßig wie der Held und seine grimmige Reaktion wirkt beides Mal der Anstoß. Zuerst die verletzende Anmaßung des überheblichen Heerführers Agamemnon, der doch, wie alle Welt weiß, dem tatkräftigen Heroismus des Achill deutlich unterlegen ist. Und dann der Jammer um den getöteten Patroklos, um den einzigen Freund, dem Achill, als wäre er sein zweites Ich, die eigene Rüstung anvertraut hat.

Am drastischsten äußert sich die innere Physik der epischen Helden bei Ariosts Orlando. Dort, wo seine wütende Raserei ausbricht, und dort, wo sie nach geraumer Zeit, ebenso plötzlich, wieder abbricht. Grotesk wirkt dieser Hergang, zwei Jahrtausende nach den ernsthaften Vor-Fällen Homers. Denn Ariost, zurückblickend vom Standpunkt der höfischen Renaissance, begreift die innerlich-äußerliche Motorik der althergebrachten epischen Helden als eine ergötzliche Bizarrerie. Deshalb ersetzt er sie keineswegs durch zeitgemäße Vorstellungen von individuellem Seelenleben. Im Gegenteil. Nichts weniger als ein besserwisserischer Spielverderber, erweitert dieser späte Epiker virtuos den überkommenen Spielraum der Gattung samt allen ihren Merkmalen. Heiter bekräftigt er ihren epischen Drang, eine weite, vielgestaltige Außenwelt sinnfällig vor den Lesern auszubreiten. Möglichst grenzenlos und schrankenlos, bunt gemischt aus geschichtlichen und fabulösen, natürlichen und übernatürlichen Vorkommnissen. Es ist eine nach

wie vor zerreißfeste epische Welt, die ungebrochen, ja geradezu bereichert aus allerlei ironischen Brechungen hervorgeht.

Orlandos mordwütige Raserei übertrifft noch jene des aktiven Helden Aias, wie ihn Sophokles auf die Bühne brachte. Der erschlug lediglich die Herden der Griechen, die er im Wahn für feindliche Menschen hielt; und am Ende, vom Wahn geheilt, tötet er sich selbst – aus Scham über sein unheroisches Treiben. Orlando dagegen geht bei seinem mörderischen Furor aufs Ganze. Besinnungslos bringt er um, was ihm im Weg steht: Menschen und Tiere, Bäume und Büsche. Schamvoller Selbstmord, sobald sein Wahnsinn vorüber, liegt diesem Heros fern. Als wäre nichts geschehen, setzt er wacker sein ruhmreiches Heldenleben fort, so wie damals vor der Raserei. Noch ein wichtiger Unterschied zum tragischen, ganz und gar unepischen Helden Aias drängt sich auf. Der wird durch göttlichen Eingriff mit Wahnsinn geschlagen und hernach durch die nämliche Pallas Athene auch wieder davon befreit. Orlando hingegen stürzt in Wahnsinn durch eine erschütternde zwischenmenschliche Enttäuschung, die aus einer Selbsttäuschung hervorgeht. Wie bei Odysseus und Achill ist es auch hier ein unerwarteter Anstoß von außen, der die Leidenschaftsmotorik auslöst.

Die Enttäuschung und Selbsttäuschung Orlandos erwächst aus dem ritterlichen Komment, den schon die Anfangsverse dieses Epos als Thema hervorheben. Ausgehend von Vergils Start-Motto der *Aeneis*, das «arma virumque» heraufbeschwört, die Waffentaten und den Mann, erweitert und vervielfacht es, worum es hier nun gehen soll unterm Titel des *Orlando furioso*:

> Le donne, i cavallier, l'arme, gli amori,
> Le cortesie, l'audaci imprese [...]
> Die edlen Fraun, die Ritter, Waffen, Liebesbande,
> Die höfisch feinen wie die kühnen Taten [...] (I, 1 f.)

Liebesbande einer edlen Frau sind es in der Tat, die den kühnen Helden Orlando in Raserei versetzten, nachdem er bislang sich höfisch fein aufgeführt hat. Liebesbande der Sarazenenprinzessin Angelica. Als allerschönste und begehrenswerteste Dame gilt sie in der christlichen wie in der muselmanischen Ritterschaft, die in diesem Epos einander bekriegen. Eben dies ruft Orlando auf den Plan, Karls des Großen engsten Paladin, der anerkanntermaßen das ganze erlauchte Heldenensemble der abendländischen Heerschar überragt. Seine Ent- und Selbsttäuschung erwächst aus dem festen Glauben ans Prinzip des Superlativs. Demnach gebührt allein ihm, dem tapfersten und ruhmreichsten Ritter, die vornehmste und schönste Frau. In dieser Überzeugung liebt er Angelica. Fraglos, weil kommentgetreu, rechnet er mit selbstverständlicher Gegenliebe. Er ahnt nicht, dass Angelica sich längst schon über jenen männlichen Superlativismus hinweggesetzt hat. Im Lauf des Geschehens liebäugelt sie mit so manchem Ritter. Ernsthaft jedoch verliebt sie sich sogar heftig, wider alle höfischen Sitten, in einen unebenbürtigen schlichten Krieger namens Medor, den sie schließlich in ihre morgenländische Heimat mitnimmt.

Zuvor freilich trifft den so liebesgewissen Orlando jener Schock, der ihn in den Wahnsinn schleudert. Was aber bringt ihn – akut – so sehr auf, dass er blindlings alles niedermetzelt, was sich irgend um ihn regt? Was zerrüttet ihn dermaßen: dass er seine weltberühmten Waffen achtlos fortwirft, also auch sein Rittertum; dass er sich sämtliche Kleider vom Leib reißt, mithin zum Untermenschen wird; dass er sogar noch, rundum abgestumpft, unter das Niveau von Tieren hinabstürzt? Akuter Anlass ist weder eine schmähliche Abfuhr durch die Angebetete, noch ein Inflagranti beim erotischen Gerangel Angelicas mit jenem unwürdigen Buhler Medor. Nein, noch schlimmer muss ihn verletzen, was Ariost ihm tatsächlich widerfahren lässt. Mit voller Wucht trifft den Helden beides zugleich, wohlberechnet und dosiert vom Dichter: die schiere Anschaulichkeit des frühen Epos, durchsetzt mit der abgefeimten Ironie des späten. Beides gemeinsam macht, dass es gar nicht erst zur leibhaftigen Begegnung kommt zwischen den Liebeskontrahenten. Nicht einmal ein feuriges Inflagranti ist Orlando beschieden, das den Suchenden nun endlich die schöne Angelica finden ließe in den Armen des vulgären Medor. Immerhin böte es eine drastische Gelegenheit, die aufgestaute Leidenschaftsmotorik wirksam ausbrechen zu lassen.

Stattdessen gelangt Orlando an einen sanften locus amoenus, der justament für ihn nichts übrig hat. Ein windstilles Tal ist es, mit lauschigem Gemäuer und zärtlich rieselndem Gewässer. Ausgestattet also mit allen Reizen der Natur – aber auch mit allen Anzeichen dafür: wie innig Angelica mit ihrem geliebten Medor hier zugange war. Auf und davon sind die beiden längst. Im Nachhinein jedoch bejubeln sie noch immer lautlos ihr überschwängliches Glück. Dauerhaft verkünden sie es aller Welt, eingeritzt in die Rinden der Bäume und in die Steine des Gemäuers. Dergestalt vom liebestrunkenen Ambiente umfangen, sieht sich der superlative Ritter sarkastisch willkommen geheißen. Schriftlich hat mans ihm gegeben, post festum, was los ist mit seiner superlativen Auserkorenen. Das gibt ihm den Rest. Mittendrin im amorösen Tal bricht jäh Orlandos wüster Wahnsinn aus. Physikalisch, so wie die Leidenschaftsmotorik von Odysseus und Achill. Hier allerdings auf groteske Weise, verquer zu allem, was psychosomatisch erdenklich wäre.

Denn: Orlando verliert den Verstand. Nicht bildlich, sondern buchstäblich. Handfest faktisch verliert er ihn als ein greifbares Etwas. So, als ginge einem Fahrzeug unterwegs das Steuerungsgerät verloren, sodass es nicht länger zielgerichtet weiterzufahren vermag. Schlagartig in den Schlaglöchern des verräterisch idyllischen Tals verliert Orlando ein unverzichtbares Körperteil namens Verstand. Und indem es verschwindet – so der Erzähler –, hinterlässt dieses dingliche Teil einen Hohlraum in Orlandos Kopf. Wohin es verschwunden ist, auch darüber lässt uns der allwissende Erzähler nicht im Unklaren: hinauf auf den Mond. Viele Gesänge später wird es von dort oben Orlandos Freund Astolfo wieder herunterholen. Dann, wenn dieser eher beschauliche Graf die weiteste und höchste seiner abenteuerlichen Luftreisen unternimmt, rittlings auf seinem Flügelross, dem Hippogryph. Orlandos nun zurückbeförderter Verstand wird ihm sofort wieder festgemacht im Hohlraum unter der Schädeldecke. Problemlos. Klapp auf, Klapp ab: wie wenn sein durchbluteter Körper weiter nichts wäre als eine eiserne Ritterrüstung, deren Visier sich umstandslos öffnen und schließen lässt. Prompt ist er wieder bei Sinnen. Und nachdem er seine fortgeworfenen Waffen zurückerobert hat, kann er sich erneut, edelmännisch wie eh und je, an die Spitze der Mannen von Karl dem Großen stellen.

So hat sich denn abermals, zwei Jahrtausende nach Homer, ein wichtiger Epenheld als mobiler Behälter erwiesen. Auch aus der gattungsgeschichtlichen Spanne dazwischen und danach könnte man noch etliche ähnlich markante Beispielfälle anführen. Egal, ob es sich um solistische Helden handelt wie Vergils Aeneas und Nonnos' Dionysos, der bereits ähnlich ruckhaft wie Orlando in Wahnsinn verfällt und wieder heraus (Dionysiaka, Buch 32–35); oder auch um ganze Helden-Ensembles wie Apollonios Rhodios' Argonauten oder Camões' Lusiaden. Allerdings wirken sie kaum je so grotesk wie Ariosts Titelfigur. Denn die erweist sich als mobiler Behälter ja nicht allein dadurch, dass sie all ihre abenteuerlichen Zusammenstöße mit der Außenwelt im Innern auffängt und speichert. Nein, auch Orlandos eigene Innenorgane, die jene gespeicherten Erlebnisse drinnen zurechtrücken und verarbeiten, auch sie ähneln maschinellen Bestandteilen, die mechanisch ihre Verrichtungen ausüben. Jedenfalls, solange sie störungslos funktionieren. Falls sie ausfallen, ist eine Reparatur möglich.

Held als leibhaftiger Durchmesser Unabsehbar weit, hoch und tief erstreckt sich die epische Welt. Schier grenzenlos stellt sie sich dar. Nicht nur für unsterbliche Götter, die, startend im Olymp, flugs von einem irdischen Ort zum noch so fernen anderen gelangen. Auch für hervorragende Sterbliche wie Odysseus und Aeneas, die bis ins Totenreich hinabsteigen, oder wie Astolfo auf dem Flügelross den Mond bereisen. Diese unermessliche Welt ruht nicht reglos in sich. Mannigfaltig umkreist sie jeden, der ihr naht und sie aufwirbelt. Sie dringt sogar in ihn ein. Niemals gewachsen wäre solchen gewalttätigen Wechselwirkungen ein individueller Held, einer mit vielfältigem und geschäftigem Innenleben, so wie späterhin im Roman. Denn die stete Betriebsamkeit seiner persönlichen Gedanken und Gefühle würden ja jene Sinne ablenken, die beim epischen Helden ganz aufs Draußen gerichtet sind. Und sein Inneres böte keinen Raum, um all das, was an Welt in ihn eingeht, mit sich zu nehmen auf den Wegen, die er noch zurückzulegen hat. Nur als mobiler Behälter kann er leisten, was ihm episch obliegt.

Indem es seine Helden, von Odysseus bis Orlando, solchermaßen einsetzt, verfährt das Epos diametrisch. Was das heißt, lässt sich im Kontrast zur Tragödie verdeutlichen. Diameter ist der Durchmesser eines Kreises, diametrisch demnach alles, was sich auf dem Durchmesser befindet. Diametral dagegen nennt man die Endpunkte des Durchmessers und demgemäß auch jede Art von äußersten Gegensätzen. Dies bedenkend, kommt uns zunächst wohl eher als das Epos die Tragödie in den Sinn. Bringt sie doch von jeher diametrale Gegensätze auf die Bühne. Szenisch ausgefochten werden sie zwischen strikten Antagonisten, bis einer von ihnen auf der Strecke bleibt, wenn nicht gar beide. So wie Sophokles' Antigone wider Kreon, wie Racines Phädra wider Hippolyt, wie Kleists Penthesilea wider Achill. In wenigen Stunden und in wenigen Kubikmetern Raum ablaufend, verknappt und verdichtet die Tragödie das Vielerlei der Welt auf zwei extreme, unvereinbare Gegensätze. Etwa: Kreons Staatsräson und Antigones elementare Schwesterlichkeit.

Solche Gegensätze mit ihren vernichtenden Konsequenzen führen die Welt nicht vor, sie setzen sie voraus. Und in dieser Welt – so erheischt es jeder der beiden unerbittlichen Gegner – gilt für Jeden und

Alle immer nur ein entschiedenes ‹Entweder / Oder›. Hier nun zeigt sich deutlich die gattungspoetische Kluft zwischen darstellender Tragödie und erzählendem Epos. Letzteres benötigt kein ‹Entweder / Oder›, schon gar nicht als Motor seines Geschehens. Sein unerschöpfliches ‹Sowohl / Als auch› entfaltet eine Vielfalt von Ansichten auf die Welt. Darunter gewiss auch rigorose Standpunkte, doch sie gehören zur Vielfalt, als eine Erscheinung unter vielen. So kann es nirgends zu jenen leibhaftigen Verkörperungen von Gegensätzen kommen, wo eine die andre unerbittlich ausschließt. Antigone und Kreon sind fleischgewordene Unvereinbarkeiten. Stoßen sie aufeinander, muss mindestens eine von ihnen untergehen samt ihrem unerschütterlichen Standpunkt.

Ganz anders stehen die Dinge im Epos. Man denke an den aufflammenden und lange fortflackernden Zorn des Achill, entfacht durch Agamemnons brüskierende Zumutung. Obwohl zerstritten, sind die Beiden keine Antagonisten nach Art der Tragödie. Sie geraten nur akut in einen leidenschaftlichen Interessenzwist, der irgendwann gegenstandslos werden wird. Denn jedes Epos hat und nimmt sich Zeit. Unvereinbare, diametral gegensätzliche Weltanschauungen also vertreten diese beiden Helden nicht. Im Gegenteil. Achill wie Agamemnon sind fraglos eingeschworen aufs nämliche Kriegerprestige. In ihrem Streitfall geht es allein darum, wem von ihnen die begehrte Kampfesbeute zukommt. So rivalisieren sie auf völlig gleichem Standpunkt, den sie eben dadurch beiderseits bekräftigen. Alles in Allem: während die Tragödie auf Antagonismus besteht, besteht das Epos auf Diametrik. Es strebt danach, die äußersten Endpunkte des Durchmessers von Welt zu erfassen, um sie tendenziell als ganze zu vergegenwärtigen. Sie gelten ihm gleich viel. Denn diese Gattung begreift sie nicht als innere Gegensätze, sondern wertfrei als äußere Gegebenheiten des Raums. Und die dauern unbestreitbar an, wenn das erzählte Geschehen sein

Ende erreicht hat. Sie gehören allemal zur epischen Welt, ob jetzt gerade erzählt wird oder nicht.

Noch wichtiger als die Endpunkte des Durchmessers sind dem Epos alle markanten Punkte dazwischen. Sie markieren die eigentliche Wegstrecke der epischen Helden: deren abenteuerliche Laufbahn, ob zu Schiff oder zu Pferd oder zu Fuß. Wo tragische Helden den diametralen Gegensatz ihrer unvereinbaren Standpunkte in sich und gegeneinander austragen, bis zum Zerreißen – vollführen epische nur das, was der räumliche Durchmesser ihnen vorgibt. Sie selber durchmessen die Welt. Wissbegierig und unaufhaltsam, so weit sie sich erstreckt. Dies ist ihre andere poetische Hauptaufgabe und Haupteigenschaft. Epische Helden sind also nicht nur mobile Behälter, sie sind auch leibhaftige Durchmesser. Uns zuliebe, den Hörern und Lesern des jeweiligen Werkes, sind sie unermüdlich unterwegs. Uns entdecken sie die erzählte Welt, indem sie deren ferne Räume und Lebewesen, Ereignisse und Situationen durchmessen.

Nur ausnahmsweise geschieht es so geruhsam wie beim besinnlichen Astolfo, der zumeist auf seinem Flügelross von oben hinabschaut und bestaunt, was alles sich da unten tummelt. Die anderen epischen Helden dagegen greifen tatkräftig ein in die fremdartigen Verhältnisse, auf die sie in der Ferne stoßen. Hindernisse, die ihnen entgegenstehen, überwinden sie mit Gewalt oder List. In laufende Konflikte mischen sie sich ein und erzeugen neue. So bewirken sie, dass jene aufgestöberte Welt sich nicht nur in ihrem gängigen Alltagsleben dartut, dass sie vielmehr überreagierend ihre Eigenarten besonders drastisch zu erkennen gibt. Derart aufgereizt durch die Eindringlinge Odysseus, Aeneas, Argonauten, Lusitanen offenbaren die fremdartigen Phänomene nun rückhaltlos, was es mit ihnen auf sich hat: mit den kampfestollwütigen Lästrigonen; mit dem plötzlich menschenfressenden Kyklopen Polyphem, der sich üblicherweise von seinen Milcherzeugnissen ernährt; mit den postum noch nach Blut dürstenden Bewohnern des Hades; mit dem schafottartigen Felsentor der Kykladen; mit dem traurigen Riesen Adamastor, der in eine steinerne Landspitze verwandelt worden ist. Und so fort.

Stichwort: Irrfahrt Mobile Behälter, leibhaftige Durchmesser. Nur annähernd können solche Metaphern veranschaulichen, wie die Helden im Epos grundsätzlich beschaffen sind und wozu. Dass dennoch jeder von ihnen eigenes Profil und eigenen Lebenslauf, eigene Antriebskräfte und eigene Ziele hat, wurde bereits betont. Wenn ich sie also mobile Behälter nenne, meint dies keineswegs, das Innere der epischen Helden enthalte nichts als das, was von draußen in sie eingedrungen ist. Ebenso wenig meint es, sie verhielten sich immerzu und in jeder Hinsicht wie mechanische Geräte. Dazu kommt es nur in extremen Gemütslagen, so wie oben beschrieben. Gleichfalls einzuschränken ist die Definition der epischen Helden als leibhaftige Durchmesser. Es meint: sie legen auf ihren abenteuerlichen Wegen weiteste Strecken zurück, bis hin zu fernsten Punkten auf dem Umkreis der erzählten

Welt. Es meint nicht: ihre diametrische Fortbewegung verlaufe genau so gradlinig wie beim Durchmesser in der Geometrie.

Eben dies kommt nirgends vor, wie schon aus dem Kapitel *Erzählen als Navigieren* zu ersehen ist. Bedacht werden schon dort: die beträchtlichen Umwege der Argonauten auf ihrer Heimfahrt, um den Verfolgern aus Kolchis zu entkommen, die das geraubte Vlies zurückholen wollen; ebenso die der Lusitanen, die mehrmals von ihrer wohlgeplanten Route nach Indien abgetrieben werden durch wüste Orkane; ebenso die notgedrungenen Zickzack-Fahrten Huckleberry Finns auf dem Mississippi und seinen Nebengewässern. Ähnlich ergeht es, ob an Land oder auf See, den Epenhelden Homers und Vergils, Ariosts und Tassos. Immer wieder kommen sie ab vom geraden Kurs zum vorgesehenen Ziel. Mal sind es widrige Naturereignisse, die sie dazu nötigen: Meeresstürme, Stromschnellen, Erdspalten, undurchdringliche Wälder. Mal sind es widrige Lebewesen: rachsüchtige Götter, mörderische Völkerschaften, bösartige Zauberer, grässliche Untiere. Allemal also waltet höhere oder niedrigere Gewalt, die den epischen Helden ungewollte Umwege oder Aufenthalte aufzwingt.

Sie, die leibhaftigen Durchmesser, haben indes den strikten Kurs durchaus im Sinn. Deshalb empfinden sie das, was sie nötigt, die Richtung zu ändern oder langfristig innezuhalten, als empfindliche Störung. Selbst dort, wo göttliche Willkür im Spiel ist. Und trotzdem geben sie sich der Irrfahrt hin, die dabei entsteht, sogar mehr volens als nolens. So erscheint denn Irrfahrt geradezu als ein Kennzeichen des Epos. In vielen Sprachen bezeichnet der Volksmund noch heute jegliche Irrfahrt als ‹Odyssee›, auch wo er vom namengebenden Erzählwerk nichts weiß. Für Homers Odysseus freilich – und ebenso für seine Nachfahren bis hin zu Camões' Vasco da Gama – wäre die Irrfahrt gar keine, bliebe ihnen nicht jene gradlinige Zielrichtung als Richtmaß im Kopf, die durch äußere Gewalt wieder und wieder beeinträchtigt wird. Leibhaftige Durchmesser bleiben sie dabei erst recht. Wann immer, was da über sie hereinbricht, das strikte Gradaus gewaltsam unterbricht, schwächt es nicht, sondern es stärkt den rastlosen Vorwärtsdrang der Epenhelden. Nur so können sie sich heroisch ausleben und zugleich ihre epische Mission erfüllen: in einer steten Folge sichtbarer, doch unversehener und unabsehbarer Vorkommnisse.

Verräumlichte Zeiten Nicht nur räumlich geht das Epos aufs Ganze: indem es seine Helden als leibhaftige Durchmesser und mobile Behälter fast überall hindringen lässt. Auch zeitlich greift es aus in die Weite. Allerdings nicht ohne weiteres. Anders nämlich als Bewegungen im Raum lassen zeitliche Abläufe sich nicht unmittelbar vergegenwärtigen. Weder als objektive Zeiterstreckung noch als subjektiv empfundene Dauer. Das Epos, das möglichst alles, was da ist und geschieht, möglichst restlos den inneren Augen vorführt, kann den temporalen Verhältnissen nur beikommen über den Umweg des Raums. Insofern gleicht es der Lebenswelt, die ja auch nur mit Kalendern die Wochen und Tage, mit Uhren die Stunden und Minuten sichtbar vergegenständlicht. Von Homers Epoche bis in die unsrige benötigt sie räumliche Geräte, um Zeit zu erfassen und anzuzeigen: Schattenstab bei der Sonnenuhr, verbundene Gefäße bei Sand- und Wasseruhren, Zifferblatt und Zeiger bei Uhren mit mechanischem oder elektrischem Antrieb.

Rundum erfinderisch verfahren die Epiker, wenn sie Raum und Zeit verschränken, um auch ihrerseits zeitliche Abläufe aus räumlichen Bewegungen ersichtlich zu machen. Hierbei nutzen sie jenen weltanschaulichen Aufriss, den jedes Epos ohnehin seinen Hörern und Lesern präsentiert. Nämlich: dass handelnde Personen sich hier auf zweierlei Etagen bewegen, auf irdischen und auf überirdischen. Drunten: die Menschen zu ebener Erde samt Gewässern. Droben: die olympischen Götter (in antiken Epen), später dann auch noch zaubermächtige Feen sowie christliche Heilige (in mittelalterlichen und barocken Epen). Zeit macht sich dabei drastisch vor allem dort bemerkbar, wo die Unsterblichen ins Treiben der Sterblichen eingreifen. Dank ihrer Allmacht eilen sie flugs vom einen zum anderen noch so entfernten Ort. Tempus äußert sich in diesem Fall überdeutlich im Tempo, das allen menschlichen Augenzeugen den Atem rauben kann: denen drinnen im epischen Geschehen, aber auch denen draußen, wenn sie davon hören und lesen.

Homer verkörpert solche Schnelligkeit leibhaftig in Hermes. In jenem göttlichen Sendboten, der unter Göttern sowie von Gott zu Mensch verbindliche Weisungen überbringt. Im Unterschied zu Zeus oder Hera, Apollon oder Aphrodite hat Hermes kein ausgeprägtes eigenes Schicksal, auch nur wenig ausgeprägte eigene Interessen. Deshalb kann er fast völlig aufgehen in seinem Amt, weite Strecken in höherem Auftrag stracks zurückzulegen. Mit Hilfe bezeichnender Attribute – geflügelter Helm, geflügelte Sandalen – befördert er seine schwerelose, unsichtbare Ware: die mündliche Botschaft im Wortlaut. So vollzieht auch Hermes, wie die Menschen drunten auf festem oder schwankendem Boden, das diametrische Prinzip des Epos. Als flitzender Durchmesser des Raums, freilich in anderer Richtung, lebt er eine körperliche Allverbundenheit vor, von Hier nach Dort, von Oben nach Unten. Dergestalt macht er sich denn auch prompt auf den Luftweg, um Zeus' Befehl an Kalypso zu übermitteln: unverzüglich solle sie den Odysseus aus ihren Armen entlassen und für seine Heimfahrt ausrüsten. Hermes also

> Eilte sofort und band sich unter die Füße die schönen
> Goldnen ambrosischen Sohlen, womit er über die Wasser
> Und das unendliche Land im Hauche des Windes einherschwebt.
> [...] und flog [...] und senkte sich schnell aus dem Äther
> Nieder aufs Meer, und schwebte dann über die Flut wie die Möwe,
> Die um schreckliche Buchten des ungebändigten Meeres
> Fische fängt und oft sich benetzt den flüchtigen Fittich.
> So übersegelte Hermes die weit hinrollenden Wogen. (V, 44 ff.)

Nicht ganz so leicht, so rasch, so widerstandslos wie Hermes sein geographisches Ziel erreicht, die Insel Kalypsos, erreicht er die Bereitschaft der Nymphe, Zeus' Weisung zu befolgen. Schließlich willigt sie wehmütig ein. Sie hilft dem Geliebten beim Floßbau, und bald ist er unterwegs – nach Ithaka, wie er fälschlich hofft und wähnt. Dank günstiger Strömung und Rückenwind kommt Odysseus zunächst zwar zügig voran. Am achtzehnten Tag jedoch – genau wird die Zeitspanne verzeichnet – überfällt ihn Poseidon mit einem Sturm, der das Floß zerstört. An Vorwärtskommen ist nicht mehr zu denken. Der Schiffbrüchige muss froh sein, wenn er nicht abwärts versinkt in die Tiefe der See.

So entfacht Homer vor den Hörern und Lesern, die soeben noch Hermes' schwerelosen Gleitflug haben verfolgen können, ein konkurrierendes Gegeneinander sowohl von Zeit- wie von Wegstrecken.

Hier: der überanstrengte Mensch, der tagaus nachtein sich abkämpft, um voranzukommen auf ein Ziel hin, das er auch diesmal wieder verfehlen wird. Und dort: der Gott, der zielsicher, unaufhaltsam und im Nu dort eintrifft, wohin er aufgebrochen ist. Solche Diskrepanz von Tempo und von Raumdurchdringung macht den Sachverhalt ‹Geschwindigkeit› überhaupt erzählbar. Und nur dadurch macht sie ihn den Hörern und Lesern evident. Umwegig also, weil nur via Raum, doch auf Anhieb einleuchtend, bemächtigt sich das Epos der unsichtbaren, ungreifbaren Zeit. Zugleich schärft uns die nämliche Diskrepanz auch noch weitere Zusammenhänge ein. Und zwar ebenso sinnfällig, also mehr als nur mit dürrem Hinweis. Diesem Wink folgend, fragen wir uns, was epische Helden kaum je sich selber fragen: wie weit oder nah der Weg sei von der Geburt bis zum Tod; und was alles hineinpasse in diese befristete Zeitspanne. Vor dem gleichbleibenden Cantus firmus der handelnden Götter, die unsterblich sind, hebt sich die besondere Lebensdauer jedes handelnden Sterblichen ab: die längere und ereignisreichere des Odysseus, die kürzere und ereignisärmere des Achill, sogar die unabsehbare des scheinbar immer schon uralt erfahrenen Nestor.

Verräumlichte Zeit. Auch anderweitig begegnet sie uns. Auch dort, wo niemand, weder Mensch noch Gott, sich im Raum fortbewegt. Beispielsweise dann, wenn Homer bestimmte Prozesse und Produkte handwerklicher Arbeit schildert. Kenntnisreich und ausführlich geschieht das, einlässlich in jeder Phase des Hergangs. So beharrlich, bis der jeweilige Gegenstand zweckdienlich verfertigt ist und an seinen Benutzer übergeht. Hierbei verwandelt sich – vor unsren inneren Augen – Zeit in Raum. Genauer, die beanspruchte Dauer der Arbeit geht ein und auf im greifbar räumlichen Gebilde, das da gerade entsteht. Und dieses Gebilde, ob schlichtes Floß oder prächtige Waffenrüstung, wird sich später dann seinerseits einer anderen Zeitdauer aussetzen müssen, jener des Gebrauchs und der Haltbarkeit. Erweisen wird es sich dann als lang- oder kurzlebig, als mehr oder minder tauglich. Wie schon im Fall der erzählten Geschwindigkeit, lohnt sich auch hier ein Blick auf die temporalen Unterschiede: je nach dem, ob Menschen oder Götter Hand anlegen und mit viel Sachverstand ihre Arbeit durchführen.

Odysseus' Floß, seine Herstellung und Zerstörung So einfach wie das Bedürfnis danach ist auch der Gegenstand, der im ersten Beispiel verfertigt wird. Schauplatz ist abermals Kalypsos Insel. Nachdem Hermes den Götterbeschluss überbracht hat, strebt Odysseus schleunigst hinweg. Er benötigt ein Floß; und er baut es sich. Erneut kann man staunen über die universalen Fähigkeiten dieses «vielwissenden Helden». Zu Beginn der *Ilias* schon hat er sich als Regent und Ackerbauer bewährt, später als Krieger und Stratege, als Erfinder und Schiffskapitän. Und jetzt, in der *Odyssee*, betätigt er sich auch noch als umsichtiger Fachmann beim Fällen von geeigneten Bäumen sowie bei allen weiteren Verrichtungen, um ein seetüchtiges Fahrzeug herzustellen:

Und er fällte die Bäume, vollbrachte die Arbeit behende.
Ganze zwanzig fällt' er und umhieb mit eiserner Axt sie,
Begradigte sie mit dem Beil und nach dem Maße der Richtschnur.
Und er bohrte die Balken und fügte sie wohl aneinander
Und verband nun das Floß mit eisernen Nägeln und Klammern.
Von der Größe, wie etwa ein kluger Meister im Schiffbau
Zimmern würde den Boden des breiten geräumigen Lastschiffs.
[...]
Drinnen errichtet' den Mast er, daran die kreuzende Rahe,
Schließlich zimmerte er sich ein Steuer, die Fahrt zu lenken.
Beide Seiten des Floßes beschirmt' er mit Flechten der Weide
Gegen die rollende Flut und füllte den Boden mit Ballast.
Und nun brachte sie Tücher, die hehre Göttin Kalypso,
Segel daraus zu schneiden, und kunstvoll schuf er auch diese.
Band die Taue des Masts und die segelwendenden Seile,
Wälzte schließlich mit Hebeln das Floß in die heilige Meerflut.
Jetzt war der vierte Tag, an welchem dann alles vollendet.
Und am fünften entließ ihn die hehre Göttin Kalypso,
Frisch gebadet und angetan mit duftenden Kleidern. (V, 243 ff.)

Genau vermerkt wird die Zeitfolge der einzelnen Arbeitsschritte. Desgleichen, wie lang es insgesamt dauert, um das Floß zu bauen, fertig zum Start. Der Herstellungsprozess umfasst die Beschaffung des Grundmaterials Holz und dessen Bearbeitung, dann den Zusammenbau mit Hilfe weiterer Materialien, Nägel und Taue, bis hin zur Bespannung des Segelwerks mit eigens zugeschnittenem Tuch. Dass Odysseus nachgerade professionell am Werk ist, betont der Rhapsode, wenn er ihn mit einem klugen «Meister im Schiffbau» vergleicht. Aber er lässt es uns auch direkt ersehen aus dem selbstsicheren Ineinander und Nacheinander der einschlägigen Handgriffe. Und erst recht aus der zünftigen Rangordnung am Arbeitsplatz von Handwerkern. Auffällig kehrt sich das Machtverhältnis um zwischen der unsterblichen Nymphe und ihrem sterblichen Liebhaber. Sub specie laboris et competentiae schickt sich Kalypso fügsam in die kümmerliche Rolle des Lehrbuben, dem nichts weiter zusteht, als dem Meister im richtigen Moment die richtigen Werkzeuge anzureichen. «Die hehre Göttin» – so heißt es beide Mal – apportiert stumm ergeben zuerst den Bohrer, später die Tücher für die Takelage.

Vier Tage dauert der Floßbau. Und am ebenso deutlich vermeldeten «fünften Tag» wird Odysseus nach getaner Schwerarbeit gebadet, um ihn vom Schmutz und Schweiß seiner zügigen Handwerkerei zu reinigen. Obendrein wird er neu eingekleidet. Nach Art einer Investitur, die den Statuswechsel besiegelt: der Hersteller des Floßes wird sichtlich zu dessen Besitzer und Benutzer. Daraufhin kann das Fahrzeug seine Seetüchtigkeit beweisen. Allerdings nur, solang es den gewöhnlichen Naturgewalten trotzt, dem normal starken Wind und den normal heftigen Wogen. Auch diese Zeitspanne bemisst und benennt der Rhapsode ausdrücklich:

Siebzehn Tage befuhr er die ungeheuren Gewässer.
Am achtzehnten erschienen ihm die fernen schattigen Berge
Von dem phäakischen Lande (V, 278 ff.)

Just an diesem Tag schlägt sie um, die natürliche in übernatürliche Gewalt. Und zwar in die gezielte Angriffswut eines Gottes. Odysseus' rachsüchtiger Feind, der Meeresherrscher Poseidon, erspäht plötzlich den einsam Dahinfahrenden. Und er

[...] versammelte Wolken, und regte das Meer auf
Mit dem erhobenen Dreizack; und allen Orkanen befahl er
Allenthalben zu toben, verhüllte in dickes Gewölke
Meer und Erde zugleich; und dem düstren Himmel entsank die Nacht.
Unter sich stürmten der Ost und der Süd und der sausende Westwind,
Auch der hellfrierende Nord, und wälzten gewaltige Wogen. (V, 291 ff.)

Zwar kommen auch wohlgesinnte Göttinnen hinzu, die Odysseus vorm schieren Ertrinken bewahren, erst Leukothea, dann seine altvertraute Beschützerin Pallas Athene. Trotzdem erleidet er ärgste Seenot. In mehreren Anläufen zerstört ihm Poseidon das Floß. Sukzessiv: erst den Mastbaum, dann das Steuerruder, und schließlich zertrümmert er das Fahrzeug ganz und gar. Durch ein

Steiles schreckliches Wassergebirg; und es stürzt' auf ihn [Odysseus] nieder.
Und wie der stürmende Wind in die trockene Spreu auf der Tenne
Ungestüm fährt, und im Wirbel sie hierhin und dorthin zerstreuet:

> Also zerstreute die Flut ihm die Balken. Aber Odysseus
> Schwang sich auf einen, und saß wie auf dem Rosse der Reiter. (V, 367ff.)

Datierungseifrig macht der Rhapsode aufmerksam auf die zeitlichen Bewandtnisse. Nicht mehr als siebzehn Tage dauert die Lebensspanne des Floßes in voller Fahrt. Also nur viermal so lang, wie sein Erbauer benötigt, um es zu verfertigen. So, wie der Rhapsode sie schildert, kann man Entstehung und Zerstörung des Fahrzeugs sinnig aufeinander beziehen. Sie erscheinen sowohl gegenläufig wie auch komplementär. Der mühe- und kunstvolle Hergang, das Floß aus dem Nichts in die Welt zu setzen, wird augenscheinlich gekontert durch jenen Hergang, der es mühelos und brachial vernichtet. Deutlich Teilstück nach Teilstück ist es zusammengebaut worden, und ebenso deutlich Teilstück nach Teilstück wird es hernach zerstückelt. Bis zum allerletzten Balken, auf den Odysseus sich eben noch schwingen kann. Beide Mal auch, beim Bau wie bei der Zerstörung, ist eine Gottheit im Spiel. Gleichfalls gegenläufig und komplementär. Unmaßgeblich, aber hilfreich, beteiligt sich beim Bau die Meeresnymphe Kalypso, maßgeblich und allein verantwortlich bei der Zerstörung der Meeresgott Poseidon. Dieser macht – destruktiv – ganze Arbeit. Auch wenn er dem verhassten Odysseus selber das Leben nicht rauben darf, laut Ratschluss übergeordneter Götter, raubt er ihm doch das lebenswichtige Fahrzeug, das da in Fetzen fliegt. Letztes wortloses Wort hat indes ein sprechendes episches Bild, das sich einprägt. Ein bezwingendes Bild von menschlicher Überlebenskraft: rittlings auf dem letzten Balken, als säße er hoch zu Ross, überragt Odysseus die aufgepeitschten Wogen. Grundsätzlich noch immer im Einklang mit der ungebärdigen Natur, die ihm ja nicht von sich aus, vielmehr nur unterm Joch eines Gottes nach dem Leben trachtet.

Achills Schild, seine Herstellung und Fortdauer Dass handwerkliches Arbeiten dem Rang von fürstlichen Helden, sogar von Göttern keinen Abbruch tut, gehört zu den Selbstverständlichkeiten des Epos, jedenfalls des antiken: Odysseus – vor und nach seinen Abenteuern in aller Welt – amtiert als Herrscher von Ithaka. Damit verträgt sich durchaus, dass er imstande ist, Äcker zu pflügen und, wenn es darauf ankommt, ebenso fachmännisch ein seetüchtiges Floß zu bauen. Beeinträchtigt wird dadurch weder die Selbstachtung des Helden noch die Achtung, die er bei aller Welt genießt. Dies gilt auch für den Gott Hephaistos, obwohl er nicht nur gelegentlich, so wie Odysseus, sondern regelmäßig schwere körperliche Arbeit verrichtet. Schmutz, Lärm, vergossener Schweiß im Verein mit seinem gleichfalls rußigen Gesellen: nichts von all dem, was lästig anfällt in seiner Schmiedewerkstatt, kann Hephaistos' Ansehen unter den Göttern mindern. Wie bei Apollon oder Artemis oder Hermes zählt auch bei ihm nur die Macht einer überragend einzigartigen Kompetenz.

Hephaistos, so erzählt die *Ilias*, schmiedet dem Achill die stärkste, kostbarste und ansehnlichste Waffenrüstung, die je ein Held getragen hat. Ruhmreich wirkt sie nicht nur im erzählten Geschehen. Ruhmreich wirkt sie auch darüber hinaus. Von nun an nämlich werden sich die Waffenbeschreibungen aller weiteren Epen darauf beziehen. Homers überaus einlässliche Reportage von Hephaistos' Arbeitsprozess – sie umfasst 125 Verse – interessiert uns vor allem in zweierlei Hinsicht. Erstens zeigt sie, wie das Epos auch hier einen Zeitverlauf verräumlicht. Denn die Dauer und die einzelnen Phasen, die der Gott benötigt, um die Rüstung anzufertigen, drücken sich aus im räumlichen Gebilde des fertigen Produkts; besonders im Schild, der kunstvoll mit mannigfachen Abbildungen geschmückt ist. Zweitens zeigt die Reportage, wie wichtig das Epos überhaupt die Bewaffnung und Einkleidung seiner Hauptpersonen nimmt. Sie sind mehr als nur dekoratives Drum und Dran. Sie gehören unabdingbar dazu. An ihrer Eigenart und Herkunft lässt sich der enorme Gesamteindruck ermessen, den dieser oder jener Held auf die bewundernde Umwelt macht. Also das, was Homers Nachfolger Vergil auf die heroische Zwillingsformel bringt: arma virumque.

Nicht nur thematisch, auch kompositorisch und erzähltechnisch spielt die so genannte Schildbeschreibung eine bedeutende Rolle im Gesamtverlauf der *Ilias*. Ähnlich ertragreich wirkt sie wie in der *Odyssee* jenes Epos im Epos, das der Sänger Demodokos bei den Phäaken vorträgt. Auch hier handelt es sich um eine doppelte Gelenkstelle für beides zugleich: für den Hergang des erzählten Geschehens wie für den Hergang des Erzählens. Beides ändert sich in Art und Richtung. Beides vollführt einen merklichen Umschwung. Inwiefern? Trotz, aber auch wegen ihrer ausgedehnten Dauer markiert die Schildbeschreibung die entscheidende Peripetie in diesem Epos: der Zorn des Achill über seine Landsleute schlägt um in Wut auf die Feinde. Hektor, Hauptheld der Trojaner, hat ihm den geliebten Patroklos erschlagen. Und jetzt brüstet er sich auch noch übermütig in der Rüstung des Erschlagenen.

Dabei gehört sie eigentlich Achill, der sie dem Patroklos nur geliehen hatte, während er selbst den Kampf boykottierte. Der zweifache Verlust, des Freunds wie der Rüstung, löst den Umschwung aus: im Helden selbst und daraufhin im Gesamtgeschehen des Epos. Der langjährig stockende Krieg um Troja kommt erneut in Schwung und führt schließlich zum endgültigen Sieg für die Griechen. Achill freilich wird ihn nicht mehr erleben.

Epengemäß, indem er sie sinnfällig entfaltet, vergegenwärtigt Homer alle Phasen des Umschwungs. Sowohl jene von Achills persön-

licher Leidenschaftsmotorik wie auch jene der allgemeinen Siegesaussichten für die Griechen. Zunächst eilt die Meeresgöttin Thetis herbei, um ihren nichts als schmerzbenommenen Sohn Achill emporzureißen von der Leiche des Freundes. Prompt wirkt ihr Trost: weit bessere, nie dagewesene Waffen werde sie ihm beschaffen, würdig der gewaltigen Rache. Hierauf sucht sie, um Beistand flehend, zuerst Zeus und dann Hephaistos auf, der sich sofort an die Arbeit macht. Inzwischen, bis die Rüstung eintrifft, soll und will der Held den Trojanern schon von weitem ein deutliches Zeichen geben von seiner neu entflammten Kampfeswut. War er doch jahrelang, verweilend in seinem Zelt, den Blicken der Feinde entzogen.

So beschert er ihnen denn, wiewohl noch unbewaffnet, eine erschreckende Epiphanie. Sein schierer Anblick, bekräftigt durch lautliche Äußerungen, lässt die Trojaner ahnen, was auf sie zukommt, wenn diese tönende Lichtgestalt sich ihnen leibhaftig nähern wird. Jetzt jedenfalls verklärt sie sich schier ins Überirdische, dank Pallas Athene, die Achills drohende Heraufkunft noch verstärkt, ebenfalls optisch und akustisch:

> Und es umkränzte sein Haupt die göttlichste Göttin mit goldnen
> Wolken und ließ von ihm selbst eine leuchtende Flamme entlohen.
> Wie ein steigender Rauch aus der Stadt sich wendet zum Äther
> Fern auf der Insel, die rings die feindlichen Scharen umkämpfen,
> Und es dringen aus ihrer Feste die Städter den ganzen
> Tag im schaurigen Kampf; doch schließlich beim Sinken der Sonne
> Flammen Feuer im Haufen empor, und hoch in die Lüfte
> Hebt sich ein leuchtender Schein, für alle Nachbarn ein Zeichen,
> Ob sie vielleicht mit den Schiffen zu rettender Hilfe erschienen:
> Also steigt von dem Haupt des Achilleus ein Leuchten zum Äther.
> [...]
> Und da stand er und schrie, und seitlich erschallte Athenes
> Stimme. Unter den Troern erhob sich entsetzte Bestürzung. (XVIII, 205 ff.)

Der wuchernde epische Vergleich mit den sich ausbreitenden, hilfeheischenden Flammenzeichen irgendeiner tödlich bedrohten Stadt dürfte den Hörern und Lesern der *Ilias* prophetisch klingen, bezogen auf die baldige Vernichtung des ganz bestimmten Troja hier und jetzt. Den Troern selbst aber, gebannt vom Anblick des brüllenden und lodernden Achill, wird Hören und Sehen vergehen, sobald er, der vorerst nur aus der Ferne droht, ihnen unmittelbar auf den Leib rückt. Und zwar in eben jener Bewaffnung, die momentan noch bei Hephaistos in Arbeit ist. Für alle Welt, soweit sie ihr nicht zum Opfer fällt, wird sie als einzigartiges Kunstprodukt eine Augenweide sein, zur überdauernden Ehre dessen, den es dermaßen auszeichnet. So jedenfalls verheißt es stolz der göttliche Schmiedekünstler selbst. Und in der Tat kann er damit die traurige Thetis hinwegtrösten über den unabwendbaren, weithin bekannten Schicksalsspruch, dass Achill früh und bald sein Leben lassen muss:

> «Mut! [...]
> Könnte ich deinen Sohn doch so vor dem grimmigen Tode
> Sicher bewahren, sobald ihm naht das grausige Schicksal.
> Wie ich die prächtigen Waffen ihm sicher verschaffe, die jeder
> Weit in der Menschen Geschlecht wird staunenden Auges
> Bewundern.» (XVIII, 463 ff.)

Die bittende Heldenmutter wie der erfüllende Schmiedegott, beide stimmen sie fraglos überein, dass die angemessene Rüstung aus folgenden Teilen besteht: aus Helm mit Helmbusch, Arm- und Beinschienen, Brustpanzer und vollends aus dem gewaltigsten, auch markantesten Stück, dem Schild. Angriffswaffen gehören merkwürdigerweise nicht dazu, also weder Schwert noch Lanze, die den Feind verwunden, verstümmeln und töten können. Mithin dient die ganze Rüstung allererst defensiv der Abwehr von Angriffen. Denn so nur begreift und verfertigt sie der kundige Schmiedegott. Offensiv dagegen soll sie die Feinde einschüchtern durchs metallisch gleißende Erscheinungsbild des Helden, der von weitem schon jeden Widerstand überwindet: kraft seiner visuellen Rhetorik. Als wahrhaft stichhaltiges Hauptargument wirkt dabei der Schild. Groß genug, um die ganze Gestalt des Helden zu schützen. Groß genug auch, um darauf vielfältige, lebhaft bewegungsträchtige Szenen abzubilden.

So, wie Homer den Schild durch Hephaistos bebildern lässt, und wie sein Rhapsode diese Bilder ausmalt, den beeindruckten Feinden, müssen auch den Hörern und Lesern der *Ilias* die Augen übergehen. Staunend dürfen sie vermeinen: es habe der Held, wann und wem auch immer er den Schild entgegenrecken wird, schier die ganze Welt auf seiner Seite. Sichtbar und greifbar. In ihrem Namen, so scheint es, tritt er an. Und in ihrem Sinn wehrt er alles ab, was ihr zuwider ist. Um dieses prächtige, vielsagende Gerät zu erschaffen, geht der Schmiedegott folgendermaßen vor:

> Starkes Kupfer warf er ins Feuer und Zinn und des Goldes
> Herrlichen Wert, auch Silber. Dann aber schleppte Hephaistos
> An den gebührenden Platz einen riesigen Amboß und faßte
> Mit der Rechten den mächtigen Hammer und links eine Zange.
> Emsig schuf er zuerst den Schild gewaltig und hiebfest,
> Schmückte mit Bildern ihn rings, umzogen von schimmerndem Rande,
> Dreifach und leuchtend, daran das Riemengehänge aus Silber.
> Fünffach waren die Schichten am Schilde selber, und auf ihm
> Fügte sein wägender Sinn gar viele, schöne Gebilde.
> Auf dem Schilde schuf er die Erde, das Meer und den Himmel,
> Den gerundeten Mond und die unermüdliche Sonne,
> Darauf auch alle Gestirne, die rings den Himmel bekränzen,
> Die Pleïaden, Hyaden und dann die Kraft des Orion,
> [...]
> Dann verfertigte er auf dem Schilde zwei prächtige Städte
> Redender Menschen; in einer ein hochzeitlich Fest und Gelage,
> Bräute führten sie aus den Gemächern mit leuchtenden Fackeln
> Hin durch die Stadt, und rings erschollen laute Gesänge,
> Jünglinge kreisten im Tanz, in ihrer Mitte erklangen
> Hell die Flöten und Leiern, und überall in den Türen
> Traten Frauen heraus und schauten in wunderndem Staunen.
> Auf dem Markte standen die Bürger in Scharen: ein Streitfall
> Wurde verhandelt; es stritten zwei Bürger sich wegen des Bußgelds
> Eines erschlagenen Mannes. Der eine beschwor es dem Volke
> Dass er ja alles beglichen, der andre bestritt die Bezahlung.
> Beide verlangten vom Richter, er solle den Hader entscheiden.
> Beifall rief beiden das Volk und schlug sich zu beiden Parteien (XVIII, 474 ff.)

Assoziativ führt da eins zum andern auf dem Schauplatz des Schilds. Immer weitere Kreise ziehend geht Homer, geht sein Rhapsode, geht der reliefbildnerische Schmiedegott vom zivilen Streitfall um den erschlagenen Mann über zum militärischen Krieg, den zwei feindliche Heere um die geschilderte Stadt beginnen. Von hier aus richtet sich der Blick auf friedliche Alltagsszenen: wie Bauern des Umlands ihre Äcker pflügen und ihre Weinberge bearbeiten; wie Städter und Bauern ein ausgelassenes Erntefest feiern. Und, so heißt es gegen Ende der Schilderung, «inmitten der Schar, da sang ein göttlicher Sänger / Laut zur Leier» (XVIII, 604f.). Sieh da: es findet auch auf und dank dem bebilderten Schild – diesmal räumlich – ein ähnliches Spiegelspiel statt wie jenes zeitliche in der *Odyssee*. Dort, wo es zum Epos im Epos kommt durch den Vortrag des Sängers Demodokos bei den Phäaken.

Welt im Griff Jedenfalls bildet sich auf dem kreisrunden Schild, der hier entsteht, der Erdkreis ab. Tendenziell voll und ganz, samt den abgebildeten menschlichen Unternehmungen, die er umfasst. Nicht genug damit. Der Schild führt auch noch jene weiten Räume vor Augen, die den bodenständigen, menschenbetriebsamen Erdkreis ihrerseits umfassen. Eigens hebt es der Rhapsode hervor durch den markanten Rahmen seiner Schildbeschreibung. Beginnt sie doch mit dem kosmischen Raum, mit dem Weltall von Sonne, Mond und Sternen. Und sie endet mit dem scheinbar ebenso grenzenlosen Meeresraum. Also rings mit dem bodenlosen, unbevölkerten Außerhalb:

> Und endlich formte der Gott: des Okeanos reißende Strömung
> Längs dem gerundeten Rand des stark geschmiedeten Schildes. (XVIII, 607f.)

Demonstrativ gibt sich so das kunstvoll kleine Ganze des Schilds als Inbild jener Welt, von der das kunstvoll große Ganze des Epos handelt: vielfältig, weitläufig in Raum und Zeit, allumfassend. Aber nicht nur im Was, auch im Wie spiegelt sich eins im andern. Also nicht nur in dem, was da alles vorkommt hier auf dieser einen bebilderten Waffe und dort im vollständigen Erzählwerk. Auch in dem, wie das, was vorkommt, sich vor den Hörern und Lesern der *Ilias* entfaltet. Dabei vergegenständlicht sich im Schild die Verfassung dessen, dem er zugedacht ist, und der ihn richtig zu handhaben weiß: des epischen Helden als mobilen Behälters. Denn er trägt ja ebenfalls die Welt mit sich herum, die bei seinen vielerlei Abenteuern in ihn eingegangen ist. Aber auch unabhängig vom Helden, zu dem er passt, macht Homer den Schild zum genuin epischen Etwas. Merklich mehr ist und leistet er als lediglich ein passiv erzählter, leb- und sprachloser Gegenstand. Insofern unterscheidet er sich vom Floß des Odysseus. Zwar äußert sich Zeit auch dort im räumlichen Gegenstand, wenn er sukzessiv hergestellt und ebenso sukzessiv zerstört wird. Doch das Floß selber bleibt dabei stumm. Nicht so der Gegenstand Schild. Aktiv erzählend, spricht er uns an. Bild für Bild für Bild, die Hephaistos ihm aufprägt, erzählt er von regen Vorkommnissen: von bäuerlichen Tätigkeiten und städtischen Gerichtsverhandlungen, von kriegerischen Kämpfen und von Volksbelustigungen. Und zwar so lebhaft, als sei, was hier abläuft, keineswegs ein für allemal verfestigt im Relief des metallenen Schilds. Man vermeint vielmehr, es spiele sich regsam gegenwärtig ab. Unmittelbar vor den Augen und sogar Ohren aller erdenklichen Betrachter, ob drinnen im Epos oder auch draußen.

Regsam gegenwärtig erscheint es in eben jenem Status, den das epische Präteritum grundsätzlich jedem erzählten Geschehen verschafft.

Hier also, in der *Ilias*, sämtlichen Ereignissen, die vor wie nach wie auch innerhalb der Schildbeschreibung heraufbeschworen werden. So heißt es denn oben im Zitat: «Bräute *führten* sie … / rings *erschollen* laute Gesänge … / Jünglinge *kreisten* im Tanz … / es *stritten* zwei Bürger …» (Hervorhebungen V. K.) Abermals also äußert Zeit sich unsichtbar im räumlich sichtbaren Gebilde. Im Schild, der hier gleich mehrerlei Zeitverläufe in sich vereint. Nicht allein den Hergang seiner allmählichen Verfertigung, sondern auch die verschiedenen Hergänge, die der Schmiedegott auf ihm abbildet. Und vollends jenen Hergang, wie Homers Rhapsode diese beiden Hergänge seinerseits dahererzählt, Phase nach Phase.

Der letztgenannte Hergang ist besonders aufschlussreich. Nachdrücklich folgen hier die Etappen des beschreibenden Berichts den Arbeitsetappen am Schild. Sinnreich schärft sie der Rhapsode uns ein: durch deutlichen epischen Refrain. Wann immer ein neuer Arbeitsschritt des Schmiedegotts erfolgt und dabei auch eine neue Bilderszene auf dem Schild erscheint, meldet sich refrainartig die folgende Formel: «En d'etithei …» Das heißt: «Hierauf schuf, verfertigte, schmückte er …» (der Gott). Solchermaßen staffelt sich die geräumige Reportage von der Schild-Erschaffung samt der Welt-Erschaffung auf dessen rundgewölbter Oberfläche. Weit mehr als hundert Verse beansprucht sie, einschließlich dem allerletzten «En d'etithei …», das nochmals den Handwerksakt eigens hervorhebt. Diesmal den abschließenden, mit dem Hephaistos den Rand des Schildes säumt. Derart markiert er dessen dingliches Non plus ultra: durch das begrenzend grenzenlose Meer.

Uns indes ruft die Wieder- und Wiederkehr des Refrains eben das in Erinnerung, was der Versfluss beinah in Vergessenheit gewiegt hat. Rhythmisch, klanglich und rhetorisch pocht sie auf jene eigentliche Voraussetzung, die der Rhapsode auf seinen suggestiven Zwischenstrecken von Kehrreim zu Kehrreim listig überspielt. Habt Acht, so mahnt der Refrain: es ist eben doch kein unmittelbar lebendiges Geschehen, was da auf den Bildern des Schildes so pulsierend anmutet. Es ist, nach wie vor, ein Mach-Werk des kunstfertigen Schmiedegottes. Aber auch den rhapsodischen Versfluss, der jene starren Bilder wundervoll täuschend belebt, auch ihn ruft der beharrlich wiederkehrende Refrain merklich zur Ordnung.

Keine andere poetische Gattung stellt so gewaltige poetische Ansprüche an sich selbst wie das Epos. Nichts Geringeres macht es zu seinem Gegenstand als die ganze Welt in ihrer vollen Spannweite und Vielfalt. Egal, ob im kleinen Ganzen jenes Schilds, der handlich genug ist, dass ein Mann ihn zu tragen vermag, oder im großen Ganzen der *Ilias* mit ihren fünfzehntausend Versen in vierundzwanzig Gesängen. Um tendenziell restlos epische Veranschaulichung geht es. Jedes erdenkliche Vorkommnis – ob menschlich oder göttlich, natürlich oder zivilisatorisch – soll seine Eigenart zur Geltung bringen im herbeierzählten großen Ganzen. Und das nicht etwa nur vom Hörensagen, vielmehr sinnfällig für sich selber sprechend: durch den Mund des Rhapsoden, der alles und jedes überblickt.

Ganz und gar erscheint im Epos die erzählte Welt, als schlüssiger Zusammenhang. Dass ihre Vielfalt nicht zerfällt in lauter Einzelheiten, dafür sorgt die Konstruktion des epeneigenen Zeit-Raums. Wenn irgendwo sich das Wort ‹Zeit-Raum› emphatisch verwirklicht, dann just hier, in dieser poetischen Gattung. Wie sie Zeitverläufe ersichtlich macht im Raum ringsum, aber auch in räumlichen Gebilden, das war schon da und dort zu beobachten: am episch ausgespielten Gegensatz zwischen göttlicher und menschlicher Lebensdauer, pointiert im geweissagten frühen Tod des Achill; am unterschiedlichen Tempo, wenn Götter und wenn Menschen Wegstrecken zurücklegen, durch die Luft, auf dem Meer und auf festem Boden; am Ablauf der Herstellung und Zerstörung von Odysseus' Floß; an den illusionierten Bewegungen im starren Relief des Schilds.

Aber nicht nur da und dort macht sich die Vorstellung von Zeit-Raum bemerkbar. Allenthalben ist sie am Werk, ob in *Ilias* und *Odyssee*, ob in der *Aeneis* oder in den Epen der Neuzeit. Zeit-Raum trägt wirksam dazu bei, die vielerlei Vorkommnisse zu steuern. Richtungsweisend verschafft er dem epischen Geschehen deutliche Fluchtlinien. Woher es kommt, das epische Geschehen, und wohin es geht, dies zu bestimmen, übernehmen vor allem zwei prominente Motive, auf die keines der einschlägigen Werke verzichten kann. Komplementär ergänzen sie einander. Einerseits: Genealogie, mit dem Blick zurück auf die Herkunft. Andrerseits: Prophetie, mit dem Blick voraus auf die Hinkunft. Aus der erzählten Gegenwart reichten sie weit hinaus in ferne Zeiten und Räume gewesener und kommender Ereignisse. Nicht nur das Gesamtgeschehen des jeweiligen Epos bewegt sich im Zeit-Raum zwischen Genealogie und Prophetie. Auch diejenigen, die das Gesamtgeschehen handelnd bestreiten, lassen sich davon leiten in ihrem Tun. Bewusst und selbstbewusst.

Genealogie Bedenken wir zunächst das Motiv der Genealogie. Von Homer bis Ariost, von Vergil bis Tasso: jeder ihrer epischen Helden verdankt seine hervorragende Statur und Ausstrahlung nicht allein den eigenen Taten. Er verdankt sie auch dem Umstand, einer hervorragenden, oft uralten Sippe zu entstammen. Gehe sie nun zurück auf Götter und Halbgötter wie bei Achill und Aeneas oder nur auf Heroen wie bei Odysseus und Orlando: allemal hat sie Generationen glorreich durchmessen seit ihren erlauchten Gründervätern und Gründermüttern. Eine beachtliche Wegstrecke ist es jeweils gewesen. Aus den Fernen in die Nähe, durch verschiedenartige Räume und Zeiten, um endlich beim gegenwärtigen Epenhelden anzulangen. Bis auf weiteres. Sogar die einzigartigen Waffen des Aeneas, des Orlando und so fort sind erhabener Herkunft: seit der besagten Rüstung des Achill, die der Gott Hephaistos eigenhändig und eigens für ihn angefertigt hat.

Dergestalt rundum geadelt, kämpfen epische Helden kaum je mit beliebigen Widersachern. Jedenfalls keine Zweikämpfe Mann gegen Mann. Sie erwarten, dass der Kontrahent ihnen ebenbürtig ist. Denn sie treten ja – nach eigener und allgemeiner Auffassung – nicht allein und isoliert wider einen alleinigen und isolierten Gegner an. Im streitbaren Agon misst sich vielmehr ihre ganze glanzvolle Vorväterschaft mit jener des Antagonisten. So kommt es, seit Homer, immer wieder dazu, dass Held und Held, noch ehe sie zu den Waffen greifen, einander ihre Stammbäume erzählend präsentieren. Und das nicht etwa knapp und kurzerhand, sondern tief hinabreichend bis zur untersten Wurzel. Dabei ist auch die Redewendung vom «Stammbaum» – mag sie inzwischen noch so sehr ausgehöhlt sein – ein Sinnbild, das seinen Bildsinn schöpft aus der Vorstellung vom Zeit-Raum. Nicht anders als die «Wurzel Jesse» in der epischen Bibel. Da wie dort ist jedenfalls an ein wucherndes Gewächs gedacht, das sich räumlich verästelt, um die zeitliche Folge und Verzweigung vieler Generationen zu veranschaulichen.

Mehrmals in der schlachtenreichen *Ilias* gibt es solche Zweikampftreffen mit weit ausholendem rhetorischen Anlauf. Dabei will man sich und einander versichern: der Gegner sei kein Irgendwer von Irgendwo; er komme vielmehr aus einer immer schon edlen, tatkräftigen, womöglich von Göttern ausgezeichneten Sippe. Besonders aufschlussreich verläuft das Treffen des griechischen Heros Diomedes mit dem ebenso stattlichen Trojaner Glaukos im sechsten Gesang. Dass dieser Zusammenstoß letzten Endes unblutig ausgeht, wider alles Erwarten, wirkt umso überraschender; denn kurz zuvor hat der Heerführer Agamemnon rücksichtslose Metzeleien angeordnet und verübt. Wieso nun die unverhoffte Wendung? Immerhin eilen die Beiden kampfentschlossen aufeinander zu:

> Als die Gegeneinandereilenden jetzt sich genähert,
> Nahm als erster das Wort der Rufer im Streit Diomedes:
> «Wer nur bist du, Edler, vom Stamme der Menschen?
> Nie gewahrte ich dich doch in der männerehrenden Feldschlacht
> Bisher; jetzt indessen erhebst du dich weit vor den andern
> Allen durch den Mut, da du meiner gewaltigen Lanze dich preisgibst.»
> (VI, 121 ff.)

Einleuchtend begründet Diomedes sogleich seine Wissbegier. Sicher will er gehen, dass er hier keinen der unerkannten Götter vor sich hat, die sich ja heftig einmischen in die Kämpfe um Troja. Und beredt zählt er brisante Fälle auf, aus aller Welt, wo es jedes Mal den ahnungslosen Helden übel erging. Denn Götter sind nicht nur stärker, sie sind auch rachsüchtig.

> «Stammst du von Menschen jedoch, die Früchte des Feldes verzehren,
> Dann komm heran, damit das Verderben dich rascher ereile!»
> Ihm entgegnete drauf des Hippolochos stattlicher Sprosse:
> «Tydeus' mutiger Sohn, was fragst du nach meiner Geschichte?» (VI, 142 ff.)

Durch die Benennung des Helden hebt es der Rhapsode besonders hervor, aber auch Glaukos selber betont es durch seine Anrede: die beiden Kontrahenten erachten einander nicht als irgend welche Einzelkrieger namens Diomedes oder Glaukos. Sie reden und handeln als Söhne ihrer namhaften Väter und Vatersväter. Just in dieser Rolle, auch aus diesem Blickwinkel antwortet der Befragte. Voll Stolz geschieht das und unbekümmert um Weitschweifigkeit. Die nämlich wird bei solchen Gelegenheiten geradezu erwartet. Wieso und wozu?

«[...] daß du erkennst
Unserer Väter Geschlecht, wiewohl es vielen bekannt ist:
Epyre heißt die Stadt in der rossenährenden Argos,
Wo einst Sisyphos lebte, der schlaueste unter den Männern,
Sisyphos, Aiolos' Sohn; der zeugte sich Glaukos zum Sohne;
Glaukos [Urgroßvater des Glaukos, der hier spricht] wiederum zeugte den herrlichen Belerophontes,
Welchem die Götter Schönheit schenkten und männliche Kräfte.
Proitos hingegen ersann ihm verderbliche Pläne im Herzen,
Der ihn aus Argos vertrieb, denn viel gewaltiger war er;
Hatte doch Zeus in seine Macht die Argiver gegeben.
[...]
Zwar vermied er den Mord, denn diesen scheut' er im Herzen,
Aber er sandt' ihn [Belerophontes] gen Lykia hin, und verderbliche Zeichen
Gab er ihm, Todeswinke, geritzt auf ein Täflein:
Daß er dem Schwäher den Brief überbrächte, sich selbst zum Verderben.
Dieser wandelte hin, von Unsterblichen sicher geleitet.» (VI, 150 ff.)

In den folgenden dreißig Versen schildert Glaukos die genealogischen Stufen und Begebenheiten seiner durchweg illustren, taten- und leidensreichen Vorfahren. Vor allem die Abenteuer des unerschütterlichen Belerophontes. Ihm nämlich wurden nicht nur schier übermenschliche Abenteuer auferlegt, ähnlich wie dereinst den Heroen Herakles, Theseus und Perseus. Es haben auch ihm selbst und dann seinen Kindern die Götter gewalttätig zugesetzt:

«Seinen Sohn Isandros erschlug der wütende Ares,
Als er das Volk der berüchtigten Solymer heftig bekämpfte.
Artemis raubt' ihm die Tochter, die Göttin mit goldenen Zügeln.
Aber Hippolochos zeugete mich, ihn rühm' ich als Vater.
Dieser sandte nach Troja mich her und mahnte mich sorgsam,
Immer der erste zu sein und ausgezeichnet vor andern,
[...]
Wahrlich, solchen Geschlechts und Blutes rühm ich mich heute.» (VI, 203 ff.)

Damit hat Glaukos seinen ereignisprallen Ausflug in die Tiefen der Vergangenheit beendet. Ja, förmlich abgerundet. Durch viele Generationen ist er zurückgedrungen bis zum Stammvater Sisyphos, dessen heikle Kontakte mit den Göttern sich in der weiteren Familiengeschichte unheilvoll fortgesetzt haben. Aber nicht nur viele Zeitstufen, auch viele ferne Schauplätze hat der Berichterstatter passiert auf seinem

Weg: hin zum Ursprung der Sippe und wieder retour zur Gegenwart. Hierher zu seinem augenblicklichen Standort vor Trojas Mauern, Auge in Auge mit dem kampfbereiten Diomedes. Und diesem Gegner, der ihn zur genealogischen Rede gestellt hat – wie üblich unter gleichrangigen Heroen –, präsentiert er sich klipp und klar am Ende dieser Rede. Der da spricht, ist identisch mit dem letztgenannten und vorläufig überhaupt letzten Sisyphos- und Belerophontes-Spross namens Glaukos. Triumphal spielt er sein Fazit aus: «Wahrlich, solchen Geschlechts und Blutes rühm ich mich heute.»

Zugleich ereignet sich noch eine zweite Identifikation. Sogar eine Anagnorisis, eine folgenreiche Wiedererkennungsszene. Derlei ist uns schon anderswo aufgefallen: erschüttert durch des Rhapsoden Demodokos' Epos im Epos über das Geschehen in Troja, gibt der namenlose Gast der Phäaken sich als Odysseus zu erkennen; ähnlich sein vorerst anonymer Sohn Telemachos, wenn Menelaos ihm vom verschollenen Vater erzählt. Genau so wie dort spielt sich auch zwischen Diomedes und Glaukos keine szenisch unmittelbare Anagnorisis ab. Keine bühnengemäße, von Angesicht zu Angesicht, in plötzlicher Erwiderung. Nein, es ist abermals eine episch mittelbare: umwegig und zeitlich versetzt. Glaukos, der ihm nie zuvor persönlich begegnet ist, den er folglich auch nicht als unverwechselbare Person würde wiedererkennen können, ihn erkennt Diomedes indirekt aus dessen erzählter Sippengeschichte. Kaum ist darin der Name Belerophontes gefallen, geht ihm auf, was er aus der eigenen Sippengeschichte weiß. Jener ruhmreiche Vatersvater des Kriegers, der ihm hier jetzt gegenübersteht, und sein eigener Vatersvater namens Oinos, sie waren dereinst enge Gastfreunde.

Daher Diomedes' seltsam wortlose, doch gestisch beredte Antwort auf das stolze Fazit von Glaukos' Rede:

> [...] und freudig vernahm es der Rufer im Streite Diomedes.
> Fest in die nahrungspendende Erde stieß er die Lanze. (VI, 212f.)

Nachdrücklich beseitigt und entschärft er die Waffe. Auch sein Schwert wird der Enkel des Gastfreunds nicht zücken gegen den Enkel des Gastgebers. Sichtlich gebunden fühlt sich der Held Diomedes an die genealogischen Verbindlichkeiten, die weit hinausreichen über seine Person und Generation. Nicht anders denkt und handelt Glaukos, nachdem er vom nunmehr gewesenen Feind dessen Sippenverhältnisse vernommen hat. Daraufhin erweitert sich die symbolische Lanzen-Geste. Sie setzt sich fort, indem sie eine ähnliche Geste abwandelt, an die sich Diomedes soeben emphatisch erinnert hat: an die ausgetauschten Gastgeschenke zwischen dem eigenen Vatersvater und dem von Glaukos. Spontan tauschen nun auch die beiden Nachkommen, die andernfalls einander umgebracht hätten, das Kostbarste aus, das sie haben. Es ist ihre glänzende Rüstung, die jeden von ihnen auch äußerlich als den Heros kennzeichnet, der er ist. Andeutungsweise macht dieser Akt – zugleich – den Griechen zum Trojaner und umgekehrt. Ob so gemeint oder nicht, es wirkt wie ein utopischer Wink inmitten der erbarmungslosen Schlächtereien ringsum.

Prophetie Zeitlich weit greift jedes Epos aus. So weit, wie der Zeit-Raum sich nur irgend mythisch oder historisch durchmessen lässt. Zurück greift es – via Genealogie – bis zum frühsten Vorfahren seiner Helden. Und voraus greift es – via Prophetie – in deren künftige Nachkommenschaften. Vor allem dann, wenn das Woher und Wohin eines bestimmten authentischen Herrscherhauses im Spiel ist, das unbegrenzte Dauer ersehnt. Seit Vergils *Aeneis*, zur höheren Ehre der Dynastie von Kaiser Augustus gedichtet, ist dies fast regelmäßig der Fall. Ob zum Vorteil oder zum Nachteil für die poetische Kapazität der Gattung Epos, das muss uns hier nicht interessieren. Jedenfalls hat sich fortan kaum ein episches Werk von weltliterarischem Belang solcher dynastischen oder auch patriotischen Verklärung enthalten können. Dabei stehen Genealogie und Prophetie in stetem Wechselverhältnis. Denn das Herrschergeschlecht, das sich da jeweils poetisch verewigen lassen will – träumend von historischer Unaufhörlichkeit –, strebt ebenso danach, den eigenen Ursprung tunlichst von einer Gottheit herzuleiten. Denn die mag ja wohl auch etwas von ihrer Unsterblichkeit vererben. Deshalb darf Augustus, dank Vergil, seinen Urahnen im Helden Aeneas erspähen, den keine Geringere als Venus zur Welt gebracht hat. Diesem Muster eifern auch die weiteren großen Epen nach, die ihren mächtigen Gönnern entgegenkommen. So bescheinigt denn ein ähnlich erhabenes Herkommen: den Fürsten d'Este in Ferrara Ariosts *Rasender Roland* und dann auch noch Tassos *Befreites Jerusalem*; der englischen Monarchin Elisabeth I. Spencers *Feenkönigin*; dem portugiesischen Königshaus Camões' *Lusiaden*. In diesen Fällen allerdings weniger göttlich – was der christlich geprägten Epoche zuwider wäre – als vielmehr sagenhaft heroisch.

Innerpoetisch weist die Genealogie, fortgeführt in der Prophetie, dem epischen Geschehen die maßgebliche Richtung: vom ruhmreich gewesenen zum ruhmreich künftigen Dermaleinst. Und dies trotz aller Irrfahrten, Ablenkungen und Aufenthalte der Helden. Noch stärker als bei der Genealogie macht sich da der epische Zeit-Raum bei der Prophetie geltend. Verständlicherweise. Denn die Rückblicke auf jene gestaffelten Vergangenheiten und Fernen, die von den Vorfahren durchlebt worden sind, können auf anschauliches Erzählen allemal verzichten. Nur aufs Dass sind sie aus, nicht aufs Wie. Nachdrücklich betonen sie zwar, damals sei Erhebliches geschehen, das fort und fort gewirkt habe bis in die Gegenwart. Nicht dagegen, wie es denn ablief und unter welchen Umständen. So bleibt es bei raffenden, kargen Berichten. Kaum anders als gezeichnete Stammbäume nehmen sie sich aus wie fleischlose Knochengerüste. Insofern treffen sie sich mit jenen aufzählenden Helden- und Schiffskatalogen, von denen schon oben die Rede war: im Kapitel über Erzählen als Navigieren.

Ungleich aufwendiger wird die Prophetie entfaltet. Nolens volens. Da sie auf Vorkommnisse abzielt, die noch gar nicht geschehen sind, müsste hier eigentlich die äußere Anschauung der inneren Vision weichen. Stattdessen bietet das Epos seinem sinnenhungrigen Hörer- und Leserkreis einen drastischen Ersatz. Keine schnellfertige Abspeiserei, sondern kräftige Nahrung. So kommt es zum breit ausgemalten, schaurig faszinierenden Drum und Dran jener Exkursionen, wo auserwählte epische Helden sich Ausblicke verschaffen aufs künftige Geschehen. Absonderlich, rätselhaft und gefährlich wirkt beides: der Schauplatz wie auch die Verrichtungen, die den Helden obliegen, um zu erfahren, was auf sie zukommen wird. Demnächst, aber auch auf lange Sicht.

Wohlgemerkt, hier geht es durchaus nicht um jenen entlegenen Ort, wo aus Göttermund unumstößliche, wirkkräftige Beschlüsse verkündet werden über den prinzipiellen Lebensweg dieses oder jenes hervorragenden Helden. Etwa: dass Achill allzu früh wird sterben müssen; dass Odysseus' Heimkehr letztlich zwar gewährleistet ist, aber um viele gefahrenstrotzende Jahre verzögert werden wird; dass Aeneas nach Trojas Zerstörung und vielerlei Irrfahrten, schließlich in Italien angelangt, die Voraussetzungen erkämpfen wird für die Gründung des römischen Reiches. Nein, solche lebenswegweisenden Voraussagen erfolgen sensationslos auf höchster Warte. Droben im Olymp, der den betroffenen Sterblichen ohnehin nicht zugänglich ist. Es geht vielmehr um den Ort: wo diese Betroffenen, längst schon auf dem von droben zugewiesenen Lebensweg, nunmehr herausfinden, was sie denn nach ihren bisher überstandenen Abenteuern hinfort noch gewärtigen und bewältigen müssen.

Einleuchtend paradox: hinab, um vorwärts zu kommen Heraus finden sie es am senkrechten Gegenpol zum hohen Olymp der Unsterblichen. Drunten in der Unterwelt, wo die Verstorbenen hausen. Und just bei den Exkursionen dorthin – tief unterm Niveau ihres üblichen Aktionsgebiets von Land und Land und Meer – äußert sich der epische Zeit-Raum besonders vielsagend. Räumlich und zeitlich, eins im an-

dern, eins durchs andre. Räumlich vollführen diese Exkursionen einen Abstieg, ein Hinab von oben nach unten. Paradoxerweise, so mag es zunächst scheinen. Denn man fragt sich unwillkürlich, wieso denn die Helden ausgerechnet in die Tiefe fahren, um droben auf der Oberfläche von Land und Meer sich zielsicher fortzubewegen? Und doch dient die vertikale Abwärtsbewegung, obwohl scheinbar ein Abweg, letztlich dem Vorwärtskommen in der Horizontalen. Ein Vorwärts hin zum endgültigen Ziel: für Odysseus zur Heimat, für Aeneas zur Gründung von Rom.

Zugleich vollführen diese Exkursionen – in zeitlicher Hinsicht – eine Rückwärtsbewegung. Zurück zu jenen Menschen, die bereits aus dem laufenden Lebensverkehr ausgeschieden sind. Und zwar mehr neuerdings als schon seit langem. Denn sie kennen und erkennen aus ihren Lebzeiten den ungewöhnlichen, weil noch unverstorbenen Besucher. So Odysseus' Mutter den Sohn. So die Karthagerkönigin Dido, die seinetwegen sich umgebracht hat, den ungetreuen Aeneas. Zeitlich also begibt sich der Held, wenn er die Toten aufsucht, zum Nicht-Mehr, wo er sich wissbegierig umtut. Ausnahmsweise schlägt er dabei die Gegenrichtung ein zu jener, die er gemeinhin verfolgt. Strebt er doch oben, zwischen den anderen Lebewesen, zum zeitlichen und räumlichen Noch-Nicht seiner Entdeckungen, Eroberungen, Neugründungen. Irgendwann jedoch auf seiner abenteuerlichen Lebensbahn gerät der Held in eine ausweglose Lage. Es ist der Punkt, wo er an Land sich derart verrannt, im Meer sich derart verfahren hat, dass er nicht aus noch ein weiß, wie es irgend weitergehen könnte. Spätestens hier erreicht ihn der göttliche Wink, er solle die triftige Zielrichtung dort erkunden, wo er auf seinen Irrfahrten noch nie gewesen ist. Genauer, wo er lebend auch nie hätte hingelangen können – außer mit der Sonderlizenz von droben, die er jetzt erhält. Es ist sogar mehr als eine Erlaubnis. Es ist eine Weisung: hinab in die Unterwelt.

Was macht nun just diesen Schauplatz zur einzigartigen Auskunftsquelle über künftiges Geschehen? Zweifellos: der abartige Status seiner Bewohner und Anrainer. Einerseits jener der Toten. Rückblickend auf ihr vergangenes Leben, haben sie reiche Erfahrungen gesammelt, deren Konsequenzen für sie selber zwar unnütz geworden sind, nicht aber für jemand, der noch weiterhin zu leben hat. Andrerseits weilen in der Unterwelt oder nahebei zünftige Kenner der Zukunft. Seis ein Verstorbener wie der berühmte Seher Teiresias, der dem Odysseus weissagt; seis eine alterslose Prophetin wie die gleichfalls berühmte Sibylle von Cumae, die dem Aeneas weissagt. Zumal aus solchen Gewährsleuten – den Toten wie den Sehern – spricht der epische Zeit-Raum. Gewesene Begebenheiten von damals und dort ergänzt er durch kommende Begebenheiten. Und die werden ebenso gewiss zu bestimmten Zeiten an bestimmten Orten stattfinden.

Odysseus' Unterwelt-Exkursion Wie aber überhaupt den Eingang finden zur Unterwelt und vollends den Einlass? Dem Odysseus erklärt es die zauberkräftige Kirke. Nachdem sie seine Gefährten in Tiere verwandelt hat, was er selber – seinerseits gefeit durch ein Heilkraut von Hermes – wieder rückgängig machen kann, lebt er mit ihr ein Jahr lang im üppigen Palast ihrer Insel. Ungern lässt sie ihn schließlich ziehen. Nicht anders als Kalypso muss sie sich dem Ratschluss der Götter beugen, die Odysseus' Verlangen nach der Heimat unterstützen. Kirke also, so wissensreich wie zauberkundig, kennt den Seeweg zum Hades. Mehr noch. Sie kann ihrem Gast beibringen, was alles er dort verrichten muss, um den Seher Teiresias, aber auch die gewöhnlichen Toten zum Sprechen zu bringen. Odysseus freilich ist sich des schier unmöglichen, weil naturwidrigen Unternehmens durchaus bewusst. Bedenklich fragt er nach:

> Kirke, wer soll denn auf solcher Fahrt mich führn und geleiten?
> Kam doch kein Sterblicher je im schwarzen Schiffe zum Hades. (X, 501 f.)

Nur Tote, das weiß er, können ans Jenseitsufer des Hades gelangen. Streng geprüft, bewacht und geleitet durch Charon, der sie im Fährboot über den Acheron befördert. Deshalb zweifelt Odysseus, ob denn ein lebender Mensch je die zeiträumliche Kluft zu überwinden vermag zwischen dem eigenen Noch-Nicht und dem Nicht-Mehr der Abgelebten. Und gliche er sich gar auf «schwarzem Schiff» der finsteren Unterwelt an und ihren schattenschwarzen Bewohnern. Doch Kirke kann sein Bedenken beschwichtigen: durch genaue Maßregeln, die sie ihm erteilt. Nicht nur die Route beschreibt sie. Auch das, was er zu tun und zu lassen hat, sobald er dort angekommen ist, samt seinen Gefährten, die ihn unterstützen sollen.

Hierauf besteigen sie alle das Schiff, das Kirke ihnen bereitgestellt hat. Wundersam, ganz von allein, also ungesteuert von Menschenhand, fährt es dem Ziel entgegen. Und so, wie Kirke sie ihm ausmalt, wird Odysseus die unfruchtbare Landschaft der Unterwelt vorfinden. Drunten vorbei am leb- und farb- und lautlosen Hain von Hades' Gattin Persephone. Weder Fauna gedeiht da noch Flora, außer den hohen, kleinblättrigen Espen und den Weiden, die zu früh die Frucht abwerfen, fortpflanzungsfeindlich. Unbelebt wirkt dann vollends das eigentliche Gebäude des Totengotts. Riesig, doch modrig und gänzlich ohne Gewächse. Stattdessen durchströmt und durchtost von den unterirdischen Jenseitsflüssen, die hier die Alleinherrschaft ausüben über Raum und Zeit und Bewegung. Vorwegschildernd also stimmt Kirke den epischen Helden ein auf das, was er dort unten zu gewärtigen und zu vollbringen hat:

Hast du dann mit dem Schiff den Okeanos aber durchsegelt,
Wo an niedrem Gestad die Haine Persephoneias
Stehen, von hohen Espen und fruchtabwerfenden Weiden,
Lande dort mit dem Schiff an Okeanos' tiefem Gestrudel.
Und dann gehe du ein ins modrige Haus des Hades.
Wo in des Acheron Schlund der Strom Pyriphlegethon abstürzt
Und des Kokytos Flut, die kommt von den stygischen Wassern,
Dort, wo am Fels sich vereinen die zwei lautbrausenden Ströme.
Dort geh nah hinan, o Held [...] (X, 508ff.)

Sichtbar und hörbar äußert sich auch hier der epische Zeit-Raum. Besonders drastisch verdichtet er sich in jenem simultanen Ereignis: wie die drei unterirdischen Flüsse – jeder von eigener Art und mit eigener Schwungkraft – aufeinander zuströmen, übereinander hereinbrechen, ineinander eindringen. Unentwegt, ob senkrecht herabstürzend, ob waagrecht einschießend. Indem sie immerzu strömen und brausen, offenbaren sie zugleich für Aug und Ohr die eigentliche Verfassung der Unterwelt. Sie ist nicht so tot wie ihre Dauerbewohner. Pausenlos fließend und brausend schärft sie ihnen ein: hier waltet Unaufhörlichkeit. Die postmortale Zeit, die man hier zu verbringen hat, und der postmortale Raum, worin man sich hier aufzuhalten hat, niemals und nirgends hören sie auf. Keine Grenzen gibt es, also auch kein Plus ultra.

Genaustens befolgt Odysseus dort unten all das, was Kirke ihm geraten hat. Er opfert die mitgebrachten Schafe und Rinder. Außen sind sie so schwarz wie ihr Blut, das er in eine Grube einfließen lässt, um die schattenschwarzen Toten damit zu laben und zum Sprechen zu bringen. Eine quasi-biologische Verbindung erwirkt das schwarze Blut zwischen Leben und Ableben, zwischen dem vitalen, auskunftheischenden Eindringling und den wissensreichen Verstorbenen. Wie Kirke empfahl, weist Odysseus all die namenlosen Schattengestalten, die danach gieren, gewaltsam ab. Denn als Erster darf nur der kompetente Seher Teiresias davon trinken. Andernfalls wäre er weder geneigt noch imstande, dem lebenden Fremdling die Zukunft vorauszusagen. Er trinkt und verkündet bereitwillig, was jenem fortan zustoßen wird. Teils Vermeidbares, teils Unvermeidbares. «Untrüglich» jedenfalls, wie Teiresias selber versichert, sind seine Voraussagen. Dass sie in der Tat zutreffen, das werden Odysseus' weitere Abenteuer zeigen.

Zwei Warnungen spricht Teiresias aus. Erstens vor Poseidons unverminderter Rachsucht wegen der Verstümmelung seines Sohns, des Kyklopen Polyphem. Zweitens warnt der Seher davor, auf der Insel Thrinakia, falls je dort Station gemacht werden sollte, sich an den heiligen Herden des Sonnengottes Helios zu vergreifen. Eins wie das andre, was da droht, würde Odysseus' letztlich gesicherte Heimkehr immerhin beträchtlich verzögern. Zugleich würde es zum restlosen Verlust seiner Gefährten und Schiffe führen. Beides nimmt der epische Held aufmerksam zur Kenntnis. Später indes, auf der Weiterfahrt, wird er die Warnungen nicht beherzigen können. Und noch viel mehr hat ihm der Seher zu sagen, der weit über den Tag hinaus in die fernste Zukunft blickt. Sogar bis hin zum dermaleinst friedlichen Tod im hohen Alter des heimgekehrten und neu bestätigten Herrschers von Ithaka, allseits verehrt von der Welt ringsum.

Längst nicht so weit und schon gar nicht vorwärts blickt Odysseus' Mutter, die sich ihm jetzt aus dem Dunkel nähert. Auch ihr löst der schwarze Bluttrank die Zunge für Auskünfte, die der Sohn sich nirgends sonst einholen könnte. Jedenfalls keine so verlässlichen wie von ihr. Lauter selbst erlebte Ereignisse vermeldet sie ihm, die ihr noch postmortal nach und nahe gehen. Gestorben ist die Mutter irgendwann in jener langen Zwischenzeit, als Odysseus unterwegs war, im Trojakrieg und anderswo. Jetzt erst erfährt er, aus ihrem Mund, von ihrem Tod. Und sein Kummer nimmt noch zu, wenn ihr körperloser Schattenleib seiner herzhaften Umarmung entgleitet. Was die Mutter nun rückblickend berichtet vom erlebten Stand der Dinge in Ithaka, ist für Odysseus nicht minder wichtig als Teiresias' Sichtung des künftigen Geschehens. Gilt es doch, wenn der Held jenem Ziel entgegenfährt, das ihm der Seher verheißen hat, sich einzustellen auf die zwischenzeitlichen Verhältnisse, die ihn dort erwarten. Einerseits zwar sind sie beglückend: das standhafte und kluge Verhalten der Gemahlin Penelope und des wacker herangewachsenen Sohns Telemachos. Andrerseits aber sind sie empörend: das wüste Treiben der prassenden Freier, die hartnäckig die vermeintliche Witwe des einstigen Herrschers bedrängen.

310 Unverzichtbar also ist Odysseus' Unterweltexkursion fürs zeit- und raumgreifende epische Geschehen. Für die vielerlei Vorkommnisse hier und jetzt, dort und zuvor, aber auch dort und künftig. Zugleich beschert sie dem epischen Helden selbst eine einmalige emphatische Erfahrung. Nicht allein, dass er zu Lebzeiten die Grenze zu den Toten schadlos überschreitet, hin und zurück. Es ist ihm dabei auch vergönnt, wie nie zuvor und hernach: im eigenen abenteuerlich zerstückelten Lebenslauf plötzlich ein schlüssiges, konsequentes Kontinuum zu erspähen. Wäre er gar ein Individuum, auf eigene Persönlichkeit bedacht – so wie die bürgerlichen Helden später dann im Roman – , ihm ginge hier und jetzt auf, was an ihm dran ist. Und erst recht, dass und wie weit es an ihm ist, etwas Ganzes aus dem eigenen Leben zu machen. Sogar unabhängig von den Göttern, die immer wieder in seinen sprunghaften Lebenslauf eingreifen. Angesichts all der Schattenwesen drumherum, die ihre Vita hinter sich gelassen haben, wird Odysseus immerhin inne: in seinem Fall ist die Vita keineswegs nur von oben bestimmt, um unten nur folgsam nachvollzogen zu werden.

Er kann vielmehr das außergewöhnliche Wagnis eingehen, im Umkreis der Toten sein bislang zerstückeltes Kontinuum wenigstens stückweise zusammenzufügen. Leibhaftig, ungezwungen und nach eigenem Ermessen. Allerdings nicht ohne fremde Hilfe. Dennoch ist er es, der selbst den bislang mangelnden Zusammenhang herstellt. Und nicht nur den isolierten seiner persönlichen Vita. Es ist auch einer der Zusammenhänge im ganzen Epos namens *Odyssee*. Der epische Held stellt ihn her aus vorweg erzählter Zukunft (laut Teiresias), aus nacherzählter Vergangenheit (laut Mutter) und erst recht aus selbsterlebter Vergangenheit, die er nun anderen vergegenwärtigt. Immerhin erzählt ja er selbst seine Unterweltabenteuer: die Gesänge X und XI, genau so wie die beiden Gesänge zuvor und danach. Aus eigener Sicht, mit eigenen Worten, in der ersten Person. Selbstsicher präsentiert er sich den zuhörenden Phäaken gerade nicht als namenlos Zerstückelter. Vielmehr als ein Ganzer, der dabei ist, seinen sprunghaften Lebenslauf auch weiterhin noch zu vervollständigen. Kein beliebiger «Niemand», so wie er sich dem Polyphem listig präsentiert hat, sondern immerfort: Odysseus, ob auf dem Meer oder an Land; sogar dort unten, wohin ich noch lange nicht gehöre, bedrängt von den Toten, ihnen zugeneigt, aber auch mich ihrer erwehrend.

VERGIL ALS WEGWEISENDER FORTSETZER HOMERS

Unverholen hat Vergil seine *Aeneis* jenen beiden Werken nachgebildet,
die den Namen Homers tragen. Nicht nur prinzipiell erachtet er sie als verbindliche Muster für die Gattung Epos überhaupt. Auch individuell hält er sich merklich an diese einzigartige *Odyssee* und an jene einzigartige *Ilias*. In produktiver Aneignung: bestimmter thematischer Schwerpunkte, bestimmter markanter Motive und Situationen sowie einer bestimmten Erzählkonstruktion. Wohlgemerkt, Vergil hat zugleich beide Epen des großen Vorbilds im Sinn. Wie er das eine, aber auch das andere kunstvoll in der nämlichen *Aeneis* spiegelt, ist schon früh bewundert worden. Spiegelverkehrt erfolgt diese Spiegelung. Genauer, chiastisch überkreuz. Was heißt das?

Epische Konstruktion der *Aeneis* Übersichtlich und aufschlussreich gliedert sich die *Aeneis* in zwei Hauptteile, jeweils sechs Bücher beziehungsweise Gesänge umfassend. Überkreuz entspricht der erste Hauptteil dem einstmals später entstandenen Vorbild, das die chronologisch späteren Begebenheiten erzählt, also der *Odyssee*. Und der zweite Hauptteil entspricht dem einstmals früher entstandenen Vorbild, das die chronologisch früheren Begebenheiten erzählt, also der *Ilias*. Während bei Homer die solistischen Abenteuer des Odysseus folgerichtig hervorgehen aus dem zurückliegenden kollektiven Geschehen des Kriegs um Troja, kommt es Vergil, andersrum, auf eine andere Folgerichtigkeit an. Hier muss der Soloheld, nachdem er mit knapper Not dem restlos vernichtenden Brand seiner Heimatstadt Troja entronnen ist – nur den alten Vater, den kleinen Sohn und die Hausgötter hat er herausretten können –, zunächst vielerlei Irrfahrten durchmachen. Wie den Odysseus treibt auch ihn die Willkür widerstreitender Götter kreuz und quer über Meere und Kontinente.

Vergils umgekehrte Abfolge hat zwingende Gründe. Die Zickzack-Route des Aeneas mit ihren Abwegen ist unabdingbare Voraussetzung für das, was dann im zweiten Hauptteil des Epos geschieht. Unabdingbar als poetischer Kontrast. Und vollends unabdingbar als heroische Zerreißprobe, bei der sich die Tat- und Widerstandskräfte des Titelhelden zu entwickeln haben. Hat ihn doch Jupiter ausersehen für eine epochale, schier übermenschliche Mission. Unaufhaltsam soll er den Weg bahnen zur Gründung des späteren römischen Reichs. Dieses Fernziel wird schon im ersten Hauptteil, während der Quasi-Odyssee des Aeneas, mehrmals angemahnt: durch Träume und Prophezeiungen. Im zweiten Hauptteil, nun dem Vorbild der *Ilias* folgend, erfordert

just dieses Fernziel kollektive Anstrengungen und ein zielgerichtetes Geschehen. Viele Schlachten werden jetzt geschlagen, auch Zweikämpfe des Aeneas in seiner Eigenschaft als Heerführer massiver Truppen. Hier geht es freilich nicht um das Nahziel, eine feindliche Stadt zu vernichten. Es geht um das Fernziel, ein dynastisch einwandfreies Reich hervorzubringen, das dermaleinst die ganze zivilisierte Welt beherrschen soll.

Entsprechend weit schwingt sich der Zukunftssprung der Prophetie, letztlich sogar noch hinaus über die Lebenszeit des Dichters Vergil und des bedichteten Herrschers Augustus. Und entsprechend aufwendig ist auch der Anlauf zu diesem epochalen Weitsprung, den der epische Held nehmen muss. Dort, wo er aus kundigem Mund die Zukunft erfahren will, um nun selber zukunftssicher handeln zu können. Aufwendig nicht erst bei seiner Unterwelt-Exkursion, sondern längst schon zuvor auf seinen abenteuerlichen Umwegen. Mahnende Träume ereilen Aeneas, wenn er wieder einmal dabei ist, sein fernes Ziel aus dem Sinn zu verlieren. Mal erscheint dem Träumenden der tote Hektor, mal der Gott Merkur, mal der mittlerweile verstorbene Vater Anchises, mal erscheinen ihm die eigenen trojanischen Hausgötter. Alle rütteln ihn auf, nur ja die vorbestimmte Richtung einzuschlagen. Doch die eigentliche Vision von dem, was da kommen wird, sofern er selbst seiner einzigartigen Berufung nachkommt, sie wird ihm – nicht anders als Homers Odysseus – erst drunten in der Unterwelt zuteil werden.

Wenn er zu Beginn des V. Buchs die Sibylle von Cumae aufsucht, nähert sich Aeneas endgültig dem Schauplatz und Ziel seines hohen Auftrags. Sogar in dreierlei Hinsicht. Erstens betritt er, den es bisher immer nur woanders hin verschlagen hat, hier erstmals den Boden der Apenninen-Halbinsel, von wo sich dermaleinst das römische Reich ausbreiten wird. Denn Cumae liegt an der Küste Kampaniens. Zweitens befindet sich just hier, unweit von Sibylles Behausung, der Eingang zur Unterwelt, also zum einzigen Ort, wo Aeneas sich den unbegrenzten Blick auf die ausersehene Zukunft verschaffen kann. Und drittens ist niemand so wie diese Prophetin imstande, den epischen Helden für den erschreckenden Abstieg ins Totenreich zu wappnen. Mehr noch. Sie selber wird ihn hinab- und drunten umherführen, um zu erläutern, was alles ihm dort begegnet. Rätselhaftes und Grauenerregendes wie im Orkus, Beglückendes wie im Elysium.

Prä-danteske Unterwelt In der Tradition des abendländischen Epos, besonders seiner Unterwelt-Exkursionen, nimmt die *Aeneis* somit eine Zwischenstellung ein: zwischen Homers *Odyssee* und Dantes *Divina Commedia*. Ungeachtet dessen, inwieweit Letztere denn überhaupt ein Epos ist. Fraglos steht Vergils Werk – als Gesamtgebilde – seinem Vorbild *Odyssee* näher, als Dantes Werk seinem ebenso offensichtlichen Vorbild *Aeneis*. Nicht nur religiös: in den Verkehrsformen und Zwecken, die jenen entlegenen Schauplätzen eignen, wo das Nachleben der Menschen stattfindet. Auch und erst recht erzählerisch. Zwar ist schon bei Vergil wie bei Homer die Unterwelt-Exkursion unverzichtbar für den Fortgang des Geschehens. Und sie ist zudem kontrastiv belangvoll für das, was sich droben ereignet zwischen dem epischen Helden und der vielfältigen Welt, die er durchmisst. Trotzdem bleibt sie Episode. Sie bleibt eins von den vielerlei Abenteuern, die der Held zu bewältigen hat. Gewiss begreift er diese Episode als gewaltigeres Wagstück, mithin auch als erheblichere Auszeichnung, als wenn er mit einem Meeressturm, einem ebenbürtigen Krieger oder einem menschenverschlingenden Kyklopen um sein Leben zu kämpfen hat. Denn einzig ihm steht auch noch die Konfrontation mit den Toten zu. Einzig er kann sie überleben und Gewinn daraus ziehen.

Anders liegen die Dinge bei Dante. Von vornherein ersetzt er den tatkräftigen epischen Helden durch einen sinnend betrachtenden: durch das erdichtete eigene Dichter-Ich (siehe Kapitel I). In seiner *Divina Commedia* kann die Unterwelt-Exkursion keine Episode nur sein unter vielen andersartigen. Denn das ganze Werk, vom ersten bis zum letzten Gesang, gibt sich ja als schiere Jenseitsreise. Und die wird nicht, so wie jene bei Homer und Vergil, horizontal zurückgelegt, unter lebendigen Menschen und anderen Lebewesen, als unabsehbare Irrfahrt zu Land und zu Wasser. Vertikal verläuft sie durch drei große Jenseitsbereiche: durchs höllische Inferno, durchs fegefeurige Purgatorio und durchs erhabene Paradiso. Von welthaltigem, eigengewichtigem

Geschehen mit eigener Gegenwart, Vergangenheit, Zukunft kann hier keine Rede sein. Stattdessen trifft das wissbegierig dahinschreitende Dante-Ich auf lauter Resultate und Konsequenzen von vielerlei Lebensläufen, die samt und sonders längst schon stattgefunden haben. Irreversibel, unbeeinflussbar. Vor allem aber deutlich sortiert: in dauerhaft verdammte und gepeinigte Fälle; in reparable, zeitweilig büßende Fälle; in unverzüglich erlöste Fälle.

So weit und so anders beim nicht-antiken Dante. Gleichwohl hat Vergil in seiner Unterwelt-Exkursion nicht nur fortentwickelt, was

Homer den Odysseus dort unten erleben lässt. Er hat zudem auch noch manches vorweggenommen, was mehr als tausend Jahre später den Lesern der *Divina Commedia* als epische Erneuerung begegnen wird. Nur partiell freilich taucht es bei Vergil schon auf: in einigen besonderen Umständen von Aeneas' unterirdischen Abenteuern, wie sie so bei Homer noch nicht vorkommen. Beachtlich ist, was Vergil da vorwegnimmt. Genauer, welche Eigenschaften der *Divina Commedia* schon bei Aeneas' Unterwelt-Exkursion mitspielen. Noch genauer, was sie thematisch und erzählerisch ausrichten, hinausweisend über jene Verhältnisse, die wir bei Homer schon vorgefunden haben. Vor allem die folgenden prä-dantesken Eigenschaften lassen aufmerken. Erstens: Im befremdlichen Totenreich bleibt Aeneas, anders als Odysseus, keineswegs sich selbst überlassen. Ihn geleitet die kundige Sibylle, die ihm alles erläutert, was hier unten sein Erstaunen erregt. So wie Dantes erdichteter Wegweiser Vergil, so übernimmt auch sie die Rolle eines epischen Reiseführers durchs unbekannte Gelände, orientierungssicher und wissensreich. Zweitens: Dieses Gelände hat mehrere, unterschiedliche Bezirke, worin sich Unterschiedliches abspielt; von fürchterlichen Peinigungen bis hin zu beseligenden Beschaulichkeiten. Drittens: Just der Bezirk der unaufhörlichen Schrecknisse wird so drastisch geschildert, dass der außenstehende Eindringling Aeneas schaudert, und mit ihm die Leser des Epos, die lesend seinen Spuren und den Erläuterungen des epischen Reiseführers folgen.

Sibylle, die Jenseits-Reiseführerin Pointierter als Homer spricht Vergil dabei die sinnliche Wahrnehmung an. Den Lesern verdeutlicht er: in jenen diversen Bezirken der tiefen, weiten Nachlebenswelt sind Räume und Verhältnisse zu gewärtigen, von denen kein Lebender je aus eigener Anschauung den anderen Lebenden berichtet hat. So soll denn, was dort unten vorgeht, und was sich dort unten erkunden lässt über künftige Ereignisse hier oben, sich den Sinnen des Augen- und Ohrenzeugen Aeneas unmittelbar einprägen. Und nicht nur irgendwie, sondern begreiflich gemacht durch die epische Reiseleiterin Sibylle. Aber auch diese selbst soll – so erbittet es Aeneas gleich beim ersten Treffen – alles, was er zu erfahren trachtet, direkt und authentisch äußern. Man beachte, dass just der epische Held eines geschriebenen Epos namens *Aeneis* energisch auf mündliche Verlautbarung dringt:

> [...] schreib nur nicht deine Sprüche auf Blätter,
> Daß sie verwirrt nicht flattern, ein Spielball reißender Winde.
> Weissage, bitte, mit eigenem Mund! (VI, 74 ff.)

Und prompt erfüllt Sibylle sein Verlangen. Ja, sie übererfüllt es mit der gewaltigen Dynamik ihrer ekstatischen Stimme:

> [...] aus innerstem Heiligtum läßt Kumaes Sibylle
> Schauerlich Rätselwort ertönen, brüllt in der Grotte,
> Wahrheit hüllend in dunkles Wort. (VI, 98 ff.)

Hören und Sehen bis ins Sprachbild hinein. Wie Sibylles «dunkles Wort» sich ihm fortschreitend aufhellen wird, sobald sie beim gemeinsamen Weg durch die Unterwelt dem Aeneas klar macht, was er ringsum im Halbdunkel erspäht und vernimmt; und sobald sie ihn, nach den schauerlichen Wegstrecken des Orkus, endlich in den lichten Gefilden der Seligen mit dem Vater Anchises zusammenbringt, der von nun an das Wort ergreift, um dem Sohn die strahlenden Zukunftsvisionen Roms vor Augen zu führen: davon erzählt fort und fort das sechste Buch.

Dass die Reise durchs Niegesehene und Niegehörte nicht allein für den erzählten Helden, sondern auch für den erzählenden Dichter ein extrem gewagtes Abenteuer sei, hebt Vergil demonstrativ hervor. Dadurch, dass er diesem riskanten Abschnitt eine gebetartige Anrufung vorausschickt. Beinah so, wie jedes Epos – einschließlich der *Aeneis* – sein allererstes Beginnen eröffnet mit dem Anruf an die Musen. Also nun auch hier hebt ein schier menschenunmögliches Unternehmen an, das der Hilfe jenseitiger Instanzen bedarf. Diesmal freilich sind es nicht jene neun Töchter der Göttin Mnemosyne, zu Deutsch Erinnerung, droben auf dem Berg Helikon. Die Gottheiten der Unterwelt sind es:

Götter im Seelenreich und ihr, tief schweigende Schatten,
Chaos und Phlegeton auch, ihr stummen, nächtigen Weiten,
Laßt von Gehörtem mich künden, verstattet gnädigen Winkes,
Welt zu enthüllen, die tief in finsterer Erde versunken. (VI, 264ff.)

Vorerst bleibt allerdings, was Vergil da erzählend ans Tageslicht fördert, finster und so bedrückend, dass man die schwere Erdlast darüber zu spüren vermeint. Mit dunklen Farben malt er die schaurige Szenerie der Unterwelt aus, samt den nachtmahrartigen Gestalten, die sich darin regen. Zunächst führt Sibylle den Aeneas durch den Vorhof zum
316 «Schlund des Orkus» (VI, 273). Hier lauern, noch ehe man zu den verstorbenen Menschen selber kommt, die Verkörperungen der allgemeinen Übel, die ihnen im Leben zugesetzt haben: vom Gram bis zur Krankheit, von Armut und Hunger bis zum Krieg. Noch grässlicher, weil schon leiblich abschreckend, gebärden sich jene mythisch einschlägigen Un-Tiere und Gattungs-Bastarde, die den Menschen schon zu Lebzeiten als Scheusale begegnen. So auch jetzt dem angewiderten Aeneas, der vergeblich zum Schwert greift, um sich ihrer zu erwehren:

Wunder- und Mischgestalten viel von mancherlei Tieren
Hausen am Tor: in Doppelgestalt Zentauren und Skyllen,
Briareus, hundertarmig, dort haust die lernäische Schlange,
Gräßlich zischend und dort, mit Flammen gewappnet, Chimaera,
Auch Gorgonen, Harpyen [...]
Jäh von Grauen gepackt greift hastig Aeneas zum Schwert und
Zückt die blanke Schneide dem Andrang entgegen; und hätte
Klug ihn nicht die Sibylle gemahnt, nur leibloses Leben
Flattere dürftig umher im Trugbild echter Gestalt, so
Hätte im Angriff umsonst mit dem Schwert er Schatten geschlagen. (VI, 285ff.)

Selbst der Fährmann Charon, der doch im Auftrag der Götter seinen Dienst tut, wirkt ähnlich abstoßend wie seine zerschlissene, altersgebrechliche, lecke Barke, die ausschließlich für nachweisbar Tote vorgesehen ist. Grimmig weist er die beiden lebenden Eindringlinge zurück, bis ihn Sibylle mit einem magischen Zweig des Apollo besänftigt. Jetzt müssen sogar die befugten Toten ihren Platz im überlasteten Fährschiff den gottbefohlenen Fahrgästen überlassen. Auf Befehl des

Charon, strotzend von grässlichem Schmutz; verwildert umwuchert
Grau und struppig der Bart sein Kinn; starr glühn seine Augen. (VI, 299ff.)

Am anderen Ufer dann nähern sich Prophetin und Held jenem Bezirk, der vollends wie ein Vorgriff auf Dantes Jenseitsfahrten anmuten muss.

Dort heißt die Gegend Inferno, hier heißt sie Orkus. Es ist, was es so bei Homer nicht gibt, die ewige Strafanstalt der Unterwelt. Als trutzige, uneinnehmbare Felsenburg, umwirbelt vom «flammenstrudelnden Strom», von «Phlegetons höllischer Flut» (550f.), zieht sie Aeneas' besondere Aufmerksamkeit auf sich. Wissen will er sofort, was darinnen sich abspielt. Denn ihn erschüttern die entsetzlichen Laute, die durchs Gemäuer herausdringen: Stöhnen und Jammern von Gepeinigten, noch übertönt durch die gräulichen Geräusche der Marterwerkzeuge ihrer Peiniger. Ihm selbst ist jedoch verwehrt, auch in diesem Fall zum Augenzeugen zu werden. Denn, so die Prophetin,

> Niemals darf ein Frommer die Schwelle des Frevels betreten.
> Aber als [die Göttin] Hekate mir die avernischen Haine vertraute,
> Zeigte sie selbst mir in jedem Bereich die Strafen der Götter.
> Diese Reiche der Qual beherrscht Rhadamanthus aus Knossos.
> Peinlich verhörend erfährt er die Arglist und zwingt zu gestehen,
> Was einer droben an Freveln beging und, nichtigen Truges
> Froh, zu sühnen verschob, bis zu spät es geworden im Tode. (VI, 563ff.)

> Wütender noch haust drinnen mit fünfzig düsteren Rachen
> Riesengross eine Schlange; dann klafft der Tartarus selber
> Zweimal jäh so tief und dehnt so weit sich ins Dunkel,
> Wie der Aufblick reicht zu des Himmels lichtem Olympus. (VI, 576ff.)

Angesichts der qualdurchbrüllten Tartarusburg, die ihm unzugänglich bleibt, ringt in Aeneas entsetztes Hören mit versagtem Sehen. Und im Bericht der Seherin, die dieses vermauerte Riesengebäude wissend durchschaut, ringt die dunkelste Tiefe seiner inneren Abgründe mit der lichtesten Höhe des olympischen Himmels. Wobei das Licht nur den Kontrast liefert, um den Sinnen die Schwärze des Dunkels einsichtig zu machen. Aeneas, wie gesagt, muss draußen bleiben. Es ist der einzige Ort hier unten, wo ihm Zutritt und Einblick verboten sind. Aber nicht nur ihm, dem epischen Helden, auch seinem epischen Dichter Vergil. Allerdings aus anderer Warte. Der nämlich, kraft Autorität des Autors, untersagt seinem eigenen Rhapsoden, diesen Ort erzählend zu betreten und zu sichten. Zwingender ließe sich dessen Tabu-Bereich schwerlich behaupten.

So übergibt denn der Dichter – für gut siebzig Verse – das Amt des rhapsodischen Berichterstatters an die berufenere Prophetin Sibylle. Verfügt sie doch dank der Göttin Hekate auch hier unten über unbeschränkte Kenntnis und Bewegungsfreiheit. Ihr also kann Vergil getrost in den Mund legen: wer dort im streng verschanzten Tartarus so lautstark gequält wird. Durchweg beim Namen nennt Sibylle die Delinquenten, samt deren unabgetanen Untaten und Strafen. Obwohl mythischer Herkunft, sind sie nicht minder prominent als die auserlesenen Sünder, die später dann Dantes Inferno ebenso unaufhörlich bevölkern werden. Grenzenlos, so betont die Berichterstatterin, ist die Vielfalt der begangenen Verbrechen, die ebenso vielfältige, nimmer endende Martern auf sich gezogen haben. Wahrlich ein genuines episches Sujet, doch die sonst fast allvermögende Prophetin fühlt sich ihm keineswegs gewachsen. Deshalb beendet sie flugs und summarisch ihre

kurzfristige Amtszeit als Rhapsodin mit den Worten:

> «Hätte ich hundert Zungen und hundert Münder, dazu von
> Eisen die Stimme, nicht könnte ich jede Art von Verbrechen
> Nicht die Namen der Strafen dir jemals erzählend berichten.» (VI, 625 ff.)

Es sind zugleich aufatmende Abschiedsworte. Denn endlich ist sie bewältigt: die dumpf beklemmende und entsetzensreiche, finstere und – für all die toten Passanten – buchstäblich aussichtslose Wegstrecke, die Sibylle mit Aeneas durch die schauerlichen Bezirke des Orkus und Tartarus zurückgelegt hat. Unerlässlich war diese Wegstrecke. Der epische Held musste ihr einzigartiges Grauen durchstehen. Nicht zuletzt den Schock, Dido wiederzusehen, die seinetwegen sich das Leben genommen hat und nun auf immer mit ihm und sich selbst überworfen ist. Aeneas musste es, um nun endlich dorthin zu gelangen, wo er seinen Vater Anchises weiß, der ihm den Blick in die glorreiche Zukunft verschaffen wird. Dorthin bringt ihn jetzt die Prophetin: zum Wohnsitz der Seligen, ins Elysium. Staunend erlebt er diese hell strahlende, schwerelos bukolische Landschaft als klare Gegenwelt zu jener, die er gerade hat passieren müssen. Licht und nochmals Licht ist ihr markantestes postmortales Lebenszeichen:

> Fülle des Äthers umwebt das Gefild mit purpurnem Lichte,
> Eigene Sonne kennen sie hier und eigene Sterne. (VI, 640 f.)

In wohlgemuter, fast heiterer Stimmung findet Aeneas den Vater vor. Auch hier allerdings, wie schon bei Odysseus' verstorbener Mutter, entgleitet dessen unfester Totenleib der zärtlichen Umarmung seines Sohns. Anders jedoch als dort gilt die Rede zwischen Vater und Sohn keinen privaten Vorkommnissen, die sich in vergangenen Jahren zugetragen haben. Beider Denken und Trachten richtet sich vielmehr, überprivat, auf die Zukunft der Sippe. Auf deren dynastisches Fortkommen und weltpolitisches Wirken als Herrscher des römischen Reiches dermaleinst.

Anchises' Erzähl-Schau, verquer und ertragreich Was alles bislang geschehen ist auf Aeneas' abenteuerlicher Lebensbahn – zu Meer, zu Land oder jüngst noch im Orkus –: es peilt von vornherein die jetzt beginnenden Zukunftsvisionen an, die Anchises vor seinem Sohn entrollt. Auf sie hin hat der epische Konstrukteur Vergil seine Abfolge von Erzählperspektiven gestaffelt. Also: wann und wo der Autor-Rhapsode selber sichtet und spricht, wann und wo der epische Held es tut, wann und wo die Prophetin Sibylle. Der erzählte Hergang wie auch der Hergang des Erzählens, beides bewegt sich konsequent aufs Finale des sechsten Buchs zu, bei dem wir jetzt angelangt sind. Dieses Finale bildet den Mittel- und Höhepunkt der ganzen *Aeneis*. Und ausgerechnet ihn bestreitet Vergil unversehens mit einer absonderlichen Erzählprozedur. Absonderlich insofern, als sie auffällig abweicht von allen anderen Formen dieser Tätigkeit, die uns sonst begegnet sind. Ob im Epos oder im Roman, ob im Novellenzyklus oder auch in alltäglicher Erzählerei. Wer auch immer etwas erzählt, vergegenwärtigt es. So habe ich im ersten Kapitel behauptet. Jedes Mal wird da ein Geschehen, das anderswann und anderswo sich zugetragen hat, redend herbeigeholt ins gegenwärtige Jetzt und Hier der anwesenden Zuhörer oder Leser.

Auch Anchises vollführt diese Tätigkeit vor seinem aufmerksamen Sohn. Doch er vollführt sie auf seltsame Weise, gemessen am üblichen Erzählen. Zeitlich wie räumlich wirkt sie gleichermaßen sinnvoll und verquer. Zeitlich erzählt Anchises nicht, wie sonst, von zurückliegenden, sondern von bevorstehenden Begebenheiten. Nämlich davon: durch welche Helden und Taten der eigenen Dardaner-Sippe das künftige römische Reich entstehen und sich fortentwickeln wird. Und räumlich holt Anchises jene Helden samt ihren Taten nicht von anderswo – etwa von der künftigen Metropole am Tiber – herbei ins Elysium, wo er jetzt eben auf den Aeneas einerzählt. Nein, jene kommenden Generationen der eigenen Sippe, sie sind hier bereits sichtbar zugegen. Leibhaftig regen sie sich schon im gemeinsamen Blickfeld von Erzähler und Zuhörer. Um all die künftigen Römerherren je einzeln ihnen bekannt zu machen, nah und doch übersichtlich, zieht Anchises

[...] mit dem Sohn die Sibylle
Mitten in die Versammlung hinein und in die summende Menge,

> Nahm einen Hügel, von wo in langen Reihen von vorne
> Alle er mustern konnte und kennen des Kommenden Antlitz. (VI, 752 ff.)

Ein mythisches Wunder! Noch ungeboren und untätig, doch schon ausgewachsen und kenntlich in Gestalt und Physiognomie, harren die Helden der Zukunft schier ungeduldig, auf die Welt zu kommen und in sie einzugreifen. Zugleich und ebenso erkennbar harren die Taten, nun endlich von ihnen vollbracht zu werden. Eine beeindruckend vielköpfige Menge vorweglebender Zukunft.

Aus all dem, was sich ihm hier nähert, spricht den epischen Helden ein heroisch gebieterisches Gerundivum an. Alles, wovon hier die Rede ist aus dem Mund des erzählenden Anchises, ist etwas, das dringend getan werden muss. Etwas, das auf lange Sicht zu vollbringen ist, unruhig wartend auf Aeneas' initiales Tun. Einzig ihm obliegt es, die reiche Vielfalt des Vernommenen tatkräftig umzuwandeln: von vorerst nur latent zwingender Möglichkeit, hier im elysischen Jenseits, zu offensichtlich zwingender Wirklichkeit, draußen im Diesseits der Geschichte. Dass ein solcher epochaler Kraftakt überhaupt in Gang kommt, erwirkt Anchises' absonderliche Erzählprozedur. Aber auch praktisch, also nicht nur zeitlich und räumlich, verfährt er verquer. Just dadurch erreicht sie ihre bezweckte Wirkung auf den Adressaten Aeneas. Sie trifft ihn, wie sie soll: ganz und gar. Prompt, beherzt und erfolgreich wird er den großen Auftrag erfüllen, der hier seine Sinne überwältigt. Und über die Sinne – Auge und Ohr – überwältigt er auch Aeneas' weiteres Sinnen und Trachten.

Erzählend also spricht Anchises nicht nur ein auf Aeneas. Er stillt und verköstigt auch dessen epischen Wahrnehmungshunger. Insofern ist diese Prozedur verquer, gemessen an dem, womit wir es gemeinhin zu tun haben. Wendet sich doch reguläres Erzählen – ausschließlich mittels gesprochener oder geschriebener Rede – an die inneren Augen, Ohren und sonstigen Sinne der adressierten Zuhörer und Leser. Anchises' Veranstaltung hingegen läuft zweigleisig ab. Während er dem Sohn Wort für Wort erzählt, zeigt er ihm zugleich – greifbar und gegenwärtig – eben jene Ereignisse, von denen er erzählt:

> «Siehe, wie strahlend dort Marcellus mit herrlicher Beute
> Schreitet und als Sieger ob allen Männern emporragt!» (VI, 855 f.)

Also nicht nur imaginär vor die inneren, auch materiell vor die körperlichen Augen und sonstigen Wahrnehmungsorgane führt er sie ihm.

Anchises selbst weist ausdrücklich darauf hin:

> «Hierhin wende du jetzt deinen Blick, schau an dieses Volk hier,
> An deine Römer: Caesar ist hier und des Julius gesamte
> Nachkommenschaft, die einst aufsteigt zum Himmelsgewölbe.
> Der aber ist der Held, der oft und oft dir verheißen,
> Caesar Augustus, der Sproß des Göttlichen [...]» (VI, 788 ff.)

Und ebenso ausdrücklich will sein Adressat wissen, was denn los ist mit dieser oder jener Erscheinung, die ihm gerade besonders ins Auge fällt:

> «Wer – Vater, sag! – ist jener, der so den Helden begleitet?
> Ist es sein Sohn oder einer vom großen Stamme der Enkel?
> Welch ein lärmend Gefolge ringsum, wie stattlich er selber;
> Schwarz aber flügelt ums Haupt ihm die Nacht mit düsterem Schatten.»
> Da hub Vater Anchises an [...] (VI, 863 ff.)

Wenn solchermaßen Erzähler und Zuhörer aufeinander eingehen, und wenn sie solchermaßen all das gemeinsam mit ihren Blicken verfolgen, wovon da die Rede geht: dann steigert sich Erzählen zu höchster, wenngleich absonderlicher Allmacht. Ein reinrassiges Erzählen ist es allerdings nicht, vielmehr ein bastardisch vermischtes. Denn was Vergil hier, mitten in seinem vornehmen Epos, den Stammvater Anchises veranstalten lässt, mutet zumindest uns spätere Leser an wie ein gattungshybrides Monstrum. Monströs sogar in doppeltem Sinn. Einerseits betreibt es eine «monstratio», eine Schau, die vor Augen führt, was man nirgends sonstwo derart zu Gesicht bekäme. Denn sie zeigt futurisches Geschehen, das präsentisch abläuft. Noch dazu – dank Anchises' ständig wechselndem Voraus- und Zurückblick – so, als sei es bereits vergangen. Ein unmögliches Unterfangen? Nein, ein utopisches, das nur an entsprechend utopischem Ort gelingen kann, am Nach-Lebens-Schauplatz des Elysiums. Er nur duldet und ermöglicht dreierlei Zeitstufen auf einmal im gleichen Raum. Andrerseits kreuzen sich in Anchises' Veranstaltung, monströs, verschiedenartige und verschiedenwertige poetische Formen. Episches Erzählen kreuzt sich mit beidem: teils mit Bänkelsang, der allemal in Tateinheit dieselbe Ereignisfolge dahersingt und sie zugleich auf Bildertafeln vorzeigt, teils mit szenischer Revue. Letztere freilich, indem sie Künftiges darstellt, verwandelt sich in diesem Fall zur Prévue.

Epischer Zeitraum: noch markanter und ertragreicher als bei jenen Merkmalen, die ich schon beschrieben habe, macht er sich bei den

Unterwelt-Exkursionen geltend. Drunten im Reich der Toten, die für immer allen Lebenszeiten entglitten sind, beschert er den epischen Helden temporale Erfahrungen, die droben am Tageslicht unmöglich wären. Dabei sind der Zweck und vollends die Richtung ihres zeiträumlichen Aufbruchs jedes Mal gleich. Für Vergils Aeneas nicht anders als für Homers Odysseus, für Camões' Flottenadmiral Vasco da Gama nicht anders als für Ariosts heroische Jungfrau Bradamante, die künftige Stammmutter des Herrscherhauses d'Este. Jedes Mal führt der räumliche Weg hinab in die Tiefe, um den zeitlichen Weg in die

Zukunft zu entdecken. Jedes Mal mit Hilfe von Vergangenheitsgestalten, die den Weitblick nach vorn ermöglichen. Kommendes Leben also wird geschaut am Ort des gewesenen Lebens. Der epische Held, der dort noch nicht ist, wo er hin will – räumlich so wenig wie zeitlich –, er möchte herausfinden, was er noch nicht weiß. Eben dazu benötigt er den Beistand jener, die nicht mehr eingreifen können, aber wissen. Weisungen gibt somit die verräumlichte Vergangenheit, zu welcher er sich hinablässt. Es sei denn, ausnahmsweise, sie taucht ihrerseits vom Meeresgrund zu ihm empor, so wie die submarine Venusinsel zu Vasco da Gama. Die Weisungen aber gelten ausnahmslos einer noch zu verräumlichenden Zukunft. Strikt negativ werden solche Weisungen dort, wo zerstörte Vergangenheit alles Künftige ausschließt. So hat Dido dort drunten nichts als Ab-Weisung übrig für Aeneas.

Die Unterwelt-Exkursionen erwirken indes noch mehr: am epischen Helden und zu seinen Gunsten. Merklich vergrößern sie sowohl sein inneres Volumen wie seine äußere Reichweite. Damit bekräftigen sie die Rolle, die Odysseus und Aeneas, Bradamante und Vasco im epischen Geschehen zukommt. Gekennzeichnet habe ich sie, einerseits, als mobile Behälter, die alle abenteuerlichen Zusammenstöße mit der Welt in sich speichern und auf äußeren Anstoß hin wieder von sich geben, selber erzählend. Andrerseits habe ich sie als leibhaftige Durchmesser gekennzeichnet, die unentwegt die Weite und Fülle der Welt durchmessen, vom einen bis zum anderen äußersten Pol. Wenn sie nun auf ihren Unterwelt-Exkursionen mehr und anderes erfahren, als gemeinhin den Sterblichen vergönnt ist; und wenn sie im Vorhinein Ereignisse der Zukunft erkunden: dann wächst beträchtlich das innere Volumen dieser mobilen Behälter; und ebenso beträchtlich wächst die äußere Reichweite dessen, was sie leibhaftig durchmessen. Sie gewinnen den Überblick über ein anschauliches, fassliches und begehbares Jenseits hinzu. Eines Jenseits innerhalb des ganz und gar diesseitigen Epos.

HEITERE SUMMA DES KLASSISCHEN EPOS: ARIOSTS *DER RASENDE ROLAND*

Gedichtet hat Ludovico Ariosto das Werk *Orlando Furioso* am Fürstenhof von Ferrara, im Dienst und Auftrag des mächtigen Hippolito d'Este; veröffentlicht 1521, in erweiterter Fassung 1531. Es ist das umfangreichste Werk der Gattung Epos: mit 46 Gesängen von bis zu 150 Strophen à 8 Versen, zusammen also etwa 40 000 Versen. Zum Vergleich: die *Aeneis* zählt knapp 10 000, die *Odyssee* etwa 12 000, die *Ilias* etwa 15 000 Verse.

Danach sind drei Jahrhunderte lang noch weitere bemerkenswerte Epen geschrieben worden, in Italien und England, in Spanien und Portugal, sogar in Deutschland, falls man Klopstocks *Messias* dazuzählen will. Dennoch kann *Orlando Furioso*, nicht nur dem Umfang nach, als Summa der Gattung Epos gelten. Sein Autor greift auf und erweitert, übertrumpft und ironisiert all das, was die maßgeblichen Verserzählungen zuvor entwickelt hatten: in der Antike die Epen von Homer bis Apollonios Rhodios, von Nonnos bis Vergil; im Mittelalter und der frühen Neuzeit die Artusromane von Chrétien de Troyes bis Wolfram von Eschenbach sowie die religiösen und weltlichen Erzählwerke von Dante bis Boiardo. Nicht nur Themen und Motive, gesellschaftliche Verkehrs- und religiöse Anschauungsformen jener Vorläufer führt Ariost fort. Auch Prinzipien, Weisen und Zwecke, sich einer möglichst weitgespannten und vielfältig bunten Welt erzählend zu bemächtigen. So finden wir auch hier im *Rasenden Roland*, freilich mit durchaus eigenen Ausdruckszielen, viel von dem, was die vorausgegangenen Epen kennzeichnet, im Unterschied zu anderen poetischen Gattungen.

Wir finden expansive Raumverhältnisse und Zeitbewegungen; weit ausgreifende Geschehnisse mit vielerlei Ereignissen; tatenlustige vornehme Helden, die als mobile Behälter und leibhaftige Durchmesser sich herumschlagen mit mörderischen Feinden, gigantischen Untieren und verwirrenden Zaubergebäuden; parteiische überirdische Gestalten (hier statt Göttern: Feen und Magier); gehobenen und zugleich vorwärtsdrängenden Versduktus, der die karge Alltagsprosa unter sich zurücklässt; schier grenzenlos aufreihenden katalogischen Stil, der sich vollsaugt mit mannigfachen sichtbaren Teilchen der Welt; wuchernde epische Vergleiche, die alle Vorkommnisse der Welt gleichermaßen gelten lassen und als erzählenswert erachten; diametrales Erzählen, das den beträchtlichen Kreis erfahrbarer und erdenklicher Räume durchmisst: von Land und Meer bis zu Unterweltexkursionen und Himmelsausflügen; weitgespannte Zeitbögen rückwärts in Genealogien und vorwärts in Prophezeiungen.

Antike und nachantike Muster Ariosts *Orlando furioso* bietet geradezu ein Non plus ultra der antiken, aber auch der geschichtlich näheren mittelalterlichen Epik. Letztere meint zunächst einmal jene der Artussagen mit ihren höfisch ritterlichen Abenteuern, Turnieren und Minne-Kämpfen. Viele Episoden des Werks sind davon geprägt: wie Ritter sich kämpfend hervortun; wie sie zu ihren berühmten und glanzvollen

Rüstungen und Pferden gelangt sind oder sie verloren haben; wie sie die Gebote ihres Standes verfechten, oder wie sie schmählich dagegen verstoßen; wie sie in edler Verehrung den Frauen dienen und sie aus Gefahren retten – oder gar in wüster Brunst sie überfallen, verschleppen, zu vergewaltigen trachten. Also auch dort, wo ritterliche Bräuche und Werte verletzt werden, ruft Ariost sie erzählerisch deutlich genug in die Vorstellung der Leserschaft.

Nicht minder deutlich greift der Dichter kompositorische Anregungen der mittelalterlichen Artusepik auf und modelt sie für die eigenen Belange um. Vor allem bei der Konfiguration der zahlreichen handelnden Personen seines Epos. Auch im *Orlando furioso* waltet das Prinzip des fürstlichen Fixsterns mit umkreisenden Satelliten. So wie König Artus mit seiner runden Tafel den steten, unverrückbaren Mittelpunkt darstellt für die mobilen Ritter Lancelot, Erec, Yvain, Perceval, die auf Abenteuer ausfahren und hernach zu Artus wieder zurückkehren: so gibt es auch hier – sogar zwei – herausragende königliche Heerführer, umrundet von umtriebigen Paladinen, die unternehmungslustiger und profilierter erscheinen als ihr Oberhaupt. Einerseits Karl der Große als Herrscher des europäischen Christenheers, andrerseits der Heidenkönig Agramant als Herrscher des afrikanisch-kleinasiatischen Heeres der Fremdgläubigen. Beide sind sie umgeben von mehreren jeweils markanten Helden mit je eigenem ereignisdrallen Schicksal. Zu Kaiser Karl gehören vor allem die Ritter Orlando, Ruggiero, Astolfo, Rinaldo, Olivero. Und zu König Agramant gehören vor allem die Ritter Agricane, Madricardo, Gradasso und der ärgste Wüterich namens Rodomonte.

Mit Karl dem Großen und dem Kampf zwischen europäischen Christen und muselmanischen Sarazenen kommt noch eine weitere Spielart mittelalterlicher Epik in den Blick: die karolingische, die vom Kaiser und seinen getreuen Gefolgsleuten handelt, zumal von Roland alias Orlando. Ariost konnte hier besonders auf französische Rolandslieder zurückgreifen. Noch vernehmlicher, zeitlich näher und in heimisch italienischer Tradition macht sich ein nachmittelalterliches Werk geltend, das Ariost ausdrücklich hernimmt und parodistisch fortsetzt: das Epos des Matteo Boiardo von 1484, also nur ein halbes Jahrhundert zurückliegend. *L'Orlando innamorato, Der verliebte Roland,* heißt es und war an italienischen wie an anderen europäischen Höfen jener Zeit berühmt und hochgeschätzt. Alles in allem bietet Ariost nicht nur eine Summa der epischen Errungenschaften seit der Antike, er bietet zugleich eine Summa markanter Anspielungen auf diese Traditionen, teils ernst, teils persiflierend. Sie konnten sehr wohl mit einem bestens gebildeten Publikum rechnen. Vorab mit dem Fürstenhof jener Gönner, für die Ariost sein Epos schrieb, mit den Herrschern des Hauses Este in Ferrara.

Ihnen gilt auch – nach dem Vorbild von Vergils Stammbaumerzählung der Dynastie von Kaiser Augustus – die gleichfalls nur erdichtete Genealogie des Hauses Este, das hier abenteuerlich zurückgeführt wird bis auf das dynastische Stammpaar des Helden Ruggiero und der Heldin Bradamante, Letztere eine streitbare, kampferprobte Jungfrau in Ritterrüstung. Dass bei Ariost kein männlicher Einzelheros die fürstliche Sippe der Este begründet, so wie Vergils halbgöttlicher Trojaner-Heros Aeneas die des römischen Kaiserhauses, dass hier vielmehr eine ebenso ruhmreiche Frau mit einem ruhmreichen, wiewohl zwiespältigen Mann gemeinsam am Anfang steht, besagt etwas über die neuartigen gesellschaftlichen Umgangsformen im *Orlando furioso*. Sein Thema, das gleich im allerersten Vers aufgerufen wird, ist eben nicht mehr nur das Vergilsche «arma virumque». Es beschränkt sich nicht länger auf den maskulinen Solisten und seine Waffentaten. Vielfältig ist es und wird von vielen getragen, freilich nur von den Aristoi. Die ersten Verse schlagen dieses Thema an:

> Le donne, i cavallier, l'arme, gli amori,
> Le cortesie, l'audaci imprese [...]
> Die edlen Fraun, die Ritter, Waffen, Liebesbande,
> Die höfisch feinen wie die kühnen Taten [...] (I, 1)

Die Frauen höflich an die Spitze gestellt, geht es hier um edle Damen und Ritter, um erotische und kämpferische Taten. Wohlgemerkt im Plural. Den unsolistischen, den paarigen Urhebern des Hauses Este entspricht die Mannigfaltigkeit der handelnden Personen, der ausgebreiteten Abenteuer und der mannigfachen epischen Geschehnisse, die insgesamt erzählt werden und erzählend zu passieren sind.

Prophezeiung in Merlins Totengruft Eine frühe, folgenreiche Episode zeigt an, wie die verklärende Genealogie sich episch vergegenwärtigt. Nach Art von Homers *Odyssee* und Vergils *Aeneis* geschieht es durch ein Hinab vom Erdboden der Lebenden in die Tiefe der Verstorbenen. Auch diesmal bewegt sich der genealogische Prozess rückwärts und zugleich abwärts ins Vergangene, um zur Vorwärts-Prophezeiung des

Künftigen zu gelangen. Ansonsten freilich weicht Ariost merklich ab von seinen Vorbildern Homer und Vergil. Denn es handelt sich hier um keine Unterwelt als Totenreich für alle Sterblichen, wie Odysseus und Aeneas sie aufsuchen müssen, um ihre Zukunft zu erkunden. Das Abwärts führt vielmehr in eine durchaus individuelle Totengruft. Darinnen liegt der Zauberer Merlin bestattet, wohlbekannt aus mittelalterlichen Epen. Und dort hinunter gerät Bradamante, Tochter Haimons, die künftige Stammmutter des Hauses Este. Zu diesem frühen Zeitpunkt des epischen Geschehens (im II. und III. Gesang) ist sie noch die kämpferische Jungfrau in Ritterrüstung, lang bevor sie ihren geliebten Ruggiero nach vielerlei Wirren zu guter Letzt gewinnen wird. Dabei gelangt sie in die Totengruft auf andere Weise als Odysseus und Aeneas, die ja nach göttlichem Ratschluss sich auf den Weg in die Unterwelt wagen. Widerwillig gerät sie dort hinab. Unversehens geschieht es im Lauf von gefährlichen Abenteuern, die ein hinterhältiger Bösewicht ihr aufgezwungen hat. Der heimtückische Graf Pinabel aus Mainz, der Bradamante weit mehr fürchtet als sie ihn, will sie ins Verderben locken. In felsiger Einöde, über einer tiefen Schlucht und Höhle, lenkt er sie ab und stürzt sie in die Tiefe. Wieso diese schlimme Tat misslingt, schildert der nur selten ironielose Erzähler. Mit betulicher Pedanterie kostet er die unwahrscheinlichen Begleitumstände von Bradamantes vereitelter Tötung aus. Zufall, so lässt er vermuten, wirkt da als Werkzeug einer wie auch immer gearteten Vorsehung. Und die meint es entschieden gut mit der Heldin samt ihren erlauchten Nachfahren namens d'Este:

Doch nicht so ganz nach Pinabels Gefallen
Ergab sich jetzt der jungen Unschuld Los.
Der Ast erreicht' im jähen Niederfallen,
Stark, wie er war, zuerst der Höhle Schoß
Und wandt, obwohl er brach im Gegenprallen,

Sie stützend, von ihr ab den Todesstoß.
Die Jungfrau lag betäubt, doch gar nicht lange,
Wie ich bericht im folgenden Gesange. (II, 76ff.)

Auch anschließend geizt der Erzähler – konträr zur homerisch-vergilschen Tradition – keineswegs mit seiner allerwärts regsamen und wohlgelaunten Anwesenheit. Mal mehr, mal minder erpicht auf zwinkernde Komplizenschaft mit den Lesern. So schwenkt er denn auch im angekündigten Folge-Gesang hurtig vom Bösewicht zu dessen Opfer. Nicht beiläufig, sondern hier wie auch sonst den mutwilligen Wechsel seines Blickwinkels betonend:

Wir lassen ihn [den Wolltegern-Mörder], der, da er fremdem Leben
Fallstricke legt, sich selbst dem Tod ergab,
Und gehn zurück zum Fräulein, das soeben
Zugleich beinah gefunden Tod und Grab.
(Denn auf den harten Stein fiel sie hinab);
Und nun gelangt sie durch die Mittelpforte
Zu jenem zweiten, viel geraumern Orte. (III, 6ff.)

Dies ist die alte, weitberühmte Grotte,
Die durch Merlin, den Zauberer entstand
[...]
Dort unten ist sein Grab. [...] (III, 10ff.)

Dass Ariost hier die Unterwelt-Exkursionen der *Odyssee* und mehr noch der *Aeneis* heraufbeschwört, steht außer Frage. Die «weltberühmte Grotte» des Zauberers Merlin enthält einen prominenten Toten, der – so wie dort Teiresias und Anchises – die Zukunft in sich aufbewahrt, um sie der einzig berufenen Person zu verkünden. Hier also der wagemutigen Bradamante, die – so wie dort Odysseus und Aeneas – durch göttlichen Willen hinab in die Tiefe gelenkt worden ist. «Du kamst nicht ohne [...] Gottes Fügung hier hinein» (III, 9f.), so jedenfalls versichert ihr eine wohlwollende Zauberin, die plötzlich nah beim Grab erscheint. Unschwer erkennt man in ihr eine Variante jener höheren Schutzherrinnen Kirke und Sibylle, die bei Homer und Vergil den ahnungslosen Helden die Wege weisen durch die tiefen Finsternisse. Erst recht gleicht Bradamante zumal dem Aeneas darin, dass sie als einzig berufene Adressatin der Prophetie vollends dazu ausersehen ist, das verheißene glorreiche Zukunftsgeschehen tätlich und genealogisch in Gang zu setzen. Er als heroischer Stammherr der römischen, sie als ebenso heroische Stammherrin der ferraresischen Dynastie.

Merlins Geist, der hell erstrahlt und laut ertönt, während sein Leib reglos verharrt im Prunkgemach der Grabkammer, stellt nun sogar eine unmittelbare Verbindung her zwischen den Nachkommen + Heldentaten des antik trojanischen Sohns der Venus und den Nachkommen + Heldentaten der Bradamante. Dabei verwandelt Merlins Geisterstimme die herkömmliche vegetabile Metapher vom Stammbaum in eine der Flussläufe. Einmünden werden in diese Jungfrau und künftige Heldenmutter, die dem Merlin staunend lauscht, die venerischen Blutbahnen der mythischen Antike. Worumwillen? Um in ihr und durch sie hindurch sich als imperiale Ströme zu verströmen. Geographisch und geschichtlich sogar noch übers Abendland hinaus:

> Dem alten Blut, aus Troja hergeflossen,
> Wenn es in dir den Doppelstrom verband,
> Wird einst die Wonne, Zier und Blüt entsprossen
> Jedweden Stammes, den die Sonne fand
> Von Pol zu Pol, in allen Gaun, umschlossen
> Vom Indus-, Tajo-, Nil- und Donau-Strand.
> Als deines Stammes hocherlauchte Reiser
> Erblühn Markgrafen einst, Herzög und Kaiser. (III, 17)

Nachdem Merlins Geist verstummt ist, veranstaltet die Zauberin obendrein noch eine ähnliche Erzähl-Revue, wie sie Anchises dem Aeneas geboten hat. Mit eigenen Augen bestaunen darf Bradamante die leibhaftige Prozession ihrer künftigen heldentätlichen Kinder und Kindeskinder, Generation nach Generation. Geschichte werden sie machen, eine nach der andern bis auf den heutigen Tag des Dichters und seines hohen Herrn.

Wettstreit der Situationen Wieso Orlando – der seinerseits keinen genealogischen Schatten wirft in diesem Werk – in Raserei verfällt, wieso er wortwörtlich den Verstand verliert, und wie er ihn schließlich zurückgewinnt, das ist oben schon beschrieben worden. Dort, wo ich die Helden von Epen überhaupt gekennzeichnet habe, unter anderm als mobile Behälter. Was aber hat diesen Orlando, längst ehe der Wahnsinn ihn packt, zu jenem ruhmreichen Ritter gemacht, der alle anderen ruhmreichen Ritter ringsum überragt? So sehr, dass hernach auch seine tragikomische Fallhöhe, hinab ins tollwütig Untermenschliche, nicht ihresgleichen findet?

Zwar preist schon der Autor, durch das Sprachrohr seines semiernsten Erzählers, die maßlose Überlegenheit des Titelhelden. Und er lässt sie auch von der zahlreichen Ritterschaft, die er aufbietet, fast ausnahmslos bekräftigen. Noch wirksamer indes prägt Ariost uns jene Superiorität ein, wenn er sie so eindrucksvoll herbeierzählt, dass sie zwingend für sich selber spricht. Evident: im einzigartigen Handeln und Verhalten Orlandos. Immer wieder offenbart es sich bei den unerlässlichen Zweikämpfen, die im Lauf des epischen Geschehens fast immer jeder prominente Ritter mit fast jedem anderen prominenten Ritter auszufechten hat. Denn der höfische Druck des Ruhms erzwingt, immer wieder die eigene Kraft, die eigene Geistesgegenwart und virtuose Waffenkunst aneinander zu messen: ob am Feind oder Freund, ob in der Schlacht oder im festlichen Turnier. Doch im besonderen Fall seines Titelhelden belässt es Ariost nicht bei diesen Wettkämpfen Mann gegen Mann. Hier veranstaltet er zudem – auch episch noch schlagkräftiger und stichhaltiger – einen Wettstreit der Situationen.

Zwei gloriose Helden, Ruggiero und Orlando, haben einer nach dem andern das gleiche atemberaubende Abenteuer zu bestehen. Es ist vielfältig genug, um all ihre heroischen Fähigkeiten und Tugenden einer Zerreißprobe auszusetzen. Dieses uneinmalige Abenteuer ereilt den einen im zehnten und den andern im elften Gesang. Das heißt, so nah beieinander, dass es sich den Lesern zwangsläufig aufdrängt als untrügliche Gelegenheit zum Vergleichen, wer von den beiden denn nun besser abschneidet. Wohlgemerkt, in der nämlichen Versuchsanordnung. Es handelt sich um den Kampf mit einem riesigen Kraken, der unter und über der Meeresoberfläche sich blitzschnell bewegen kann. Dieses drachenartige Untier unterdrückt das ganze Land und nötigt es, ihm regelmäßig eine wunderschöne Frau zum Fraß auszuliefern, nackt und wehrlos gekettet an eine Felswand der Meeresklippen.

Das gebildete Publikum damals wie vielleicht auch heute noch kennt das Sujet, das hier aufgegriffen und abgewandelt wird. Weltlich aus der mythischen Geschichte von Perseus und Andromeda; religiös aus der Legende vom Heiligen Georg, dem freilich eine angekleidete Jungfrau und ein unmaritimer Drache beschieden sind. Die Leser des Epos, sobald sie mit Orlando auf den Riesenkraken und sein Opfer stoßen, kennen den Vorfall, wie gesagt, obendrein noch aus eben diesem Werk. Es hat ja kurz zuvor schon Ruggieros Kampf mit demselben Untier stattgefunden. Dabei war allerdings die Rolle des weiblichen Opfers anders besetzt. Es ging nicht wie jetzt hier bei Orlando um die schottische Königstochter Olympia, sondern um die Sarazenenprinzessin Angelica, die mit knapper Not vor dem Rachen des Kraken gerettet wurde. Also um eben jene Allerschönste im Abend- wie im Morgenland, deretwegen sehr viel später der Titelheld in Raserei gerät. Letztlich kommen beide Frauen davon. Nackt und unverletzt, doch mit Scham und Entsetzen haben sie den Kampf verfolgt, dem sie ihr Leben verdanken.

Das eigentliche Kampfgeschehen, das jeweils etwa 20 Strophen beansprucht, läuft dagegen extrem unterschiedlich ab: im Ziel und Stil, auch im Einsatz der beiden Retter und im Endresultat. Ruggiero – angesichts der schönen Nackten mehr von Woll- als von Kampfeslust gepackt – wagt nicht eben viel beim Treffen mit dem Untier. Denn er kann sich auf übernatürliche Hilfsmittel verlassen, die er einer Fee verdankt. Vor allem aufs Flügelross, das ihn davor bewahrt, mit dem schauerlichen Gegner unmittelbar in Berührung zu kommen. Aus der Luft kann Ruggiero auf ihn losstürmen, und in die Luft kann er ihm auch wieder ausweichen, nachgerade mit graziösen Bewegungen. Ebenso lässig handhabt Ruggiero auch seinen zauberkräftigen Schild, der jeden Angreifer zu blenden und zu betäuben vermag. Damit kann er den Kraken zeitweilig außer Gefecht setzen:

> Des Schildes Zauberlicht schießt auf der Stelle
> Dem Tier ins Aug und wirkt dem Brauche nach.
> So wie der Schuppenfisch, wie die Forelle
> Hinunterfährt im kalkgetrübten Bach,
> So stürzt das Untier in beschäumter Welle
> Plötzlich herum mit ungeheurem Krach.
> Der Ritter stößt drauf los, ganz überschwänglich,
> Doch jeder Wunde bleibt es unzugänglich.
>
> Die Schöne fleht, nicht länger mit dem Speere
> Das Fell zu stampfen, das kein Stoß durchdringt.
> «Komm, löse mich!» [von den Ketten], ruft sie mit mancher Zähre,
> «Eh sich der Kraken seinem Schlaf entringt!» (X, 110ff.)

Ruggiero macht also nur für kurze Frist die grausige Bestie unschädlich. Er erlegt und erledigt sie nicht, um ein für allemal das Frauenopfern in dieser Gegend zu beenden. Einzig diese eine schöne Nackte rettet er, die darauf drängt, eiligst zu verschwinden, eh der Krake wieder zu sich kommt. Ihrem Retter indessen ist es anderweitig eilig. Der Anblick der entblößten Angelica, jetzt gar aus engster, greifbarer Nähe, hat ihn dermaßen erhitzt, dass er sich die Rüstung vom Leib reißt, um sich unverzüglich über die frisch Gerettete herzumachen. Ein krasser Verstoß gegen die humanen und ritterlichen Umgangsformen. Und es käme zur Vergewaltigung, griffe nicht im letzten Augenblick Ariosts Erzähler ein. Aus seiner höheren Warte bricht er jäh das üble Treiben ab, indem er sein Steuer herumreißt, hin zu einem anderen Ereignis an anderem Ort. Basta!

Dergestalt straft der souveräne Rhapsode – zur geneigten Schadenfreude seiner Leserschaft – den allzu eigensüchtigen Ritter mit einem unerquicklichen Interruptus praecox. Angelica kann derweil schadlos entkommen, doch Ruggiero hat sich mehrfach bloßgestellt. Ecco: ein unzulänglicher Kämpfer, der es sich viel zu bequem macht mit dem entsetzlichen Gegner; aber auch ein unzulänglich Minnender, der nicht einmal brachialerotisch auf seine Kosten kommt. Allerdings, die Ironie der Lage und der Erzählweise kann diesen Helden vor völliger Disqualifikation bewahren. Sie muss es sogar. Denn Ruggiero ist ja vom Autor auf lange Sicht für durchaus edlere Handlungen vorgesehen. Nicht nur in Gefechten, auch in Minnediensten und vollends in dynastischen Urheberschaften wird er späterhin die arge Scharte seines Kraken-Abenteuers wacker auszuwetzen haben.

Superlativisch erkämpft sich Orlando seine Fallhöhe Umso mehr sind die Leser gespannt, wie denn im folgenden Gesang der Titelheld das gleiche Abenteuer mit dem gleichen Untier besteht. Hier nun kann von Unzulänglichkeiten keine Rede sein. Ohne Zögern macht sich Orlando daran, die schottische Prinzessin zu retten. Nackt und schön, wie gehabt, ist auch sie. Ihm jedoch, obwohl nicht unempfindlich für ihre Reize, gilt sie einzig als schutzloser Mensch in ärgster Lebensgefahr. So fühlt er sich doppelt herausgefordert, diese akut bedrohte Jungfrau, aber auch das chronisch bedrohte Land zu befreien. Orlando nimmt die Herausforderung an, und er bewältigt sie auf nie dagewesene Weise. Anders als Ruggiero benötigt er keine zauberkräftigen Gerätschaften. Er schafft es allein dank eigener Stärke und Ausdauer, dank eigener Wendigkeit und dank ureigener erfinderischer Einfallskraft.

Besonders Letztere hebt ihn empor über alle seinesgleichen, die somit nicht länger seinesgleichen sind. Orlando – eben dies macht ihn einzigartig – offenbart sich hier als jener Held, der einerseits ritterlich wie kein zweiter zu kämpfen vermag und alle Kampfformen spielend beherrscht; und der andrerseits fähig ist, eben dieses Repertoire aufzusprengen. Ruggieros leichtfertige Plänkelei, hoch zu Flügelross, wirkt daneben läppisch. Aber auch ohne Zauberpferd, um wirksam zu streiten wider den buchstäblich unanfechtbaren Gegner, verzichtet Orlando zunächst wohlweislich auf seine ritterliche Ausrüstung: auf Pferd, Lanze und Schwert. Er hat erkannt, dass dem Kraken nur auf einem räumlich, aber auch sozial anderen und niedrigeren Niveau beizukommen ist. Darum wählt er das Werkzeug eines Seemanns: stehend in einem Boot, bewaffnet mit einem riesigen Anker und starken Schiffstauen. Sobald der Krake herannaht, lenkt Orlando sein Boot schützend zwischen Angreifer und Opfer. Und

Nimmt dann (das Schwert bleibt von der Scheid umfaßt)
In seine Hand den Anker samt den Tauen
Und harrt des wilden Untiers ohne Grauen.

Als nun der Fisch den Paladin im Nachen
So nahe sieht, schießt er heran im Flug
Und öffnet zum Verschlingen einen Rachen,
Für einen Mann zu Pferde weit genug.
Der Ritter eilt, sich in den Schlund zu machen
Mit seinem Anker und (irrt mich kein Trug)
Auch mit dem Kahn, und läßt des Ankers Zacken
Die weiche Zunge samt dem Gaumen packen.
Nun hat der Kiefer, unten sich zu heben

Und oben sich zu senken, keine Macht.
[...]
Und wie nun fest der Anker steht im Kraken,
Greift Roland springend nur den obern Haken. (XI, 36ff.)

Die gewaltige Maulsperre, die der Anker dem Kraken aufzwingt, nutzt Orlando, um sich flugs hineinzuschwingen in den gigantischen Rachen. Denn der wäre immerhin «für einen Mann zu Pferde weit genug» (37,4). Drinnen dringt er noch tiefer in die Eingeweide des Untiers und, nun erst das ritterliche Schwert zückend, versetzt er ihm klaffende Wunden. Spätestens jetzt offenbart sich Orlando als Gegenbild zum nur oberflächlich stichelnden Ruggiero. Hat er doch von vornherein strategisch und taktisch erkannt: diesem Ungeheuer, gepanzert durch seine stachlige Schuppenschwarte, kann man von außen nichts anhaben. Nur von innen her lässt es sich überwinden, ähnlich wie einst die Festung Troja durch das eingeschmuggelte hölzerne Pferd. Und vollauf bestätigt die verheerende Wirkung diesen letztlich vernichtenden Angriff via Interieur. Merklich vergeht dem Untier dabei die eigene ursprüngliche Aggressionswut. Zwar verfällt es in wilde Raserei, mit unbändigen Kräften, doch nurmehr um sich zu befreien vom eingedrungenen Feind und seiner überwältigenden Ankerwaffe. Vergebens. Der «Ritter, dem zu viel im Schlunde / Des Wassers wird, kommt schwimmend draus hervor» (XI, 40, 5f.). Und ebenso behend, nun wieder an Land,

Zieht er den Anker nach, des scharfe Teile
Dem wüsten Fisch ins Maul sich eingeklemmt. (XI, 41, 3f.)

Als überdimensionales episches Schauspiel, nie zuvor je so gesehen und gehört, entrollt nun Ariost den Todeskampf des Riesenkraken. Voll farbenfreudiger Hyperbolik malt er aus, wie dieses Ungeheuer – innerlich zerfetzt nun auch durch Schwerthiebe, äußerlich gezerrt durch die Ankertaue – schier endlos verendet. In seiner berstenden Schmerzenswut wirkt es noch erschreckender ein auf die Welt ringsum als je zu seinen vitalsten frauengefräßigen Lebzeiten. Hyperbolisch: tiefste Tiefen der See wühlt der Todeskampf auf, die in höchste Himmelshöhen emporschäumen; und horizontal zieht er seine grenzenlosen Wogenkreise noch weit hinaus über die Meere und Kontinente Europas:

Dem Schlund entströmt so stark des Blutes Quelle,
Daß man dies Meer das Rote heißen kann.
Nun schlägt der Fisch mit solcher Macht die Welle,
Daß bis zum Grund sie auseinanderrann;
Und nun, den Himmel badend und die Helle
Der Sonne bergend, spritzt er sie hinan.
Laut wiederhallt das ungeheure Brausen
Von Berg und Wald und fernen Uferklausen. (XI, 43)

Abermals kann Ariosts Rhapsode die Leser ergötzen durch den melierten Tonfall seiner erzählenden Rede, die freilich in der deutschen Übersetzung etwas gröber klingt. Dennoch lässt sich leicht heraushören: der ironische Beiklang gilt nicht nur der erzählten Begebenheit. Er gilt auch, rückbezüglich, der eigenen auftrumpfenden Rhetorik des Erzählers. Diese Ironie tut jedoch dem einen wie dem andren keinen Abbruch. Erheiternd feiert sie vielmehr die schönere Glaubwürdigkeit der epischen Kunstmacherei: indem sie in wohlgeformten Worten, Versen und Reimen alle schnöden Ansprüche auf simple Wahrscheinlichkeit liquidiert. So können denn die Leser, im besten Einvernehmen mit dem Erzähler, auch das endgültige Ende des Untiers auskosten. Begeistert und belustigt. Vollends dann, wenn der Rhapsode seinem so reich orchestrierten Finale jenes gigantischen Todeskampfes unverhofft auch noch ein ernüchterndes ‹ma non troppo› nachschickt. Verblüffend wortkarg wird da vermeldet, wie der Held die Angelegenheit schließlich abhakt. Routiniert und gleichmütig, als habe er soeben wieder mal die Scharniere seiner Ritterrüstung nachgeölt:

Roland indes, nicht sehr ermüdet scheinend,
Zieht an den Strand den Kraken ungescheut;
Doch eh der Fisch am Ufer angekommen,
Hat Qual und Not das Leben ihm genommen. (XI, 45, 5)

Dieses ‹ma non troppo› beeinträchtigt nicht, es bekräftigt Orlandos heroische Einzigartigkeit. Denn durch den ereignisreichen Kampf und gloriosen Sieg über den Kraken hat er sich fraglos als jener ritterliche Superlativ ausgewiesen, an den kein anderer Ritter dieses Epos heranreicht. Sinnfällig beigetragen hat dazu der Komparativ des halbherzigen Halbversagers Ruggiero. Dessen mieses Verhalten ist den Lesern noch in so frischer Erinnerung, dass es die heroische Übergröße des Titelhelden wirksam kontrastiert. Auch in den zahllosen weiteren Abenteuern, von denen *Orlando furioso* fort und fort erzählt, kommt keines seinem Krakenkampf gleich. Jedenfalls keines, in dem der jeweilige Held einen derart grauenhaften, extrem fremdartigen Widersacher zu überwältigen vermöchte: allein aus eigener Kraft und Initiative, ohne jede übernatürliche Unterstützung.

Reißaus der alten Götter vorm Übermaß des neuen Helden Drastisch treibt Ariost fast alle Merkmale des überkommenen Epos in die höchste Potenz. Im Kraken-Abenteuer ist es vornehmlich das agonale Prinzip. Also jener Impuls, der jeden und alle einschlägigen Helden rastlos antreibt, sich streitbar aneinander zu messen, um unter lauter Vortrefflichen den Vortrefflichsten auszumachen. Auch dann noch, wenn Ruggiero, ausnahmsweise, tief unter das eigene Niveau abrutscht. Nicht genug damit. Ariost dehnt das agonale Prinzip noch weiter aus. Er belässt es nicht dabei, möglichst viele abwechslungsreiche Zweikämpfe aufzubieten: zwischen Ritter und Ritter, zwischen Ritter und Bestie, zwischen Ritter und wundermächtigem Zauberer. Er wirft sich obendrein als epischer Dichter, die eigene Sache verfechtend, agonal ins Zeug. Unverhohlen schickt er seinen Erzähler ins Treffen, als gelte es einen poetischen Wettkampf. Einen buchstäblich epochalen zwischen diesem Werk *Orlando furioso* und dessen Vorbildern aus der Antike. Welche Helden vollbringen größere Taten? Welche erzählten Vorkommnisse machen mehr her? Die kunstvoll maßlose Übertreibung zeigt an:

auch hier sind Ironie und Selbstironie im Spiel. Wohlbedacht und abgefeimt. Sie springen ein, um über die ungenierte Überheblichkeit des Autors heiter hinwegzuspielen.

Ausgetragen wird dieser Agon – hie eigenes Epos, hie antike Tradition – in der 44. und 45. Strophe. Dort, wo von den unabsehbaren Auswirkungen die Rede ist, die der Todeskampf des Kraken hervorruft – zur allerhöchsten Ehre seines Überwinders. Eine Naturkatastrophe bricht da aus, die sofort in eine Kulturkatastrophe umschlägt. Denn sie treibt, so versichert der Rhapsode, die alten mythischen, bislang tonangebenden Meeresgottheiten in kopflose Flucht, weibliche wie männliche. Angesichts des neuen Heros Orlando und seiner Taten können sie sich nicht mehr sehen lassen:

Der alte Proteus kommt, um zu gewahren,
Was hier geschieht, aus seiner Grott heraus,
Sieht Roland ein und aus zum Kraken fahren,
Ans Ufer ziehn den ungeschlachten Graus
Und flüchtet übers Meer, der wilden Scharen
Uneingedenk. Neptun, bei dem Gebraus,
Läßt an den Wagen die Delphine spannen
Und jagt ins Äthioperland von dannen.

Ihr Kind am Halse, flüchtet Ino weinend;
Die Nereiden, wild das Haar zerstreut,
Tritonen, Glauken, sich verloren meinend,
Fliehn da- und dorthin, wie die Furcht gebeut. (XI, 44 u. 45, 1–4)

Augenscheinlich schreckt dieser Orlando vor nichts zurück. Er wäre womöglich gar imstande, sich auch an ihnen noch, den vormals übermächtigen Göttern, zu vergreifen.

Ariosts Erzähler: ironisch, selbstherrlich, sprunghaft Bradamantes zukunftsträchtiger Absturz in Merlins Grabkammer, Ruggieros schmählicher und Orlandos triumphaler Kampf mit dem Kraken: die drei herausgegriffenen Ereignisse können beispielhaft einstehen für alle Abenteuer dieses Werks. Auch die vielen anderen verlieren nicht, sie gewinnen durch den melierten Tonfall des Erzählers. Irrig wäre es also, der durchweg mitschwingenden Ironie zu entnehmen, Ariost wolle sich und uns grundsätzlich belustigen über die Gattung Epos. Spöttisch stößt er sich zwar vom akuten Vorläufer ab, vom *Orlando innamorato* des Boiardo. Doch er tut es nur, um das eigene, eigenständige Werk in Schwung zu bringen. Dieses Werk aber schließt sich vorbehaltlos dem chronisch fortdauernden Entwicklungsgang des homerischen Epos an. Seine Ironie höhlt die überkommene Gattungsform nicht aus. Sie bereichert sie um etwas, was jene freilich bislang keinesfalls vermisst hat. Ariost hingegen kann fürs besondere Gepräge seines *Orlando furioso* nicht darauf verzichten.

Ich habe schon angedeutet: die allgegenwärtige Ironie, einschließlich Selbstironie, läuft darauf hinaus, die mutwillig hybriden Geschehnisse genießbar zu machen und erst recht den mutwillig hybriden Anspruch des Erzählers. Mehr noch. Sie spielt zudem eine unentbehrliche Rolle

in der Gesamtkonstruktion des Werks. Der übergroße Umfang, die kaum überschaubare Vielfalt von handelnden Personen mit jeweils eigenen Schicksalen, die Fülle verschiedenartiger Abenteuer und Schauplätze: all das erfordert entsprechend plurale und parallele Bahnen für die Abfolge der erzählten Vorkommnisse. Somit sieht sich der Erzähler gezwungen, unentwegt von der einen zur anderen Bahn überzugehen. Räumlich wechselt er immer wieder den Blick von diesem zu jenem Schauplatz, zeitlich wirft er den Blick zurück und voraus. Mal länger, mal kürzer verfolgt er einen bestimmten Lebenslauf – ob den von Orlando, ob den von Bradamante, ob den von Astolfo –, um plötzlich einen schon bekannten anderen fortzusetzen oder einen noch unbekannten anzubahnen.

Diesen Zwang, den unermüdlichen Erzählfaden hier fallen zu lassen und ihn anderswo aufzunehmen, verwandelt Ariost in ein virtuoses Spiel. Gespielt wird es vom Erzähler mit seiner ironischen und selbstironischen Vortragsweise. Der nämlich geht nirgends so unverblümt aus sich heraus wie dort, wo er wortreich auf die Gelenkstellen des vielbahnigen Geschehens hinweist. Kokettierend erläutert er seine Maßnahmen – als wäre er ein Regisseur, der an der Bühnenrampe lauthals die Szenenanmerkungen vorträgt. Etwa so:

Sie kam zuletzt [...]
An einen Fluß und traf dort einen Reiter;
Doch wer es war, erzähl ich künftig weiter,

Und wende mich zu der, die ängstlich bangend,
Den Grafen fleht, nicht ohne sie zu ziehen,
Wohin es sei, nur sein Geleit verlangend. (XIII, 42 / 43)

Oder so:

Doch lassen wir sie jetzt im Zauberkreise,
Und schüttelt [Ihr Leser] nicht verdrießlich Euer Haupt;

Ich denke, sie und Rüd'ger [Ruggiero] gleicherweise,
Herauszuziehn, sobald die Zeit erlaubt. (XIII, 80)

Und nachdem er solchermaßen Bradamante und Ruggiero sich selbst überlassen hat, die im trügerischen Zauberschloss des Magiers Atlas vergeblich einander suchen, macht sich der Erzähler erst einmal an den Diskurs seiner Methode. Den Lesern, die zappeln, wie es denn weitergeht, gibt er betulich Einblicke ins Wie und Wozu seiner sprunghaften Erzählerei. Dabei dürfen sie wortreich vernehmen, was sie – unerläutert – längst und oftmals schon am eigenen Leseleib haben verspüren dürfen: der Erzähler schaltet und waltet schlicht so, wie es ihm gut dünkt:

So wird auch mein Bericht, hab ich geglaubt,
Laß ich bald hierher ihn, bald dorthin springen,
Dem Hörer nicht so leicht verdrießlich klingen.

Es scheinen nötig mir gar viele Fäden
Zu dem Gewebe, das ich ausgespannt;
Deshalb vergönnt mir, davon jetzt zu reden,
Wie seine Truppen König Agramant,
[...]
Zu einer neuen Mustrung läßt sich scharen,
Daß er die Zahl der Streiter mög erfahren. (XIII, 80/81)

Unbescheiden also und mit mancherlei Kapriolen, wie kein Rhapsode je zuvor, verwandelt er die Not der berstenden epischen Überfülle in die Tugend seiner rastlosen, offenkundigen Geschäftigkeit. Zugleich aber hebt er bei seiner erzählten Welt einen wesentlichen Umstand hervor, für den frühere Epen noch wenig Sinn hatten: die polyphone Gleichzeitigkeit von Ereignissen. Ausdrücklich ergänzt er also das genuin epische ‹Dann und Dann und Dann› durch das ebenso genuin epische, aber jetzt erst voll ausgekostete ‹Hier und Da und Dort›. So kommt es zu einer iterativen Feier des ‹Während›. Sie kann als unverkennbares Zeichen dessen gelten, wie Ariost das klassische Muster der Gattung produktiv fortentwickelt. Neuartig verbindet und verbündet er die grundsätzliche Diametrik des Epos mit der Vielfalt von nebeneinander herlaufenden Handlungen. Kein Soloheld wie Homers Odysseus oder Vergils Aeneas durchmisst hier die Welt, reibt sich an ihr, wirbelt sie auf. Auch keine geschlossene Gruppe wie die heroische Schiffsmannschaft von Apollonios' Argonauten. Stattdessen sind es zahlreiche Einzelne. Nach wie vor durchmessen auch sie die Welt, reiben sich an ihr, wirbeln sie auf. Hier dieser, dort jene und wieder woanders ein dritter, eine vierte und so fort. Aber alle in der gleichen Zeitspanne.

Orlandos Wahnsinn, so wie Ariost ihn darstellt, zeigt aufs Neue, freilich anders, was es schon immer auf sich hat mit der heroisch abenteuerlichen Welt der Epen. Genauer, mit der durchvisualisierten Sinnfälligkeit ihrer Lebensverhältnisse. Wir wissen: tief gekränkt durch die schroffe Gleichgültigkeit der schönen Sarazenenprinzessin Angelica, verliert der Held nicht nur den Verstand, ebenso plötzlich fällt auch die

human ritterliche Umgangsform von ihm ab. Blindwütig tötet er Menschen und Tiere, reißt Bäume aus, schlägt ziellos um sich. Auch seine Waffen und Kleider wirft er weg. So wird Orlando zum halbnackten Tier. Die Leser der *Aeneis* mögen sich erinnern, welches Gewicht dort dem Anfangsmotto zukommt: «Arma virumque cano» – «die Waffen und den Mann besinge ich.» Und die Leser der *Ilias* mögen sich erinnern, wie ausgiebig, wie vielsagend und auch handlungsbestimmend dort die Ausrüstung des Achill beschrieben wird, besonders sein Schild. Nicht minder belangvoll erscheinen späterhin in mittelalterlichen Epen die Waffen und Gewänder von Lancelot, Tristan, Erec. Jedesmal bezeichnet die Rüstung den besonderen Rang des Helden.

So gesehen, wird Orlandos Selbstentblößung zu einem aufschlussreichen Akt. Radikal rückgängig macht er, was in früheren Epen als wortwörtliche Investitur stattfindet, als würdevolle Einkleidung ins Amt des Ritters. Wenn nun Orlando, aus eigenem irregeleiteten Antrieb, seine Rüstung fortschleudert, dann lässt sich sein Wahnsinn – unter dem Gesichtspunkt heroischen Lebenswandels – drastischer nicht ausdrücken. Getrennt von seiner Bewaffnung ist dieser Held recht eigentlich nicht mehr bei sich. Erst nach geraumer Zeit kommt er wieder zu sich: durch den englischen Herzog Astolfo, der Orlandos verlorenen Verstand auffindet und zurückbringt: vom Mond, wie schon erwähnt. Die Rüstung dagegen wird er sich daraufhin selbst zurückerobern.

Astolfo, beschaulicher Gegentypus zum Titelhelden Auch in Astolfo, besonders in dessen Verhältnis zu Orlando, baut Ariost das Prinzip der epischen Diametrik noch aus. Dieser englische Herzog ist so etwas wie ein Globetrotter der Lüfte, ein Himmelsbummler. Auf seinem Flügelross durchmisst er dort oben weiteste Strecken, überfliegt Meere und

Kontinente, um schließlich gar noch mondwärts ins Extra-Terrestrische zu gelangen. Astolfo ist einer, der vornehmlich schauen will. Noch mehr und intensiver als der biblische Visionär Johannes, der ihn vom Mond aus noch ein Stück begleitet. Dergestalt erweist sich Astolfo, obwohl Orlandos Freund, als dessen epischer Gegentypus. Orlando durchmisst ja, diametral, die Welt sogar noch in ihren tiefsten Niederungen: durchs Unterholz bricht er gleich einem rasenden Eber, rennt mit dem Kopf an Bäume und Gemäuer, sobald ihn der Wahnsinn in ziellose, nichts als schwerkräftige Motorik hetzt. Von solchem blindwütigen Toben setzt sich Astolfos Beschaulichkeit entschieden ab. Erhaben schwebt er über dem irdischen Getümmel, reibungslos über alle Hindernisse hinweggleitend.

Nicht allzu häufig, vornehmlich im ersten Drittel des Epos, lässt sich Astolfo auf Kämpfe da unten ein, mal auf kriegerischem Feldzug, mal im ritterlichen Zweikampf. Aber nicht aus tatendurstiger Streitlust, sondern neugierig, aus unbändiger Schaulust, die vor keiner Lebensgefahr zurückscheut. Mit Augen erfassen will er, was alles die vielgestaltige Welt hervorbringt. Und wäre es der entsetzliche Riese Caligorante, dem noch nie jemand entronnen ist. Über alle Ritter und Edeldamen, die ahnungslos in seine Nähe geraten, macht sich dieser Unhold her: um sie zu schlachten und zu zerteilen, zu verspeisen und mit ihren unschmackhaften Resten seine Behausung auszuschmücken, so im fünfzehnten Gesang. Seine bislang unfehlbare Waffe ist ein engmaschiges, zauberkräftiges Netz, verborgen unterm Dünensand, das jeden, der darauf tritt, sofort umschlingt. Astolfo weiß davon und stellt sich darauf ein. Doch bevor er noch, obwohl dringend gewarnt, den Riesen in listenreichem Kampf bezwingen kann, schlägt abermals Ariosts ironischer Erzähler zu. Jäh unterbricht er das Geschehen, um, drei Strophen lang, die ruhmreiche Herkunft des Wundernetzes zurückzuverfolgen. Genealogisch und epengeschichtlich. Denn es ist – wer möchte daran zweifeln? – eben jenes, das laut *Odyssee* der Gott Hephaistos dermaleinst verfertigt hat. Wozu – wer wüsste es nicht? –: um seine seitensprunghafte Gattin Aphrodite mit Gott Ares in flagranti zu fesseln und sie dergestalt dem Gelächter der herbeigerufenen anderen Olympier auszusetzen.

Ganz anders, als Orlando den Riesenkraken unschädlich machte, doch ebenso wirksam, verfährt Astolfo mit dem gigantischen menschengefräßigen Caligorante. Dort geschah es mit planvoller Strategie, Kraft und Ausdauer sowie mit metzelnden Waffen (Anker und Schwert), hier dagegen mit flinker List und hintersinnigem Witz. Nachgerade komödiantisch. Zunächst und «von weitem» (XV, 53,1), um nicht in dessen unsichtbares Netz zu geraten, verwirrt er dem Riesen die Sinne durch das Schreckensgetöse aus jenem Horn, das er, Astolfo, mit sich trägt. Daraufhin erledigt der Unhold sich selbst, indem er in jene Falle taumelt, die sonst er seinen Opfern stellt:

> Die Angst verhehlt ihm, wohin er entrinne, [...]
> Er läuft ins Netz; gleich packt es seine Glieder,
> Umknotet sie und wirft ihn stracks danieder. (XV, 54,5 ff.)

Und jetzt verhält sich Astolfo vollends umgekehrt zu seinem Freund Orlando. Er verzichtet darauf, den wehrlos Gefesselten zu töten. Er bleibt vielmehr bei seiner gewitzten Methode, den Feind mit dessen eigener Waffe zu schlagen. Entschärft durch das unzerstörbare Netz, das er nur ein bisschen lockert, zieht er mit seinem vormals übermächtigen, jetzt nur noch übergroßen Fang durch die Lande. Jenen fürchterlichen Caligorante, der bislang die Menschen ringsum fraß oder in Panik versetzte, führt Astolfo aller Welt nun vor als entschärftes Monstrum, als Gegenstand für aufatmendes Hohngelächter. Jetzt kann man ihn, andersrum, wenigstens mit den Augen verschlingen:

> Rings lief das Volk zusammen, um die Länge
> Des ungeheuren Recken anzusehen,
> «Wie ist es möglich», sprach man in der Menge,
> «Daß dies dem Riesen von dem Zwerg geschehen?»
> So preßt auf jeder Seit ihn [Astolfo] das Gedränge,
> Daß beinah es ihn hemmt' im Weitergehen;
> Und keiner war, der ihn nicht pries und ehrte
> Als einen Rittersmann von hohem Werte. (XV, 62)

Eklatant kommt hier beides zum Zug, der besondere Witz von Astolfos epischer Rolle, aber auch die besondere Pointe des bodenständigen Abenteuers, auf das er sich ausnahmsweise eingelassen hat. Dieser Held, so zeigt sich, ist nicht nur ganz Auge, wann immer er sich aufmacht, um allenthalben zu besichtigen, was die Erde und sogar der Kosmos zu bieten haben an wunderns- und bewundernswerten Erscheinungen. Zugleich ist er darauf aus, auch seinerseits all den Mitmenschen zur Schau zu stellen: welche bedenklichen Monstrositäten es gibt, und wie man spielend damit fertig werden kann. Siehe Caligorante. Auch darin ergänzt er reziprok den Freund und Gegenspieler Orlando.

Derart verbindet der Autor Ariost die beiden Helden miteinander, indem er sie voneinander absetzt. Markant verkörpert Orlando eine vita activa: rastlos kämpferische Tätigkeit, die bis zur blinden Raserei ausarten kann. Astolfo dagegen, ohne völlig auf streitbares Handeln zu verzichten, verkörpert ebenso markant eine vita contemplativa. Beschaulichkeit, Übersicht, Einblick kennzeichnen seine Haltung. Am sinnfälligsten dort, wo er auf dem Hippogryph von oben herab die Welt als ganze betrachtet im Umkreis des Universums. So gesehen, steckt in diesem Astolfo noch weit mehr als eine reziproke Figur zum allzeit schlagkräftigen Titelhelden. In ihm rumort zudem die visuelle Unersättlichkeit von Epik überhaupt. Wenn er sich immer wieder neugierig vor Augen führt, was alles die vielfältige Welt an wunderträchtigen Ereignissen offenbart, führt er es auch den Hörern und Lesern vor die inneren Augen. Und damit betreibt auch er, im Namen des Autors und seines Erzählers, epische Vergegenwärtigung.

Lebensbedrohlich fürs Epos überhaupt: Schießpulver Allerdings, die heroische und wunderbare Welt, wie sie das Epos mehr als zwei Jahrtausende lang versgewaltig entworfen hat, wird spätestens zur Zeit von Ariost in Frage gestellt durch die geschichtlichen Entwicklungen der Erfahrungswelt. Der Autor selbst hat es sehr wohl vermerkt. Und er ist im *Orlando furioso* so sinnreich wie gewitzt darauf eingegangen. Den zeitgenössischen Verhältnissen, die jetzt und vollends künftig auch die Gattung Epos gegenstandslos zu machen drohen, begegnet er – nun erst recht erzählend – auf zweifache Weise. Erstens mit einer polemischen Antwort, die er den neueren technisch-gesellschaftlichen Entwicklungen erteilt. Zweitens mit einer sarkastischen Antwort, die er den neueren kulturell-poetischen Entwicklungen erteilt.

Die Polemik konzentriert sich auf die folgenreichen Erfindungen des Schießpulvers samt den entsprechenden Schusswaffen, vom Gewehr bis zur Kanone. Tödlich ist diese Erfindung nicht nur für die Menschen und für das althergebrachte heroische Weltbild ganzer Epochen. Auch dem Epos als poetischer Gattung wird sie über kurz oder lang den Garaus machen. Solch verheerende Wirkung spürt Ariost und lässt sie auch sein Publikum spüren. Steht und fällt doch das Epos von jeher mit der Leibhaftigkeit derer, die darin handeln. Buchstäblich haften sie mit dem Leib beim Befahren der Meere, beim Entdecken fremder Länder und Menschen. Und nicht zuletzt beim ritterlichen Kampf: also dort, wo Held und Held ihre körperlichen Kräfte und Fertigkeiten sowie ihre erlaubten Listen und Finten aneinander messen. Frontal, von Angesicht zu Angesicht prallt da einer auf den anderen. Beide Gegner gleichermaßen setzen ihr Leben aufs Spiel: zumeist für ehrenwerte Ziele, nach verbindlichen, einsehbaren Spielregeln des Kampfes. Damit ist es vorbei, sobald Schusswaffen eingesetzt werden, die ritterliches Fechten überflüssig und anachronistisch machen. Sie ersetzen es durch anonymes Töten und Verwunden auf weite Distanz, wo ein Gegner dem anderen nicht mehr in die Augen sieht.

342 **Fragliches Ende des Meuchelmonarchen Cimasco samt Kanone** Ariosts polemische Antwort darauf heißt: Wer derartige Explosivwaffen anwendet, erweist sich als niederträchtig feiger Schwächling. Zugleich verstößt er gegen die Ordnung der Natur, die in allen Menschen waltet und um sie her. Ein solcher Un-Mensch maßt sich an, Blitz und Donner künstlich hervorzurufen, und sie gezielt mit verheerender Wirkung zu entladen. So kann es denn im *Orlando furioso* nicht überraschen, dass ausgerechnet der ohnehin heimtückische Friesenkönig Cimasco das Monopol auf die Schusswaffe besitzt und benutzt. Ausdrücklich heißt ihn der Erzähler einen Meuchelmörder, der sich endgültig ausgeschlossen hat aus dem Kreis ehrenwerter Ritter. Eindrucksvoll nimmt sich Cimascos Mordanschlag aus, der dem Titelhelden gilt. Es wird sein letzter gewesen sein:

> Nun lauert er geduckt an einer Ecke,
> Dem Grafen auf [...]
> Wie dieser kommt, berührt er schnell mit Feuer
> Des Rohres Loch – da prasselt's ungeheuer.
> [...]
> Von hinten flammt's gleich Blitzen in Gewittern,
> Vorn kracht es durch die Luft mit Donnerhall.
> Der Erde Grund, die Mauern rings erzittern,
> Der Himmel widerhallt vom grausen Knall.
> Zersprengen muß das Glutgeschoß, zersplittern
> Unfehlbar, was ihm aufstößt, überall.
> Es pfeift und zischt; doch nach dem argen Hoffen
> Des Meuchelmörders hat es nicht getroffen. (IX, 73–75)

Orlando also, wie nicht anders zu erwarten, kann den hinterhältigen Anschlag schadlos überstehen. Nicht so der schießende Hinterhältler selbst. Denn der Held, dem das Pferd unterm Leib weggeschossen worden ist, ereilt dennoch im Nu den feigen Feind und spaltet ihm

– ungleich: Schwert gegen Schusswaffe – das Haupt bis hinunter zum Schritt. Auch noch jene fatale Kanone greift er sich und zieht sie aus dem heroischen Verkehr, indem er sie tief im Meer versenkt: damit niemand sie fortan verwende. Sogar einen endgültigen Nachruf, wie Orlando irrig wähnt, spricht er der üblen Waffe:

> Und also, da er anlangt auf den Weiten
> Der hohen See, fern aller Ebb und Flut,
> Wo ringsumher der Blick nach allen Seiten
> Nicht auf der kleinsten Spur vom Lande ruht,
> Nimmt er's und spricht: [...]
> «Verfluchtes Rohr, zu Sünd und Mord erkoren,
> Geschmiedet in des Orkus tiefstem Grund
> Von Satans tück'schen Händen, der geschworen,
> Durch dich ganz zu verwüsten dieses Rund –
> Zur Hölle send ich dich, die dich geboren!»
> So redend, warf er's in den Meeresschlund. (IX, 90/91)

Der allwissende Erzähler freilich – nicht nur die epische Welt überblickend, sondern auch jene der geschichtlichen Erfahrung – weiß besser als sein Held, dass diese Versenkung zwar symbolisch schön, doch faktisch vergebens ist. Zwei Gesänge später kommt er nochmals auf die Kanone zurück, die leider nur scheinbar vernichtet wurde. Mit anklagendem Ingrimm schildert er in vielen Strophen: wie jenes höllische Massenmordgerät, ursprünglich vom «bösen Feind der menschlichen Natur» («nimico empio de l'umana natura», XI, 22) verfertigt wurde; und wie es sich rasch in ganz Europa verbreitete. In vielen Abwandlungen, mit entsetzlichen Folgen.

Gleichfalls lebensbedrohlich fürs Epos: Buchdruck Im fünfzehnten Gesang wird erzählt, wie die Fee Logistilla ihren Schützling Astolfo mit zwei wundertätigen Gegenständen ausrüstet. Erst später wird er in den Besitz des Flügelrosses gelangen, nachdem Ruggiero das edle Tier sinnvoll zu nutzen vermocht hat. Was die Fee nun Astolfo schenkt, sind Dinge, die ihn alsbald aus ärgsten Notständen retten werden.

Auch den neueren kulturellen und poetischen Entwicklungen erteilt Ariost, wie vermerkt, eine entschiedene Antwort. Diesmal, ganz im Einklang mit seinem Erzähler, fällt sie sarkastisch aus. Dabei konzentriert er sich ebenfalls auf eine bestimmte symptomatische Erscheinung: auf den Umschwung vom mündlich erzählten, gesellig vorgetragenen Epos zum privatim gelesenen im gedruckten Buch. Und zwar so, dass man meinen möchte, er spiele abermals an auf Homers fatales hölzernes Pferd vor und in Troja. Demonstrativ nämlich bezieht Ariost die Buchlektüre ein ins erzählte Geschehen seines eigenen – demnächst – gedruckten Epos. Nicht genug des Sarkasmus. Der Autor schildert auch noch das Lesen von Büchern als eine zwar zweckdienliche, doch lachhaft pedantische und zugleich beunruhigende Verrichtung.

Da ist einmal ein handfestes Instrument, wie man es aus Märchen kennt: ein Zauberhorn, begabt mit «fürchterlichem Schalle» (XV, 14): alle Gegner, menschliche wie außermenschliche, schlägt sein Getöse in

die Flucht, oder es lässt sie vor Schreck erstarren. Letzteres wird, wir wissen es schon, dem menschenfressenden Riesen Caligorante widerfahren. Märchenwidrig dagegen wirkt der andre Gegenstand. Denn der lässt sich nicht magisch sinnlich, sondern nur intellektuell handhaben. Ein wissensreiches Buch ist es. Geschrieben stehen darin Anweisungen, wie jede Art von verderblichem Zauber mit genau passendem Gegenzauber zunichte zu machen sei. Auch diese Gabe der Fee wird nicht ungenutzt bleiben. Nämlich dann, wenn ihn, Astolfo, der arglistige Zauberer Atlas in sein allseits äffendes Schloss lockt. Schon vielen Rittern, die verzweiflungsvoll in diesem verschachtelten, spiegelreichen Gebäude herumirrten, ist es zum zeitweiligen Verhängnis geworden. Astolfo dagegen, noch bevor er wie jene sich darinnen verlieren kann, greift sofort nach seinem besonderen Buch:

> Schnell sucht er im Register nach dem Blatte,
> Das gegen diesen Trug das Mittel hatte.

Unverzüglich wendet er das Mittel an. Mit atemberaubender Wirkung:

> Um zu vernichten nun des Zaubers Quelle,
> Zerbrach, zerschlug er alles, was sich fand,
> (Wie durch das Buch die Vorschrift ihm geschehen)
> Und sah das Schloß in Rauch und Dampf zergehen. (XXII, 16 u. 23)

Das Register also – alphabetisch wohlgeordnet wie bei jeder wissenschaftlichen Abhandlung – enthält das gesuchte Stichwort, versehen mit dem Seitenverweis auf die hier fällige Gegenmaßnahme. Indem Astolfo dieses restlos verzwecklichte und entsinnlichte Fachbuch als Waffe nutzt, entwaffnet er zugleich die leibhaftige, die sinnenbegaukelnde Zauberei; ja, er verscheucht damit die Wunderreize jeglicher Magie. Und noch mehr richtet er an. Denn er vollführt, unbewusst und absichtslos, einen epochal sinnbildlichen Akt. Steht doch als starr fixiertes Schriftstück sein Gegen-Zauber-Buch – ironischerweise ein Geschenk aus Feenhand – beispielhaft ein für alle gedruckte Literatur. Buchstäblich Aus-Druck einer neuartig mittelbaren Verkehrsform ist es, die den unmittelbaren Umgang der Leute einschränkt. Und die wird letztlich auch das Miteinander mündlichen Erzählens beeinträchtigen, also auch das A und O der Gattung Epos, einschließlich dieses Werks von Ariost, das hier und jetzt von solcher Gefahr erzählt.

Eine Invasion des neueren Gegenprinzips findet hier statt. Schriftliche, also lautlose Verlautbarung dringt mitten hinein ins bunte, vielstimmige Geschehen des gesellig vorgetragenen und vernommenen Erzählwerks. Diese Invasion aber erachtet Ariost als keineswegs beiläufiges und beliebiges Ereignis. Dass er sie so ernst nimmt, wie sein ironischer Erzähler es nur irgend erlaubt, immerhin als fundamentale Anfechtung des Epos innerhalb des Epos: dafür spricht vor allem der scharfe Knick in der ritterlichen Laufbahn seines Titelhelden. Ungleich gewichtiger als das Gegen-Zauber-Buch, das Astolfo spontan benutzt in einem von vielerlei Abenteuern, aus denen er wohlgemut hervorgeht, ungleich gewichtiger wirkt das, was Orlando zustößt ebenfalls in Form von schriftlich lautloser Verlautbarung. Zerstörerisch bricht es über ihn herein, um ihn auf unabsehbare Zeit zu entrittern und zu entmenschen.

Umringt von Schreiberei, explodiert Orlandos Wahnsinn Erinnert sei an die schon erörterte Situation im idyllischen Tal, wo ihm spät, aber jäh die Augen aufgehen. Endlich sehen und einsehen muss er hier, dass jene hehre Angelica, die schönste aller Frauen, die einzig ihm zusteht, dem allertapfersten Paladin des erhabensten Kaisers Karl, dass diese so lang ersehnte und gesuchte, doch niemals leibhaftig erblickte Geliebte weder so ist, wie Orlando wähnt, noch irgend etwas von ihm wissen will. Untrüglich sprechen viele Anzeichen dafür: hier in diesem Tal hat sie kurz zuvor noch geweilt, selbzweit mit ihrem so gar nicht standesgemäßen Geliebten Medor, beschwingt von Lust und Zärtlichkeit. Ärgstes Indiz und heftigster Anstoß für Orlandos Raserei ist etwas ganz Besonderes. Medor, dieser unwürdige Part des schamlosen Paares, hat das Übermaß der erotischen Ausgelassenheit gar noch schriftlich veröffentlicht. Ringsumher. Selbst das Gemäuer der Liebesgrotte, eingeritzt und bemeißelt, trägt entsprechende Inschriften. Beim Brunnen blickt Orlando

> Umher und sieht am Rand der Wellen
> Die Bäume rings bedeckt mit Schreiberei.

[...]
Hier war ihr Nam allüberall zu finden,
Mehr als an jedem andern Ort der Rast,
Geschrieben bald mit Kohle, bald mit Kreide,
Und eingeschnitten bald mit scharfer Schneide. (XXIII, 102 f; 106 ff.)

Schlimmer noch: Angelicas glücklicher, nicht bloß erotisch sondern auch poetisch hemmungsloser Liebhaber Medor hat sich auch noch zu einem plauderseligen Gedicht verstiegen. Zwei ganze Strophen lang ermuntert es die Um- und Nachwelt, jubelnd teilzunehmen am

Liebestaumel des Paares. Der Erzähler steigert nun noch den harschen Sarkasmus der Situation, in die der verschmähte, widerwillig lesende Liebhaber gerät, durch eine quasi akademische Fußnote. Und den anderen Lesern, jenen des Epos, staut sie wohlbedacht die Spannung auf den fälligen, längst aufgebauten Ausbruch von Orlandos Wahnsinn:

Arabisch wars geschrieben, das verstand
Er wie Latein. Zwar viele Sprachen waren
Dem Paladine Roland gut bekannt,
Am besten aber war in dieser er erfahren. (XXIII, 110)

Der stärkste und tapferste der abendländischen Ritter ist also auch einer ihrer bestgebildeten. Und ausgerechnet ihm muss ein hundsgemeiner, unblaublütiger morgenländischer Krieger es auch noch schriftlich geben: dass keineswegs Orlando, sondern er, Medor, der Auserwählte ist von jener auserwählten Angelica. Die Lettern der Literatur, die nicht einmal vor Baumrinden und totem Mauerwerk Halt machen, hämmern sich dem heroischen Epenhelden schmerzlich ein. Ins Herz stechen sie ihm. So, wie ers schon beim ersten Lesen der eng verschlungenen Namen «Angelica e Medor» verspürt hatte:

Von so viel Nägeln wird sein Herz durchdrungen,
Wie er der Lettern wahrnimmt mit Verdruß. (XXIII, 103)

Im Original, syntaktisch klarer und zwingender:

Quante lettere son, tanti son chiodi
Coi quali Amore il cor gli punge e fiede.

Nicht so sehr die Tatsache des kundgemachten Liebesakts, auch nicht das unverhohlen gesprochene Wort – so stünde es dem Epos eigentlich an, nach Art der genealogischen Selbstanpreisung vor jedem Zweikampf – stößt Orlando in die Raserei. Es sind vielmehr die geschriebenen, par distance veröffentlichten Buchstaben, die notierten Wörter, Zeilen, Strophen. Wie Nägel durchbohren sie den Helden. Nachgerade denkt man an einen stigmatisierten Heiligen, den die Wundmale Christi durchlöchern und ihn zum nachfolgenden Opfer machen: an Haupt und Herz, Händen und Füßen. Derart lettristisch aufgestört und aufgestochert, befällt den Titelhelden der Wahnsinn und zwingt ihn die Welt zu durchtoben – bis auf weiteres.

Unsichtbarer Lärm, lautloses Schriftstück Ob so schmerzhaft wie der Auslöser von Orlandos Raserei, ob so schmerzfrei wie Astolfos Umgang mit dem Anti-Zauber-Buch: da wie dort stoßen die Helden auf den Einbruch des Andersartigen, des stimm- und körperlos Geschriebenen in die vertraute Domäne des Epos. Ariost freilich schafft es, durchweg jene geschichtliche und literaturgeschichtliche Gefahr elegant zu bannen. Dadurch, dass er selbst sie heraufbeschwört, um sie poetisch in eigene Dienste zu nehmen. Er fabuliert sie um und gliedert sie ein in die alt-abenteuerliche Welt, die er insgesamt entfaltet. Doch damit ist sein sarkastischer Widerstand noch nicht erschöpft. Er mobilisiert zudem noch genuin epische Gegenkräfte. Abermals so sinnfällig, wie es der Ausdrucksspielraum der Gattung Epos nur irgend zulässt. Hierbei spricht er mehr als nur den Augenschein an, nachdrücklich wendet er sich auch ans Gehör: an die äußeren Ohren seiner Heldinnen und Helden, aber auch an die inneren Ohren seiner Hörer- und Leserschaft. Kein Epos je zuvor hat in solchem Ausmaß wie *Orlando furioso* akustische Sensationen entfesselt. Geradezu leitmotivisch geschieht das. Vielerlei Lärm ist es, der die erzählten Abenteuer nicht nur begleitet, sondern im Vorhinein schon ankündigt.

Immer wieder kommt es zu alarmierenden Geräuschen, die unwiderstehlich die Aufmerksamkeit der handelnden Personen erregen. Besonders dann, wenn sie vom eigenen Kampfes- und Liebesgetümmel vollauf in Anspruch genommen sind. Brachial unterbricht der Lärm ihr momentanes Tun und lenkt sie ab von dem, was sie hier und jetzt selber angeht, hinweg zu einem noch uneinsehbaren, ungewissen Anderswo. Folgendermaßen ergeht es dem Sarazenenfürsten Sacripant, während er angestrengt hin und her sinnt, wie er die begehrte Angelica, die ihm ungewollt über den Weg gelaufen ist, für sich einnehmen könnte. Gleich auf der Stelle, mit oder ohne Gewalt? Jedoch:

[...] während er sich rüstet
Zum süßen Sturm, tönt ein gewalt'ger Schall
Vom Walde her, weshalb er sehr entrüstet
Ablassen muß von seinem Überfall. (I, 59)

Und wenig später – Sacripant hat soeben eine Niederlage erlitten durch jenen anonymen Ritter, der, noch fern, den «gewalt'gen Schall» verursacht hatte – nimmt er einen neuerlichen Anlauf zur erotischen Attacke. Diesmal im abgelegenen Forst, wohin er seine schutzlos Schutzbefohlene lenkt:

Sie waren nicht zwei Meilen weit gedrungen,
Da wird umher der weite Waldesraum
Von solchem Krachen und Gelärm durchklungen,
Als bebte rings im Forste jeder Baum. (I, 72)

Auch Rinaldo, der sich gemeinsam mit einem Klosterknappen durch eine «grauenvolle Waldung» schlägt, völlig gespannt auf sein Ziel, jene Stadt, wo für ihn eine lebenswichtige Entscheidung fallen soll, auch er wird durch Geräusche jäh unterbrochen und abgelenkt:

Um nun den Weg sich abzukürzen, schlagen
Sie einen Richtpfad ein, quer durch den Wald;
Da hören sie ein nahes Schrein und Klagen,
Das ringsumher im Forste wiederhallt. (IV, 69)

Kampfgetöse von aufeinanderprallenden Schwertern, Pferdeschnauben, Hilfeschreie von Frauen, Knacken von gewaltsam durchquertem Gebüsch: darin melden sich gefährliche Vorkommnisse an. Eindrucksvoll geben sie Laut, noch ehe der Blick des Erzählers sie erfasst und seine Stimme sich daran macht, sie den Wissbegierigen endlich auch vor Augen zu führen. So spannt der Autor die handelnden und die lesenden Personen seines Epos auf die Folter, damit sie danach gieren, zu erfahren, wer jene noch unsichtbaren und undefinierten Lebewesen denn wohl seien, die jene geheimnisträchtigen Geräusche verursachen.

Aber auch noch etwas anderes richten solche akustischen Sensationen aus. Sie ermöglichen dem Autor – im erzählten Geschehen und durchs erzählte Geschehen –, den grundsätzlichen, doch unvermeidlichen Mangel wenigstens spielerisch auszugleichen. Entschädigen kann ihr regelmäßig wiederkehrender poetisch wohlklingender Radau den *Orlando furioso* dafür, dass seine eigentlich hörbare, weil rhapsodisch vorzutragende Ausdrucksform nurmehr zur Spiegelfechterei geworden ist. Wird sie doch, im doppelten Sinn, durch jenes Druckerzeugnis bestritten, in das sie sich zwangsläufig verwandeln muss. Erste Auflage 1521, zweite, erweiterte Auflage 1531. Als Druckerzeugnis aber kommt das Epos zwangsläufig jener rivalisierenden Erzählgattung entgegen, die geschichtlich schon bevorsteht und drohend in Erscheinung tritt: dem Prosaroman.

VI Erzählen im großen Ganzen: Roman

INITIALWERK: CERVANTES' *DON QUIJOTE*

Achtzig Jahre nach Ariosts Summa des klassischen Epos erschien jenes epochemachende Erzählwerk, das – ohne Absicht des Autors – als weltliterarisches Vorbild des Romans gelten kann: Miguel de Cervantes' *Don Quijote*. Allerdings, selbst dieses Initial-Opus einer neuartigen Gattung verlöre seinen poetischen Grund und Boden, fände es nicht das Epos vor, von dem es sich nachdrücklich abstößt.

Beide Werke, das von Ariost wie das von Cervantes, gehen vom gleichen historischen Befund aus, ziehen jedoch unterschiedliche Konsequenzen daraus. Thematisch, sprachlich und in der Erzählkonstruktion. Beide stellen sich darauf ein, dass jene heroische und wunderträchtige Welt, die das Epos mehr als ein Jahrtausend lang heraufbeschworen hatte, zunehmend in ein Abseits und Jenseits entrückt ist – angesichts des zeitgenössischen Entwicklungsstands der Sozietät, zumal der wirtschaftlichen und technischen Verhältnisse. Deshalb kann man die zahlreichen griechischen und römischen Prosaromane der Spätantike – darunter so hervorragende wie Heliodors *Aithiopika*, Longos' *Daphnis und Chloë*, Apuleius' *Goldener Esel* – nicht als eigentliche Vorläufer jener neuartigen Erzählgattung erachten, die Cervantes mit dem *Don Quijote* ins literarische Leben gerufen hat. Denn sie haben es längst noch nicht mit dem zu tun, was Hegel die Prosa der Verhältnisse nannte. Ob ernst oder heiter, huldigen sie einer mythischen Welt, die fraglos auch mit übernatürlichen Vorkommnissen rechnet. Und die treffen denn auch im Lauf des erzählten Geschehens früher oder später ein. Im *Don Quijote* dagegen rechnet nur ein Einziger damit, der Titelheld, doch er verrechnet sich. Egal, ob ers nun letztlich merkt oder nicht.

Neuerliche, neuartige Ironien Der erste Teil des Romans kam 1605 heraus, der zweite zehn Jahre später. Dieses beträchtliche zeitliche Intervall ist mehr als nur ein vernachlässigbarer äußerer Umstand, bedingt durch die Lebensverhältnisse des Autors. Denn Cervantes hat es, den Nach- zum Vorteil läuternd, klüglich ausgeschlachtet für ein vertracktes Spiel mit der erzählerischen Fiktion. Im Verlauf des zweiten Teils nämlich erfährt der Romanheld selber davon, dass ein Buch über ihn und seine Taten unter die Leute gekommen ist. Mehr noch und noch ungewöhnlicher: auch die gesellschaftliche Umwelt im zweiten Teil des Romans, sogar jene in Gegenden, wohin Don Quijote bislang noch nie gelangt ist, auch sie hat das Buch bereits gelesen. Folglich kennen manche Leute innerhalb des Romans den Helden schon aus-

und inwendig, noch bevor sie mit ihm leibhaftig zusammentreffen. Aufgrund ihrer Lektüre sind sie also auf sein absonderliches Treiben gefasst. Für das Widerspiel zwischen Held und Umwelt ergeben sich daraus andere Spielregeln als im ersten Teil. Dort waren die Leute befremdet von dem, was er tat und sprach. Hier nun sind sie, sensationslüstern, geradezu erpicht darauf und tragen auch von sich aus eifrig dazu bei, dass dieser Absonderling ihren Vorstellungen von seinem absonderlichen Benehmen angemessen entspricht.

Derart schärft der Autor – erzählend, nicht dozierend – seiner realen Leserschaft ein: anders als das Epos kommt der Roman von vornherein als Buch daher; als plurales, weit verbreitetes Buch, das freilich individuell gelesen sein will. Ähnlich individuell, wie diese oder jene Romanperson im zweiten Teil des Werks sich so oder so auf den Titelhelden einstellt. Zugleich spielt Cervantes den unterschiedlichen Status von dreierlei Welten aus, die irritierend sich aneinander reiben: die vermeintlich reale Lebenswelt im Buch, die erfundene Welt im nämlichen Buch und auch noch die eingebildete Welt im Kopf des Helden. Wir hinwiederum, die realen und späteren Leser, richten unsere Aufmerksamkeit jetzt vor allem auf den ersten Teil des Werks. Trifft doch gemeinhin, wer sich das Buch vornimmt, auf den Anfang und fängt eben da zu lesen an. Allererster Treffpunkt ist zweifellos der Titel des Romans. Und der mag bereits viele Leser stutzig machen, die zumindest ungefähr eine Vorstellung haben vom seltsamen Naturell jener Hauptfigur. Immerhin ist sie, weit über Spanien hinaus, seit Jahrhunderten populär genug, um in sprichwörtlichen Redewendungen, auch in Bildbüchern für Kinder, herumzuspuken.

Irrsinn und Findigkeit, Mangel und Überschuss des Helden *El ingenioso hidalgo Don Quijote de la Mancha, Der erfindungsreiche Junker Don Quijote aus der Mancha* – so lautet der vollständige Titel. Unter «ingenioso» verzeichnet das Wörterbuch: erfinderisch, geistreich, witzig; sinnreich, durchdacht. Doch auf den ersten Blick scheint keine dieser Eigenschaften den allbekannten Geisteszustand des Helden zu treffen. Denn Don Quijote, so merkt alsbald die Umwelt im Roman wie auch die Leserschaft, ist ja wohl verrückt. Besessen ist er von einem Wahn, der sein Verhalten in fast allen Lebenslagen bestimmt. Don Quijote wähnt: er lebe und agiere in der Welt jener Ritterromane – überwiegend mittelalterliche Epen sind es, großenteils popularisiert in Prosa –, die er nimmersatt lesend verschlingt; und just er sei dazu ausersehen, in jener buchstäblich erlesenen Welt als prominenter Held für das Gute zu streiten und das Böse zu bekämpfen. Alles, was ihm auf seinen demgemäß lebensgefährlichen Wegen zustößt, alles betrachtet, versteht und bewertet er aus der Sicht seiner üppigen Lektüre. Und jedesmal, wenn es ihm geboten erscheint, greift er mit brachialer Gewalt ins simple Alltagsleben ein, damit es nur ja seinen literarisch erzeugten Vorurteilen entspreche, im Guten wie im Bösen.

Nicht erst bei den vielerlei Abenteuern, die der Held sich selber erdenkt und beschert, tritt sein Wahn in Aktion. Schon bei den Voraussetzungen dazu. «Arma virumque»: jene Devise Vergils und seiner epischen Nachfahren macht Don Quijote sich zu eigen. Er wappnet sich mit der verrosteten Ritterrüstung seines Urgroßvaters sowie mit einem ausgemergelten Klepper, den er als Streitross besteigt. Und da ihm fürs erhobene Haupt noch der wehrhafte Abschluss fehlt, denn der erste, selbstverfertigte Helm hat sich nicht bewährt, erkämpft er sich dieses Rüstungsstück, so wie es auch viele von Ariosts Helden tun. In der Schüssel eines ängstlich verhärmten Barbiers – er kommt dem Helden auf einem Esel entgegengezottelt –, in dem Gefäß, worin Rasierschaum angerührt wird, erblickt Don Quijote unbeirrbar einen Helm. Und nicht bloß irgendeinen. Er ist vielmehr überzeugt, es handle sich um den ehrwürdigen Helm eines ruhmreichen Helden der Vergangenheit mit weit zurückreichender erhabener Genealogie. Prompt erobert er dieses Ding von dem verschreckten Barbier. Auch noch weitere Ausstattungen und Rituale sind dem Junker unverzichtbar für seine Investitur ins Amt des fahrenden Ritters: ein feierlicher Ritterschlag; eine höfische Dame zwecks keuscher Fern-Minne, zu deren Ehren er sich all den Fährnissen aussetzt (ein ahnungsloses Bauernmädchen, dem er den edlen Namen Dulcinea del Toboso verleiht); und nicht zuletzt ein Knappe, der in unverbrüchlicher Treue ihn begleitet.

In den Augen der Umwelt sind diese Personen, Geräte und Zeremonien weiter nichts als lächerlicher Firlefanz. Dem Don Quijote dagegen gelten sie als lebenswichtig. Als unerlässlich, weil regelrecht vorgeschrieben durch seine Lektüre, sofern er denn das verpflichtende Amt eines Ritters würdig zu vertreten vermag. Und daran zweifelt er keinen Augenblick. Vor allem sein Knappe und gehorsamer Weggenosse Sancho Panza ist ihm unentbehrlich; ihm selber, dem Helden des Romans, aber auch dem Autor. Erst gemeinsam nämlich ergeben hier Herr und Diener ein vollständiges Bild der Hauptfigur. Konträr zum Epos, wo der Titelheld solo sich selbst und seiner innerpoetischen Funktion genug ist. Zu zweit also bewegen sich Don Quijote und Sancho Panza durchs Gelände. Ein unverwechselbares Paar, komisch komplementär, das zusammenpasst wie Konvex und Konkav. Dergestalt erregen die Beiden allerorts Aufsehen: der lange Dürre auf hochbeinigem Gaul mit dem kleinen Dicken auf kurzbeinigem Esel; der wahnhafte Fehldeuter der wirklichen Welt mit deren handfestem und gefräßigem Verzehrer; der zerschlissene, einseitig gebildete Adlige mit dem rüd vernünftigen Plebejer. Zumal die hartnäckigen Debatten der Beiden – nach den demütigenden Abenteuern, in die der Ritter seinen Knappen oft mit hineinzieht – tragen dazu bei, eins im andren verlauten zu lassen: einerseits Don Quijotes Wahn, andrerseits seine hakenschlagenden Spitzfindigkeiten, die diesen Wahn gegen alle Anfechtungen aufrechterhalten. Sanchos Einwände feuern seinen Herrn immer wieder zu aberwitzigsten Argumentationen an, um sein schiefes Weltbild noch zu vervollkommnen.

Ähnlich lachhaft unzulänglich und der nüchternen Umwelt unbegreiflich wie die ritterlichen Attribute, Unternehmungen und Zeremonien des Helden wirkt auch der vornehm verkündete Name, den er der Menschheit einzuprägen trachtet: Don Quijote de la Mancha. La Mancha, die Gegend seiner Herkunft und seines kümmerlichen Anwesens, ist eine denkbar unpoetische, nachgerade gegenabenteuerliche Landschaft. Ihr überwiegend trocken steiniger Boden kontrastiert vollends mit den heftig bewegten Meeren, die dem Odysseus, den Argonauten, dem Aeneas atemberaubende nautische Wagnisse abverlangen. Es ist also keine unabsehbar weite, ferne und vielfältige Welt, die hier den Helden verlockt, sich aufzumachen und streitbar in sie einzugreifen. Eng ist sie, nah und vielfältig nur in ihrer Dürre. Unterm Blickpunkt des Epos würden sie beide mangelhaft erscheinen, freilich auf unterschiedliche Weise: sowohl der Held wie auch die Welt, die er auf seinem unterernährten Reittier durchtrottet. Ihm fehlt es an heroischer Körperkraft und Aura, an Fertigkeit und Ausrüstung, die seinem Mut und seiner Großmut gewachsen wären. Und der Welt fehlt es an Gelegenheiten, wo ein derart Mutiger und Großmütiger lauter schreiende Missstände kämpferisch beheben könnte. Aus dieser Not eine Tugend zu machen, das vermag nur jene markante Eigenschaft, die der Titel des Romans so herausfordernd annonciert: Don Quijotes «ingenio», seine einfallsreiche Findigkeit. Also jene einzige und einzigartige Qualifikation, die seinem Wahnsinn vorerst zu widersprechen scheint.

Gleichwohl ermöglicht ihm die ingeniöse Spitzfindigkeit, seine Wahnvorstellungen nicht nur zu erzeugen, sondern sie auch noch zu bekräftigen und auszubauen. Desto unverdrossener tut er das, je schmerzhafter die Niederlagen und Widerlegungen ausfallen, die ihm die harte Wirklichkeit von Mal zu Mal verabreicht. So schlägt sich denn Don Quijote durch als gerissener, aber argloser Rabulist, der mit seinen hanebüchenen Beweisführungen niemand anderen hereinlegt als nur sich selbst. Nichts, was ihm widerfährt – nicht einmal schmachvoll unritterliche Prügel –, kann ihn von der fixen Idee abbringen: es werde nach wie vor das zeitgenössische Alltagsleben entscheidend bestimmt durch jene exorbitanten Abenteuer, von denen die alten Ritterbücher erzählen; und er sei es, der das Zeug dazu habe, sie auf lange Sicht glorreich zu bestehen. Dies macht ihn, den Romanhelden, zum einzigartigen Fall eines Lesers, den das, was ihm schwarz auf weiß erzählt wird, keine Ruhe lässt. Zum entfesselten Leser, der das poetisch Erzählte leibhaftig und umweglos einschießen lässt in die Motorik der eigenen Gedankengänge und Körperbewegungen: raumgreifend, attackierend und zupackend.

So zieht Cervantes' Titelheld gefahrensüchtig durchs karge heimische Gelände der Mancha samt Umkreis. Immerhin hoch zu Ross, als ritterlich Berittener – als equester, chevalier, caballero. Unaufhaltsam reitet er querfeldein, mit gefällter Lanze: gegen rotierende Windmühlen, in denen er mörderische Riesen, gegen blökende Schafherden, in denen er feindliche Truppen sieht. Aus ihren Ketten befreit er wüste Gewaltverbrecher, die er für unschuldig Verfolgte hält. Er zerschlägt die Marionetten eines Puppenspielers, dessen kunstvoll ergaukeltes Bühnengeschehen ihm als wirkliches Leben dünkt. Und so fort. Sobald die Tatsächlichkeiten, die er so heftig angreift, zurückschlagen, fühlt sich Don Quijote keinesfalls blamabel ernüchtert, vielmehr durchaus bestätigt. Haben ihm doch seine untrüglichen Gewährsinstanzen, die Ritterromane, von jeher anvertraut: dass da allenthalben, freilich im Hinterhalt, bösartige Zauberer ihr Unwesen treiben. Und diese also sind es, die unsere Erfahrungswelt immerfort entstellen und überfremden durch Trugbildnerei.

Dem entsprechend glaubt er auch schlüssig folgern zu können, einer der mächtigsten und tückischsten von ihnen habe es just auf ihn abgesehen, auf den wagemutigsten Ritter Don Quijote. Ein Großmeister der Finten und Täuschungen muss es ja wohl sein. Einer vom Schlag des Zauberers Atlas im *Orlando furioso*, der so viele tapfere Recken

schier verzweifeln lässt in seinem Schloss-Labyrinth der trügerischen Spiegelungen und Echostimmen. Noch durchtriebener als jenes des Atlas wirkt das Blendwerk, das Cervantes' Romanheld an seinem anonymen Zauberer erkannt haben will. Der verfolgt eine abgefeimte Strategie, die freilich er, Don Quijote, sofort durchschaut hat. Ist er doch gewitzter als all die stumpfsinnigen Menschen ringsum. Wider Erwarten nämlich verwandelt jener magische Unhold nicht etwa wirkliche Windmühlen in scheinbare Riesen, sondern wirkliche Riesen in scheinbare Windmühlen. Blitzschnell und nach Belieben tut er das. Aber wozu? Auch das kann der Held seinem begriffsstutzigen Knappen erklären. Der Zauberer tut es, um die Sinne seines gefährlichsten Widersachers Don Quijote zu vernebeln und ihn dadurch kampfunfähig zu machen. Doch der lässt sich nicht beirren. Je triftiger und überzeugender der schlichte Augenschein, desto sicherer ist Sanchos Herr, eben daraus spreche die geniale Durchtriebenheit jenes zaubermächtigen Täuschers. Kurz, hier habe man es mit einem verborgenen, aber ebenbürtigen Gegner zu tun, mit dem sich zu messen selbst einem Don Quijote sehr wohl anstehe.

Don Quijotes Wahn zehrt von keiner namenlos beliebigen, sondern von ganz bestimmter, dazumal viel gelesener Erzählliteratur. Von anspruchsschwacher wie *Amadis de Gaula*, aber auch von anspruchsstarker wie *Orlando furioso*. Darauf verweist, noch ehe der eigentliche Roman beginnt, eine Reihe unernst huldigender Sonette, die sich der Vorrede des Autors an die Leser unmittelbar anschließt. Adressiert hat diese pseudounterwürfigen Gedichte nicht etwa Cervantes, in spöttischer Danksagung, an die Dichter jener Werke, die sein dürrer Romanheld so nimmersatt verschlingt. Sie kommen vielmehr unverhohlen dahergeflunkert. Die weithin berühmten Hauptfiguren aus jenen Werken sollen sie geschrieben und submissest gewidmet haben. Wem? Den vorläufig noch nicht berühmten Hauptfiguren des nun folgenden Don-

Quijote-Romans. Vormals erfundene Heldinnen und Helden also richten ihre artige Versrede an ihre ebenso erfundenen Standesgenossen, die jetzt sogleich episch in Aktion treten werden. Wahrhaft standesgemäß spielt sich das ab: von Titelheld zu Titelheld, von beminnter Dame zu beminnter Dame, von Knappe zu Knappe, sogar von Streitross zu Streitross.

Hineinführung in seine prosaische Lebenswelt Ironie ist also auch hier am Werk, aber eine andersartige als im *Orlando furioso*. Dort soll sie ja die Wunderwelt des Epos abdichten gegen die prosaischen Verhältnisse der zeitgenössischen Erfahrungswelt. Hier dagegen geschieht das Gegenteil. Ironischerweise ist es eine Allee lyrischer Gebilde – jene feixenden Huldigungs-Sonette von fiktiven Personen an fiktiven Personen –, die den Lesern den Weg bahnt zum unumwundenen Prosaroman. Und der beginnt dann auch entschieden epenwidrig: umstandslos und sachlich, bodenständig und hiesig. Kein feierlicher Musenanruf, auch kein ausschweifendes Proömium, das den Gesamtverlauf des Geschehens thematisch ankündigt. Stichwortweise wird lediglich der Inhalt des kommenden Kapitels vorvermerkt, hier wie auch fernerhin:

I. Kapitel
Welches vom Stand und der Lebensweise des berühmten Junkers Don Quijote von der Mancha handelt

> An einem Orte der Mancha, an dessen Namen ich mich nicht erinnern will, lebte vor nicht langer Zeit ein Junker, einer von jenen, die einen Speer im Lanzengestell, einen alten Lederschild, einen hageren Gaul und einen Windhund zum Jagen haben. Eine Schüssel Suppe mit etwas mehr Kuh- und Hammelfleisch darin, die meisten Abende Fleischkuchen aus den Überbleibseln vom Mittag, jämmerliche Knochenreste am Samstag, Linsen am Freitag, ein Täubchen als Zugabe am Sonntag – das verzehrte volle Dreiviertel seiner Einkunftquelle; der Rest ging drauf für ein Wams von Plüsch, Hosen von Samt für die Feiertage mit zugehörigen Pantoffeln vom selben Stoff, und die Wochentage schätzte er sich's zur Ehre, sein mittelgrobes Tuch zu tragen, das allerfeinste. Er hatte bei sich eine Haushälterin, die über die Vierzig hinaus war, und eine Nichte, die noch nicht an die Zwanzig reichte; auch einen Diener für Feld und Haus, der ebenso wohl den Gaul sattelte, als die Gartenschere zur Hand nahm. Es streifte das Alter unsres Junkers an die fünfzig Jahre; er war von kräftiger Körperbeschaffenheit, hager am Leibe, dürr im Gesichte, ein eifriger Frühaufsteher und Freund der Jagd. Man behauptet, er habe den Zunamen Quijada oder Quesada geführt [...]. Aber dies ist von geringer Bedeutung für unsre Geschichte; genug, daß in deren Erzählung nicht um einen Punkt von der Wahrheit abgewichen wird.

Man muß nun wissen, daß dieser obbesagte Junker alle Stunden, wo er müßig war – und es waren dies die meisten des Jahres –, sich dem Lesen von Ritterbüchern hingab, mit so viel Neigung und Vergnügen, daß er fast ganz und gar die Übung der Jagd und selbst die Verwaltung seines Vermögens vergaß; und so weit ging darin seine Wißbegierde und törichte Leidenschaft, daß er viele Morgen Ackerfeld verkaufte, um Ritterbücher zum Lesen anzuschaffen; und so brachte er so viele ins Haus, als er ihrer nur bekommen konnte. [...]

Die Phantasie füllte sich ihm mit allem an, was er in den Büchern las, so mit Verzauberungen wie mit Kämpfen, Waffengängen, Herausforderungen, Wunden, süßem Gekose, Liebschaften, Seestürmen und unmöglichen Narreteien. Und so fest setzte es sich ihm in den Kopf: jener Wust hirnverrückter Erdichtungen, die er las, sei volle Wahrheit, daß es für ihn keine zweifellosere Geschichte auf Erden gab. [...]

Zuletzt, da es mit seinem Verstand völlig zu Ende gegangen war, verfiel er auf den seltsamsten Gedanken, auf den jemals in der Welt ein Narr verfallen ist; nämlich es deuchte ihm angemessen und notwendig, sowohl zur Mehrung seiner Ehre als auch zum Dienste des Gemeinwesens, sich zum fahrenden Ritter zu machen und durch die ganze Welt mit Roß und Waffen zu ziehen, um Abenteuer zu suchen und all das zu üben, was, wie er gelesen, die fahrenden Ritter übten, das heißt jegliche Art von Unbill wiedergutzumachen und sich in Gelegenheiten und Gefahren zu begeben, durch deren Überwindung er ewigen Namen und Ruhm gewinnen würde. (25 ff.; 21 ff.)

Sogleich im nächsten Absatz erfahren die Leser, wie Don Quijote seine Idee in die Tat umsetzt. Genauer, wie er sich erst einmal daran macht, die Voraussetzung herzustellen, heroische Taten zu vollbringen. Eigenhändig bastelt er eine Rüstung aus schütteren Restbeständen des urgroßväterlichen Panzers, den er aus altem Gerümpel hervorkramt:

Doch nun sah er, daß sie [die Rüstungsstücke] an einem großen Mangel litten: es war nämlich kein Helm mit Visier dabei, sondern nur eine einfache Sturmhaube; aber dem half seine Erfindungskunst ab, denn er machte aus Pappdeckel eine Art von Vorderhelm, der, in die Sturmhaube eingefügt, ihr den Anschein eines vollständigen Turnierhelms gab. Freilich wollte er dann auch erproben, ob der Helm stark genug sei und einen scharfen Hieb aushalten könne, zog sein Schwert und führte zwei Streiche darauf, und schon mit dem ersten zerstörte er in einem Augenblick, was er in einer Woche geschaffen hatte; und da konnte es nicht fehlen, daß ihm die Leichtigkeit mißfiel, mit der er ihn in Stücke geschlagen. Um sich nun vor dieser Gefahr zu bewahren, fing er den Vorderhelm aufs neue an und setzte Eisenstäbe innen hinein, dergestalt, daß er nun mit dessen Stärke zufrieden war; und ohne eine neue Probe damit anstellen zu wollen, erachtete und erklärte er ihn für einen ganz vortrefflichen Turnierhelm. (25 ff.; 21 ff.)

Die zitierten Anfangspartien des Buchs sind aufschlussreich in mehr als einer Hinsicht. Vor allem lassen sie erkennen, worauf der Autor Cervantes von vornherein die Aufmerksamkeit lenkt; wie er seinen eigenartigen Helden und dessen eigenartige Lebenswelt herbeierzählt; wo er dabei eher berichtet und wo er eher beschreibt. Zugleich lassen sie erkennen, was auf dem Grundriss dieses besonderen Werks sich alsbald verallgemeinern konnte zum Ausdrucksspielraum der neuartigen Gattung Roman überhaupt. Denn die ist ohne Vorbild des *Don Quijote* ebenso wenig zu denken wie die Gattung Novelle ohne das Vorbild des *Decamerone*.

Cervantes' Roman – so schon der erste Eindruck – zielt ab auf die Vielfalt des gewöhnlichen Alltagslebens. Auf jenes Alltagsleben, dem sein Titelheld, weil es ihm allzu schal vorkommt, partout entrinnen will: tatendurstig und rüstungklappernd. Gelingen kann es nicht. Die geschichtliche Rückwärtsflucht ins Heroische, die dieser unverzagte Angreifer immer wieder mit gefällter Lanze vollführt, treibt ihn stattdessen immer tiefer ins vielfältig Alltägliche. Denn es haftet ihm an. Unwissentlich trägt Don Quijote es mit sich herum, am eigenen Leib und im eigenen Inneren, wo es sich mit seinen kruden Lesefrüchten verquirlt. Insofern ähnelt er, freilich als Zerrbild, den Helden im Epos, die als mobile Behälter ihre selbst vollbrachten gewaltigen Aventiuren in sich aufbewahren.

Auch wenn sie keine Personen vom Zuschnitt des Don Quijote aufbieten, bleiben auch die Romanautoren der folgenden Jahrhunderte fast durchweg dabei, ihre Bovary oder ihre Buddenbrooks mit einer Alltagswelt zu umgeben, so vielgestaltig und facettenreich, wie sie Cervantes erstmalig aufgestöbert hat. Ungeachtet ihrer unterschiedlichen Sujets, Themen und Erzählweisen: von Henry Fieldings *Tom Jones* bis zu Alessandro Manzonis *Verlobten*, von Fjodor Dostojewskis *Dämonen* bis zu Franz Kafkas *Prozeß*, von Honoré de Balzacs *Vater Goriot* bis zu Herman Bangs *Stuck*, von Gottfried Kellers *Grünem Heinrich* bis zu Gabriel García Márquez' *Hundert Jahre Einsamkeit*. Mögen auch manche Autoren schon längst Cervantes' maßgebliches Modell aus den Augen verloren haben, so sprechen sie doch nach wie vor auf das mannigfaltige, gewöhnliche Alltagsleben an, um es ihrerseits zum Sprechen zu bringen. Dessen Sprache ist Prosa. Selbstverständlich und selbstsicher; pathoslos, doch ausdrucksreich in vielerlei Idiomen. Alltagsprosa verlautet da nicht nur aus dem Mund der erzählten Romanpersonen, wenn sie miteinander oder mit sich selber reden; auch nicht nur aus dem Mund dieses oder jenes Erzählers. Alltagsprosa spricht ebenfalls, diesmal lautlos, doch vernehmlich, aus den erzählten sozialen und psychischen Regungen. So, wie schon hier zu Anfang des Romans, aus manchen vielsagenden Haltungen des Don Quijote, die unversehens umschlagen in Enthaltungen – ohne ausdrücklichen Vermerk des Erzählers.

Quijotes Helm, selbst gebastelt und selbst gekürt Wie es dazu kommt, und wie es dabei zugeht, das zeigt die zuletzt zitierte Textstelle. Sie

schildert die dilettantische, aber einfallsreiche und selbstzufriedene Handwerkerei des «ingenioso hidalgo» an jenem Ding, das er sich als ritterlichen Helm ausersehen hat. Hierbei kommen zu voller Wirkung sein Tun, seine Haltung und Enthaltung freilich nur dann, wenn man kontrastiv jene berühmte Situation mitbedenkt, auf die der Erzähler hier anspielt. Wohlgemerkt: unausgesprochen. Gemeint ist die kunstvolle Herstellung von Achills Waffenrüstung durch den Schmiedegott Hephaistos, mit der wir es schon im *Ilias*-Abschnitt zu tun hatten. Dem erhabenen Versgesang des Epos wird hier eine entschieden prosaische Antwort zuteil. Ironisch fällt sie aus. Freilich gilt die Ironie des Erzählers nicht minder dem Tun des eigenen dürftigen Helden als dem Tun der antiken Götter und Heroen. Kaum weniger Arbeitszeit, Einfallskraft und fingerfertige Mühe als Hephaistos für sein professionelles Meisterstück – das sich ja hernach dann auch als einmalig kostbar und gebrauchstüchtig erweisen wird – wendet Don Quijote an seinen fragwürdigen Helm. Eine ganze Woche werkelt er daran herum, das fehlende Metall mit Pappdeckel auszugleichen. Danach erprobt er mit zweimaligem Schwerthieb die Widerstandsfähigkeit seines Produkts. Und prompt, schon mit dem ersten Schlag «zerstörte er in einem Augenblick, was er in einer Woche geschaffen hatte».

Bezeichnende Unterschiede fallen dabei auf, gesellschaftliche und psychische. Um Achills Bewaffnung aufzubringen, werden laut *Ilias* drei erlauchte Gestalten beansprucht: der fürstliche Heros selbst, dem sie zugedacht ist; der Schmiedegott höchst persönlich als Hersteller samt seinen rüstigen Gesellen; und Achills halbgöttliche Mutter Thetis als Auftraggeberin, die bei Hephaistos noch eine Dankesschuld gut hat. Ein beachtlicher Aufwand. Er wäre durchaus nicht prinzipiell erforderlich im mythischen Geschehen von Epen. Siehe Herakles, der sich eigenhändig seine gewaltige Keule sowie seinen Schutzpanzer aus Löwenhaut zurechtmacht. Dem Romanheld Don Quijote hingegen ist die Bewaffnung weder so wie jenem Achill noch so wie diesem Herakles beschieden. Dermaßen armselig sind die Umstände seines Alltagslebens, dass er nur in kümmerlicher Heimarbeit sich an dem brüchigen Helm abmühen kann. Ganz allein, als sein eigener Auftraggeber und Auftragempfänger, mit mangelhaftem Können und Material. So spaltet er sich und vereint sich zugleich zum Hersteller und Verbraucher in Personalunion. Dabei müsste eigentlich auch, zwangsläufig, der Standesunterschied schwinden zwischen plebejischem Handwerker und einem adeligen Grundbesitzer, der sich vornehm jeder körperlichen Arbeit entzieht. So weit freilich lässt es Don Quijotes listiges Unbewusstes nicht kommen. Denn Ritterehre bleibt Ritterehre, auch wenn die miesen Verhältnisse sie ihm vorenthalten. Wenn nun also gar – testhalber – die eine, die adelige, Hälfte seiner Personalunion das Arbeitsprodukt der anderen, der plebejischen, Hälfte mit einem einzigen Schwertschlag «zerstört»; wenn also Don Quijote als Verbraucher den Helm allzu sehr verbraucht und dabei dessen Unbrauchbarkeit offenbart: dann bleiben ihm, aus seiner schrägen Sicht, nurmehr zwei Konsequenzen. Erst eine des handwerklichen Tuns, dann eine der adeligen Zeremonie. Erst repariert er den zerstückelten Helm mit neuem Einfall, neuem Material und neuerlicher Geduld. Dann verwandelt er souverän seine vorige Niederlage in Genugtuung, seine angeschlagene Haltung in edle Enthaltung. Huldvoll nachsichtig mit der eigenen Handwerksleistung, verzichtet er auf das Risiko, den ausgebesserten Helm auch diesmal einem vernichtenden Härtetest zu unterziehen:

> und ohne eine neue Probe damit anstellen zu wollen, *erachtete* und *erklärte* er ihn für einen ganz vortrefflichen Turnierhelm. (25 ff.; 21 ff., Hervorhebung V. K.)

Ob mehr oder minder bewusst, der ingeniose Don Quijote erspart sich und dem Helm den bedrohlichen Ritter-Schlag. Stattdessen nobilitiert er flugs das gebrechliche Ding durch hehre Ernennung. Am unpassenden Gegenstand, Ort und historischen Zeitpunkt vollführt er einen feudal bedeutsamen Akt, um sich hinwegzuschwingen über die Schwächen der eigenen Person und Ausrüstung. Ähnlich wird er auch weiterhin verfahren. Draußen, in der gleichfalls ausgenüchterten Welt, wo er dennoch jene Abenteuer erlebt, die er findet, weil er sie sucht. Auch dort wird er seine Haltung und Enthaltung auf das entleerte ritterliche Ritual stützen, um von oben herab sich selbst und den anderen einzureden, die nächste beste Misshelligkeit verlange unverzüglich einen Kampf auf Leben und Tod. Auch dann also «erachtet» und «erklärt» dieser Don Quijote die zweifelhaften Dinge und Vorkommnisse des gewöhnlichen Alltagslebens nicht als das, was sie gemeinerweise sind. Er erhöht sie vielmehr zu dem, was seine lektürepralle Einbildung ihm souffliert.

Litanei der Fleischrationen, mit Nachhall vom Schelmenroman Gewöhnlich ist indes nicht nur das Alltagsleben, das ihn bedrängt und das er verachtet. Auch Don Quijote selber ist es – sieht man ab von seinem

ungewöhnlichen Wahn. Bereits die zitierten Anfangspartien des Buches weisen darauf hin, halb ernst und halb unernst. Zwar verspricht die Überschrift zum ersten Kapitel etwas über «Stand und Lebensweise des *berühmten Junkers* Don Quijote» (Hervorhebung V.K.). Doch schon der folgende Anfangssatz bremst die Erwartung, es gehe um eine herausragende, einzigartige Persönlichkeit von hohem Rang. Nein, so betont der Erzähler schleunigst, um einen Durchschnittler geht es, um einen Dutzendtypus aus der übergroßen Schar von verarmten Landadeligen. Also um einen von «jenen, die einen Speer im Lanzengestell [...], einen hageren Gaul und einen Windhund zum Jagen haben». Allerdings, gleich im nächsten Satz pickt der Erzähler diesen Einen dann doch heraus aus der gesicht- und namenlosen Allgemeinheit jener zahlreichen Hidalgos. Fast unmerklich tut er das, mit syntaktisch schlauem Bedacht. Die Wortfolge im Satz nämlich suggeriert, hier sei noch immer die Rede von sämtlichen Leuten jener Kaste. So lang, bis schließlich im vorletzten Wort dann doch noch ein Zipfel erscheint vom eigentlich gemeinten, ganz bestimmten Junker. Winzig, nur als einsilbiges pronominales Anhängsel zu «*su* hacienda», «seiner Einkunftquelle». Bis dahin müssen die Leser annehmen, die detaillierten Angaben zum kärglichen Wochen-Speiseplan gelten für alle seinesgleichen:

> Eine Schüssel Suppe mit etwas mehr Kuh- und Hammelfleisch darin, die meisten Abende Fleischkuchen aus den Überbleibseln vom Mittag, jämmerliche Knochenreste am Samstag, Linsen am Freitag, ein Täubchen als Zugabe am Sonntag – das verzehrte volle Dreiviertel seiner Einkunftquelle; [...]. (25; 21)

Keineswegs, sie gelten hier und jetzt ganz allein ihm, dem Titelhelden des Buches. Zwar besagen sie etwas über das materielle Drum und Dran von Lebensverhältnissen, die denen seiner vielen ebenso heruntergekommenen Standesgenossen gleichen. Doch Don Quijote, wie wir alsbald erfahren, trotzt diesen gleichartigen Bedingungen einen eigensinnigen, andersartigen Lebensweg ab. Und eben dieser aufbegehrende Kampf gibt seiner Persönlichkeit das unverwechselbare Gepräge. Erst recht der Umstand, dass er ihn nicht milieuintern ausficht, dass er ihn vielmehr hinausträgt in die Welt jedweder gesellschaftlichen Stände.

Zurück zur Litanei der Fleischrationen, die dem Junker, «hager am Leibe», allwöchentlich zustehen. Bezeichnenderweise endet diese Litanei mit besagtem ökonomischen Amen: «... seiner Einkunftquelle». Gut möglich, dass die Leser hier einen Nachklang des Schelmenromans *Lazarillo de Tormes* heraushören, der fünfzig Jahre früher erschienen war. Immerhin gehört dieses Urmodell der entschieden antihöfischen Gattung namens novela picaresca alias Schelmenroman zu den Wegbereitern von Cervantes' ungleich weiter ausgreifendem und tiefer schürfendem Roman. Dort verschlägt es in Toledo den armen, ausgehungerten Lazarillo, der sich als Diener durchbringt, zu einem fast ebenso bedürftigen adeligen Hungerleider. Noch schmerzlicher als sein leerer Magen plagt diesen altkastilischen Hidalgo sein überreiztes Ehrgefühl. Damit man ihn wenigstens außer Haus für vornehm und begütert hält, stolziert er in seinem einzigen sauberen Gewand auf der Straße herum und stochert mit einem Strohhalm zierlich zwischen den Zähnen. Wissen soll ganz Toledo, dass er, der Edelmann, kostbare, sprich fleischhaltige Gerichte zu speisen pflegt.

Sogar in solchen scheinbar nebensächlichen Einzelheiten erweist sich hier die vorläufige, noch unausgewachsene Erzählgattung. Der anonyme Verfasser jenes frühen Schelmenromans belässt es bei einer satirischen Engführung, beim additiven Reigen zeitgenössischer Standesvertreter, vom Bettler über den Kleingewerbetreibenden bis zum hohen Kleriker. Dabei verpasst er jedem von Lazarillos fragwürdigen Dienstherren eine ähnlich treffende Typen-Pointe wie besagte Zahnstocherei des ausgehungerten Hidalgos. Anders der Verfasser des späteren, nun voll ausgewachsenen Romans vom Don Quijote. Er entfaltet komplexere Verhältnisse: im Umgang der erzählten Personen miteinander sowie in ihrem eigenen Inneren, zwischen jeder einzelnen Person und ihren besonderen Lebensumständen. Brisante Wechselwirkungen kommen dabei zum Vorschein, die in früherer Erzählkunst vielleicht vage verspürt, doch kaum erkannt oder gar ernstgenommen wurden. Wechselwirkungen zwischen leiblichen und geistigen Bedürfnissen, zwischen wirtschaftlichen und ideologischen Zwängen. Den Ependichtern der zurückliegenden Epochen konnten sie gar nicht erst ins Blickfeld kommen. Ihre Erfahrungswelt war anders beschaffen.

Erst jetzt, im und seit *Don Quijote*, offenbaren sich solche Wechselwirkungen als belangvoll. Ohne sie bliebe die Welt, die dieser Roman entrollt, ebenso starr wie bruchstückhaft. Aufmerksam also werden sie geschildert und nachhaltig angesprochen; bald wortwörtlich, bald bildlich, bald beides auf einmal. So heißt es metaphorisch von den aufgezählten mägerlichen Speisen, die der Held wochaus wochein zu sich nimmt: sie selber, die er da lustlos verzehrt, «verzehrten [consumían] volle Dreiviertel seiner Einkunftquelle». Don Quijotes Leidenschaft, all das köstliche Lesefutter zu erwerben, das ihm sein sprödes Leben aufputscht, indem es ihm den Geist zugleich benebelt und illuminiert, sie treibt ihn dem wirtschaftlichen Ruin entgegen. Sie verführt ihn dazu, «daß er viele Morgen Ackerland verkaufte, um Ritterbücher anzuschaffen» (22; 26). Niemand fragt dagegen im Epos danach, weder der Rhapsode noch die handelnden Personen: was denn die üppigen Festmähler kosten; wer sie bezahlt und anrichtet; woraus sie bestehen; oder auch, wie denn dem Zyklopen Polyphem der Nahrungswechsel bekommt von seinen selbstgemachten Milchprodukten zum ungewohnten Menschenfleisch. Und schon gar nicht würde dort irgendwer begreifen, wieso denn jemand körperlich sollte darben müssen, um sich geistig laben zu können – so wie jener Junker aus der Mancha.

Befremdlich entfernte Nähe Dass Epos und Roman zweierlei Wege gehen, hat sich an etlichen Zügen des *Don Quijote* gezeigt. Allerdings mehr punktuell als durchgängig. So fragt sich denn, welche Hauptrichtung die beiden Wege einschlagen. Vorab freilich ist nochmals zu betonen und daran zu erinnern: Grundsätzlich vollführt Cervantes samt allen Romanautoren, die ihm fortan gefolgt sind, die gleiche Tätigkeit wie die Ependichter seit Homer. Sie erzählen. Unmittelbar erzählen sie als Autor des Werks, aber auch mittelbar durch all die erdichteten Rhapsoden und anderen Erzähl-Agenten, die sie drinnen im Werk dafür einsetzen. Grundsätzlich also betreiben sie jene facettenreiche Tätigkeit, die ich in den Kapiteln I bis IV dieses Buches an vielerlei Beispielen beschrieben und erörtert habe. Erzählend vergegenwärtigen sie den Hörern und Lesern Geschehnisse, die anderswo und anderswann sich zugetragen haben sollen. Auch im *Don Quijote*, prinzipiell nicht anders als in der *Odyssee*, werden solche Geschehnisse vom Dort ins Hier, vom Damals ins Jetzt herbeigeholt. Kraft suggestiver Beredsamkeit eines vermittelnden Erzählers, der auch im Roman, zumindest bis ins späte 18. Jahrhundert, als verlässlicher Zeuge fürs erzählte Geschehen aufkommt. Er bürgt dafür: Wort für Wort; Satz für Satz; Abschnitt für Abschnitt, heiße der nun versmäßig ‹Gesang› oder prosamäßig ‹Kapitel›. Soweit, so allemal gleich, ob im Epos, im Roman oder auch im Novellen-Zyklus.

Innerhalb der grundsätzlichen Gemeinsamkeit machen sich freilich auch Sondertendenzen geltend, die zum eigenen Profil dieser oder jener Erzählgattung beitragen. Auffällig weichen sie voneinander ab im Korridor zwischen dem Lebensraum der Hörer oder Leser und der Herkunft des erzählten Geschehens. Allemal zwar, im Epos wie im Roman, überführt der Erzähler es aus der Ferne in die Nähe. Doch im einen Fall kommt es anders an als im andern. Im Epos nämlich bewahren die wunderträchtigen Vorkommnisse, auch nachdem der Erzähler sie dem Gesichtskreis der Hörer schon herangenähert hat, noch viel von ihrer fernen Fremdartigkeit. Zwar spielt sich das, was die Helden des Epos treiben und was sie umtreibt, nun lebhaft vor unseren inneren Augen ab. Und es geht uns dabei auch merklich nah. Mithin ist der eigentliche Zweck erzählender Vergegenwärtigung vollauf erreicht. Trotzdem lässt sich, was da erzählt wird, nicht reibungslos unserer Erfahrungswelt eingemeinden. Noch so nah herangeholt, behauptet das Erzählte die strikte Andersartigkeit seiner Herkunft. Andersartig, weil sie die Regeln jener Gegenwelt mitbringt, wo leibhaftige Götter und Zentauren, Sirenen und Harpyen den Menschen beispringen oder ihnen übel mitspielen; wo heroische Großtaten gefordert und vollbracht werden, ungehemmt durch widrige Umstände einer Welt der gemeinen Wahrscheinlichkeiten.

An deren wunderlosen, nur vermeintlich dürftigen und eingeengten Spielraum aber hält sich der Roman. Trotzig und entschieden. Von Cervantes bis heute sieht er in dieser Wahrscheinlichkeitswelt ein unausgeschöpftes, ein immerfort sich erneuerndes, mithin überraschungsreiches Reservoir erzählenswerter Vorkommnisse. Auch und gerade dann, wenn sie so unerheblich scheinen wie Don Quijotes armseliger Speiseplan, wie seine ruinöse Haushaltsführung, wie seine stümperhafte und doch so stolze Bastelei an einer sowieso nutzlos anachronistischen Ritterrüstung. Sobald aber ein derartiger, wider Erwarten gewichtiger Kleinkram die Aufmerksamkeit des Erzählers fesselt, der sie prompt auch in den Lesern wachruft, hat sich zwangsläufig das Verhältnis von Ferne und Nähe radikal verändert. Nichts Fremdartiges wird nun episch heraufbeschworen, um es den Lesern nahe zu bringen, sondern wunderlos Vertrautes. So sehr vertraut und alltagsverhaftet, dass es, aus der Ferne herbeierzählt, Verwunderung erregt. Erstaunen über die paradoxen Spannungen einer befremdlich entfernten Nähe. Erst das Sondergenre der so genannten fantastischen Literatur seit der Romantik wird auch im Roman das Prinzip der Wahrscheinlichkeit auflockern.

Cervantes' Eroberung des Alltags- und Innenlebens Umso aufreizender mussten diese Spannungen dort wirken, wo das lesende Publikum erstmals auf den *Don Quijote* stieß, anno 1605 in Neukastilien. Näher und befremdlicher als irgendwann und irgendwo sonst: ob nun jene ersten Leser – darunter wohlgebildete, die auf Epen eingeübt waren – in der vormaligen Hauptstadt Toledo lebten oder in der neuen Hauptstadt Madrid. Unversehens kommt ihnen auf dem bedruckten Buchpapier ein Held entgegen, fast zeitgenössisch («no ha mucho tiempo») und aus unmittelbarer Nachbarschaft. Denn die Mancha reicht ja an die eine wie die andere Stadt heran. Hervorragen unter den vielen seinesgleichen lassen diesen unscheinbaren Kerl lediglich sein hartnäckiger Irrwitz und seine äußere Aufmachung. Ansonsten nimmt er sich eher unter- als überdurchschnittlich aus: ein sozialer Mischling, teils feudalen, teils kleinbäuerlichen Herkommens; schon über die besten Mannesjahre hinweg mit sichtlichem Haarausfall; auf ebenso dürftigem Klepper einhertrabend. Einer, der die merklichen Beschwerden von Hunger, Kälte, Krankheit wohlgemut überspielt und so erst recht sein angeknackstes Leben an den Tag bringt. Einsam allerdings ist er nicht. Mit ihm, mal dahinter, mal daneben, trabt unzertrennlich der rundlich rustikale Begleiter einher, der langmütig das beträchtliche Aufsehen und geringe Ansehen seines Herrn hinnimmt.

Fürwahr, ein aufreizendes Erscheinungsbild. Es erweitert und verfeinert sich jedoch schon bald für jene zeitgenössischen Leser in Toledo und Madrid, dank Cervantes' um- und scharfsichtigem, aber auch nachsichtigem Erzähler. Gründlich schildert er, übers sichtbare Erscheinungsbild hinaus, das Woher und Wohin, das Warum und Wozu, das Drum und Dran des befremdlichen Paares. Und nicht zuletzt auch das Innendrin dieser beiden Personen, des Don Quijote wie des Sancho Panza. Sehr viel spätere Leser, zumal solche wie wir, die nach unverkennbaren Merkmalen von Romandichtung überhaupt fahnden, können zurückblickend den Sinn und Zweck dieser Paarung sogar noch genauer erfassen als die Zeitgenossen. Erst recht mit literaturgeschichtlich geschärftem Blick. Was stellen sie fest?

Nicht etwa, dass sämtliche Romanautoren, die fortan Cervantes' Gattungsmodell weiterentwickelt haben, nun lauter ähnlich komplementäre Heldenpaare eingesetzt hätten. Beileibe nicht. Sie haben jedoch zusehends den neuartigen Ertrag erkannt, der bei der Zweier-Konfiguration Sancho Panza + Don Quijote herauskommt: das Innenleben von Romanpersonen als einen unverzichtbaren, unerschöpflichen Reichtum, als etwas, das dringend erzählenswert, aber auch durchaus erzählbar ist. Um diesen Reichtum zu schürfen – das zeigt sich im Lauf der weiteren Jahrhunderte –, gibt es auch noch viele andere erzählerische Möglichkeiten als die des Romanpioniers Cervantes. Mit manchen hatten wir schon zu tun: so mit den inneren Monologen in Virginia Woolfs Roman *The Waves*. Und mit manchen andern werden wir alsbald zu tun haben: so mit den Briefen, in denen Werther seine vielerlei Leiden mitteilt.

Gattungspoetischer Ruck dank dem redenden Duo Ritter + Knappe Wie Cervantes auf den ertragreichen Einfall gekommen ist, ein solches Duo in die erzählte Welt zu setzen und es diese Welt selbzweit passieren zu lassen, das muss hier nicht interessieren. Umso interessanter ist etwas anderes: dass und wieso er sich dabei mit ähnlichen Konstruktionen seiner literarischen Zeitgenossen trifft, mit Konstruktionen, die ihrerseits ebenso neuartig wirken. Sie finden sich allerdings nicht in der Erzählkunst, sondern in der Dramatik. Auch dort ermöglichen sie, das bislang achtlos ausgeschlossene Innenleben von handelnden Personen leibhaftig zum Ausdruck zu bringen. Begreiflicherweise geht es dabei ebenfalls um keine mehr oder minder gleichförmigen Gestalten – die hätten ja wenig zu bieten –, vielmehr um unverwechselbar eigenartige Charaktere. Auch dort also, in zeitgenössischen Bühnenstücken, meldet sich heftig das offenbar allgemeine Interesse: am Denken, am Empfinden und Handeln ausgeprägter Individuen sowie an dem, was sie dazu bringt, und wohin sie damit gelangen.

Komödien und erst recht Tragödien von Cervantes' Epochengenossen zeigen deutlich, wie sie darauf aus sind, den dramatischen Spielraum zu erweitern, auch und erst recht ins Innere der dramatischen Hauptpersonen hinein. Einleuchtend und wirksam ist ihre Maßnahme, obwohl sie zunächst paradox erscheinen mag. Geht es doch just um dramatische Individuen, sprich um unteilbare (individuus) Einheiten, die da ausgerechnet dividiert werden in zwei gesonderte Teile. Genauer, man spaltet von der handelnden Hauptperson, fast wie aus Adams Rippe, eine zweite ab, eine Nebenperson, die ihr zugeordnet und zugetan ist. Jemand, der entlockt, was in ihr vorgeht.

In spanischen ‹Mantel und Degen›-Komödien sind es die männlichen graciosos und weiblichen graciosas, altbewährte Spaßmacherfiguren, die bislang eher eigenständig drauflos agierten. Sie werden jetzt dramaturgisch umgepolt und umgewertet. Als Diener ihres Herrn oder als Dienerin ihrer Herrin, oft in erstaunlich enger Kumpanei, rücken

sie auf zu deren wortgewandten intimen Gesprächspartnern. In etlichen Stücken von Lope de Vega, Tirso de Molina, Ruiz de Alarcón gehen sie mit der Hauptperson geradezu freundschaftlich durch Dick und Dünn. Beteiligt sind sie an deren verwegenen Machenschaften, Erfolgen und Niederlagen. Dreist bringen diese graciosos und graciosas die bislang stumm verborgenen Hoffnungen und Befürchtungen ihrer Herrschaften zur Sprache. Nicht zuletzt durch die unwiderstehliche Herausforderung ihrer stets loyalen Unverschämtheiten.

Minder quirlig, aber noch ergiebiger sind die Vertrauten, die confidents, zugange in den maßgeblichen französischen Tragödien der gleichen Epoche. Unverzichtbar, geradezu obligatorisch wirken sie mit am tragischen Geschehen bei Corneille und noch inständiger bei Racine. Ihrerseits beinahe selbstlos, verkörpern sie so etwas wie ein zweites Ich der Hauptpersonen. Seien sie männlich wie Hippolytes innig vertrauter Théramène oder weiblich wie im gleichen Stück die innig vertraute Oenone der Titelheldin Phädra. Hier also, bei Corneille und Racine, wo es durchweg um Tod und Leben geht, benötigt die Hauptperson vollends eine solche unverbrüchliche, truglose Begleitfigur. Vor allem als Widerpart und Gegenstimme in eigener allzu ungewisser Sache. Nur so – von Angesicht zu Angesicht mit sich selbst in anderer Gestalt – kann sie das Für und Wider ihres individuellen Fühlens und Handelns durchsinnen, in allen erdenklichen Richtungen und allen erdenklichen Konsequenzen. Auch hier erschließt sich das eigene Innere überhaupt erst im Redewechsel mit einer derartigen Gegenstimme.

Zurück zum *Don Quijote*. Auf dem Stand der poetischen Anschauungsformen dazumal war es nicht ungewöhnlich, wenn ein Romanheld oder eine Romanheldin von Ereignissen erzählt, die er oder sie vormals selbst erlebt hat und nun im Rückblick bilanziert. Derartiges wäre keineswegs ungewöhnlich. Schon die – allerdings unindividuellen – Hauptfiguren von spätantiken Prosaromanen sind so verfahren, etwa der Titelheld von Apuleius' *Goldenem Esel.* Und zeitgenössisch gehört es sogar zum Grundbestand der diversen spanischen Schelmenromane: vom anonymen *Lazarillo de Tormes* bis hin zu Francisco de Quevedos *Leben des Buscón.* Auch deren Titelhelden, die in erster Person die eigene Vita als äußerliche Ereignisfolge aufrollen, lassen keinen ausgeprägten Charakter erkennen. Weder im erzählenden Jetzt noch im erzählten Einst. Auf diesem Stand der poetischen Anschauungsformen also wäre es unvorstellbar gewesen: dass ein individueller Jemand wie Don Quijote erzählend sich selbst beäugt und begrübelt, indem er sein eigenes Inneres sondiert; dass er fort und fort keine Vergangenheiten vergegenwärtigt, sondern das, was gegenwärtig sich in ihm und um ihn herum abspielt. Hierzu bedarf es der erfinderischen Neukonstruktion von Cervantes, jener unzertrennlichen Partnerschaft mit Sancho Panza, der so beharrlich nachfragt. Sie löst dem Helden die Zunge, um auch seine inneren Stimmen laut werden zu lassen. So kommt es zur Entbindung des individuellen Romanhelden im fortschreitenden und vorwärtsreitenden Dialog, samt ebenso beredten Ruhepausen.

Fort vom Epos: Quijotes Wahn contra Orlandos Furor Spätestens am Ende des erzählten Geschehens hat sich der Eindruck einer nachgerade umgekehrten Gattungstendenz erhärtet. Dieser Roman vom Don Quijote – nach wie vor episch im weitesten Sinne – steuert die Impulse des eigentlichen Epos in die Gegenrichtung. Nicht der Held wird mobilisiert, um eine vielfältige, reichhaltige Welt in all ihrer Weite aufzuwirbeln, damit sie als Ereignisfolge erzählbar wird. Stattdessen wird die Welt mobilisiert, um einen vielfältig empfindsamen, einfallsreichen Helden in all seiner obsessiven Verengung aufzuwirbeln, damit er als handelndes Individuum erzählbar wird. Und dann? Wovon wird dann erzählt? Pauschal, für diesen Roman und für alle weiteren seinesgleichen gesagt: erzählt wird davon, dass ein solcher individueller Held handelt, indem er wieder und wieder an einer solchen Welt sich reibt. Denn so nur kann er innewerden, wer er und wie sie ist; aber auch, woran es ihm und woran es ihr mangelt.

Angedeutet ist damit die Grundtendenz des Romans überhaupt, so wie sie sich schon hier in Cervantes' bahnbrechendem Werk abzeichnet. Minder schematisch lässt sie sich erkennen, wiederum konträr zum Epos, sobald man das A und O des *Don Quijote* noch einmal eigens unter die Lupe nimmt. Am besten, indem man den romanhaften Wahnsinn des Titelhelden vergleicht mit der epischen Raserei von

Ariosts Orlando. Nicht etwa psychopathologisch, sondern poetisch. Nahe liegt dieser Vergleich, weil in beiden Werken die Geistesstörung zum eigentlichen Movens des erzählten Geschehens gehört. Aufschlussreich sind dabei nicht nur Art und Anlass, Ausmaß und Verlauf des Wahnsinns. Aufschlussreich ist erst recht, welche Bedeutung ihm jeweils zukommt in der Gesamtkonstruktion des einen und des anderen Werks.

Akut tritt der Wahnsinn im *Orlando furioso* auf. Lebensgefährlich für alle, die dem Tobenden in Reichweite geraten, aber eben nur befristet. So unversehens Orlandos Raserei ausbricht, so unversehens bricht sie nach einer Weile auch wieder ab. Von ihrem jähen Anlass und Ende, auch von der mechanischen Leib-Seele-Motorik der epischen Helden war oben im Epos-Kapitel schon die Rede. Beim Vergleich mit Don Quijotes Wahnsinn fallen indes noch weitere gattungsspezifische Momente auf. Besinnungslos, also unwillentlich, stürzt Ariosts ranghöchster Held hinab aus dem Rahmen jenes Idealbilds vom Rittertum, auf das alle Helden eingeschworen sind, die in diesem Epos kämpfen und minnen. Nicht einmal der ironische Erzähler stellt es ernsthaft in Frage. Trotzdem ist für Orlando der Absturz vom ruhmreichen Ritter zum tollwütigen Untermenschen nicht viel mehr als ein Interim. Und sein Dichter räumt diesem Ereignis auch nicht allzu viele seiner zahlreichen Gesänge ein. Obwohl es den Titel des Epos prägt und Orlandos ritterliche Laufbahn empfindlich erschüttert, erscheint es als eine bedeutsame und eindrucksvolle, aber eben nicht dauerhaft nachhaltige Affäre. Also keineswegs als ein Ereignis, auf das die vorausgegangenen Ereignisse zügig hinauslaufen, und aus dem die folgenden dann schlüssig hervorgehen. Sobald vorbei, lässt der Held es schadlos, restlos und fast folgenlos hinter sich zurück.

Umgekehrt steht es mit Don Quijote. Bei voller Besinnung, geradezu planvoll strengt er sich an, einzudringen in jenen erhabenen Rahmen, um selber darin das ritterliche Idealbild leibhaftig zu verkörpern. Nur: es gibt weit und breit in der Mancha kaum jemanden sonst, der dieses Idealbild kennt oder gar ernst nähme. Gleichwohl strebt der kühne Hidalgo unentwegt danach, in immer neuen Anläufen. Bei ihm also tritt der Wahnsinn chronisch auf. Schon in der Vorgeschichte hat er sich allmählich herausgebildet. Schrittweise ist das geschehen und kumulativ, Buch auf Buch auf Buch, das der Held verschlungen und falsch verdaut hat. Dieser chronische Wahn beherrscht ihn all die Jahre, Wegstrecken und Aufenthaltsorte seiner weltverbessernden Abenteurerei im ersten Buch des Romans wie im zweiten wie im zehnjährigen Intervall dazwischen. Erst am Ende des erzählten Geschehens – und damit auch am Lebensende des Helden – klärt sich sein Verstand. Jetzt erst schwört er dem fahrenden Rittertum ab, nicht aber dem menschenfreundlichen Edelmut, der seinen Wahnsinn immerfort beflügelt hat.

Unverzichtbar für die Konstruktion des neuartigen Romans ist die lebhafte, mannigfaltige und zugleich unsymmetrische Wechselwirkung zwischen Held und gesellschaftlicher Umwelt. Wie nicht anders zu erwarten, zieht Don Quijotes wahnvolles Treiben alle Leute, deren Lebenswege er kreuzt, in Mitleidenschaft. Allerdings mal mehr, mal minder leidenschaftlich. In der Vielfalt von Temperamenten und Charakteren, von sozialen Ständen und Berufsgruppen, die ringsum auf diesen zugleich wütigen und gütigen Störenfried reagieren, gewinnt das besagte gewöhnliche Alltagsleben erzählbare Stimme, Farbe, Bewegung. Es bleibt kein anonymes und gesichtsloses Allgemeines. Ob diese Leute wollen oder nicht, beim Zusammenstoß mit dem anachronistischen Ritter, der sie so wortreich mit seinem Un- und Hintersinn anficht, müssen sie irgendwie Farbe bekommen. Zeigen müssen sie: wie sie einen derart ingeniosen Irren verkraften; und wie sie selber stehen zu den Missständen der Welt, gegen die er so unermüdlich ins Feld zieht. Rechtens, obwohl blindlings und geblendet.

Ob es sich um eine oder um mehrere Personen handelt, von nun an bleibt erzähltes Innenleben eine Domäne des Romans – selbstverständlich in stetem Widerspiel mit der Lebenswelt drumherum. Gelten doch auch literarisch erfundene Personen grundsätzlich als Lebe-Wesen, also allemal im Austausch mit dem, was sie natürlich und gesellschaftlich umgibt.

Auch wer nur einige Romane herausgreift unter den unzähligen seit Cervantes' initialem Werk, so wie ich hier, staunt immer wieder über den Erfindungsreichtum derer, die sich jener Domäne annehmen. Also all der Dichter verschiedener Epochen und Literaturen, die sich da je und je an die inneren Regungen ihrer erdichteten Gestalten heranmachen. Und nicht nur sie, als eigentliche Autoren der Romane, sondern auch ihre bevollmächtigten werkinternen Erzählinstanzen, die sie dabei einsetzen. Bald geschieht es frontal, bald hinterrücks; bald ruppig, bald zartfühlend; bald pointiert authentizitätsbeflissen, bald mit leichtfertig verspielter Glaubwürdigkeit. Dass auch hier prinzipiell epische Vielfalt herrscht, diesmal Vielfalt des Zugriffs auf die handelnden Personen, das war schon jenen Romanen anzumerken, die in vorausgegangenen Kapiteln erörtert wurden, unter ganz anderen Gesichtspunkten. Man denke an so unterschiedliche Werke wie Strindbergs *Röda rummet* und Eichendorffs *Ahnung und Gegenwart*, Dickens *Little Dorrit* und Guimarães Rosas *Grande Certão*, Alarcóns *El escándalo* und Twains *Huckleberry Finn*. Auch sie wären als Romane unweigerlich danebengegangen, hätten ihre Autoren, nach Art der Ependichter, das Innenleben ihrer erzählten Personen für belanglos erachtet.

ENTLADUNGEN DES INNEREN ÜBERDRUCKS: GOETHES *WERTHER*

Keineswegs danebengegangen, vielmehr mitten hinein ins Innerste, dorthin, wo der Titelheld überschwänglich fühlt und denkt, ist Goethes Roman *Die Leiden des jungen Werthers* (1774). Anderthalb Jahrhunderte nach *Don Quijote* erschienen, hat dieses Buch eine ähnlich prompte und starke Wirkung ausgeübt, ebenfalls weit über die Sprachgrenzen seiner Herkunft hinaus. Bis zum frühen zwanzigsten Jahrhundert war es der einzige deutschsprachige Roman, den die lesende Welt sich umstandslos und dauerhaft als ein Stück Weltliteratur angeeignet hat.

Wie viel schon der Titel verrät Gäbe es indes unbefangene Leser, die nie etwas gehört haben von diesem berühmten Buch, sie könnten dem Titel zufolge vorerst vermuten, es handle sich auch hier um einen ähnlichen Fall oder doch um einen ähnlichen Typus von Roman wie bei *Don Quijote*. Immerhin erscheint abermals eine Einzelperson mit ihrem Eigennamen an der Spitze, abermals eine, die, wie sich alsbald erweist, den Mittelpunkt des Gesamtgeschehens beansprucht. Nicht genug damit. Auch dieser Werther führt das exzentrische Leben eines unangepassten Außenseiters, der, wie schon Don Quijote, zweifach zu leiden hat: unter den überspannten Ansprüchen, die er an sich selber stellt, und vollends unter den Reaktionen seiner Umgebung, die wenig Verständnis für sein seltsames Treiben aufbringt.

Markanter sind jedoch die Unterschiede, die zwischen dem einen und dem anderen Fall wie die zwischen dem einen und dem anderen Romantypus. Auch sie klingen schon im Titel an. Auffällig setzt er sich ab von jenem des *Don Quijote*, aber auch von jenen der maßgeblichen, vielgelesenen Romane im 18. Jahrhundert. Letztere stellen fast ausnahmslos einen kompletten Lebenslauf ihrer Hauptpersonen in

Aussicht. Geradezu formelhaft, als gehöre es sich so und nicht anders: Pierre de Marivaux' *La Vie de Marianne* (1731 ff.), Alain-René Lesages *Histoire de Gil Blas* (1715), Henry Fieldings *The History of Tom Jones* (1749), Tobias George Smolletts *The Adventures of Roderick Random* (1748), Laurence Sternes *The Life and Opinions of Tristram Shandy, Gentleman* (1759 ff.). Vollständigkeit wird da versprochen und fast immer auch eingehalten. Nicht so bei Goethe. Er kündigt keine derart uneingeschränkte Vita an, sondern nichts als den *jungen* Werther. Also nur einen besonderen, herausgesonderten Lebensabschnitt des Helden. Ob nun dieser dezidiert begrenzte Abschnitt auch so zu begreifen sei, dass Werther schon in jungen Jahren das eigene Leben gewaltsam abschneidet, bleibt dem Argwohn der einzelnen Leser vorbehalten.

Fraglos dagegen wird etwas anderes im Vorhinein pointiert: die Leiden. Allein auf sie soll sich die Aufmerksamkeit richten. Der Romantitel kürt sie sogar zum grammatischen Subjekt und erklärt sie somit zum eigentlichen Objekt, von dem fortan die Rede sei. Fast entsteht der Eindruck, der Held selber sei nicht viel mehr als ein genitivisches Attribut seiner Leiden. Jedenfalls darf man sich darauf gefasst machen, dass besagter Werther wohl kaum etwas zu lachen findet. Zumindest nichts Nennenswertes, das seinen Leiden Paroli bieten könnte. Und noch etwas weiteres zeigt der Titel an. Dem jungen Mann kommt offenbar kein besonderer gesellschaftlicher Rang zu, so wie jenem «Hidalgo Don Quijote» oder dem «Gentleman» Tristram Shandy, aber auch kein intimer Vorname so wie Fieldings *Joseph Andrews* (1742) oder Samuel Richardsons *Clarissa* (1747/48). Karg benennt der bürgerliche Familienname eine Person, die weder öffentlich noch intim eine hervorragende Rolle spielt. So steht sie schon im Voraus an und für sich alleine da, losgelöst von familiären, beruflichen und gesellschaftlichen Bindungen. Und just so wird hernach auch Werther fast allenthalben sich empfinden und gebärden: als einer, der immer wieder Anläufe nimmt, die eingespielten Verkehrsformen der bürgerlichen, dann auch der adeligen Kreise zu begreifen oder gar sich darin gehörig zu bewegen. Zwiespältig genug, weil zugleich halbherzig und aus übervollem Herzen. So lang und vergebens, bis er schließlich gewaltsam sich selbst herausreißt aus dem Verkehr aller Lebenden. Vielleicht, um seine «Leiden» unheilbar zu verewigen und die Jugend des «jungen Werthers» auf immer zu bewahren.

Kein eingreifender, ein selbstbezogener Held Was passiert nun in diesem so vielsinnig übertitelten Roman? In einem Brief hat der Autor Goethe das epische Geschehen rigoros zusammengefasst. Beinah zu einem fleischlosen Knochengerüst: in einem einzigen Satz, der freilich aus allen syntaktischen Rippen platzt. Es handle sich um einen Roman,

> darin ich einen jungen Menschen darstelle, der mit einer tiefen reinen Empfindung und wahrer Penetration [Scharfsinn] begabt, sich in schwärmende Träume verliert, sich durch Spekulation [tiefsinniges Grübeln] untergräbt, bis er zuletzt durch dazutretende unglückliche Leidenschaften, besonders eine endlose Liebe zerrüttet, sich eine Kugel vor den Kopf schießt. (Brief an G. F. E. Schönborn, 1. Juni 1774)

Diese raffende Bilanz trifft gleichwohl ziemlich genau das, was im Roman auf andere Weise und aus anderer Sicht erzählt wird. Zumal das Ungleichgewicht zwischen äußeren und inneren Vorkommnissen dem Lese-Eindruck entspricht. Außer der tödlichen Kugel am Schluss werden keine handfesten Begebenheiten erwähnt. Stattdessen ist von Charakterzügen die Rede, von Gedankengängen, von Gemütsregungen und Eigenheiten des Wertherschen Temperaments. Sprachlich und thematisch hervorgehoben wird eine ausgeprägt reflexive Neigung jenes «jungen Menschen». Reflexiv, rückbezüglich auf die eigene Person sinnt und empfindet er in jeder Lebenslage. Ein Romanheld also, der nicht transitiv ausgreift, der vielmehr, laut Autor, *sich* in Träumen verliert, *sich* durch Grübeleien untergräbt, bis er *sich* eine Kugel vor den Kopf schießt.

Sobald man sich hineingelesen hat in den Roman, wird man die Bilanz des Autors bestätigt finden. Zugleich kann man im rastlos reflexiven und reflektierenden Werther einen strikten Gegentypus zu den Helden der Epen erkennen. Während sie die weite, vielfältige, unwegsame Welt durchmessen, tatkräftig aufwirbeln und abenteuerlich vereinnahmen, durchmisst er den eigenen Innenraum, um bald schmerzhaft, bald freudig all das auszukosten, was die Außenwelt ihm beschert. Werthers Bewegungsradius draußen ist begrenzt. Schauplätze sind zwei kleinere Orte samt ländlicher Umgebung, dazu eine Residenzstadt nicht fern davon. Erst recht knapp bemessen wirkt die Zeitspanne seiner Erlebnisse, von denen berichtet wird. Sie umfasst wenig mehr als ein Jahr, in dessen Verlauf die heftig geliebte Lotte sich mit dem lang schon anverlobten zuverlässigen Albert verehelicht.

Ob nun Werther, beinah entspannt, sich wohl fühlt angesichts der Kinderschar einer jungen Frau, die sie herzhaft versorgt; ob er verzückt mit Lotte einen munteren Hausball durchtanzt, gipfelnd im Ausbruch eines gewaltigen Gewitters, das ihnen, beiderseits innerlich aufgewühlt, das gemeinsame Losungswort «Klopstock» auf die Lippen bringt; ob er gedemütigt und angewidert den Salon der Adelsclique verlässt, die ihn, den Unstandesgemäßen, dünkelhaft in die Schranken weist; ob er, «seinen» Homer bei sich und in sich, eine Idylle des dörflichen Lebens genießt; ob er – den *Ossian* im Sinn, den er heißblütig übersetzt – die sturmgepeitschte und wild überschwemmte Landschaft durchtaumelt: alles, bis hin zu den tödlichen Pistolen, die er sich just von Albert ausleiht, zielt letztlich auf ihn selbst. Auf die Erregungen, die jene Personen, Ereignisse und Dinge da draußen heftig hervorrufen in Werthers geräumigem Innern.

Roman in Briefen, quasi partnerlos Um poetisch zu Papier zu bringen, was hier insgesamt geschieht, könnte nichts geeigneter sein als eine damals noch neue, ungemein geschätzte Erzählform, die Goethe aufgreift und einfallsreich abwandelt. Der Briefroman ist es. Empfohlen hat er sich als besonders heikle poetische Verlautbarung. Seinen Reiz verdankt er einem scheinbaren Tabu-Bruch, dem des Briefgeheimnisses. Mindestens so uralt ist es wie jenes verschlossene Schreiben, durch das einstmals König David den lästigen Uria, den Gatten der begehrten Bathseba, wirksam aus dem Weg räumte. Adressiert an den Heerführer Joab, befehlen die königlichen Zeilen, man möge den Überbringer im Kampfgetümmel den Tod finden lassen. Was denn auch unverzüglich geschieht. Fest kann der Absender damit rechnen, dass der ahnungslose Uria das Briefgeheimnis hüten wird, also von seinem Todesurteil nichts weiß. Und so bleibt es auch fernerhin in den kommenden Jahrtausenden. Selbst dort, wo es nicht um Tod und Leben geht, beansprucht jeder persönliche Brief, mit oder ohne Siegel, strengste Vertraulichkeit.

Für keine fremden Augen, allein für die des Absenders und des Empfängers ist bestimmt, was da geschrieben steht. Ob es sich um einen einzelnen Brief handelt oder um den Briefwechsel mehrerer Personen, immer bleibt die Öffentlichkeit strikt ausgeschlossen. Umso delikater musste jene neuartige Romanform wirken, die besonders Samuel Richardson und Jean-Jaques Rousseau in Umlauf brachten. Fiktional gibt sie vor, solchen Austausch vertraulicher Mitteilungen ausgerechnet als Buch zu veröffentlichen. Unverhohlen also nutzt sie den Kredit zeugen- und hemmungsloser Geständnisse, um diesem

Leser oder jener Leserin die Rolle eines eigentlich unerlaubten Mitwissers zuzuspielen. Eines insgeheimen Dritten, dem verschwiegenste Seelenregungen schutzlos sich preisgeben.

Goethes Roman nun intensiviert noch den Anschein solcher intimen Mitwisserschaft. Durch einen erfundenen namenlosen Herausgeber von Werthers schriftlichem Nachlass lässt er dessen Briefe auswählen, reihen und straffen. Auf eine Weise, die uns Leser noch näher an den Schreiber heranholt, näher als bislang im Briefroman üblich. Eh wir uns versehen, sind wir noch mehr als nur unberufene Dritte.

Wir avancieren, beinahe, zu berufenen Zweiten. Dank einem erfinderischen Kunstgriff. Den Freund Wilhelm nämlich, an den Werther fast all seine Briefe gerichtet hat, ihn als erwidernden Korrespondenten, lässt Goethe überhaupt nicht zu Wort kommen. Wilhelms offenbar teilnahmsvolle, aber eher betuliche Reaktionen sind nur mittelbar herauszulesen aus den Reaktionen des schreibenden Titelhelden. So kommt es immer wieder dazu, dass jeder einzelne Leser, gleich welchen Geschlechts, sich selbst emphatisch angeschrieben fühlt durch das «Du» des bekenntnissüchtigen, um Einklang buhlenden Werther.

Von vornherein entsteht dieser Eindruck durch den appellierenden Auftakt des namenlosen Herausgebers. Inständig, geradezu missionarisch legt er den Lesern des Romans den «armen Werther» warmherzig ans warme Herz. Dabei redet er sie – auch er schon frontal – in zweiter, freilich pluralischer Person an. Zum «ihr» und «euch» macht er die Romanleserschaft, als spräche er zu einer Gemeinde von Gleichgesinnten. Und im zweiten, noch nachdrücklicheren Absatz seiner Vorrede wechselt er dann gar von der angesprochenen Mehrzahl zur Einzahl über. Unversehens greift er ein vereinsamtes «Du» heraus, das sich vergeblich nach einem seelenverwandten Freund sehne. Und just diesen verwaisten Platz, so meint der Herausgeber, könnte sehr wohl, via Buch, der vollends einsame Romanheld einnehmen. Ob er, vielleicht ebenso reflexiv geartet wie sein «armer Werther», mit der angesprochenen guten Seele womöglich gar sich selbst adressiert, stehe dahin. Falls ja, täte es seinem ohnehin seelenfängerischen Unternehmen keinen Abbruch:

> Was ich von der Geschichte des armen Werthers nur habe auffinden können, habe ich mit Fleiß gesammelt und leg es euch hier vor und weiß, daß ihr mirs danken werdet. Ihr könnt seinem Geist und seinem Charakter eure Bewunderung und Liebe und seinem Schicksale eure Tränen nicht versagen.

> Und du, gute Seele, die du eben den Drang fühlst wie er, schöpfe Trost aus seinem Leiden und laß das Büchlein deinen Freund sein, wenn du aus Geschick oder aus eigner Schuld keinen nähern finden kannst. (8)

Mag er noch so gefühlvoll erklingen, dieser Auftakt stellt auch die Erzählverhältnisse klar. Unumwunden, so scheint es. Deutlich verteilt und eingekleidet werden die Rollen des epischen Trios: wer da wem was zu erzählen hat. Als Herausgeber gibt sich der Erzähler aus, der den angesprochenen Lesern all das darzubieten verspricht, was er eifrig gesammelt habe. Soweit auffindbar, seien es die wesentlichen Partien der Geschichte jenes «armen Werthers», dessen beklagenswertes Schicksal das nachhaltige Mitleiden der Leserschaft erheische. Wie bei jeglichem Erzählen wird also auch hier etwas vergegenwärtigt, das zurückliegt, das anderswann und anderswo bereits geschehen ist. Nur so nämlich kann, wie er es selbst nennt, von einer «Geschichte» die Rede sein, die, inzwischen zu Ende gegangen, bestimmte Lebenszeugnisse hinterlassen hat.

Mehr hinter- als vordergründig waltet der Erzähler Dergestalt bekennt sich dieser Auftakt vorbehaltlos zum Grundprinzip von Erzählen, ob im alten Epos oder im neuen Roman oder im alltäglichen Wirtshaus. Allerdings, es wird nur selten im Vorhinein derart ausdrücklich und trügerisch offengelegt wie hier im *Werther.* Und darin besteht der verfängliche Kniff von Goethes Romankonstruktion. Je übersichtlicher die Erzählverhältnisse erscheinen, die hier herbeigegaukelt werden, desto verwirrender für die Leser, die sofort in einen beunruhigenden Zwiespalt geraten: zwischen dem fraglos inchoativen Akt des Erzählbeginns und dem fragwürdigen resultativen Zustand von all dem, was da sogleich zu erzählen sein wird. Hat doch die Vorrede betont, jene unheilvolle Geschichte des Werther liege schon zurück. Also nunmehr unbeeinflussbar, unwiderruflich, irreparabel.

Und dann, so will es die Romankonstruktion, bricht plötzlich die Gegenwart herein. Erschreckend drängt sich besagter Zwiespalt den Lesern auf. Hilflos fühlen sie sich alleingelassen vom eben noch so zuwendungsbeflissenen Erzähler, gerade jetzt, da ihnen Werthers eigene Worte zustoßen. Unvermittelt dringen sie ihnen ins Gehör, als würde der Romanheld seine Äußerungen eigens ihnen, den Lesern, zurufen. Lebhafte, schwungvolle, atemstarke Sätze sind es, die jener zu Papier gebracht hat, der sich doch schon längst nicht mehr regt. Und das in einem kraftvollen Präsens, das nichts weiß vom epischen Rückblick auf hinterlassene und gesammelte Schriftstücke:

> Am 4. Mai 1771
>
> Wie froh bin ich, daß ich weg bin! Bester Freund, was ist das Herz des Menschen! Dich zu verlassen, den ich so liebe, von dem ich unzertrennlich war. Ich weiß, du verzeihst mirs. (9)

Manche zeitgenössischen Leser von 1774 werden gewiss aufgemerkt haben beim veralteten brieflichen Datum. Gleichwohl waren auch sie
378 Werthers unmittelbarem Aus- und Anruf ausgesetzt. Jede und jeder von ihnen, so wie all die späteren Leser auch, konnte sich persönlich als «Bester Freund» begreifen. Als das angesprochene Dich und Du, das der frohlockende Werther hat verlassen müssen. Denn die List des Romans, samt dem verschwundenen Erzähler, sie sorgen dafür, dass der Name des angeschriebenen Freundes Wilhelm nicht allzu bald fällt; weder in diesem ersten Schreiben noch in den beiden folgenden. Mithin richtet sich das unbesetzte Du einer innigen Partnerschaft einladend an jeglichen Leser, dem danach zumute ist.

Vollends dem Romanhelden, der hier aus Briefen aufersteht, spielt das planvoll zwiespältige Erzählen bedenklich mit. Mehrsinnig – und dabei über seinen Kopf hinweg – wirkt schon Werthers allererster Ausruf: «Wie froh bin ich, daß ich weg bin!» Aufhorchen lässt das seltsame Staccato aus lauter einsilbigen Worten. Dabei besagt der Satz mehr und anderes als nur das, was Werther dem angeschriebenen Briefpartner mitteilen will. Durchblicken lässt er einen zweifachen Mehrwert: einerseits subjektiv psychologisch, andrerseits objektiv ironisch. Unbewusst nämlich entpuppt sich der Schreiber schon hier als derjenige, den später erst nach und nach die vielerlei erzählten Lebenslagen zu erkennen geben. Als sprunghaft Unsteter, der von Mal zu Mal begehrlich den Ort hinter sich lässt, wo er zuletzt sich aufgehalten hat.

Zugleich schwingt, im selben Ausruf, objektive Ironie mit. Sie kommt insgeheim aus dem Blickwinkel des mehrwissenden Erzählers, der sich offiziell ja schon gänzlich zurückgezogen hat. Zumindest so lang, bis es ohne ihn nicht weiter geht: bricht doch mit Werthers leidvollem Leben auch Werthers Briefwechsel ab, unvermeidlich. Von dort her blinzelt die objektive Ironie. Eingestimmt durch des Erzählers anrührende Vorrede aufs Schicksal des beweinenswerten Romanhelden, können die Leser sehr wohl noch etwas anderes heraushören aus Werthers Ausruf. Anderes als nur harmlose Freude über einen geographischen Ortswechsel. Etwa: den Stoßseufzer makabrer Genugtuung, dass er sich so schön endgültig aus dem Weg geräumt hat. Dann wäre der allererste Ausruf, der den ersten Brief eröffnet – und mit ihm den ganzen Roman –, nachgerade eine launische Ansichtskarte aus dem Jenseits.

Aufruhr der Seele wie der Natur Solche Ironie freilich ist dem Romanhelden selber gänzlich fremd. Zumal ist es jetzt am Datum des 4. Mai 1771 noch viel zu früh für den Gedanken an Suizid, mit dem er erst später bisweilen spielt, ehe er ihn schließlich ausführt. Vorläufig also weiß seine sonst so beredte unverschwiegene Briefschaft davon noch nichts. Allmählich jedoch, je mehr sein überspanntes Gebaren auf die Katastrophe hinsteuert, wächst in ihm ein anderer Drang: draußen in der Natur jenem Überschwang an Energie nahe zu kommen, der ihm auch im eigenen Inneren anschwillt, ohne sich entladen zu können. So erlebt Werther als Faszinosum die gewaltige Überschwellung einer zuvor eher friedlichen Landschaft. Sie wirkt als begeisternder Gegenimpuls zu jenem Bild, das immer mehr ihm den Sinn und die Sinne beschlagnahmt hat: das Bild vom beklemmenden, einkerkernden Mauerwerk.

Der tosenden Wasserflut aber fühlt er sich anverwandt. Ihm ist, als steige und falle sie, wie bei kommunizierenden Gefäßen, mit dem Auf und Ab seiner inneren Wallungen.

> Gestern Nacht mußt ich hinaus. Ich hatte noch abends gehört, der Fluß sei übergetreten und die Bäche all, und von Wahlheim herunter all mein liebes Tal überschwemmt. Nachts nach eilf rannt ich hinaus. Ein fürchterliches Schauspiel. Vom Fels herunter die wühlenden Fluten in dem Mondlichte wirbeln zu sehen, über Äcker und Wiesen und Hecken und alles, und das weite Tal hinauf und hinab eine stürmende See im Sausen des Windes. Und wenn denn der Mond wieder hervortrat und über der schwarzen Wolke ruhte, und vor mir hinaus die Flut in fürchterlich herrlichen Wiederschein rollte und klang, da überfiel mich ein Schauer, und wieder ein Sehnen! Ach! Mit offenen Armen stand ich gegen den Abgrund, und atmete hinab! hinab, und verlor mich in der Wonne, all meine Qualen, all mein Leiden da hinabzustürmen, dahinzubrausen wie die Wellen. O! Und den Fuß vom Boden zu heben, vermochtest du nicht und alle Qualen zu enden! – Meine Uhr ist noch nicht ausgelaufen – ich fühls! O Wilhelm, wie gern hätt ich all mein Menschsein drum gegeben, mit jenem Sturmwinde die Wolken zu zerreissen, die Fluten zu fassen. Ha! Und wird nicht vielleicht dem Eingekerkerten einmal diese Wonne zu Teil! (101)

Aber seine «Uhr ist noch nicht ausgelaufen». Wer auch immer sie ihm gestellt hat: Werther widerstrebt dem Sog der wirbelnden Fluten. Offenbar ist ihm nicht nur die eingekerkerte Klassengesellschaft abhold und zuwider, sondern auch die unbändige Natur – mag er sie noch so sehr feiern in seinen Nachdichtungen der heidesturmwinddurchtobten *Ossian*-Gesänge. Jedenfalls versagt ihm die objektive Ironie seines Schicksals sogar noch einen halbwegs erhabenen Tod. Stattdessen verurteilt sie ihn zu kleinlicher Größe, zum linkischen Griff nach naturwidrig technischen Schusswaffen. Ausgerechnet nach jenen Pistolen,

die er – in Abwesenheit des Eigners – ausgerechnet dem bürgerlichen Besitzstand seines redlichen Rivalen Albert entleiht.

Werthers langsames Ausleiden An deren Zuverlässigkeit liegt es gewiss nicht, wenn Werther mit ihnen weder ganze noch saubere Arbeit macht. Erst sechs Stunden nach dem Schuss findet ihn, der immer noch lebt, der Medikus:

> an der Erde ohne Rettung, der Puls schlug, die Glieder waren alle gelähmt; über dem rechten Auge hatte er sich durch den Kopf geschossen, das Gehirn war herausgetrieben. Man ließ ihm zum Überflusse eine Ader am Arme, das Blut lief, er holte noch immer Atem. (129)

Schon zuvor hat der lang verborgene Herausgeber und Erzähler das Wort an sich selbst übergeben. Und er behält es bis zum Schluss des Romans. Allerdings nicht ganz so nüchtern wie in der zitierten Schilderung, vielmehr in einem gefassten und getragenen Tonfall, der merklich die innere Rührung unterdrückt:

> Um zwölfe mittags starb er. Die Gegenwart des Amtmanns und seine Anstalten tischten [beschwichtigten] einen Auflauf. Nachts gegen elfe ließ er ihn an die Stätte begraben, die er sich erwählt hatte; der Alte folgte der Leiche und die Söhne. Albert vermochts nicht. Man fürchtete für Lottes Leben. Handwerker trugen ihn. Kein Geistlicher hat ihn begleitet. (130)

Bemerkenswert ist die Art, Zahl und Abfolge dieser sprunghaften Mitteilungen. Die staccatierten acht Einsilber von Werthers erstem brieflichem Lebenszeichen – «Wie froh bin ich, daß ich weg bin!» –, sie erweitern sich hier zu acht ähnlich vereinzelten, ähnlich lapidaren Kurzsätzen, denen jedes verbindliche Legato fehlt. Zugleich ist der Anspruch jener Vorrede restlos verklungen, in flehentlichem Tremolo die angesprochenen Leser zu einer Gefühlsgemeinde zu vereinen.

Nicht minder stimulierend als *Don Quijote* hat auch *Werther* eingewirkt auf den Fortgang der europäischen Romanliteratur. Gleichfalls bleibende narrative Neuerungen machen sich geltend, diesmal freilich in anderer Hinsicht. Vor allem dort: wo der Romanheld, die Außenwelt durchfühlend, selber sein Innenleben hervorerzählt; und zwar so spontan, ungegängelt und rückhaltlos wie nie zuvor. Auch dort: wo der Erzähler, als Herausgeber amtierend, planvoll verschwindet und wieder auftaucht; wo er souverän ein reiches Register von Umgangsformen beherrscht, missionarische wie ironische, sachliche wie verhalten pathetische. Aber auch dort: wo der Autor Goethe, kühner als in seinen künftigen Romanen, widerstreitende Blickrichtungen auf die Welt gegeneinander ausspielt samt widerstreitenden Tonarten, sie anzusprechen: diejenige des überlegenen Erzählers, diejenige des schwärmerisch ich-süchtigen Werther; ja sogar diejenige von Lotte und Albert, so wie sie in Werthers Briefen sich irgend verlautbaren, gebrochen durch dessen persönliche Sicht und Stimmlage. Weniger thematische Neuerungen sind es als kompositorische und sprachstilistische des Erzählens. Mag auch ihre Herkunft vom *Werther* schon lang nicht mehr vermerkt werden, so haben sie doch deutlich nachgewirkt in späteren, ihrerseits neuerungsfreudigen Werken von so unterschiedlichen Romanautoren wie Fjodor M. Dostojewski und Henry James, Wilhelm Raabe und Clarín, André Gide und Carson Mc Cullers.

PLUS ULTRA: NACH-LEBENS-ROMANE

Werther wird bestattet. So endet Goethes Roman. Und Cervantes' letztes Kapitel ist überschrieben: «Wie Don Quijote krank wurde, sein Testament machte und starb.» Endgültiger – so mag man meinen – kann ein Roman nicht enden als mit dem Tod des Titelhelden. Was könnte denn danach noch kommen? Diese lapidare Meinung teilen viele Romanautoren von jeher. Vorausgesetzt, sie orientieren ihr erzähltes Geschehen überhaupt am Lebenslauf einer bestimmten Hauptperson; und sie schicken dabei nicht, wie so viele Bildungsromane, diese Hauptperson am Ende statt ins enge Grab in die enge bürgerliche Welt.

Postmortales Erzählen in Epos und Roman Es gibt indes auch andere Autoren, die jene rhetorische Frage – was denn danach noch kommen könnte – literarisch ernst nehmen. Indikativisch beantworten sie die Frage mit einem konjunktivischen Geschehen, das ein ersonnenes Nach-Leben entfaltet. Wie es sich frommt für einen Roman, ist die Glaubwürdigkeit, die sie dabei beanspruchen, keine religiöse, sondern eine der poetischen Stringenz. So jedenfalls in den vier Beispielen, die uns hier angehen: in Machado de Assis' *Postumen Memoiren des Brás Cubas* (1880), in William Faulkners *Als ich im Sterben lag* (1930), in Juan Rulfos *Pedro Páramo* (1956) und in José Saramagos *Hoffnung im Alentejo* (1976). Dabei spielt das letztgenannte Werk eine Sonderrolle. Zurückblicken können diese Autoren auf mehrere Jahrhunderte, in denen die Gattung Roman, dem *Don Quijote* und dem *Werther* folgend, sich fast überwiegend mit dem Alltags- und Innenleben ihrer erzählten Personen befasste. Immer

einlässlicher geschah das, auch immer subtiler den gesellschaftlichen und psychischen Regungen der Einzelnen oder ganzer Gruppen und Klassen nachspürend. Umso stärker der Anreiz, diesen bewährten Spielraum der Wahrscheinlichkeiten nun seinerseits aufs Spiel zu setzen.

Alle vier Autoren führen den Lebenslauf ihrer Hauptperson nicht einfach fort, schnurstracks hinwegspringend über den Abgrund des Grabs. In dieser Torschlussgegend fangen sie überhaupt erst an. Jede ihrer Hauptpersonen hat den Tod entweder schon hinter sich gebracht; oder sie kann ihn kommen sehen; oder sie ist mittendrin im Sterben. Erzählend blickt jede zurück aus ihrem jeweiligen Jenseits oder Interim auf den eigenen, jetzt unabänderlichen Lebensweg. Mal mehr, mal minder deutlich ist dieser Rückblick gelenkt durch den andersartigen Zustand, den sie mittlerweile erreicht haben. Obwohl hier nichts mehr zu machen ist, also auch mittels Erzählen nichts zu erwirken wäre – nach Art von Erzählen als Ent-töten –, bekräftigen selbst diese postumen Romanhelden den Kredit, den wirksames Erzählen schon immer genießt. Nicht nur unter den handelnden Personen des epischen Geschehens, auch bei der poetischen Selbstsicherheit der Autoren. Und eben diesen Kredit genießt Erzählen nicht zuletzt bei der Leserschaft. Denn auch sie lässt sich zuversichtlich auf noch so waghalsige narrative Konstruktionen ein. Ähnliche, entfernt ähnliche Verhältnisse wie in den vier Romanen sind uns schon da und dort beim Epos begegnet. So in der *Odyssee*: wenn die Hadesbewohner Agamemnon und Achill, die längst schon ums Leben gekommen sind, dort unten die Umstände ihres Todes bereden; und wenn gleich darauf auch noch der tote Neuankömmling Amphimedon schildert, wie Odysseus ihn selbst und die anderen Freier erbarmungslos abgeschlachtet hat. Was da abläuft, unterscheidet sich gleichwohl thematisch und kompositorisch von den Nach-Lebens-Romanen, um die es hier geht. Muss doch das ohnehin mythengespeiste, wunderträchtige Epos niemals eigens begründen, wieso Verstorbene andernorts weiterhin leben und reden. Homers Hörer und Leser sind fraglos darauf gefasst. Nicht so die Leser von Romanen, deren Erzählprosa eigentlich auf die prosaische Erfahrungswelt eingeschworen ist. Ihre Autoren müssen sich also jedes Mal fintenreich anstrengen, das Treiben von weiterlebenden toten Helden poetisch abzusichern.

Dabei macht sich ein zweiter Unterschied bemerkbar. Wer beim Lesen der *Odyssee* auf die besagte postmortale Berichterstattung stößt, nimmt sie hin als eine von abervielen wunderbaren Begebenheiten in diesem Werk. Weder hebt sie sich sonderlich heraus, noch dominiert sie gar all das, was sonst noch geschieht zuvor und danach. Anders in den Nach-Lebens-Romanen von de Assis, Faulkner, Rulfo und Saramago. Hier hängt das Geschehen ab von toten Hauptpersonen, die erzählen, was ihnen einst widerfahren ist, ja manchmal sogar noch immer widerfährt. Auf diesen alleinigen Antriebsmotor hin ist jeder der vier Romane konstruiert. Tunlichst so, dass sein unaufhaltsames Erzählen über die Grabesschwelle hinweg den Lesern zwingend einleuchtet. Selbst dort, wo sie vorläufig im Dunkeln tappen.

Machado de Assis' *Postume Memoiren des Brás Cubas*

Die *Memórias póstumas* des Titelhelden, geschrieben nach seinem Tod, eröffnet Brasiliens bedeutendster Prosaautor folgendermaßen – und damit zugleich den eigenen Roman aus dem Jahr 1880:

> Ich habe einige Zeit geschwankt, ob ich diese Memoiren mit dem Beginn oder mit dem Ende anfangen sollte, das heißt: ob ich meine Geburt oder meinen Tod an die Spitze stellen sollte. Wenn es auch üblich ist, mit der Geburt anzufangen, so haben mich doch zwei Überlegungen dazu gebracht, einen anderen Weg einzuschlagen: einmal bin ich kein toter Autor, sondern ein verstorbener, für den das Grab zu einer neuen Wiege geworden ist; zum anderen wird nun alles, was ich schreibe, eigenartiger, origineller. [...] Nachdem das klar gestellt ist, verschied ich also um zwei Uhr nachmittags an einem Freitag im August 1869, und zwar in meinem schönen Landhaus Catumby. Ich war ungefähr 64 stramme und erfolgreiche Jahre alt, war Junggeselle, besaß rund 300000 Milreis und wurde von elf Freunden zum Kirchhof begleitet. (301; 9)

Wo anfangen? Beim Lebensende! Schriftsteller sind sie beide, der Romanautor und sein Titelheld. Jener von Berufs wegen, dieser als Amateur. Schreibend erzählt der eine vom andern, der schreibend von sich selbst erzählt: von dem, was er erlebte, als er noch lebte. Gleich im ersten Absatz kokettieren also beide mit dem Akt des Beginnens und Endens. Sie fangen nicht einfach an; und sie werden auch nicht einfach aufhören, später, am Schluss des Romans. Sie spielen vielmehr mit dem Gedanken, wie und wo zu beginnen und zu enden sei. Genauer, im Fall des memorierten Lebenslaufs: ob mit Geburt oder mit Tod, ob mit dem Eintritt ins Leben oder mit dem Abgang. Großmütig überlässt der Autor dem schreibenden Helden die Wahl, ob denn nun so oder so. Und Brás Cubas wählt mit plausibler Begründung. Hat er doch das eine wie das andre, Tod wie Geburt, schon hinter sich, sodass

er nun rundum erfahren das Für und Wider abwägen kann. Immerhin, der Tod steht ihm näher. Zugleich kommt der Tod – wie die Memoiren fortschreitend offenbaren – Brás Cubas' ironischer Skepsis entgegen, die der ganzen menschenbevölkerten Welt gilt. Sie zu verlassen, scheint ihm bekömmlicher, als frisch geboren sich den Einlass zu erschreien.

Zweifellos, das Gedankenspiel mit dem Beginnen und Enden bezieht sich aufs Leben wie aufs schreibende Erzählen. Dass der Autor de Assis dieses Spiel überhaupt entfacht und wozu, liegt nah. So kann er vorab zu erkennen geben: hier in meinem Roman, nicht anders als in den Memoiren meines Helden, aus denen er besteht, waltet nichts als die launische Verfügungsgewalt dessen, der da schreibt. Hier gilt nur, was ihm gut dünkt. Und es dünkt ihm gut, dass sein Held als schon Verstorbener erzählt, verschweigt und beurteilt, was alles prämortal mit ihm und um ihn los gewesen ist. Unverhohlene poetische Willkür also unterbindet von Anfang an jedes kleingläubige Pochen auf die so lang gültigen Wahrscheinlichkeiten. Auch und besonders darauf, dass Tote nichts zu sagen hätten. Von wegen.

So sprunghaft keck erzählt ein springlebendiger Toter Dieser Brás Cubas gibt sich nicht nur überaus redselig. Auch dem eigenen Schreiben lässt er freien Lauf, wie im Zickzack. Sprunghaft wirkt schon der erste, fortan bleibende Eindruck. Prima vista, wenn man das Buch auch nur durchblättert: lauter Kürzest-Kapitel zwischen allenfalls sieben Seiten und einer halben. Wie zum Hohn sind sie ordentlich nummeriert, insgesamt 160. Mit eben dieser Sprunghaftigkeit wechselt Brás Cubas all die Vorkommnisse, Sachverhalte und Gedanken, die er niederschreibt. Es spricht daraus die Fortbewegung eines quicklebendigen Toten, den weder Schwerkraft noch Raumverdrängung hemmt; dem das Grab so wenig Einhalt gebieten kann wie die Wände der Häuser oder die Grenzen auf dem Erdball. Nichts liegt ihm an einem folgerichtigen, ebenmäßigen Erzähl- und Geschehnisablauf. Egal, ob er die Leser damit fesselt oder verprellt. Auch die literarischen Kunstrichter – mitunter spricht er sie direkt an – scheren ihn keinen Deut. Denn wer könnte wohl ihn, der allen persönlichen und gesellschaftlichen Querelen entwichen ist, jemals strafend zur Rechenschaft ziehen? Auch darum genießt Brás Cubas, der sich nie so richtig seines Lebens gefreut hat, jetzt in vollen Zügen den Tod: als hemmungsloser Erinnerungsschreiber. Ihn befriedigt es, ungezwungen und unverstellt und ohne alle Heuchelei zu Papier zu bringen, was er von seinen Mitmenschen und sich selber hält. Wenig. Und ebenso wenig hält er von jenen erzählten Geschehnissen, die ihn, den leidlich begüterten Durchschnittsbürger, zu seinen Lebzeiten behelligt haben. Mit keinen eigenwilligen und tatkräftigen, sondern nur mit flauen und leidenschaftslosen Unternehmungen kann er aufwarten, ob in Sachen Liebe, Geschäft oder Politik.

Kurz, er war – so sieht er sich jetzt – nichts als ein Beliebiger unter den abervielen belanglosen Leuten dieser scheinheiligen Menschenwelt. Dem entsprechend zieht er am Ende der Memoiren, das zugleich den Roman seines Autors beendet, eine ausgenüchterte Bilanz. Zukunftlos in jeder Hinsicht und darum voll galliger Genugtuung, atmet Brás Cubas auf: keine leiblichen Nachkommen hat er in jene bourgeoise Welt der schrankenlosen Berechnerei gesetzt. Ihr zollt auch er, zu schlechter Letzt, seinen höhnischen Tribut. In wohlberechneten Metaphern:

> Rechnet man eines gegen das andere auf, so möchte mancher vielleicht meinen, daß es keinen Fehlbetrag und keinen Überschuß gegeben habe und daß ich folglich quitt mit dem Leben daraus abgeschieden sei. Aber das ist falsch. Denn als ich hier auf der anderen Seite des Mysteriums ankam, da fand ich mich mit einem kleinen Überschuß [...]: Ich hatte keine Kinder; ich hinterließ keinem lebenden Wesen die Erbschaft unseres Elends. (301; 418)

Der tote Brás Cubas hat absolutes Erzählmonopol. Sein Autor verschafft es ihm vom ersten bis zum letzten Satz des Romans. Und das mit hinterlistiger Konsequenz: widerspruchslos müssen die Leser hinnehmen, wie sein Held die Welt sichtet, schildert, und einschätzt. Alle, auch die Bekannten und Verwandten von einst, müssen es schlucken, wenn sie in den Memoiren schlecht wegkommen. Denn so, wie der Roman gebaut ist, kann sich keine Gegenstimme erheben, um die Befunde des Misanthropen B. C. anzufechten. Und gäbe es dennoch irgend eine lebende Person, die – mit Erlaubnis des Autors – dem schreibenden Erzähler ins Wort fiele: nie käme sie an gegen Brás Cubas' überlebende Einsichten aus seinem abgehobenen Jenseits. Insofern dauert das anfängliche Gedankenspiel noch immer fort, das Spiel mit dem Beginnen und Enden. Folglich bleibt Brás Cubas' düsteres Weltbild unbehelligt per omnia saecula saeculorum.

Faulkners *Als ich im Sterben lag*

386 Auch hier meldet sich die tote Hauptperson schon im Titel des Romans *As I lay dying* (1930). Sogar noch frontaler als jener Brás Cubas, der nur in der dritten Person angekündigt wird, sozusagen als Anhängsel seiner Memoiren. Hier dagegen spricht ein Ich, im Präteritum, als wäre es schon mitten im Erzählen. Allerdings äußert es nur einen fragmentarischen Satz. Er bricht ab wie das redende Ich selbst, das, laut Tempus, sein Sterben bereits hinter sich gebracht hat, also mittlerweile verstorben ist. Wenn man diesen Titelsatz laut ausspricht, erwartet man unwillkürlich eine ergänzende Fortsetzung. Etwa so: «Als ich im Sterben lag», da geschah es, dass ... Und derart setzt sich der abgebrochene Satz dann auch prompt im folgenden Romangeschehen fort. Grammatisch wie episch. Durchlebt und erzählt wird es freilich nicht allein von jenem Ich. Beteiligt sind auch noch andere Personen, die gleichfalls mitreden. Indes, die eigentliche Richtung des Geschehens weist uns, den Lesern, die Sicht und Stimme der zunächst Sterbenden, dann Gestorbenen.

Die Aufgebahrte, lautlos bilanzierend Addie heißt sie, ungefähr fünfzig Jahre alt; aufgewachsen als Tochter eines freudelos bigotten Vaters; verheiratet mit dem willensschwachen, mäßig arbeitsamen Anse Bundren; eingeengt durch miese, geistig verdorrte Verhältnisse im tiefsten Süden der USA. Vier Kinder, lieblos empfangen, hat sie Anse geboren, einzig der drittälteste Sohn entstammt, was niemand sonst weiß, einer kurzfristigen heimlichen Leidenschaft für den Pfarrer der Gemeinde. Außer dem noch kindlich verträumten Nachkömmling Vardaman sind sie alle schon erwachsen, auch die einzige Tochter Dewey Dell. Der Gesichtskreis der Familie reicht kaum weiter als die Gemarkung des Dorfs, ihr Tun erschöpft sich in der Plackerei auf der kümmerlichen eigenen Kleinfarm.

Noch etwas mehr besagt der vielsinnige Titel, sobald das Romangeschehen in Gang gekommen ist. *As I lay dying*: *Als* ich und *während* ich und *wie* ich, Addie Bundren, sterbend lag, da stellte sich heraus, dass sie, Addie Bundren, ungewollt schon immer die maßgebliche Dominante ihrer ungewünschten Familie war. Sie bleibt auch jetzt noch die zentripetale Kraft, die jene sechs unterschiedlichen Menschen zusammenhält. Und wird dabei auch noch zum Motor, der alle Sechs auf einmal in Bewegung setzt, aus ihrer verkrallten Sesshaftigkeit heraus. Zumindest zeitweilig. Durch den Anstoß von Addies Tod muss die Familie sich en bloc auf den Weg machen, vom hinterwäldlerischen Kaff zur fernen Kreisstadt Jefferson. Dort nämlich, auf dem Friedhof, wartet das Grab ihrer Vorfahren auf Addie. Dass sie von klein auf dieses Warten bitter wörtlich nahm, deutet der väterliche Leitsatz an, den sie nie hat vergessen können: «My father used to say: the reason for living was to get ready to stay dead a long time.» (160; 157)

Verendend darf sie nun gerade noch den kleinen Rest von solchem Leben abkriegen, das nichts weiter ist als der kurze, beschwerliche Vorlauf zum langwierigen Tod. Während Addie daheim noch im Sterben liegt – aufgebahrt, die Sägegeräusche für den Sarg im Ohr – und lautlos erzählend einen Rückblick auf ihr Leben wirft, geht sie davon aus, dass nicht der Tod sie heimsucht, sondern sie ihrerseits sich ihn herbeigeholt hat: durch ihre rückhaltlose Sterbensbereitschaft. Ähnlich wie Defoes Robinson Crusoe, der fromm bürokratisch Buch führt über seine Wohl- und Übeltaten pro Tag, hat auch sie nun innerfamiliär Inventur gemacht, um keine Schulden zu hinterlassen. Ein einseitiger, aber loyaler Geschäftsabschluss ist es mit dem ungeliebten Anse. Stattgefunden hat das Entgelt in der Währung von Geburten:

> Ich schenkte Anse Dewey Dell [die Zweitjüngste], um Jewel [den unerkannt außerehelichen Sohn] wett zu machen. Dann schenkte ich ihm [den Nachkömmling] Vardaman an Stelle des Kindes, dessen ich ihn beraubt hatte [durch heimliche Abtreibung]. Und jetzt hat er drei Kinder, die ihm gehören und nicht mir. Und dann konnt ich mich ans Sterben machen. And then I could get ready to die. [So die wörtliche Wendung aus dem Leitsatz des Vaters.] (168; 165)

Alles in allem also: die nichts als deprimierte und deprimierende Summa eines unerquicklichen Lebens? Keineswegs. Was Faulkner hier erzählen lässt und wie, aus Addies Sicht und aus der Sicht der andern drumherum, es offenbart: so leicht ist das Leben in einem Menschen nicht umzubringen, und sei es noch so erbärmlich. Es wird nicht säuselnd ausgehaucht von einem liebenswürdig Nahestehenden, der sanft entschlafend seinen Frieden mit Gott und der Welt und mit sich selbst geschlossen hat. Die sterbende Addie lässt vielmehr eine Stimme vernehmen, in der unstimmige Tonarten sich aneinander reiben: Gelassenheit an Ingrimm, Gleichmut an Schadenfreude, Überdruss an Selbstzufriedenheit. Solche Dissonanz im Innern dieser noch längst nicht Abgestorbenen zeigt an, wie hier und jetzt sogar ein immer schon gedrosseltes Leben sich aufbäumt. Seine fortdauernde Vitalität gibt sich zu erkennen in der äußerlich/innerlichen Motorik all derer, die hier einen ganzen Roman lang das Während und das Nachdem von Sterben erzählend vergegenwärtigen. Spannungsvoll, mitunter trotzig

erheiternd, erzählen sie von banalen wie von obskuren, von schrecklichen wie von ekligen Vorkommnissen.

Turbulenzen beim Leichentransport Zunächst, solang die sinnierende Addie auf der Bahre liegt, erzählen sie von den Vorbereitungen zum Aufbruch: Cash, ihr tüchtigster Ältester, zimmert den Sarg; ihr selbstmitleidiger Beinah-Witwer berechnet umständlich die Kosten fürs Fuhrwerk; ihre Tochter bäckt etliche Kuchen, um sie am Zielort zu verscherbeln; ihr Jüngster bestaunt und reimt sich zurecht, was denn das sei, wenn da wer stirbt. Später dann geht es um die Kalamitäten des Leichentransports nach Jefferson, mit quälenden Umwegen und gefährlichen Hindernissen: der stark angeschwollene Fluss überflutet die Furt, treibt die ertrinkenden Zugtiere fort, reißt beinah auch den Sarg mit sich und zerbricht dem verzweifelt kämpfenden Cash ein Bein; Darl, Addies feinfühliger zweiter Sohn, der die unwürdig krude Unternehmung nicht länger erträgt – Bussarde überkreisen den Karren, angelockt vom Verwesungsgeruch –, setzt nächtens eine Scheune in Brand, um drinnen den Sarg samt Inhalt zu vernichten; Vater Anse feilscht stur um ein neues Gespann, später um Spaten fürs Grab, während Cash, festgeschnallt droben auf dem transportierten Sarg wegen seines zerschmetterten Beins, unter zunehmendem Wundbrand leidet; Dewey Dell sucht vergeblich am Zielort eine Gelegenheit, ihre bislang verborgene Schwangerschaft los zu werden.

Vereinte Schwächen und Kräfte der siebenköpfigen Sippe Einen übergeordneten allgegenwärtigen Erzähler gibt es nicht in diesem Roman. Auch die Titelheldin hat keinen Gesamtüberblick, so wie ihn der Memoirenschreiber Brás Cubas immerhin vorspiegelt. Trotzdem, ob noch lebend oder schon tot, ist fraglos sie die Hauptperson des erzählten Geschehens. Vor allem deshalb, weil nahezu alles, was hier geschieht, um ihretwillen geschieht. Addie zuliebe, doch ihrem Sinn und gewohnten Handeln zuwider. Aber gerade dadurch, dass die dringend gewünschte Überführung zum fernen Familiengrab umschlägt in ein grauenhaft groteskes Spektakel, was Addie selber, als sie noch nicht im Sterben lag, von vornherein strikt verhindert hätte: gerade dadurch schärft sich denen bei ihrer Totenfuhre ein, wie sehr es ihnen schon jetzt an der Person gebricht, die sie hier so lachhaft ungelenk transportieren. Immer schmerzlicher schärft es sich ihnen ein, Station für Station, je näher sie ans Ziel gelangen. Doppelt schmerzt es, weil es jeden von ihnen auch im Innern grotesk verzerrt. Denn sie, die lebend Hinterbliebenen, sehen sich auch noch durch die Umwelt genötigt, den verwesenden Körper schleunigst zum Verschwinden zu bringen. Schon seit Tagen hat er auf seiner Wegstrecke Skandal gemacht. Er stinkt, mehr als nur zum Himmel.

Wen aber lässt der Autor all diese Ereignisse vermerken, innerlich verarbeiten und zur Sprache bringen? Jede Person, die vom erzählten Geschehen irgend in Mitleidenschaft gezogen wird, ob auf Dauer oder nur flüchtig. Also nicht allein die sieben Familienmitglieder, einschließlich dem Ich, das hier im Sterben liegt und allmählich hinübergleitet in den Tod; auch etliche Nachbarn sowie Anrainer der Sarg-Route; auch hier ein Arzt und dort ein Apotheker. Lauter Leute, die an- und aufgerührt werden durch die makabre Fuhre, welche je länger je mehr den Anspruch auf Pietät verwirkt. Reihum redend erweisen sie der abgängigen Addie Bundren die so genannte letzte Ehre. Ihr, die alsbald nur noch wie anstößiges Gerümpel herumgeschubst wird, so lang, bis sie endlich verscharrt und somit entsorgt ist. Jede dieser Personen äußert – manchmal laut zu andern, meistens lautlos in sich hinein –, was ihr über die belästigten Sinne in den Sinn kommt.

Kaleidoskop aus inneren Monologen Derart zerteilt Faulkner das Romangeschehen in vielerlei einzelne Prismen, die nacheinander und miteinander ein Gesamtbild entstehen lassen. Die herkömmliche Vielfalt der epischen Welt überführt er dabei in eine Vielfalt diffuser Einstellungen zu ihr. Dem beschränkten Gesichtskreis seiner südstaatlerischen Hinterwäldler trotzt er eine Fülle von Empfindungen ab, die ihr engstirniges Gebaren nie hätte erwarten lassen. Zugleich mehrt und verfeinert der Autor das erzählerische Fassungsvermögen des neuzeitlichen Prosaromans überhaupt. Er erweitert noch den Spielraum von assoziativem Erzählen in inneren Monologen, wie ihn kurz zuvor

James Joyce im *Ulysses* (1922) und John Dos Passos in *Manhattan Transfer* (1925) erobert hatten. Dem atemberaubenden Schauplatz Großstadt, den diese Vorgänger entfesseln, fügt Faulkner den rustikal schwerfälligen Schauplatz einer ereignisarmen Provinzgegend hinzu. Der poetische Gewinn ist beachtlich. Just beim erzählten und erzählenden Sterben offenbaren die Hinterwäldler ungeahnte Vitalität.

Rulfos *Pedro Páramo*

Kaum ein anderes Werk hat in der lateinamerikanischen Erzählliteratur des späten 20. Jahrhunderts derart Furore gemacht wie dieses eher schmale Buch des Mexikaners Juan Rulfo, erschienen 1955. Wer voreilig nach den ersten Seiten vermeint, es handle sich um keinen Nach-Lebens-Roman, ist schon der verzwickten Erzählkonstruktion des Autors in die Falle gegangen. Gleichfalls voreilig könnte man davon ausgehen, auch hier sei die Titelfigur alleinige Hauptperson, so wie bei Machado de Assis und Faulkner. Das stimmt nur beschränkt, obwohl der angekündigte Pedro Páramo als unbeschränkter Machthaber das einsame Dorf Comala beherrscht, den ausschließlichen Schauplatz des Geschehens. Ein Großgrundbesitzer, der raubend und erpressend, mordend und vergewaltigend alle Einwohner zu seinen Untertanen gemacht hat. Trotzdem ist auch er nur einer von denen, deren Schicksal erzählt wird; und nur einer von denen, die dann und wann aus eigener Sicht erzählen, was hier geschah und geschieht. Zwar hatte Pedro Páramo, solang er lebte, die absolute Macht, zu handeln und durch seine Handlungen jedweden Einwohner sowie das ganze Dorf in den erbärmlichen Zustand zu versetzen, in dem sie sich nunmehr befinden. In den paradoxen Zustand einer ruhelosen Abgestorbenheit. Mittlerweile freilich ist der Titelheld – so wie all seine Opfer schon immer – vom handelnden Subjekt zum beobachteten und verhandelten Objekt geworden. Sub specie narrationis.

Ankunft des Ich-Erzählers Juan im seltsamen Dorf Schon die ersten Sätze des Romans deuten solchen innerpoetischen Machtwechsel an. Ein Ich erzählt da, auf dem Reiseweg zum Titelhelden, dem es am Zielort auch weiterhin nachspüren wird:

> Ich kam nach Comala, weil man mir gesagt hatte, daß mein Vater hier lebe, ein gewisser Pedro Páramo. Meine Mutter hatte es mir gesagt. Und ich hatte ihr versprochen, ihn aufzusuchen, sobald sie tot wäre. (7; 9)

Ein junger Mann ist es namens Juan Preciado. Ärmlichst aufgewachsen, erhofft er sich nunmehr eine bessere Zukunft durch Protektion seines begüterten Erzeugers. Er ahnt nicht, dass er ihn lebend nicht mehr antreffen wird, ebenso wenig, dass dieser Pedro Páramo zahllose Sprösslinge ins Leben gerufen hat, mehr oder minder gewaltsam. Auch der wortkarge Eselstreiber Abundio gehört dazu, dem Juan sich auf dem beschwerlichen Weg angeschlossen hat. Und just Abundios rächendem Messer wird Páramo schließlich zum Opfer gefallen sein. Seis früher oder später, seis vor Beginn des Romangeschehens oder an dessen Ende.

Hier stoßen wir schon auf die ebenso verwirrende wie zwingende Erzählkonstruktion von Rulfos Buch. Sie wäre so in Romanen des 19. Jahrhunderts nicht denkbar gewesen. Kunstvoll verwirbelt sie die temporale Abfolge der Ereignisse durch plötzliche Zeitsprünge voraus und zurück. Am orientierungslosen Ich-Erzähler ist es – und damit auch an den Lesern –, sich durchzuschlagen in einem laufenden Geschehen ohne erkennbare Fluchtlinien woher und wohin. So bleibt für Juan, nachdem er in das befremdliche Dorf eingedrungen ist, jetzt und fortan ungewiss: welcher Vorfall aus welchem anderen Vorfall resultiert, oder ob sie nichts miteinander zu tun haben; welche Stimme zu welcher Person gehört; wer von den Menschen, die da und dort vorüberhuschen, überhaupt noch lebt, und wer längst oder unlängst schon verstorben ist.

Fest steht dagegen nur jenes Ereignis, das der letzte Absatz des Buchs vermeldet: diesmal aus der ungetrübten Sicht eines allwissenden Erzählers, der sonst nur selten sich einmischt. Als endgültigen Befund am endgültigen Schluss teilt er mit: durch das blindlings zustoßende Messer des betrunkenen Abundio wird Pedro Páramo vernichtet. So gründlich, dass seine leibliche Gestalt, anders als jene seiner vielen Opfer, post mortem nicht weiter umherwandeln, also auch kein weiteres Unheil stiften kann. Sachlich und bildlich zugleich versichern es die letzten Worte des Romans. Der Getötete zerbröckelt gleich einem «Haufen Steine», «como si fuera un montón de pietras». Und der ganze Schlussabsatz wirkt wie ein unwiderrufliches, episch entfaltetes Amen oder Basta:

> Er stützte sich auf die Arme von Damiana Cisnero [der alten Aufwärterin in seinem Herrenhaus] und machte einen Versuch zu gehen. Nach ein paar Schritten fiel er zu Boden, in seinem Innern flehend, doch ohne ein einziges Wort zu äußern. Er schlug hart auf die Erde, zerbröckelnd wie ein Haufen Steine. (101; 131)

Schlagartig mit seinem letzten Atemzug ist der gewesene Organismus des Pedro Páramo getilgt samt seiner vormals eindrucksvollen markanten Erscheinung. Ins Unkenntliche zerfallen, steinern hart und kalt. Vor allem aber: nicht mehr zu restaurieren. So mag dieses buchstäblich lapidare Schlussbild des Romans auf Rulfos lesende Landsleute auch wie ein politischer Wink gewirkt haben. Mehr als nur zu denken gibt es ihnen nach den Erfahrungen einer zunächst geglückten, ertragreichen, doch inzwischen (1955) verkommenen, fast zurückgenommenen Revolution. Vierzig Jahre zuvor hatte sie in Mexiko die Schreckensherrschaft des Diktators Porfirio Diaz zu Fall gebracht und alsbald den Großgrundbesitz unter der Mehrheit der geschundenen Bevölkerung verteilt.

Nie zuvor waren Held und Leser so hilflos unbeholfen Zurück zum Beginn des Romans und zu seinem weiteren Verlauf. Wenn Juan beim aussichtslosen Stöbern nach Pedro Páramo von einer unheimlichen Situation in die andere gerät, wird er, auch für die Leser, zum stolpernden Pfadfinder durchs unwegsame Comala. Mit seinen Sinnen – denn da regen sich keine anderen – versuchen auch wir die mehrdeutigen Erscheinungen ringsum zu erlauschen und zu erspähen, zu ertasten und zu erschnüffeln, begierig, sie eindeutig zu bestimmen. Insoweit entspricht Juans Rolle wohlbekannten Erzählmanövern in alten Epen und neueren Romanen, die ebenfalls ihre Hörer- oder Leserschaft auf fremdartigen Schauplätzen herumführen lassen durch einen ahnungslos wissbegierigen Helden.

Ich erinnere an Odysseus' und Aeneas' Exkursionen ins Innere der Unterwelt, auch an die Jenseitsreisen von Dantes fiktionalem Ich. Aber auch an die utopischen Staatsromane, die allemal auf unbekannt entlegener Insel einen schiffbrüchigen Ankömmling mit nie dagewesenen gesellschaftlichen Verkehrsformen in Staunen versetzen. Man bedenke ferner die vielen vorsätzlich alltagsgetreuen Romane aus dem 19. Jahrhundert, die einen unerfahrenen, aber erfahrungshungrigen jungen Provinzler den Turbulenzen der Großstadt aussetzen. So lässt Balzac in den *Illusions perdues* den Lucien Chardon und Flaubert in *L'éducation sentimentale* den Frédéric Moreau das sozial zerklüftete Paris durchqueren. Ebenso verfährt der dänische Romancier Herman Bang in *Stuck*, auch wenn er hier keinen auswärtigen Provinzler, sondern einen weltfremden Einheimischen, den Literaten Herluf Berg, hineinzieht in die finsteren Machenschaften der gründerzeitlichen Kunst-Betriebswirtschaft von Kopenhagen. Jedes Mal können sich da die Leser den Entdeckungen anschließen, die dieser oder jener Neuling im bislang unvertrauten Gebiet macht.

Ähnlich scheinen zunächst die Dinge auch in Rulfos Roman zu liegen. Umso deutlicher fällt der Unterschied ins Auge: die fassungslose Lage des erlebenden und erzählenden Juan inmitten der unbegreiflichen Vorkommnisse im Dorf Comala. Ihm fehlt der wissende Beistand, der die genannten Epen- und Romanhelden überhaupt erst sinnvoll erlebnis- und erzählfähig macht. Jemand, der sich auskennt in allem, was hier dem ahnungslosen Ankömmling als ganz und gar erfahrungswidrig zustößt. Jemand, der sogar Juans unausgesprochene Fragen triftig beantworten würde und ihm Schneisen schlüge durchs Unübersichtliche. So wie in Dantes *Divina Commedia* der kundige Vergil, der das erzählende Ich durch die Schreckenssphären des Infernos und Purgatorios geleitet. Ein solcher innerpoetischer Reiseführer ist unverzichtbar für jeden der ratlosen Neulinge in den genannten Werken. Mal tritt er als göttlich bevollmächtigter Mehrwisser auf, so wie der Seher Teiresias bei Odysseus und die Wahrsagerin Sibylle bei Aeneas; mal als ganz gewöhnlicher ortsansässiger Kenner, so wie die Freunde und Bekannten im Paris des Lucien oder im Kopenhagen des Herluf Berg.

Juan, ein passiver Gegentyp zu Kafkas K. im *Schloß* Buchstäblich unbeholfen dagegen bewegt sich Rulfos Juan durchs fremdartige Terrain. Nicht anders die Leser, die sich seinem zögrigen Verhalten anpassen müssen, ob sie wollen oder nicht. So staut der Autor ihre detektorische Unrast. Nicht einmal jenen motorischen Ausweg gewährt er ihnen, wie ihn Franz Kafka in seiner undurchschaubaren Welt einräumt. Immerhin können die Leser sich dort – so im *Schloß*-Roman – dem orientierungssüchtigen, wissensbeflissenen Helden K. an die Fersen heften auf seinen Kreuz- und Querwegen. Dieser K. zieht die Leser mit sich: wenn er allenthalben danach eifert, Zuständige aufzustöbern, die Bescheid wissen, wie man Einlass findet ins Schloss, und wie man sich darin zu benehmen hat. Sogar dann noch zieht K. sie mit sich, wenn er – gleich Juan ein zugereister Außenseiter – drunten die Dorfbewohner belauert; wenn er in ihren stummen Gebärden und ihrem unverständlichen Gewisper Indizien wittert, wie es mit seiner eigenen Sache stehe. Selbst solches quälende Wissensdefizit, das Kafkas umtriebiger Held um jeden Preis zu beheben sucht, kann Rulfos Juan nicht befeuern.

Benommen nimmt er hin, was und wer ihm begegnet auf dem halbdunklen Schauplatz verfallener Gehöfte, grasüberwucherter Straßen, leerer Zimmer. Ob bedrohlich oder schlicht unbegreiflich, er lässt es über sich ergehen. Widerspruchslos, geradezu apathisch – so jedenfalls scheint es zunächst. Anders als Kafkas K., obwohl in beinah gleicher Lage, will er nichts herbeiführen. Er wartet, was auf ihn zukommt. Und das sind fast durchweg vereinzelte Frauen, mehr alte als junge, die ihn ihrerseits ins Gespräch ziehen. Manche haben Juans Mutter gekannt, sie stammte ja aus Comala. Am meisten hat ihm Damiana Cisneros zu sagen. Aber auch sie benennt, beschreibt und bestätigt ihm nur die befremdlichen Phänomene ringsum. Was es damit auf sich hat, kann auch sie weder sich selbst noch ihm erklären.

Damiana, weiland Aufwärterin im Herrenhaus, war Augenzeugin beim Mord an Pedro Páramo, wovon, wie gesagt, erst am Ende des Romans erzählt wird. Hiervon allerdings spricht sie nicht; auch diesen Vorfall muss sie wie so vieles vergessen haben. Überhaupt scheinen ihr die persönlichen und sozialen Bewandtnisse im Dorf minder bemerkenswert als die elementar physischen und physikalischen. Vor allem das gespenstische Missverhältnis zwischen hörbaren und sichtbaren Ereignissen. Was Damiana darüber berichtet, entspricht Juans eigenen Eindrücken hier in Comala, den bisherigen und den kommenden:

> «Dieses Dorf ist voller Echos. Es ist so, als ob sie in dem Hohlraum zwischen den Wänden oder unter den Steinen eingeschlossen wären. Wenn man geht, hat man das Gefühl, daß jemand hinter einem hergeht. Es knirscht. Und man hört Gelächter, sehr altes Gelächter, das schon müde vom Lachen ist. Und Stimmen, die schon abgenutzt sind. [...]» (36; 47)
>
> «Ich höre Hunde heulen und laß sie heulen. Ich laß sie einfach, ich weiß ja, daß es hier keinen einzigen Hund gibt. [...]» (37; 48)

Allmählich geht in Juan die Ahnung auf: die da spricht, sei nicht seinesgleichen. Sie spreche zu ihm aus einem diesseitigen Jenseits, in dem sie selber sich noch nicht zurecht findet. Sinnfällig bekräftigt die Wirkung seiner Frage das, was er vermutet:

> «Damiana, sagen Sie, Damiana, sind Sie überhaupt lebendig?» Und plötzlich war ich in den leeren Straßen allein. Durch die Fenster der zum Himmel offenen Häuser sah man die zähen Stengel des Unkrautes. Abbröckelnde Einfassungsmauern zeigten ihre vom Regen ausgewaschenen Lehmziegel.
>
> «Damiana!» schrie ich. «Damiana Cisneros!»

«... ana ... neros! ... ana ... neros ...!» antwortete mir das Echo. Ich hörte Hunde bellen, als hätte ich sie mit meinem Rufen aufgeweckt. Ich sah einen Mann die Straße überqueren.

«Hallo!» rief ich ihn an.

«Hallo!» antwortete er mir mit meiner eigenen Stimme. (37 f.; 49)

So wenig wie die Wegstrecken, die Juan im Dorf zurücklegt, so wenig kann er die Zeitspannen abschätzen. Allenfalls der markante Trommelschlag vereinzelter Regentropfen auf dem ausgetrockneten Erdboden – ein wiederkehrendes Leitmotiv – gemahnt an zeitliche Verläufe. Aber er rhythmisiert sie nur, er misst sie nicht nach Stunden, Wochen, Monaten. Selbst die Abfolge von Tag zu Nacht zu Tag entzieht sich orologischer und kalendarischer Bestimmung, die ein entschiedenes Vorwärts anzeigen würde. Im Gegenteil. Der allwissende verborgene Erzähler, der nur ausnahmsweise dazwischenfährt, beteuert, dass mit einem Vorwärts nicht zu rechnen sei. Nur mit rotierender oder pendelnder Wiederkehr:

Wenn es anfängt, Morgen zu werden, kehrt der Tag langsam um. Man hört fast die verrosteten Angeln der Erde, die sich drehen, das Schwingen dieser alten Erde, die ihre Dunkelheit von sich wirft. (89; 115)

Unermüdlich das Dorf durchquerend, auch weiterhin richtungslos und ungeleitet, obwohl viele Gestalten ihm begegnen, wird Juan allmählich inne: allem Anschein nach ist dieses Comala nur von Toten bevölkert. Und viel spricht dafür, dass die meisten durch und an Pedro Páramo zugrunde gegangen sind. Durch dessen Hand oder die seiner Handlanger und an seiner Gewaltherrschaft insgesamt. Diese Toten, so stellt sich weiters heraus, sind Verstorbene unterschiedlichen Grades. Je nach dem, ob sie vor kurzer oder vor langer Zeit ums Leben kamen, ist ihre Erinnerung noch frisch oder schon erloschen; haben sie noch körperliches Volumen oder sind nurmehr flächige Schatten. Die Veteranen unter ihnen sind sogar zu unsichtbaren Stimmen geworden, die sich weder persönlich identifizieren noch räumlich lokalisieren lassen. Sie geistern umher als Echos, hervorgerufen durch einen Ausruf oder Schall, dessen Verursacher längst verschwunden ist. Alles in allem: schaurig sinnliche Bruchstücke einer unsinnlichen Erscheinung.

Sterbend an zerstückelter Wahrnehmung Derart eingekreist von gewesenen Lebewesen, die ihn teils stumm und sichtbar, teils geräuschvoll und unsichtbar umschwirren, verliert Juan seinen anfangs noch unerschütterlichen Gleichmut. Denn was er hier und jetzt wahrnehmen muss, straft all das Lügen, was er andernorts je wahrgenommen und für wahr erachtet hat. Leibhaftig also und elementar vergeht ihm Hören und Sehen: er stirbt. Akut stirbt er am allzu engen Einvernehmen mit der Leblosigkeit, die rigoros sein Hören und Sehen entkräftet. Wie das?

Ahnungslos, noch bevor Juan voll erfasst hat, dass er hier unter lauter Toten weilt, schläft er in einem halb zerfallenen Haus mit einer Frau, die sich ihm nahelegt. Mit einer jüngst Verstorbenen, die noch

vollständig da zu sein scheint sowie aller Sinne mächtig, fühlend und fühlbar, hörend und hörbar, sehend und sichtbar. Ebenso sinnlich äußert sich dann auch das Entsetzen, an dem Juan stirbt, sobald er gewahr wird, woran er ist:

> Um Mitternacht weckte mich die Hitze auf. Und der Schweiß. Der Körper der Frau, aus Erde gemacht, in Erdkrusten eingehüllt, löste sich auf, es war, als zerginge er in einer Schmutzlache. Ich fühlte, wie der Schweiß mich umspülte, der in Strömen von ihr floß. Und mir fehlte die Luft zum Atmen. (49; 63)

Wie er daraufhin erstickt, auch das wird von ihm erlebt und erzählt als ein Hergang, der seine Wahrnehmungen vollends zertrennt und gegeneinander aufbringt. Vor allem der Tastsinn ist es, der am Ende den maßgeblichen, den differenzierenden Sinn verdrängt, das Sehen. Während ihm die Atemluft restlos entweicht, «fort [...] für immer», erinnert er sich, unvermindert weitererzählend,

> daß ich irgend etwas *sah* wie *schaumige* Wolken, die über meinem Kopf herumwirbelten, und daß ich mich dann in diesem Schaum *abspülte* und in dem Wolkigen *unterging*. Das war das letzte, was ich sah. (49; 64, Hervorhebung V.K.)

Kurz darauf – inzwischen hat man Juans Leiche geborgen – ist er eingemeindet im Dorf der Toten. Bei ebenso klarem Bewusstsein wie alle, denen er bislang begegnet war. Und als ihn Dorotea, mit der er die letzte Lebensnacht verbracht hat, nach seiner Todesursache ausfragt, antwortet er: «Me mataron los murmullos» – «Getötet haben mich die Flüsterstimmen» (50; 64). Mitschwingen mag da wohl auch eine Galanterie unter Verstorbenen, wenn er den akuten Anlass verschweigt. Wichtiger ist, dass hier abermals jene zersplitterte Wahrnehmung angesprochen wird, die ihn zuvor schon aus der Fassung gebracht hat.

Eben darin gibt sich für Juan der eigenartige Aggregatzustand des Todes zu erkennen. Er ruiniert das Ensemble sämtlicher Sinne, die bei jedem Lebewesen, Mensch wie Tier, reibungslos gemeinsame Sache machen. Wo dieses Ensemble zerfällt – das verspürt Juan am eigenen Leib –, lässt sich nicht leben. Weder an und für sich, noch mit den anderen Lebewesen.

Ich-Erzähler, vereinnahmt vom Stimmenkollektiv der Toten Erstickt ist Juan, indem sein überbeanspruchter Tastsinn, beim verzweifelten Fuchteln um Atemluft, den Augensinn außer Kraft setzte: «Das war das letzte, was ich *sah.*» Und im Fall der «Flüsterstimmen» kommt es zur einengenden Alleinherrschaft der Akustik. Diese Flüsterstimmen, die ringsum auf Juan einmurmeln, sodass er ganz Ohr ist, um – vergebens – herauszuhören, was denn da wer zu wem hinflüstert, sie legen seine anderen Sinne lahm. Denn von den abwesenden Akteuren des Flüsterns gibt es schlechterdings nichts zu sehen, zu tasten, zu riechen und zu schmecken.

Zweifellos, Rulfos Romankonstruktion wirkt vertrackter als die von Faulkner und die von de Assis. Zumindest für Leser, die auf herkömmlich durcherzählte Romane eingelesen sind, wie sie etwa Dickens und Flaubert, Dostojewski und Thomas Mann geschrieben haben. Was in Faulkners *Als ich im Sterben lag* geschieht, findet immerhin ein schlüssiges Ende, wenn nach vielen Hindernissen und Rückschlägen der Körper der gestorbenen Addie dort anlangt, wo die Sterbende hinstrebte, ins angestammte Familiengrab. Und was in de Assis' *Brás Cubas* geschieht, findet gleichfalls ein schlüssiges Ende, wenn die postumen Memoiren des Helden, trotz sprunghafter Gedankengänge, restlos alles enthalten, was er schreibend hat loswerden wollen. Gemessen daran, muss es wohl die Leser befremden, wenn Rulfos Juan, kaum hat er erkannt, dass er in einem Dorf von Toten weilt, auch schon selber aufgeht in deren Kollektiv; und wenn er dabei sein Profil als soeben noch prominenter Erzähler verliert. Und just dieser Wandel erfolgt, seltsam genug, nicht etwa gegen Ende, sondern schon in der ersten Hälfte des erzählten Geschehens. Befremdlich durchaus, aber trotzdem ganz im Sinn der Romankonstruktion. Inwiefern? Nur darum lässt sich Rulfos Dorf der Toten überhaupt erzählen, weil hier der Tod der Bewohner kein statisch starrer Zustand ist, weder für die betroffenen Einzelnen noch für den ganzen Ort. Mithin kann Erzählen als regsamer Hergang just auf diesem Schauplatz sogar mehrere ebenso bewegliche Hergänge entdecken und vergegenwärtigen. Und zwar durchgängig, vom Anfang bis zum Ende des Romans. Also nicht nur in der ersten Hälfte, solang Juan erzählend dominiert, auch weiterhin, seit er nur noch manchmal das Wort ergreift, als ein Neuling unter all den Toten.

Wie gesagt, es sind mehrere Hergänge, die hier den geläufigen Vorstellungen von Leichenstarre und Friedhofsruhe trotzen: wie die Toten miteinander umgehen; wie sie ihren Erinnerungen nachgehen, bald tiefer, bald minder tief in die Vergangenheiten dringend; wie sie eingehen auf den Fremdling Juan, der, vorerst noch lebendig, sie aufstöbert und in Anspruch nimmt. Aber auch Juan selbst beharrt und verharrt nicht auf dem festen Standpunkt seiner gewohnten Lebensweisen, Absichten und Erwartungen. Man merkt es daran, wie rasch er, benommen von dem, was auf ihn einstürzt, sein ursprüngliches Ziel aus den Augen verliert, die Suche nach dem fragwürdigen Pedro Páramo. Auch Juan also bewegt sich, obwohl in anderem Rhythmus und Zeitmaß als die Verstorbenen. Äußerlich und innerlich bewegt er sich, wenn er erzählend Comalas Räume durchstreift. Nirgends sperrt er sich stur dagegen, die rätselhaften Widerfährnisse an diesem Ort in Betracht zu ziehen und sie als vorbehaltloser Berichterstatter weiterzugeben. Gewiss, er kämpft verzweifelt an wider die zerstückelten Wahrnehmungen, die ihn schließlich umbringen. Gelten lässt er dagegen die gleichfalls erfahrungswidrigen Verkehrsformen der Toten. Somit ist er vorbereitet auf jenes nachlebenszeitliche Dasein, das ihn alsbald den ortseigenen Toten angleichen wird.

Sie erzählen sich selbst: uns und einander Dabei kommt es zum folgenreichen, sensationellen Umschwung im Erzählgetriebe von Rulfos Roman. Der Autor verübt ihn allerdings so unauffällig, als wolle er diesen riskanten Akt nicht gefährden: Juans Abdankung als tonangebender Ich-Erzähler. Widerstandslos und ohne Aufsehen zieht er sich zurück, um sich als eine nurmehr gleichrangige Stimme einzugliedern in den vielstimmigen Chor der toten Leute von Comala. Und das erfolgt, wie gesagt, schon innerhalb der ersten Hälfte des Geschehens. Von da an spielt sich in diesem Roman etwas ab, was seinesgleichen nirgends sonst findet unter den großen Erzählwerken der Weltliteratur.

Einzigartig, so scheint mir, ist nicht allein, wie hier eine unabsehbare Schar von Verstorbenen episch zum Sprechen gebracht wird, die strikt den Tod als verstummte Endgültigkeit verneint. Einzigartig ist erst recht, wie dieses vielköpfige erzählte Objekt, mitten im Lauf des Geschehens, sich unversehens auch noch ins Subjekt verwandelt, das sich selbst erzählt. Wohlgemerkt: kollektiv, nicht etwa individuell, so wie Werther in seinen hinterlassenen Briefen. Damit es dazu kommt, muss freilich dieses Objekt-Subjekt vorab von einem einzelnen Außenseiter aufgesucht, abgestimmt und in Schwung gebracht werden. Nicht genug damit. Rulfo, der verwegene Romankonstrukteur, bürdet seinem unscheinbaren und unsicheren Plebejer Juan noch etwas mehr auf. Der muss ja auch die Leser ins schaurige Labyrinth Comala hinein führen und drinnen herum: auf dass sie sich dort akklimatisieren, auf dass sie ästhetisches Vertrauen fassen zu jenem episch einzigartigen Objekt-Subjekt des Totenchors.

Betrachtet man ihn temporal, im Licht der zeitlichen Aktionsarten von Tätigkeitswörtern, dann erscheint *Pedro Páramo* als resultativer Roman. Den Lesern vergegenwärtigt er, was unabänderlich bereits erfolgt und vorbei ist, auch wenn es immerfort weiter redet: vielfältig, vielstimmig von den Resultaten der Selbstsucht eines Gewaltherrschers. So wie der Autor Rulfo es rhythmisiert, wird im Lauf des erzählten Geschehens an diesem Herrn eine ausgleichende Vergeltung vollstreckt. Zwar darf er wie alle andern ringsum die eigene Stimme erheben, um sein eigenes Lebensschicksal zu verlautbaren. Doch er darf damit nicht länger, mörderische Kommandos ausstoßend, die Stimmen seiner Opfer überdröhnen. Vereinnahmt wird er, inzwischen gesellschaftlich entmachtet, von der redenden und flüsternden Egalité der toten Dorfgemeinde. Aber nur kurzfristig. Denn seit seinem Tod, wenn der erstochene Pedro Páramo in steinerne Bröckel zerbirst, sind all seine menschlichen Organe dahin. Vollends fehlt der Mund. Dagegen erzählt der Chor all jener, die Páramo lebend zerschunden hat, gleichmütig über seine verstummten Trümmer hinweg.

Saramagos *Hoffnung im Alentejo*

1978 erschien dieses Buch des portugiesischen Nobel- und Camões-Preisträgers José Saramago. Merklich schert es aus der Reihe der Nach-Lebens-Romane und bleibt ihr dennoch eng verbunden. Tote, ob in Einzahl oder Mehrzahl, treten hier nicht leibhaftig in Aktion. Sie leben nur fort in ihren leidenden und endlich kämpfenden Nachfahren. Ungefähr in jenem Sinn, den schon Anna Seghers im Titel ihres ebenfalls politischen Romans metaphorisch andeutet: *Die Toten bleiben jung* (1949).

Wie bei Rulfo wird auch bei Saramago überwiegend im Einklang und zeitweilig mit den Stimmen eines chorischen Kollektivs erzählt. Doch es geht eben diesmal nur bildlich um Nach-Leben.

Aufstand, Auferstehung der Vielen Hier nämlich vollführt die Masse portugiesischer Landarbeiter, die seit eh und je gewaltsam geduckt am Boden gehalten, unter die Erde gebracht und totgeschwiegen wurde, hier vollführt sie plötzlich aus eigener Kraft: Auferstehung und Aufstand. Eben dies besagt der originale Romantitel, den die deutsche Übersetzung vernebelt. *Levantado do Chão*, das heißt: Aufgestanden vom Erdboden. Dem entsprechend handelt das ganze Buch von einer Erhebung, von einer Empörung, empor zum aufrechten Gang menschlicher Lebewesen. Schon der Titel also lässt ahnen: im Gegensatz zu *Pedro Páramo* herrscht in diesem Roman keine resultative Aktionsart. Hier herrscht eine inchoative Aktionsart, eine des Anbruchs und des Aufbruchs zu kommendem, fortwirkendem Tun. Erzählt wird ja von etwas radikal Neuem, das da anbricht. Und so, wie Saramagos Erzählen loslegt, gibt es wohlgemut zu erkennen, dass es selber entschlossen ist, tätig daran mitzuwirken. Weit holt es aus in der Vergangenheit zurückliegender Jahrhunderte. Unerlässlich, so zeigt sich, ist ein derart langer Anlauf, um vorzupreschen in die bessere Zukunft.

Gewaltiger als Rulfos schüttere Dorfgemeinschaft nimmt sich das Kollektiv aus, das Saramago nach und nach zum Romanhelden formiert. Gewaltiger im Umfang und im gemeinsamen Handeln, nachdem es sich abgekehrt hat vom vormals hunderttausendfach vereinzelten passiven Hinnehmen. Mehrere Epochen währt es, bis dieser kollektive Held sich selbst als solcher begriffen hat. Als tatkräftige, zielbewusste, gesellschaftlich homogene Gestalt, die sich aus zahllosen Individuen zusammensetzt. Danach freilich ragt er bei weitem hinaus über das körperliche Maß und die Lebensspanne eines noch so erheblichen Solohelden. Selbst über die superlativische Größe eines epischen Helden nach Art von Agamemnon, Aeneas und Orlando. Räumlich breitet er sich aus als unabsehbare Menge all derer, die man wie Arbeitstiere benutzt und vernutzt auf sämtlichen Latifundien des Alentejo, querweg im Land, hier und da und dort. Und zeitlich erstreckt sich dieser kollektive Held, längst schon, eh er sich seiner selbst bewusst ist, über viele Generationen im Lauf der Jahrhunderte: von der Frühzeit des Feudalismus bis hin ins letzte Drittel des zwanzigsten Jahrhunderts. Auferstehend in jenen, die schließlich im Jahr 1974 den Aufstand der so genannten Nelkenrevolution durchführen, leben also auch deren einst schon vermoderte Vor- und Vorvorfahren neuerlich auf.

Geltend macht sich hier eine plebejische Genealogie, die hinter der kampferprobten aristokratischen im alten Epos nicht zurücksteht. So, wie Saramago sie ins Treffen schickt – auch er ohne jedes heroische Gebaren –, erklärt er diese Genealogie, die literarisch niemals wahrgenommen wurde, für erzählenswert. Mehr noch. Er selbst macht sie kunstvoll erzählbar. Nicht etwa trotz ihres gewaltigen Umfangs, vielmehr davon angespornt. Zwanglos gelingt es, kraft listiger Wortgewalt eines Autors, der in mehrerlei Zungen zu erzählen versteht. Diversen, deutlich unterscheidbaren Stimmen erteilt er das Wort. Zeitweilig reden sie in pluralischem, solidarischem «Wir», zeitweilig auch im «Ich» des einen oder anderen Landarbeiters, den samt Familie der Autor als charakteristischen Fall heraushebt aus der gesichtlosen Masse. Ob so oder so, der Blick auf die Welt und die Einsicht in das, was sie «uns» und «mir» vorenthält, bleibt gesellschaftlich stets der gleiche. Immer sichtet er, was geschieht, aus dem erfahrungsreichen Blickwinkel von bislang entmündigten Arbeitssklaven, die nun hier im Roman den Mund auftun. Äußerlich ungeknebelt, innerlich ungehemmt.

Der Narrator und Seinesgleichen Aber da gibt es auch noch den eigentlichen Haupterzähler. Namenlos und gestaltlos redet er munter drauf los, läuft auf und davon vom Hundertsten ins Tausendste, um, gleich einem unermüdlichen Hund, schleunigst wieder zurückzukommen, prompt auf den Pfiff seines Herrn. Aber Hund und Herr sind hier derselbe Jemand, der auch dort, wo er ausschweift, letztlich bei der Sache bleibt. Bei der keineswegs einfachen Sache der Aufständischen. Erzählend springt er ihnen bei, sobald ihnen der Überblick fehlt oder die Worte ausgehen. Nirgends freilich spielt dieser Erzähler den Vormund. Von gleich zu gleich verkehrt er mit ihnen. Als ein Arbeiter, der den Wortschatz und Satzbau ebenso fachmännisch handhabt wie sie, die Landarbeiter, ihre Hacken, Sensen, Dreschgeräte. Was indes das unbefangene, schnabelgewachsene, zupackende Erzählen anlangt, ob gradewegs oder im Zickzack, da können sie ihm ebenso viel beibringen wie er ihnen. Und das immer wieder.

Beispielsweise dort, wo der Haupterzähler staunend ausmalt, wie eine Gruppe von Aufständischen amateurhaft das betreibt, was sonst sein eigenes Gewerbe ist. Auf einem Hügel rastend, in einer weiten, insgesamt hügeligen Landschaft, geben diese Arbeiter reihum allerlei kuriose Erlebnisse zum Besten. Einer von ihnen – João Mau Tempo heißt er und spielt eine maßgebliche Rolle im Romangeschehen – rückt zunächst etwas umständlich heraus mit seiner Geschichte. Dann kommt er in Schwung und zieht die andern in Bann. Zuvor, während der anderen Erzählungen, ist schon der Blick hinabgeglitten zum Boden, wo Ameisen stur und geschäftig ihren gebahnten Weg durcheilen. Und wenig später geht der Blick der Gruppe hinauf zum Himmel, wo ein Milan seine Kreise zieht. Jetzt also beginnt João zu reden. Sorgsam, mühsam, bedächtig. Nur seine Kumpane, nicht aber die Leser

erfahren, was er erzählt. Sie erfahren nur, wie er erzählt und unter welchen äußeren Bedingungen. Eben darauf kommt es dem eigentlichen Erzähler an:

> [...] bei João Mau Tempo wird es ein langes Gespräch, so als ob Steine für eine Treppe oder eine Brücke zusammengetragen würden, eine Brücke ist besser, über sie werden die Jahre und die Lasten hinweggehen können, und unten ist der Abgrund. Von dieser Entfernung aus ist es eine stumme Szene, wir sehen nur die Gesten, es sind ihrer nicht viele, alles hängt von den Worten und von dem Tonfall ab, auch vom Ausdruck der Augen, von hier aus sehen wir nicht einmal das Blau der Augen João Mau Tempos. Wir haben nicht den scharfen Blick des Milans, der hoch über der kleinen Korkeiche fliegt und seine Kreise zieht, hin und wieder sinkt er etwas tiefer, weil die Tragkraft der Luft schwächer wird, und dann, mit einem langsamen, elastischen Schlagen der Flügel steigt er wieder auf, um die Nähe und Ferne zu erfassen, dieses und jenes, das weite Latifundium und die Geduld in ihrem wahren Ausmaß. (212; 223)

Der Inhalt von Joãos Geschichte ist hier gleichgültig. Für Saramagos Haupterzähler ist sie nur Anlass, um den Hergang, die Darbietung, das Drum und Dran von Erzählen zu bedenken. Brauchbar und haltbar soll allemal sein, wie jemand erzählt. Gleichen soll es einer tragfähigen Brücke, über die man sorglos Lasten transportieren kann: wie von einem Rand der tiefen Schlucht hinüber zum andern, so auch von dem, der erzählt, zu jenen, die ihm zuhören. Und um den Zuhörern den verwertbaren Wert des Erzählten einzuprägen, bedarf es der leibhaftigen Überzeugungskraft des Erzählenden, die er allemal schöpft aus dem inständigen Zusammenspiel seiner Blicke und Gebärden, seiner Tonlage und Mimik.

Beschwingtes Erzählen, im Flugwind des Milan Das ist es, was Saramagos Haupterzähler – diesmal als poetischer Reporter – jenem ganz gewöhnlichen, gar nicht ostentativen Gebaren Joãos entnimmt, um es nachdrücklich an die Romanleser weiterzureichen. Mitsamt den unausgesprochenen Fragen in eigener Sache: was denn nun ein literarischer Erzähler anstellen soll, um das Zutrauen seines Publikums zu gewinnen; einer, dem all die leibhaftigen Ausdrucksmittel fehlen; einer, der auf keine lebhaft lauschenden Gesichter einspricht, sondern nur seine Papierblätter vollschreibt. Doch er hat die Fragen ja schon selbst beantwortet. Mit einem imaginären Brückenschlag zwischen Joãos mündlicher Erzählerei, hier auf dem Hügel, und dem Flug des Milan hoch oben in der Luft, der mit scharfen Jägeraugen den Erdboden da unten sondiert. Beide Beobachtungen verbindend, hat der Haupterzähler Winke empfangen, die er unverzüglich, aber auch weiterhin fruchtbar beherzigen wird bei den praktischen Erzählmanövern dieses Buchs.

Er muss sich nur einfach emporphantasieren in die Höhen des kreisenden Milan und sich mit dessen beutegieriger Sehschärfe bewaffnen, um ein weitwinkliges Blickfeld zu erobern. Einnehmen wird er diesen idealen strategischen Punkt, sobald er die verschiedenen, talauf talab dahinziehenden Aufständischen-Trupps mit den Augen verfolgt, um sie erzählend aufs Papier zu bringen. Zudem wird er sich, um allernächste Nähe zu erkunden, auch in die gleichfalls beobachteten Ameisen hineinversetzen. Dergestalt ergänzt er seine außermenschliche Sicht von hoch oben auch noch durch die von tief unten. Im Lauf des Geschehens werden diese erzählwegweisenden Tiere leitmotivisch wiederkehren, der kreisende Milan droben und die rastlosen Ameisen drunten. Ersehen mögen die Leser daraus, dass auch die animalische Natur sich am Aufstand der Auferstehenden beteiligt.

Abgebrochener Aufbruch Was aber wird daraus, wenn erzählende Vergegenwärtigung zur historischen Vergangenheit wird – aufgrund außerliterarischer Umstände? Entstanden ist dieser inchoative Roman unmittelbar nach besagter Nelkenrevolution. Zukunftsgerichtet erzählt er die Vorgeschichte, die dazu führen musste, dass die portugiesischen Landarbeiter die daniederliegende, fürs ganze Land notwendige Produktion in die eigenen Hände nehmen. Inzwischen haben internationale Machtverhältnisse die Errungenschaften dieser Revolution fast restlos wieder rückgängig gemacht. Sodass der Roman einerseits überholt erscheint durch die geschichtliche Wirklichkeit, andrerseits aber neuerlich zu einem inchoativen, zukunftsgerichteten Hoffnungswerk geworden ist: eines Tages vielleicht von vielen, für viele, aus vielen Erzählmündern.

AVENTIURE-PRINZIP IM ROMAN

Durch *Don Quijote*, zumal durch den windschief heroischen Titelhelden, wurde die Gattung Epos zwar angefochten, aber nicht erledigt. Noch bis ins frühe 19. Jahrhundert sind bemerkenswerte Versepen geschrieben worden, freilich mit neuartigen Sujets und Erzählhaltungen, auch in neuartigen Stillagen; dabei ihrerseits beeinflusst vom längst verbreiteten und vorherrschenden Prosaroman. Manche davon haben sich sogar weltliterarisch durchgesetzt und das keineswegs als altertümelnde Kuriositäten. So Lord Byrons *Childe Harold* und *Don Juan*, so Alexander Puschkins *Eugen Onegin*.

Andauernde, fast allzweckliche Erzähl-Lafette Schon gar nicht hat *Don Quijote* dem Aventiure-Prinzip den Garaus gemacht, das in allen herkömmlichen Epen dem erzählten Geschehen zugrunde liegt. Also jener Abfolge von gefährlichen Abenteuern, die ein Held oder mehrere zu bestehen haben, um ein äußerlich und innerlich gesetztes Ziel zu erreichen. Dieses offenbar unverwüstliche Prinzip hat die eigentliche Gattung Epos nicht nur bei weitem überlebt. Es hat sich vielmehr schon früh – entheroisiert – als wertfrei praktikables Erzählschema auch dem Prosaroman anempfohlen, nutzbar für durchaus unterschiedliche Welt-Anschauungen und Ausdrucksbelange. Wir finden es bereits in den spätantiken wunderhaltigen Werken nach Art von Apuleius' *Goldenem Esel*. Wir finden es, nunmehr alltagsprall, seit dem 16. Jahrhundert im spanischen Schelmenroman samt seinen Abwandlungen außerhalb, so Grimmelhausens *Simplicius Simplicissimus*, so Lesages *Gil Blas*, so Defoes *Moll Flanders*. Wir finden es beim so genannten Bildungsroman nach dem Muster von Goethes *Wilhelm Meister*, ob romantisch entlegen wie in Novalis' *Heinrich von Ofterdingen* und Eichendorffs *Ahnung und Gegenwart*, ob handfest gesellschaftsbezogen wie in Dickens' *David Copperfield* oder Kellers *Grünem Heinrich*. Schließlich finden wir es noch heute in zahllosen Romanen unterschiedlichster Thematik, mal mit ehrgeizigem, mal mit gleichgültigem literarischen Anspruch.

Dabei konnte und kann sich das Aventiure-Prinzip – auch außerhalb seines erhabenen Spielraums im Epos – als allemal unverkennbare, leistungs- und anpassungsfähige Lafette des Erzählens bewähren. Den ureigenen Bedürfnissen dieser Tätigkeit kommt es in vieler Hinsicht entgegen. Vor allem begünstigt es die gesellige Anstrengung: dem sesshaften Publikum hier und jetzt ein spannendes, ein uneinschläferndes

Geschehen zu vergegenwärtigen, das sich anderswann und anderswo zugetragen haben soll; ein Geschehen zwischen umtriebigen, waghalsigen, körperlich und geistig mobilen Personen. Beträchtlich ist das Spektrum, wo und wie Romanautoren das Aventiure-Prinzip für ihre jeweils besonderen Zwecke einsetzen. Um dieses Spektrum zu verdeutlichen, wähle ich zwei extrem ungleichartige Werke als Beispiel. Was sie voneinander trennt, ist kein geschichtlicher Abstand; sie stammen beide aus dem späten 19. Jahrhundert. Es ist der literarische Anspruch, die angestrebte Wirkung, und, damit im Einklang, die Konstruktion und das Volumen des jeweiligen Romans. Nicht zuletzt unterscheiden sie sich darin: wie wichtig – über die schiere Erzähl-Lafette hinaus – der eine und der andere Autor das Aventiure-Prinzip nimmt, um es so oder so ideologisch aufzuladen.

Spannweite: von Satire bis Kolportageroman Der eine Autor ist Alphonse Daudet. Mit seinem Roman *Les Aventures prodigieuses de Tartarin de Tarascon (Die außerordentlichen Abenteuer des Tartarin aus Tarascon,* 1872) entwirft er der redseligen Aufschneiderei seiner provenzalischen Landsleute ein komisch satirisches Denkmal. Ein lebendiges, im wandelnden Fleisch und Blut des Titelhelden. Anders als dieser Tartarin trumpft die Erzählweise nirgends auf. Unversehens wechselt sie geschmeidig zwischen bissigem, selbstironischem und wohlwollendem Tonfall. Dermaßen unprovinziell malt Daudet das lautstarke Auftreten seines Provinzlers aus, dass das Buch im Nu auch außerhalb von Frankreich eine entzückte Leserschaft fand, die nach weiteren Abenteuern des geschätzten Maulhelden verlangte. Daraufhin ließ der Autor, den Schauplatz verlagernd, noch zwei Fortsetzungen folgen. Ebenso schlank wie das erste, aber minder originell: *Tartarin sur les Alpes* (1885) und *Port Tarascon* (1890).

Der andere Autor ist Karl May, Deutschlands populärster Jugendschriftsteller, der es eigentlich auf eine erwachsene Leserschaft abgesehen hatte. Ganz entschieden an Unjugendliche, weil besonders blutrünstig sowie um erotische Schlüpfrigkeit bemüht, wenden sich fünf maßlos umfangreiche Schmöker, die krude Abenteurerei verschränken mit drastisch vergröberten historischen Gestalten und Ereignissen der seinerzeit jüngsten Vergangenheit. Verfasst wurden sie als Kolportageromane, vertrieben von reisenden Kolporteuren, die in heftchenweisen Happen dem dörflichen und vorstädtischen Publikum allwöchentliches Lesefutter anlieferten. Ein schnellfertig dahingeschludertes Genre, verpönt bei feinsinnigen Bildungsbürgern. Grund genug für den ehrgeizigen Autor, diese Heftchen, wie auch später die gebundenen Buchausgaben, unter Pseudonym erscheinen zu lassen. Fast jeder der fünf Kolportageromane füllt sechs Bände mit insgesamt 2500 Seiten.

Daudets *Tartarin von Tarascon*

Womit Karl May seine schlichten Leser vermutlich vor den Kopf gestoßen hätte, damit kann Daudet den seinen und sich selbst ein Vergnügen bereiten: mit einer kapitalen literarischen Anspielung. Sie gilt

ausdrücklich dem *Don Quijote*. Cervantes' Romanheld wirft seinen Schatten auf den von Daudets Romanheld. Maßgeblich und zugleich maßstäblich, ohne dass Tartarin selbst es gewahr würde, wirkt jener mit an seinem eigenen Tun und Lassen. Maßgeblich, weil sein komisches Verhängnis, wie schon jenes des Don Quijote, darin besteht, dass er sich selber mit dem fernen, längst vergangenen epischen Heroismus messen muss. Und maßstäblich, weil Tartarins persönliches Format, laut Erzähler, zu bemessen ist am Format des Vorläufers, der zwar gleichfalls, aber aus anderen Gründen, dem ritterlichen Aventiure-Prinzip nicht gewachsen ist. Bei Don Quijote sind es die zeitgenössischen Verkehrsformen, die jedes epenwürdige Auftreten als lachhaften Anachronismus abblitzen lassen. Bei Tartarin dagegen – zusätzlich zum fortgeschrittenen gesellschaftlichen Entwicklungsstand, zweieinhalb Jahrhunderte später – sind es seine mangelnde Tatkraft und die kolonialistisch besudelte Wildnis.

Parodie der Parodie des Cervantes Indem Daudet den Romanhelden mit der Elle, besser mit der Lanze des Don Quijote misst, trotzt er dem erhabenen Aventiure-Prinzip auch noch weitere Komik ab. Ungemein hinterhältige und verschrobene. Wie erinnerlich, nutzt die alte Ependichtung es ja nicht nur als neutrales Erzählgerüst, das ihr die spannende Abfolge unversehener Fährnisse verschafft. Sie nutzt erst recht die ideelle und körperliche Schwungkraft, die vom Aventiure-Prinzip ausgeht: den unerschöpflichen Beweggrund, der jeden Epenhelden dazu antreibt, sich mit seinesgleichen anzulegen, um ihn im Kampf zu übertreffen. Wenn Daudet nun gar noch den literarisch berühmtesten Kämpfer und Verlierer Don Quijote in die Schranken ruft, damit er gegen seinen satisfaktionsunfähigen Tartarin antrete, dann schubst er mutwillig beide Gegner in eine komisch ehrenrührige Lage. Dem Tartarin kann sie freilich nichts anhaben. Denn der offenbart sich schon jetzt so wie am Schluss des Romans, heimgekehrt aus lauter Blamagen, als unverwundbares Stehaufmännchen. Ähnlich unbeschädigt geht er also auch aus dem innerpoetischen Agon mit Don Quijote hervor, indem er seine voraussehbare Niederlage so schamlos wie unbewusst in einen Triumph verwandelt. Dabei hat er die simplen Lacher, also ganz Tarascon, auf seiner Seite. Der Erzähler indes steht und waltet auf der Gegenseite.

Denn Tartarin als Romanperson ahnt ja nicht, mit wem er da hinterrücks verglichen wird. Und erst recht nicht, was ihm widerfährt, wenn der Erzähler ihn obendrein auch noch charakterlich verdoppelt.
Der nämlich macht ihn zeitweilig zu einem seltsamen Geschöpf, das wohl einzigartig ist unter allen Titelhelden der Romanliteratur. Er macht ihn zum heroisch-antiheroischen Amphib. Ein wenig ähnelt es dem raren zweiköpfigen Tier namens Pushmi-Pullyu des *Doctor Dolittle* in Hugh Loftings Kinderroman, das zugleich vorwärts und rückwärts zu gehen trachtet. Hier nun bei Daudet vergleicht der Erzähler nicht einfach, Mann gegen Mann, seinen Helden mit dem von Cervantes. Er zieht vielmehr das ganze wohlbekannte Helden-Duo heran, Don Quijote + Sancho Panza. Mit dem Ergebnis, dass beide sich re-inkarnieren im neuen amphibischen Helden Tartarin. Wie die Leser sich das lebendige Geschöpf vorzustellen haben, und auf welche Weise es sein spannungsvolles Doppelleben führt, mehr innerlich als äußerlich, das erläutert ihnen der Erzähler nur zu gern. Genüsslich ausschweifend:

> Ich muß es doch heraussagen: es gab in unserem Helden zwei ganz verschiedene Wesenheiten. ‹Ich spüre zwei Menschen in mir›, hat irgendein Kirchenvater gesagt. Wie recht hätte er erst bei Tartarin gehabt, den die Seele des Don Quijote bewegte, der gleiche Geist des Rittertums, das gleiche heldische Ideal, der gleiche Hang zum romantisch Gewaltigen. Aber, zu seinem Unglück, hatte er nicht auch den Körper des ruhmreichen Hidalgo, diesen knochigen, mageren Körper, diesen gleichsam nur scheinbar vorhandenen Körper, der es aushielt, zwanzig Nächte mit umgeschnalltem Harnisch zuzubringen und achtundvierzig Stunden von einer Handvoll Reis zu leben ...
>
> Der Tartarin hatte einen biederbraven Leichnam, dick, faul, empfindlich, verwöhnt, wehleidig, mit bürgerlichen Ansprüchen und häuslichen Neigungen, hatte den dickbäuchigen, kurzbeinigen Leib des unsterblichen Sancho Panza.
>
> Don Quijote und Sancho Panza in einer Person! Versteht sich, daß das eine böse Wirtschaft gab!
>
> O diese Kämpfe! Dieses Hinundhergezerr! (34; 26)

Sancho wider Quijote, drinnen in Tartarins Seele Nachdem er das markante Helden-Duo solchermaßen seinem Solo-Helden einverleibt und die Leser eben darauf eingestimmt hat, gibt es für den Erzähler kein Halten mehr. Jetzt kann auch er sich in jener Provinz tummeln, die Cervantes ein für allemal der neuen Gattung Roman erobert hat: im Innenleben der handelnden Personen. Die ausgiebigen Streitgespräche, wie sie Don Quijote und Sancho Panza führen, reitend und rastend auf ihren Wegen durch die Mancha, sie verlagern sich hier ins Innere des Tartarin. Drinnen nun, im geräumigen Leib des Mannes aus

Tarascon, reden sie aufeinander ein, kaum anders als dramatische Gegenspieler auf der Bühne. So, wie der Erzähler, allerdings episch gelassen, diese Dialoge entfesselt, ähneln sie gar den so genannten Stichomythien des Tragöden, ihrem redefechtenden Schlagabtausch Vers gegen Vers. Scheinbar ernsthafte Szenenanmerkungen tun ein übriges:

> Tartarin-Quijote begeistert sich an den Erzählungen von Gustave Aimard [zeitgenössischer Globetrotter und Verfasser vielgelesener Abenteuer-Romane] und ruft: «Ich breche auf!»
>
> Tartarin-Sancho denkt nur an Gliederreißen dabei und sagt: «Ich bleibe!»
>
> Tartarin-Quijote (schon ganz aufgeregt): «Bedecke dich mit Ruhm, Tartarin!»
>
> Tartarin-Sancho (sehr ruhig): «Tartarin, bedecke dich mit Flanell!»
>
> Tartarin-Quijote (schon ganz aufgeregt): «O diese herrlichen doppelläufigen Gewehre! [...]
>
> Man reiche mir eine Axt!»
>
> Tartarin-Sancho (klingelt dem Dienstmädchen): «Jeanette, meine Schokolade!» (35 f.; 23 f.)

Derart innerlich zerrissen fühlt sich der Held, seit ihm seine Ortsgenossen gleichermaßen den Mund wässrig und die Hölle heiß gemacht haben. Nicht etwa in kaltem Hohn, sondern in wärmster Verehrung: Tartarin möge doch, seinem wohlverdienten Ruhm entsprechend, endlich nach Nordafrika aufbrechen. Dorthin, wo – so hat er es ja selbst oft genug beteuert – gefräßige Löwen, blutrachedurstige Beduinen und raubmörderische Kabylen darauf warten, von ihm bekämpft und zur Strecke gebracht zu werden.

Wie aber ist er in diese Klemme geraten? Und was ist er überhaupt für einer, dieser wohlbeleibte und gutmütige, alleinstehende und allbewunderte Bürger von Tarascon? Behaglich und untätig lebt er von ererbtem Vermögen, umsorgt von bravem Gesinde. Gleich Don Quijote – von dem er nie etwas vernahm außer im eigenen Inneren – liest Tartarin reichlich und ausschließlich Abenteuerbücher. Vor allem solche, die wie die Werke von Gustave Aimard selbsterlebte Wagnisse versprechen. Ansonsten isst, trinkt und schläft er ausgiebig in seinem gepflegten Haus, das mit einer trutzigen Waffensammlung bestückt ist. Nur außerhalb, im Club und Wirtshaus, lässt er seinem kühnen Maulheldentum freien Lauf. Lesefrüchte verquirlend mit erträumten eigenen Taten, ruft jegliches, was er erzählt, staunende Bewunderung bei der nicht ganz so maulheldischen Umgebung hervor. So kommt allmählich das Gerücht auf, Tartarin sei dabei, in die nordafrikanischen Wüsten und Felsengebirge aufzubrechen, um noch weitere Heldentaten zu vollbringen. Nichts liegt ihm ferner. Ist er doch schon immer, freilich gut getarnt, ein veritabler Angsthase. Trotzdem, sobald dieser Mann redend in Schwung gekommen ist, überwältigt er nicht nur die gläubigen Verehrer, die gebannt an seinen Lippen hängen. Auch er selbst fühlt sich mitgerissen von der eigenen Suada und dem Glauben der andern an ihn.

Besonders eindrucksvoll wirken die geselligen Abende im Honoratiorenkreis. Da drängt man ihn, er solle doch, eh er loszieht, vielleicht sogar auf Nimmerwiedersehen, hier und jetzt schildern, was er dort in der grausamen Wildnis erleben werde. Und zwar auf der Stelle, bitte, da ja die Abreise unmittelbar bevorstehe. Trotz melierter Gefühle kann er diesem Verlangen nicht widerstehen.

> Wenn dann nach dem Essen der Kaffee gereicht wurde, rückte alles die Stühle zusammen, und er ließ sich herbei, von seinen künftigen Jagden zu erzählen.
>
> Und nun, die Ellbogen auf dem Tisch, die Nase in seiner Mokkatasse, schilderte er mit bewegter Stimme alle die Gefahren, die da unten [in Afrika] auf ihn warteten. Er schilderte, wie er in langen Vollmondnächten auf dem Anstand ausharren würde, schilderte die Sümpfe und ihren Pesthauch, erzählte, wie das Laub der Oleanderbäume die Flußläufe vergifte, sprach von Schnee- und Sonnenbrand, von Skorpionen und von Heuschreckenschwärmen; er besang die Lebensweise der Löwen im Atlas, ihre Art zu kämpfen, ihre beispiellose Kraft und ihre Wildheit in der Brunstzeit …
>
> Und er geriet bei seiner eigenen Erzählung ins Feuer, stand auf, sprang in die Mitte des Eßzimmers und ahmte das Gebrüll des Löwen nach, den Lärm des Schusses, peng, peng! das Pfeifen der Sprengkugeln, pfft! pfft! Er schlug um sich, er schrie, er warf Stühle um …
>
> Und um den ganzen Tisch erbleichte alles. (58 f.; 33 f.)

Ein wirksames und bezeichnendes Crescendo. Nicht nur die Körperhaltung, die Motorik und die Lautstärke Tartarins steigern sich: vom

Sitzen am Tisch mit der Nase in der Tasse und dem gemessenen Ton bis zum Hochspringen, zum Toben und Herumschleudern des Mobiliars, begleitet vom Gebrüll. Auch die Gefahren schwellen an, die da heraufbeschworen werden. Ebenfalls von klein und niedrig hinan zu groß und gewaltig, von den giftigen Bodendünsten und Insekten bis zu den brüllenden Löwen und krachenden Explosivwaffen. Hier spricht, mimt und fuchtelt einer, der auch hernach, sobald der Ernstfall der Abreise immer näher rückt, seine Vorkehrungen zu dosieren versteht wider alle Notstände im kommenden Abenteurerdasein. Stufenweise verschafft er sich mannigfache Rettungsmittel gegen Wunden und Mängel, die ihm die drohende Ferne noch gar nicht hat zufügen können.

Maulheldentaten in zerschundener Wildnis Zunächst lässt er sich – Geld hat er ja, mehr als Mut – zwei kostbare, aber noch leere Waffenkisten anfertigen mit glänzenden Beschlägen und schmuckem Namensschild. Danach ordert er eine Unmenge Konserven mit Fertigkost sowie Schirme, auch eine «blaue Brille gegen Augenentzündungen»; dann noch eine prallvolle Taschenapotheke, die alles Erdenkliche enthält, einschließlich so genanntem «Vierdiebe-Essig [vinaigre des quatre-voleurs] gegen Pest» (69f.; 49). Also nichts als vorbeugende und abwehrende Maßnahmen gegenüber körperlichen Schicksalsschlägen, die anderswo und irgendwann vielleicht über Tartarin hereinbrechen könnten. Erweisen wird sich freilich, dass er davon gar keinen Gebrauch machen muss, sobald er sich endlich «dort unten» in Algerien weniger herumtreibt als herumtreiben lässt.

Erschreckend nämlich – statt wie bisher erheiternd – schildert der Erzähler: in jenen keineswegs urwüchsigen, vielmehr kolonialistisch heruntergewirtschafteten Landstrichen sind heroische Gefahren weder zu erhoffen noch zu befürchten. Hier findet jemand wie dieser tumbe, überbewaffnete Tartarin wenig Gelegenheit, um sein Leben bangen zu müssen. Nein, hier muss er allenthalben damit rechnen, von schäbigen europäischen Glücksrittern hinters Licht geführt und übers Ohr gehauen zu werden. Was ihm denn auch immerfort widerfährt: seis bei nächtlichen Großwildjagden, wo Tartarin in ahnungslos banger Kühnheit den zahnlosen, blinden Löwen eines Bettlers erlegt; seis unter ähnlich zerschlissenen unechten Haremsdamen. Am Ende seines nordafrikanischen Abenteurerlebens ist der Held gezwungen, seine ungenutzten Vorräte an Waffen, Konserven und Heilmitteln zu verscherbeln.

Andernfalls könnte er die Kosten für die Rückreise nicht aufbringen. Denn niemand will sein erbärmlich heruntergekommenes Kamel erstehen, das getreulich an Tartarin hängt. Er aber will und muss sich von ihm trennen; nicht länger nämlich kann er den Blick und Anblick dieses rührenden Tiers ertragen, in dem er seine eigenen Niederlagen gespiegelt sieht. Zerschunden, wie das Kamel ist, würde es, nähme er es mit, Tartarins zerstörte Reputation zuhause in Tarascon endgültig besiegeln.

Beklommen, droben auf dem Deck des Schiffs, nähert er sich dem Hafen von Marseille – und kann nicht fassen, was er da sieht und hört. «Ganz Tarascon», festlich gekleidet und lautstark befeuert von einer Musikkapelle, jubelt dem Heimkehrer zu. Ohne Spott wie eh und je, aus übervollem Herzen. Denn das Fell jenes altersschwachen Löwen ist mit der Post noch eher angekommen als der Held selbst. Offenbar weiß niemand etwas von seinen Blamagen oder will nichts davon wissen. Schließlich verehren die Leute von Tarascon ja schon immer in Tartarin durchaus sich selbst, weil er ganz der ihre ist und obendrein noch so wagemutig. Und schon ist auch er wieder obenauf. Sogar das anhängliche Kamel, das ihm unbemerkt nachgeschwommen war übers weite Meer und jetzt eben die Mole erklimmt, kann ihm nichts mehr anhaben. Denn prompt wird das Kamel rings umjauchzt von «ganz Tarascon». Ist es doch geadelt als Reittier des großen Tartarin, mit dem es – sichtlich – durch Dick und Dünn gegangen ist. Viel wird er selber zu sagen haben. Bereits auf dem Weg vom Bahnhof nachhause – der Zug hat alle nach Tarascon gebracht – setzt er dazu an. So wird der letzte, abgebrochene Satz des Romans zum ersten Halbsatz von Tartarins Berichterstattung, die mit Pünktchen ausschwingt ins beinah Unendliche:

> «Stellt Euch vor», sagte er, «eines Abends stehe ich inmitten der Wüste Sahara ...» (233; 116)

Nicht vom Handeln, vom Erzählen handelt Daudets Roman Spätestens dieser Schluss gibt nochmals den Wink: Daudets vielgelesener Roman betreibt nicht nur eine halbwegs wohlwollende Satire auf das prahlerische Gebaren von Provençalen; nicht nur eine Travestie des epischen Aventiure-Prinzips, die mit Hilfe des *Don Quijote* noch über diesen hinausreicht; nicht nur eine grimmige – von mir hier vernachlässigte – Polemik gegen die Entstellungen und Verstümmlungen vormals eigenartiger Völker- und Landschaften unter französischer Kolonialherrschaft.

In seinem Gegenstand und seiner Konstruktion ist es Daudets Roman mindestens ebenso deutlich ums Erzählen überhaupt zu tun, um den Hergang und die Wirkung dieser Tätigkeit. Deshalb empfiehlt er sich unserer Aufmerksamkeit ganz besonders. Stoßen werden wir dabei auf merkwürdige Berührungspunkte mit schon erörterten erzählenden Werken und Tendenzen, die ansonsten dem *Tartarin* denkbar fern liegen, geschichtlich und poetisch.

Wie allemal, so auch hier, jedenfalls auf den ersten Blick: Wer erzählt, redend oder schreibend, vergegenwärtigt den Hörern oder Lesern Geschehnisse, die abliegen und zurückliegen. Nicht anders Daudet. Aus der Sicht und mit der Stimme seines launischen Erzählers vergegenwärtigt er den Lesern, was alles Tartarin getrieben hat im Lauf des letzten Jahrzehnts, da und dort in Tarascon und in Algerien. So weit, so allgemein üblich. Spezieller geht es zu, wenn Daudet vergegenwärtigt: dass und was, wie und mit welcher Wirkung dieser Tartarin seinerseits erzählt. Spezieller, aber keineswegs außergewöhnlich wirkt eine solche Situation. Dazu kommt es zwar nicht in jeglicher Epik, dafür aber umso mehr in jener, die eigens vom Erzählen erzählt. Ausgiebig habe ich sie schon im IV. Kapitel erörtert. Dort allerdings an ungleich gewichtigeren Werken nach Art von *Tausendundeine Nacht* und *Decamerone*, wo es beim Anlass, Hergang und Ziel des Erzählens fast immer um Tod und Leben geht.

Dabei zeigt sich nun ein erster merkwürdiger Berührungspunkt mit Daudets Roman. Verglichen mit jenen Werken, zeichnen sich die absonderlichen Verhältnisse des erzählenden Tartarin besonders drastisch ab. Man denke an das schon angesprochene Abendessen, geraume Zeit vor der Abreise des Helden, wenn er, gleichsam als heißbegehrter Nachtisch, den Zuhörerkreis mit seinem Erzählen in Bann zieht. Zunächst fällt da auf: im Unterschied zu Schehrezâd vor dem Sultan, zu Boccaccios Erzählrunde aus dem pestbefallenen Florenz kommt Tartarin gar nicht unmittelbar zu Wort. Er spricht nicht in direkter Rede auf seine Zuhörer ein, also auch nicht auf die Leser. Stattdessen ist es Daudets Erzähler, der uns berichtet, wie der Held die Tischgesellschaft beeindruckt durch das, was und auf welche Weise er erzählt. Nur der Erzähler, aus höherer Warte, kann eine derart ironisch gefilterte Reportage veranstalten von Tartarins aberwitzig narrativem Wüten, das jedem Erzählen spottet:

> [...] er besang die Lebensweise der Löwen im Atlas, ihre Art zu kämpfen, ihre beispiellose Kraft und ihre Wildheit in der Brunstzeit. Und er geriet bei

> seiner eigenen Erzählung ins Feuer, stand auf, sprang in die Mitte des Esszimmers und ahmte das Gebrüll des Löwen nach, den Lärm des Schusses, peng, peng! das Pfeifen der Sprengkugel, pfft! pfft! Er schlug um sich, er schrie, er warf Stühle um; um den Tisch erbleichte alles. (58; 33 f.)

Wahrlich, was sich hier abspielt, spottet in vieler Hinsicht jedem Erzählen. Nicht nur, wenn Tartarin, hingerissen vom eigenen Redefuror, den gegebenen Abstand jedes Narrators zu seinen Gegenständen jäh überspringt und in motorische Raserei ausbricht, also statt episch nurmehr szenisch vergegenwärtigt; und wenn er vollends die Rollen seiner Gegenstände selber spielt, mit eigener Stimme den erzählten Löwen erbrüllend, die Schüsse erknallend und erpfeifend. Nein, Tartarin stellt zudem noch so, wie er erzählt, den Sinn und Zweck von Erzählen überhaupt in Frage. Und das im Einvernehmen mit seiner ebenso verblendeten Zuhörerschaft. Erfüllt er doch ihren schlichtweg unerfüllbaren Wunsch, von seinen *künftigen* Jagden zu erzählen, «de ses chasses futures».

Episches Präteritum zielt in die Gegenrichtung. Erzählen kann nur, wer zurückblickt auf etwas, was schon geschehen ist; nicht wer vorausblickt auf etwas, was – vielleicht – noch geschehen wird. Auch nicht, was jetzt im Moment anderswo geschieht in Anwesenheit von einem berichterstattenden Jemand, der eben nicht erzählt, sondern eine Reportage liefert. Für jedes erzählende Lebewesen gilt das, also auch für Tartarin. Überall und jederzeit gilt es. Deshalb kann Vergils Aeneas wirkungsvoll der Königin Dido seine Abenteuer im und seit dem vergangenen trojanischen Krieg erzählen. Doch um die Zukunft zu erfahren, muss Aeneas die Unterwelt aufsuchen, als extemporalen und exterritorialen Ort, wo sein verstorbener Vater als nunmehr Un-Lebewesen ihm künftige Geschehnisse erzählen kann. Und deshalb auch beansprucht Döblin einen allwissenden Erzähler, den keine Lebensgrenzen beengen, wenn sein gewaltiger Roman *Berge Meere und Giganten* ein episches Futur II entwirft, ausmalend, was geschehen sein wird im Lauf der kommenden sieben Jahrhunderte nach dem Erscheinungsjahr.

Gemessen an solchen überdimensionalen Unternehmungen, hält sich Daudets mikroallwissender Erzähler, scheinbar bescheiden, an sein leicht überschaubares zeitliches und räumliches Blickfeld. Denn das notorisch weit ausgreifende Aventiure-Prinzip beschwört er ja nur darum herauf, um Tartarin daran scheitern zu lassen. Scheitern allerdings als vermeintlichen Sieger: dank rhetorischer Bravour vor einem dankbaren Publikum, das, ausgedörrt im ereignisarmen Alltagsleben, nach den vorenthaltenen Abenteuern lechzt. Je mehr nun aber dieser Maulheld hermacht, wenn er sein unbedarftes, unergiebiges, uneigenartiges Außen- und Innenleben lauthals überspielt, umso üppiger und origineller entfaltet Daudets Erzähler seine Künste. Damit macht er den Lesern eine heitere Gegenrechnung auf zu den profitablen Fehlspekulationen seines Helden, der, wo er erzählt, nicht minder versagt, als wo er handgreiflich handelt.

Gewinnreich sind diese Spekulationen nur, weil Tartarins ebenso unbedarfte Zuhörerschaft offenbar gar nicht nach Erzählen verlangt, vielmehr nach schaumschlagender Schaustellerei. Die Gegenrechnung führt den Lesern vor Augen, was gelingendes und gelungenes Erzählen vermag. Und zugleich: wie umfang- und ausdrucksreich das Spektrum dieser Kunst im Lauf der Zeiten geworden ist, zumal für Virtuosen, die sich darauf verstehen. Nicht selbstzwecklich, sondern zielbewusst. Nicht blindlings, sondern wählerisch. Es ist uns ja schon aufgefallen, wie erfinderisch Daudets Erzähler zurückgreift auf die epische Mitgift von Cervantes' Helden-Duo. Dort, wo er Don Quijote und Sancho Panza seinem Helden implantiert, um dessen widerstreitenden Seelenhälften Stimme und Gestalt zu verleihen. Doch dabei belässt er es nicht. Auch den Dichter selbst holt er herein ins eigene Erzählgeschäft. Ihn, Cervantes, der dem alten Epos den neuen Roman entgegengesetzt hat, ruft er feierlich zu Beginn seines Nord-Afrika-Abschnitts an. Feixend huldigt er dabei auch noch dem Rhapsoden Homers samt all seinen Nachfahren, die jedes Mal die göttlichen Musen anrufen, um mit deren Beistand *Odyssee* und *Aeneis* und sogar noch Byrons *Childe Harold* episch in Gang zu setzen:

> O Miguel de Cervantes Saavedra! Wenn es wahr ist, was man sagt, daß an Stätten, wo große Männer weilten [Cervantes war fünf Jahre gefangen bei algerischen Piraten], ein Hauch von ihrem Geist übrigbleibt, [...] dann musste, was von dir noch vorhanden ist am Berberstrand, vor Freude beben, als Tartarin von Tarascon sein Boot verließ, diese Wiedergeburt der beiden Helden deines Buches [...]. (97f.; 54)

Seltsame Bekräftigung von Erzählen als Beleuchten Immer wieder kommt es zu solchen Berührungspunkten mit markanten Werken oder ebenso markanten Tendenzen der Erzählkunst aus einigen tausend Jahren. Bald mehr, bald minder deutlich. Denn nur selten werden sie so ausdrücklich heraufgerufen und angeeignet wie im prominenten Fall des Don Quijote und seines Dichters. Mindestens so bemerkenswert wirkt indes ein prägnantes Leitmotiv, das namen- und herkunftlos erscheint, also auf kein bestimmtes literarisches Werk verweist. Dass ihm maßgebliche Bedeutung zukommt, zeigt die Komposition des Romans. Denn dieses Leitmotiv – ‹Sonne› – akzentuiert den Verlauf des erzählten Geschehens von Anfang bis Ende. Nachdrücklich wird es auf den ersten Seiten angestimmt; auf der letzten erklingt es als bekräftigende Reprise; und dazwischen wird es ausgiebig entwickelt. Um die Sonne also geht es. Aber nicht um die Sonne schlechthin und omnipräsent in aller Welt, vielmehr um die einzigartige Sonne des Midi, der südfranzösischen Gegenden.

Halb hymnisch, halb zwinkernd intoniert der Erzähler dieses Leitmotiv. Und ebenso semiernsthaft mutet es an, wenn er jene Sonne des Midi zum wahren Ursprung und Urheber dessen erklärt, was sich im und um den Romanhelden Tartarin herum abspielt. Wissenschaftlich mag die Begründung noch so wacklig erscheinen, poetisch leuchtet sie ein: immerhin geht Daudets Erzähler ja aus vom ganz besonderen Licht. Mithin verfährt er sinnfälliger als die Astrologen, die bestimmte Personen im Bannkreis der Planeten Jupiter, Venus oder Saturn festmachen: wenn er betont, wie nachdrücklich und folgenreich alle Provençalen der eigentümlichen Strahlkraft der Midi-Sonne ausgesetzt sind. Jenes einzigartige Licht, das wisse er ganz genau, steuere die Optik, folglich auch die Weltanschauung sämtlicher Eingeborenen ebendort. Und daraufhin auch noch ihr inneres und äußeres Rumoren, das sich in maßlos aufbauschendem Wortschwall entlade. Dergestalt:

> Der Mensch im Midi lügt nicht, er täuscht sich nur. Er sagt nicht immer die Wahrheit, aber er glaubt sie zu sagen. [...] Um mich recht zu verstehen, fahrt doch runter ins Midi, und ihr werdet es sehen. Sehen werdet ihr das verteufelte Land, wo die Sonne alles vergrößert und verwandelt. [...] Der einzige Lügner dort unten, falls es da überhaupt einen gibt, ist die Sonne. Alles, was sie anstrahlt, wird übergroß. (40; 25 f.)

Lichtbedingt also ist, was die Leute von Tarascon in ihrem Landsmann Tartarin erblicken. Lichtbedingt erst recht, was immer er, sobald er davon erzählt, vollbracht zu haben vollauf überzeugt ist. Seinen solchermaßen eingeübten Blick auf sich und die Welt bringt er selbstverständlich auch mit nach Afrika und von dort wieder zurück. Tartarin und seine Umgebung, sie genießen das Glück aller erdichteten Lügenmäuler seit dem spätantiken Lukian – von den einschlägigen Komödienhelden Alarcóns, Corneilles, Goldonis bis hin zu den erzählt erzählenden Schwindlern wie Reuters Schelmuffski und Bürgers Baron Münchhausen –: wenn sie unermüdlich Unwahres unter die Leute bringen, um eine allzu ereignisarme und farblose Welt aufzuputschen und zu kolorieren. Anders als jene allerdings genießen sie es mit dem Vorteil der Unschuld. Denn sofern in Tarascon überhaupt jemand des Lügens zu bezichtigen wäre, ist es die Sonne. Sie aber, die allem Anschein nach selbstherrlich auf- und untergeht, lässt sich nicht haftbar machen.

‹Erzählen als Beleuchten›, davon handelt schon eins meiner zurückliegenden Kapitel, das der beinah synonymen Verwandtschaft dieser beiden Tätigkeiten nachgeht. Längs durch verschiedene Epochen, quer durch verschiedene Gattungen literarischer Erzählkunst. Seit Homer dem Gott Helios, dem Lenker des Sonnenwagens, die Eigenschaften eines allwissenden Erzählers zugesprochen hat, weil er mit seinen Strahlen alles sichtbar macht, was auf der Welt sich regt, mithin auch höchstselbst dort oben alles sieht und hört, was ihm vor Augen und zu Ohren kommt; und seit die biblische Genesis den Hergang der Weltschöpfung akzentuiert hat durch das prompt erfüllte Geheiß des Schöpfers «Es werde Licht!» –: seitdem betonen Dichter von Epen, Romanen und Novellenzyklen, es entspreche das, was sie poetisch vollführen, eben jenem Vorgang, den die Sonne natürlich vollführt. Nicht, dass sie es jedes Mal eigens aussprächen. Doch sie vergegenwärtigen es sinnfällig, wenn sie gleich zu Beginn des eigenen Werks erzählen, wie die Sonne am Werk ist, um beides den Lesern vor Augen zu führen, den Schauplatz sowie den Start des Geschehens. Auch in dieser Hinsicht haben wir die epische Vielfalt bestaunen können an durchaus unterschiedlichen Romanen seit der Spätantike: von Heliodors *Aithopika* bis zu Eichendorffs *Ahnung und Gegenwart*, von Strindbergs *Röda Rummet* bis zu Woolfs *The Waves* und Sánchez Ferlosios *El Jarama*.

Daudet, so zeigt sich jetzt, spielt in dieser Reihe eine Sonderrolle insofern, als er seiner geographisch eingegrenzten Sonne eine Sondervollmacht zuerteilt. In allem gebotenen Unernst. Er kürt sie nämlich zum wahren, poetisch lügenmächtigen Autor der Heldenfigur Tartarin samt der Heldengemeinde Tarascon, so wie sie in seinem Buch auftreten. Nicht zum Autor des Romans kürt er sie, der ist und bleibt das Werk des dichtenden Alphonse Daudet. Doch zum Autor jenes wunderlichen Geschehens, das vor uns Lesern das Tun und Lassen jenes Helden und seines ortsgenössischen Resonanzbodens ausbreitet. Denn ohne die Leuchtkraft der Midi-Sonne, die «alles, was sie anstrahlt,

[...] übergroß» erscheinen lässt, verhielten sich weder Tartarin noch ganz Tarascon so, wie sie sich verhalten. Wer sie sind und was sie treiben, es erwächst aus jenem unzutreffenden optischen Eindruck – von sich selbst, von einander und von der übrigen Welt –, den einzig und allein die Midi-Sonne hervorbringt. So einzig und allein wie jeder erzählende Dichter. Dank dieser überdimensionalen Lupe, die alles vergrößert, was auch immer da kreucht und fleucht, äußerlich wie innerlich, schießt jäh ein feiger Schwadroneur empor zum Helden, schießen mickrige Misshelligkeiten jäh empor zu lebensgefährlichen Abenteuern.

Mays *Das Waldröschen oder Die Verfolgung rund um die Erde*

Gleich in diesem ersten seiner fünf Kolportageromane (erschienen 1882–1884) bekräftigt das grelle Pseudonym des Autors den abenteuerlichen Titel des Werks. Allem, was da kommen wird, soll es den Anschein waschechter Authentizität verleihen. Vermuten darf die Leserschaft, der so benannte Verfasser habe als Augenzeuge miterlebt, wovon jetzt gleich zu erzählen ist. Ein «Capitän Ramón Diaz de la Escosura» bürgt für die Meer- und Weltläufigkeit im Romantitel, für die *Verfolgung rund um die Erde*. Aber damit unter den fernen waghalsigen Abenteuern das traute Gemütsleben nicht zu kurz komme, bietet der Doppeltitel auch noch eine anheimelnde Hälfte: *Das Waldröschen*. Gemeint ist ein resolutes kleines Mädchen, im Familienkreis so geheißen, weil es in einem deutschen Forsthaus aufwächst. Vom zweiten Band an kommt dieses Töchterchen des Hauptthelden ins Spiel, und es wird – nicht länger im Diminutiv – bis in den letzten der sechs Romanbände noch mitwirken.

Der monströse Titel zieht einen ähnlich monströsen Untertitel nach sich. Er verpasst dem umfangreichen Schmöker einen vielversprechenden Gattungsvermerk: ‹Großer Enthüllungsroman über die Geheimnisse der menschlichen Gesellschaft›. Verheißen also werden nicht nur Abenteuer auf der Erd- und Wasseroberfläche ferner Kontinente und Meere. Es sind zudem noch Unternehmungen zu gewärtigen, die in verborgene, verhohlene Tiefen dringen, um Geheimnisse aufzuspüren. Kommen sollen sie ans Tageslicht der Öffentlichkeit, das nicht etwa nur diese oder jene ruchlose Einzelperson zu scheuen hat, vielmehr ein pauschales Ungefähres namens *die* «menschliche Gesellschaft». Und all dies in einem einzigen Roman: auf dass den lesenden Zeitgenossen der deutschen Provinzen die Augen übergehen.

Zweierlei: hie Kolportage-, hie Reiseromane Schon mit solcher Titelei setzt sich der Typus der Mayschen Kolportageromane merklich ab vom Typus seiner Reiseromane, denen er rechtens seinen fortdauernden Ruhm verdankt. Für sie, die sorgfältiger geschrieben sind, ist er mit seinem wahren Namen eingestanden. Mehr noch, aber auch bedenklicher: er hat dabei sogar die eigene Person als ich-erzählenden Haupthelden ins fiktionale Spiel gebracht. Als einen, der über alle erforderlichen Fähigkeiten, über alle Körper- und Geisteskräfte, aber auch – zumal darin den Helden im alten Epos gleichend – über einmalige legendäre Waffen gebietet. Dank solcher Gaben kann er jede noch so große Gefahr bestehen, jedes noch so knifflige Rätsel lösen. Beiden Romantypen legt der Autor das altbewährte Aventiure-Prinzip zugrunde. Doch er wandelt es unterschiedlich ab. Er gibt dem, was er da und was er dort erzählt, einen anderen Zuschnitt, aber auch eine andere Wertigkeit. Die Inflation von abenteuerlichen Vorkommnissen, die im Kolportageroman durch eine buntscheckige Oligarchie von Helden zu bewältigen ist; auch die vielerlei Schauplätze, die sie bei der *Verfolgung rund um die Erde* zu durchmessen haben; schließlich die riesige Zeitspanne von drei Generationen, die das ereignisreiche Geschehen bestreiten, um zudem auch besagte ‹Geheimnisse der menschlichen Gesellschaft› zu enthüllen: derart maßlose Überfülle hätte sich von vornherein verboten bei jenen Romanen des Autors, die aus dem Blickwinkel einer noch so reisesüchtigen und tatkräftigen Einzelperson erzählt werden.

Verdeutlichen kann den Unterschied ein Seitenblick auf den einzigen von Karl Mays Reiseromanen, dessen äußerer Umfang heranreicht an den der Kolportageromane. Es ist der beinah gleichzeitig entstandene sechsbändige Orient-Zyklus von *Durch Wüste und Harem* bis *Der Schut* (1882 ff.). Den Zusammenhang des Geschehens gewährleistet dort die kontinuierliche Wegstrecke einer kleinen, konstanten Abenteurergruppe um den ich-erzählenden Haupthelden Kara ben Nemsi. Die Route beginnt in der Wüste Tunesiens, führt über Ägypten und das arabische Zweistromland zur Türkei und endet in den Bergen Montenegros. Daraus ergibt sich eine lineare Folge von Abenteuern; ein fortschreitendes Nacheinander von zurückgelegten Meilen, von siegreichen Kämpfen mit vielerlei Widersachern, von wackeren Hilfeleistungen für die Opfer dieser Widersacher. Auf den ersten Blick gleicht das Movens des Geschehens jenem im *Waldröschen*. Denn nach den beiden initialen Abenteuern – erst ein entdeckter, dann ein miterlebter Mord – wird aus der zunächst neutralen, selbstzwecklichen Reise unversehens eine Verfolgungsjagd.

Das scheinbar gleiche Movens macht indes den Unterschied nur umso deutlicher. Von fortschreitendem linearen Nacheinander nämlich, nachvollziehbar für die Leser von Abenteuer zu Abenteuer, kann im *Waldröschen* keine Rede sein. Räumlich vielsträngig, zeitlich vielstufig und überreich an handelnden Personen, dehnt das Geschehen sich hier in die Breite. Derart entfaltet es ein teils lückenhaftes, teils überlappendes Nebeneinander. Dabei dürfen sich die schauerlüsternen Leser gefahrlos einer mitreißenden Überschwemmung ausgesetzt fühlen: sprunghafter Wechsel von Held zu Held zu Held oder auch von Schurke zu Schurke zu Schurke; raumzeitliche Intervalle; mannigfache Parallelhandlungen; unabsehbar langwierige Rückblenden. Es könnte diese Überschwemmung außer sensationellem auch noch ästhetisches Wohlgefallen auslösen, wäre nicht allenthalben zu spüren, hier waltet keine wohlbedachte epische Strategie des Autors. Hier regt sich eher unbeholfene Notwehr gegen das überwältigende Gedränge der herbeigefabelten gewalttätigen Begebenheiten.

Kompositions-Wirrwarr: «Das Leben gleicht dem Meere ...» Ungeachtet dessen, wie linkisch der Autor das kunterbunte Geschehen zusammenfügt, wie wenig er zurückschreckt vor vernutzten Dutzendklischees der Sprache, der handelnden Personen, der kruden Vorkommnisse, ungeachtet dessen erinnert der Gesamteindruck des Waldröschen-Schmökers an Ariosts *Orlando furioso*. Gewiss nur von fern, aber immerhin. Sehen sich doch auch dort die Leser konfrontiert mit der verwirrenden Unübersichtlichkeit eines überaus sprunghaften epischen Geschehens, das zahlreichen Helden zahllose Abenteuer abverlangt: Abenteuer, die sich überstürzen, die einander in die Quere kommen und in die Parade fahren. Auch dort verknäueln sich vielsträngige Haupt- und Nebenhandlungen. Und auch dort haben die handelnden Personen immer wieder mit ähnlichen, nur geringfügig abgewandelten Widerfährnissen zu tun. Aber: all das verquere Durcheinander bei Ariost folgt, wie schon beschrieben, einem erkennbaren poetischen Plan. Gezielt und aus ersichtlichen Gründen schickt der Autor die Helden wie auch die Leser in eine teils erheiternde, teils beklemmende Folge sinnlicher Irritationen. Dabei entfaltet sich auch im großen Ganzen des Orlando-Epos dessen faszinierendstes und aufschlussreichstes Pars pro toto. Ich meine das labyrinthische Schloss des Zauberers Atlas, worinnen die arglistig hineingelockten Ritter sich immer nur mit ihren eigenen Spiegelbildern und Echostimmen sowie den Phantomgestalten ihrer Geliebten herumschlagen.

Erst recht fehlt dem *Waldröschen* der allgegenwärtige, ironisch überlegene Rhapsode, der selbstherrlich mit den selbsterzeugten Verwirrungen umspringt. Zwar meldet sich auch bei Karl May ein Erzähler ausdrücklich zu Wort. Allerdings nur dann und wann, dafür aber umso aufdringlicher. Und er gebärdet sich mitnichten ironisch, vielmehr wie ein salbadernder Prediger. Und zwar immer dann, wenn zu befürchten

steht, die wuchernden Unwahrscheinlichkeiten könnten nun auch den willfährigsten Lesern zu bunt werden. Notbremsen also sind es, sobald der Erzähler sich in eine Sackgase verrannt hat. Komisch ernsthafte Ausreden, die das Leben überhaupt oder andere erhabene Allgemeinheiten haftbar machen für Kompositions-Kalamitäten des Autors. Zum Beispiel dort, wo er ein allzu offensichtliches Erzählvakuum rechtfertigen muss:

> Das Leben gleicht dem Meere, dessen ruhelose Wogen sich ewig neu gebären. Millionen und Abermillionen wechselvoller Gestalten tauchen aus den Fluten auf, um für die Dauer eines kurzen Lebensaugenblicks auf der Oberfläche zu erscheinen und dann wieder zu verschwinden – für immer? Wer weiß es? [...] Keine Stunde, keine Minute, kein Augenblick lässt sich verfrühen, und keine Tat bringt eher Früchte, als es von den ewigen Gesetzen vorgeschrieben wurde. [...]
>
> Aber die Gerechtigkeit geht rücksichtslos ihren gewaltigen und unerforschten Weg, und gerade dann, wenn man es am wenigsten denkt, greift sie mit zermalmender Faust in die Ereignisse ein und man erkennt mit staunender Bewunderung, daß tief am Grunde des Meeres sich Fäden gesponnen haben, die nun an die Oberfläche treten, um sich zum Knoten zu schürzen, welchen zu lösen nun in die Macht des Menschen gegeben ist.
>
> So war es auch mit den Schicksalen, deren Fäden in Schloß Rheinswalden [das heimatliche Zentrum der Verfolgung rund um die Erde] zusammenliefen. Es vergingen Monate und Jahre, ohne daß man von den teuren Personen, welche hinaus in die weite Welt gegangen waren, etwas hörte. Sie waren und blieben verschollen. (Bd. III, Gesamtzählung S. 1167)

Dieser dröhnende, mit verrenkten Sprachbildern hochstapelnde Sermon soll gleich mehrere Misshelligkeiten überspielen: dass im unerzählten spannungslosen Interim von anderthalb Jahrzehnten der Hauptheld Sternau und seine Freunde – gefangen auf einer abgelegenen Insel – nicht nur aus der tatkräftigen Abenteurerei ausgeklammert, sondern auch vom Erzähler im Stich gelassen sind; und dass in eben dieser

Zeitspanne auch anderswo, auf Seiten der Helden wie auf Seiten der Schurken, schlechterdings nichts passiert, worauf die sensationsgierige Kolportage irgend anspräche. Somit gilt es, die ungeduldige Leserschaft zu beschwichtigen. Wer da murren oder gar drängeln wollte, würde sich glatt versündigen. Denn «keine Tat bringt eher Früchte, als es von den ewigen Gesetzen vorgeschrieben wurde».

Wer *Das Waldröschen* liest, stößt unweigerlich auf einen weiteren markanten Unterschied zu den Reiseromanen des Autors. Letztere, ob im Orient spielend oder im Wilden Westen Nordamerikas oder sonst wo, entfalten eine abenteuerliche Welt, die nahezu abgeschottet erscheint vom Hier und Jetzt der Leser. Herbeierzählt wird sie als strikt fremdartige. Ob Kara ben Nemsi oder Old Shatterhand oder wie immer der Name lautet, unter dem der Ich-Erzähler dort auftritt, er hat zwar seine deutsche Herkunft im Kopf und redet auch gerne davon, doch er nähert sich durchweg den Verkehrsformen der jeweiligen exotischen Abenteuerzonen an, in Sprache, Kleidung und Bewaffnung. Nur ausnahmsweise, wie in *Satan und Ischariot*, Band II, zeigt sich der Ich-Erzähler den Lesern kurzfristig auch im zivilen Umkreis seines heimischen kleinbürgerlichen Privatlebens – was prompt einen ungewollt komischen, illusionszerstörerischen Missklang erzeugt.

Rund um die Erde, inmitten die Heimat Anders stehen die Dinge im *Waldröschen*. Hier wird die Fremde überfremdet, indem sie der Autor einem heterogenen Blickwinkel aussetzt, dem der Heimat. Dabei entstehen Unstimmigkeiten. Denn sein Roman begnügt sich ja gerade nicht mit einer sublimierten Heimat, die, weitab vom Schuss, lediglich im Gedenken und zeitweiligen Gerede des herbeigereisten Abenteurers Kara ben Nemsi oder Old Shatterhand herumgeistert. Im *Waldröschen* macht sich vielmehr das zeitgenössische Deutschland als belebter und erlebter Schauplatz geltend. Und zwar mit einem Anspruch auf Gegenstandstreue, die kein Kolportageautor je aufzubringen geneigt oder fähig wäre. Die Nadel des riesigen Zirkels, der den Kreisbogen jener «Verfolgung rund um die Erde» schlägt, haftet tief in einer erfundenen kleinen Ortschaft unweit von Mainz, Rheinswalden geheißen. Diese Ortschaft ist weit mehr als nur irgend ein Splitter im großen Raum-Kaleidoskop der abenteuerlichen Schauplätze. Den Lesern prägt sie sich ein als nahezu windstiller Mittelpunkt der turbulenten Ereignisse aus aller Welt, die sich im Lauf des erzählten Geschehens überstürzen. Seitens der schurkischen Widersacher sind es Morde und Mordversuche; Menschenraub und Menschenhandel; Beinah-Vergewaltigungen und Kindsvertauschungen; Erbschleichereien und politische Attentate; Giftanschläge, die zu Wahnsinn und Scheintod führen. Und seitens der Helden sind es deren ebenso brutale Gegenmaßnahmen, mit denen sie jene verwerflichen Machenschaften bekämpfen und vergelten. Letzten Endes siegreich.

Im idyllischen Rheinswalden ist der Hauptheld des Romans zu Hause: Dr. Sternau, ein international erfolgreicher Arzt und Chirurg, der ebenso großen Ruhm auf den Savannen und Felsgebirgen Mittelamerikas genießt als bärenstarker, scharfsinniger und kampferprobter Westmann. Nach Rheinswalden bringt er aus der ersten Gefahrenwelle die errettete geliebte Frau in Sicherheit, Contessa Rosa de Rodriganda. Hier wächst dann auch Roseta alias Waldröschen heran, das Töchterchen der Beiden, welches, früh schon so anmutig wie energisch, hernach dann in der Reichshauptstadt Berlin alle aristokratischen Ballschönheiten ausstechen wird. Allerdings ist auch sie reinster, sogar hochadeliger Herkunft. Hat doch ihr Vater, der bürgerliche Arzt, was er vorerst nicht weiß, einen herzoglichen Erzeuger, dessen Schicksal in einer umfangreichen Rückblende nachgereicht wird. Gleichfalls in Rheinswalden entwickelt sich zügig der Wunderknabe Kurt Helmers zum dominanten Helden der dritten Romangeneration. Schon von klein auf begeistert er die Umwelt durch seine angeborene Intelligenz, Tapferkeit und Menschengüte, bald auch durch Reit- und Schießkünste sowie durch enorme Fremdsprachenkenntnisse. Sobald flügge, wird er nicht nur zum Retter der schwer geprüften Familie Rodriganda werden, indem er in exotischen Zonen sucht und findet, befreit und rächt. Dafür darf er denn auch die schöne Roseta am Ende heimführen, nachdem er sich obendrein noch aktiv in der Weltpolitik umgetan hat. Um ein Haar würde er in Mexiko sogar den Kaiser Maximilian, deutsch-bayerischen Herkommens, im letzten Augenblick vorm Füsilieren bewahrt haben.

Die eher krampfhafte als poetisch einleuchtende Verschränkung von Heimat und Exotik, von Historie und Abenteurerei – auch noch Bismarck und Kaiser Wilhelm dürfen als leutselige Monumentalchargen leibhaftig auftreten –, sie soll den Untertitel des Romans einlösen: die «Geheimnisse der menschlichen Gesellschaft» zu enthüllen. Vollends dieses Programm setzt den Kolportageschmöker deutlich ab von Karl Mays Reiseromanen. Zwar kommen auch dort mannigfache Geheimnisse ins Spiel, die dem abenteuerlichen Haupthelden und seinen

Gefährten zu schaffen machen. Spuren sind da zu lesen; entlegene Schlupfwinkel der Widersacher und verborgene Schätze aufzuspüren; mörderische Geheimbünde zu entlarven und zu bekämpfen. Dieses jagdeifrige Treiben entspringt indes allemal einem rein agonalen Antrieb. Insofern also nach wie vor getreu dem episch ritterlichen Aventiure-Prinzip. Mutwillig messen diese Abenteurer ihre Kräfte aneinander und an den Widerständen der Wildnis, die sich der Eindringlinge erwehrt. Selbstzwecklich tun sie das, aus eigenem Impuls. Anders im *Waldröschen*. Hier herrscht der Eindruck, die Helden schlügen sich durch die Welt im höheren Auftrag ihrer Herkunft. So, als seien sie unterwegs als Vortrupp ihrer einzig richtigen Gesellschaftsordnung, drauf und dran, all die üblen Geheimnisse aufzudecken und unschädlich zu machen. Mit diesem Eindruck einer quasi vaterländischen Sendung lenkt der Kolportageroman seine Helden, aber auch seine Leser hinweg vom spontanen, sich selbst genügenden Handeln und Genießen. Von einer Haltung also, wie sie jene Erzählwerke – einschließlich Mays Reiseromane – entfachen, die sich seit Jahrhunderten ans alte, aber inzwischen entideologisierte, rein erzähltechnische Aventiure-Prinzip gehalten haben.

Sogar Cervantes' *Don Quijote*, obwohl strikt parodistisch, ist diesem Prinzip enger verbunden als *Das Waldröschen*. Zwar handelt sein Held, wie er unerschütterlich wähnt, im höheren Auftrag eines vergangenen ritterlichen Ethos. Jedesmal und überall, wo er eingreift, glaubt er fest daran, die Welt von Missständen zu befreien, verursacht durch bösartige, aber unsichtbare Zauberer. Um eben dieses verblendete Wähnen des Don Quijote samt den tatkräftigen Irrungen und Wirrungen, die seinem Wahn entspringen, geht es dem Autor Cervantes. Im *Waldröschen*, dessen Hauptheld Dr. Sternau, selber strotzend von geistiger und körperlicher Gesundheit, andere Leute vom Wahnsinn heilt, ist das Gegenteil der Fall. Hier nämlich lässt Karl May seine Helden, aber auch seine Leserschaft wähnen: die Welt zuhause wie auch «rund um die Erde» sei wahrhaftig so, wie er, der Autor, sie sichtet, einschätzt und herbeierzählt; und es seien seine Helden, Sternau voran, missionarisch vom wohlbegründeten Glauben erfüllt, sie hätten so zu handeln, wie sie handeln. Also nicht aus persönlicher Abenteuerlust oder privatem Interesse, vielmehr als Bevollmächtigte der guten Sache schlechthin. So schlechthin wie *die* Geheimnisse *der* menschlichen Gesellschaft.

Nachteile und Vorzüge eines Dutzendschmökers Erzählen im großen Ganzen: Roman. Davon handelt dieses Kapitel. Blickt man vergleichend zurück auf die beiden vorangegangenen Kapitel, die vom Epos und vom Novellen-Zyklus im großen Ganzen handeln, dann beeindruckt zumal die enorme Wandlungsfähigkeit des Romans. Wie ein Proteus unter den Großformen des Erzählens tritt er in Erscheinung. Wie jener Meeresgott, der alle Welt äfft, indem er, blitzschnell wechselnd, mal in dieser, mal in ganz anderer Gestalt auftaucht und dennoch unverkennbar er selber bleibt. Auch der Roman bleibt unverkennbar Roman in noch so vielerlei Gestalt. Und diese Variabilität zeigt sich nicht nur im Lauf seiner wandlungsreichen Gattungsgeschichte. Noch erstaunlicher zeigt sie sich bei annähernd zeitgleichen Werken. Siehe Daudets schlank satirischen *Tartarin* und Mays voluminös sensationsdralles *Waldröschen*. Wie diese beiden Werke sich jeweils das Aventiure-Prinzip willkürlich zu eigen machen; wie sie sich jeweils einstellen auf die Weite, die Vielfalt und Fülle der Welt, von der sie erzählen; und wie sie jeweils damit zurande kommen: das könnte gewiss kaum unterschiedlicher sein. Trotzdem sind die beiden ungleichartigen Werke gleichermaßen unverkennbare Romane, eins wie das andre. Der Abstand freilich, wie hier und wie dort erzählt wird, ist riesig.

Hier, bei Daudet, haben wir einen überlegenen Erzähler am Werk gesehen. Einen, der die anstehenden Abenteuer flugs als Hirngespinste des Helden und seiner Tarasconer Ortsgenossen hinstellt; der gar selber zwinkernd die optischen Täuschungen der allmächtigen Sonne haftbar macht für diese Hirngespinste; und der – Komplize seiner belesenen Leserschaft – ihr mit einschlägigen literarischen Vorfabrikaten entgegenkommt. Dort, bei May, haben wir dagegen einen eher unterlegenen Erzähler am Werk gesehen. Einen, den die Unmenge von Ereignissen, Personen, Schauplätzen, die er sich selber zugezogen hat, bisweilen in arges Gedränge bringt. So sehr, dass er die eigene Not, den Andrang episch zu bewältigen, der Macht des Schicksals und dem himmlischen Weltenschöpfer in Rechnung stellt. Wohin der Autor samt Erzähler bei solchen Ausreden gerät, das habe ich bereits vermerkt. Nicht dagegen, dass es verfehlt wäre, wollte man sein ideologisch und stilistisch verschrobenes Erzählgebilde namens *Das Waldröschen* kurzerhand als missraten abtun. Missraten ist es keineswegs in jeder Hinsicht. Ebenso wenig wie Goethes *Wanderjahre* oder Henrik Pontoppidans *Hans im Glück*, James T. Farrells *Studs Lonigan* oder Carlos Fuentes' *Terra nostra*: lauter verrenkte und überanstrengte Romane, wo gleichfalls, allerdings feinsinniger als hier, kompositorische Gebrechen mit ideologischen Wundersalben behandelt werden. Unheilbar und trotzdem lesenswert.

Wer also nicht zurückschreckt vorm unbedarften Sprachstil und Gesamtgefüge der sechs *Waldröschen*-Bände, kann große Erzählstrecken lesend durchmessen, die mehr als nur flüchtige Reize bieten. Obwohl seinerzeit nur zum Tagesverbrauch dahingeschrieben, Heftchen um Heftchen, ist dieser Kolportageroman nach wie vor imstande, unvoreingenommene Leser für sich einzunehmen durchs hemmungslose Drauflos der bildkräftig herbeierzählten Situationen. Schier unwider-
stehlich ermuntern sie dazu, ebenso unbekümmert sich mitreißen zu lassen vom Sog der temporeichen, heftigen Ereignisfolgen. Abenteuer allenthalben und zuhauf, ob nun von May selber ersonnen oder anderwärts aufgegriffen: aus ihrer Überfülle spricht der genuin epische Drang des Autors, nur ja dem Vielerlei der Welt gerecht zu werden. Partout. Ähnlich wie der biblische Jakob, ringend mit dem Engel: Ich lasse dich nicht, du segnetest mich denn. Wenn May, konträr zu Daudet, die Vielfalt dennoch beschränkt aufs grell Spektakelhafte, dann folgt er nur dem äußeren Zwang der Kolportage. Und wenn er sich von dieser Vielfalt überwältigen lässt, statt sie seinerseits zu bändigen, dann nicht unbedingt aus schriftstellerischem Unvermögen. Denn dass er das Genre des Abenteuerromans spielend beherrscht, ja dass er es durchaus originell fortentwickelt hat, davon zeugt zumindest sein Orientzyklus, zeugt sein *Schatz im Silbersee* sowie sein Südamerika-Zweiteiler *Am Rio de la Plata* und *In den Cordilleren*. Nein, mit subjektivem Können des Autors hat die berstende Überfülle wohl kaum etwas zu tun.

Umso mehr hat sie mit objektiven literaturgeschichtlichen Verhältnissen zu tun. Vor allem mit dem allgemeinen Stand des Erzählinteresses und der Erzähltechnik gegen Mitte des neunzehnten Jahrhunderts. Zu erkunden, wie es damit steht, kann mehr als nur die Frage nach den Stärken und Gebrechen von Romanen der Sorte *Das Waldröschen* beantworten. Sprich, von Erzählerzeugnissen serieller Verfertigung, die im neunzehnten Jahrhundert entstanden sind, seis mit wöchentlicher oder monatlicher Lieferung wie der Kolportage-, seis mit täglicher Lieferung wie der Zeitungsroman. Auch noch weiter greifende Fragen werden aufkommen und zu beantworten sein, die neugierig Anstoß nehmen an bestimmten Erzählformen, herkömmlichen und neuartigen, der immer stärker expandierenden Gattung Roman seit dem ersten Drittel des neunzehnten Jahrhunderts.

VERSTÖRERISCHE ALLTAGSWELT, AUSSEN UND INNEN

Weithin abgeflaut war inzwischen die Neigung der vorausgegangenen Generation zu kühnen Romanexperimenten. Namentlich die Neigung zu selbstironischem Erzählen, zu verwirrendem Spiel mit der Stichhaltigkeit des epischen ‹Als ob›. So, wie es einerseits der Aufklärer Denis Diderot in *Jacques le Fataliste* (1796), andrerseits die Romantiker Clemens Brentano im *Godwi* (1801/02) und E. T. A. Hoffmann im *Kater Murr* (1820/22) entfacht haben; aber auch – empor- und zurückkostümiert zum wohlgereimten, versfußgelenkigen Quasi-Epos – Byron im *Childe Harold* (1812/18) und später noch Puschkin im *Eugen Onegin* (1833). Solchen fintenreichen, mehr inner- als außerpoetisch schlagfertigen Spiegelgefechten erzählerischer Virtuosität haben die Romandichter der nachfolgenden Generation nur wenig abgewinnen können. Unumwunden reibt sich ihre Erzählprosa am prosaischen Alltagsleben und an den Prellungen, die es den Romanhelden zufügt. Mit der gleichen zielsicheren Neugier geschieht das, doch mit anderen Augen als zwei Jahrhunderte zuvor bei Cervantes, der die neue Gattung Roman eben darauf eingeschworen hat.

Mit anderen Augen, auch mit anderen erzählerischen Konsequenzen. Hat doch seitdem das prosaische Alltagsleben nie dagewesene Schwerkräfte gewonnen. Gesellschaftliche und technische Umwälzungen – Eisenbahnen, Fabriken, Verstädterung und deren industrielle Wüstenei – haben nicht nur die Außenwelt, sondern auch die Innenwelt der Zeitgenossen gründlich durcheinander gebracht. Am nachdrücklichsten wirkt sich die Allmacht und Allgegenwart des Geldes aus, was wohl niemand so scharfsinnig erfasst hat wie Honoré de Balzac. Und zwar am eigenen Leib und Geist nicht minder als in seinem vielbändigen, weit gefächerten Romanzyklus *Die menschliche Komödie*. Die unaufhaltsamen Energien des Geldes, so zeigt sich, dringen tief hinein in die Gedanken- und Gefühlsbahnen jedes Betroffenen. Und kaum wer ist davon unbetroffen. Obwohl es sich unmittelbar sinnlicher Wahrnehmung entzieht, benimmt ihnen das Geld die Sinne. Ähnlich scheint es zu agieren wie Don Quijotes Wahnvorstellungen von den unsichtbaren usurpatorischen Zauberern, gegen deren trügerische Agenten, zumal gegen die Riesen alias Windmühlen, dieser Held so unerbittlich ankämpft. Ähnlich und doch ganz anders. Denn Balzacs zeitgenössische Geldherrschaft, die nirgends leibhaftig zuwege geht, ließe solche Wahnvorstellungen eines heroischen Gegners gar nicht erst aufkommen, geschweige denn tätlich werden.

Aber auch die prägnanten Muster mancher prominenter Romane, die sich im ersten Drittel des neunzehnten Jahrhunderts als poetisch besonders ertragreich erwiesen haben, wären keine stichhaltige Antwort gewesen auf das befremdliche Leben im wuchernden Industriekapitalismus. Ertragreiche Muster einer epischen Rückwendung bieten sie an, möglichst weit hinweg vom derzeitigen gesellschaftlichen Stand der Dinge: ins ferne Anderswann farbenprächtiger patriotischer Vergangenheiten, wie sie Walter Scott in *Ivanhoe* (1819) und *Quentin Durward* (1823), wie sie Alessandro Manzoni in *I promessi sposi* (1827) und Victor Hugo in *Notre-Dame de Paris* (1831) ausmalen. Solche bislang beglückenden Ausbrüche aus dürftiger Alltagsenge haben inzwischen für viele Leser eine allzu würdige Patina gewonnen. Den zeitgenössischen Romanautoren jedenfalls kommen sie abwegig vor angesichts dessen, was ringsum den Leuten zustößt, äußerlich und innerlich.

Vorerst vorsichtig: Einzelheld in verengtem Geschehen So gehen sie denn strikt andere Wege als jene. Genauer, sie bleiben – episch – dort, wo sie sind. Nicht das Weite suchen sie, sie stellen sich der bedrängenden Nähe. Den allzu erschreckend geläufigen, so gar nicht exorbitanten Verhältnissen im nahen Umkreis stellen sie sich: in Paris und der Provinz, in London und der Provinz oder wo auch immer. Trotz der entschiedenen Hinwendung zu den gegenwärtigen Betriebsamkeiten der Zeitgenossen muten die Romane, die jetzt entstehen und Epoche machen, seltsam vorsichtig an. So resolut sie losgehen auf die bedrängende Nähe, so resolut verengen sie, was da in aller Breite andrängt. Offenbar soll der Wirrwarr der neuartigen Alltagswelt sorgsam eingedämmt werden, damit er nicht die Romanform aus den Fugen sprengt. Jedenfalls sieht es ganz danach aus, als wollten selbst weltliterarisch hervorragende Werke jener Zeit – ob von Balzac oder Stendhal, von Dickens oder Thackeray, etwas später auch von Flaubert und Turgenjew – ihre zeitgenössisch überwältigenden Sujets kompositorisch eher zügeln als entfesseln. Denn je unübersichtlicher die Alltagswelt, der die Autoren sich zuwenden, desto deutlicher profilieren sie ihr erzähltes Geschehen. Dergestalt, dass sie aus dem Wirrwarr zeitgenössischer Verhältnisse ein scharf umrissenes Einzelschicksal herausgreifen, um es in einer schlüssigen Folge von vielerlei sprechenden Lebenslagen darzulegen. Insofern wird hier von unherkömmlichen Ereignissen und Konflikten auf herkömmliche Weise erzählt.

Dabei wirkt noch immer die unerschöpfliche Erbschaft des Aventiure-Prinzips nach. Gewiss nicht im Format, im Tun und Lassen der jeweiligen Hauptperson. Als Ausnahme entspräche dem einzig wohl Fabricio, der todesmutige Held in Stendhals *Kartause von Parma* (1839), einem ohnehin unzeitgemäßen Quasi-Abenteuerroman. Jene Werke hingegen, um die es hier geht, wüssten nichts anzufangen mit einer Hauptperson, die sich als rückhaltloser Draufgänger durch unwegsame ferne Zonen schlägt. Gelegen kommt ihnen stattdessen das Aventiure-Prinzip als schieres Erzählgerüst. Es ermöglicht die Wegstrecke für das enggeführte Geschehen, das mit seinem unheroischen Helden steht und fällt. Nur diese singuläre Person, ob männlich oder weiblich, wird vom Erzähler fortwährend beleuchtet und durchleuchtet, mögen auch noch so viele weitere Personen zeitweilig in seinen Lichtkegel geraten. Jedesmal – so die Grundtendenz des Geschehens – versucht da jemand, die Richtung des eigenen Lebenslaufs überhaupt herauszufinden und fortan zu verfolgen, um zum ersehnten, oft nur vagen Ziel zu gelangen. Mal mit, mal gegen den Strom, wohin die Gesamtgesellschaft treibt. Erreicht wird das Ziel minder häufig als verfehlt.

Ein Schema, zweifellos. Trotzdem wirkt es kaum je schematisch, weil es immer wieder abgewandelt wird: im jeweiligen Naturell und sozialen Stand der Hauptperson, in ihrer besonderen Umwelt, in der Art des Ziels und der Hemmnisse, es zu erreichen. Unterschiedlich ist auch von Roman zu Roman die Entschiedenheit und Kraft, Umsicht und Selbstsicherheit, sich durchzusetzen oder wenigstens durchzustehen oder gar gänzlich zu scheitern. Jede Hauptperson bahnt sich da den eigenen Weg auf eigene Weise. Hier mehr, dort minder energisch, so wie einerseits Stendhals Julien Sorel in *Le Rouge et le Noir* (1830) und andrerseits sein *Lucien Leuwen* (postum 1894). Hier töricht verblendet wie Balzacs ehrsüchtiger, doch arglos umtriebiger Parfümfabrikant *César Birotteau* (1837); dort rückhaltlos liebend, aber schmählich betrogen wie die unverhofft reiche Erbin *Eugénie Grandet* (1833) des gleichen Autors. Hier aufbruchsfroh seinem enthusiastischen Lebensentwurf hingegeben und hernach dann öd enttäuscht wie Flauberts Student Frédéric Moreau in der *Education sentimentale* (1865); dort haltlos schlitternd wie seine *Madame Bovary* (1857), letztlich bis in den Selbstmord hinein, betört durch erschmökerte Träume von Glanz und Liebesleidenschaft. Hier wohlgemut, trotz einiger Rückschläge, auf dem Weg ins gedeihliche Ehe- und Geschäftsleben wie Dickens' *David Copperfield* (1850); dort schwankend und zweifelsgepeinigt wie sein Romanheld Philipp, der den eigenen *Great Expectations* (1861) so wenig nachzukommen vermag wie jenen, die andere Menschen an ihn stellen, teils wohl-, teils übelwollende. Hier weltfremd schwärmerisch wie Gontscharows Adelsspross Alexej, den – eine ganz *Gewöhnliche Geschichte* (1847) – sein geschäftsfanatischer Onkel dermaßen traktiert, dass der junge Mann schließlich zum erschreckenden Ebenbild eben dieses Onkels verfratzt; und dort der äußerlich immobile, innerlich gedanken- und empfindungsvolle Gutsbesitzer *Oblomow* (1859), der allzu schwunglos und weltscheu dahinlebt, als dass er je freiwillig seine schützende Bettstatt verließe.

Noch weitere, ebenso bezeichnende und bedeutende Werke anzutippen erübrigt sich. Nur bestätigen könnten sie die vorherrschende Neigung der anspruchsvollen Romanliteratur im mittleren neunzehnten Jahrhundert: die verwirrend neuartige Alltagswelt erzählbar zu machen, indem man sie einengt zur Erfahrungs-Laufbahn eines einzigen oder nur ganz weniger bedenkenswerter Charaktere. So kann sich freilich auch das lesende Individuum eigens dadurch angesprochen fühlen, dass pointiert am und im erzählten Individuum sich abspielt, was ringsum allen Zeitgenossen zu schaffen macht. Romanautoren, die so verfahren – sie gehören gleichwohl zu den besten ihrer Zeit – wagen dabei nicht allzu viel. Können sie sich doch, traditionell gefestigt, nicht nur ans Aventiure-Prinzip halten, sondern auch ans bewährte Vorbild des *Werther* (minus Briefe). Erst im letzten Drittel des Jahrhunderts werden sich einige daran machen, ihrer Leserschaft nun auch weitwinklig erzählte Gesellschaftspanoramen zuzumuten. Quer- und Längsschnitte werden sie ziehen durch vielerlei Klassen und Berufe, Lokalitäten und öffentliche Einrichtungen der Sozietät.

Vorwärts zum Gesellschafts-Panorama Entstanden sind dabei ereignispralle und personenreiche Erzählwerke; zwangsläufig verwickelter als jene zuvor, doch allemal schlüssig durchkonstruiert. Auf kollektive Regungen der Zeitgenossen haben sie es ebenso nachdrücklich abgesehen wie auf individuelle, aufs Nebeneinander der erzählten Begebenheiten ebenso wie aufs Nacheinander. Émile Zolas Markthallen- und sein Kaufhausroman gehören dazu, betitelt *Le ventre de Paris* (1873) und *Au Bonheur des Dames* (1883). Desgleichen *La Regenta* (1884/85) des spanischen Romanciers Clarín, der ein episches Gesamtbild von der Einwohnerschaft der asturischen Provinzhauptstadt Oviedo malt, wo sich kirchliche mit erotischen, geschäftliche mit politischen Spannungen multiplizieren. Desgleichen gehört dazu das gut tausendseitige Opus seines Landsmanns Benito Pérez Galdós: *Fortunata y Jacinta* (1887) mit dem Untertitel ‹Zwei Geschichten von Ehefrauen›. Es entwirft ein verzerrtes Kräfteparallelogramm aus vier ungleichen Liebesleidenschaften, symptomatisch für allgemeine Missverhältnisse im zeitgenössischen Madrid ringsum.

Zu solchen neuartig panoramatischen Romanen kam es weder unversehens noch von ungefähr. Der Weg war ihnen schon gewiesen worden. Zwei markante Vorläufer fallen besonders auf, von denen entsprechende Impulse ausgehen konnten. Vorläufer einerseits in der poetisch anspruchsvollen, andrerseits in der poetisch anspruchslosen Literatur. Einerseits gab es vereinzelte Ansätze dieses oder jenes Romanautors, vom solistischen Hauptelden abzugehen, zugleich vom enggeführten Geschehen und vom einstimmigen Erzählen. Zum Beispiel Dickens in *Bleak House* (1852), auch Hugo in *Die Elenden* (1862), auch Dostojewski in *Der Idiot* (1868/69), auch George Eliot in *Middlemarch* (1871). Jeder dieser Autoren ist dazu übergegangen, mehrerlei gleichrangige Hauptpersonen und Handlungsstränge, mithin auch mehrerlei Blickrichtungen und Erzählstimmen ins Spiel zu bringen. Ob nun programmatisch oder nur unwillkürlich: in jedem dieser Fälle bekräftigt somit auch der Prosaroman – sinnfälligst durch seine Gesamtanlage – die genuin epische Behauptung, hier vergegenwärtige sich die Vielfalt der erzählbaren Welt ganz und gar.

Industrielle Neuheit: Zeitungsroman Andrerseits konnten die neuartig panoramatischen Romane ihre Impulse von noch ganz anderswo empfangen. Diesmal sind es keine eigensinnigen, konventionswidrigen Einzelwerke. Es ist, en bloc, ein literarisch anrüchiges Genre, das wie selbstverständlich auf seine eigenen Selfmade-Konventionen pocht. Es handelt sich um das vierschrötige Genre der massenhaft vertriebenen Zeitungsromane. Um 1840 herum war es aufgekommen, in tonangebenden Pariser Blättern wie *Journal des Débats*, *Le Siècle*, *Constitutionnel*. Der rasche und gewaltige Aufschwung dieser Art von Erzählliteratur, zwangsgekoppelt aus tagtägliche Erscheinen der Zeitung, machte alsbald weltweit Schule bei der Großstadtpresse. Enorme Steigerung des Anzeigengeschäfts durch hochgeschnellte Auflagen; eilige und einfache Verfertigung des seriellen, happenweisen Lesefutters durch verbesserte Druckmaschinen; Beinahe-Monopol im Verbreiten atemberaubender Sensationen: all die wirtschaftlichen, technischen und publizistischen Machenschaften des neuen Genres lassen sich hier vernachlässigen.

Umso mehr gehen uns die erzählerischen Merkmale dieser epochemachenden Reißer selber an: ihre Stoffe und Themen, ihre Konstruktion und ihr Widerspiel mit der Leserschaft. Initiale Vorbilder, denen auch weiterhin nachgeeifert wurde, lieferten zwei namhafte Schriftsteller, Eugène Sue und Alexandre Dumas Père. Ersterer machte Furore vor allem mit den *Geheimnissen von Paris* (1842/43) und dem *Ewigen Juden* (1844/45). Letzterer setzte unverzüglich nach mit ebenso erfolgreichen Romanen. Sogar mit zwei auf einmal in zweierlei Zeitungen, gemeinsam verfasst mit angestellten Helfershelfern: *Der Graf von Montechristo* (1844/45) und *Die Drei Musketiere* (1844). Jedes erzählerische Merkmal der Zeitungsromane – eng verwandt mit denen der Kolportage – dient dem Zweck, möglichst viele Leser mehr als nur zu erreichen, sie auch unentwegt bei der Stange zu halten. Wohlgemerkt, für den gesamten Zeitraum aus lauter täglichen Lektüre-Rationen, bei vielen Romanen weit über ein Jahr.

Und das sind die Merkmale: ein geräumiges und dauerhaft brisantes Sujet, das beides gewährleistet, einen umfassenden Spannungsbogen für das gesamte Geschehen und unzählige kurzfristige Spannungsbögen, die er übergreift; eine Unmenge verschiedenartiger Personen, Vorkommnisse und Schauplätze, ein Ensemble aus Haupt- und Nebenhandlungen, die, wo immer sie einander in die Quere kommen, unterbrechen oder ablenken, ihre zielstrebige Dynamik keinesfalls drosseln, sie vielmehr, dank kalkuliertem Stau, noch spürbar steigern. Das ist ein beträchtliches Pensum für jeden Schriftsteller, der sich darauf einlässt: quantitativ, arbeitszeitlich und vollends für seine epische Strategie. Meister wie Sue und Dumas tun jedenfalls alles, um den Zwang des tagtäglich abgehackten Lesevorgangs zu verwandeln in die lustvolle Qual eines erregten Zuwartens auf den nächsten Happen, der dann ja unverbrüchlich eintreffen wird.

Schehrezâds Erbschaft: Fortsetzung folgt! Über ein Jahrtausend hinweg trifft sich hier allerneuestes industrielles Erzählen mit archaischem Erzählen, so wie es der uralte Geschichtenzyklus von Schehrezâd modellartig darbietet. Auch der Sultan dort muss die schmerz- und lustvolle Folter ertragen, unweigerlich warten zu müssen, wie denn Schehrezâds Erzählung weiter geht, die sie aus listiger Berechnung an besonders heikler Stelle abgebrochen hat. Nacht für Nacht, um ihr gefährdetes Leben zu retten, verübt sie solche Narratio interrupta, die nun auch der Zeitungsroman verübt, Tag für Tag. Insofern geht es auffällig ähnlich zu. Der besondere Unterschied zwischen da und dort besteht indes nicht nur zwischen märchenhafter Fiktion und handfester Wirklichkeit. Er besteht auch epochal zwischen dem einstigen und dem gegenwärtigen gesellschaftlichen und wirtschaftlichen Stand der Dinge. Schehrezâd, hielte sie nicht just im richtigen Augenblick wirksam inne, verlöre leibhaftig ihren Kopf. Der Zeitungsroman-Autor dagegen, im gleichen Fall, verlöre seinen literarischen Marktwert und daraufhin den nächsten Auftrag der gut zahlenden Presse.

Und noch mehr springt heraus bei dem Vergleich über ein Jahrtausend hinweg. Blitzartig erhellen sich die Einsichten in den Spielraum von Erzählen, prinzipiell und im Wandel der Epochen. Einsichten in die Gelegenheiten und Zwecke, ins Inter-Agieren dieser uralten, nirgends versiegenden Tätigkeit. Schehrezâds Erzählen vollzieht sich unter notgedrungenen Bedingungen einer autokratischen Herrschaft. Konfrontativ vollzieht es sich, von Angesicht zu Angesicht, zwischen der einen Sprecherin und dem einen angesprochenen Zuhörer; im vertraulichen Gemach des Sultanpalasts, der die Öffentlichkeit ausschließt. Allnächtlich kann der spannende Erzählvorgang, gipfelnd im jähen Abbruch, den Wissbegierigen daran hindern, die wissende Schehrezâd genau so töten zu lassen wie ihre Vorgängerinnen. Und im Gesamtverlauf der 1001 Nächte wird dieser Sultan sogar auf immer geheilt von seiner frauenmörderischen Verblendung und Tyrannei. Fast konträr liegen die Dinge im Zeitungsroman, trotz gleichem Abbruchverfahren. Er kennt keinen privilegierten Einzelnen, für oder gegen den er vertraulich anzuerzählen hätte. Zudem geht es bei der Wirkung, die er auslöst, nur merkantil um Leben und Tod. Allerdings, sein Erzählen kann auch noch ganz andere Reaktionen auslösen, substanziellere, als nur jene, dass möglichst viele Leser den Fortsetzungen entgegenfiebern. Und eben diese Reaktionen interessieren uns besonders.

***Die Geheimnisse von Paris* oder: Die Leser als Co-Autoren** Vor allem dem Autor Eugène Sue war bereits nach wenigen Folgen seiner *Mystères de Paris* eine unerwartet lebhafte, nachgerade tätliche Rückwirkung beschieden. Zunächst hatte er es nur auf den schockierenden Effekt abgesehen. Der war denn auch, wie sich zeigte, überwältigend. Kein Wunder, schon der unerhörte Grundeinfall des Romans musste die Leserschaft aus der gewohnten Ruhelage herausreißen. Nämlich: das grausam blutrünstige Treiben von James Fenimore Coopers Rothäuten, das man bislang beim Lesen der *Lederstrumpf*-Romane genüsslich distanziert hatte zu sich nehmen können, dieses Treiben plötzlich transponiert zu sehen aus dem fernen Wilden Westen in die nahe, nicht minder gewalttätige Pariser Unterwelt. Nicht genug damit. Sues bedrohliche Herannäherung von Mord und Totschlag verabreichte den Lesern zudem noch, ebenso schaurig pittoresk, vielerlei Fälle von schlimmster sozialer Verelendung. Voilà, *Les Mystères de Paris*! Pünktlich also erfüllt das grelle, wüste Geschehen des Romans, was sein Titel verspricht: allenthalben in der sonst so vertrauten heimischen Metropole klaffen verhohlene Abgründe, die hier nun endlich erstmals ans Tageslicht erzählt werden.

Verblüffend rasch und massiv erfolgte die Reaktion der aufgerüttelten Leserschaft. Überwiegend in Form von Briefen an den erstaunten Autor. Herausgefordert besonders durch die drastischen Elendsszenen im Roman, schildern darin, nun ihrerseits schwarz auf weiß, die Leser einschlägige eigene Beobachtungen und Erfahrungen. Etliche machen auch Vorschläge, wie man jene schauerlichen Missstände beheben könnte, dort in den krankheitsbrütenden Wohnhöhlen und Hinterhäusern, in den verrotteten Armenasylen, Zuchthäusern und Irrenanstalten, die der Roman so herzzerreißend ausmalt. Der Autor, heftig bewegt durch den so noch nie dagewesenen Widerhall, nahm ihn ernst. Mehr noch. Er nahm ihn auch, weiterschreibend, beim brieflich geschriebenen Wort. Ohne zu zögern änderte er die Richtung seines literarischen Unternehmens: fort vom nichts als grauenerregenden Spektakel, hin zum sozialen Appell. Und hierzu – dies ist der springende Punkt – arbeitete er Material aus den schriftlichen Lebenszeugnissen seiner Leser wirksam ein ins fortschreitende erzählte Geschehen.

Ein einzigartiger Vorfall und Vorgang in der Geschichte der Romanliteratur. Just damals und dort kommt es dazu. Anno 1843 in Paris. Wohlgemerkt: in keinem poetisch ausgetüftelten Opus für feinsinnige Kenner, sondern in einem vierschrötigen Schmöker, der die breite Masse der Leser sucht und findet. Wie wohl nie zuvor und wie nur ausnahmsweise jemals danach geht hier Erzählen aus sich heraus, um bereichert in sich zurückzukehren und den Faden, merklich umgefärbt, weiter zu spinnen. Erzählen nimmt dabei, anders als üblich, die angesprochenen Adressaten nicht nur ein für das, was es erzählt, sondern auch für das, was es selber vollführt. Sobald nämlich der Autor Sue die schriftlichen Beiträge der Leser hereinholt ins Manuskript des eigenen Romans, avanciert die allemal kommunizierende Tätigkeit des Erzählens zu einer kooperativen Tätigkeit. Genau dies spielt sich hier ab, ausgerechnet im Rahmen eines unpersönlichen, industrialisierten Verkehrs zwischen Zeitungsschreiber und seinen verstreuten, vereinzelten, werweißwo lesenden Kunden.

So geschieht denn paradoxerweise etwas, was eigentlich weder geschehen kann noch soll. Trotz aller umsichtigen Kalkulationen des Presseverlags, der ja doch vom medialen, vom strikt mittelbaren Austausch der Informationen lebt, kommt hier etwas zustande, was dem

Treiben und Betrieb des Verlegers widerspricht. Er selber veranstaltet ungewollt eine Art von Apotheose des wirkungsvoll leibhaftigen Erzählens. Nachdrücklich bringt es seine Macht zur Geltung, indem es das eigene wohlbekannte Tun und Vermögen noch überbietet. Die Grundsituation ursprünglichen Erzählens, das körperliche Miteinander und Gegenüber von Erzähler und Zuhörern, so wie es im Alltagsleben immer schon stattfindet, und so wie es innerliterarisch Homer beim Auftritt des Rhapsoden Demodokos eigens hervorhebt oder auch Boccaccio bei der regsamen Erzählrunde seiner zehn Florentiner Patrizier: es verwandelt sich hier, zwischen dem Autor Sue und seinen schreibenden Lesern, zum produktiven Ensemble. Kurzfristig verbinden sie sich zu einem Bund von gleichermaßen episch Bevollmächtigten. Ohne weiteres überspringen sie die Grenzen der eingespielten, allgemein gültigen Zuständigkeiten: als erzählende Leser und lesende Erzähler.

Wegbereiter künftiger Roman-Avantgarde Dieser Vorfall und Vorgang – ich betone es nochmals – ist keineswegs absichtlich herbeigeführt worden, weder durch die eine noch durch die andere Seite. Und als ebenso unabsichtlich darf man auch jene Impulse einschätzen, die dann von der Zeitungs- und Kolportageliteratur ausgegangen sein mögen auf die oben angesprochenen neuartig panoramatischen Gesellschaftsromane im späten neunzehnten Jahrhundert. Zola beim *Bauch von Paris*, Clarín bei der *Präsidentin*, Pérez Galdós bei *Fortunata und Jacinta*, keiner von ihnen hat sich ausdrücklich aufs Muster der Industrieprodukte von Sue und Dumas bezogen. Doch sie konnten schwerlich umhin, jene weltberühmten Schmöker – mittlerweile längst in Buchform – auch ihrerseits zur Kenntnis zu nehmen. Nicht anders steht es mit den literarisch anspruchsvollen Vorläufern zum panoramatischen Roman bei Dickens, Hugo, Eliot. Auch deren einschlägige Werke waren den Gebildeten durchaus zugänglich. Alle beiden Wegweiser also, der mit geringem wie der mit hohem literarischen Anspruch, hatten hinreichend Gelegenheit, den Lesern, aber auch den Autoren einzuprägen, was und wie man neuerdings erzählen kann. Unkonventionell und dennoch ohne weiteres verständlich. Deutlich anders als die anderen Romane drumherum, doch nicht minder einleuchtend. Vor allem aber machten sie evident: sogar dem unübersichtlichen Alltagsleben der Gegenwart lässt sich eine epische Übersicht abtrotzen, ohne sie, wie bislang gang und gäbe, monoherozentrisch einzuengen. Übersicht dank panoramatischer Konstruktion, die weder dem Gegenstand noch dem Erzählen Gewalt antut.

Dass dabei dem Zeitungs- und Kolportagereißer der entscheidende, weil poetisch rücksichtslose, Part eines vorwärtspreschenden Pioniers zufällt, verdient besondere Beachtung. Wie so oft in der Geschichte der schönen Künste, der Belletristik und der Musik kommen die Anstöße zu Neuerungen auch hier vom garstigen Drunten, vom verpönt Vulgären. Ungewollt, doch energisch übernimmt die industrialisierte Abart von Erzählkunst die Rolle einer rüden Vor-Avantgarde, die der eigentlichen Avantgarde des modernen Romans nutzbare Schneisen schlägt. Und die führen bis tief hinein ins zwanzigste Jahrhundert. Aus anderen als ästhetischen Gründen, zu anderen als poetischen Zwecken werden diese nichts als absatzerpichten Massenerzeugnisse zu einer Vorhut für kommende episch radikale Kunstwerke.

Mit ihren überbordenden, explosiven, unzimperlichen Sujets; mit ihren jähen Sprüngen vom einen zum andern der vielen Handlungsstränge; mit dem Staccato ihrer zerstückelten Publikationsweise: mit all dem offenbaren die Reißer von Sue, Dumas und Nachfolgern, was alles erzähltechnisch möglich ist, sobald man sich – die Sache des Unternehmers wills – genötigt sieht, die Grenzen des literarischen Status quo bedenkenlos zu überrennen. Genauer, die Grenzen dessen, was derzeit als erzählbar und erzählenswert gilt. Gewiss liegen die Dinge anders, sobald einzig die poetische Sache des Autors es will, radikal mit solchen Übereinkünften zu brechen. Wie sich das ausnimmt und was dabei herauskommt, haben wir schon da und dort an markanten Erzählwerken des zwanzigsten Jahrhunderts beobachten können. An sehr verschiedenartigen wie etwa an Walcotts verfremdetem Epos *Omeros* und Woolfs *The Waves*, an Faulkners *As I lay dying* und Rulfos *Pedro Páramo*. Und wir werden es weiterhin noch beobachten können an ebenso markanten Erzählwerken von Döblin und Fuentes, an *Berge*

Meere und Giganten jetzt sogleich und an *Agua quemada* (*Brennendes Wasser*, 1981) in meinem letzten Kapitel.

Ob freilich diese und andere entschieden avantgardistische Autoren jene rüden Pioniertaten der Sue, Dumas und sogar noch May benötigten, um ihre eigenen Neuerungen zu ersinnen und ins Werk zu setzen – kubistisches Überkreuz verschiedener Blickbahnen; futuristische Suggestion von Gleichzeitigkeit; Montage ungleichartiger Erzählpartien und Redeweisen; splitternde Syntax, exzentrische Sprachbilder, Wortkaskaden; dissonante Vielstimmigkeit –: das lässt sich mit Gewissheit weder behaupten noch bestreiten.

FUTUR ZWEI: DÖBLINS *BERGE MEERE UND GIGANTEN*

Anders als sein berühmtestes Buch *Berlin Alexanderplatz* (1929) – der bislang erheblichste deutschsprachige Großstadtroman – lässt dieses fünf Jahre frühere Erzählwerk des Autors die Leser nicht so ohne weiteres an sich heran. Es heißt nicht nur *Berge Meere und Giganten*, es handelt auch davon. Mit übergroßen Begebenheiten und Gestalten bedrängt und überrollt es die Leser. Ein Steppenbrand von der Länge des Urals frisst sich westwärts. Islands Hauptvulkane werden gesprengt, um ihre Glutenergie aufzufangen und anderswo einzusetzen. Grönland wird enteist mit der Folge, dass drachenartige Untiere aus der Kreidezeit wieder aufleben und Europa verwüsten. Befahrbare Ölwolken werden hergestellt, mit denen man ein ganzes Land überwölben kann. Wuchtige Turmmenschen werden gezüchtet aus Menschenleibern, Bäumen und Kristallen. Unsichtbare Wände werden in die Tiefsee gerammt, die einem Schiffsgeschwader erlauben, sich auf dem Meeresgrund wie auf einer Wiese niederzulassen. Eben diese Maßlosigkeit ist es, womit Döblins Roman eine geläufige Einfühlung abschreckt. Was und wie hier erzählt wird, macht die Maßstäbe hinfällig, die wohl viele Leser aus den fasslichen Dimensionen ihrer Alltagswelt daran anlehnen möchten. Die Zeitskala des eigenen Lebenslaufs schrumpft vor einem Geschehen, das viele Jahrhunderte durchmisst. Ebenso schrumpft der räumliche Erfahrungskreis jedes Einzelnen zusammen vor einem Schauplatz, der viele Kontinente umspannt. Und weil, was da vorgeht, weder jemals so war noch ist, sondern nur möglicherweise in irgendwelchen fernen Zukünften eintreffen mag, darum fehlt den Lesern auch der Maßstab gegenwärtiger oder geschichtlich überkommener Ereignisse, um sich umstandslos darin zurechtzufinden.

Thema Mensch ⇌ Natur Trotz seiner Maßlosigkeit zerfällt der Roman in kein Durcheinander unvereinbarer, klobiger Erzählblöcke. Er hängt in sich zusammen und gibt sich auch ohne weiteres als Zusammenhang zu erkennen. Nur, was ihn zusammenhält, ist nicht die enggeführte, durchlaufende Ereignisfolge üblicher Romane. Also weder der Lebenslauf ausgesuchter Charaktere, noch die Generationsstufen einer Familie, noch die gefährliche Wegstrecke von ein paar Abenteurern. Auseinandersetzungen zwischen einigen wenigen Persönlichkeiten werden unerheblich, wo – ausgreifend ins Niedagewesene – mit Siebenmeilenstiefeln Erdteile und Jahrhunderte zu durchmessen sind. Daher liegt der Zusammenhang von *Berge Meere und Giganten* in keiner durcherzählten Romanhandlung, sondern im Thema. Auf die allgemeinste Formel gebracht, lautet es: Mensch ⇌ Natur. Döblin nutzt es zunächst so unbestimmt, fast nichtssagend pauschal, um all die auseinanderstrebenden Teile seines unbändigen Erzählstoffes restlos zusammenzuzwingen. Indem er sie aber solchermaßen thematisch prägt und dabei jedem Teil gerecht zu werden sucht, differenziert er zwangsläufig auch das Thema. Je nachdem, woran es sich gerade entfaltet, erscheint es in anderer Gestalt, aber auch in anderer Wertigkeit. Je nachdem: ob ganze Pioniergeschwader sich daran machen, der Natur in Islands Vulkanen unermessliche Energien abzutrotzen; ob den degenerierten Städtern unter dem Einfluss künstlicher Nahrung und körperlicher Untätigkeit bestimmte Gliedmaßen verkümmern; ob der Naturwissenschaftler und Politiker Marduk bei einem biologischen Experiment seinen Widersacher verschlingen lässt von wuchernd zusammenwachsenden Bäumen; ob die liebesbesessene Marion, gejagt vom Überdruck der eigenen Triebe, sich aus dem Fenster zu Tode stürzt.

Überall und in jedem Fall behauptet sich hier das Thema ‹Mensch ⇌ Natur›. Gleich einem musikalischen Thema gewinnt Döblin ihm unentwegt neue Variationen ab. Er bringt es in Umkehrung und Spiegelung, versetzt es in die ausgefallensten Lagen. Keine Dissonanzen scheuend, verarbeitet er es so unerbittlich, bis es auch die unscheinbarsten Ausläufer der erzählten Berge, der Meere und der Giganten bestimmt. So verliert das allzu pauschale Thema seine Unschärfe. Es erschließt die Fülle seiner besonderen Aspekte, Bedingungen und Konsequenzen. Und weil Döblin nicht nur biologische, physikalische und chemische, sondern auch gesellschaftliche, ideologische und politische Umstände einbegreift und aufeinander bezieht, tilgt er zugleich den fatalen Anschein eines immergleichen Allerweltsproblems. Erzählend macht er sinnfällig: wie das Verhältnis zwischen menschlichem Bewusstsein und Natur sich fortlaufend ändert, in jedem Lebensaugenblick jeder einzelnen Person, so auch im epochalen Auf- und Niedergang gesellschaftlicher Gruppen. Weiters: wie die Menschen in sich drinnen und um sich herum Natur erleben, und wie sie darauf einwirken – ausbeutend und umgestaltend, fördernd und verstümmelnd. Schließlich aber auch: wie sie in einer selbstbestimmten Geschichte aus Vorwärtssprüngen und Rückfällen hier der Natur erliegen, um sie dort zu besiegen.

Es wird einmal gewesen sein: in siebenhundert Jahren Eine unruhige, beunruhigende Geschichte. Döblin verlängert sie um sieben Jahrhunderte aus der Gegenwart in die Zukunft. Mit ebenso kenntnispraller wie hemmungsloser Phantasie spinnt er aus, was er im gesellschaftlichen, wissenschaftlichen, technischen Entwicklungsstand seiner Zeit angelegt sieht. Neun Bücher, die den Roman gliedern, umschreiben jeweils hervorragende Stadien der Wunder- und Schreckensgeschichte dessen, was Menschen mit sich und ihrer Umwelt anstellen. «Die westlichen Kontinente» (1. Buch) haben im dreiundzwanzigsten Jahrhundert die nationalen und ethnischen Grenzen überwunden durch industrielle Ballungszentren – London, Brüssel, Berlin, New York –, wo wenige Herrscherfamilien der technischen Intelligenz die Macht ausüben. Ihr Wissens-, Maschinen- und Waffenmonopol hält das Volk in Schach, das an einigen Orten gegen den Zwang zu sinnloser Untätigkeit aufbegehrt. Die Lage verschärft sich, sobald auch noch künstliche Nahrung erfunden und gewaltsam durchgesetzt wird. Jetzt haben die Herrschenden unbegrenzte Macht durchs Nahrungsmonopol. Maschinenstürmer und andere zivilisationsfeindliche Sekten wehren sich gegen das unlebendige Leben, werden aber aufgerieben. «Der uralische Krieg» (2. Buch) soll den brachliegenden Tatkräften der Massen ein begeisterndes Ziel außerhalb der westlichen Gebiete setzen. Unter dem Motto: nunmehr, im fünfundzwanzigsten Jahrhundert, die ganze Erde zu bezwingen. Doch die überfallenen Asiaten, für die dieser Krieg keine spielerische Ersatzbeschäftigung, sondern Existenzbedrohung ist, werfen unerwartet die Angreifer zurück. Mit geheimnisvollen Kolossalwaffen, aber auch mit Hilfe der gleichfalls aufgebrachten Natur. Wasserfluten, gigantische Steppenbrände, unabsehbare Tierhorden stürmen westwärts. Die physischen Verluste und die moralische Niederlage dieses Jahrhundertkriegs fördern bei einigen Politikern die Einsicht, dass er lediglich ablenken sollte von einer anhaltenden Fehlentwicklung der westlichen Kontinente.

«Marduk» (3. Buch), Konsul der Stadtlandschaft Berlin, zieht daraus vorläufige Konsequenzen. Einen grausamen Kampf führt er gegen die «Täuscher» (4. Buch), die, von ihm entmachtet, die alten synthetischen Lebensverhältnisse wieder einführen wollen. Ein ideologischer Kampf ist es, allerdings aufgrund handgreiflicher Erfahrungen, der jetzt erstmals nicht von schwärmerischen Außenseitern, sondern von staatlichen Machtgruppen ausgefochten wird. Zwei unverträgliche Prinzipien treten da gegeneinander an. Einerseits rücksichts- und vorsichtsloser Selbstgenuss einer winzigen Oberschicht von technizistischen Fortschrittseiferern, die den Triumph des menschlichen Geistes über die barbarische Natur auskosten, wenn sie selbstzwecklich ihre Erfindungen ins Werk setzen. Andrerseits das Glück von Vielen, die nach eigenen Bedürfnissen und Zielen ihre geistigen und körperlichen Kräfte produktiv betätigen wollen. Marduk, noch schwankend, wie der verschütteten Natur aufzuhelfen sei, ohne die Menschen geschichtlich zurückzuentwickeln, bleibt halben Wegs auf der Strecke. Schließlich erledigen ihn die Heere der benachbarten Stadtschaften, denen seine Bestrebungen nicht passen.

Es kommt zum «Auslaufen der Städte» (5. Buch). Während ihre Einwohner zunehmend an sich selbst erkranken, greifen außerhalb verschiedene Siedlervereinigungen um sich. Es sind Gruppen, die sich dem eigenen Verfall entgegenstemmen, indem sie Äcker bebauen, Bäume schlagen, drauflos lieben und Speisen verzehren, bei denen sie wieder ihre Zähne gebrauchen können. Nochmals, wie schon beim Uralkrieg, versuchen die Machthaber, die Gefahren für ihre Fortschrittsentwicklung aufzufangen durch einen kolonisatorischen Sprung nach vorn und nach draußen. Diesmal zielt man darauf ab, Grönland zu enteisen, um es urbar zu machen. Damit soll auf einen Schlag die Erschlaffung der Städter aufgehalten und der Schwung der natursüchtigen Siedlermassen in die offiziellen Zivilisationsbahnen gelenkt werden. Die Rechnung geht auf. Ein Pioniertaumel erfasst die Massen und treibt sie, ausgerüstet mit neuesten technischen Geräten, unter Führung des schwedischen Wissenschaftlers Kylin zunächst nach «Island» (6. Buch). Die größten Vulkane sprengt man und speichert ihre Hitzeenergie in riesigen Geweben aus Turmalin. Beim Schmelzprozess der Berge, beim Eindringen in die inneren Kraftfelder des Gesteinsmassivs, beim engsten Umgang mit den unermesslichen Licht- und Hitzegraden der Kraterfeuer kommt den Beteiligten die Natur so rauschhaft nah wie nie zuvor. Zugleich aber auch spüren sie, dass sie Energien raffen und zweckentfremden, denen sie kaum gewachsen sein werden. Fünftausend von ihnen kommen um.

Die anderen Abertausende machen sich mit ihren Fahrzeugen auf den Weg zur «Enteisung Grönlands» (7. Buch). Auch diese Etappe wird zunächst als geradezu epidemisches Entzücken erlebt. Die Schiffe mit den Turmalinschleiern, das Packeis durchkreuzend, entfachen wuchernde Fruchtbarkeit. Sie wachsen zu mit Tangwäldern; locken Fi-

sche, Vögel, Tiere hervor; strahlen Düfte aus, die allen Menschen im näheren Umkreis erotisierend die Sinne benehmen. Doch das Verzücken schlägt um, sobald Grönlands Enteisung in Gang kommt: sterbende Vögel zuhauf; unergründliche Wirbelstürme, die ein Gutteil des Geschwaders vernichten. Der Rest flieht heimwärts und wagt sich dann erst allmählich wieder an den neuerstandenen Erdteil heran. Heillos ist das Resultat. Riesensaurier, Flugechsen, unbestimmbare Drachentiere – untergegangen seit Äonen – haben sich unter dem Einfluss der vulkanischen Energie regeneriert. So schlägt das Grönlandabenteuer letztlich um ins Gegenteil. Der Weitsprung in die Zukunft landet in der Vorvergangenheit. Zivilisationsdrang holt längst erstorbene vorgeschichtliche Lebewesen wieder herauf.

Die gleiche böse Ironie spricht aus der Antwort, die den verschreckten Regierungen dazu einfällt, aus den «Giganten» (8. Buch). Wider die verheerenden Untiere züchtet man riesige Turmmenschen, die als Verteidigungslinie über ganze Kontinente postiert werden. Wirksame, aber traurig geistlose Kolosse sind es, die ungewollt Fortschritt als Rückschritt verkörpern. Ähnlich nehmen sich die beiden anderen Reaktionen auf das Grönlandabenteuer aus. Einesteils verlegt man die Masse der Städte und Städter unter den Boden, führt sie also, trotz reibungslosem Luxusleben im absoluten Sous-Terrain, auf die Stufe von Höhlenbewohnern zurück. Andernteils werden die Regenten vollends übermütig. Ihre strikte Entfremdung von Gesellschaft und Natur überspielend, wenden sie die weiterentwickelten Wachstums- und Verwandlungsenergien am eigenen Leib an. Sie schwellen auf zu Giganten, verwandeln sich nach Belieben in Riesenvögel, in Wolken und Bäume. Die kindische Tollerei, mit der sie sich an ihrer Allmacht ergötzen, bekräftigt endgültig den Rückfall ins Primitive. Währenddessen versuchen anderswo die anderen, ermuntert von der sehr menschlichen Liebesprophetin «Venaska» (9. Buch), eine Alternative zur retortenhaften Lebensweise in den Städten. Alte und neue Siedlungsbewegungen haben sich bereits im fruchtbaren Südfrankreich niedergelassen. Zu ihnen stoßen die Grönlandabenteurer mit ihrem Anführer Kylin, die nur schwer ihre Schockerlebnisse verkraftet haben. Doch gerade die Erfahrung mit den ungeheuren Folgen ungeheurer technischer Pioniertaten feien sie gegen die sanften Verlockungen eines nichts als bukolischen einfachen Lebens. Sie helfen sich und den Siedlern, bewusst statt besinnungslos, aktiv statt passiv, die eigene und fremde Natur zu bestehen.

Allerdings, der Ausklang von Döblins berg- und meergigantischem Opus vollbringt es nicht, eine zwingende utopische Aussicht zu entwerfen, die den überwältigenden Geschehnissen zuvor irgend Paroli bieten könnte. So entweicht denn der letzte Absatz des Buchs aus dem Epischen in malerische Lyrismen. Dabei zeigt sich, dass auch diesem Roman – wie allen großen Erzählwerken – ein schlüssiger Schluss nicht ohne weiteres gelingen kann. Denn allem Anschein nach ist Erzählen eine unaufhörliche Tätigkeit, die kein endgültiges Amen oder Basta duldet. Insofern bestätigt *Berge Meere und Giganten* einen Befund, der im letzten Kapitel meines Buchs noch zu erörtern sein wird. Döblins Roman jedenfalls verabschiedet die Leser mit dem folgenden lyrisch ausklingenden Absatz:

> Schwarz der Äther über ihnen, mit kleinen Sonnenbällchen, funkelnde verschlackende Sternhaufen. Brust an Brust lag die Schwärze mit den Menschen; Licht glomm aus ihnen. (511)

Angesichts dieser ausgebreiteten Wunsch- und Schreckensgeschichte mag deutlicher geworden sein, wovon der Roman handelt. Und: wie er einschätzt, wovon er handelt. Nach wie vor ungeklärt ist jedoch, als was er sich den Lesern anbietet, wozu er taugt, was man an ihm hat. Eine nüchterne Prognose? Eine verzückte Prophetie? Einen hoffnungsvollen oder einen verzweifelten Aufruf? Oder gar nur einen überdimensionalen Science-Fiction-Schmöker?

Sprachexplosionen Wo Döblins Science-Fiction das Weite sucht, erstreckt sie sich in viele Richtungen. Nach vorn: in die Zukunft, die am bösen Fortgang der gegenwärtigen Verhältnisse sinnfällig macht, wie widersprüchlich und korrekturbedürftig sie sind. Nach außen: in den Widerstreit der Menschen mit ihren eigenen Produkten und mit denen der Natur. Nach innen: ins Bewusstsein, das diese Menschen vom

Spielraum ihrer Entscheidungen und Handlungen haben; aber auch ins Innere der Materie, ihrer spürbaren Eigenschaften und ihrer erschließbaren Gesetzmäßigkeiten. Den Lesern vergegenwärtigen kann sich solche vielstrahlige Expansion des erzählten Geschehens durch den entsprechenden Sprachduktus des Erzählers. Ein technisch hervorgerufenes Elementarereignis – die entfesselten isländischen Lavaströme, wie sie auf die Seen einstürzen – zeigt an, worauf Döblins Hochspannungsprosa hinausläuft. Sie leiert nichts Altbewährtes herunter. Sie prescht vor und jagt die Leser schutzlos mit ins Ungeheure, schrecklich Unabsehbare. Dorthin, wo bewährte Maße und Regeln ziviler Alltagswirklichkeit hinfällig werden:

> Aus dem Riß der Erde ergossen sich Glutströme, geschmolzenes Gestein aus dem Erdinnern, dazu der brennende Leib der zerrissenen Vulkane. Brüllend nahmen die Flammenströme ihren Weg ins Land. Im Süden standen noch schwankende angestrahlte Wände der Vulkane, zerklüftet verstümmelt. Sie bröckelten stürzten über, legten sich in das heiße saugende Bett. Nach Süden überrannte der Feuerstrom das Land bis zum Fuß des mächtigen Blaffjal. In den schwarzen Myvatn wälzte sich der Feuerstrom; drang in das Wasser bis auf die Tiefe des Sees, die er entlang kroch, ohne zu erlöschen. Das Wasser faßte er mit seinen Zähnen an, verschluckte es. Es siedete und verdampfte auf seinem Rücken. Er sprang am Boden des Sees herum. Zerschleuderte zerfaserte zerpaffte sengte, was ihm in den Weg kam. Blutrot sein langer Schlangenleib. Er raste durch die ganze Seenbreite an das südliche Ufer. (312 f.)

Döblins Erzähler, will er sich begreiflich machen, kann dem nie erlebten Geschehen nur mit Anschauungen aus unserer Erlebniswelt beikommen. Hier und auch sonst bevorzugt er dabei Raubtier-Bilder. Der Feuerstrom mit seinem blutroten Schlangenleib brüllt, überrennt, wälzt sich, packt mit den Zähnen zu und verschluckt das Wasser. Diese zwangsläufig verkleinernden Bilder schmälern den Anspruch des erzählten Geschehens nicht. Sie werden ihm gerecht, in mehrerlei Betracht. Sie versinnlichen Natur durch Natur. Sie versinnlichen die bestürzende Unberechenbarkeit des Islandabenteuers. Und sie versinnlichen den dynamischen Verlauf eines Geschehens, das allzu gewaltig ist, als dass es an und für sich wahrzunehmen wäre. Der da erzählt, kann sich sogar leisten, seine Sprachbilder ebenso zu zersplittern, wie er es anderweitig mit den Wortklassen und Satzgliedern tut. So kreuzen, überlappen und umschlingen sich Vergleiche und Metaphern aus gesellschaftlichen, religiösen, psychologischen, technischen, zoologischen, mineralischen Bereichen, ohne die Zusammenhänge zu entstellen oder zu verwischen, die sie den Lesern erschließen sollen. Denn die Thematik des Romans verträgt solche allseitigen Promiskuitäten nicht nur, sie fordert sie geradezu heraus.

Sie entfaltet, wie gesagt, die Wunder- und Schreckensgeschichte dessen, was Menschen mit sich und der Natur anstellen. Und ablaufen lässt der Autor diese Geschichte als ein unbegrenztes Geschehen, das auch in sich selber die Grenzen durchbricht zwischen Masse und Einzelnem, Mensch und Tier, Feuer und Stein, Pflanze und Maschine. Nicht einmal dort hält es inne, wo der eigensüchtige Vorwärtsdrang einer kleinen Machtelite umschlägt in eine so widernatürliche wie widergesellschaftliche Totalumwälzung. Nicht einmal dort, wo die Perversion von geschichtlichem Fortschritt die vorgeschichtlichen, vormenschlichen Untiere wieder aufleben lässt. Leibhaftig verkörpert und verbreitet sie diese perverse Grenzlosigkeit. Ihre grässlich wuchernden Misswüchse und Mischformen sind rächende Konsequenzen der Fehlentwicklung. Weithin verheerend offenbaren sie, wie chaotische Verhältnisse im menschlichen Zusammenleben übergreifen auf chaotische Verhältnisse im Zusammenleben der gesamten Natur, die steigernd wiederum zurückfallen aufs gesellschaftliche Chaos. Und mit diesem Geschehen schlingt, wuchert, splittert auch die Sprache, die es heraufbeschwört. Vor allem in Syntax und Interpunktion:

> An der Westgrenze Hamburgs an der See verwüsteten die anwandernden Untiere ganze Stadtteile. Die starken Sicherungen des Senats nutzten nichts, sie fielen nur zum Verhängnis der Stadtschaft aus. Durch die brennenden Würfe, die Strahlen wurden die Tiere zerrissen, ihre Teile aber, Flüssigkeit spritzend, schleppten sich verendend und andere aufsprießende Wesen mit sich schleppend in die Straßen und Anlagen. Die grausigsten Mißformen wurden da sichtbar. Verbackene Bäume, aus deren Wipfeln lange Menschenhaare herausragten, übergipfelt von Menschenköpfen, toten entsetzlichen häusergroßen Gesichtern von Männern und Frauen. Die Schwanzflossen eines Seetiers in eine Siedlung vor der Stadt fallend sammelten um sich Haufen toten Materials, Eggen Wagen Pflüge Bretter. In die wandernde sprießende dampfende Masse gerieten Kartoffelfelder, laufende Hunde, Menschen. Das wallte wie ein Kuchen auf, quoll hoch, zappelte über die besäte Ebene, rollte sich wie eine Lavamasse verheerend langsam vorwärts. [...] Über den Tälern und Erhebungen der wallenden Masse rasten Gespanne, Pferde mit Wagen, abspringende Menschen. Sie liefen rissen sich los, bis sie einsanken festklebten, die Pferde an den Wagen, Menschen treibend daneben. Die Pferde wurden durchflutet, von den Hufen den Hinterbeinen hochwachsend, scheinbar sich aufbäumend, aber nur aufgespannt aufgerich-

> tet. Ihr Wiehern Geifern erlosch, die Augen, die ängstlich blutüberlaufenen Kugeln, sanken zurück. Sie zappelten mit den Vorderbeinen. Waren sie Stämme? Fraßen sie das Laub, die Halme Stauden, die ihnen aus den Mäulern wuchsen? Aus den Rippen quollen ihnen die Wagenbalken. (407f.)

Eine faszinierend scheußliche Schreck- und Abschreckvision. Sie offenbart, wozu es kommen kann, wenn es so weitergeht wie bis jetzt. Die da mit Bergen, Meeren und Giganten umgehen, stellen selber ihr Schicksal her. Allerdings, Döblins Roman entspricht der üblichen Form von Science-Fiction nur unter Vorbehalt. Wer indes bereit ist, lesend

mehr noch auf sich zu nehmen als die üblichen technischen Zukunftsabenteuer, dem kann der Roman sogar zur potenzierten Science-Fiction werden. Denn dieses Mehr schwächt die erzählten Zukunftsabenteuer nicht, es verschafft ihnen erst die gefährliche Anziehungskraft. Es macht auch noch die eigene Tätigkeit der Leser, falls sie sich rückhaltlos darauf einlassen, zum verwegenen Abenteuer. Es reißt sie, gerade so wie die handelnden Menschen des Romans, in extreme Erfahrungen, die sie bisher weder mit sich selbst noch mit ihrer selbst verfertigten und erstellten Umwelt irgendwo haben machen können.

Epische Penetranz, inwärts und auswärts Dieses Mehr besteht in der epischen Penetranz des Romans. Penetrant in mehrfacher Bedeutung des Wortes: aufdringlich, eindringlich, durchdringend. Gewiss, Döblin umkreist auf seinen gut fünfhundert Seiten mehrere Jahrhunderte und Kontinente. Doch vom alten epischen Vorrecht, auszuschweifen und abzuschweifen, macht er weit weniger Gebrauch als seine erzählenden Vorfahren. Wie Homer und Vergil, Ariost und Rabelais verfolgt er zwar viel und vielerlei, lässt sich auch locken von fremden Zonen und Lebewesen, Dingen und Namen. Doch er kommt dabei nicht vom Hundertsten zum Tausendsten. Statt dessen setzt er alles daran, aufzudecken, wie sich das Hundertste zusammensetzt. Hierin liegt seine Penetranz.

Döblin – ausgerüstet mit seiner medizinisch, zudem noch naturwissenschaftlich und psychisch geübten Phantasie – dringt hinein in die aufgebotenen Gegenstände. Er durchdringt sie. Er stülpt ihr Innerstes nach außen, um die Leser spüren und begreifen zu lassen, was darin vorgeht: in Meeresbrandungen, Lavaströmen, Pflanzenzellen ebenso wie in den Stoffwechselbahnen der Tiere und im psychosomatischen Innenleben der Menschen. Ausnahmslos teilen die Gegenstände, die Döblins Erzähler solchermaßen penetriert, eine Haupteigenschaft mit der Aktivkohle: sie offenbaren, selbst bei winzigstem äußeren Umfang, eine umfangreiche innere Oberfläche. Dort drinnen kann es dann ebenso hoch hergehen wie beim Massenansturm auf die verhassten Kunstnahrungsfabriken oder wie bei der Liebesraserei zwischen Konsul Marduk und der triebhaften Jungfrau Marion. Derart durchdrungen eröffnet sich der Handlungsraum des Romans inwärts wie auswärts ins Unabsehbare. Er reicht und in ihm bewegt sich's von Erdteil zu Erdteil, aber auch von Elementarteilchen zu Elementarteilchen. Was wohl kein zweiter Roman in solchem Ausmaß und solcher Intensität zustande bringt, erwirkt *Berge Meere und Giganten*: hier ist überall etwas los. Unaufhörlich.

Diese weitere Maßlosigkeit bringt erneut die Lese-Hürden in den Blick. Offensichtlich sind sie noch größer und strapaziöser, als ich sie oben aufgezählt habe. Jetzt lassen sie sich deutlicher überschauen. Zugleich lernt man auch einsehen, dass sie im erzählten Gegenstand selbst begründet und für den Autor unverzichtbar sind. Er konnte sie den Lesern nicht ersparen, ohne den kühnen Entwurf des Romans aufzugeben. Sie rechtfertigen sich, wenn man beobachtet, wie Döblins besondere Erzählweise seine besondere Thematik verarbeitet. Konkret, wie seine epische Penetranz sich hermacht über das, was Menschen mit sich und ihrer Umwelt anstellen. Hat man sie einmal erfasst, kann man in ihr ein durchgängiges Prinzip des ganzen Romans erkennen. Denn es bestimmt nicht nur die Haltung des Erzählers zu seiner gegenständlichen Welt, sondern auch die Verhältnisse innerhalb der gegenständlichen Welt. Es durchdringt also nicht allein der Erzähler das, wovon er erzählt. Genauso unablässig sind diese Gegenstände dabei, ineinander einzudringen oder sich wechselseitig zu durchdringen. Die oben zitierten übergewaltigen Ereignisse können als extreme Beispiele einstehen für sämtliche Lebensbereiche, die der Roman vergegenwärtigt: der Lavastrom, der sich in den See ergießt, um ihn seinerseits zu schlucken; die urweltlichen Ungeheuer, die Menschen, Tiere, Häuser verschlingen und die, nur vorläufig verendet, mit ihren leiblichen Überresten und Säften wiederum eindringen in Menschen, Tiere, Häuser, darin aufquellen und nach außen durchstoßen. So bleibt, wie der Erzähler allenthalben sinnfällig macht, nichts bei sich. Jegliches greift über und ein auf anderes: «Feine Algen durchwuchsen Nacktschnecken, es war keine Schnecke mehr: ein Algenbusch schaukelte über dem weichen Bett.» (395)

Daraus entrollt der Roman sein Gesamtbild von Wirklichkeit als unentwegtem Geschehen. Aber nicht als schon Geschehenes, das man auf sich beruhen lassen kann, sondern als jetzt Geschehendes, das beunruhigt. Denn auch fernerhin, so zeigt der Roman, wird geschehen, was Menschen aus eigener Macht und Ohnmacht mit sich und ihrem Lebensraum anstellen. Zumal hierauf zielt Döblin mit seiner epischen Penetranz: dass die wechselseitige Durchdringung nicht nur ein räumlicher Vorgang ist, sondern auch ein zeitlicher Fortgang. Eindringend in die Ereignisse, die künftig aus der gegenwärtigen Wirklichkeit hervorgehen können, durchdringt der Autor die gegenwärtigen Verhältnisse. Dabei bringt er im unentwegten Geschehen eine unentwegte Geschichte zum Vorschein: natürliche und gesellschaftliche Entwicklungen als streitbar fortwirkende Abläufe von Anverwandlung und Umverwandlung, von Aneignung und Austausch. Auch in kommenden Jahrhunderten, unter Bergen, Meeren und Giganten, sind es die Menschen, die produktiv und destruktiv davon leben.

Prosa-Rhapsode im Namen belebter Materie Eins dieser menschlichen Lebewesen ist der Autor Döblin. Diese platte Selbstverständlichkeit bringt Döblin seinerseits durchaus unselbstverständlich ins Spiel, indem er seine epische Penetranz noch um eine zusätzliche Richtung erweitert und damit total macht. Mit der gleichen Unerbittlichkeit nämlich, wie der Autor die Gegenstände durchdringt und diese einander, durchdringen die Gegenstände ihrerseits den Autor. Auf dieses Wechselspiel stößt Döblin die Leser schon von Anfang an, noch ehe es überhaupt losgeht mit dem Erzählen: in der vorausgeschickten «Zueignung». Hinter die ganze Tragweite ihrer Aussage kommt man freilich erst, wenn man im Lauf des Romans diese wechselseitige Durchdringung weiter und weiter lesend erfahren hat.

In der «Zueignung» nähert sich der Autor zugleich beklommen und entschieden dem, wovon der Roman dann handeln soll. Frontal spricht Döblin es an, in der zweiten Person, um dann allmählich, herangerückt und davon durchdrungen, in die dritte Person überzugehen. Denn was alles dann folgen wird, fünfhundert Seiten lang, begreift er als Geschehen der gegenwärtigen Welt, die in ihm ebenso wirkt wie er in ihr:

> Was tue ich, wenn ich von dir spreche. Ich habe das Gefühl, als dürfte ich kein Wort von dir verlauten lassen, ja, nicht zu deutlich an dich denken. Ich nenne dich «du», als wärst du ein Wesen, Tier Pflanze Stein wie ich. Da sehe ich schon meine Hilflosigkeit und dass jedes Wort vergebens ist. [...] Ihr Tausendnamigen Namenlosen hebt mich, bewegt mich, tragt mich, zerreibt mich.

> Ich habe schon Vieles geschrieben. Nur herumgegangen bin ich um euch. Mit Angst habe ich mich vor euch entfernt. In meiner Demut vor euch war Angst vor Lähmung und Betäubung. [...]
>
> Jetzt spreche ich – ich will nicht du und ihr sagen – von ihm, dem Tausendfuß Tausendarm Tausendkopf. Dem, was schwirrender Wind ist. Was im Feuer brennt, dem Züngelnden Heißen Bläulichen Weißen Roten. Was kalt und warm ist, blitzt, Wolken häuft, Wasser heruntergießt, magnetisch hin- und herschleicht. Was sich in Tieren sammelt, in ihnen die Schlitzaugen nach rechts und links bewegt auf ein Reh, daß sie springen schnappen, die Kiefer öffnen und schließen. [...]
>
> Jede Minute eine Veränderung. Hier wo ich schreibe, auf dem Papier, in der fließenden Tinte, in dem Tageslicht, das auf das weiße knisternde Papier fällt. Wie sich das Papier biegt, Falten wirft unter der Feder. Wie die Feder sich biegt, streckt. Meine fühlende Hand wandert von links nach rechts, nach links vom Zeilenende zurück. Ich spüre am Finger den Halter: das sind Nerven, sie sind vom Blut umspült. Das Blut läuft durch den Finger, durch alle Finger, durch die Hand, beide Hände, die Arme, die Brust, den ganzen Körper, seine Haut Muskeln Eingeweide, in allen Flächen Ecken Nischen. So viel Veränderung in diesem hier. Und ich bin nur ein Einzelnes, ein winziges Stück Raum. [...] (9f.)

Was Döblin hier überscharf unter die Lupe nimmt, wirkt überraschend, verwirrend, aber auch klärend in einem Roman der 1920er Jahre. Der Autor als Lebewesen, das vom Leben spricht und schreibt und dabei hoch bewusst in diesem Akt des Sprechens und Schreibens das Leben selber agieren sieht. Der Autor als «winziges Stück Raum», das alle die Räume, von denen es erzählt, aus sich herauslässt, wohl wissend, dass es selber sich in ihnen aufhält. Solche rückhaltlos epische Penetranz verdrängt die Haltung, die bis dahin und auch noch weiterhin im Roman vorgeherrscht hat: die epische Distanz.

Diese radikale Umwälzung – so möchte man meinen – hätte zu einer epochalen Peripetie führen können in der Geschichte des poetischen Erzählens – also weiter ausgreifend über diesen einen enormen Roman hinaus. Wieso es dazu nicht kam, selbst in den folgenden Werken des Autors Döblin nur sporadisch, darüber ließe sich nur waghalsig spekulieren. Allenfalls an einigen lateinamerikanischen Romanen der zweiten Jahrhunderthälfte kann man ähnliche Tendenzen beobachten, unter anderem an Werken von Miguel Angel Asturias, Alejo Carpentier und Augusto Roa Bastos. Die freilich lassen sich dabei von kulturell andersartigen Impulsen leiten. Naturwissenschaftliche Neugier und Fantasie, so wie bei Döblin, spielt dabei kaum eine Rolle.

Wie rückhaltlos Döblin jene herkömmliche Abstandshaltung aufkündigt, beweist mit dem Inhalt der «Zueignung» zugleich ihr Adressat. In den feudalen Jahrhunderten wurden literarische Werke vorzugsweise dem fürstlichen Gönner zugeeignet, zu dessen höherer Ehre der Autor seinen Unterhalt erschrieb. Man denke an Epen von Vergil, Ariost, Tasso, aber auch an Romane von Cervantes und anderen. Der bürgerlichen Epoche dagegen, spätestens seit dem letzten Drittel des achtzehnten Jahrhunderts, galt Literatur weithin als auftrags- und interesseloser Ausdruck der dichtenden Persönlichkeit. Entsprechend richtet sich die jeweilige Zueignung, oft mit vertraulichen Anspielungen, an eine nahestehende Person oder an eine ideelle Größe. So widmet der alte Goethe den nun endgültig abgeschlossenen *Faust* zugleich den eigenen früheren Fantasieskizzen dieses Werks wie den inzwischen verstorbenen Freunden. Und in der «Zueignung» seiner gesammelten Gedichte spricht er die personifizierte «Wahrheit» an und legt ihr auch noch eigene Worte in den Mund, damit sie dem Dichter Rede und Antwort stehe. So wird die Selbstherrlichkeit des Dichters, der vorher nur die Macht der Mächtigen verklärte, schrankenlos. Von seinen Gnaden lebt nicht nur, was er schreibt, sondern auch, wem zuliebe er schreibt.

Wechselströme zwischen Autor, Gegenstand und Leser Erst in dieser historischen Perspektive lässt sich die fortgeschrittene Haltung Döblins hinreichend ermessen. Er widmet seinen Roman der gleichen Macht, von der eben dieser Roman handeln wird. Der überall wirkenden Lebensenergie widmet er ihn, die geschichtlich handelnde Menschen ebenso bewegt wie sämtliche Äußerungen der Natur. Scheinbar trifft sich diese Zueignung sowohl mit der feudalen wie mit der bürgerlichen, aber nur, um sich desto weiter von beiden zu entfernen. Wie die feudale gilt sie der Macht, die den Autor leben und schreiben lässt – doch die ist keine andere, höhere Person vis-à-vis, sondern sie steckt in ihm selber drin. Und selbstherrlich wie die bürgerliche Zueignung gilt die von Döblin den eigenen Voraussetzungen der poetischen Arbeit – doch diese Voraussetzungen sind kein einmaliges Vorrecht. Der Autor teilt sie mit allen Lebewesen. Also auch mit den Lesern und die Leser mit ihm. Das ist wiederum eine platte Selbstverständlichkeit. Viel zu selbstverständlich, als dass sie nicht zu bedenken wäre. Denn wer da auch immer selbstvergessen vor sich hin liest, empfindet kaum, macht sich erst recht nicht bewusst: dass die eigenen Ellbogen, mit denen er oder sie sich aufstützt; dass die eigenen Augen, die eilig die Zeilen hin und her flitzen; dass die eigene momentane Lebenslage, herbeigeführt und umgeben von vielfältigen Lebensregungen – dass all dies sich so fortsetzt im Buch und das Buch sich so fortsetzt in der eigenen Person.

Genau hierauf zielt Döblins Romankonstruktion ab. Sie soll die Leser zwingen, ihrerseits im erzählten Geschehen mitzuleben und auch noch sich selbst dabei mitzuerleben. Unweigerlich basiert auch hier die Erzählveranstaltung auf dem Grundriss des epischen Trios. Nicht anders als allemal sonst erzählt ja auch hier jemand jemandem von Etwas.
Doch Döblin verengt und erweitert zugleich den Spielraum sowie das Verhältnis des Trios zueinander. Just aus dieser hier ungewöhnlich rigorosen Zwangsverbindung zwischen den drei beteiligten Größen – Autor (einschließlich Erzähler), Gegenstand, Leser – entstehen besagte Lese-Hürden. Denn die epische Penetranz bemächtigt sich eben auch der Leser. Wenn die Leser mit dem Autor die abervielen Partikel des maßlosen erzählten Geschehens passieren, werden sie mehr und mehr gewahr, wie sie sich selbst passieren. Vorausgesetzt, sie lassen sich überhaupt ein auf dieses Spiel. Immerhin strengt es mehr an, als wenn den Lesern in herkömmlichen Romanen – etwa von Flaubert oder Fontane, Henry James oder Thomas Mann – wichtige Bestandteile der eigenen Erfahrungswelt begegnen: Entwicklungsschwierigkeiten, Liebeskonflikte, soziale Auseinandersetzungen, Glaubenskrisen. Solche Bestandteile sind eben nur Teilbestände der insgesamten Erfahrungswelt. Und: sie sind objektiviert, abgerückt.

Die Leser von *Berge Meere und Giganten*, die jene besonderen Einzelcharaktere mit ihren besonderen Einzelschicksalen entbehren müssen, geraten stattdessen an ein überwältigendes Ganzes, dem auch sie als Ganzes zugehören. Dass es in keine unverbindliche Allgemeinheit verdunstet, vielmehr sich maßlos handfest, auch widerständig und widersprüchlich verhält, habe ich mehrfach vermerkt. Keinesfalls also lässt dieser Roman seine Leser, trotz anfänglicher Benommenheit, am Ende besinnungslos zurück. Gerade die Hürden, die abverlangten Anstrengungen, sich einzulassen auf Sprünge und Unvereinbarkeiten im Lauf des Geschehens wie des eigenen Lebens, sie steigern alsbald die Aufmerksamkeit. Wer die Hürden nimmt, gewinnt aus dem, wovon hier erzählt wird, eine Ahnung dessen, was unseresgleichen kann oder doch könnte: als menschliches Lebewesen.

VII Unaufhörliches Erzählen, längs und quer

UND DANN UND DANN UND DANN

Erzählen – wann immer literarisch, nicht mündlich ausgeübt – gibt sich nirgends deutlicher zu erkennen als in umfangreichen epischen Großwerken. Von dieser naheliegenden Ansicht bin ich ausgegangen und habe mich auch weiterhin daran gehalten. Knappe, straffe Erzählungen blieben beiseite: vereinzelte Novellen, Kurzgeschichten, Kunstmärchen und Sagen. Die Aufmerksamkeit galt vorwiegend voluminösen Epen wie Homers *Odyssee*, voluminösen Erzählzyklen mit gemeinsamem Rahmen und Ziel wie Boccaccios *Decamerone*, voluminösen Romanen wie Cervantes' *Don Quijote*.

Geräumige Großwerke Äußere und innere Geräumigkeit ermöglicht den Autoren, nicht nur ein weit verzweigtes, ereignispralles Geschehen zu entfalten, sondern auch ein vielgestaltiges Erzählen. Mitunter in vertrackten, doch allemal schlüssigen Konstruktionen, worin die epische Vielstimmigkeit sich nochmals vervielfältigt, staffelt und potenziert, sodass die schier unerschöpflichen Energien von Erzählen sich vollends entladen können. Ich erinnere an die entsprechenden Verwegenheiten von Potockis *Die Handschrift von Saragossa*, von Woolfs *Die Wellen*, von Rulfos *Pedro Páramo*. Solche Geräumigkeit samt allem, was sich darin unterbringen und in Bewegung setzen lässt, fördert den Anschein von und den Anspruch auf Totalität, der allein der Epik zugesprochen wird. Theoretiker der Dichtkunst haben immer wieder vermerkt, dass umfangreiche Erzählwerke – im Unterschied zu kleiner dimensionierten Gedichten und Bühnenstücken – den Eindruck hervorrufen: hier werde eine vollständige und eigenständige Welt entworfen. Andersartig zwar, aber doch vergleichbar der belebten und erlebten Welt, aus der heraus und in die hinein sie gedichtet werden.

Noch ausgeprägter als bei den späteren Prosaromanen ist dies der Fall bei den früheren Versepen nach Art von Homer. Denn die sind, zeitlich und stofflich, den Mythen von der Erschaffung der Welt noch nah. Dass sie selber sich des eigenen Status von erzählter und erzählender Totalität bewusst sind, und wie sie ihn auskosten, ja eigens zu bedenken geben, das haben wir schon aus der *Ilias* ersehen können. Etwa aus der einlässlichen Berichterstattung, wie Hephaistos den prächtigen Schild des Achill anfertigt. Diese langwierige Arbeit an der kreisförmigen, reich bebilderten Waffe rundet der Schmiedegott folgendermaßen ab – und zugleich auch der Rhapsode seinen Bericht davon:

> Endlich formte der Gott: des Okeanos' reißende Strömung
> Rings um den äußersten Rand des stark geschmiedeten Schildes. (XVIII, 607f.)

Die Entsprechungen sind offensichtlich. So umfassend, wie das Epos die Welt insgesamt herbeierzählt, so umfassend wirkt auch die Bebilderung des Schilds. Genauer: so, wie der Rhapsode seinen Zuhörern oder Lesern all das vor die inneren Augen und Ohren führt, was es in der Welt zu sehen und zu hören gibt, so vergegenwärtigt es, lautlos sprechend, die geschmiedete Bebilderung des Schilds obendrein auch noch den äußeren Sinnen. Nämlich jenen der Feinde und Freunde Achills, wo immer sie im Lauf des Geschehens dieser Waffe begegnen.

Auch der bebilderte Schild bietet Überblick über sämtliche Vorkommnisse der lebendigen Welt, einschließlich des Universums, soweit die Blicke der Menschen reichen. Unter anderem: hier auf Feldarbeiten und dort auf kriegerische Unternehmungen; hier auf ausgelassene Feste und dort auf zähe Gerichtsverhandlungen; hier auf Meer, das die bewohnten Kontinente umspült, und dort auf die Himmelskörper am Firmament. Derart vollführt schon das erzählende Epos, vom ersten bis zum letzten seiner Gesänge, eine Welterschaffung ähnlich jener, die der erzählte Schmiedegott vollführt, vom ersten bis zum letzten seiner Handgriffe. Als sinnfällige Pars pro toto prägt der Schild sich uns ein. Verkleinernd spiegelt er jene Spiegelung, die das ganze Epos veranstaltet: indem es nicht nur – statisch – die ganze Welt erzählend heraufbeschwört, sondern auch – dynamisch – den Mythos von ihrer Erschaffung.

Hie epische, hie mythische Welterschaffung In den vielerlei mythischen Schöpfungsgeschichten allerdings, einschließlich der biblischen Genesis, macht sich jedes Mal ein Gott ans Werk. Ich erinnere an den Abschnitt ‹Es werde Licht› im Kapitel über Erzählen als Beleuchten.

Durchweg also ist es ein unsterblicher Verursacher, dessen allmächtige Schöpfungskraft dort, wo bislang nichts oder nur Chaos war, Zug um Zug ein geordnetes Ganzes ins Leben ruft. Willkürlich waltet seine Allmacht. Sie schert sich um keinerlei fragende Begründung oder gar Rechtfertigung: weswegen sie die Welt so und nicht anders gestaltet hat; weswegen sie den Verlauf dieser Welt just hier und nicht anderswo beginnen lässt, just jetzt und nicht früher oder später. Vermessene, aber sinnvolle Fragen wären es immerhin. Doch wer sie an die Schöpfergottheit stellen wollte, könnte mit keiner Antwort rechnen. Auch die Ependichter, die da poetisch den göttlichen Welterschaffern nacheifern, verschließen sich solcher bedenklichen Fragerei. Nicht nur der Frage nach dem ‹So und nicht anders› ihrer eigenen Schöpfung, auch der Frage nach dem räumlichen und zeitlichen Startpunkt des erzählten Geschehens, das sie hier und jetzt in Gang setzen.

Zwar dürfen ihre epischen Rhapsoden fast so schalten und walten, als seien sie, was nur Göttern zusteht, allwissend. Aber sie sind nun einmal keine Götter. Ebenso wenig wie die dichtenden Epiker selbst. Trotzdem gelingt es auch ihnen, den Dichtern, sich jedem Begründungs- und Rechtfertigungszwang zu entziehen. Eine unanfechtbar erhabene Ausrede ermöglicht ihnen, sich von vornherein dagegen abzusichern. Formelhaft eröffnet sie jedes Epos schon in den Anfangsversen. Diese wirksame Ausrede verkleidet sich als Anrede, genauer als feierliche Anrufung und Bitte um höheren Beistand beim unmittelbar folgenden Schöpfungsakt. An jene göttliche Instanz richtet sie sich, die in antiken Mythen als zuständige Kapazität gilt, alles zu wissen, was je in der Welt geschehen ist, einschließlich Olymp und Unterwelt. Die Musen sind es, die Töchter von Zeus und Mnemosyne, der leibhaftigen Erinnerung. Sobald ein Berufener, hier also der Rhapsode des Epos, sie gebührend herbeibittet, sind sie bereit, ihm vieles kund zu tun von ihrem unermesslichen Wissen. Freilich nur so viel, wie ihnen gut dünkt. Mit dieser stets erfolgreichen Bitte um den Beistand der höchsten Autoritäten entledigt sich der Rhapsode, auch im Namen des Dichters, im Voraus der Verantwortung für die hier und jetzt beginnende epische Welt. Nicht an ihm ist es – so betont er –, begründen oder rechtfertigen zu müssen, sollte bei seiner Schöpfung, die sich als vollkommen ausgibt, irgend etwas dennoch lückenhaft, schief oder unstimmig erscheinen.

Der Anfang, verbürgt durch die Musen Einerseits also feit der Musenanruf die epische Schöpfung gegen allfällige Einwände. Andererseits erleichtert er, die neu erschaffene eigenartige Kunstwelt dieser *Ilias* oder jener *Odyssee* ab- und durchzusetzen: gegen die handfeste zeitgenössische Lebenswelt von Dichter und Publikum samt ihrer uralt mythisch überlieferten Erschaffung. Entstehen doch die Epen Homers und all seiner Nachfolger unter grundsätzlich andersartigen Voraussetzungen als jedwede geglaubte Welterschaffung durch einen göttlichen Urheber. Vor dessen Schöpfungsakt gab es ja weder geordnete Räume und Zeiten noch Menschen, die sich darin bewegen. Vor der Schöpfung eines Epos dagegen gibt es beides schon längst. Über solche Unvereinbarkeiten, die sich der angestrebten Analogie widersetzen, trägt wirksam der Musenanruf die Hörer und Leser hinweg. Wenn denn also der Rhapsode die erinnerungsmächtige Gottheit herbeibeschwört – ob als einzelne Muse oder alle auf einmal –, kann er seinerseits alles vergessen machen, woran es der eigenen jetzt beginnenden poetischen Weltschöpfung gebrechen mag, gemessen an jener materiellen, mythisch beglaubigten.

Um das Epos in die Welt und sein Geschehen in Gang zu setzen, bleibt es freilich nicht beim schieren Akt der Anrufung. Nachgerade im gleichen Atemzug erweitert und ergänzt er sich durch die Antwort der angerufenen Muse, die allem Anschein nach das Bittgebet prompt erhört. In beiden Epen spielt Homer diesen geheimnisvollen Vorgang als ein liturgisches Responsorium aus zwischen dem bittenden, ja anfeuernden Rhapsoden und der gewährenden Muse. Geheimnisvoll insofern, als – nach dem initialen auffordernden Anruf des Rhapsoden – die Rolle der beiden Partner und ihr jeweiliger Redepart immer unschärfer erscheinen. Letztlich bleibt ungewiss, wer da jeweils was sagt und fragt, erwidert oder fortfährt.

Hier einige Anfangsverse der *Ilias*, dann der *Odyssee*:

> Den Zorn künde, o Göttin, des Peleiaden Achilleus,
> Ihn, der entbrannt den Griechen unnennbaren Jammer erregte
> Und viele tapfere Seelen der Heldensöhne zum Hades
> Sendete, [...] So wurde Zeus' Wille vollendet:
> Seit dem Tag, als beide durch bitteren Zank sich entzweiten,
> Atreus' Sohn [Agamemnon], der Herrscher des Volks, und der edle Achilleus.
> Wer von den Göttern hat jene empört zu feindlichem Hader?
> Letos Sohn und des Zeus [Apollon]. Denn der, dem Könige zürnend,
> Sandte verderbliche Seuche durchs Heer [...] (I, 1–10)

Ihn, den Mann sage mir, o Muse, den vielbewanderten,
Der so weit umhergeirrt, nach des heiligen Trojas Zerstörung,
Vieler Menschen Städte gesehn und Sitten erfahren,
Und auf dem Meere so viel unnennbare Leiden erduldet,
Seine Seele zu retten und seiner Freunde Zurückkunft.
Aber die Freunde rettet' er nicht [...]
Toren, welche die Rinder des hohen Sonnenbeherrschers
Schlachteten; siehe, der Gott nahm ihnen den Tag der Zurückkunft.
Sage hiervon auch uns ein weniges, Tochter Kronions [des Zeus]
Alle die andern, so viel dem verderbenden Schicksal entflohen,
Waren nun schon daheim, dem Krieg entflohn und dem Meere:
Ihn allein, der so herzlich zur Heimat und Gattin sich sehnte,
Hielt die unsterbliche Nymphe, die hehre Göttin Kalypso [...] (I, 1–14)

Im griechischen Original benennt das erste Wort, das den Hörern ins Ohr, den Lesern ins Auge fällt – merklich betont an der Spitze des ersten Takts vom ersten Vers –: den eigentlichen Gegenstand des Epos. Mal μῆνιν, den Zorn des Achilleus, der geraume Zeit die Kampfkraft der Griechen vor Troja lähmt; mal ανδρα, den Mann, dessen Name vorläufig noch nicht genannt, doch dessen Schicksal bereits angedeutet wird, diese beiden hauptsächlichen Gegenstände seines Erzählens ruft der Rhapsode auf. Den einen wie den andern macht der grammatische Akkusativ zum unverkennbaren Objekt, das zwischen dem Rhapsoden und der angerufenen Muse zur Verhandlung steht. Geradezu belangt werden diese Objekte, ob der Sachverhalt «Zorn» oder die Person «Odysseus», um akkusativisch vors Tribunal der jetzt beginnenden Erzählverhandlung zitiert zu werden.

Auch an diesen initialen Akkusativ werden sich viele Ependichter der kommenden zwei Jahrtausende halten, wenn sie ihr Werk nach Homers Vorbild mit einem Musenanruf beginnen. Und anreichern werden sie ihn mit jener Zwillingsformel, die Vergil noch zusätzlich ins Spiel bringt, wenn er die *Aeneis* mit den Worten eröffnet: «Arma virumque cano» – «Die Waffen und den Mann besinge ich». Was hier noch als so genannter Hen-dia-dyoin erscheint, als eins-durch-zwei – denn gemeint ist ja nur dieser eine bewaffnete Held Aeneas –, das wird von den späteren Dichtern dann zum tatsächlichen Doppelthema ihres Epos entfaltet. So die «Damen *und* die Ritter» in Ariosts *Rasendem Roland*, die «frommen Waffen *und* den Heerführer» in Tassos *Befreitem Jerusalem* oder «des Menschen ersten Ungehorsam *und* die Frucht vom verbotenen Baum» in Miltons *Verlorenem Paradies*.

Zurück zum ursprünglichen Muster Homers. Die Reihenfolge in

seiner epischen Ouvertüre ist auch weiterhin bemerkenswert. Vorneweg das Thema des Ganzen; danach die angerufene Muse mit der Bitte um Beistand. Alles, was das Thema verlangt, soll sie verkünden, singen, sagen: ob überhaupt und ungezielt oder auch, laut *Odyssee*, ganz speziell «mir», dem Rhapsoden. Hierzu liefert er der Muse einschlägige Stichworte, mal zum folgenreichen Zorn des Achill, mal zu den Irrfahrten des Odysseus. Diese Stichworte sind Wegmarken des epischen Geschehens, das sich alsbald über die kommenden Gesänge erstrecken wird. Wie schon angedeutet, übernimmt die Muse nirgends ausdrücklich die Rede, weder in der Ouvertüre noch im ferneren Verlauf des Epos, weder bei Homer noch bei seinen Nachfahren. Nicht einmal dort, wo in der *Odyssee* der Rhapsode seine Bitte neuerlich bekräftigt – «Sag hiervon auch uns ein weniges, Tochter Kronions» –, oder dort, wo er in der *Aeneis* eine ganz bestimmte Auskunft erbittet – «Muse, nenn mir die Gründe, weswegen [...]» –: weder im einen noch im anderen Fall lässt die sofort erfolgende Antwort erkennen, wer sie erteilt, ob die Angesprochene oder der Ansprechende selbst. Da also keinerlei eigene Stimme der Muse ertönt, dürfen die Hörer und Leser des Epos schließen: einflüsternd, anfeuernd, bereichernd gehe sie ein in die Stimme des Rhapsoden und darin auf. Eben diesen Schluss sollen sie ja wohl ziehen. Denn übergangslos, ohne merkliche Schwelle, nimmt unverzüglich der Erzählfluss des Rhapsoden, mithin auch das epische Geschehen seinen Lauf.

Zweifellos, der Aufwand ist beträchtlich, um ein solches Werk von vornherein als vollständige Eigenwelt poetisch zu beglaubigen. Mit dem Segen von oben. Egal, ob denn wohl zu Homers Zeit die vereinnahmte Muse noch als göttliches Wesen galt, oder ob sie unfromm, so wie in den späteren Epochen, nur als unverzichtbare poetische Hilfskonstruktion in Anspruch genommen wurde. Hätte man nämlich in der erinnerungsmächtigen Muse nichts weiter gesehen als eine zwar schmucke, doch funktionslose Eingangs-Karyatide ins erzählte Geschehen, man hätte sie samt der ganzen Epen-Ouvertüre gewiss nicht noch ausgebaut, verfeinert und spezifiziert – so wie es in Camões' *Lusiaden*, in Miltons *Verlorenem Paradies* und sogar in Byrons überwiegend ironischem *Childe Harolds Pilgerfahrt* geschieht. Wer nun wie wir hier vor allem der poetischen Tätigkeit des Erzählens nachgeht, kann die Frage nach dem religiösen Kredit der Muse getrost vernachlässigen.

Umso mehr drängen sich andere Fragen auf. Obwohl keineswegs belanglos, hat man sie, wie mir scheint, bislang nicht sonderlich beachtet. Durchweg umkreisen sie den nämlichen prekären Sachverhalt: Wieso wird der beschriebene Aufwand, noch dazu mit unverzichtbar gleichbleibendem Zeremoniell, stets nur am Anfang eines Epos betrieben, nie dagegen an seinem Ende? Weiter: Wenn denn das Epos eine wohlgeformte Ouvertüre benötigt, um sein Publikum hineinzuführen in die erzählte Welt, wieso dann nicht auch ein ebenso wohlgeformtes Finale, mit dem es das Publikum aus dieser poetischen Welt wieder hinausgeleitet in dessen eigene prosaische Alltagswelt? Weiter: Wieso wird die Muse, die der Rhapsode so ehrfürchtig einlädt und begrüßt, weil anders offenbar die epische Weltschöpfung minder reibungslos gelänge, wieso wird die selbe Muse am Schluss der Erzählveranstaltung nicht mit ebenso ehrfürchtigem Dank verabschiedet? Allem Anschein nach ist sie inzwischen – restlos und erwähnungslos – auf der Erzählstrecke geblieben.

Kein endgültiges Finale in Epen und Romanen Die Antwort auf diese Fragen ergibt sich aus besagtem prekärem Sachverhalt. Pauschal lautet sie: Erzählen überhaupt, zumal Erzählen in epischen Großkonstruktionen, verlangt ungleich energischere Anstrengungen dort, wo es anfängt, als dort, wo es endet. Es benötigt diese Energien, um für sich und seine Sache eine Bresche zu schlagen innerhalb einer alltäglichen Lebenswelt, die gänzlich mit sich selbst befasst ist. Auf Anhieb muss poetisches Erzählen sich Gehör verschaffen, muss es Aufsehen erregen. Ebenso prima vista muss es Glaubwürdigkeit erwirken für alles, was es vorbringen wird, mag auch die angerufene Muse nurmehr ästhetische Geltung genießen. Hat es aber, nach diesem ersten Treffen, die Hörer und Leser für sich eingenommen, kann es sie und sich auf Dauer dem Sog seines Dann und Dann und Dann überlassen.

Sobald nämlich der heikle initiale Schöpfungsakt vollbracht ist, braucht die epische Welt sich nicht länger durch ein Zertifikat von oben als eigenständig auszuweisen. Ohne höhere Weihen kann sie es jetzt mit der gelebten Welt aufnehmen. Gleich dieser bewegt die epische sich folgerichtig fort aus ihren Anfängen, bekräftigt durch das unübersehbar waltende Prinzip der Genealogie, das ich im V. Kapitel ausgiebig erläutert habe. Vor allem aber: wie draußen in der gelebten Welt ist auch in der epischen kein Ende abzusehen, nicht einmal in noch so ferner Zukunft. (Es sei denn, es käme zu einer heute zwar denkbaren, aber nicht überlebbaren, also auch nicht erzählbaren totalen Selbstvernichtung der Welt durch ihre verblendeten Bewohner.)

Von daher mag sich erklären, weswegen Epen nie mit einem ähnlich ausgeprägten und zeremoniellen Finale aufwarten, das ihrem obligatorischen Anfang gleichgewichtig Paroli böte. Sinnlos und funktionslos wäre es, den Umstand eigens hervorzuheben: hier mit den letzten Strophen oder Versen des letzten Gesangs nehme das Werk sein Ende. Dass nach dem allerletzten Wort nichts weiter verlautbart wird und nichts weiter geschrieben steht, das merken die Hörer und Leser auch ohne besonderen Wink.

Damit allerdings hat sich die Frage ‹Wie angemessen hören Epen

auf?› keineswegs erledigt. Zudem stellt sie sich nicht nur bei Epen, sie stellt sich bei jeglichen epischen Großformen, die eine vollständige, eigenständige Welt entfalten. Denn so nachhaltig, wie ihr Erzählen eine zeitliche und räumliche Grenzenlosigkeit beteuert, können sie im Grund gar keinen endgültigen Schluss anstreben. Weder das erzählte Geschehen im Epos und Roman noch der Hergang des Erzählens lässt sich ein striktes Non plus ultra gefallen. Sie sträuben sich gegen ein entschiedenes Basta etwa so wie beim letzten Theatervorhang, der das, was sich da abgespielt hat, ganz und gar abschließt. Bei Bühnenstücken läuft schon die Gesamtkonstruktion, nicht erst ihre szenische Darbietung, auf einen endgültigen Schluss hinaus. Dramatisches Geschehen erlischt, nachdem die Konflikte der handelnden Personen ausgetragen worden sind und sich so oder so gelöst haben. In Tragödien unwiderruflich mit gewaltsamem Tod, in Komödien mit erquicklichem bis glimpflichem Ausgleich.

Anders im Epos. Hier hat das weltaufwirbelnde Geschehen sich durchaus nicht erschöpft: nachdem der trojanische Krieg beendet und Achilleus umgekommen ist; nachdem Odysseus, schließlich heimgekehrt, sich an den verhassten Freiern gerächt und sein Herrscheramt wieder aufgenommen hat; nachdem die Lusitanen ihre beschwerlichen Entdeckungsfahrten triumphal durchgestanden haben. Ebenso wenig erschöpft hat sich das weltaufwirbelnde Geschehen im Roman: nachdem Don Quijote die vielen verrückten Abenteuer hinter sich gebracht hat und zu guter Letzt daheim im eigenen Bett, umgeben von seinen Freunden, friedlich gestorben ist; oder nachdem Emma Bovary, enttäuscht und verzweifelt vom glücklosen Dasein in der Provinz, mit Arsen sich qualvoll zu Tode gebracht hat. Wuchert doch die vielfach mangelhafte Umwelt allseits unerschütterlich fort, woran der eine wie die andre bis zum Lebensende sich wundgescheuert hat, der ehrbesessene unzeitgemäße Ritter wie die unehrbare Kleinbürgersgattin. Eben dies, dass nicht einmal der Tod von Hauptpersonen dem erzählten Geschehen und dem Prozess des Erzählens einen unüberschreitbaren Schlusspunkt setzen muss, das haben die verschiedenartigen Nach-Lebens-Romane gezeigt. Aber auch noch anderweitig offenbart sich ein unstillbares Verlangen, fort und fort zu erzählen für ein Publikum, das dringend zu erfahren verlangt, wie es denn weiter und weiter geht.

Fortsetzungen von eigener und fremder Hand Diese narrative Triebhaftigkeit sprengt nicht selten auch noch die Grenzen des jeweiligen Einzelwerks, manchmal sogar die seiner jeweiligen Autorschaft. Für beides gibt es berühmte Beispiele, überwiegend aus der Popularliteratur. Seinem weltweit verbreiteten Roman *Die drei Musketiere* (1844) hat Alexandre Dumas Père, entgegen dem ursprünglichen Grundriss, zwei Fortsetzungen nachgeschickt: *Zwanzig Jahre später* (1845) und *Der Graf von Bragelonne* (1850); und seinem ebenso wirkungsreichen *Graf von Monte-Christo* (1845/46) hat ein deutscher Bearbeiter namens Adolf Mützelburg zusätzlich zwei Bände angehängt, in denen die Taten und Leiden des ursprünglichen Romanpersonals sich sippen- und generationsweise noch vermehren und verzweigen: *Der Herr der Welt* (1910) und *Die Millionenbraut* (1914). Ähnlich liegen die Dinge bei der umfangreichen, stofflich buntscheckigen Gesamtproduktion von Emilio Salgari, dem meistgelesenen italienischen Verfasser exotischer Sensationsromane. Vor allem seinen originellsten Schmöker *Der Tiger von Malaisia* (1883/84) hat der Autor nicht nur nach und nach zu einem vielbändigen Romanzyklus ausgebaut, sondern auch bandweise erweitert und umgeschichtet. Jene ereignispralle Abenteurerei um Sandokan, einen Piraten-Fürsten indischer Herkunft, der brachial und fintenreich die britischen Kolonialherren bekämpft, fand eine so nimmersatte Leserschaft, dass nach Salgaris Ableben auch noch andere einschlägige Schriftsteller sie fortgeführt haben. Schon diese wenigen Beispiele sind aufschlussreich. Nirgends sperrt sich das vorgetragene Geschehen, auch nicht die Grundkonstruktion des ursprünglichen Werks dagegen: die ohnehin weit gefächerte erzählte Welt nochmals zu erweitern; die ohnehin langwierige Prozedur des Erzählens nochmals zu verlängern.

Damit bestätigen sie die vorausgegangenen Befunde zum allemal fragwürdigen Abschluss von Epen und Romanen. Zugleich können sie einen beharrlichen Eindruck bekräftigen, der sich mir aufdrängt, seit ich mich als Zehnjähriger dem Erzählsog eines vielhundertseitigen Karl-May-Romans ausgesetzt habe. Seitdem hat sich dieser Eindruck regelmäßig bei der Lektüre epischer Großwerke erneuert. Also auch jetzt beim vergleichenden Rückblick auf jene, die in diesem Buch erörtert werden. Ein zwiespältiger Eindruck ist es jedes Mal, sobald sich mir, der da beharrlich liest – vermutlich auch dem Dichter, der da beharrlich erzählt –, das drohende Ende des Buchs bemerkbar macht. Sogar sinnlich verspüren es die blätternden Finger und die maßnehmenden Augen, wenn der Pegel der Seiten auf der rechten Buchhälfte immer mehr sinkt, wogegen der auf der linken Hälfte immer mehr ansteigt. Nicht minder empfindlich reagiert die geistige Aufmerksamkeit,

wenn sie wahrnimmt, wie sich das bislang unbefangene Erzählverhalten des Dichters allmählich verkrampft. Mitunter so deutlich, dass es fast wie eine Torschlusspanik anmutet.

Was uns – den Lesenden wie auch dem erzählenden Dichter – jeweils droht, das ist der Hinauswurf aus einer faszinierenden Welt, worin man, selber unbehelligt, sich für geraume Zeit hat bewegen dürfen. Würde sie nicht faszinieren, hätte man ja längst das Lesen – auch das schreibende Erzählen – des jeweiligen Buchs aus freien Stücken aufkündigen können. Eben diese Welt, so die Drohung, muss jetzt bald verlassen werden. Unweigerlich. So kommt es zu jenem zwiespältigen Eindruck, es erzwinge das bevorstehende Ende des Erzählwerks, sobald es hereinbricht, beides zugleich: einerseits einen willkürlichen Gewaltakt am poetischen Werk und am Leser, andrerseits eine widerwillige linkische Pflichtleistung des Dichters, den äußere Gründe dazu zwingen, irgendwann abzubrechen mit seinem Tun.

Tendenziell unabschließbar Wer dahingehend die großen weltliterarischen Erzählwerke betrachtet, stößt auf eine Missproportion. Keinem ihrer Dichter, von Homer über Dickens bis zu García Márquez, ist ein restlos einleuchtendes Finale gelungen. Nirgends findet sich ein schlüssiger Schluss, der jener poetischen Stringenz gerecht würde, die das jeweilige Werk von Anfang an aufweist – so lange, bis sein Ende dämmert. Also spricht viel für die Vermutung: Erzählen – ob nun kunstvoll literarisch oder wie im Wirtshaus hemdsärmlig dahergeredet – sei eine tendenziell unaufhörliche Tätigkeit. Sobald jene, die sie gerade ausüben, damit an ein Ende zu kommen vorgeben, unterbrechen sie nur. Mal für kurz, mal für lang, mal für immer. Einen ungezwungenen und endgültigen Schluss können sie nicht finden. Das gilt, so scheint mir, allenthalben: ob für die weiten, kurvenreichen Fluchtwege des Titel-Paars von Manzonis *Die Verlobten* durch Oberitalien; ob für die ursprüngliche sowie für die zweite Fassung von Gottfried Kellers *Grünem Heinrich*, erst tragiksüchtig, dann tragikflüchtig; ob für Günter Grass' episches *Blechtrommel*-Feuer, das sein mutwilliger Zwerg Oskar entfacht, bewaffnet mit schriller Stimme und bösem Blick, der gegen Ende merklich an Schärfe verliert. Nicht einmal Marcel Prousts poetische Volte im Finale der siebenbändigen *Suche nach der verlorenen Zeit* macht da eine Ausnahme. Man denke an den hintersinnigen Schluss, der keiner ist: wenn der Erzähler verkündet, es fände dieser Roman nun endlich die Voraussetzung zu seinem eigentlichen Anfang; jetzt erst heiße es, damit zu beginnen.

Leidige Erfahrungen von Döblin und Trollope Gewiss, diese pauschale Vermutung entspringt lediglich den Beobachtungen eines umtriebigen Lesers. Sie lässt sich indes ergänzen durch die Feststellungen eines professionellen Dichters von eindrucksvollen Erzählwerken, Alfred Döblins. Seine weit ausgreifenden, kühn entworfenen und wortgewaltigen Romane haben nicht nur maßgeblich beigetragen zu den Errungenschaften der avantgardistischen Erzählkunst im 20. Jahrhundert. Sie haben auch ihm, dem Autor, Überlegungen nahe gelegt, die unmittelbar aus seiner Roman-Werkstatt hervorgegangen sind. Döblin betont darin die tendenzielle Unaufhörlichkeit von Erzählen. Immer wieder, bei verschiedenen Anlässen, kommt er auf eine leidige Erfahrung zu sprechen: unwiderstehlicher Anstoß zum nachfolgenden Werk sei ihm jedes Mal der missratene Schluss des vorausgegangenen, unzulänglich beendeten Werks gewesen. Was ihm da persönlich widerfahren ist, führt er verallgemeinernd zurück auf ein grundsätzliches «Merkmal des epischen Werks [...]: seine Unbegrenztheit».

Von der eigenen Epoche ausgehend, die allen Romanautoren gedruckte Bücher abverlangt, schließt Döblin auch jene früheren Epochen ein, als noch der epische Rhapsode seine Geschichten öffentlich vortrug:

> Die Sache liegt heute schon äußerlich so: dem Epiker ist die Buchform gegeben, aber ein Buch ist zwar ein Anfang, aber nie ein Ende. So muß ich eben anfangen, und der liebe Gott muß mir helfen, daß ich mal aufhöre. [...] Heute aber im Epischen würde nur eine Möglichkeit bestehen, zu einer äußerlich geschlossenen Form zu kommen, nämlich, wenn der Verleger die Seitenzahl rationiert. [...] Aber dasselbe Merkmal der unbegrenzten Form [...] setzte sich auch zur Zeit der früheren Erzähler durch. Dies Merkmal ist nämlich auch ein inneres der Epik. Auch die früheren Epen hatten kaum einen Anfang [es ist der von oben verfügte der Musen, V. K.], und ein Ende

> bestimmt nicht. Ein Mann hörte heute auf zu erzählen, und morgen erzählte er weiter, die Leute wollen etwas Neues hören, aber da man nicht viel Stoff hat, und das Interesse wächst, wenn man an Altes anknüpft, so macht man Serienarbeit, [...] Fortsetzungen ohne Ende. (*Der Bau des epischen Werks*, S. 399)

Der avantgardistische Prosadichter Döblin war nicht der erste, der in seinen Finale-Nöten unabdingbare Tugenden oder doch Eigenschaften jeglicher Erzählkunst entdeckte. Schon ein halbes Jahrhundert zuvor hatte sich ein durchaus herkömmlicher Romanautor darüber erbost und belustigt. Anthony Trollope war es gewesen, ein produktiver Nachfolger von Dickens, der, weit über England hinaus, besonderen Anklang fand mit seinem ebenso behaglich wie arglistig dahererzählten Romanzyklus aus dem ränkereichen klerikalen Alltagsleben eines Provinz-Bistums, das er Barchester nannte. Seine Leser, die Trollope von Anfang auf dem Laufenden hält übers Wohl und Wehe eines verlagsgepeinigten epischen Schreiberlings, weiht er im vorletzten Kapitel des Bandes *Barchester Towers* (1857) in die Misshelligkeiten ein, die jeder Romanschluss zwangsläufig mit sich bringe. Unausweichlich in jedem Fall:

> Welcher Romancier, welcher Fielding oder Scott, welche George Sand, welcher Sue oder Dumas vermag das letzte Kapitel seiner erfundenen Geschichte noch interessant zu gestalten? [...] Wenn wir langweilig werden, beleidigen wir deinen [des Publikums] Verstand, und wir müssen langweilig werden, sonst beleidigen wir deinen Geschmack. [...] Und wer kann die Auftritte, Dialoge, Charaktere und die paar Beschreibungen so verteilen und ineinander verzahnen, daß sie auf genau achthundertsechsundzwanzig Seiten passen, ohne sie am Ende der mühseligen Arbeit unnatürlich zusammenzustreichen oder künstlich in die Länge zu ziehen? Ich weiß doch selbst, daß ich eben jetzt noch ein Dutzend Seiten brauche und mir den Kopf zerbreche, woher ich sie nehmen soll. Und wenn wir dann fertig sind, wirft uns noch der wohlmeinendste Kritiker unweigerlich vor, unser Schluß sei unzulänglich und schwerfällig. (834 f.; 251 f.)

Erzählen als tendenziell unaufhörlicher Vorgang: viel spricht dafür, wenn man sowohl das Epos bedenkt wie auch den Roman, die beide eine eigenständige Welt erzählend hervorbringen. Manches aber auch spricht dagegen, wenn man die dritte, ebenso prägnante epische Großkonstruktion bedenkt, die ich im IV. Kapitel dieses Buchs erörtert habe, unterm Stichwort ‹Erzählen als Ent-töten.›

Aber: *Decamerone* et cetera? Ein auffälliges Indiz scheint bereits der Umstand, dass jene Erzählzyklen nach Art von *Tausendundeine Nacht* und *Decamerone* sich just auf Novellen und Märchen konzentrieren. Auf scharf profilierte Kurzformen also, die schon an und für sich ihr schlankes, zielgerichtetes Geschehen hinsteuern auf einen endgültigen Abschluss. Vollends die Gesamtanlage der Novellen- und Märchenzyklen weist in diese Richtung. Dass da jedesmal geradezu programmatisch erzählt wird in einer regen, erlebnisreichen Runde von Leuten, hat durchweg einen erheblichen Anlass und einen ebenso erheblichen Endzweck. Regelmäßig geht es darum, einen verhängnisvollen, meist kollektiven Notstand abzuwehren. Anlass und Endzweck sind somit Start und Ziel der Erzählstrecke, die zu durchmessen ist. Sobald alle Beteiligten gemeinsam das Ziel erreicht haben, hat sich der Zweck ihrer Veranstaltung erfüllt. Damit haben zugleich die jeweiligen Dichter ein sinnvolles, definitives Ende erreicht für ihr Erzählwerk namens *Tausendundeine Nacht* oder *Decamerone* oder wie immer es heiße. Hier also, allem Anschein nach, macht sich eine gewichtige Ausnahme von Erzählen geltend, das ebenso entschieden und einleuchtend aufhört, wie es angefangen hat.

Trotzdem gibt es sogar hier noch andersartige Eigenschaften, die eine strikte Endgültigkeit einschränken. Schon in der äußeren Form der Erzählzyklen: die Anzahl, Abfolge und Anordnung der vielen vorgetragenen Geschichten ist nirgends restlos zwingend. Weniger inhaltliche als symmetrische und zahlenmagische Zusammenhänge stellen sie her. So die 1000 + 1 Erzählnächte; so die 10 x 10 Novellen, die von 10 Personen an 10 Tagen erzählt werden. Zwar gibt es hin und wieder thematische Nachbarschaften zwischen den Geschichten, die da pro Nacht oder Tag in Umlauf kommen. Doch um das eigentliche Endziel zu erreichen, die Behebung des tödlichen Notstands, bedarf es keiner durchweg bündigen Abfolge. Allenfalls die beiden zuletzt vorgetragenen Geschichten können, gemeinsam und unverrückbar, den Ausschlag geben, siehe Basiles *Pentamerone*. Kurz, es wird auch hier ebenso wenig wie im Epos und Roman lukendicht durcherzählt. Insofern böte der Rahmen des Gesamtgeschehens manche Möglichkeiten, da und dort noch weitere Novellen oder Märchen einzufügen, die noch weitere Einzelaspekte der vielfältigen Welt ausbreiten könnten. Vorausgesetzt, sie lenken die Aufmerksamkeit der redenden Runde – samt der Leserschaft – nicht vom eigentlichen Weg und Ziel der Erzählveranstaltung ab.

In den meisten zyklischen Werken zielt die Endgültigkeit des Schlusses darauf ab, die Endgültigkeit des jeweils akut drohenden Todes außer Kraft zu setzen: eben jenes zunächst schier unabwendbare, letztlich aber überwundene vorzeitige Aufhören des Lebens. Danach aber lässt sich unbefangen weiter leben, aus frisch geschöpften Kräften, auch wenn die Erzählerstimmen verstummen: verrichteter Sache. So muss zwar nicht, doch es kann am Ende von *Tausendundeiner Nacht* oder vom *Papageienbuch*, am Ende von Boccaccios *Decamerone* oder von Kellers *Sinngedicht* zu erzählen aufgehört werden. Aus gutem Grund und aus freien Stücken: damit jene, die soeben noch aufeinander einerzählt haben, nunmehr zwanglos sich aufeinander einleben mögen.

UND HIER UND DA UND DORT

Bislang habe ich den Vorgang des Erzählens wie auch des erzählten Geschehens nur der Länge nach verfolgt: von den überdeutlichen, resoluten Anfängen in den epischen Großwerken bis zu ihren meist undeutlichen und fragwürdigen Schlüssen. Tendenziell unaufhörliches Erzählen, das sich dabei abgezeichnet hat, lässt sich noch bestätigen durch das allenthalben wirksame genealogische Prinzip, von dem schon im Kapitel übers Epos ausgiebig die Rede war. Auch dieses Prinzip betont durchweg den überragenden, unhinterschreitbaren familiaren Ursprung: die erhabenen, wenn nicht göttlichen, so doch heroischen Gründungseltern, von denen jede maßgebliche Heldensippe sich herleitet, Generation um Generation – wogegen die ebenso glorreichen Weissagungen zum künftigen Fortgang der Sippe zwar Höhepunkte, aber keine Schlusspunkte setzen. Ich erinnere an die zukunftsoffenen Prophetien in der *Aeneis*, im *Rasenden Roland*, in den *Lusiaden*. Auch hier ist kein Ende abzusehen, sobald einmal die poetische Weltschöpfung in Gang gekommen ist.

Homers weitläufige Vergleiche und ihre Folgen Das unaufhörliche Herbeierzählen einer scheinbar grenzenlosen Welt spielt sich indes nicht nur der Länge nach ab. Nicht nur im Dann und Dann und Dann zwischen Anfang und Ende des Werks. Auch in der Breite spielt es sich ab, vom Hier ins Da und Dort. Nirgends so nachdrücklich wie bei jenen weit ausholenden Formulierungen, die man triftig homerische oder auch epische Vergleiche nennt. Wer die Epen Homers und seiner getreulichen Nachfahren liest, kann sich am Umfang und Reichtum dieser Vergleiche weiden. In mehr als einem Sinn machen sie sich breit. Regelmäßig verdeutlichen sie einen unüblichen Vorgang des erzählten fernen Geschehens durch einen ähnlichen, aber üblichen Vorgang aus dem nahen Erfahrungsumkreis der Hörer und Leser. Wer auch immer im Epos erzählt, ob der Rhapsode oder zeitweilig dieser oder jener Held: jeder greift aus und holt sich von überall her ähnliche Situationen, um durch Vergleich dem Ereignis, das jetzt eben zu vergegenwärtigen ist, ein einprägsames Relief zu verschaffen. Mal aus dem Berufsleben von Seeleuten oder Ackerbauern, von Handwerkern oder Kriegern; mal aus dem Tier- und Pflanzenreich oder aus dem unbelebten Treiben der Naturgewalten, der Gewitterstürme, Windflauten, Meeresstrudel. Bald sind es schreckenerregende, bald anheimelnde Vorkommnisse, die, um triftig erfasst zu werden, einen ebenso anschaulichen Vergleichspartner erheischen. Je entlegener, umso aufschlussreicher und faszinierender für die Hörer- und Leserschaft, wenn sie inne wird, dass in der Mannigfaltigkeit der erzählbaren Welt sich Wunderbares mit Banalem, Entsetzliches mit Erheiterndem paaren kann: im unerwarteten Tertium comparationis, in der bislang unerkannten Ähnlichkeit des Vergleichspartners. Der aber, sobald er zum Zug kommt, bleibt kein nebensächliches, kurzfristiges Mittel zum Zweck. Eigengewichtig entfaltet er sich, um dem unmittelbar erzählten Geschehen peu à peu noch weitere Bestandteile von Welt hinzuzugesellen.

Wie diese genuin epischen Vergleiche zuwege gehen, was sie erwirken, und worin sie sich von jenen in lyrischen und dramatischen Werken unterscheiden, das lässt sich aus den folgenden Beispielen ersehen. Obwohl sie aus vielerlei Jahrhunderten stammen, bleibt ihre Machart beachtlich konstant. Das erste Beispiel bietet sogar zwei Vergleiche auf einmal, die in dichter Abfolge dem nämlichen erzählten Ereignis gelten. Ebenso einlässlich wie nüchtern wird der grässliche Akt der Blendung entfaltet, den der Zyklop Polyphem durch Odysseus und seine Gefährten erleiden muss. Solang er nämlich sein Augenlicht noch besitzt, werden sie der Höhle dieses menschengefräßigen Unholds nicht entkommen können:

> Und sie [die Gefährten] faßten den spitzen Olivenknüttel und stießen
> Ihn dem Kyklopen ins Aug, und ich [Odysseus], in die Höhe mich reckend,
> Drehete. *Wie wenn* ein Mann, den Bohrer lenkend, ein Schiffholz
> Bohrt; die unteren ziehn an beiden Enden des Riemens,
> Wirbeln ihn hin und her, und er flieget in dringender Eile:
> *Also* hielten auch wir in das Auge den glühenden Knüttel,

> Drehten, und heißes Blut umquoll die dringende Spitze.
> Alle Wimpern und borstigen Brauen versengte die Lohe
> Seines entflammten Augs; es prasselten brennend die Wurzeln.
> *Wie wenn* ein kluger Schmied die Holzaxt oder das Schlichtbeil
> Aus der Ess' in den kühlenden Trog, der sprudelnd emporbraust,
> Wirft und härtet; denn dieses ersetzt die Kräfte des Eisens:
> *Also* zischte das Aug um die feurige Spitze des Ölbrands.
> (*Odyssee*, IX, 383 ff.; Hervorhebungen V. K.)

In zwei Phasen zerlegt der Berichterstatter den gesamten Hergang.
466 Erst: wie er und die Seinen mit vereinten Kräften den glühenden «Knüttel» rotierend hineinbohren ins einzige Auge des Opfers. Dann: was dieses heiße Werkzeug drinnen bewirkt, wenn es plötzlich ins kalte, flüssige Innere des Auges eintaucht, so dass es aufzischt. Vergleichend parallelisiert wird sowohl die eine wie die andere Phase mit Arbeitsgängen und Geräten von allbekannten Handwerkern, erst von Schiffszimmerleuten, dann von Schmieden. Erstaunlich viel los ist auf dem gedrängten Raum von nur elf Versen. Besteht doch der gesamte Hergang aus einem regen Ensemble von kleineren Hergängen, die vielerlei Bewegungen entfachen und vielerlei Sinneswahrnehmungen aufrühren. Es wirbelt hin und her, es fliegt, es umquillt, es entflammt, es prasselt und braust sprudelnd empor. Wohlgemerkt: gleichermaßen auf beiden epischen Schauplätzen, die verglichen werden, jenem in Polyphems Höhle wie auch diesem der bohrenden und schmiedenden Handwerker.

Jeder der beiden Vergleiche leistet, was gemeinhin alle epischen Vergleiche zu leisten haben. Den Hörern und Lesern holen sie einen ungewöhnlichen Vorfall – hier die Blendung des einäugigen Riesen, Sohn des Meergottes Poseidon – aus der erzählten Ferne heran, indem sie ihn mit gewöhnlichen Vorfällen verkoppeln, hier mit der Arbeit von Handwerkern. Da sie aber immer nur partiell Gemeinsames betonen, betonen sie nicht minder das Ungemeinsame, Ungleichartige der beiden verglichenen Bereiche: dort der mythischen Welt, hier der alltäglichen Lebenswelt. Die epischen Vergleiche leisten jedoch noch mehr und anderes. Nicht nur, dass sie vergegenwärtigen und verdeutlichen, wie dort dem Polyphem mitgespielt wird. Jenes einzigartige Abenteuer des Odysseus auf der Zyklopeninsel reichern sie noch an mit andersartigen Umständen aus aller Welt, wo irgend Schiffszimmerleute und Schmiede zugange sind. Insofern erweitert jeder epische Vergleich das, was jetzt eigentlich zu erzählen ist, um Sachverhalte, die jetzt eigentlich nicht zu erzählen wären. Dieser mutwillige Überschuss feiert die Vielfalt der Welt. Unbekümmert. Denn es kommt im Epos ohnehin – siehe oben – kaum je auf einen umweglos gradlinigen Verlauf des Geschehens an.

So erweitert der epische Vergleich viel von dem, was da insgesamt geschieht, um Ereignisse, Handlungen und Situationen, die weder in sachlichem noch in kausalem oder konsekutivem Zusammenhang stehen mit den jeweils akut erzählten Abenteuern. Deren hinzuerzählte Vergleichspartner, hier die Handwerkerei, fügen sich nicht ohne weiteres ein in den Fortgang des Dann und Dann und Dann. Im Gegenteil, sie sperren sich dagegen, solang von ihnen die Rede ist. Solange legen sie sich quer und zwingen wie ein Stauwehr den zielgerichteten Erzählfluss in die Breite. Ins Hier und Da und Dort. Zugleich lenken sie die Blicke der Hörer und Leser vom Vorwärts hinweg zum Seitwärts. Den Eindruck von verbreiterndem Stau fördert vollends der Satzbau der epischen Vergleiche. Stereotyp prägt er sich ein, schon seit Homer und noch immer beim späten Nachplänkler Byron. Jedesmal spannt sich die Satzperiode über viele Verse hinweg vom pointierten anfänglichen Vergleichspartikel bis zu dessen ebenso pointiertem Gegenstück am Ende: «*Wie wenn* ein Mann, den Bohrer lenkend [...] – *also* hielten auch wir [...]». Nur selten genügt ein knappes «wie» oder «gleich». Denn anders als in lyrischen und dramatischen Vergleichen sind es hier fast nie einzelne Dinge oder punktuelle Augenblicke, die miteinander verglichen werden. Fast ausnahmslos sind es raumgreifende und langwierige Vorgänge.

Nochmals sei betont, weil besonders aufschlussreich für unaufhörliches Erzählen und erst recht für episches Nebeneinander: prinzipiell gleiches Gewicht und gleicher Rang kommt den beiden Vergleichspartnern zu, dem akut erzählten und dem herbeigeholten. Es wird also keinesfalls, wie so oft im Gedicht oder im Bühnenstück, Letzterer dem Ersteren untergeordnet. Es kann sogar vorkommen, dass der hinzugefügte Vergleichspartner den eigentlich erzählten an Intensität und Ausdruckskraft noch überragt. So wie im vierten Buch von Vergils *Aeneis*, wenn Didos Schwester dem aufbruchbereiten Titelhelden die tödliche Verzweiflung der verlassenen Königin übermittelt:

> [...] doch ihn [Aeneas] rührt weder das Weinen,
> Noch vernimmt, unnahbar ganz, er die Worte; das Schicksal
> Wehrt, taub macht ein Gott den Mann, der zu hören geneigt war.
> *Und wie wenn* einen Eichbaum, stark aus uraltem Kernholz,

Alpenstürme von Nord bald hierhin im Winde, bald dorthin
Ganz zu entwurzeln sich mühn: da knirscht und kracht es; – von oben
Regnen zur Erde hinab beim Beben des Baumes die Blätter.
Er aber haftet im Fels, so hoch sein Wipfel in Himmels-
Lüfte ragt, so tief zum Tartarus greift seine Wurzel.
Ebenso wird der Held bald hier, bald dort von der Worte
Sturm durchpeitscht und fühlt im tiefsten Herzen den Kummer.
Stark aber steht sein Sinn; nur nichtige Tränen entrollen.
(IV, 38 ff.; Hervorhebungen V. K.)

468 Geschmeidiger als Homer verbindet Vergil den einen Vorgang mit dem andern: jenen draußen in der sturmbewegten Natur, die heftig der dennoch standfesten Eiche zusetzt; und diesen drinnen im Gemüt des Aeneas, der dem herzbewegenden Flehen, aber auch den eigenen Gefühlen widerstehen muss, um seinem göttlichen Auftrag nachzukommen. Obwohl der Dichter, getreu seinem Vorbild, die Gelenke des epischen Vergleichs unverkennbar hervorhebt («Und *wie wenn* einen Eichbaum [...] *Ebenso* wird der Held»), lässt er die beiden Vorgänge bisweilen ineinander übergehen. Diskret deutet er noch innigere Berührungspunkte an zwischen dem einen und dem andern. In sprechenden Motiven: dort, wo die senkrecht ragende Eiche vom hohen Wipfel in den «Himmelshöhen» tief hinabstößt ins Erdreich, das sogar noch heranreicht an die Tiefen des Hades; jenen Ort, den Dido durch Selbstmord alsbald aufsuchen wird. Aber auch metaphorisch: dort, wo der Held selbst, obwohl ihn tief im eigenen Herzen «der Worte Sturm» erschüttert, keinesfalls diesem Angriff weicht. Ungeachtet solcher Durchlässigkeit zwischen dem einen und dem andern, behaupten sich auch hier die beiden Vergleichspartner als gleichgewichtig und gleichwertig.

Nicht anders steht es im *Rasenden Roland*. Selbst Ariosts kapriolenreicher Erzähler nimmt all die weitschweifigen, weltstrotzenden epischen Vergleiche ernst, die er besonders üppig wuchern lässt. Auch er hält sich an die althergebrachte Machart der parallelen Vorgänge, die er heranholt, um seine maßlos übersteigerten Abenteuer auszumalen. So beim erfolglosen Kampf des Helden Ruggiero mit jenem Riesenkraken, den später dann Orlando triumphal zur Strecke bringen wird.

So kommt der Aar, sieht er im Grase schweifen
Die bunte Natter, oder wenn sie glüht
Im Sonnenstrahl und ihre goldnen Streifen
Auf nacktem Fels zu putzen sich bemüht;
Er wagt es nicht, von dort sie anzugreifen,

Wo sie, die gift'ge, zischt und Geifer sprüht;
Von hinten packt er sie und schlägt die Schwingen,
Daß sie nicht beißen kann noch ihn umschlingen.

104

So fährt auch Rüd'ger nicht mit Lanz und Degen
Hin, wo der Rachen mit den Zähnen dräut;
Bald zielt er hinters Ohr mit seinen Schlägen,
Bald wird der Rücken, bald der Schweif gebläut.
Dreht sich das Tier, so wechselt er mit Wegen
Und senkt und hebt sich, wie die Zeit gebeut.
Allein, als träf er Jaspis mit dem Stahle,
So wenig haut er durch die harte Schale. (X, 103 f.; Hervorhebungen V. K.)

Abermals gilt, was bei Homer und Vergil schon festzustellen war. Der Vorgang, den Ariosts Erzähler vergleichend heranzieht, sekundiert ihm zwar bei der Aufgabe, Ruggieros letztlich erfolglose Strategie zu schildern und zu erläutern. Doch dieser Vorgang selbst ist keineswegs nur sekundär. Dazu ist sein eigener sinnlicher Reichtum zu groß. Wie der Adler, vorsichtig aus Erfahrung, die giftige Natter umkreist; und wie die Natter, vielfarbig im Sonnenlicht schillernd, sich räkelt und putzt, und wie sie «zischt und Geifer sprüht»: solche Vielfalt von motorischen, visuellen, akustischen Regungen hat ihre eigene epische Valenz und Schwerkraft. Eine volle Strophe vereinnahmend, um sich Vers für Vers auszubreiten, pocht sie darauf, von dieser erzählten Welt zu sein und zu künden. Egal, ob in vergleichender Partnerschaft mit Ruggieros kämpferischem Geplänkel oder auch nur an und für sich.

Sublimer Nachklang in Puschkins *Eugen Onegin* Sogar noch einige Jahrhunderte später, nachdem das Epos sich längst schon vom Roman hat überholen lassen, kann es zu einem bemerkenswerten epischen Vergleich kommen. Er lässt sich allerdings nicht sofort erkennen, zu weit hat er sich von den klassischen Mustern entfernt. Zu lesen ist er in Alexander Puschkins Vers-Roman *Eugen Onegin* (1830), einem poetisch reizvollen Zwittergebilde, das sich vom zeitgenössischen Prosaroman à la Balzac ebenso entschieden absetzt wie vom alten Versepos. Seltsam fremd nimmt Puschkins Vergleich sich aus im Umkreis der erzählten Schauplätze. Es sind Salons und Gehöfte einer unzart besaiteten Gesellschaft provinzieller Landadeliger und Bürger im zeitgenössischen Russland.

Ungebremst durch das andersartige Drum und Dran bringt Puschkin nun jenes epische Fossil ergreifend zum Sprechen. Melodiös antwortet es auf den schrillsten Missklang des Romangeschehens. Kurz, nachdem der Titelheld – ein weltmännischer Dandy, schwankend zwischen blasiert und dennoch taktvoll, zwischen leichtfertig und dennoch leidensfähig – seinen schwärmerischen Freund Lenski erschossen hat. Soeben ist es passiert bei einem Duell ohne ernsthaften Grund, in das sie beide hineingeschlittert sind, benommen von Missverständnissen und alkoholischen Getränken. Nur mühsam das ‹Ma non troppo›

seiner stets gedämpften Affekte wahrend, begrübelt Onegin, wer und was da leblos vor ihm liegt:

Und eben erst, noch vor Minuten
Glomm dieses Herz in heil'gen Gluten,
Schlug es in wilder, junger Kraft
Für Liebe, Haß und Leidenschaft;
Und nun ist jeder Ton verklungen,
Wie im verlaßnen, leeren Haus –
Rings alles still, die Lichter aus,
Die Fenster übertüncht, zersprungen,
Die Läden zu, kein Mensch darin,
Die Wirtin fort, Gott weiß wohin.
(6. Kapitel, Strophe 32; Hervorhebung V. K.)

Was hier mit was verglichen wird, hat nichts gemein mit dem heroischen Tatendrang, den kräftigen Bewegungen und Farben der verglichenen Vorkommnisse bei Homer, Vergil, Ariost. Auch dem Duktus und Tonfall der Rede fehlt die forsche Selbstsicherheit, unbeirrbar ins Ziel des Vergleichs zu treffen. Zumal das Tertium comparationis wirkt wie ein Gegen-Bild zu jenen, die das althergebrachte Epos auszumalen pflegt. Keine wirbelnde, sich überstürzende Außenwelt, sondern ein regloses, leeres, fahles Interieur. Dem Wie des klassisch epischen Vergleichens dagegen kommt Puschkin merklich näher. Die wörtliche Prosaübersetzung kann es verdeutlichen:

Noch einen Augenblick davor
Schlug in diesem *Herzen* Begeisterung,
Feindschaft, Hoffnung und Liebe,
Spielte Leben, kochte heißes Blut:
Jetzt, *wie* in einem verlassenen *Haus*,
Ist alles in ihm still und dunkel;
Es ist für immer verstummt.

Geschlossen sind die Läden, die Fenster sind von Kreide
Weiß. Die Hausfrau ist nicht da.
Wo, Gott weiß es. Es fehlt auch jede Spur.

Getreu den Vorbildern erscheint das Gelenk des Vergleichs an hervorragender Stelle: in der Mitte, im fünften der zehn Verse, die jeweils eine Strophe bilden. Hier, an diesem Scheitelpunkt, verbindet das «Wie» (russisch «kak») den einen Vergleichspartner mit dem andern. Und genau hier trennt es auch, verschärft durch «Jetzt» am Versbeginn, all das, was zuvor war, von all dem, was nun ganz anders ist. Zuvor: Leidenschaft und Freude, Hitze und Überschwang; und nun: reglose Leere, Dunkel und Verlassenheit. Aber nicht allein das «Wie» verschränkt Herz und Haus, auch ein unscheinbar winziges Fürwort, das mehrdeutig eins dem andern nahezu anverwandelt. Denn das sächliche «Es» an der Spitze des siebten Verses beruft hier, auf Russisch wie auf Deutsch, sowohl *das* Herz wie auch *das* Haus: «*Es* ist für immer verstummt.» Was? Herz oder Haus oder beides oder eins im andern? Beides jedenfalls vereint Puschkins Erzähler, hier mehr als nur vergleichend, im gemeinsamen Zustand des Vorbei, des Gewesenen und Entleerten, der diesem wie jenem Interieur zukommt, dem endgültig entseelten Leichnam des Lenski und dem endgültig entvölkerten Haus.

Noch nach Jahrhunderten und sogar noch in einem Zwitter-Erzählwerk, dem Versroman, bekräftigt der Dichter Puschkin jene Errungenschaft des Cervantes: das menschliche Innenleben zu entdecken als eine maßgebliche Domäne der neuartigen literarischen Gattung Roman. Er besiegelt sie mit der sanft schrillen Pointe vom Herzen als Interieur der Person, das genau so bewohnt und erfüllt oder eben genau so entleert und unwirtlich geworden sein kann wie eine ausgeräumte Wohnstatt. Die extreme Durchlässigkeit zwischen den beiden Vergleichspartnern, hier die fast unterschiedlose wechselseitige Angleichung von organischem und dinglichem Etwas, sie tilgt zwar nicht, doch sie mindert erheblich das, was den klassischen epischen Vergleich von jeher ausgezeichnet hat. Sie drosselt seine maßgebliche Tendenz, den beiden verglichenen Vorkommnissen die nämliche Welthaltigkeit, die nämliche sinnliche Präsenz zuzusprechen: als Ausdruck der mannigfaltigen erzählten Welt. Was nicht sonderlich verwundert. Kann doch die herkömmliche Art homerischen Vergleichens – Vers um Vers, Vorgang um Vorgang, Sachverhalt um Sachverhalt – den rundum prosaischen Verhältnissen der zunehmend verbürgerlichten Welt schon lange nichts mehr abgewinnen. Auch das erweist sich bereits im *Don Quijote*. Siehe oben und siehe unten.

Epische Parataxe Wenn das Epos – bis hin zum sublimen Nachklang in Puschkins Versroman – seine unausschöpfliche Welt nicht nur in den eigentlich erzählten Vorkommnissen entfaltet, sondern obendrein noch, vergleichshalber, in parallelen uneigentlichen Vorkommnissen; und wenn es dabei diesen wie jenen gleichermaßen ein handfestes Daseinsrecht einräumt: dann folgt es einem Prinzip, das auch fortan in jeder Erzählkunst wirksam ist. Mal mehr, mal minder offensichtlich. Ohne es eigens anzusprechen, sind wir ihm in allen Werken begegnet, die im Lauf der vorausgegangenen Kapitel zur Debatte standen. Egal, ob im Hinblick auf Erzählen als Beleuchten, Erzählen als Navigieren, Erzählen als Ent-töten. Egal, ob im gattungsspezifischen Steckbrief des Epos oder des Romans. Dieses Prinzip ergänzt die schon erörterten Prinzipien der Aventiure, der Genealogie und Prophetie, die durchweg dem vorwärtsschreitenden Dann und Dann und Dann des Erzählens die Fluchtlinien entwerfen. Es ergänzt sie, indem es sie buchstäblich durchquert: als epische Parataxe.

Was hat es damit auf sich? So ähnlich wie grammatische Parataxe, die verschiedene Satzglieder einer umfangreichen Periode kaum je hierarchisch stuft und ordnet, vielmehr jedes Satzglied gleichwertig den andern zugesellt, so ähnlich verfährt auch die epische Parataxe. Vielerlei Vorkommnisse der erzählten Welt bringt sie zusammen im besagten Nebeneinander von Hier und Da und Dort. Zunächst zwar mag es so scheinen, als habe die epische Parataxe ausgedient, seit das Epos dem Roman das Feld überlassen hat. Immerhin bleibt dabei allerlei auf der Strecke: der gleichbleibende Versfluss; die gleichgewichtigen, allenfalls durchnummerierten Gesänge; die litaneihafte Aufzählung gleichartiger Dinge nach Art des Schiffskatalogs in der *Ilias*. Vollends vergeblich sucht man die markanten Parallelen der homerischen Vergleiche. Und trotzdem ist die epische Parataxe noch immer maßgeblich zugange. Allenthalben. Ihre Schwerpunkte freilich, auch ihre Größenverhältnisse hat sie inzwischen verlagert.

Zwar ist die Prosarede des Romanerzählers und der handelnden Personen aus diversen gesellschaftlichen Schichten und Berufssparten, die er zu Wort kommen lässt, merklich buntscheckiger als jemals die Versrede des epischen Rhapsoden und seiner zeitweilig miterzählenden Helden. Doch just diese Auffächerung fördert das gleichrangige Nebeneinander. Zwar kommt es noch immer, sogar noch zu katalogischer Aufzählung von Dingen, man denke an Döblins maßlose Reihen in *Berge, Meere und Giganten*. Doch derlei wird schon lange nicht mehr so rituell und emblematisch eingesetzt wie dermaleinst. Und wenn, was all die Romane erzählen, anstatt in Versgesängen sich nunmehr in Prosakapitel gliedert, oft sogar mit eigenen Überschriften, oft auch mit stichwortartigen Vorwegnahmen: dann behauptet sich das Prinzip der Parataxe sogar noch nachdrücklicher als im Epos.

Die eingefügten Novellen im *Don Quijote* Nichts allerdings hat sich beim Umschwung von der alten zur neuen Erzählgattung gründlicher verwandelt als die epischen Vergleiche. Obwohl ihnen ähnliches abverlangt wird wie bisher, erscheinen sie jetzt in Form und Umfang so radikal anders, dass offenbar kein Literaturwissenschaftler weit und breit sie wiedererkannt hat. Ausgewachsen und emanzipiert haben sie sich zu quasi eigenständigen Novellen, eingefügt ins Gesamtgeschehen des Romans, das sie von innen her ergänzen. Auch hier hat *Don Quijote* den Nachfahren einen produktiven Weg gewiesen. Immer mal wieder unterbricht Cervantes für ein oder gar mehrere Kapitel die Abenteuer-Laufbahn seines Titelhelden durch solche ebenso «lebenswahren», nur eben minder exzentrische Geschichten, die dem Ritter zu Ohren kommen.

Ein halbes Dutzend Novellen sind es im Verlauf der eigentlich erzählten Romanhandlung: mal jene von der Schäferin Marcela, mal jene vom töricht wissbegierigen Ehemann, mal jene vom Maultiertreiber, mal jene vom gefangenen Kapitän in Algier und so fort. Lauter unerhörte Begebenheiten, die sich woanders als hier und jetzt in der Mancha zugetragen haben, unter anderen Leuten verschiedenartiger Herkunft. Nur manche von ihnen haben direkt mit Don Quijotes absonderlichen Unternehmungen zu tun. Nur dann und dort, wo die jeweils erzählende Person, ihr eigenes Schicksal novellierend, es selber dem Titelhelden zur Kenntnis bringt. Ob er nun unmittelbar davon erfährt und aus eigener Sicht dazu Stellung nimmt oder bloß mittelbar: uns jedenfalls, den Romanlesern, werden da allemal zusätzliche Facetten aus dem großen Ganzen der erzählten Welt vor die inneren Augen geführt. Facetten, die – kaum anders als bislang durch den epischen Vergleichspartner – jenes Bild von dieser Welt noch anreichern, das sich der närrische Held davon macht. Seis kontrastiv oder auch komplementär.

NEBENEINANDER ALS GEGENEINANDER IN DIVERSEN ROMANEN

Eingelegte Novellen – manchmal auch Märchen – als emanzipierte, auserzählte epische Vergleiche: viele Romanautoren haben fortan von jenem ertragreichen Verfahren Gebrauch gemacht. In gleicher Funktion haben sie es genutzt, doch mit sehr unterschiedlichen Ausdruckszielen: von Grimmelshausen in *Simplicissimus* (1668) über Lesage in *Gil Blas* (1715–1735) bis zu Smollett in *Roderick Random* (1738); von Novalis in *Heinrich von Ofterdingen* (1802) über Dickens in *Nicholas Nickleby* (1838/

39) bis hinein ins einundzwanzigste Jahrhundert. Dass im Lauf der Zeit die epische Parataxe nicht nur althergebrachte Verfahren fortentwickelt, dass sie auch neue hervorbringt, die den vertrauten Ausdrucksspielraum erweitern, mal mehr, mal minder radikal: dafür gibt es bemerkenswerte Beispiele. Schon einige wenige lassen ein beachtliches Spektrum erkennen. Aufschlussreich erscheint mir vorab ein berühmt-berüchtigtes Werk, obwohl seine parataktischen Neuerungen sich eher moderat ausnehmen, gemessen am leidenschaftlich republikanischen Furor, mit dem der Autor Eugène Sue hier die zeitgenössischen politischen Umtriebe des Jesuiten-Ordens bekämpft.

Sues *Der ewige Jude*

Der Titel des Werks verweist auf den allegorischen Rahmen, der das überbordende erzählte Geschehen notdürftig zusammenhält, anspielend auf den legendären ruhe- und heimatlosen Ahasver: *Der ewige Jude* (*Le juif errant*, 1843/45). Ursprünglich handelt es sich um einen Zeitungsroman. Wie schon Sues oben beschriebener Erstlingsreißer in diesem Genre, *Die Geheimnisse von Paris*, hält auch er die massenhaften Leser in Bann durchs Staccato der knappen, zerstückelten Tagesrationen. Motor des ereignisreichen Geschehens ist die mörderische Jagd der macht- und geldgierigen Jesuiten auf das Millionenerbe der weltweit verstreuten Adelssippe Rennepont. Lauter allzu sterbliche Abkömmlinge jenes unsterblichen Ahasver, der den Seinen vergeblich beizustehen versucht gegen die Anschläge des Ordens. Fortschreitend konzentrieren sich die Begebenheiten auf den Schauplatz Paris. Entsprechend dem Gerichtsstand der verzwickten Erbangelegenheit.

Cholera gleich und contra Jesuiten So originell wie wirkungssicher verfährt Sue mit seiner Parataktik. Passend zu seiner reißerischen Erzählweise zieht er aus der Hinterlassenschaft der homerischen Vergleiche eine andere Konsequenz als Cervantes. Statt mehreren Extrageschichten, die bald hier, bald dort das Hauptgeschehen unterbrechen und anreichern, holt der Autor einen einzigen raumgreifenden Vergleichspartner mitten hinein ins Hauptgeschehen. Und der erfüllt nun en bloc den nämlichen Zweck wie dermaleinst die einzelnen homerischen Vergleiche und die eingefügten Novellen. Nicht nur erzählerisch, auch thematisch ist Sues parataktischer Einfall gewinnreich. Dank diesem Einfall kann er im letzten Drittel des Romans die Schrecknisse, die seine Jesuiten den Lesern fort und fort bereitet haben, noch steigern, indem er eine zweite, ähnlich destruktive Macht ins Treffen schickt: die Cholera. Seinerzeit, in den 1840er Jahren, ebenso aktuell wie die Umtriebe der Jesuiten, greift sie ebenso verheerend und unwiderstehlich um sich wie jene. Dem korporativ Bösen des raffgierigen Ordens wahlverwandt, fällt auch diese anonym wuchernde Seuche nicht offen frontal über ihre ahnungslosen Opfer her. Sie zerfrisst sie insgeheim von innen. Parataktisch können nun also beide, Cholera und Societas Jesu, miteinander wetteifern, wer die reichere letale Ernte einfährt. Deutlich genug ist ihre Affinität: diesen wie jenen todbringenden Feind erkennt man nicht, sobald er sich ans Werk macht, sondern erst hernach an der Wirkung. Dann, wenn es für Vorkehrungen und Hilfe zu spät ist.

Die Pointe seines beharrlichen Vergleichs spart Sue für den Ausgang des Romans auf. Dort erst gehen die Jesuiten aus dem komparativen Wettstreit als unübertrefflicher Superlativ hervor. Nicht anders als ihr Oberschurke Rodin aus einem eigenen Todeskampf mit der Epidemie. Er siegt freilich nur, um kurz darauf einem Giftanschlag aus den eigenen Reihen zu erliegen. Dergestalt erwächst bildhafte Doppeldeutigkeit aus der eindeutigen Seuchenszenerie. Was sie in den Lesern wachrufen soll, ist der ständig drohende Albtraum vom allgegenwärtig schleichenden Tod, der unmerklich in jedem noch so wohlgemuten Verwandten, Nachbarn, Straßenpassanten umgeht und darauf lauert, ebenso unmerklich auf dich oder mich überzuspringen. Von Eugène Sues simpel schmissigem Schmöker heben sich die weiteren Beispiele entschieden ab. Es sind literarisch anspruchsvolle Werke avantgardistischer Romankunst, die extreme Möglichkeiten ausprobiert haben fürs epische Nebeneinander. Weit gefächert in ihrer Herkunft: ein spanischer Roman von Ramón Pérez de Ayala aus dem Jahr 1926, ein nordamerikanischer von William Faulkner sowie ein flämischer von Louis Paul Boon, letztere aus den Jahren 1939 und 1953.

Pérez de Ayalas *Tiger Juan* und *Der Bader seiner Ehre*

Ein Doppelroman, so lässt der zweifache Titel schon ahnen, der beidemal auf ein und denselben Helden abzielt. Gemeint ist der Sonderling Juan Guerra Madrigal, ein allseits geschätzter Hand- und Geistwerker mittleren Alters, der in Asturiens Hauptstadt Oviedo (hier Pilares geheißen) seinem seltsam vielseitigen Gewerbe nachgeht: als Bader und Aderlasser, Pillendreher und Briefsteller.

Roman-Diptychon Ein Doppelroman, ein erzähltes Diptychon, das sich freilich anders auswirkt als ein gemaltes. Während dort das eine Tafelbild den Inhalt des andern fortsetzt, um ihn zu bekräftigen, geschieht hier das Gegenteil. Der zweite Roman setzt fort, was im ersten geschehen ist, einschließlich zurückliegender Vorgeschichte, um es zu berichtigen. Diese ungewöhnliche Konstruktion stellt sich uns dennoch dar als ein gewöhnliches erzählendes Nacheinander. Allerdings nur vorläufig, eine weite Erzählstrecke lang, wie um die Leser in Sicherheit zu wiegen – bis es, mitten im zweiten Roman, schier verstörerisch umschlägt in eine radikale, bislang so nie dagewesene epische Parataxe. Wie kommt es dazu? Und was richtet diese Parataxe aus? Nachgerade zwangsläufig ergibt sie sich aus den Ereignissen, mit denen der zweite Roman das Geschehen des ersten berichtigt. Vor allem das falsche Bild korrigiert sie, das Juan sich von seiner innig geliebten Frau Engracia einst hat machen müssen, mit ebenso falschen Rückschlüssen auf sämtliche Frauen fortan. Damals sprach alles dafür, dass sie ihn betrog, woraufhin er sie verließ, fern auf den Philippinen, wo er als Kolonialsoldat mit ihr gelebt hatte. Heilsam trifft ihn jetzt nach Jahren wie ein Blitzschlag die verlässliche Nachricht: schuldlos war Engracia und starb, nachdem er sie verlassen hatte, an gebrochenem Herzen. Dass Juan als anmaßendes, ehrverbohrtes spanisches Mannsbild ihr und allen Frauen mörderisches Unrecht antat, diese Einsicht verwandelt ihn, den bislang misstrauisch einzelgängerischen «Tiger», in den ebenso vorläufigen «Bader seiner Ehre». Genauer übersetzt, zum wohlmeinenden, aber allzu dilettantischen «Quacksalber».

In die schöne, selbstbewusste Herminia, die äußerlich der Engracia gleicht, verliebt er sich und heiratet sie. Nach dem, was er dieser zugefügt hat, ist Juan jetzt entschlossen, seiner zweiten Gattin grenzenloses Verständnis entgegenzubringen, selbst dann, wenn er sie nicht versteht. Obwohl sie ihm ungemein zugetan ist, geht sie bald nach der Hochzeit mit einem leichtfertigen Herzensbrecher davon. Und Juan reagiert seltsam. Er macht sich zum Quacksalber seiner Ehre. Er, der kunterbunt Belesene, revidiert Calderóns berühmtes ideologisch überspanntes Schauspiel vom *Arzt seiner Ehre* (1637). Jenen einstmals mustergültigen Protagonisten in die Schranken weisend, der selbstgerecht und mit höchster Billigung seine nur vermeintlich untreue Gattin ums Leben bringt, verhängt Juan nun sein Todesurteil über: Juan, den tatsächlich verlassenen Ehemann. Demonstrativ spiegelverkehrt zum entsetzlichen Calderónschen Vor-Fall, doch in aller Stille. Während dort der hochadelige «Arzt» durch einen subalternen Handlanger dem schlafenden Opfer die Adern öffnen und es verbluten lässt, um solchermaßen seine befleckte Ehre reinzuwaschen, legt hier nun der plebejische Bader die Hand an sich selbst. Konkret, er führt das Messer an den eigenen Puls. Diesmal also, so Juans Gedanke, soll es endlich den Mann treffen, den einen für alle, die hierzulande noch immer den Frauen tödliches Unrecht sprechen. Abermals jedoch macht dieser tragikomische Quacksalber seine Rechnung ohne die Frau, der er da post mortem seine Liebe beweisen will. Unerwartet nämlich kommt Herminia zurück zu Juan, auf immer. So kann sie seinen fragwürdigen Liebesbeweis erwidern, indem sie ihn rechtzeitig unterbindet. Von jenem flatterhaften Schönling hatte sie schon genug, noch bevor eine so genannte Entehrung hat stattfinden können.

Parataktische Störung des Lese-Ablaufs Zumal die radikale epische Parataxe gibt dem Roman sein einzigartiges Gepräge. Beachtlich ist nicht nur, dass sie überfallartig hereinbricht über das ebenmäßige Nacheinander des Erzählens, auf das sich die Leser immerhin schon seit mehr als zweihundert Seiten eingelesen haben. Beachtlich ist erst recht, wann dieser Überfall erfolgt, wo und auf welche Art. Wann: gerade nicht, was allenfalls nahe läge, bei den deutlichen Peripetien des erzählten Geschehens. Also weder beim Wechsel vom ersten zum zweiten Roman noch gegen Ende, beim Umschwung zur glücklichen Vereinigung von Herminia und Juan; vielmehr dann, wenn Herminia sich mit dem windigen Liebhaber davonmacht. Und wo: weder im äußeren noch im inneren Lebensraum der beiden Hauptpersonen; vielmehr im sinnlich-geistigen Spielraum jeder einzelnen Person, die lesend diesen Roman Zeile für Zeile mit den Augen verfolgt und Seite um Seite mit den Händen weiterblättert. Und auf welche Art? Was hier sich so abrupt verändert, ist nicht etwa der sprachliche Erzählduktus, es ist das typographische Erscheinungsbild des aufgeschlagenen Buchs.

Ab jenem Zeitpunkt, da Juan und Herminia getrennte Lebenswege gehen – er nolens, sie volens – und solange die beiden dann auseinander bleiben, wird auch uns, den Lesenden, diese Trennung augenfällig ins Bewusstsein gestanzt. Nicht ein für allemal, sondern iterativ, auf jeder Buchseite erneut. Während wir zuvor und auch hernach, beim glücklichen Ausgang des Romans, ein herkömmlich einspaltiges Satzbild vor Augen haben, erscheinen jetzt zwei gesonderte Spalten pro Seite: eine für Juans, eine für Herminias vereinsamtes Dahinleben. Und während wir sonst mit Blick und Sinn unwillkürlich hinübergleiten von der untersten Zeile der einen Seite zur obersten der folgenden, wird jetzt unser reibungsloses Gleiten zum verwirrten Stocken. Mit dem momentan gelesenen abgebrochenen Satzteil stoßen wir, unpassend, auf den angebrochenen Satzteil der anderen Spalte oder Seite. Zwar führt letztlich der Erzähler jeden Satz, auch jede Satzfolge schlüssig fort, aber eben nicht dort, wo sie hingehören. Zwangsweise deplaziert erscheinen sie: also nicht anders als Juan und Herminia, solange sie nicht beisammen sind. Gewiss, die Leser haben bald erfasst, was diese brutale epische Parataxe soll, doch sie können sich nicht so leicht damit abfinden. Zu nachhaltig hat sich im Lauf ihres Leserlebens der gewohnt geschmeidige Erzähl- und Leseablauf in ihnen eingespielt. Juan und Herminia hingegen, sobald sie sich befreit haben aus dem Neben- und Gegeneinander, durchkreuzen all die eingespielten Abläufe der gesellschaftlichen Üblichkeit, die ihnen das Leben zu zerschleißen drohen. Ob allein oder zusammen.

Romane von Faulkner und Boon

Pérez de Ayala, wie gesagt, ist nicht der einzige Autor seiner Generation, der sinnreich und kunstvoll die epische Parataxe forciert. Um die Variationsbreite, auch die verschiedenen Ausdrucksziele anzudeuten, begnüge ich mich mit knappen Hinweisen. Wie jener hat auch William Faulkner ein Roman-Diptychon geschrieben: *Wilde Palmen* und *Der Strom* (*Wild Palms* and *The Old Man*, 1939). Indes, die Gesamtkonstruktion bezweckt von vornherein etwas anderes. Hier sind es keine zwei Phasen aus dem Leben des gleichen Romanhelden, die nacheinander erzählt werden. Und hier kommt es erst recht nicht zu einem jähen Einbruch von radikaler epischer Parataxe, die zeitweilig den weiteren Fortgang des Geschehens aufstört, um es für die Hauptpersonen in eine unverhofft beglückende Richtung zu lenken. Faulkners Konstruktion setzt vielmehr zwei eigenständige Romane in Gang, die nichts weiter verbindet als ein gemeinsames pauschales Thema: Widerstreit von Frau und Mann im Widerstreit von gesellschaftlicher und Naturgewalt. Beidemal kommt es zu keinem Ausgleich. Die intellektuelle männliche Hauptperson in *Wild Palms* scheitert an den Umständen einer rigorosen Liebe, die sich allen gesellschaftlichen Forderungen entzieht. Und ihr Pendant in *The Old Man*, ein unfreiwillig ausgebrochener Strafgefangener, den die Sturmfluten des Mississippi – genannt «Old Man River» – davontragen, rettet in seinem Boot eine Hochschwangere und kann ihr helfen bei der Niederkunft, doch ihre aufkommende Liebe verschreckt ihn und lässt ihn zurückfliehen in die einsame Zelle der staatlichen Bewahranstalt. Diese ausschließlich thematische Verbindung der beiden Romane – trotzend den verschiedenartigen Personen, Ereignissen und Schauplätzen – bekräftigt Faulkner, indem er alternierend Kapitel für Kapitel das Geschehen des einen Romans verschränkt mit dem des andern. Unausgesprochen entsteht auch hier ein komplementäres Neben- und Gegeneinander, das seine ferne Abkunft vom homerischen Vergleich zumindest ahnen lässt.

Im *Kapellekensweg* (*De Kapellekensbaan*, 1953) wartet Louis Paul Boon – der bedeutendste flämische Schriftsteller des zwanzigsten Jahrhunderts – sogar mit dreierlei markanten Ereignisfolgen auf. Von Anfang bis Ende des Romans bestreiten sie sein kunterbuntes Gesamtgeschehen. Im doppelten Wortsinn bestreiten sie es. Sie machen es aus, und zugleich fechten sie es an, indem sie einander anfechten. Wechselseitig beteuern und bezweifeln sie: dass überhaupt erzählbar und erzählenswert sei, wovon da die Rede ist; und was daran als haupt- und was als nebensächlich einzuschätzen sei. Die erste der drei Ereignisfolgen gilt, laut Vorspann des Autors, dem Lebensweg des eigensinnigen Proletariermädchens Ondineke, der streckenweise der gleiche ist wie der titelgebende viel begangene Kapellekensweg.

> Ondineke, die im Jahre 1800-und-soundso-viel geboren wurde ... und die sich in Meneer Achilles Derenancourt, den Direktor der Garnfabrik De Filiature, verliebte, die aber am Ende des Buchs das erbarmungswürdige Oscarke heiraten wird ... über ihren Bruder Valeer-Traleer mit seinem Monsterschädel, der von hüben nach drüben durchs Leben wackelt, und über Meneerke Brys, der, ohne es zu wissen, einer der 1. Sozialisten war ... über ihren Vater Vapeur, der mit seiner gottlosen Maschine die Welt retten wollte, und über all das, was mir zufällig gerade nicht einfällt [...] (5; 5)

Die zweite Ereignisfolge, typographisch deutlich von der ersten abgesetzt, gilt dem Drum und Dran beim Schreiben eben dieses Buchs über Ondinekes Leben. Sie vermeldet die unermüdlichen Debatten des Autors – Boontje heißt man ihn in herzhaftem Diminutiv – mit seinen Freunden und Nachbarn, die hineinreden ins vorerst Unausgegorene, dann Halbgare. Sie ergänzen, bemaulen, manchmal belobigen sie auch, was er da schlecht und recht zusammenkritzelt, hadernd mit der eigenen Bedenklichkeit und Bequemlichkeit.

Und die dritte Ereignisfolge ist die knorrige Nachdichtung des alten niederländischen Tierepos vom Reinaart Vos, dem trugreichen Reineke Fuchs, der böse und trügerisch die anderen Tiere übervorteilt. Ebenfalls stückchenweise und streng isoliert von den beiden andern – in den handelnden Figuren, sozialen Räumen und geschichtlichen Zeiten –, entpuppt sie sich als Gegenfabel dazu. Als eine, in der ohne Wenn und Aber der unerbittliche Eigennutz triumphiert, also jenes vorläufig herrschende Prinzip, dem sowohl Ondinekes Roman wie der seiner mühsamen Herstellung den Prozess machen. Da wie dort nämlich strengt man sich an, etwas ausfindig zu machen, das, bei allen Rückschlägen schon anno 1956, «den UNTERGANG DES SOZIALISMUS aufhalten kann» (5; 5, Versalien im Original). Demnach könnte man beim fortwährenden Gerangel der dreierlei erzählten Ereignisfolgen, die da mutwillig aufeinander prallen, auch so etwas heraushören wie einen innerpoetischen Klassenkampf. Vielstimmig: heiter, traurig und zornig.

Wer sich umtut nach weiteren, ähnlich eigenwilligen Spielarten von extremer epischer Parataxe, wird unter maßgeblichen Werken des letzten Halbjahrhunderts rasch fündig. So in Arno Schmidts Roman *Kaff auch Mare Crisium* (1960): der Seite für Seite, erzählerisch und typographisch ungepuffert, aufeinander stoßen lässt, hier ein kleinbürgerlicher Wochenendausflug in die niederdeutsche Provinz und dort das herbeifantasierte Treiben von inskünftigen US- und SU-Besatzern des Monds. So in Ignácio de Loyola Brandãos Roman *Null* (*Zero*, 1974): der die zeitgenössische Metropole São Paulo in all ihren politischen und kriminellen, religiösen und sexuellen Gewalttätigkeiten heraufbeschwört in furiosem Wechsel von knappen Erzählschnipseln, Dialogbrocken und collagierten Vorfabrikaten. So in Georges Perecs Roman *Das Leben Gebrauchsanweisung* (*La Vie mode d'emploi*, 1978): der mit aberwitziger Systematik ein vielstöckiges Pariser Wohnhaus durcherzählt, senkrecht und waagrecht in allen erdenklichen Verästelungen der Lebensgeschichten sämtlicher Insassen. So in Julio Cortázars Roman *Himmel und Hölle* (*Rayuela*, 1974): der den Lesern vorab anheimstellt, in welcher Reihenfolge sie die Kapitel des Buches lesen wollen, ob so wie gedruckt, ob die alternativen Empfehlungen des Autors beherzigend, ob nach eigener Laune.

Doch es ist nicht nur die Gattung Roman, die solchermaßen die epische Parataxe ausschlachtet. Sogar jene besondere Großform des Erzählens, die vormals sich pointiert dem erzählenden Dann und Dann und Dann verschrieben hat – der Novellenzyklus –, öffnet sich spät, aber deutlich dem erzählenden Hier und Da und Dort. Allerdings: unterm Zugriff eines zünftigen Romanautors, der in diesem Fall eher musikalischen als räumlich architektonischen Impulsen folgt.

FUENTES' ERZÄHL-QUARTETT *VERBRANNTES WASSER*

Was Carlos Fuentes hier kunstvoll als ein vierfaches Ganzes konstruiert hat, ist keine bloße Sammlung von ‹vier Erzählungen›, verbunden lediglich durch gemeinsamen Einband mit dem gemeinsamen Titel *Verbranntes Wasser* (*Agua quemada*). Es ist vielmehr, laut Untertitel, ein «cuarteto narrativo», ein Erzählquartett. Dabei liegt das Hauptgewicht auf dem großen Ganzen. Es verspricht und es hält dann auch: ein Quartett, das sich nicht in Noten, sondern in erzählenden Worten verlautbart.

Es ist im zwanzigsten Jahrhundert schon öfter geschehen, dass Schriftsteller dem kammermusikalischen Muster des Quartetts nacheifern. Dass sie verwegen ausprobieren, wie denn gleichzeitige Vierstimmigkeit, wenigstens als ein Quasi, sich ummodeln lässt ins unvermeidliche Nacheinander sprachlicher Äußerungsformen. T. S. Eliots Gedichtzyklus *Four Quartets* (1944) spielt lyrisch in vielerlei motivischen, strophischen und rhythmischen Variationen das Thema «Zeit und Zeitlosigkeit» durch. Lawrence Durrells Romanzyklus *Das Alexandria-Quartett* (1957–60) hält sich ebenfalls an musikalische Muster, wenn es im ersten Roman das Hauptthema erotisch-exotischer Verwirrung entwirft, um es dann mehrstimmig in den drei folgenden Romanen je anders abzuwandeln. Heiner Müllers wortwütig durchsexualisiertes Bühnenspiel *Quartett* (1982) treibt die beiden Hauptfiguren nicht nur zur imaginierten Doppelpaarung, es vertauscht auch noch die Geschlechterrollen: so, als übernähmen erste und zweite Violine, wo sie denn ohnehin den Bogen streichen, zeitweilig den Part von Viola und Cello. Lauter experimentelle Anwendungen benachbarter, doch andersartiger Kompositionsverfahren finden da statt, erdacht und ausgeführt von poetischen Virtuosen. Was sie erdichten, nimmt aufmerksame Leser gleich doppelt in Anspruch. Sie fesseln sowohl durch das, was da nur sozusagen kammermusikalisch Literatur wird, als auch durch den Anreiz zu lesender Detektei, ob und wie die poetisch ergaukelte Vierstimmigkeit sich zwingend und sinnvoll zu behaupten vermag.

Verglichen mit jenen literarischen Quartetten nimmt sich das von Fuentes zwar ebenso kunstbedacht, doch weniger künstlich aus. Das Resultat – die vier Erzählungen in ihrer Abfolge wie in ihrem mannigfaltigen Zusammenspiel – liest sich so, als könnte es anders gar nicht sein. Den Lesern vergönnt es weder noch bürdet es ihnen auf, irgendwelche Transformationsgrübeleien anzustellen von Literatur zur Musik und wieder zurück samt dem erleichterten Seufzer: voilà, das muss jetzt wohl die dritte Stimme sein, die sich diesmal an die Reprise heranmacht. Hauptthema der vier Erzählungen und vollends des Quartetts, das sie gemeinsam hervorbringen, ist das Phänomen Mexiko. Und zwar in beiderlei Hinsicht, räumlich und zeitlich. Also einerseits Mexiko-Stadt – wo Fuentes aufgewachsen ist – als räumlicher und gesellschaftlicher Komplex, andererseits die Geschichte des ganzen Landes Mexiko – die den Autor seit seinen frühesten Werken literarisch in Atem hält – als zeitlicher Hergang und Hingang.

Neuerlich: die runtergekommene Metropole Mexiko Deutlich verweist *Verbranntes Wasser* (1981), über Jahrzehnte hinweg, auf Fuentes ersten Roman *La región más transparente* (*Landschaft in klarem Licht*, 1958). Dabei setzt das Quartett ihn nicht regelrecht fort wie etwa Faulkners spätere Romane der Snopes-Trilogie den lang zurückliegenden ersten. Es zielt vielmehr darauf ab, den rapiden Wandel zwischen damals und jetzt, die sozialgeschichtliche Fortentwicklung des erzählten Gegenstands wie auch die literarische Fortentwicklung des erzählenden Autors sinnfällig zu machen. «Ist das nun die durchsichtigste Gegend ...?» Sofort mit diesem Anfangsmotto ruft Fuentes' *Verbranntes Wasser* den früheren Roman in Erinnerung: *La región más transparente*. Der Titel damals war bereits schmerzvoll sarkastische Anspielung auf den Begeisterungsausruf der spanischen Eroberer dermaleinst: angesichts der einmalig durchsichtigen, überaus klaren Luft in jener durchsonnten und durchwehten Lagune, wo dann im Lauf der Jahrhunderte Mexiko-Stadt sich auswuchs zur Metropole. Zu einem kaum mehr urbanen Ungetüm, das durch eklige Abgase, durch die Blähungen von Industrie und Korruption und rundum verschmutzten Slums schließlich all die hellen Hoffnungen erstickt hat, scheinbar für immer. Namentlich jene Hoffnungen, die durch Mexikos Revolution im zweiten Jahrzehnt des zwanzigsten Jahrhunderts ausgebrochen waren.

Schon in jenem Erstlingsroman – merklich angeregt durch die seinerzeit neuartige Montagekonstruktion von Dos Passos' New-York-Roman *Manhattan Transfer* (1925) – war es Fuentes gelungen, die üble Dunsthülle von Mexiko-Stadt herbeizuerzählen, um sie zu durchleuchten. Dergestalt, dass die sarkastische Wendung des «más transparente» im literarischen Werk sich positiv erfüllte. Transparent wurden nicht nur die Häuserblöcke, Stadtviertel und Verkehrsadern von Zentrum und Außenbezirken; nicht nur die zerstrittenen Gesellschaftsklassen, der Wirrwarr vielfach sich kreuzender Lebensläufe sowie die Köpfe und Leiber charakteristischer Einzelpersonen. Transparent wurde auch die zeitgenössische Stadt der 1950er Jahre hin auf die lebhaften Vergangenheitsphasen des ganzen Landes. Alles auf einmal: Perfekt und Imperfekt und Plusquamperfekt, verquickt im gigantisch zuckenden zeit-räumlichen Präsens, wo zwischen Aktienschwindel, Gewerkschaftsbürokratie und dahingleitenden Cadillacs uralte Indianermythen, aber auch beinah erloschene Revolutionsimpulse fortleben in unabsehbare Zukünfte.

Einige der Zukünfte sind für Fuentes inzwischen absehbar geworden. *Verbranntes Wasser* vergegenwärtigt die jüngste Gegenwart von Mexiko-Stadt als etwas, das so und nicht anders geworden ist. So und nicht anders in der jeweils besonderen Bio- und Topographie der vier Erzählungen. So und nicht anders aber auch im großen Allgemeinen, das, statt symphonisch breit wie im Roman, nun kammermusikalisch schlank aus dem Zusammenspiel der vier Stimmen entsteht. Wäre nicht Fuentes' strikt moderne Erzählweise – sprunghaft assoziativ und streckenweise wie aus vielerlei gesichtslosen Mündern hervorbrechend –: diese Geschichten könnten geradezu wie mustergültige traditionelle Novellen erscheinen. Wendepünktlich entsprechen ihre unerhörten Begebenheiten, scheinbar schmiegsam, der bewährten Form von Cervantes bis Puschkin, von Mérimée bis Schnitzler. Scharf umrissen verdichten sie sich auf einen absonderlichen Vorfall, der die Betroffenen so nicht weiterleben lässt wie bisher. Umso explosiver wirkt, was sich hier jener wohlbehaltenen Form so hinterhältig fügt.

Die vier Geschichten Die erste, betitelt *Muttertag*, wird erlebt vom neunzehnjährigen Plutarcho aus dem Luxusviertel Pedregal als doppelter Initiationsakt: hinein in die Männerwelt der besseren Kreise. Mit dem wüsten Großvater – der hat sich einst als frontenwechselnder Revolutionsgeneral ein Vermögen zusammengerafft, das er nun grimmig seinem zivil verkommenen Unternehmersohn überlassen muss – macht der Enkel eine automobile Sauftour durch die Bordelle der Stadt. Umringt von angeheuerten Musikern, vögelt er trostreich dem altersschwachen Patriarchen etwas vor; und schließlich erfährt er noch, nach einem mitternächtlichen Abstecher zum Familiengrab, wieso ihm, dem kleinen Buben damals, so früh die Mama entschwunden ist. Aufgehängt hat sie sich, die Plebejerin, weil man sie in diesem Haus auf ihre Art nicht leben ließ.

Das waren die Paläste, so heißt die zweite Geschichte. Im Stadtviertel La Moneda prangten sie, wo einst die feinen Leute festliche Empfänge gaben; und wo jetzt, mietkaserniert, heruntergekommene Kleinbürger hausen und einander belauern. Nur zwei von ihnen scheren aus. Hier der vierzehnjährige Lusito, im Rollstuhl, der als einziger in seiner verkrusteten Familie erträumt, was Leben vielleicht war und sein könnte. Dort die alte, ringsum verachtete Manuela, vormals Dienstmagd, die alle streunenden Hunde der Gegend mit Abfällen ernährt und zu ihnen spricht. Wendepunkt: wenn eines Nachts die beiden anmutig miteinander tanzen auf einem imaginären Ball, zu dem Lusito sich aufschwingt aus dem Rollstuhl. Der Tanz tröstet die Alte hinweg über den Beinah-Pogrom der frommen Gemeinde, als sie in der Kathedrale den Kruzifixus bedrängte mit ihrer ganzen Hundemeute:

> Jesus Christus, wahrer Gott und wahrer Mensch, zeig, dass du all das bist, indem du all deinen Geschöpfen das gleiche gibst, nicht den gleichen Reichtum, das nicht, um soviel bitte ich nicht, nur die gleiche Barmherzigkeit, um einander zu verstehen, oder, wenn das nicht geht, die gleiche Kraft, um sich zu wehren. (45; 66)

Morgenluft, unweit vom brodelnden U-Bahnhof Insurgente, kann der siebzigjährige wohlgepflegte Don Silva nicht mehr im Voraus erschnuppern auf dem Balkon, eh er nachts ins Bett geht. Sein vormals stattliches Haus aus der Jahrhundertwende ist nur eins von vielen, die er besitzt. Mittlerweile aber ist es eingequetscht zwischen kurzlebigen Bürobauten und umqualmt von anderen Dünsten als jenen «würzigen, grünen Schwaden aus jenem vergessenen Morast der Lagune» (83; 62). Heute Nacht freilich erreicht ihn nicht einmal die üble Morgenluft des nächsten Tages. Diesen Feinsinnigen, der nur dem Vorgestern lebt, einem krampfhaft verewigten Lebensstil des Art déco in Mobiliar und Kleidung; und der ebenso dekorativ auch sein Nachleben ausschmücken will durch erfundene großartige Todesarten in Nachlassbriefen an ähnlich dekadente Freunde: ihn ereilt in der Nacht ein mieser, unnötiger Tod. Drei jugendliche Gammler, scharf auf Silvas nostalgische Edelklamotten, brechen bei ihm ein. Nur die Sachen wollen sie, doch eben die sind ihm heilig. Viel zu kostbar, so zetert er hochmütig, für ein verlaustes Hurenpack. Da schneiden sie ihm, damit er das Maul hält, die Kehle durch. Besinnlich schaudernd können Silvas Freunde nun seine pittoreske Abschiedspost genießen. Die Morgenluft wird die Wahrheit seiner makabren Spielerei an den Tag bringen. Und der unbeabsichtigte beiläufige Mord wird den diskreten Don Silva in die knalligen Schlagzeilen der Sensationsblätter zerren.

Die vierte und letzte Geschichte gilt *Andrés Aparicipos Sohn*. Es ist der halbwüchsige Bernabé aus einem völlig verdreckten Viertel, das nicht mal einen Namen trägt. Ob Bernabé letztlich seinem verschwundenen Vater nacheifern wird, der als junger Agronom trotz blutiger Bemühungen unverdrossen auf den Dörfern die Bodenreform betrieben hat, scheint fraglich Ob er, konträr, spontan sich wird ködern lassen vom Chef einer offiziell geduldeten faschistischen Totschlägerorganisation, die dem jugendlichen Lumpenproletariat private Macht und Thunderbirds verheißt, auch das scheint noch nicht gewiss. Jedenfalls, Bernabés Gewitztheit und Kraft sind auf dem Sprung. Vorerst allerdings aussichtslos und zerstörerisch in dieser selbstverschuldeten Neo-Kolonie, dem vordersten «Hinterhof» der USA. Den Eispickel immerhin kann er im Straßenkampf schon handhaben:

> die Eingeweide des verletzten Jungen (waren) stärker als das kalte Eisen von Bernabés Waffe [...], aber (sie) saugten gewissermaßen den Eispickel in sich ein, wie ein Liebender den anderen in sich einsaugt. (134; 158)

Novellistische Kammermusik wider den Verfall Vier klassisch antiklassische Novellen. Jede eine eigene epische Stimme für sich. Wie verbinden sie sich zum gemeinsamen Erzähl-Quartett? Wie erzeugt ihr zwangsläufiges Nacheinander den ebenso zwingenden wie ungezwungenen Anschein von gleichartig musizierendem Neben-, Mit- und Gegeneinander? Dieser Anschein kann begreiflicherweise nicht auf Anhieb sofort mit der ersten Novelle entstehen. Er kommt auf, er wächst und verdeutlicht sich erst beim fortschreitenden Lesen von Novelle zu Novelle, bis er im letzten Satz der letzten sich vervollständigt hat. Mehrerlei ruft ihn hervor.

Zunächst einmal das gemeinsame Hauptthema «Mexiko-Stadt». Durchgeführt wird es in sprechenden Schauplätzen und Lebensläufen, die im großen Ganzen des Quartetts einen Eindruck von der räumlichen und sozialen Spannweite dieser morschen Metropole erzeugen. Noch suggestiver komponiert Fuentes sein Erzähl-Quartett, indem er die vier Stimmen (I bis IV) überkreuz, parallel und gegeneinander führt: im Wechselspiel der einzelnen Novellen. Die Alte mit den Hunden (II) hat eine traurige Vergangenheit hinter sich als Dienstmagd beim General Vergara (I), der im gleichen Luxusviertel lebt wie der Faschistenchef (IV). Der verkrüppelte Lusito (II) und Bernabé (IV) waren, bevor Letzterer aus der Gegend verschwand, befreundete

Nachbarbuben in einem der vormals feinen Miet-Paläste, von deren Einkünften Don Silva (III) lebt. Und der Vater von Bernabés kleinbürgerlich betulicher Mutter (IV) ist vor Jahrzehnten Adjutant des Generals (I) gewesen.

Wer Balzacs oder Faulkners zyklische Romane gelesen hat, kennt derlei epische Verbindungen zwischen Figuren, die im einen Werk als Hauptpersonen, im anderen als Randpersonen erscheinen. Doch Fuentes geht weit hinaus über solch eher anekdotische Kreuzungen von Lebensläufen. Denn er intoniert, was er erzählt, ganz anders als jene Romanciers. Wenn er von vielmündigem inneren Monolog jäh wechselt zu distanziertem Bericht, von mikroskopischer Nahsicht zu panoramatischem Überblick, dann verlieren die novellistischen Einzelstimmen ihr solistisches Gepräge und entfalten sich wie ein Ensemble. Zum Beispiel: Wenn Fuentes das Hauptthema «Mexiko-Stadt» verlauten lässt durch die novellistischen Einzelstimmen, dann duettiert – widerwillig – jene alte Hunde-Mutter mit der des Generals, ohne dessen böse Töne sie nicht klänge, wie sie klingt; dann terzettiert – widerwillig – Bernabés wortkarg ruppige Stimme mit der träumerischen des verkrüppelten Lusito und der dünkelhaften des nostalgischen Häuserbesitzers Don Silva. Keine der Hauptstimmen also äußert, was sie erlebt, für sich allein. Jede erlebt und äußert all die großen Wunden und die kleinen Ekstasen, die langen Beklemmungen und die kurzen Freiheitszuckungen noch mit, die ihr durch die anderen und derengleichen widerfahren.

Verfall, Erinnerung, Gewalt, Sehnsucht nach Solidarität, das sind die entscheidenden Motive, die mit musikalischer Prägnanz den Ablauf der vier Novellen bestimmen. Sie rufen das gemeinsame Hauptthema hervor und umspielen es. Verfall: der Architektur, von der aztekischen über die der Belle Epoque bis zu jener, wo die grandiosen Mauermaler à la Rivera in den zwanziger Jahren eine neue Gesellschaft vorweg verewigen wollten; Verfall aber auch der sozialen Lebewesen, die solche Architektur gebaut und gepflegt, bewohnt und ausgeschlachtet, erdrückt und zerschlissen haben. Erinnerungen: an das, was Mexiko-Stadt und Land einmal waren, lang vor und kurz nach der Revolution, bis man sich der interkontinentalen Coca-Cola-Taufe unterzog. Gewalt: berechneter Terror und Totschlag derer, die derzeit an der Macht sind; zielloser Terror und Totschlag derer, die derzeit ihrer Ohnmacht anders nicht Luft machen können. Sehnsucht nach Solidarität: unter den Geschundenen, die sich ihrer profitwütigen Schinder zu erwehren hätten; aber auch unter den Schindern, die in ihrer sinnlosen Raffgier sich selbst das Lebensterrain untergraben und die weiteren Aussichten verbaut haben.

All die Stimmen der nachfolgenden Novellen, sobald man sie einmal lesend vernommen hat, hallen somit gleichsam voraus in der allerersten Novellenstimme des grimmig klagenden jungen Plutarcho. Zehn Jahre nach der nächtlichen *Muttertag*-Fahrt mit dem Großvater durch die Bordelle ruft er den längst verstorbenen alten General herauf. Bei einem angewiderten Rundblick über das schmucke Edelviertel auf dem Pedregal:

> [...] Großpapa, sehen Sie sie an bei Nacht, Mexiko, die mutwillig krebswuchernde Stadt, die nach anarchischer Ausbreitung giert, faulende Ansätze jeglichen Stils, eine Stadt, die Demokratie mit Besitz verwechselt, aber auch Gleichheit mit Plattheit [...], wie sie erdrückt wird von ihren riesigen Elendsgürteln, von Legionen von Arbeitslosen, von Landflüchtigen und von Millionen von Kindern, zwischen einem Schrei und einem Stöhnen gezeugt, Großvater: Unsere Stadt, Großvater, wird den Oasen der Exklusivität nur ein kurzfristiges Leben gewähren. Die Oase der Gartenstadt auf dem Pedregal war, als ob jemand sich die Nägel manikürt, indes der Körper an Wundfäule zugrunde geht. (37; 42 f.)

Fuentes' Erzähl-Quartett musiziert mit kunstvollen Dissonanzen jene kunstlos, brutal und bösartig dissonante Welt herbei: jene von Mexiko, die in mehrerlei Betracht auch die selbstverfertigte, offiziell gutgeheißene Welt von Europa ist. Erzählend spricht es sie an, widerspricht ihr und bespricht sie auch – so wie eine menschenfreundliche Zauberformel den faulen Zauber inhumaner Bedrohung.

Nachbemerkungen

Zu ergänzen ist die Widmung meines Buchs durch einen Salut an jene
entdeckungsfreudigen Verlage, die sich – gemeinsam mit den Übersetzern – dafür stark gemacht haben: nicht nur naheliegende, vielmehr auch entlegene, bislang kaum bekannte Weltliteratur dem deutschsprachigen Publikum zuzuführen. Einen Salut vor allem an die Verlage Manesse (Zürich), Volk und Welt (Berlin, DDR) und Winkler (München). Dass ihre Aktivitäten inzwischen merklich zurückgegangen sind, ist eine der kunst- und kulturwidrigen Folgen jener hemmungslosen Marktwirtschafterei, die sich rhetorisch gern mit dem verziert, was sie allenthalben vertilgt.

Beileibe nicht soll die Widmung des Buchs dazu ermuntern, ausländische Erzählliteratur gemütlichkeitshalber in Übersetzungen zu lesen statt im Original. Doch sie trotzt dem puristischen Dünkel mancher Fachphilologen, die all den Vielen, die kein Französisch, Russisch, Spanisch verstehen, die *Madame Bovary*, die *Toten Seelen*, den *Don Quijote* lieber vorenthalten wollen, als jene vermeintlich Armen im geiste den Unzulänglichkeiten von Übersetzungen auszusetzen. Der dankbare Widmer des Buchs V.K. jedenfalls würde weder als Amant noch als Wissenschaftler und Lehrer sich je auf Belletristik eingelassen haben, hätte ihn nicht – damals ein dreizehnjähriger humanistischer Gymnasiast (Latein und Griechisch) – justament übersetzte Literatur in Bann gezogen. Auf der Bühne: Schauspiele von Shakespeare und Opern von Verdi. In Büchern: gleich nach Karl Mays Werken lauter ausländische Abenteuerromane wie Dumas' *Graf von Monte Christo* und Ferrys *Waldläufer*, Vernes *Kinder des Kapitäns Grant* und Salgaris *Piraten von Monpracem*. Und er hätte nicht, Jahrzehnte später, eine mehrsemestrige Vorlesung gehalten über *Europäische Komödie von Aristophanes bis Dario Fo*; inclusive spanischer und russischer, dänischer und rumänischer Stücke, großenteils basierend auf Übersetzungen. Kein Zweifel, dass so etwas im Fall von Lyrik ausgeschlossen wäre.

Mit dem Herumwurmisieren an dem, was jetzt hier als Buch herausgekommen ist, ging es schon in den 1960er Jahren los. Inner- und außerfamiliär. Damals, als ich mit meinen schutzlosen, aber streitbaren Töchterlein, die ohnehin mit Märchen aufgepäppelt wurden, allerlei Erzählspielchen unternommen habe. Beispielsweise regelmäßig am Nachmittag vor Heilig Abend, um den inneren Spannungshochdruck zu nutzen: draußen, eingemummt im Freien, damit das schuftende Christkind sich übers Weihnachtszimmer hermachen konnte. Gemeinsam – drei kleine Mädchen und ein großer Mann, alle mit gleichem Stimmrecht – war dann staffettenartig eine Erzählung herzustellen, aus spontan erzähltem, begrenztem Personal (etwa: 1 Autoreifen, 2 Uhus, 1 Seehund, 2 betrunkene Pfarrer). Aber die Geschichte durfte weder länger noch kürzer dauern als unsre Umrundung des Grunewaldsees, auf dessen Grund bekanntlich Beowulfs Unhold Grendel haust.

Damals also drängten mir, der bislang vorwiegend mit Überlegungen zur Dramatik, Musikdramatik und Bühnenkunst befasst war, nun auch und erst recht professionelle Erzählwerke ihre unabweisbaren Fragen auf. Ähnlich grundsätzliche, schlicht elementare, aber auch spezifische, so wie schon in Sachen Theater. Manche davon ließen sich vorerst nur stümperhaft beantworten, folglich rumorten sie auch weiterhin fort. Zum Beispiel jene Fragen im Aufsatz *Muse und Helios. Über epische Anfangsnöte und -weisen* (1964). Was dort nur flüchtig angeritzt und schlampig ausgeführt wurde, taucht jetzt da und dort im neuen Buch wieder auf, hoffentlich etwas plausibler. Ähnlich unfertig blieb der zwanzig Jahre spätere Aufsatz *Erzählen als Enttöten*, dessen Stichwort jetzt dem IV. Kapitel die Richtung weist.

Hernach bin ich weiteren offenen Fragen gründlicher nachgegangen in Büchern, die mittlerweile als so genannte Standardwerke gelten. Etwa: *Die erzählte Stadt. Ein Sujet als Herausforderung des Romans von Lesage bis Döblin* (1969), worin unter anderem erkundet wird, wie der raumgreifende Komplex Großstadt von Fall zu Fall sich erzählend verzeitlichen lässt. Ferner eine knappe Gattungsgeschichte der *Abenteuer-Romane* im 19. Jahrhundert (1979) und eine ausführliche des *Europäischen Kunstmärchens* seit der Renaissance (1985). Ein Buch neueren Datums – *Venus Maria. Auflebende Frauenstatuen in der Novellistik* (2000) – war ursprünglich als Teil des hier vorliegenden geplant. Eh ich mich versah, hat es in ganz andere Bahnen gelockt: in sozial- und mythengeschichtliche, wahrnehmungspsychologische und physikalische. Zum Fremdkörper geworden wäre es in *Erzählen. Von Homer zu Boccaccio, von Cervantes zu Faulkner.* Denn hier geht es, erstmals ganz entschieden, um den dynamischen Hergang, ums Wie und Wozu dieser poetischen und geselligen Tätigkeit.

...

Für unverzichtbare Unterstützung darf ich mich herzlich bedanken. Allererst für kritisches und anregendes Lesen des Manuskripts bei Aiga Klotz (wie schon immer), bei Klaus H. Hilzinger (wie schon oft), bei Benno Schubert, Hans Geulen und Reinhard Urbach. Ferner für philologische Hilfe im Fall von: Heliodor bei Hans Hofmann, Cervantes bei Hans-Jörg Neuschäfer, Puschkin bei Gisela Braun und Jokai bei Gabriella Hima. Ferner bei Joachim Helbig und Katharina Haubelt, Silke Binder und Marion König, die in der zerstückelten Entstehungszeit das Schreibmaschinengeschriebene elektronisch veredelt und mit Bibliographien versehen haben; sowie dem Rektoramt der Universität Stuttgart, das diese wissenschaftliche Hilfskraftarbeit finanziell ermöglicht hat. Ferner danke ich den Studierenden im In- und Ausland, die bei einschlägigen Lehrveranstaltungen lebhaft mitgeredet haben; erst recht dem Stuttgarter literaturwissenschaftlichen Arbeitskreis «Work in Progress» für nachdenkenswerte Resonanz auf vorgetragene unfertige Partien des Buchs. Schließlich gilt noch ein Extradank den kompetenten Mittäterinnen und Mittätern im Verlag: den kooperativ einfallreichen Meisterinnen in der Herstellung Konstanze Berner und Dorothee Bauer sowie den geduldigen und sorgfältigen Lektoren Raimund Bezold und Andreas Wirthensohn.

Werkausgaben und Zitierweise

Zusammengestellt sind hier die Werkausgaben, aus denen Textpartien zitiert und erörtert werden. Bei Prosatexten vermerkt die eingeklammerte Zahl am Schluss des Zitats die Seitenzahl der genannten Werkausgabe. Erscheinen zwei Zahlen in der Klammer, gilt die erste dem Original, die zweite der Übersetzung. Solche zweifachen Zahlen erübrigen sich bei den Zitaten aus Versepen. Denn hier vermerken die Zahlen keine Seiten, sondern, weil tendenziell gleich in Übersetzung wie im Original, Gesang und Vers z. B.: *Odyssee* (IX, 319 ff.) oder – bei nicht-hexametrischen Epen – Gesang, Strophe und Vers z. B.: *Orlando* (II, 7, 48 ff.).

In seltenen Bedarfsfällen wurde mehr als nur eine Übersetzung herangezogen und vermerkt. Wo die Argumentation es erfordert, habe ich punktuell in die genannten Übersetzungen eingegriffen und originalnähere Formulierungen gewählt. Lieber wörtlich als elegant. Syntaktische Ungelenkigkeiten, auch vereinzelte metrische Verstöße, gehen somit zu Lasten des Eingreifers, nicht der Übersetzer.

Alarcón, Pedro Antonio de: *El escándalo.* Mexiko 1958.
Der Skandal. Deutsch von Heinrich Bondi. Berlin 1959.
Apollonios Rhodios: *Argonautika.* Hg. von H. Fränkel. Oxford 1961.
Die Argonauten. Deutsch von Thassilo von Scheffer. Wiesbaden 1947.
Ariosto, Ludovico: *Orlando furioso.* 2 Bde. Ristampa 1981.
Der rasende Roland. Deutsch von Otto Gildemeister. Berlin 1882.
Der rasende Roland. Bd. 1. Deutsch von Johann Diederich Gries. München 1987.
Basile, Giambattista: *Lo cunto de li cunti. Il racconto dei racconti.* Traduzione de Ruggero Guarini. Mailand 1994.
Das Märchen der Märchen. Das Pentamerone. Hg. von Rudolph Schenda. Deutsch von Hanno Helbling u. a. München 2000.

Bibel. Nach der deutschen Übersetzung von D. Martin Luther. Berlin 1954.

Boccaccio, Giovanni: *Il Decamerone.* 2 Bde. Leipzig 1865.

Das Dekameron: Erster bis Fünfter Tag. Deutsch von Ruth Macchi. Berlin 1958.

Boon, Louis Paul: *De Kapellekensbaan.* Amsterdam 1953.

Der Kapellekensweg. Deutsch von Gregor Seferens. München 2002.

Brentano, Clemens: *Godwi oder Das steinerne Bild der Mutter.* In: Werke. Hg. von Friedhelm Kemp. 2. Bd. München 1963.

Rheinmärchen. Ebenda 3. Bd. München 1965.

Büchner, Georg: *Woyzeck.* In: Sämtliche Werke und Briefe. Bd. 1. Hg. von Werner R. Lehmann. Hamburg o. J.

Camões, Luís de: *Os Lusíadas: Die Lusiaden* [Portugiesisch/Deutsch]. Deutsch von Hans Joachim Schaeffer. Berlin 2004.

Die Lusiaden: Heroisch-episches Gedicht. Deutsch von Karl Eitner. Leipzig o. J.

Cervantes Saavedra, Miguel de: *El ingenioso hidalgo Don Quijote de la Mancha.* Madrid 1993.

Der sinnreiche Junker Don Quijote von der Mancha. Deutsch von Ludwig Braunfels. München 1956.

Claudius, Matthias: *Werke des Wandsbecker Boten.* Bd. 1. Hg. von Günter Albrecht. Schwerin 1958.

Conrad, Joseph: *Heart of Darkness and the Secret Sharer.* London 1997.

Das Herz der Finsternis, enthalten im Sammelband *Geschichten vom Hörensagen.* Deutsch von Ernst W. Freißler. Frankfurt/Main 1959.

Youth: A Narrative and Two Other Stories. London 1923.

Jugend: Drei Erzählungen. Deutsch von Ernst W. Freißler. Berlin 1926.

Dante Alighieri: *La Divina Commedia.* Straßburg o. J.

Die Göttliche Komödie. Deutsch von Hermann Gmelin. Stuttgart 1954.

Daudet, Alphonse: *Les Aventures prodigieuses de Tartarin de Tarascon.* Paris o. J.

Die gewaltigen Abenteuer des Tartarin von Tarascon. Deutsch von Paul Schlicht. Ausgabe der drei Tartarin-Romane. In: Romane der Weltliteratur. Berlin (DDR) 1951.

Tartarin von Tarascon. Die wunderbaren Abenteuer des Tartarin von Tarascon. Mit 45 Zeichnungen von Emil Preetorius. Keine Übersetzerangabe. Frankfurt 1976.

Dickens, Charles: *The Chimes.* In: *Christmas Books.* London 1968.

Die Glocken. In: *Weihnachtserzählungen.* Deutsch von Carl Kolb. München 1957.

Little Dorrit. London 1899.
Klein Dorrit. Darmstadt 1961.
Döblin, Alfred: *Berge Meere und Giganten*. Olten 1978.
Der Bau des epischen Werks (1929). Hier zitiert aus: *Zur Poetik des Romans*. Hg. von Volker Klotz. Darmstadt 1965.
Doderer, Heimito von: *Die erleuchteten Fenster oder Die Menschwerdung des Amtsrates Julius Zihal*. München 1950.
Repertorium. Ein Begreifbuch von höheren und niederen Lebens-Sachen. Hg. von Dietrich Weber. München 1969.
Eichendorff, Joseph Freiherr von: *Ahnung und Gegenwart*. In: Neue Gesamtausgabe der Werke und Schriften in 4 Bänden. Hg. von Gerhart Baumann und Siegfried Grosse. 2. Bd. Stuttgart 1957.

Der stille Freier. Ebenda, 1. Bd.
Faulkner, William: *As I Lay Dying*. New York 1957.
Als ich im Sterben lag. Deutsch von Albert Hess und Peter Schünemann. Zürich 1961.
Wild Palms and The Old Man. New York 1959
Wilde Palmen und Der Strom. Deutsch von Helmut M. Braem und Elisabeth Kaiser. Zürich 1957.
Fontane, Theodor: *Effi Briest*. In: Werke in zwei Bänden. Bd. 2. Hg. von Walter Keitel. München 1938.
Fuentes, Carlos: *Agua quemada. Cuarteto narrativo*. Fondo de Cultura Economica. México 1981.
Verbranntes Wasser. Vier Erzählungen. Deutsch von Maria Bamberger. Stuttgart 1987.
Goethe, Johann Wolfgang von: *Die Leiden des jungen Werthers*. In: Poetische Werke. Vollständige Ausgabe. 6. Bd.: Erzählende Dichtungen. Stuttgart 1958.
Guimãres Rosa, J.: *Grande Sertão: verdas*. Sao Paulo 1984.
Grande Sertão. Deutsch von Curt Meyer-Clason. Köln/Berlin 1964.
Heliodor: *Les Éthiopiques* [Originaltext]. Bd. 1. Paris 1960.
Aithiopika. Die Abenteuer der schönen Charikleia. Ein Griechischer Liebesroman. Deutsch von Rudolf Reymer. Zürich 1950. [wörtliche Übersetzung von Heinz Hofmann privat]
Homer: *Ilias*. Bd. 1. Hg. von Dr. C. Hentze. Leipzig 1877.
Ilias: Griechisch und Deutsch in zwei Bänden. Deutsch von Hans Rupé. Berlin o. J.
Homers Odyssee (Originaltext). Hg. und erläutert von Karl Friedrich Ameis. 2 Bde. Leipzig 1879.

Odyssee. Deutsch von Johann Heinrich Voß. München 1980.

Jókai, Mór: *Az arany ember*. Budapest 1968.

Der Goldmensch. Deutsch von K. M. Kertbeny, überarbeitet von H. Schade-Engl. 2. Aufl. Budapest 1967.

Kafka, Franz: *Das Schloß*. In: Schriften Tagebücher. Kritische Ausgabe. Hg. von Malcom Pasley. Frankfurt/Main 2002.

Keller, Gottfried: *Das Sinngedicht*. In: Sämtliche Werke. 6. Bd. Hg. von Dominik Müller. Frankfurt/Main 1991.

Machado de Assis, Joaquim Maria: *Memórias póstumas de Brás Cubas*. Edições críticas de obras. 13. Bd. Rio de Janeiro 1975.

Die nachträglichen Memoiren des Bras Cubas. Deutsch von Wolfgang Kayser. Zürich 1950.

May, Karl: *Das Waldröschen oder Die Verfolgung rund um die Erde*. New York, 1969. Reprint der Ausgabe Dresden 1882.

Old Surehand, 2. Bd. Freiburg im Breisgau 1896.

Meyer, Conrad Ferdinand: *Jürg Jenatsch*. In: Sämtliche Werke in zwei Bänden. Bd. 1. München 1968.

Navarre, Marguerite de: *L'Heptaméron*. Paris 1960.

Das Heptameron. Deutsch von Walter Widmer. München 1960.

Ovid: *Metamorphosen* [Lateinisch/Deutsch]. Hg. von H. Färber und M. Falter. Deutsch von Erich Rösch. München 1952.

Pérez de Ayala, Ramón: *Tigre Juan* y *El curandero de su honra*. Madrid 1990.

Tiger Juan. Der Bader seiner Ehre. Deutsch von Wilhelm Meister. Frankfurt/Main 1959.

Potocki, Jean: *Manuscrit trouvé à Saragosse*. Hg. von René Radrizzani. Paris 1990.

Die Abenteuer in der Sierra Morena oder Die Handschrift von Saragossa. Hg. von Lezlek Kukulski. Deutsch von Werner Creutziger. Berlin (DDR) 1962.

Puschkin, Alexander: *Eugen Onegin. Roman in Versen*. In: Alexander Puschkin: *Eugen Onegin. Dramen*. Deutsch von Theodor Commichau, bearbeitet von Konrad Schmidt. Berlin (DDR) 2. Aufl. 1971.

Rulfo, Juan: *Pedro Páramo y El Llano en llamas*. Barcelona 1985.

Pedro Páramo. Der Llano in Flammen. Deutsch von Marianna Frenk. Frankfurt/Main 1987.

Sánchez Ferlosio, Rafael: *El Jarama*. Barcelona 1990.

Am Jarama. Deutsch von Helmut Frielinghaus. Wiesbaden 1960.

Saramago, José: *Levantado do Chão*. Lissabon 1979.

Hoffnung im Alentejo. Deutsch von Rainer und Rosi Bettermann. Berlin/Weimar 1985.

Scarron, Paul: *Roman Comique*. Paris o.J.

Die Komödianten. Ein komischer Roman. Deutsch von Karl Saar. Karlsruhe 1964.

Seghers, Anna: *Transit*. Berlin (DDR) 1964.

Strindberg, August: *Röda Rummet*. Stockholm 1986.

Das Rote Zimmer. Schilderungen aus dem Leben der Schriftsteller und Künstler. Deutsch von Willi Reich. München o.J.

Sue, Eugène: *Le Juif errant*. Ungekürzte Ausgabe in 3 Bänden. Bibliothèque Marabout. Paris o.J.

Der ewige Jude. Deutsch von J. B. Rousseau. 10 Bde. Berlin 1844–1846.

Les Mystères de Paris. 3 Bde. Paris 1967.

Die Geheimnisse von Paris. Deutsch von Ph. Walter. 6 Bde. Stuttgart 1958.

Tausend und eine Nacht. *Die Erzählungen aus den tausendundein Nächten*. Vollständige deutsche Ausgabe in sechs Bänden, zum ersten Mal nach dem arabischen Urtext der Calcuttaer Ausgabe aus dem Jahre 1893 übertragen von Enno Littmann. 1. Bd. Frankfurt/Main 1966 (18.–21. T).

Trollope, Anthony: *Barchester Towers* (1857). Oxford 1980.

Die Türme von Barchester. Deutsch von Andrea Ott. Zürich 2005.

Tuti-Nahmeh: *Das Papageienbuch*. Nach der türkischen Fassung übersetzt von Georg Rosen. Zürich 1978.

Twain, Mark: *The Adventures of Huckleberry Finn*. London 1994.

Huckleberry Finn. Deutsch von Lore Krüger. In: Werke in neun Bänden. Bd. 1. Hg. von Klaus-Jürgen Popp. München 1977.

Vergil: *Aeneis und die Vergil-Viten*. [Lateinisch/Deutsch]. Hg. und übersetzt von Johannes Götte und Karl Bayer. Bamberg 1958.

Walcott, Derek: *Omeros*. Toronto 1990.

Omeros. Deutsch von Konrad Klotz. München 1995.

Wieland, Christoph Martin: *Geschichte des Agathon*. In: Sämtliche Werke, Reprint-Ausgabe. 1. Bd. Hamburg 1984.

Die Abenteuer des Don Sylvio von Rosaura. Ebenda, 4. Bd.

Woolf, Virginia: *The Waves*. Hg. von Kate Flint. London 1992.

Die Wellen. Deutsch von Herberth und Marlys Herlitschka. Frankfurt/Main 1959.

Register

NEUE ORIENTALISCHE BIBLIOTHEK

Tausendundeine Nacht
Nach der ältesten arabischen Handschrift in der Ausgabe von Muhsin Mahdi erstmals ins Deutsche übertragen von Claudia Ott
8. Auflage. 2005. 687 Seiten. Leinen

Manfred Taube
Geheime Geschichte der Mongolen
Herkunft, Leben und Aufstieg Dschingis Khans
Aus dem Mongolischen übersetzt und kommentiert von Manfred Taube
2005. 325 Seiten mit 1 Stammbaum und 2 Karten. Leinen

Dschalaluddin Rumi
Gedichte aus dem Diwan
Ausgewählt, aus dem Persischen übertragen und erläutert von Johann Christoph Bürgel.
2003. 144 Seiten. Leinen

Abu Abdallah Muhammad Nafzawi
Der duftende Garten zur Erbauung des Gemüts
Ein arabisches Liebeshandbuch
Aus dem Arabischen übersetzt und herausgegeben von Ulrich Marzolph
2002. 158 Seiten. Leinen

Nasrollah Monschi
Kalila und Dimna
Fabeln aus dem klassischen Persien
Herausgegeben und übersetzt von Seyfeddin Najmabadi und Siegfried Weber
1996. 453 Seiten. Leinen

VERLAG C. H. BECK MÜNCHEN

BIOGRAPHIEN

Peter-André Alt
Franz Kafka
Der ewige Sohn. Eine Biographie
2005. 764 Seiten mit 43 Abbildungen. Leinen

Peter-André Alt
Schiller
Leben – Werk – Zeit
Eine Biographie. Zwei Bände.
2., durchgesehene Auflage. 2004. 1423 Seiten. Gebunden

Hermann Kurzke
Thomas Mann
Das Leben als Kunstwerk. Eine Biographie
2001. 672 Seiten mit 40 Abbildungen im Text. Gebunden

Günther Schiwy
Eichendorff
Der Dichter in seiner Zeit. Eine Biographie
2000. 734 Seiten mit 54 Abbildungen. Leinen

Nicholas Boyle
Goethe. Der Dichter in seiner Zeit

Band 1: 1749–1790
Aus dem Englischen von Holger Fliessbach
3. Auflage. 2000. 885 Seiten mit 37 Abbildungen. Leinen

Band 2: 1790–1803
Aus dem Englischen von Holger Fliessbach
1999. 1115 Seiten mit 55 Abbildungen. Leinen

VERLAG C. H. BECK MÜNCHEN